合格トレーニング

よくわかる**簿記**シリーズ

TRAINING

日商簿記1級

工業簿記・原価計算

Ⅱ

はしがき

本書は，日本商工会議所主催の簿記検定試験の出題区分に対応した受験対策用問題集です。「合格力をつけること」を本書の最大の目的として，ＴＡＣ簿記検定講座で培ってきた長年のノウハウをここに集約しました。

本書は，特に次のような特徴をもっています。

1．合格テキストに準拠

本書は，テキストで学習した論点のアウトプット用トレーニング教材として最適です。本書は『合格テキスト』の各テーマに準拠した問題集ですので，ぜひ『合格テキスト』と併せてご使用ください

2．各問題に重要度を明示

各問題には，各論点の出題頻度などにもとづいて重要度を★マークで表示しましたので学習計画に応じて重要度の高い問題を選びながら学習を進めていくことができます。

★★★ … 必ず解いてほしい重要問題
★★☆ … 重要問題を解いた後に可能なかぎり解いてほしい問題
★☆☆ … 時間に余裕があれば解いてほしい問題

3．詳しい解説つき

単に解答だけでなく「解答への道」として詳しい解説を付し，解いた問題を確認するうえでネックとなる疑問点の確認ができるようにしてあります。また『合格テキスト』と併用することで，より理解が深まります。

4．解答用紙ダウンロードサービスつき

繰り返し演習し，知識の定着をはかるために，解答用紙のダウンロードサービスをご利用いただけます。TAC出版書籍販売サイト・サイバーブックストア（URL　https://bookstore.tac-school.co.jp/）にアクセスしてください。

本書はこうした特徴をもっていますので，読者の皆さんが検定試験に合格できる実力を必ず身につけられるものと確信しています。

なお，昨今の会計基準および関係法令の改定・改正にともない，日商簿記検定の出題区分も随時変更されています。本書はＴＡＣ簿記検定講座と連動することで，それらにいちはやく対応し，つねに最新の情報を提供しています。

現在，日本の企業は国際競争の真っ只中にあり，いずれの企業も実力のある人材，とりわけ簿記会計の知識を身につけた有用な人材を求めています。読者の皆さんが本書を活用することで，簿記検定試験に合格し，将来の日本を担う人材として成長されることを心から願っています。

2023年10月

ＴＡＣ簿記検定講座

Ver. 8. 0 刊行について

本書は，『合格トレーニング　日商簿記　１級工原Ⅱ』Ver. 7. 0について，最近の試験傾向に対応するために改訂を行ったものです。

問題編　CONTENTS

問題編

合格トレーニング

日商簿記 1 級 工業簿記 原価計算 II

Theme

01 総合原価計算の基礎

理解度チェック

問題1-1　★★★

製品αを大量生産している当社では，単純総合原価計算によって製品原価の計算を行っている。次の資料にもとづき，⑴平均法，⑵先入先出法による月末仕掛品原価，完成品総合原価および完成品単位原価をそれぞれ求めなさい。

（資　料）

1．生産データ

月初仕掛品	250個	(0.6)
当月投入	1,150	
合　計	1,400個	
月末仕掛品	200	(0.3)
完成品	1,200個	

（注１）直接材料はすべて工程の始点で投入している。

（注２）(　　）内の数値は加工費進捗度である。

2．原価データ

	直接材料費	加　工　費
月初仕掛品原価	172,000円	134,700円
当月製造費用	598,000円	810,300円

理解度チェック

問題1-2　★★★

製品βを大量生産している当社では，単純総合原価計算によって製品原価の計算を行っている。次の資料にもとづき，月末仕掛品原価，完成品総合原価および完成品単位原価をそれぞれ求めなさい。

（資　料）

1．生産データ

月初仕掛品	800kg	(?)
当月投入	900	
合　計	1,700kg	
月末仕掛品	500	(0.4)
完成品	1,200kg	

（注１）直接材料はすべて工程の始点で投入している。

（注２）(　　）内の数値は加工費進捗度である。

（注３）月末仕掛品の評価は各自推定のこと。

2．原価データ

	直接材料費	加　工　費
月初仕掛品原価	960,000円	864,000円
当月製造費用	1,165,000円	2,496,000円

理解度チェック

問題1-3 ★★★

製品γを大量生産している当社では，単純総合原価計算によって製品原価の計算を行っている。次の資料にもとづき，先入先出法による月末仕掛品原価および完成品総合原価を求めなさい。また，修正先入先出法による完成品単位原価および純粋先入先出法による完成品単位原価を求めなさい。

（資　料）

1．生産データ

月初仕掛品	400kg	(0.7)
当月投入	2,100	
合　計	2,500kg	
月末仕掛品	500	(0.5)
完成品	2,000kg	

（注1）直接材料はすべて工程の始点で投入している。

（注2）(　　) 内の数値は加工費進捗度である。

2．原価データ

	直接材料費	加工費
月初仕掛品原価	920,000円	378,000円
当月製造費用	5,040,000円	2,758,000円

理解度チェック □□□

問題1-4　★★★

当社では製品Ｔを連続生産しており，全部実際純粋総合原価計算を採用している。以下に掲げた当社の当月の資料にもとづき，解答用紙の仕掛品勘定を完成するとともに，完成品単位原価を算定しなさい。

（資　料）

生産データおよび原価データ

月初仕掛品　200個　　加工費進捗度　40%

Ａ原料：	14,800円
Ｂ原料：	13,800円
Ｃ原料：	8,600円
加工費：	22,600円
合　計	59,800円

当 月 投 入

Ａ原料：@20円×6,300kg＝	126,000円
Ｂ原料：@25円×7,896ℓ＝	197,400円
Ｃ原料：@40円×5,670kg＝	226,800円
加工費：	512,400円
合　計	1,062,600円

月末仕掛品　400個　　加工費進捗度　70%

完　成　品　4,000個

（注１）Ａ原料，Ｂ原料は工程の始点，Ｃ原料は加工に比例して，それぞれ投入される。

（注２）月末仕掛品の評価は平均法による。

理解度チェック

問題1-5 ★★★

次の資料にもとづき，月末仕掛品原価，完成品総合原価を求めなさい。なお，完成品と月末仕掛品への原価の配分方法は先入先出法を採用している。

（資　料）

1．生産データ

月初仕掛品	500kg	（0.4）
当 月 投 入（a 材料）	1,400	
（b 材料）	760	
計	2,660kg	
月末仕掛品	560	（0.6）
完　成　品	2,100kg	

（注） a 材料は工程の始点で，b 材料は工程の50％点で投入している。ただし，材料の投入割合は一定である。また，生産データの（　　）内の数値は加工費進捗度を示す。なお，加工費の計算における完成品換算量には，追加材料の投入量を含めないこと。

2．原価データ

	a 材料費	b 材料費	加　工　費
月初仕掛品原価	195,000円	0円	69,000円
当月製造費用	560,000円	114,000円	523,600円

Theme 02 仕損・減損が生じる場合の計算

理解度チェック □□□

問題2-1 ★★★

当社では製品αを単一工程で大量生産しており，単純総合原価計算を実施している。次の資料にもとづき，月末仕掛品原価，異常減損費，完成品総合原価および完成品単位原価を求めなさい。また，仕掛品勘定を完成しなさい。

（資　料）

1．生産データ

月初仕掛品	300kg	(0.5)
当 月 投 入	7,500	
合　計	7,800kg	
異 常 減 損	200	(0.4)
月末仕掛品	400	(0.8)
完　成　品	7,200kg	

（注1）直接材料はすべて工程の始点で投入している。

（注2）（　　）内の数値は加工費進捗度である。

（注3）月末仕掛品の評価は平均法による。

2．原価データ

	直接材料費	加　工　費
月初仕掛品原価	360,000円	178,800円
当月製造費用	8,415,000円	6,615,600円

理解度チェック □□□

問題2-2 ★★★

当社では製品βを単一工程で大量生産しており，単純総合原価計算を実施している。次の資料にもとづき，月末仕掛品原価，異常仕損費，完成品総合原価および完成品単位原価を求めなさい。また，仕掛品勘定を完成しなさい。

（資　料）

1．生産データ

月初仕掛品	300個	(0.4)
当 月 投 入	2,800	
合　計	3,100個	
異常仕損品	200	(0.8)
月末仕掛品	400	(0.5)
完　成　品	2,500個	

（注1）直接材料はすべて工程の始点で投入している。

（注2）（　　）内の数値は加工費進捗度である。

（注3）仕損品の評価額は1個あたり120円である。

（注4）月末仕掛品の評価は先入先出法による。

2．原価データ

	直接材料費	加　工　費
月初仕掛品原価	67, 200円	31, 560円
当月製造費用	714, 000円	679, 520円

理解度チェック

問題2-3　★★★

当社では製品 α を単一工程で大量生産しており，単純総合原価計算を実施している。次の資料にもとづき，月末仕掛品原価，完成品総合原価および完成品単位原価を求めなさい。また，仕掛品勘定を完成しなさい。

（資　料）

1．生産データ

月初仕掛品	500kg	(3/5)
当月投入	3, 500	
合　計	4, 000kg	
正常仕損	200	（ 1 ）
月末仕掛品	800	(1/2)
完成品	3, 000kg	

（注1）直接材料はすべて工程の始点で投入している。

（注2）（　　）内の数値は加工費進捗度である。

（注3）正常仕損費の処理は度外視法を採用しており，その負担関係は進捗度にもとづいて決定する。

（注4）月末仕掛品の評価は先入先出法による。なお，正常仕損は当月投入分から発生したものとする。また，仕損品に評価額はない。

2．原価データ

	直接材料費	加　工　費
月初仕掛品原価	234, 900円	249, 000円
当月製造費用	2, 425, 500円	3, 465, 000円

理解度チェック

問題2-4　★★★

当社では製品βを単一工程で大量生産しており，単純総合原価計算を実施している。次の資料にもとづき，月末仕掛品原価，完成品総合原価および完成品単位原価を求めなさい。また，仕掛品勘定を完成しなさい。

（資　料）

1．生産データ

月初仕掛品	400kg	(0.5)
当月投入	4,850	
合　計	5,250kg	
正常仕損	150	(0.8)
月末仕掛品	600	(0.3)
完成品	4,500kg	

（注1）直接材料はすべて工程の始点で投入している。

（注2）(　　) 内の数値は加工費進捗度である。

（注3）正常仕損費の処理は度外視法を採用しており，その負担関係は進捗度にもとづいて決定する。なお，仕損品の評価額は30円/kgであり，直接材料費の計算から控除する。

（注4）月末仕掛品の評価は平均法による。

2．原価データ

	直接材料費	加　工　費
月初仕掛品原価	73,400円	27,100円
当月製造費用	635,350円	512,900円

理解度チェック

問題2-5　★★★

当社では製品αを単一工程で大量生産しており，単純総合原価計算を実施している。次の資料にもとづき，月末仕掛品原価，完成品総合原価および完成品単位原価を求めなさい。また，仕掛品勘定を完成しなさい。

（資　料）

1．生産データ

月初仕掛品	900個	(2/3)
当月投入	11,100	
合　計	12,000個	
正常仕損	500	(1/5)
月末仕掛品	1,000	(1/4)
完成品	10,500個	

（注1）直接材料はすべて工程の始点で投入している。

（注2）(　　) 内の数値は加工費進捗度である。

（注3）正常仕損費は，度外視法によって処理する。なお，正常仕損費の負担関係は発生点の進捗度にもとづいて決定すること。また，仕損品の評価額は260円/個であり，材料の価値に依存するものである。

（注4）月末仕掛品の評価は先入先出法による。

2．原価データ

	直接材料費	加　工　費
月初仕掛品原価	774, 000円	373, 200円
当月製造費用	9, 542, 800円	7, 308, 000円

理解度チェック □□□

問題2-6　★★★

当社では製品βを単一工程で大量生産しており，単純総合原価計算を実施している。次の資料にもとづき，月末仕掛品原価，完成品総合原価および完成品単位原価を求めなさい。また，仕掛品勘定を完成しなさい。

（資　料）

1．生産データ

月初仕掛品	500kg	(2/5)
当月投入	2, 900	
合　計	3, 400kg	
正常減損	200	(?)
月末仕掛品	400	(4/5)
完　成　品	2, 800kg	

（注1）直接材料はすべて工程の始点で投入している。

（注2）(　　) 内の数値は加工費進捗度である。

（注3）正常減損費の処理は度外視法による。

（注4）月末仕掛品の評価は平均法による。

2．原価データ

	直接材料費	加　工　費
月初仕掛品原価	890, 400円	533, 600円
当月製造費用	5, 637, 600円	8, 701, 600円

理解度チェック

問題2-7 ★★★

当社では製品γを単一工程で大量生産しており，単純総合原価計算を実施している。次の資料にもとづき，月末仕掛品原価，完成品総合原価および完成品単位原価を求めなさい。また，仕掛品勘定を完成しなさい。

（資　料）

1．生産データ

月初仕掛品	200kg	(4/5)
当月投入	800	
合　計	1,000kg	
正常減損	50	
月末仕掛品	350	(1/2)
完成品	600kg	

（注１）直接材料はすべて工程の始点で投入している。

（注２）(　　) 内の数値は加工費進捗度である。

（注３）正常減損は，工程を通じて平均的に発生しており，度外視法によって処理する。

（注４）月末仕掛品の評価は平均法による。

2．原価データ

	直接材料費	加　工　費
月初仕掛品原価	330,000円	319,040円
当月製造費用	1,152,000円	1,416,960円

理解度チェック

問題2-8 ★★★

当社では製品αを単一工程で大量生産しており，単純総合原価計算を実施している。次の資料にもとづき，月末仕掛品原価，完成品総合原価および完成品単位原価を求めなさい。また，仕掛品勘定を完成しなさい。

（資　料）

1．生産データ

月初仕掛品	900個	(0.6)
当月投入	4,600	
合　計	5,500個	
正常仕損品	300	(1)
月末仕掛品	800	(0.3)
完成品	4,400個	

（注１）直接材料はすべて工程の始点で投入している。

（注２）(　　) 内の数値は加工費進捗度である。

（注３）正常仕損費の処理は度外視法を採用しており，仕損の発生点を通過した良品に対して負担させること。なお，仕損品の評価額は850円/個であり，その価値は60％が材料に，40％が加工にそれぞれ依存している。また，正常仕損は当月投入分から発生したものとする。

（注４）月末仕掛品の評価は先入先出法による。

2．原価データ

	直接材料費	加　工　費
月初仕掛品原価	1, 238, 000円	827, 200円
当月製造費用	4, 945, 000円	5, 632, 000円

理解度チェック

問題2-9　★★★

当社では製品βを単一工程で大量生産しており，単純総合原価計算を実施している。次の資料にもとづき，月末仕掛品原価，完成品総合原価および完成品単位原価を求めなさい。また，仕掛品勘定を完成しなさい。

（資　料）

1．生産データ

月初仕掛品	550kg	（0. 4）
当月投入	3, 550	
合　計	4, 100kg	
正常仕損品	100	（0. 5）
月末仕掛品	400	（0. 8）
完　成　品	3, 600kg	

（注1）直接材料はすべて工程の始点で投入している。

（注2）（　　）内の数値は加工費進捗度である。

（注3）正常仕損費の処理は度外視法を採用しており，仕損の発生点を通過した良品に対して負担させること。なお，仕損品の評価額は686円/kgであり，全額加工費から控除する。

（注4）月末仕掛品の評価は平均法による。

2．原価データ

	直接材料費	加　工　費
月初仕掛品原価	440, 000円	574, 820円
当月製造費用	2, 840, 000円	4, 162, 500円

理解度チェック

問題2-10　★★★

　当社では製品Tを連続生産しており，全部実際純粋総合原価計算を採用している。以下に掲げた当社の当月の資料にもとづき，月末仕掛品原価，完成品総合原価および完成品単位原価を算定するとともに，解答用紙の仕掛品勘定を完成しなさい。

（資　料）

1．生産データ

月初仕掛品	500kg	（0.6）
当 月 投 入	4,200	
合　計	4,700kg	
月末仕掛品	500	（0.4）
正常仕損品	200	（ 1 ）
完　成　品	4,000kg	

2．原価データ

月初仕掛品原価	
直 接 材 料 費	344,400円
加　　工　　費	115,000円
当月製造費用	
直 接 材 料 費	2,469,600円
加　　工　　費	2,419,000円

（注1）直接材料はすべて工程の始点で投入された。

（注2）生産データの（　　）内の数値は加工費進捗度および減損の発生点の進捗度を示す。

（注3）月末仕掛品の評価は修正先入先出法により，正常仕損費の処理は非度外視の方法による。なお，正常仕損はすべて当月投入分から生じたものとする。また，仕損品に評価額はない。

理解度チェック

問題2-11　★★★

　当社では製品Sを連続生産しており，全部実際純粋総合原価計算を採用している。以下に掲げた当社の当月の資料にもとづき，月末仕掛品原価，完成品総合原価および完成品単位原価を算定するとともに，解答用紙の仕掛品勘定を完成しなさい。

（資　料）

1．生産データ

月初仕掛品	600kg	（0.6）
当 月 投 入	2,100	
合　計	2,700kg	
月末仕掛品	500	（0.4）
正常仕損品	200	（0.8）
完　成　品	2,000kg	

2．原価データ

月初仕掛品原価		
直接材料費	354,000円	
加工費	181,000円	
当月製造費用		
直接材料費	1,050,000円	
加工費	940,000円	

（注１）直接材料はすべて工程の始点で投入された。

（注２）生産データの（　　）内の数値は加工費進捗度および仕損の発生点の進捗度を示す。

（注３）月末仕掛品の評価は平均法により，正常仕損費の処理は非度外視の方法による。なお，仕損品には１kgあたり240円の処分価値がある。

理解度チェック □□□

問題2-12　★★☆

当社では製品Eを連続生産しており，全部実際純粋総合原価計算を採用している。以下に掲げた当社の当月の資料にもとづき，月末仕掛品原価，完成品総合原価および完成品単位原価を算定するとともに，解答用紙の仕掛品勘定を完成しなさい。

（資　料）

1．生産データ

月初仕掛品	700kg	（0.6）
当月投入	900	
合計	1,600kg	
正常仕損品	200	（0.4）
月末仕掛品	400	（0.8）
完成品	1,000kg	

2．原価データ

月初仕掛品原価		
直接材料費	311,800円	
加工費	308,100円	
当月製造費用		
直接材料費	405,000円	
加工費	632,700円	

（注１）直接材料はすべて工程の始点で投入された。

（注２）生産データの（　　）内の数値は加工費進捗度および仕損の発生点の進捗度を示す。

（注３）月末仕掛品の評価は平均法により，正常仕損費の処理は非度外視の方法による。また，仕損品に評価額はない。

理解度チェック □□□

問題2-13 ★★★

当社では製品Lを連続生産しており，全部実際純粋総合原価計算により製品原価計算を実施している。以下に掲げた当社の当月の資料にもとづき，月末仕掛品原価，完成品総合原価および完成品単位原価を算定するとともに，解答用紙の仕掛品勘定を完成しなさい。

（資　料）

1．生産データ

月初仕掛品	400kg	(0.6)
当 月 投 入	4,300	
合　計	4,700kg	
正 常 減 損	200	(0.5)
月末仕掛品	500	(0.8)
完　成　品	4,000kg	

2．原価データ

月初仕掛品原価

直 接 材 料 費	568,000円
加　　工　　費	560,400円

当月製造費用

直 接 材 料 費	4,085,000円
加　　工　　費	8,349,600円

（注1）直接材料はすべて工程の始点で投入された。

（注2）生産データの（　　）内の数値は加工費進捗度および減損の発生点の進捗度を示す。

（注3）月末仕掛品の評価は平均法により，正常減損費の処理は非度外視の方法による。

理解度チェック □□□

問題2-14 ★★★

当社では製品Pを連続生産しており，全部実際純粋総合原価計算を採用している。以下に掲げた当社の当月の資料にもとづき，月末仕掛品原価，完成品総合原価および完成品単位原価を算定するとともに，解答用紙の仕掛品勘定を完成しなさい。

（資　料）

1．生産データ

月初仕掛品	400kg	(0.6)
当 月 投 入	4,300	
合　計	4,700kg	
正 常 減 損	200	
月末仕掛品	500	(0.8)
完　成　品	4,000kg	

2．原価データ

月初仕掛品原価

直接材料費	568,000円
加工費	560,400円

当月製造費用

直接材料費	4,085,000円
加工費	8,349,600円

（注1）直接材料はすべて工程の始点で投入された。

（注2）生産データの（　　）内の数値は加工費進捗度を示す。

（注3）月末仕掛品の評価は平均法により，正常減損費の処理は非度外視の方法による。なお，正常減損は工程を通じて平均的に発生した。

理解度チェック

問題2-15　★★★

当社では製品Fを連続生産しており，全部実際純粋総合原価計算を採用している。以下に掲げた当社の当月の資料にもとづき，月末仕掛品原価，完成品総合原価および完成品単位原価を算定しなさい。ただし，完成品単位原価は修正先入先出法による単位原価と純粋先入先出法による単位原価（月初仕掛品完成分と当月投入完成分）に区別して計算すること。

（資　料）

1．生産データ

月初仕掛品	500個	（0.7）
当月投入	1,600	
合計	2,100個	
月末仕掛品	400	（0.5）
正常仕損品	200	（1）
完成品	1,500個	

2．原価データ

月初仕掛品原価

直接材料費	225,000円
加工費	252,000円

当月製造費用

直接材料費	768,000円
加工費	1,162,500円

（注1）直接材料はすべて工程の始点で投入された。

（注2）生産データの（　　）内の数値は加工費進捗度および仕損の発生点の進捗度を示す。

（注3）月末仕掛品の評価は先入先出法により，正常仕損費の処理は非度外視の方法による。なお，正常仕損はすべて当月投入分から生じたものとする。

理解度チェック

問題2-16　★★★

当社では製品Kを連続生産しており，全部実際純粋総合原価計算を採用している。以下に掲げた当社の当月の資料にもとづき，月末仕掛品原価，完成品総合原価および完成品単位原価を算定するとともに，仕掛品勘定を解答用紙の形式にしたがって完成しなさい。

（資　料）

1．生産データ

月初仕掛品	750個	(0.6)
当 月 投 入	3,350	
合　計	4,100個	
正常仕損品	100	(0.5)
月末仕掛品	500	(0.8)
完　成　品	3,500個	

2．原価データ

月初仕掛品原価	
直 接 材 料 費	794,000円
加　　工　　費	281,250円
当月製造費用	
直 接 材 料 費	2,814,000円
加　　工　　費	2,878,750円

（注1）直接材料はすべて工程の始点で投入された。

（注2）生産データの（　　）内の数値は加工費進捗度および仕損の発生点の進捗度を示す。

（注3）月末仕掛品の評価は平均法により，正常仕損費の処理は非度外視の方法による。なお，仕損品には1個あたり160円の処分価格があり，この価値は直接材料から生じているものである。

理解度チェック

問題2-17　★★★

当社では製品Hを連続生産しており，全部実際純粋総合原価計算を採用している。以下に掲げた当社の当月の資料にもとづき，月末仕掛品原価，完成品総合原価および完成品単位原価を算定するとともに，解答用紙の仕掛品勘定を完成しなさい。

（資　料）

1．生産データ

月初仕掛品	400個	(0.7)
当 月 投 入	4,900	
合　計	5,300個	
正常仕損品	300	(0.4)
月末仕掛品	600	(0.6)
完　成　品	4,400個	

2．原価データ

月初仕掛品原価

直 接 材 料 費	114, 000円
加　　工　　費	203, 400円

当月製造費用

直 接 材 料 費	1, 127, 000円
加　　工　　費	3, 703, 000円

（注１）直接材料はすべて工程の始点で投入された。

（注２）生産データの（　　）内の数値は加工費進捗度および仕損の発生点の進捗度を示す。

（注３）月末仕掛品の評価は修正先入先出法により，正常仕損費の処理は非度外視の方法による。なお，仕損品はすべて当月投入分より生じたものであり，１個あたり46円の処分価格がある。

理解度チェック □□□

問題2-18　★★☆

当社では製品Ⅰをバッチ生産しており，全部実際総合原価計算を採用している。以下に掲げた当社の資料にもとづき，月末仕掛品原価，完成品総合原価および完成品単位原価を算定するとともに，解答用紙の仕掛品勘定を完成しなさい。なお，完成品単位原価の計算で端数が生じる場合は円未満で四捨五入すること。

（資　料）

1．生産データ

月初仕掛品	――kg	
当 月 投 入	4, 000kg	
合　計	4, 000kg	
正 常 減 損	340kg	
月末仕掛品	960kg	（0. 4）
完　成　品	2, 700kg	

2．原価データ

当月製造費用

直 接 材 料 費	1, 565, 200円
加　　工　　費	3, 566, 200円

（注１）直接材料はすべて工程の始点で投入された。

（注２）生産データの（　　）内の数値は加工費進捗度を示す。

（注３）当月投入分は，第１バッチ1, 000kg，第２バッチ2, 000kg，第３バッチ1, 000kgであり，第１バッチと第２バッチが完成している。

（注４）正常減損は工程を通じて平均的に発生し，発生率は10％で安定している。なお，正常減損費の処理は非度外視の方法による。

理解度チェック □□□

問題2-19 ★★★

製品Rを量産し，全部実際純粋総合原価計算を採用する当社の当月のデータは，以下のとおりである。

（資　料）

1．生産データ

月初仕掛品	500個	(0.6)
当 月 投 入	1,700	
合　計	2,200個	
正常仕損品	200	(0.5)
異常仕損品	100	(0.2)
月末仕掛品	700	(0.4)
完　成　品	1,200個	

2．原価データ

月初仕掛品原価

直 接 材 料 費	450,000円
加　　工　　費	317,400円

当月製造費用

直 接 材 料 費	1,428,000円
加　　工　　費	1,310,400円

（注1）直接材料はすべて工程の始点で投入された。

（注2）生産データの（　　）内の数値は加工費進捗度および仕損の発生点の進捗度を示す。なお，正常仕損品は，製造技術の制約から工程の50％の地点で発生し，それ以外では発生しない。

（注3）正常および異常仕損品ともに1個あたり21円の処分価格があり，直接材料費から控除する。

上記データにもとづき，正常仕損非度外視法（正常仕損費と異常仕損費をそれぞれ分離計算し，次いで正常仕損費を関係する良品に負担させる方法）および先入先出法によって，(1)解答用紙の仕掛品勘定の（　　）内の金額を計算して仕掛品勘定を完成させ，さらに(2)完成品単位原価を計算しなさい。ただし，完成品単位原価は，修正先入先出法の単位原価，月初仕掛品完成分の単位原価，当月投入完成分の単位原価に区別して計算すること。

理解度チェック

問題2-20 ★★★

当社では製品Gを連続生産しており，全部実際純粋総合原価計算を採用している。以下に掲げた当社の当月の資料にもとづき，各問に答えなさい。

（資　料）

1．生産データ

月初仕掛品	500個	(0.8)
当月投入	2,000	
合　計	2,500個	
正常仕損品	200	(0.5)
異常仕損品	200	(0.7)
月末仕掛品	600	(0.6)
完成品	1,500個	

2．原価データ

月初仕掛品原価	
直接材料費	285,000円
加工費	600,420円
当月製造費用	
直接材料費	1,080,000円
加工費	2,680,560円

（注1）直接材料はすべて工程の始点で投入された。

（注2）生産データの（　　）内の数値は加工費進捗度および仕損の発生点の進捗度を示す。

（注3）月末仕掛品の評価は修正先入先出法による。なお正常仕損および異常仕損は，すべて当月作業分から生じ，正常および異常仕損品ともに処分価格はない。

（注4）正常仕損費の完成品，月末仕掛品などへの負担のさせ方については，発生点の進捗度にもとづいて決定する。

〔問1〕

正常仕損非度外視の方法により，異常仕損費，月末仕掛品原価，完成品総合原価および完成品単位原価を算定しなさい。

〔問2〕

正常仕損度外視の方法により，異常仕損費，月末仕掛品原価，完成品総合原価および完成品単位原価を算定しなさい。

理解度チェック □□□

問題2-21　★☆☆

当社では製品Ｓを連続生産しており，全部実際純粋総合原価計算を採用している当社の当月のデータは，以下のとおりである。

（資　料）

1．生産データ

月初仕掛品	500個	(0.6)
当 月 投 入	1,800	
合　計	2,300個	
正常仕損品	200	(0.5)
異常仕損品	100	(0.2)
月末仕掛品	400	(0.75)
完　成　品	1,600個	

2．原価データ

月初仕掛品原価

直 接 材 料 費	429,300円
加　　工　　費	240,260円

当月製造費用

直 接 材 料 費	1,537,200円
加　　工　　費	1,371,700円

（注１）直接材料はすべて工程の始点で投入された。

（注２）生産データの（　　）内の数値は加工費進捗度および仕損の発生点の進捗度を示す。

（注３）月末仕掛品の評価は平均法による。なお，正常および異常仕損品には処分価格はない。

（注４）正常仕損費の負担関係は，発生点の進捗度にもとづいて決定する。

上記データにもとづき，正常仕損度外視法によって，異常仕損費，月末仕掛品原価，完成品総合原価および完成品単位原価を算定しなさい。

Theme 03 工程別総合原価計算

理解度チェック □□□

問題3-1 ★★★

岡山製作所では製品ＲＸを連続する２工程で量産しており，全原価要素工程別実際単純総合原価計算（累加法）を採用している。以下の当社の今月の資料にもとづき，各問に答えなさい。

（資　料）

1．生産データ

	第１工程	第２工程
月初仕掛品	30個（0.2）	20個（0.7）
当月投入	270	250
合　計	300個	270個
月末仕掛品	50　（0.6）	70　（0.2）
完成品	250個	200個

2．原価データ

	第１工程	第２工程
月初仕掛品原価：		
直接材料費	17,400円	――　円
前工程費	――	26,110
加工費	25,500	45,400
当月製造費用：		
直接材料費	102,600	――
前工程費	――	?
加工費	205,500	190,000

（注１）直接材料はすべて第１工程の始点で投入された。

（注２）生産データの（　　）内の数値は加工費進捗度を示す。

（注３）第１工程完成品はただちに第２工程へ振り替えられる。

〔問１〕

各工程の月末仕掛品原価，完成品総合原価，完成品単位原価を計算しなさい。ただし，月末仕掛品の評価方法は第１工程が平均法，第２工程が先入先出法とする。

〔問２〕

各工程の月末仕掛品原価，完成品総合原価，完成品単位原価を計算しなさい。ただし，月末仕掛品の評価方法は第１工程が先入先出法，第２工程が平均法とする。

理解度チェック □□□

問題3-2 ★★★

香川製作所では製品ＭＸを連続する２工程で量産しており，全原価要素工程別実際単純総合原価計算（累加法）を採用している。以下の当社の今月の資料にもとづき，解答用紙の勘定記入を完成するとともに，工程別完成品単位原価を計算しなさい。

（資　料）

1．生産データ

	第1工程		第2工程	
月初仕掛品	250個	(0.4)	800個	(0.4)
当月投入	2,500		2,000	
合　計	2,750個		2,800個	
正常仕損品	250	(0.4)	100	（1）
月末仕掛品	500	(0.6)	500	(0.5)
完成品	2,000個		2,200個	

2．原価データ

	第1工程	第2工程
月初仕掛品原価：		
直接材料費	100,000円	――　円
前工程費	――	1,017,600
加工費	78,200	241,240
当月製造費用：		
直接材料費	1,550,000	――
前工程費	――	?
加工費	1,909,000	1,610,060

（注1）直接材料はすべて第1工程の始点で投入された。

（注2）生産データの（　　）内の数値は加工費進捗度および仕損の発生点の進捗度を示す。

（注3）第1工程完成品はただちに第2工程へ振り替えられる。

（注4）月末仕掛品の評価方法は第1工程，第2工程ともに平均法とする。

（注5）正常仕損費の処理は度外視の方法を採用しており，仕損の発生点を通過した良品に対して負担させること。

理解度チェック

問題3-3　★★★

製品TMを連続する2工程で量産する神奈川製作所では，全原価要素工程別実際単純総合原価計算（累加法）を採用している。以下の当社の今月の資料にもとづき，解答用紙の勘定記入を完成するとともに，工程別完成品単位原価を計算しなさい。

（資　料）

1．生産データ

	第1工程		第2工程	
月初仕掛品	750kg	(0.6)	800kg	(0.9)
当月投入	3,800		4,000	
合　計	4,550kg		4,800kg	
正常減損	50	（1）	100	(0.2)
月末仕掛品	500	(0.4)	700	(0.5)
完成品	4,000kg		4,000kg	

2．原価データ

	第１工程	第２工程
月初仕掛品原価：		
直接材料費	720,000円	―― 円
前工程費	――	960,000
加工費	216,000	706,000
当月製造費用：		
直接材料費	1,520,000	――
前工程費	――	?
加工費	912,000	3,558,750

（注1）直接材料はすべて第1工程の始点で投入された。
（注2）生産データの（　）内の数値は加工費進捗度および減損の発生点の進捗度を示す。
（注3）第1工程完成品はただちに第2工程へ振り替えられる。
（注4）月末仕掛品の評価方法は第1工程，第2工程ともに先入先出法とする。
（注5）正常減損費の処理は非度外視の方法による。なお，減損はすべて当月投入分のみから生じた。

理解度チェック □□□

問題3-4　★★★

当社は製品ＧＦを量産しており，全原価要素工程別実際単純総合原価計算を採用している。当社の当月のデータは以下のとおりである。

（資　料）

1．生産データ

	第１工程		第２工程	
月初仕掛品	12,000個	(0.3)	15,000個	(0.8)
当月投入	48,000		50,000	
合計	60,000個		65,000個	
正常仕損品	――		400	(0.5)
異常仕損品	――		100	(0.2)
月末仕掛品	10,000	(0.4)	9,500	(0.4)
完成品	50,000個		55,000個	

2．原価データ

	第１工程	第２工程
月初仕掛品原価：		
直接材料費	1,374,000円	―― 円
前工程費	――	4,406,400
加工費	631,440	2,666,400
当月製造費用：		
直接材料費	4,896,000	――
前工程費	――	?
加工費	6,320,160	9,309,960

（注１）直接材料はすべて第１工程の始点で投入された。
（注２）生産データの（　　）内の数値は加工費進捗度および仕損の発生点の進捗度を示す。
（注３）正常仕損および異常仕損は，すべて当月作業分から生じ，正常仕損品および異常仕損品ともに処分価格はない。

上記データにもとづき，解答用紙の仕掛品―第２工程勘定を完成させるとともに，各工程の完成品単位原価を算定しなさい。ただし，完成品と月末仕掛品への原価配分は，各工程とも修正先入先出法によるものとし，正常仕損費の完成品，月末仕掛品などへの負担のさせ方については，発生点の進捗度にもとづいて判断しなさい。

理解度チェック □□□

問題3-5　★★★

当工場では，切削工程から仕上工程を経て製品ＦＮを量産しており，補助部門としては事務部と電力部がある。月々の操業度はかなり変動するので，採用している原価計算は，製造間接費については製品へ予定配賦する，工程別実際正常総合原価計算（累加法）である。工程別製造間接費に関するデータは，次のとおり。

１．公式法変動予算

	切削工程		仕上工程		電力部		事務部
	月間固定費	変動費率	月間固定費	変動費率	月間固定費	変動費率	月間固定費
(1)自工程費	1,190万円	1,000円/時	860万円	1,425円/時	650万円	60円/kwh	500万円
(2)補助部門費配賦額							
事務部費	?	——	?	——	?	——	——
電力部費	?	?	?	?	——	——	——
合計(1)+(2)	？万円	？円/時	？万円	？円/時	？万円	60円/kwh	500万円
月間正常機械作業時間	16,000時		——		——		——
月間正常直接作業時間	——		8,000時		——		——
月間正常電力消費（供給）量	40,000kwh		10,000kwh		(50,000kwh)		——
従業員数	50人		40人		10人		4人

上記の表において，事務部費は各部門の従業員数を基準に関係部門へ配賦する。電力部は，正常な状態では，50,000kwhの電力を４：１の割合で切削工程と仕上工程へ供給している。そこで，電力部の固定費は，両工程の月間正常電力消費量の割合を基準にして，また変動費は，１kwhあたりの予定配賦率に月間正常電力消費量を掛けて両工程へ配賦する。かくして両工程に集計された製造間接費予算にもとづき，切削工程では機械作業時間，仕上工程では直接作業時間を基準にして予定配賦率が計算される。

2．当月生産データ

（注）下記（　　）内は，製造間接費の進捗度を示す。

	切削工程	仕上工程
月初仕掛品量	2,000個(0.4)	2,000個(0.9)
当月投入量	26,000	25,000
投入量合計	28,000個	27,000個
差引：完成品量	25,000	24,500
月末仕掛品量	3,000個(0.6)	2,500個(0.6)
当月実際機械作業時間	13,000時	——
当月実際直接作業時間	——	7,260時
当月実際電力消費量	38,400kwh	9,600kwh

3．当月実際製造間接費データ

	切削工程	仕上工程	電力部	事務部
月初仕掛品製造間接費				
前工程費	——	300.0万円	——	——
自工程費	780.0万円	514.8	——	——
合計	780.0万円	814.8万円	——	——
当月製造間接費				
固定費	1,200.0万円	860.0万円	650.0万円	520.0万円
変動費	1,263.6	1,033.4	289.2	——
合計	2,463.6万円	1,893.4万円	939.2万円	520.0万円

4．その他の計算条件

(1) 補助部門費の配賦は，予定配賦率を計算した場合と同様に，固定費については実際額ではなく予算額を，その補助部門用役を消費する関係部門の用役消費能力の割合，または正常消費量の割合で配賦する。変動費については，予定配賦率に関係部門の用役実際消費量を掛けて配賦する。その結果，補助部門勘定には，予算差異が明示されるが，操業度差異は表れない。

(2) 切削工程と仕上工程における製造間接費の配賦は，予定配賦による。

(3) 完成品と月末仕掛品への製造間接費の配分は，各工程とも先入先出法（純粋先入先出法でなく，平均法を加味した修正先入先出法でよい）による。

以上の資料と条件にもとづき，次の各問に答えなさい。

〔問1〕

公式法変動予算中の？を計算し，その計算結果にもとづき，切削工程と仕上工程の製造間接費予定配賦率（変動費率と固定費率の合計）を計算しなさい。

〔問2〕

解答用紙に示した当工場の原価計算関係諸勘定の未記入部分を記入し（数値の単位は万円），各勘定を締め切って，切削工程と仕上工程の完成品原価および月末仕掛品原価をそれぞれ明らかにしなさい。

〔問3〕

「製造間接費―切削工程」勘定で算出された総差異を，予算差異と操業度差異とに分析しなさい。

理解度チェック

問題3-6 ★★★

次に示すのは，当工場における製品ＣＸの第２工程の追加材料Ｙに関するデータである。そこで，これらの資料を参照して，各問の第２工程の完成品Ｙ材料費と月末仕掛品Ｙ材料費を計算しなさい。なお，追加材料Ｙによる製品の増量はない。

（資　料）

1．第２工程の生産データ

月初仕掛品	―― 個	
当 月 投 入	5,000	
合　計	5,000個	
月末仕掛品	1,000	(0.5)
完　成　品	4,000個	

2．原価データ

当月のＹ材料費　90,000円

〔問１〕追加材料Ｙを第２工程始点で投入した場合

〔問２〕追加材料Ｙを第２工程終点で投入した場合

〔問３〕追加材料Ｙを第２工程の進捗度30％の地点で投入した場合

〔問４〕追加材料Ｙを第２工程の進捗度80％の地点で投入した場合

〔問５〕追加材料Ｙを第２工程の加工に比例して平均的に投入した場合

理解度チェック

問題3-7 ★★★

名古屋製作所では製品ＦＴを量産し，全原価要素工程別実際単純総合原価計算（累加法）を採用している。以下に掲げる第２工程の資料にもとづき，第２工程の月末仕掛品原価，完成品総合原価および完成品単位原価を求めなさい。

（資　料）

1．生産データ

	第 2 工 程	
月初仕掛品	1,000個	(0.3)
当 月 投 入	9,000	
合　計	10,000個	
月末仕掛品	2,500	(0.6)
正常仕損品	500	(1)
完　成　品	7,000個	

2．原価データ

月初仕掛品原価

前 工 程 費	220,000円
X 材 料 費	123,000円
加　工　費	123,600円

当月製造費用

当月前工程費	2,160,000円
Ｘ　材　料　費	2,523,000円
Ｙ　材　料　費	1,036,000円
Ｚ　材　料　費	630,000円
当　月　加　工　費	3,480,000円

（注１）生産データの（　　）内の数値は加工費進捗度および仕損の発生点の進捗度を示す。

（注２）第１工程完成品はただちに第２工程へ振り替えられる。

（注３）Ｘ材料は工程を通じて平均的に，Ｙ材料は工程の40％の地点で，Ｚ材料は工程の終点でそれぞれ投入される。なお，当工場では工程の終点に品質検査点を設け良品と不良品を区別しているが，Ｚ材料は包装用の箱で，品質検査に合格したものだけに投入される。

（注４）月末仕掛品の評価は平均法による。

（注５）正常仕損費の処理は度外視の方法を採用しており，その負担関係は進捗度にもとづいて決定する。

理解度チェック □□□

問題3-8　★★★

神奈川製作所では製品ＦＴを量産し，全原価要素工程別実際単純総合原価計算（累加法）を採用している。製品ＦＴの製造過程はまず第１工程の始点でＸ素材を投入し，これを加工して第２工程へ振り替える。第２工程では第１工程完了品とＹ部品を始点で投入し，これを加工して製品ＦＴが完成する。ただし，Ｙ部品を投入することにより製品ＦＴの生産量に影響はない。以下に掲げる資料にもとづき，解答用紙の仕掛品勘定を完成させるとともに，各工程の完成品単位原価を計算しなさい。ただし，完成品と月末仕掛品への原価配分は，第１工程は平均法，第２工程は先入先出法によることとし，第２工程完成品単位原価は，(a)月初仕掛品完成分，(b)当月着手完成分とに分けて計算し，さらに(c)当月完成品全体の加重平均単位原価を計算しなさい。

（資　料）

１．生産データ

	第１工程		第２工程	
月初仕掛品	250個	(0.4)	1,000個	(0.5)
当月着手	6,850		6,500	
合　計	7,100個		7,500個	
正常仕損品	100	（？）	——	
月末仕掛品	500	(0.3)	2,500	(0.6)
完　成　品	6,500個		5,000個	

2．原価データ

	第1工程	第2工程
月初仕掛品原価：		
前工程費	―― 円	800,000円
X素材費	84,000	――
Y部品費	――	400,000
加工費	97,700	210,000
当月製造費用：		
前工程費	――	?
X素材費	1,918,000	――
Y部品費	――	2,827,500
加工費	3,799,000	2,700,000

（注1）生産データの（　　）内の数値は加工費進捗度を示す。

（注2）第1工程の仕損は，工程の途中で発生し，その処分価額は1個あたり131円であって，その価値は主として加工によって生じたものである。

理解度チェック □□□

問題3-9 ★★★

製品ELを製造する所沢製作所は，累加法による実際工程別総合原価計算を実施している。製品の製造過程は次のとおりである。まず第1工程の始点で原料Xを投入し，これを加工し完成させて，その全量を第2工程へ振り替える。第2工程では，工程始点で原料Yを投入し，工程の終点で材料Zを投入して完成させ，完成品倉庫に納入する。両工程とも，工程の終点で正常減損が発生する。なお第2工程の正常減損は，材料Zを投入したあとで発生する。原価計算上，完成品と月末仕掛品への原価の配分は，第1工程では平均法，第2工程では修正先入先出法によって計算し，正常減損費の処理は度外視法による。

さて当製作所の今年9月と10月の生産データと原価データは，下記のとおりであった。?の部分は各自記入しなさい。これらの条件にもとづき，9月と10月の完成品原価，完成品単位原価および月末仕掛品原価を計算し，解答用紙の所定の場所に記入しなさい。

1．生産データ（単位：kg）

	9月		10月	
	第1工程	第2工程	第1工程	第2工程
月初仕掛品量	250（0.4）	500（0.6）	500（0.6）	400（0.5）
当月投入量	1,300	1,000	2,000	?
投入量合計	1,550	1,500	2,500	?
正常減損量	50	100	50	100
月末仕掛品量	?（?）	?（?）	450（0.4）	300（0.6）
完成品量	?	1,000	2,000	2,000
産出量合計	?	?	2,500	2,400

（注）（　　）内の数値は加工費の進捗度である。

２．原価データ（単位：円）

	9月		10月	
	第１工程	第２工程	第１工程	第２工程
月初仕掛品原価				
前工程費	――	215,400	――	?
当工程費				
Ｘ原料費	43,000	――	?	――
Ｙ原料費	――	9,000	――	10,000
Ｚ材料費	――	――	――	――
加工費	23,750	180,000	?	118,000
計	66,750	404,400	?	?
当月製造費用				
前工程費		?		?
当工程費				
Ｘ原料費	143,000	――	340,000	――
Ｙ原料費	――	?	――	84,000
Ｚ材料費	――	22,000	――	42,000
加工費	381,250	?	623,600	790,400
計	524,250	?	963,600	?
合計	591,000	?	?	?

理解度チェック □□□

問題3-10 ★★★

ＨＫ製作所は切削工程と仕上工程の２つの工程を設け，製品ＦＭを量産し，全原価要素工程別実際単純総合原価計算（累加法）を採用している。製品ＦＭの製造過程は，まず切削工程の始点でＸ素材を投入し，加工をして切削工程完了品を仕上工程へ振り替える。仕上工程では切削工程完了品を始点で投入し，加工をして最終完成品ＦＭを製造する。ただし，仕上工程の30％の地点でＹ材料が追加投入される。このＹ材料の追加投入による産出量への影響はない。以下の資料にもとづいて，解答用紙の勘定記入を完成させ，さらに各工程の完成品単位原価を計算しなさい。なお？の数値は各自推定すること。

１．生産データ

	切削工程	仕上工程
月初仕掛品量	500個（0.4）	400個（0.5）
当月投入量	1,500	1,500
投入量合計	2,000個	1,900個
月末仕掛品量	400　（0.5）	400　（0.8）
正常仕損品量	100　（１）	100　（0.4）
差引：完成品量	1,500個	1,400個

（注）（　）内は，仕掛品の加工費進捗度または仕損の発生点の進捗度を示す。

2．原価データ

	切削工程	仕上工程
月初仕掛品原価		
前工程費	――円	315,000円
自工程費		
X素材費	180,000	――
Y材料費	――	36,400
加工費	61,500	105,000
合計	241,500円	456,400円
当月製造費用		
前工程費	――円	？円
自工程費		
X素材費	？	――
Y材料費	――	147,000
加工費	528,000	1,146,600
合計	？円	？円

3．その他の計算条件

(1) 切削工程および仕上工程の正常仕損はすべて当月投入分から生じ，1個あたりの処分価値は切削工程が？円，仕上工程が98円であり，いずれも加工価値によるものである。当社では正常仕損費の処理を非度外視の方法によっている。

(2) 月末仕掛品の評価は，切削工程，仕上工程ともに修正先入先出法による。

理解度チェック □□□

問題3-11 ★★★

当社は，製品Aを製造販売し，累加法による実際工程別総合原価計算を採用している。製品Aは，第1工程と第2工程を経て完成する。第1工程では，工程始点で原料Xを投入して加工する。第2工程では，第1工程の完成品を加工するが，工程始点から工程を通じて平均的に原料Yを投入している。

以下の（資料）にもとづいて，(1)原料Yの当月購入単価，(2)原料Xの当月消費額，(3)第1工程加工費配賦額，(4)第2工程加工費実際発生額，(5)第1工程完成品原価（原料費と加工費），(6)第2工程月初仕掛品原価（前工程費と加工費），および(7)第2工程完成品原価（原料費と加工費）を計算しなさい。

（資　料）

1．製品Aの生産・販売実績データ

月初在庫量	2,400個	(原価@15,250円)
当月生産量	18,000	
計	20,400個	
月末在庫量	3,840	
当月販売量	16,560個	

2．各工程の生産実績データ

	第１工程	第２工程
月初仕掛品	3,960個 (2/3)	2,400個 (1/2)
当月着手	16,920	18,000
計	20,880個	20,400個
月末仕掛品	2,880 (1/3)	1,680 (1/2)
正常仕損品	0	720
完成品	18,000個	18,000個

（注１）（　）内の数値は，仕掛品の加工費進捗度を示す。

（注２）第２工程の仕損は，加工費進捗度5/6で発生している。

3．月初仕掛品の原価データ

⑴ 第１工程仕掛品

原料費　9,405,000円

加工費　8,745,000円

⑵ 第２工程仕掛品

前工程費　？

原料費　1,800,000円

加工費　？

4．原料の購入・在庫データ（原料はすべて掛けで購入している。）

	原料X	原料Y
月初在庫量	720kg　@2,500円	60kg　@60,000円
当月購入量	13,560kg　@3,125円	495kg　？
月末在庫量	600kg	111kg

5．買掛金データ（買掛金はすべて原料購入により生じている。）

⑴ 月初残高　6,690,000円

⑵ 当月支払高　69,015,000円

⑶ 月末残高　4,800,000円

6．実際直接作業時間データ

⑴ 第１工程　12,000時間

⑵ 第２工程　15,000時間

7．その他の資料

⑴ 加工費は，直接作業時間を配賦基準として，工程別予定配賦率を用いて配賦している。当年度の加工費予算は，第１工程642,600,000円，第２工程1,368,000,000円である。同じく，予定直接作業時間は，第１工程151,200時間，第２工程180,000時間である。

⑵ 原料の払出単価の計算は，先入先出法を用いて行っている。

⑶ 各工程の完成品と月末仕掛品への原価配分は，先入先出法を用いて行っている。

⑷ 製品の庫出《くらだし》単価の計算は，平均法を用いて行っている。

⑸ 当月発生した加工費167,730,000円は，すべて加工費勘定に集計されている。

⑹ 第１工程の加工費配賦差異は，270,000円（貸方差異）である。

⑺ 仕損費は，原価計算理論にしたがった方法で計算し処理している。なお，仕損品に処分価格はない。

⑻ 当月の原価差異（加工費配賦差異）は，すべて売上原価勘定に振り替えられている。

⑼ 売上原価勘定の月末残高は，232,500,000円である。

⑽ 第２工程完成品前工程費は，105,450,000円と計算されている。

理解度チェック □□□

問題3-12 ★★★

桜木株式会社は切削工程と仕上工程の２つの工程を設け，製品Ｐを量産している。製品Ｐの製造過程は，まず切削工程の始点でＡ材料を投入し，切削工程の加工を行い切削工程完成品を産出する。この切削工程完成品はただちに仕上工程の始点で投入され，仕上工程の加工が行われて最終完成品Ｐが産出される。ただし，仕上工程の20％の地点でＢ材料が追加的に投入される。このＢ材料の投入による産出量への影響はない。以下の当月の資料にもとづき，各問に答えなさい。

１．当月の生産データ

	切削工程		仕上工程	
月初仕掛品	400個	(0.7)	200個	(0.1)
当月着手	2,400		2,000	
合　計	2,800個		2,200個	
正常仕損品	200		200	
月末仕掛品	600	(0.4)	400	(0.6)
完成品	2,000個		1,600個	

（注）(　　) 内は加工費進捗度を表す。

２．原価に関するデータ

	月初仕掛品原価		当月実際製造費用
	切削工程	仕上工程	
Ａ材料費	360,000円	450,500円	5,520,000円
Ｂ材料費	――	0	4,400,000
切削工程加工費	233,500	420,000	3,888,000
仕上工程加工費	――	320,000	6,672,000
合　計	593,500円	1,190,500円	20,480,000円

３．その他のデータ

(1) 正常仕損品は切削工程は工程の終点，仕上工程は工程の30％の地点に設けた検査点にて発見され良品と区別している。なお，切削工程の正常仕損品はすべて当月着手分のみから生じている。

(2) 仕損品については処分価値が認められ，切削工程の仕損品は１個あたり200円，仕上工程の仕損品は１個あたり320円である。

(3) 正常仕損費の処理については，その金額を分離した後に，改めて当該コストを負担すべき良品に追加配賦する。

(4) 工程別計算については累加法による。

(5) 月末仕掛品の評価については，切削工程は先入先出法，仕上工程は平均法による。

(6) 計算途中で生じた端数についてはそのままとし，最終の解答について生じた端数のみ円位未満を四捨五入すること。

〔問１〕

解答用紙の各勘定を記入しなさい。

〔問２〕

正常仕損費の処理について，その金額を分離せずに良品に対して自動的に負担させる方法によった場合，仕上工程の完成品総合原価，月末仕掛品原価はいくらになるか求めなさい。なお，仕上工程の仕損品処分価値については，総額のうち2,200円は前工程費から，8,740円は仕上工程加工費からそれぞれ控除し，残額はＢ材料費から控除するものとする。

理解度チェック

問題3-13 ★★★

㈱青森は製品ＧＳを量産しており，全原価要素工程別実際単純総合原価計算（非累加法）を採用している。以下に掲げる当社の当月のデータにもとづき，各問に答えなさい。

1．生産データ

	第１工程	第２工程
月初仕掛品	500個（0.4）	500個（0.5）
当月投入	3,900	4,000
合計	4,400個	4,500個
月末仕掛品	400（0.5）	500（0.8）
完成品	4,000個	4,000個

2．原価データ

	第１工程	第２工程
月初仕掛品原価：		
直接材料費	3,395,700円	3,307,500円
第１工程加工費	1,243,620	2,538,000
第２工程加工費	——	1,332,500
当月製造費用：		
直接材料費	18,918,900	——
第１工程加工費	17,766,000	——
第２工程加工費	——	18,467,500

（注１）直接材料はすべて第１工程の始点で投入された。

（注２）生産データの（　　）内の数値は加工費進捗度を示す。

〔問１〕

累加法と計算結果が一致する非累加法により解答用紙の勘定記入を完成しなさい。ただし，完成品と月末仕掛品への原価配分は，修正先入先出法によるものとする。

〔問２〕

累加法と計算結果が一致する非累加法により解答用紙の勘定記入を完成しなさい。ただし，完成品と月末仕掛品への原価配分は，平均法によるものとする。

理解度チェック □□□

問題3-14 ★★★

ＨＫ製作所は製品ＦＦを量産し，全原価要素工程別実際単純総合原価計算（累加法と計算結果が一致する非累加法）を採用している。製品ＦＦの製造過程は，まず第１工程の始点でＸ素材を投入し，加工をして第１工程完了品を第２工程へ振り替える。第２工程では第１工程完了品を始点で投入し，加工をして最終完成品ＦＦを製造する。以下の資料にもとづいて，解答用紙の勘定記入を完成しなさい。

１．生産データ

	第１工程		第２工程	
月初仕掛品	800kg	(0.7)	400kg	(0.8)
当月投入	4,800		5,000	
合計	5,600kg		5,400kg	
正常減損	100	(0.2)	200	(１)
月末仕掛品	500	(0.5)	300	(0.5)
完成品	5,000kg		4,900kg	

２．原価データ

	第１工程	第２工程
月初仕掛品原価：		
Ｘ素材費	215,600円	154,000円
第１工程加工費	333,760	121,500
第２工程加工費	――	56,900
当月製造費用：		
Ｘ素材費	1,325,400	――
第１工程加工費	2,208,990	――
第２工程加工費	――	1,331,100

（注１）生産データの（　）内の数値は加工費進捗度を示す。

（注２）月末仕掛品の評価は修正先入先出法により，正常減損は進捗度の大小関係により負担関係を決定したうえで，度外視の方法によって処理する。なお，正常減損はすべて当月投入分から生じたものとする。

理解度チェック

問題3-15 ★★☆

ＨＫ製作所は製品ＰＢを量産し，全原価要素工程別実際単純総合原価計算（累加法と計算結果が一致する非累加法）を採用している。以下の資料にもとづいて，月末仕掛品原価，完成品総合原価および完成品単位原価を計算しなさい。

1．生産データ

	第１工程		第２工程	
月初仕掛品	500個	(0.2)	750個	(0.4)
当月投入	2,700		2,600	
合計	3,200個		3,350個	
正常仕損品	100	(0.5)	100	(0.5)
月末仕掛品	500	(0.3)	750	(0.6)
完成品	2,600個		2,500個	

2．原価データ

	第１工程	第２工程
月初仕掛品原価：		
Ａ原料費	445,600円	487,500円
第１工程加工費	56,800	581,100
第２工程加工費	——	159,000
当月製造費用：		
Ａ原料費	2,268,000	——
第１工程加工費	1,836,000	——
第２工程加工費	——	1,080,000

（注１）生産データの（　）内の数値は加工費進捗度を示す。なお，Ａ原料はすべて第１工程の始点で投入された。

（注２）月末仕掛品の評価は平均法により，正常仕損は進捗度の大小関係により負担関係を決定したうえで，度外視の方法によって処理する。なお，仕損品には処分価値があり，１個あたり処分価格は第１工程分が81円，第２工程分が65円で，いずれも原料価値に依存している。

理解度チェック

問題3-16 ★☆☆

㈱神戸は製品ＧＳを量産しており，全原価要素工程別実際単純総合原価計算（非累加法）を採用している。以下に掲げる当社の当月のデータにもとづき各問に答えなさい。

1．生産データ

	第１工程		第２工程	
月初仕掛品	500個	(0.4)	500個	(0.5)
当月投入	3,900		4,000	
合計	4,400個		4,500個	
月末仕掛品	400	(0.5)	500	(0.8)
完成品	4,000個		4,000個	

2．原価データ

	第１工程	第２工程
月初仕掛品原価：		
直接材料費	3,395,700円	3,307,500円
第１工程加工費	1,243,620	2,538,000
第２工程加工費	——	1,332,500
当月製造費用：		
直接材料費	18,918,900	——
第１工程加工費	17,766,000	——
第２工程加工費	——	18,467,500

（注１）直接材料はすべて第１工程の始点で投入された。

（注２）生産データの（　　）内の数値は加工費進捗度を表す。

〔問１〕

非累加本来の計算（通常の非累加法）により解答用紙の勘定記入を完成しなさい。ただし完成品と月末仕掛品への原価配分は，修正先入先出法によるものとする。

〔問２〕

非累加本来の計算（通常の非累加法）により解答用紙の勘定記入を完成しなさい。ただし完成品と月末仕掛品への原価配分は，平均法によるものとする。

理解度チェック □□□

問題3-17 ★★★

㈱京都製作所では製品ＥＴを量産し，全原価要素工程別実際単純総合原価計算（非累加法）を採用している。製品ＥＴの製造過程はまず第１工程の始点でＸ原料を投入し，これを加工して第２工程へ振り替える。第２工程では第１工程完了品を始点で投入し，これを加工して製品ＥＴが完成する。以下に掲げる当社の資料にもとづき，解答用紙の勘定記入を完成させるとともに，完成品単位原価を工程費ごとに計算しなさい。ただし，完成品と月末仕掛品への原価配分は修正先入先出法により，工程別計算は非累加本来の計算（通常の非累加法）によること。

1．生産データ

	第１工程		第２工程	
月初仕掛品	400kg	(0.5)	500kg	(0.6)
当月投入	2,850		2,500	
合計	3,250kg		3,000kg	
正常減損	250	(0.4)	100	(0.5)
月末仕掛品	500	(0.6)	500	(0.4)
完成品	2,500kg		2,400kg	

2．原価データ

	第１工程	第２工程
月初仕掛品原価：		
X原料費	596,400円	699,600円
第1工程加工費	350,000	892,000
第2工程加工費		740,500
当月製造費用：		
X原料費	3,705,000	
第1工程加工費	3,510,000	
第2工程加工費		2,899,900

（注1）生産データの（　）内の数値は加工費進捗度および減損の発生点の進捗度を表す。

（注2）正常減損費の処理は度外視の方法を採用しており，その負担関係は進捗度にもとづいて決定する。なお，減損はすべて当月投入分から生じたものとする。

理解度チェック □□□

問題3-18 ★★★

製品CXを連続する2工程で量産する水道橋製作所では，製品CXに使用するY原料の価格が日ごとに著しく変動するので，加工費工程別実際単純総合原価計算（累加法）を採用している。以下の当社の今月の資料にもとづき，解答用紙の勘定記入を完成しなさい。

（資　料）

1．生産データ

	第１工程		第２工程	
月初仕掛品	650kg	(0.4)	300kg	(0.8)
当月投入	2,450		2,500	
合計	3,100kg		2,800kg	
月末仕掛品	600	(0.6)	400	(0.5)
完成品	2,500kg		2,400kg	

2．原価データ

(1)　Y原料費

月初仕掛品原価：232,800円

当月製造費用：588,000円

(2)　加工費

	第１工程	第２工程
月初仕掛品原価：		
前工程費	―― 円	96,000円
当工程費	95,680	73,920
当月製造費用：		
前工程費	――	?
当工程費	794,300	585,280

（注1）Y原料はすべて第1工程の始点で投入された。

（注2）生産データの（　）内の数値は加工費進捗度を示す。

（注3）第1工程完成品はただちに第2工程へ振り替えられた。

（注4）月末仕掛品の評価は修正先入先出法による。

理解度チェック □□□

問題3-19 ★★★

㈱飯田橋工業では，製品ＮＴを連続する２工程で量産し，加工費工程別実際単純総合原価計算（累加法）を採用している。以下の当社の今月の資料にもとづき，各問に答えなさい。

（資　料）

1．生産データ

	第１工程		第２工程	
月初仕掛品	300kg	(0.7)	500kg	(0.8)
当月投入	5,000		4,800	
合　計	5,300kg		5,300kg	
月末仕掛品	400	(0.2)	200	(0.4)
正常減損	100	(0.5)	100	(0.5)
完成品	4,800kg		5,000kg	

2．原価データ（加工費については省略する）

Ｘ原料費

月初仕掛品原価：　360,000円

当月製造費用：2,250,000円

（注１）Ｘ原料はすべて第１工程の始点で投入された。

（注２）生産データの（　　）内の数値は仕掛品の加工費進捗度および減損の発生点の進捗度を示す。

（注３）第１工程完成品はただちに第２工程へ振り替えられた。

（注４）正常減損費の処理は度外視の方法により，月末仕掛品の評価は修正先入先出法による。

〔問１〕

正常減損の負担を完成品のみとする簡便な処理により，月末仕掛品原料費，完成品原料費および完成品単位原価を計算しなさい。

〔問２〕

正常減損の負担を月末仕掛品と減損の進捗度の大小関係により決定する厳密な処理により，月末仕掛品原料費，完成品原料費および完成品単位原価を計算しなさい。

理解度チェック

問題3-20 ★★★

後楽園製作所では，製品ＳＰを連続する２工程で量産しており，製品ＳＰに使用するＺ原料の価格は日ごとに変動が著しいため，原価管理の中心を加工費におき加工費工程別実際単純総合原価計算（累加法）を採用し，月末仕掛品の評価方法は先入先出法を採用している。以下の当社の今月の資料にもとづき，解答用紙の勘定記入を完成し，さらに完成品単位原価を計算しなさい。ただし，加工費の単位原価については，(a)月初仕掛品完成分，(b)当月投入完成分，(c)当月完成品全体の加重平均単位原価に区別して計算すること。

（資　料）

１．生産データ

	第１工程		第２工程	
月初仕掛品	500kg	(0.7)	400kg	(0.6)
当月投入	2,550		2,200	
合　計	3,050kg		2,600kg	
月末仕掛品	750	(0.2)	500	(0.3)
正常減損	100	(0.5)	100	(0.5)
完成品	2,200kg		2,000kg	

２．原価データ

(1)　Ｚ原料費

月初仕掛品原価：137,000円

当月製造費用：280,500円

(2)　加工費

	第１工程	第２工程
月初仕掛品原価：		
前工程費	―― 円	62,400円
当工程費	61,960	20,160
当月製造費用：		
前工程費	――	?
当工程費	236,980	125,440

（注１）Ｚ原料はすべて第１工程の始点で投入された。

（注２）生産データの（　　）内の数値は加工費進捗度および減損の発生点の進捗度を示す。

（注３）第１工程完成品はただちに第２工程へ振り替えられた。

（注４）正常減損はすべて当月投入分から生じ，正常減損費の処理は非度外視の方法による。ただし，原料費の計算については全額を最終完成品に負担させるものとする。

理解度チェック

問題3-21　★★★

当工場では製品Nを製造している。当工場には，第1工程と第2工程の2つの工程がある。第1工程で直接材料甲を投入して加工し，第1工程完了品が完成する。第2工程では，第1工程の完了品を加工して製品Nが完成する。月初・月末には，工程間在庫（第1工程完了品在庫）のみがあり，工程内の在庫は存在しない。また，各工程において，通常認められる範囲内の仕損が生じているが，仕損品に処分価値はない。

次の当月の資料にもとづいて，解答用紙の仕掛品勘定を完成させなさい。なお，原価配分の方法は先入先出法による。

（資　料）

1．生産データ

月初仕掛品

　第1工程完了品　800単位

第1工程完成量　5,800単位

製品N完成量　3,000個

月末仕掛品

　第1工程完了品　400単位

（注）当月は当初の予定通り，最終完成品1個の製造に，第1工程完了品を2単位投入した。

3．原価データ

月初仕掛品

　第1工程完了品原価　93,000円

当月製造費用

　直接材料費　60円/kg×6,600kg＝396,000円

　第1工程加工費　503,000円

　第2工程加工費　620,000円

Theme 04 組別・等級別総合原価計算

理解度チェック

問題4-1 ★★★

横浜製作所では異種製品である製品ＣＬと製品ＣＸを量産し，単一工程組別実際総合原価計算を採用している。以下の当社の今月の資料にもとづき，解答用紙の勘定記入を完成し，さらに各製品品種の完成品単位原価を計算しなさい。

（資　料）

1．生産データ

	製品ＣＬ	製品ＣＸ
月初仕掛品	600kg（0.3）	400kg（0.7）
当月投入	2,600	2,200
合計	3,200kg	2,600kg
月末仕掛品	400（0.6）	600（0.4）
完成品	2,800kg	2,000kg

2．原価データ

	製品ＣＬ	製品ＣＸ
⑴　月初仕掛品原価：		
原料費	263,400円	172,000円
加工費	54,720	112,000

⑵　当月製造費用：

①　原料費

製品ＣＬはＡ原料，製品ＣＸはＢ原料を使用しており，各原料の当月の受払状況は次のとおりである（払出単価の計算は先入先出法）。

	月初棚卸高	当月購入高	月末棚卸高
Ａ原料	300kg（@446円）	3,000kg（@420円）	700kg（@？円）
Ｂ原料	500kg（@463円）	2,100kg（@485円）	400kg（@？円）

②　加工費

当月の実際加工費の内訳は次のとおりであり，組間接費については各製品の当月実際直接作業時間を基準に各製品に配賦する。

	製品ＣＬ	製品ＣＸ
組直接費	547,200円	369,000円
組間接費	1,333,800円	
実際直接作業時間	1,600時	1,000時

（注１）両製品とも，原料は始点で投入された。

（注２）生産データの（　）内の数値は加工費進捗度を示す。

（注３）月末仕掛品の評価は製品ＣＬが平均法，製品ＣＸが先入先出法による。

理解度チェック

問題4-2 ★★★

富山製作所では異種製品である製品ＡＬと製品ＢＸを量産し，組別実際総合原価計算を採用している。以下の当社の今月の資料にもとづき，解答用紙の勘定記入を完成し，さらに各製品品種の完成品単位原価を計算しなさい。

（資　料）

1．生産データ

	製品ＡＬ		製品ＢＸ	
月初仕掛品	550個	(0.8)	400個	(0.8)
当月投入	4,400		5,300	
合　計	4,950個		5,700個	
正常仕損品	100	(1)	200	(0.5)
月末仕掛品	850	(0.4)	500	(0.6)
完成品	4,000個		5,000個	

2．原価データ

	製品ＡＬ	製品ＢＸ
(1) 月初仕掛品原価：		
原料費	78,100円	61,080円
加工費	39,600	35,640
(2) 当月製造費用：		
原料費	607,200円	919,020円
加工費		
組直接費	205,120円	138,360円
組間接費		

動力部費	457,866円
修繕部費	85,870円
検収部費	305,244円

組間接費の各製品への配賦は以下の配賦基準により行う。

動力部費と検収費：当月原料消費額

修繕部費　　　　：当月組直接費（加工費）

（注１）両製品とも，原料は始点で投入された。

（注２）生産データの（　　）内の数値は加工費進捗度を示す。

（注３）月末仕掛品の評価は製品ＡＬ，製品ＢＸともに修正先入先出法による。

（注４）正常仕損費の処理は度外視の方法により，正常仕損はすべて当月投入分から生じたものとする。なお，正常仕損費は仕損の発生点を通過した良品に対して負担させること。

理解度チェック

問題4-3 ★★★

神奈川製作所では異種製品である製品ＤＣと製品ＦＦを量産し，単一工程組別実際総合原価計算を採用している。以下の当社の今月の資料にもとづき，解答欄の勘定記入を完成し，さらに各製品品種の完成品単位原価の計算および加工費配賦差異の分析をしなさい。

（資　料）

1．生産データ

	製品ＤＣ	製品ＦＦ
月初仕掛品	250個（0.4）	800個（0.25）
当月投入	1,450	1,300
合　計	1,700個	2,100個
正常仕損品	200　（0.5）	100　（0.5）
月末仕掛品	500　（0.8）	500　（0.4）
完成品	1,000個	1,500個

（注）両製品とも，原料は始点で投入された。なお生産データの（　　）内の数値は加工費進捗度を示す。

2．原価データ

	製品ＤＣ	製品ＦＦ
⑴　月初仕掛品原価：		
原料費	38,700円	154,400円
加工費	13,320	28,140

⑵　当月製造費：

①　原料費

製品ＤＣはＡ原料，製品ＦＦはＢ原料を使用しており，各原料の当月の受払状況は次のとおりである（払出単価の計算はＡ原料，Ｂ原料ともに先入先出法による）。

	月初棚卸高	当月購入高	月末棚卸高
Ａ原料	200kg（@154.5円）	1,360kg（@140.0円）	400kg（@？円）
Ｂ原料	400kg（@223.0円）	840kg（@210.0円）	200kg（@？円）

②　加工費

(i)　加工費については直接作業時間を基準とする予定配賦を行っている。当社の月間加工費予算と月間基準操業度は次のとおりである。

変動加工費率　46円/時　　　固定加工費　288,000円

基準操業度　　3,600直接作業時間

(ii)　当月の実際加工費および実際直接作業時間は次のとおりである。

実際加工費　　　　450,000円

実際直接作業時間　製品ＤＣ　1,680時　　　製品ＦＦ　1,860時

3．その他の計算条件

⑴　月末仕掛品の評価は製品ＤＣ，製品ＦＦともに平均法による。

⑵　正常仕損費の処理は非度外視の方法による。なお，製品ＤＣ，製品ＦＦいずれの仕損品についても１個あたり15円の処分価格がある。

理解度チェック □□□

問題4-4 ★★☆

大阪製作所では異種製品である製品ＮＡと製品ＮＸを量産し，全原価要素工程別組別実際総合原価計算（累加法）を採用している。以下の当社の今月の資料にもとづき，解答用紙の勘定記入を完成しなさい。

（資　料）

1．生産データ

	製品ＮＡ		製品ＮＸ	
	第１工程	第２工程	第１工程	第２工程
月初仕掛品	400kg（0.75）	140kg（0.4）	350kg（0.2）	200kg（0.4）
当月投入	2,200	2,000	2,650	2,500
合　計	2,600kg	2,140kg	3,000kg	2,700kg
月末仕掛品	500　（0.3）	400　（0.7）	400　（0.8）	700　（0.8）
正常減損	100　（0.2）	240　（１）	100　（0.5）	――
完成品	2,000kg	1,500kg	2,500kg	2,000kg

2．原価データおよび直接作業時間

	製品ＮＡ		製品ＮＸ	
	第１工程	第２工程	第１工程	第２工程
月初仕掛品原価：				
前工程費		88,100円		82,000円
当工程費				
原料費	90,000円		58,870円	
加工費	38,700	57,300	22,560	15,360
当月製造費用：				
前工程費		?		?
当工程費				
原料費	330,000		445,730	
組直接加工費	216,350	197,000	445,240	22,800
当月直接作業時間：	975時	922時	1,400時	1,240時

当月製造費用のうち加工費については，上記以外に組間接加工費が1,134,250円発生しており，組間接費は各製品の直接作業時間を基準に配賦する。

（注１）原料はすべて第１工程の始点で投入された。

（注２）生産データの（　　）内の数値は加工費進捗度を示す。

（注３）第１工程完成品はただちに第２工程へ振り替えられ，始点投入された。

（注４）月末仕掛品の評価は平均法による。また，正常減損費の処理は度外視の方法を採用しており，その負担関係は進捗度にもとづいて決定する。

理解度チェック

問題4-5 ★★★

松本製作所では異種製品である製品Aと製品Bを量産し，全原価要素工程別組別実際総合原価計算（累加法）を採用している。以下の当社の今月の資料にもとづき，製品Aについて解答用紙の勘定記入を完成するとともに，製品Bの完成品単位原価を計算しなさい。

（資　料）

1．生産データ

	製品A		製品B	
	第1工程	第2工程	第1工程	第2工程
月初仕掛品	500kg（0.4）	600kg（0.5）	500kg（0.3）	200kg（0.5）
当月投入	900	1,000	900	800
合　計	1,400kg	1,600kg	1,400kg	1,000kg
月末仕掛品	400　（0.5）	400　（0.5）	600　（0.5）	400　（0.5）
完成品	1,000kg	1,200kg	800kg	600kg

2．原価データおよび直接作業時間

(1) 月初仕掛品原価：

	製品A		製品B	
	第1工程	第2工程	第1工程	第2工程
前工程費	――	180,000円	――	79,200円
当工程費				
原料費	105,000円	――	82,800円	――
加工費	21,600	92,400	36,700	35,500

(2) 当月製造費用：

① 組直接費

(i) 原料費

製品A，製品Bともに同一原料を使用しており，原料の当月の受払状況は次のとおりである（払出単価の計算は平均法）。

月初棚卸高	当月購入高	月末棚卸高
400ℓ（@191円）	1,800ℓ（@202円）	355ℓ（@？円）

製品Aの消費量は1,035ℓであり，残りは製品Bの消費量である。

(ii) 直接労務費

製品別直接労務費は，消費賃率に実際直接作業時間を掛けて計算する。

	製品A		製品B	
	第1工程	第2工程	第1工程	第2工程
消費賃率：	@500円	@600円	@460円	@600円
当月直接作業時間：	200時	520時	250時	350時

② 組間接費

組間接費は，各工程の工程費を集計（補助部門費の配賦は直接配賦法による）し，それを各製品の直接作業時間を基準に各製品へ配賦する。

	第１工程	第２工程	動力部	修繕部
１次集計費	148,100円	120,300円	30,000円	70,000円
動力部費	?	?		
修繕部費	?	?		
合計	? 円	? 円		
動力消費量	34kwh	16kwh		5 kwh
修繕時間	52時	18時	7時	

３．その他の計算条件

(1) 原料はすべて第１工程の始点で投入された。

(2) 生産データの（　　）内の数値は加工費進捗度を示す。

(3) 第１工程完成品はただちに第２工程へ振り替えられ，始点投入された。

(4) 月末仕掛品の評価は製品Ａ，製品Ｂともに修正先入先出法による。

理解度チェック □□□

問題4-6 ★★★

当社は，複数の製品を製造・販売しており，実際総合原価計算を採用している。複数製品のうち，製品ＡとＢは，いずれも工程の始点で原料を投入し，これを加工して完成する。以下の当社の今月の資料にもとづき，解答用紙の勘定記入を完成し，さらに各製品品種の完成品単位原価を計算しなさい。

（資　料）

１．生産データ

	製品Ａ		製品Ｂ	
月初仕掛品	550個	(0.8)	400個	(0.8)
当月投入	4,400		5,300	
合計	4,950個		5,700個	
正常仕損品	100	(1)	200	(0.5)
月末仕掛品	850	(0.4)	500	(0.6)
完成品	4,000個		5,000個	

２．原価データ

	製品Ａ	製品Ｂ
(1) 月初仕掛品原価：		
原料費	74,100円	71,080円
加工費	98,670	64,000
(2) 当月製造費用：		
原料費	607,200円	919,020円
加工費		

コスト・プール	金額	配賦基準	配賦基準総量	製品Ａの配賦基準量	製品Ｂの配賦基準量
機械作業	3,000,000円	機械作業時間	15,000時間	1,800時間	2,600時間
段取	1,000,000円	段取回数	400回	60回	20回
材料取扱	2,000,000円	材料重量	5,000kg	880kg	530kg
管理活動	1,600,000円	直接作業時間	16,000時間	400時間	2,140時間

（注１）生産データの（　　）内の数値は加工費進捗度を示す。

（注2）月末仕掛品の評価は製品A，製品Bともに修正先入先出法による。

（注3）正常仕損費の処理は度外視の方法により，正常仕損費は仕損の発生点を通過した良品に対して負担させること。なお，正常仕損はすべて当月投入分から生じたものとする。

理解度チェック □□□

問題4-7 ★★★

当工場では製品甲と製品乙を量産し，累加法による工程別組別総合原価計算を採用している。両製品とも，第1工程と第2工程を経て完成する。第1工程では，工程の始点で原料Pを投入し加工する。第2工程では，工程の始点で第1工程の完成品と追加原料Qを投入し加工する。

下記の（資料）にもとづいて，次の各問に答えなさい。

〔問1〕

答案用紙の仕掛品勘定を完成させなさい。

〔問2〕

第2工程製品甲と製品乙の完成品総合原価を計算しなさい。

〔問3〕

第2工程製品甲と製品乙の月末仕掛品原価を計算しなさい。

〔問4〕

次の語群の中から，下記の文章の（　　）内に入る適切な用語を選び，その記号を解答用紙に記入しなさい。ただし，④と⑤には複数の記号が入る可能性がある。

（ア）同種製品，（イ）異種製品，（ウ）大量生産品，（エ）受注生産品，
（オ）連産品，（カ）原料費，（キ）直接労務費，（ク）直接経費，
（ケ）製造間接費，（コ）単純総合原価計算，（サ）等級別総合原価計算，
（シ）工程別総合原価計算

組別総合原価計算は，（ ① ）を連続生産する工場で適用される製品別計算の方法である。これに対して，同じ生産工程で（ ② ）を連続生産する工場に適用される製品別計算の方法は（ ③ ）である。組別総合原価計算では，1期間の製造費用を各組製品ごとに直接に集計することができる組直接費と，直接に集計することができない組間接費とに分ける。この問題において組直接費は（ ④ ），組間接費は（ ⑤ ）である。

（資　料）

1．製品甲と製品乙の生産実績データ

	第1工程			第2工程	
	製品甲	製品乙		製品甲	製品乙
月初仕掛品	6,000kg (0.5)	6,000kg (0.5)		0kg	0kg
当月投入	30,000	36,000	(前工程)	30,000	36,000
			(当工程)	6,000	4,000
計	36,000kg	42,000kg		36,000kg	40,000kg
月末仕掛品	5,000 (0.5)	4,000 (0.6)		1,500 (0.6)	2,000 (0.3)
正常仕損品	1,000 (0.4)	2,000 (0.4)		1,500 (0.8)	1,000 (0.8)
副産物	—	—		—	2,000
完成品	30,000kg	36,000kg		33,000kg	35,000kg

（注）（　　）内の数値は，仕掛品と正常仕損品の加工費進捗度を示している。正常仕損はそれぞれの加工費進捗度の点で発生し，それ以後には発生しなかった。

2．月初仕掛品の原価データ

	第 1 工 程	
	製 品 甲	製 品 乙
原 料 費	19,476,480円	18,360,000円
加 工 費	6,065,800円	5,912,000円

3．原料の払出単価と消費量

原 料 P　3,200円/kg　66,000kg

原 料 Q　4,000円/kg　10,000kg

4．直接工平均賃率

第１工程　1,000円/時間　　第２工程　1,200円/時間

5．実際直接作業時間データ

	製 品 甲	製 品 乙
第１工程	16,000時間	14,000時間
第２工程	1,500時間	1,800時間

6．実際機械稼働時間データ

	製 品 甲	製 品 乙
第１工程	9,900時間	16,000時間
第２工程	10,836時間	18,240時間

7．その他の資料

(1)　製造間接費は２つのコストプールに分け，コストプールごとに工程別予定配賦率を用いて配賦している。各コストプールの当年度の予算，配賦基準と配賦基準総量は次のとおりである。

コストプール１	製造間接費予算（年額）	配賦基準	配賦基準総量
第１工程	541,500,000円	直接作業時間	361,000時間
第２工程	72,000,000円		40,000時間
コストプール２	製造間接費予算（年額）	配賦基準	配賦基準総量
第１工程	624,000,000円	機械稼働時間	312,000時間
第２工程	875,000,000円		350,000時間

(2)　各工程の完成品と月末仕掛品への原価配分は平均法を用いている。

(3)　正常仕損費の処理は，いずれの工程も非度外視法によること。なお，第１工程の仕損品は再溶解の後，翌月の原料として利用される。その評価額は１kgあたり1,680円である。第２工程の仕損品の処分価値はない。

(4)　副産物は工程の終点で発生した。評価額は１kgあたり1,000円である。副産物の評価額は製品乙の完成品総合原価から控除する。

(5)　計算結果に端数が生じる場合は，円未満を四捨五入すること。

理解度チェック □□□

問題4-8 ★☆☆

関東製作所では切削工程から仕上工程を経て異種製品である製品AMと製品PMを量産しており，補助部門としては事務部と電力部がある。月々の操業度はかなり変動するので，採用している原価計算は，加工費については製品へ予定配賦する，加工費工程別組別実際正常総合原価計算（累加法）である。以下の当社の今月の資料にもとづき，解答用紙の勘定記入を完成しなさい。

（資　料）

1．加工費月間予算（公式法変動予算）

	切削工程		仕上工程		電力部		事務部
	月間固定費	月間変動費	月間固定費	月間変動費	月間固定費	月間変動費	月間固定費
(1) 自工程費	240万円	250万円	645万円	365万円	180万円	360万円	660万円
(2) 補助部門費配賦額							
事務部費	?	——	?	——	?	——	——
電力部費	?	?	?	?	——	——	——
合計(1)＋(2)	?万円	?万円	?万円	?万円	?万円	360万円	660万円
月間正常機械作業時間	6,500時		——		——		——
月間正常直接作業時間	——		3,500時		——		——
月間正常電力消費(供給)量	30,000kwh		10,000kwh		(40,000kwh)		——
従業員数	30人		20人		5人		5人

上記の表において，事務部費は各部門の従業員数を基準に関係部門へ配賦する。電力部は，正常な状態では，４万kwhの電力を３：１の割合で切削工程と仕上工程へ供給している。そこで，電力部の固定費は，両工程の月間正常電力消費量の割合を基準にして，また変動費は，１kwhあたりの予定配賦率に月間正常電力消費量を掛けて両工程へ配賦する。かくして両工程に集計された加工費予算にもとづき，切削工程では機械作業時間，仕上工程では直接作業時間を基準にして予定配賦率が計算される。

2．生産データ

	製品AM 切削工程	製品AM 仕上工程	製品PM 切削工程	製品PM 仕上工程
月初仕掛品	500個 (0.7)	500個 (0.8)	250個 (0.6)	560個 (0.5)
当月投入	4,750	4,450	2,700	2,140
合計	5,250個	4,950個	2,950個	2,700個
月末仕掛品	750 (0.4)	750 (0.4)	750 (0.2)	600 (0.3)
正常仕損品	50 (１)	200 (１)	60 (１)	100 (１)
完成品	4,450個	4,000個	2,140個	2,000個
当月実際機械作業時間	2,411.9時	——	3,589.96時	——
当月実際直接作業時間	——	1,402.2時	——	1,956.5時

当月実際電力消費量は，切削工程が29,035kwh，仕上工程が9,768kwhであった。

（注）生産データの（　　）内の数値は加工費進捗度および仕損の検査点の進捗度を示す。また，原料は製品AM，製品PMとも切削工程の始点でのみ投入された。

3．当月実際原価データ

① 原料費

(i) 月初仕掛品原料費　　製品ＡＭ　74.9万円　　製品ＰＭ　42.7万円

(ii) 当月実際消費額

製品ＡＭ，製品ＰＭともに同一原料を使用しており，原料の当月の受払状況は次のとおりである（払出単価の計算は平均法）。

月初棚卸高	当月購入高	月末棚卸高
2,000kg（@440円）	12,000kg（@510円）	1,618kg（@？円）

製品ＡＭの消費量は8,170kgであり，残りは製品PMの消費量である。

② 加工費

	切削工程	仕上工程	電力部	事務部
(i) 製品AM月初仕掛品加工費				
前工程費	——	67.9500万円	——	——
自工程費	95.2650万円	42.5600	——	——
合計	95.2650万円	110.5100万円		
(ii) 製品ＰＭ月初仕掛品加工費				
前工程費	——	191.5900万円	——	——
自工程費	72.4720万円	88.6340	——	——
合計	72.4720万円	280.2240万円	——	——
(ii) 当月加工費				
固定費	240.0000万円	645.0000万円	180.0000万円	670.0000万円
変動費	218.9570	348.4880	349.5510	——
合計	458.9570万円	993.4880万円	529.5510万円	670.0000万円

4．その他の計算条件

(1) 補助部門費の配賦は，予定配賦率を計算した場合と同様に，固定費については実際額ではなく予算額を，その補助部門用役を消費する関係部門の用役消費能力の割合，または正常消費量の割合で配賦する。変動費については，予定配賦率に関係部門の用役実際消費量を掛けて配賦する。その結果，補助部門勘定には，予算差異が明示されるが，操業度差異は表れない。

(2) 切削工程，仕上工程における月末仕掛品の評価は，先入先出法（純粋先入先出法でなく，平均法を加味した修正先入先出法でよい）による。

(3) 正常仕損費の処理は度外視の方法による。なお原料費の計算において，正常仕損費は最終完成品にのみ負担させる。

理解度チェック □□□

問題4-9 ★★★

㈱大阪工業では等級製品である製品A－1，製品A－2および製品A－3を量産し，等級別実際総合原価計算を採用している。以下の当社の今月の資料にもとづき，解答用紙の勘定記入を完成するとともに，各等級製品の完成品単位原価を計算しなさい。

（資　料）

1．生産データ

月初仕掛品	500個	(0.6)
当月投入	5,300	
合　計	5,800個	
月末仕掛品	800	(0.8)
完成品	5,000個	

2．原価データ

月初仕掛品原価	
直接材料費	200,000円
加工費	90,000円
当月製造費用	
当月直接材料費	2,120,000円
当月加工費	1,602,000円

3．等級品の内訳と等価係数（等価係数は1個あたりの重量を使用する）

製品A－1：2,000個（0.7kg／個）

製品A－2：2,000個（0.8kg／個）

製品A－3：1,000個（1.0kg／個）

（注1）直接材料はすべて工程の始点で投入された。

（注2）生産データの（　　）内の数値は加工費進捗度を示す。

（注3）月末仕掛品の評価は先入先出法による。

理解度チェック □□□

問題4-10 ★★★

京都製作所では等級製品である製品ＣＭと製品ＣＬを量産し，等級別実際総合原価計算を採用している。以下の当社の今月の資料にもとづき，各問に答えなさい。

〔資　料〕

1．生産データ

	製品ＣＭ	製品ＣＬ
月初仕掛品	2,500kg (0.4)	2,000kg (0.25)
当月投入	4,000	3,000
合　計	6,500kg	5,000kg
月末仕掛品	1,500 (0.8)	1,000 (0.5)
完成品	5,000kg	4,000kg

2．原価データ

	製品ＣＭ	製品ＣＬ
(1) 月初仕掛品原価：		
原料費	6,825,000円	4,368,000円
加工費	8,277,000	2,483,100

(2) 当月製造費用：

原料費	43,680,000円
加工費	47,178,900

3．等価係数

	製品ＣＭ	製品ＣＬ
原料費	1.0	0.8
加工費	1.0	0.6

（注１）原料は始点で投入された。

（注２）生産データの（　　）内の数値は加工費進捗度を示す。

（注３）月末仕掛品の評価は製品ＣＭ，製品ＣＬともに平均法による。

〔問１〕

製品ＣＭおよび製品ＣＬの月末仕掛品原価，完成品総合原価および完成品単位原価を計算しなさい。ただし，等級別計算は，各等級製品の月初仕掛品原価と当月製造費用の合計額を等価係数を使用した各等級製品の完成品，月末仕掛品へ按分する方法による。

〔問２〕

製品ＣＭおよび製品ＣＬの月末仕掛品原価，完成品総合原価および完成品単位原価を計算しなさい。ただし，等級別計算を行うにあたり，等価係数は当月製造費用を各等級製品に按分する段階で使用する。

理解度チェック

問題4-11 ★★★

当社は等級製品である製品甲と製品乙を生産している。以下の［資料］にもとづいて下記の各問に答えなさい。

（資　料）

1．生産データ

	製品甲	製品乙
月初仕掛品	100個（40%）	100個（40%）
当月投入	1,500個	1,000個
合　計	1,600個	1,100個
正常仕損品	50個（50%）	25個（80%）
月末仕掛品	150個（60%）	75個（60%）
完成品	1,400個	1,000個

（注）原料はすべて工程の始点で投入されている。なお，カッコ内の数値は，仕掛品の加工費進捗度または正常仕損品の発生点の進捗度を示している。

2．月初仕掛品原価データ

	製品甲	製品乙	合　計
原料費	174,800円	122,300円	297,100円
加工費	48,000円	28,800円	76,800円

3．各等級製品の単位あたり資源消費量は概ね以下のようになる。各等級製品は同一原料・同一工程で生産される同種製品であるが，資源消費量の違いにより等級製品に区分される。したがって，以下の資源消費量にもとづき等価係数を原価要素別に設定している。

	製品甲	製品乙
原料消費量	4kg/個	2.8kg/個
直接作業時間	3.5時間/個	2.1時間/個

4．正常仕損費の処理は，非度外視法によるものとし，負担関係は仕損発生点の進捗度により決定する。

〔問1〕各等級製品の等価係数を計算しなさい。なお，解答にあたっては製品甲を基準製品（等価係数1）とすること。

〔問2〕当月製造費用を各等級製品に按分する方法により等級別総合原価計算を行い，製品甲の仕掛品勘定を完成させなさい。また，製品乙の完成品総合原価と完成品単位原価および月末仕掛品原価を計算しなさい。

当月製造費用は原料費3,779,600円，加工費2,487,100円である。原価の配分は，先入先出法を採用しており，仕損品はすべて当月投入分から生じているものと仮定する。製品甲の正常仕損品には，原料から1個あたり50.5円，加工から1個あたり20.8円の処分価値がある。製品乙の正常仕損品には，原料から1個あたり15円，加工から1個あたり10円の処分価値がある。

〔問3〕月初仕掛品原価と当月製造費用を合計し，等価係数を使用した製品甲と製品乙の完成品量，正常仕損量，月末仕掛品量に按分する方法により等級別総合原価計算を行い，等級製品別の完成品総合原価と完成品単位原価および月末仕掛品原価を計算しなさい。

本問の当月製造費用は原料費3,850,400円，加工費2,508,000円であるとして計算し，原価の配分には，平均法を用いること。また，正常仕損品の処分価値は，製品甲が1個あたり56円，製品乙が1個あたり20円であるとする。

理解度チェック

問題4-12 ★★★

当工場では，実際総合原価計算を採用しており，等級製品XおよびYが生産される。その製造工程は工程の始点において原料を投入し，これを加工することによって等級製品XおよびYを製造する。以下の資料にもとづいて下記の各問に答えなさい。

（資　料）

1．生産データ

	製　品　X		製　品　Y	
月初仕掛品	500個	(0.5)	600個	(0.6)
当月投入	5,500		2,900	
投入量合計	6,000個		3,500個	
完成品	5,000個		3,000個	
正常仕損品	400	(0.8)	200	(0.4)
月末仕掛品	600	(0.3)	300	(0.6)
産出量合計	6,000個		3,500個	

（注）（　　）内は加工費の進捗度である。製品X，Yより生じる正常仕損品の評価額は，それぞれ102.45円/個，56.36円/個であり，主として加工の価値に依存している。

2．原価データ

	製　品　X	製　品　Y	合　計
月初仕掛品			
原料費	88,460	85,740	174,200
加工費	47,522	44,280	91,802
小計	135,982円	130,020円	266,002円
当月製造費用			
原料費			1,321,580円
加工費			1,432,950
小計			2,754,530円
投入額合計			3,020,532円

3．等価係数

	製　品　X		製　品　Y
原料費	1	:	0.8
加工費	1	:	0.6

4．その他の計算条件

(1)　原価配分の方法は平均法による。

(2)　正常仕損費の処理は，非度外視の方法による。

(3)　計算上割切れない場合には，最終的な金額の円未満を四捨五入すること。ただし，完成品単位原価は小数点以下第4位を四捨五入し，小数点以下第3位まで求めること。

〔問1〕解答用紙の仕掛品勘定の記入と，各等級製品の完成品単位原価を求めなさい。ただし，等級別計算は，製品X，Yの月初仕掛品と当月製造費用の合計額を，等価係数を使用した各製品の完成品量，月末仕掛品換算量，正常仕損換算量へ按分する方法によること。

〔問2〕製品Yについて解答用紙の仕掛品勘定の記入と完成品単位原価を求めなさい。ただし，等級別計算は，当月製造費用を，まず，製品ＸとＹとに按分し，等級製品ごとに月初仕掛品原価と当月製造費用の合計を完成品量，月末仕掛品換算量，正常仕損換算量へ配分していく方法によること。

理解度チェック

問題4-13 ★★★

名古屋製作所では等級製品である製品ＹＭと製品ＹＬを量産し，等級別実際総合原価計算を採用している。以下の当社の今月の資料にもとづき，解答用紙の仕掛品勘定の記入を完成するとともに，各製品の完成品単位原価を計算しなさい。

（資　料）

1．生産データ

	製品ＹＭ		製品ＹＬ	
月初仕掛品	350個	(0.8)	800個	(0.3)
当月投入	4,350		4,000	
合　計	4,700個		4,800個	
正常仕損品	400	(0.5)	200	(1)
月末仕掛品	800	(0.6)	600	(0.7)
完成品	3,500個		4,000個	

2．原価データ

	製品ＹＭ	製品ＹＬ
⑴　月初仕掛品原価：		
原料費	1,960,000円	3,136,000円
加工費	1,960,000	840,000
⑵　当月製造費用：		
原料費	32,761,300円	
加工費	34,676,460	

3．等価係数

	製品ＹＭ	製品ＹＬ
原料費	1.0	0.7
加工費	1.0	0.5

（注１）原料は始点で投入された。

（注２）生産データの（　　）内の数値は加工費進捗度および仕損の検査点の進捗度を示す。

（注３）当社ではできるだけ正確に等級製品の製造原価を把握するために，等価係数は原料費と加工費とを区別して，当月製造費用を等級製品に按分する際に使用している。

（注４）月末仕掛品の評価は製品ＹＭ，製品ＹＬともに修正先入先出法による。

（注５）正常仕損費の処理は非度外視の方法による。なお，仕損品はすべて当月投入分から生じているものとする。また，仕損品には処分価格があり，１個あたりの処分価格は製品ＹＭが22.75円，製品ＹＬが54.4円である。

Theme

05 連産品の原価計算

理解度チェック

問題5-1 ★★★

大宮製作所ではA原料を加工し，製品ＶＫと製品ＺＴを量産している。これらの製品は連産品であり，工程の終点で分離される。以下に掲げる当社の今月の資料にもとづき，各問に答えなさい。

（資　料）

1．当月製造費用

原料費　350,000円　　　加工費　150,000円

2．生産データ

完成品5,000kg（内訳は製品ＶＫが2,500kg，製品ＺＴが2,500kg）

月初・月末仕掛品はなし

3．正常市価

製品ＶＫ　300円/kg　　製品ＺＴ　200円/kg

〔問１〕

生産量を基準として連結原価を配賦し，各製品の完成品総合原価，完成品単位原価を計算しなさい。

〔問２〕

正常市価を基準として連結原価を配賦し，各製品の完成品総合原価，完成品単位原価を計算しなさい。

理解度チェック

問題5-2 ★★★

横浜製作所では製品Ｙと製品Ｚを量産している。これらの製品は連産品であり，その製造過程は第１工程始点でＨ原料を投入し，加工して中間製品Ｙと中間製品Ｚとなり，工程の終点で分離される。分離された中間製品Ｙは第２工程，中間製品Ｚは第３工程にそれぞれ振り替えて，さらに加工して最終製品Ｙと最終製品Ｚとなる。以下に掲げる当社の今月の資料にもとづき，各問に答えなさい。

（資　料）

1．当月製造費用

第１工程　原料費　4,032,000円　　　加工費　6,048,000円

第２工程　加工費　3,000,000円

第３工程　加工費　2,400,000円

2．生産データ

生産量13,000kg（内訳は中間製品Ｙが5,000kg，中間製品Ｚが8,000kg）

月初・月末仕掛品はなし

3．販売データ

正常市価　最終製品Ｙ　1,200円/kg　　　最終製品Ｚ　1,500円/kg

月初・月末製品はなし

4．その他

第２工程，第３工程の加工費および正常市価はいずれも見積額と実際額が一致していた。

〔問１〕

正常市価を基準として連結原価を配賦し，解答用紙の損益計算書を完成させ，製品Ｙ，Ｚおよび会社全体の売上総利益率を計算しなさい。

〔問２〕

各製品の売上総利益率が，〔問１〕で計算した全体としての売上総利益率と等しくなるように連結原価を配賦（この方法を修正正味実現可能価額法：修正ＮＲＶ法という）し，解答用紙の損益計算書を完成させ，製品Ｙ，Ｚおよび会社全体の売上総利益率を計算しなさい。

理解度チェック □□□

問題5-3 ★★★

神戸製作所では製品Ｍと製品Ｎを量産している。これらの製品は連産品であり，その製造過程は第１工程始点でＨ原料を投入し，加工して中間製品Ｍと中間製品Ｎとなり，工程の終点で分離される。分離された中間製品Ｍは第２工程，中間製品Ｎは第３工程にそれぞれ振り替えて，さらに加工して最終製品Ｍと最終製品Ｎとなる。以下に掲げる当社の今月の資料にもとづき，各問に答えなさい。

（資　料）

１．第１工程に関するデータ

⑴　生産データ

月初仕掛品	750kg	(0.4)
当月投入	4,750	
合計	5,500kg	
月末仕掛品	500	(0.6)
完成品	5,000kg	

⑵　原価データ

月初仕掛品原価	
原料費	231,000円
加工費	96,900円
当月製造費用	
原料費	1,558,000円
加工費	1,865,000円

（注１）原料はすべて工程の始点で投入された。

（注２）生産データの（　　）内の数値は加工費進捗度を示す。

（注３）月末仕掛品の評価は修正先入先出法による。

（注４）完成品の内訳は中間製品Ｍが2,500kg，中間製品Ｎが2,500kgであった。

２．分離後個別費と正常市価に関するデータ

	見積額	実際額
⑴　加工費		
第２工程	1,050,000円	1,100,000円
第３工程	750,000円	862,500円
⑵　正常市価		
製品Ｍ	2,000円/kg	2,000円/kg
製品Ｎ	1,500円/kg	1,500円/kg

３．その他

第２工程および第３工程には月初・月末仕掛品はなく，また月初・月末製品もない。

〔問１〕

正常市価を基準として連結原価を配賦し，解答用紙の仕掛品勘定を完成しなさい。

〔問２〕

生産量を基準として連結原価を配賦し，製品Ｍと製品Ｎの完成品総合原価および完成品単位原価を計算しなさい。

理解度チェック

問題5-4 ★★★

沖縄製作所では連産品である製品Aと製品Bを量産している。その製造過程は第1工程始点でX原料を投入し，加工して中間製品Aと中間製品Bとなり，工程の終点で分離される。分離された中間製品Aは第2工程，中間製品Bは第3工程にそれぞれ振り替えて，さらに加工して最終製品Aと最終製品Bとなる。以下に掲げる当社の今月の資料にもとづき，月末仕掛品原価および製品A，製品Bの完成品総合原価，完成品単位原価を計算しなさい。なお連結原価は正常市価を基準に各連産品に配賦すること。

（資　料）

1．第1工程に関するデータ

(1)　生産データ

月初仕掛品	1,200kg	(0.3)
当月投入	5,800	
合計	7,000kg	
月末仕掛品	1,000	(0.7)
完成品	6,000kg	

(2)　原価データ

月初仕掛品原価	
原料費	406,200円
加工費	253,530円
当月製造費用	
原料費	1,861,800円
加工費	3,933,970円

（注1）原料はすべて工程の始点で投入された。

（注2）生産データの（　　）内の数値は加工費進捗度を示す。

（注3）完成品の内訳は中間製品Aが4,000kg，中間製品Bが2,000kgであった。

（注4）月末仕掛品の評価は平均法による。

2．分離後個別費と正常市価に関するデータ

	見積額	実際額
(1)　加工費		
第2工程	1,400,000円	1,522,000円
第3工程	2,560,000円	2,640,000円
(2)　販売費		
製品A	300円/kg	500円/kg
製品B	600円/kg	700円/kg
(3)　管理費		
製品A	400,000円	410,000円
製品B	480,000円	436,000円
(4)　正常市価		
製品A	2,000円/kg	2,000円/kg
製品B	4,000円/kg	4,000円/kg

3．その他

第2工程および第3工程には月初・月末仕掛品はなく，また月初・月末製品もない。

理解度チェック

問題5-5 ★★★

㈱青森は製品Sを連続生産しており，全部実際純粋総合原価計算を採用している。以下に掲げた当社の当月の資料にもとづき，各問に答えなさい。

1．生産データおよび原価データ

⑴ 生産データ

月初仕掛品	5,000kg	(0.2)
当月投入	54,000	
合計	59,000kg	
月末仕掛品	4,500	(0.8)
作業屑	500	(0.1)
副産物	4,000	
完成品	50,000kg	

⑵ 原価データ

月初仕掛品原価	
直接材料費	8,927,100円
加工費	1,447,200円
当月製造費用	
直接材料費	76,576,500円
加工費	69,465,600円

2．作業屑および副産物の評価額

作業屑および副産物は正常市価から見積販管費を控除した正味実現可能価額により評価し，製品原価計算上，直接材料費から控除する。

	正常市価	見積販管費
作業屑	180円/kg	63円/kg
副産物	400円/kg	73円/kg

（注1）直接材料はすべて工程の始点で投入された。

（注2）生産データの（　　）内の数値は加工費進捗度および作業屑の発生点の進捗度を示す。

（注3）月末仕掛品の評価は平均法による。

〔問1〕

上記資料にもとづき，解答用紙の仕掛品勘定を完成しなさい。ただし，副産物は工程終点で分離されるものとする。

〔問2〕

上記資料にもとづき，解答用紙の仕掛品勘定を完成しなさい。ただし，副産物は工程の50%の地点で分離されるものとする。

理解度チェック □□□

問題5-6 ★★☆

富山製作所では，連産品である製品A，製品B，製品Cおよび副産物Dを量産している。その製造過程は第1工程始点でT原料を投入し，加工して工程の終点で中間製品A，中間製品B，製品Cおよび副産物Dに分離される。製品Cと副産物Dはそのまま販売されるが，中間製品Aは第2工程，中間製品Bは第3工程にそれぞれ振り替えて，さらに加工して最終製品Aと最終製品Bとなる。以下に掲げる当社の今月の資料にもとづき，月末仕掛品原価，副産物評価額および製品A，製品B，製品Cの完成品総合原価，完成品単位原価を計算しなさい。なお，連結原価は正常市価を基準に各連産品に配賦すること。

（資　料）

1．第1工程に関するデータ

⑴　生産データ

月初仕掛品	400kg	(0.6)
当月投入	8,800	
合　計	9,200kg	
正常減損	100	(0.4)
月末仕掛品	600	(0.5)
副産物	500	(1)
完成品	8,000kg	

⑵　原価データ

月初仕掛品原価	
原料費	310,000円
加工費	166,740円
当月製造費用	
原料費	4,524,000円
加工費	6,856,560円

（注1）原料はすべて工程の始点で投入された。

（注2）生産データの（　　）内の数値は加工費進捗度を示す。

（注3）完成品の内訳は中間製品Aが2,000kg，中間製品Bが3,000kg，製品Cが3,000kgである。

（注4）月末仕掛品の評価は修正先入先出法により，正常減損費の処理は度外視の方法による。なお，正常減損費の負担関係は進捗度にもとづいて決定する。また，副産物の評価は正常市価から見積販売費を控除した正味実現可能価額による。

2．分離後個別費と正常市価に関するデータ

	見積額	実際額
⑴　加工費		
第2工程	1,440,000円	1,400,000円
第3工程	1,440,000円	1,380,000円
⑵　販売費		
製品A	600円/kg	620円/kg
製品B	360円/kg	380円/kg
製品C	350円/kg	350円/kg
副産物D	138円/kg	138円/kg
⑶　正常市価		
製品A	4,000円/kg	4,000円/kg
製品B	3,000円/kg	3,000円/kg
製品C	2,500円/kg	2,500円/kg
副産物D	800円/kg	800円/kg

3．その他

第2工程および第3工程には月初・月末仕掛品はなく，また月初・月末製品もない。

理解度チェック

問題5-7　★★★

㈱神奈川工業は9, 000kgのＹ原料を加工して製品Ａと製品Ｂを生産している。これらは連産品であり，分離点までに要する製造原価予算は，原料費などを含めて2, 400万円である。Ａ，Ｂは中間製品であって外部市場へ売ることができ，その正常市価は，製品Ａは3, 000円/kg，製品Ｂは2, 800円/kgである。しかし当社では，製品Ａはさらに追加加工して4, 000台の製品Ｃを，また製品Ｂを追加加工して3, 000台の製品Ｄを生産する計画である。Ｃ，Ｄは最終製品であって，その正常市価は製品Ｃが7, 500円/台，製品Ｄが6, 000円/台である。この場合，ＡをＣへ加工する追加加工費は1, 350万円であり，またＢをＤへ加工する追加加工費は450万円と見積られた。以上の条件にもとづき，次の各問に答えなさい。

〔問１〕

⒜連結原価2, 400万円を，原価計算基準で規定される正常市価基準法（分離点における最終製品の推定正常市価にもとづく方法で，見積正味実現価値法ともいわれる）により，最終製品Ｃ，Ｄへ配賦し，それぞれの配賦額を計算しなさい。またその場合，⒝製品別損益計算書を作成し，Ｃ，Ｄおよび当社全体の売上総利益率（＝売上総利益÷売上高×100）を求めなさい。

〔問２〕

〔問１〕の計算結果では，製品Ｄの利益率が製品Ｃよりも高いように見えるが，当社全体としては？％の売上総利益率である。Ｃ，Ｄの売上総利益率が全体としてのそれと等しくなるように連結原価を配賦するとした場合の製品別損益計算書を作成しなさい。

理解度チェック □□□

問題5-8 ★★★

下記のデータにより連産品原価の配分計算を行い，解答用紙の(a)仕掛品勘定および(b)製品別損益計算書を完成しなさい。なお製品A，Bの1kgあたり実際売価は正常見込売価と一致していた。

(1) 川崎工場で第1工程の始点で原料XおよびYを投入して加工する。第1工程の終点で投入量の1/6は副産物として分離され，製品倉庫に格納される。残りの2/5は中間製品Aとして分離され，第2工程に移管して加工し，3/5は中間製品Bとして分離され，第3工程に移管して加工される。中間製品Aは第2工程の始点で加水され，数量が倍加される。中間製品Bは増量されない。

(2) 当月中の原価発生額は次のとおりであった。

原料費	X 原 料	14,000kg	@1,200円	16,800,000円
	Y 原 料	16,000kg	@ 980円	15,680,000円
加工費	第1工程			35,320,000円
	第2工程			13,528,000円
	第3工程			4,528,000円

(3) 副産物は，1kgあたり見込売価600円から販売費及び一般管理費の見込額として20%をマイナスした金額で評価し，原料費のマイナスとして処理する。

(4) 中間製品AおよびBへの原価配分は，最終製品の正常見込売価から分離後の加工に要する原価をマイナスした金額（すなわち分離点における見積正味実現可能価額）にもとづいて行う。当月の正常見込売価および分離後の加工に要する原価の正常見込額は次のとおりである。

		売　価	分離後原価
製品A	1kgあたり	4,000円	500円
製品B	1kgあたり	3,000円	400円

(5) 第2工程および第3工程の仕掛品ならびに製品A，Bの棚卸高は次のとおりである。仕掛品の加工費進捗度は月初，月末ともに1/2とする。棚卸原価の算定は修正先入先出法による。

	当月初現在				当月末現在	
	数　量	前工程費	加 工 費	合　計	数　量	原　価
第2工程	4,000kg	10,200,000円	1,748,000円	11,948,000円	6,000kg	? 円
第3工程	6,000	10,890,000	798,000	11,688,000	4,000	?
製 品 A	3,000			8,220,000	2,000	?
製 品 B	2,000			3,320,000	1,000	?

理解度チェック

問題5-9 ★★★

当工場では，原料甲を投入して，連産品X，YおよびZを生産している。その生産プロセスは，まず甲からXとAを生産し（製造工程Ⅰ），次にAからYとZを生産している（製造工程Ⅱ）。Aは，甲から最終製品YとZを生産する過程での中間生産物である。20×3年12月の生産計画および予想されるコストは，次の①～⑤のとおりである。月初・月末の仕掛品および製品は存在しない。なお，最終製品X，YおよびZの単位あたり市場価格は，それぞれ，30,000円，10,000円および8,500円である。

① 15,000kgの甲を投入して，Xを2,500単位，Yを7,500単位およびZを5,000単位生産する。

② 製造工程Ⅰで甲からXとAが分離されるが，その分離点までの製造原価は9,000万円である。分離点後のXの追加加工費（個別費）は1,200万円である。分離点における追加加工前のXをX′とよぶ。Aの追加加工は製造工程Ⅱで行われる。

③ 製造工程Ⅰの分離点におけるX′とAの産出量は，それぞれ，5,000kgと10,000kgである。

④ 製造工程ⅡでAからYとZが分離されるが，その分離点までの製造原価は4,200万円（Aのコストを除く）である。Yの個別費は600万円，Zの個別費は900万円である。分離点における追加加工前のYをY′，追加加工前のZをZ′とよぶ。

⑤ 製造工程Ⅱの分離点におけるY′とZ′の産出量は，それぞれ，7,500kgと2,500kgである。

以上の条件にもとづいて，次の各問に答えなさい。なお，計算過程で端数が生じるときは，万円未満を四捨五入する。ただし，単価を計算する場合は，円未満を四捨五入する。

〔問1〕

物量（重量）を基準に連結原価を配賦し，各最終製品の単位あたり製造原価，および製品別の売上総利益を計算しなさい。

〔問2〕

分離点における見積正味実現可能価額を基準に連結原価を配賦し，製品別の売上総利益を計算しなさい。見積正味実現可能価額とは，最終製品の市価から分離点後の個別費を控除した金額である。

〔問3〕

中間生産物X′，Y′，Z′およびAに外部市場があり，それぞれの1kgあたり市場価格は，X′ 12,000円，Y′ 9,500円，Z′ 15,500円およびA6,000円である。分離点における市価を基準に連結原価を配賦し，製品別の売上総利益を計算しなさい。

理解度チェック □□□

問題5-10　★★★

当工場では，第1工程の始点で原料甲と乙を投入して，連産品X，Y，Zを生産している。第1工程の終点で投入量の1/4が製品X，残りの半分ずつが中間生産物Y，Zに分離される。第2工程では中間生産物Yが加工され製品Yが完成する。第3工程では中間生産物Zが加工され製品Zが完成する。7月の生産・販売計画等は次のとおりである。

① 製品X，Y，Zの正常販売価格および正常個別費

製品名	正常販売価格	正常個別費
製品X	7,700円/kg	——
製品Y	12,300円/kg	2,400円/kg
製品Z	9,200円/kg	2,900円/kg

② 当月の原料費および加工費

原料費	原料甲	6,000kg	@2,500円	15,000,000円
	原料乙	2,000kg	@3,600円	7,200,000円
加工費	第1工程			16,200,000円
	第2工程			7,350,000円
	第3工程			9,176,000円

③ 第2工程および第3工程の仕掛品ならびに製品X，Y，Zの棚卸高と販売数量は次のとおりである。仕掛品の加工進捗度は月初，月末とも1/2とする。なお，第1工程および各工程間に月初・月末仕掛品はない。棚卸原価の算定は先入先出法による。

仕掛品・製品	7月月初数量	7月月初前工程費	7月月初加工費	合計	7月販売数量	7月末数量
第2工程仕掛品	200kg	1,152,000円	260,000円	1,412,000円	——	200kg
第3工程仕掛品	400kg	1,536,000円	604,800円	2,140,800円	——	200kg
製品X	0kg	——	——	0円	2,000kg	0kg
製品Y	300kg	——	——	2,454,000円	?	300kg
製品Z	350kg	——	——	2,632,000円	?	250kg

〔問1〕

物量（重量）を基準に連結原価を連産品X，Y，Zに配賦し，次の設問に答えなさい。ただし，完成品単位原価と売上原価の計算で割り切れない時は，小数点以下第3位で四捨五入しなさい。

(1) 第2工程と第3工程それぞれの完成品総合原価と完成品単位原価を計算しなさい。

(2) 製品X，Y，Zそれぞれの売上高，売上原価，売上総利益を計算しなさい。なお，各製品は正常販売価格で販売できると仮定する。

〔問2〕

①のデータをすべて用いて連結原価を連産品X，Y，Zに配賦し，次の設問に答えなさい。ただし，完成品単位原価と売上原価の計算で割り切れない時は，小数点以下第3位で四捨五入しなさい。

(1) 第2工程と第3工程それぞれの完成品総合原価と完成品単位原価を計算しなさい。

(2) 製品X，Y，Zそれぞれの売上高，売上原価，売上総利益を計算しなさい。なお，各製品は正常販売価格で販売できると仮定する。

Theme 06 標準原価計算の基礎

理解度チェック □□□

問題6-1 ★★★

当社では製品Ｙを生産・販売しており，標準原価計算制度を採用している。次の資料にもとづいて，当月の完成品および月初・月末仕掛品の標準原価を算定しなさい。

〔資　料〕

1．製品Ｙの標準原価カード

直接材料費	400円/kg　×５kg/個　＝	2,000円
直接労務費	800円/時間×２時間/個＝	1,600円
製造間接費	1,200円/時間×２時間/個＝	2,400円
製品Ｙ１個あたりの標準製造原価		6,000円

2．当月の生産データ

完成品量	2,000個	
月初仕掛品量	500個	(0.6)
月末仕掛品量	300個	(0.5)

（注）月初・月末仕掛品の（　　）内の数値は加工費進捗度を示す。

〔問１〕
材料は工程の始点ですべて投入する場合

〔問２〕
材料は加工に比例して投入する場合

理解度チェック □□□

問題6-2 ★★★

当社では製品Ａを量産しており，標準原価計算を実施している。次の資料にもとづき，各問について，解答用紙の原価計算関係諸勘定の記入を行いなさい。

〔資　料〕

1．原価標準

直接材料費	：500円/kg　×２kg/個　＝	1,000円
直接労務費	：600円/時間×１時間/個＝	600円
製造間接費	：700円/時間×１時間/個＝	700円
合　　計		2,300円

2．当月の生産データ

月初仕掛品	700個	(0.3)
当月投入	3,600個	
合　計	4,300個	
月末仕掛品	800個	(0.5)
完成品	3,500個	

（注１）直接材料は工程の始点ですべて投入される。

（注２）仕掛品の（　　）内の数値は加工費進捗度を示す。

３．当月の実際原価データ

⑴　直接材料費：月初棚卸高　　　　1, 600kg（実際原価　786, 800円）

　　　　　　　当月購入高（掛買）7, 600kg（実際原価 3, 876, 000円）

　　　　　　　月末棚卸高　　　　1, 900kg

　　材料の実際消費単価は，先入先出法によって算定している。

⑵　直接労務費の当月実際発生額　612円/時間×3, 740時間＝2, 288, 880円

⑶　製造間接費の当月実際発生額　2, 627, 000円

〔問１〕

シングル・プランによった場合

〔問２〕

パーシャル・プランによった場合

〔問３〕

修正パーシャル・プランによった場合（製造間接費は実際発生額を仕掛品勘定へ振り替えるものとする。）

理解度チェック □□□

問題6-3　★★★

当工場では製品Ｓを製造・販売しており，パーシャル・プランの標準原価計算制度を採用している。下記の資料にもとづき，解答用紙の仕掛品勘定の空欄を記入し完成させなさい。

（資　料）

１．原価標準（製品Ｓ１個あたり標準原価）

直接材料費	：600円/kg　×４kg/個	＝	2, 400円
直接労務費	：500円/時間×２時間/個	＝	1, 000円
製造間接費	：800円/時間×２時間/個	＝	1, 600円
	合　　計		5, 000円

（注）製造間接費は，直接作業時間を基準に配賦している。

２．当月の生産データ

月初仕掛品	500個	（0. 4）
当 月 投 入	2, 500個	
合　計	3, 000個	
月末仕掛品	400個	（0. 5）
完　成　品	2, 600個	

（注１）直接材料は，工程の始点ですべて投入される。

（注２）仕掛品の（　　）内の数値は加工費進捗度を示す。

３．当月の実際原価データ

直接材料費：6, 062, 140円

直接労務費：　　？　　円（各自計算）

製造間接費：4, 193, 000円

4．当月の原価差異のデータ

価　格　差　異	20,140円	〔借方〕
数　量　差　異	？　円	〔　？　〕(各自計算)
賃　率　差　異	129,000円	〔借方〕
時　間　差　異	20,000円	〔貸方〕
予　算　差　異	45,000円	〔借方〕
変動費能率差異	12,000円	〔貸方〕
固定費能率差異	？　円	〔　？　〕(各自計算)
操 業 度 差 異	20,000円	〔借方〕

理解度チェック

問題6-4　★★★

当工場では製品Xを製造・販売しており標準原価計算を採用している。下記の資料にもとづき，問いごとに直接材料費と直接労務費の差異分析を行いなさい。

（資　料）

1．原価標準（製品X１個あたり標準原価）の一部

直接材料費：750円/kg　×２kg/個　＝　1,500円

直接労務費：800円/時間×３時間/個＝　2,400円

2．当月の生産データ

月初仕掛品	150個	(0.8)
当 月 投 入	2,800個	
合　計	2,950個	
月末仕掛品	350個	(0.4)
完　成　品	2,600個	

（注）仕掛品の（　　）内の数値は加工費進捗度を示す。

3．当月の実際原価データ

直接材料費：760円/kg　×5,510kg　＝4,187,600円

直接労務費：780円/時間×7,920時間＝6,177,600円

〔問１〕

直接材料は工程の始点ですべて投入する場合

〔問２〕

直接材料は加工に比例して投入する場合

理解度チェック

問題6-5 ★★★

当社では，製品Rを生産販売しており，標準原価計算を採用している。下記の資料にもとづいて，製造間接費差異を計算し，さらに①四分法，②能率差異は変動費と固定費の両方から算出する三分法，③能率差異は変動費のみから算出する三分法，④二分法により差異分析を行いなさい。なお，不利差異の場合には借方，有利差異の場合には貸方と表示すること。

（資　料）

1．原価標準（製品R１個あたり標準原価）の一部

製造間接費：1,000円/時間×２時間/個＝2,000円

（注）製造間接費の配賦率 1,000円/時間は直接作業時間にもとづく予定配賦率であり，月間の正常直接作業時間（基準操業度）は5,000時間，月間固定製造間接費予算額は3,250,000円である。

2．当月の生産データ

月初仕掛品	150個	(0.8)
当月投入	2,600個	
合　計	2,750個	
月末仕掛品	350個	(0.4)
完成品	2,400個	

（注）仕掛品の（　　）内の数値は，製造間接費の進捗度を示す。

3．当月の製造間接費実際発生額　4,998,700円（実際直接作業時間 4,920時間）

理解度チェック

問題6-6 ★★★

当社では，製品Sを生産販売しており，パーシャル・プランの標準原価計算を採用している。次の資料にもとづいて下記の設問に答えなさい。

（資　料）

1．標準原価カード（製品S１個あたり標準原価）の一部

製造間接費：800円/時間×３時間/個＝ 2,400円

2．年間製造間接費予算額と当月実際発生額のデータ

製造間接費標準配賦率は，下記の公式法変動予算にもとづいて算定されている（配賦基準は直接作業時間）。なお，月間予算は年間予算の1/12である。

変動費	年間予算額	当月実績
補助材料費	1,800,000円	148,200円
賃金・手当	11,400,000円	938,600円
燃料費	4,800,000円	416,500円
変動費計	18,000,000円	1,503,300円
固定費		
工場消耗品費	3,000,000円	270,000円
給料	14,400,000円	1,200,000円
減価償却費	8,280,000円	690,000円
その他	4,320,000円	360,000円
固定費計	30,000,000円	2,520,000円
正常直接作業時間	60,000時間	

3．当月の生産データ

月初仕掛品	100個	(0.8)
当月投入	1,700	
合　計	1,800個	
月末仕掛品	200	(0.5)
完成品	1,600個	

（注）仕掛品の（　　）内の数値は製造間接費の進捗度を示す。

4．当月実際直接作業時間　　4,940時間

〔設問1〕

当月の製造間接費の計算を行って，その結果を解答用紙の仕掛品—製造間接費勘定に記入しなさい。なお，原価差異は変動費予算差異，固定費予算差異，変動費能率差異，固定費能率差異，操業度差異に分析する。

〔設問2〕

予算差異の費目別分析を行って，解答用紙の予算差異発生原因報告書を完成させなさい。

理解度チェック □□□

問題6-7　★★★

当工場では製品Aを製造・販売しており，パーシャル・プランの標準原価計算制度を採用している。下記の資料にもとづき，解答用紙の原価計算関係勘定の空欄を記入し完成させなさい。

（資　料）

1．標準原価カード

直接材料費：2,200円/kg　×10kg/個　＝	22,000円
直接労務費：1,500円/時間×4時間/個 ＝	6,000円
製造間接費：3,000円/時間×4時間/個 ＝	12,000円
製品A1個あたりの標準原価	40,000円

（注）製造間接費は直接作業時間を基準に配賦しており，月間正常直接作業時間は2,200時間，月間固定製造間接費予算は4,400,000円である。

2．当月の生産データ

月初仕掛品	50個	(0.4)
当月投入	550個	
合　計	600個	
月末仕掛品	100個	(0.3)
完成品	500個	

（注1）直接材料は，工程の始点ですべて投入される。

（注2）仕掛品の（　　）内の数値は加工費進捗度を示す。

3．当月の実際原価データ

⑴　直接材料費：月初棚卸高　　　　　250kg（実際原価　　508,700円）

　　　　　　　　当月購入高（掛買）5,850kg（実際原価　13,045,500円）

　　　　　　　　月末棚卸高　　　　　300kg

　　材料の実際消費単価は，平均法によって算定している。

⑵　直接労務費：3,170,160円（2,142直接作業時間）

⑶　製造間接費：6,511,680円

4．その他

直接材料費差異は価格差異と数量差異に，直接労務費差異は賃率差異と時間差異に，製造間接費差異は予算差異，（変動費と固定費の）能率差異，操業度差異に分析する。

理解度チェック

問題6-8　★★★

当工場では標準電化製品Sを製造・販売しており，パーシャル・プランの標準原価計算制度を採用している。下記の資料にもとづき，⑴解答用紙の原価計算関係勘定の空欄を記入するとともに，⑵直接材料費差異分析表を完成させなさい。

なお，加工費差異は変動費予算差異，固定費予算差異，能率差異（変動費のみから把握），操業度差異に分析している。

（資　料）

1．標準原価カード

直接材料費		
材　料　A：1,000円/kg　×6kg/個	=	6,000円
材　料　B：　800円/kg　×4kg/個	=	3,200円
材　料　C：　600円/箱　×1箱/個	=	600円
加　工　費：2,500円/時間×2時間/個	=	5,000円
製品S1個あたりの標準原価		14,800円

（注）加工費の標準配賦率 2,500円/時間は，次の公式法変動予算にもとづき算定されている。

月間固定加工費予算　15,750,000円　　変動費率　1,000円/時間

月間正常機械運転時間　10,500時間

2．当月の生産データ

月初仕掛品	600個	(0.2)
当月投入	4,800個	
合　計	5,400個	
月末仕掛品	400個	(0.8)
完成品	5,000個	

（注1）材料Aは工程の始点ですべて投入し，材料Bは工程を通じて平均的に，材料Cは工程の終点にて投入している。

（注2）仕掛品の（　　）内の数値は加工費進捗度を示す。

3．当月の実績データ

⑴　直接材料の当月実際消費量および実際消費額

	実際消費量	実際消費額
材料A	28,960kg	29,539,200円
材料B	20,860kg	16,646,280円
材料C	5,010箱	3,031,050円

⑵　当月実際機械運転時間および加工費実際発生額

実際機械運転時間：10,470時間

変動加工費：10,501,000円

固定加工費：15,730,000円

理解度チェック

問題6-9 ★★★

当工場では製品Ｚを量産し，パーシャル・プランの標準原価計算制度を採用している。下記の資料にもとづき設問に答えなさい。

（資　料）

1．標準原価カードの一部

加　工　費：　？　円/時間×４時間/個＝　？　円

2．加工費予算および基準操業度算定のためのデータ

加工費の標準配賦率は，公式法変動予算を設定し，平均操業度を基準操業度として算定している（機械運転時間基準）。なお，月間予算は年間予算の1/12である。

(1) 加工費年間予算

固定加工費年間予算額　79,920,000円　　　変動費率　1,500円/時間

(2) 基準操業度算定の基礎資料

① 当工場では，主要設備として20台の機械を有しており，１日８時間勤務によりこれらの機械を稼働させている。また年間の作業可能日数は300日である。

② 故障による機械停止許容時間は，機械１台あたり年間30時間である。

③ 段取・調整による機械停止許容時間は，機械１台あたり１日30分である。

④ 年間の平均操業度は，実際的生産能力の80％と見込まれる。

3．当月の生産データ

当月の完成品数量は720個であり，月初・月末に仕掛品はない。

4．当月の実績データ

加工費実際発生額：11,086,000円

実際機械運転時間：2,920時間

〔設　問〕

解答用紙の仕掛品―加工費勘定および各原価差異勘定の記入を行いなさい。なお，加工費差異は予算差異，（変動費および固定費の）能率差異，操業度差異に分析している。

理解度チェック

問題6-10 ★★★

製品Rを生産販売している神奈川工業は標準原価計算制度を採用しており，製造間接費予算として固定予算を使用している。下記の資料にもとづいて，製造間接費差異を計算し，さらに予算差異，能率差異，操業度差異に分析しなさい。

なお，不利差異の場合には借方，有利差異の場合には貸方と表示すること。

（資　料）

1．原価標準（製品R１個あたり）の一部

製造間接費：1, 400円/時間×２時間/個＝2, 800円

2．製造間接費予算（固定予算）

年間製造間接費予算額　75, 600, 000円

年間正常直接作業時間（基準操業度）　54, 000時間

なお，月間予算額および月間正常直接作業時間は，それぞれ年間数値の1/12である。

3．当月の生産データ

月初仕掛品	150個	（0. 4）
当 月 投 入	2, 250個	
合　計	2, 400個	
月末仕掛品	300個	（0. 6）
完　成　品	2, 100個	

（注）仕掛品の（　　）内の数値は製造間接費の進捗度を示す。

4．当月の製造間接費実際発生額　6, 276, 000円（実際直接作業時間 4, 480時間）

理解度チェック

問題6-11 ★★★

製品Nを生産販売している神奈川工業は標準原価計算制度を採用しており，製造間接費予算として実査法変動予算を採用している。下記の資料にもとづいて，製造間接費差異を計算し，さらに予算差異，能率差異，操業度差異に分析しなさい。

なお，不利差異の場合には借方，有利差異の場合には貸方と表示すること。

（資　料）

1．原価標準（製品N１個あたり）の一部

製造間接費：850円/時間×５時間/個＝4, 250円

2．製造間接費月間予算（実査法変動予算）

正常機械運転時間（基準操業度）　18, 000時間

各操業度における製造間接費予算額

操　業　度	70%	80%	90%	100%
製造間接費予算額	11, 106, 000円	13, 122, 000円	13, 986, 000円	15, 300, 000円

（注）操業度水準100%のときが基準操業度である。

3．当月の生産データ

月初仕掛品	300個	(0.8)
当月投入	3,100個	
合　計	3,400個	
月末仕掛品	200個	(0.4)
完成品	3,200個	

（注）仕掛品の（　　）内の数値は製造間接費の進捗度を示す。

4．当月の製造間接費実際発生額　13,936,000円（実際機械運転時間　15,800時間）

理解度チェック

問題6-12　★★★

当工場では製品Pを製造・販売しており，パーシャル・プランの標準原価計算制度を採用している。次の資料にもとづき下記の問に答えなさい。

（資　料）

1．標準原価カードの一部

製造間接費：3,500円/時間×5時間/個＝17,500円

2．公式法変動予算にもとづく製造間接費の年間予算データ

年間固定製造間接費予算　126,000,000円　　変動費率　？　円/時間

年間正常機械運転時間　60,000時間

（注）月間予算は年間予算の1/12である。

3．当月の生産データ

月初仕掛品	80個	(0.5)
当月投入	950個	
合　計	1,030個	
月末仕掛品	50個	(0.8)
完成品	980個	

（注）仕掛品の（　　）内の数値は加工費進捗度を示す。

4．当月の実績データ

実際機械運転時間：5,050時間

変動製造間接費：　7,350,000円

固定製造間接費：10,480,000円

〔問〕

解答用紙の仕掛品―製造間接費勘定の空欄に適切な名称および金額を記入し，完成させなさい。なお，製造間接費差異は変動費予算差異，固定費予算差異，能率差異（変動費のみから把握），操業度差異に分析している。

理解度チェック

問題6-13　★★★

製品Ｓを生産販売する当工場では，パーシャル・プランの標準原価計算を採用しており，材料を掛けで購入したときに標準単価で材料勘定に借記している。下記の資料にもとづいて，材料，材料受入価格差異，仕掛品－直接材料費の各勘定への記入を完成させなさい。なお，材料受入価格差異勘定は締め切らなくてよい。

（資　料）

1．標準原価カード（製品Ｓ１個あたり）の一部

直接材料費：500円/kg×６kg/個＝3,000円

2．当月の生産データ

月初仕掛品	500個
当月投入	2,000個
合　計	2,500個
月末仕掛品	300個
完成品	2,200個

（注）直接材料は工程の始点ですべて投入される。

3．当月の材料取引データ

月初在庫量	850kg
当月購入量	12,200kg（実際購入単価 505円）
月末在庫量	890kg

なお，棚卸減耗は発生していない。

理解度チェック

問題6-14 ★★★

当工場では製品Bを製造・販売しており，修正パーシャル・プランの標準原価計算制度を採用している。下記の資料にもとづき，解答用紙の原価計算関係諸勘定の空欄を記入し完成させなさい。なお，材料受入価格差異勘定は締め切らなくてよい。

（資　料）

1．標準原価カード

直接材料費：1,500円/kg　×4kg/個	=	6,000円
直接労務費：1,000円/時間×2時間/個	=	2,000円
製造間接費：2,000円/時間×3時間/個	=	6,000円
製品B1個あたりの標準原価		14,000円

（注）製造間接費は機械運転時間を基準に配賦しており，月間正常機械運転時間2,400時間，月間固定製造間接費予算は2,880,000円である。

2．当月の生産データ

月初仕掛品	60個	(0.2)
当月投入	750個	
合　計	810個	
月末仕掛品	40個	(0.6)
完成品	770個	

（注1）直接材料は工程の始点ですべて投入される。

（注2）仕掛品の（　　）内の数値は加工費進捗度を示す。

3．当月の実際原価データ

⑴　直接材料費

月初在庫量	当月購入量	月末在庫量
150kg	3,200kg（実際購入単価　1,480円）	270kg

当工場では，直接材料は掛けで購入し，標準単価で材料勘定に借記している。なお，当月に棚卸減耗は発生していない。

⑵　直接労務費：1,643,200円（1,580直接作業時間）

⑶　製造間接費：4,758,000円（2,380機械運転時間）

4．その他

製造間接費差異は予算差異，（変動費と固定費の）能率差異，操業度差異に分析しており，そのすべてが仕掛品勘定で把握される。

理解度チェック □□□

問題6-15 ★★★

当社は製品Xを製造・販売しており，標準工程別単純総合原価計算（累加法）によって製品原価を計算している。そこで次の資料をもとに，パーシャル・プランによる仕掛品―第1工程，仕掛品―第2工程および各標準原価差異勘定の記入を行いなさい。

なお加工費の差異は，変動予算による予算差異，（変動費と固定費の）能率差異，操業度差異に分析すること。

（資　料）

1．標準原価カード（製品X1個あたり）

直接材料費	1,400円/kg　×10kg/個	=	14,000円
加　工　費			
第1工程	2,500円/時間×8時間/個	=	20,000円
第2工程	3,000円/時間×5時間/個	=	15,000円
製品X1個あたりの標準製造原価			49,000円

（注）製品Xの製造は，第1工程の始点において直接材料をすべて投入し，それを第1工程および第2工程で加工することで完成品となる。なお，第1工程完成品はただちに第2工程へ振り替えられる。

2．加工費月次予算（公式法変動予算）

	変動費予算額	固定費予算額	基準操業度
第1工程	16,000,000円	24,000,000円	16,000直接作業時間
第2工程	14,000,000円	16,000,000円	10,000機械稼働時間

3．当月の生産データ

	第1工程		第2工程	
月初仕掛品	400個	(0.6)	400個	(0.5)
当月投入	2,000		1,900	
合　計	2,400個		2,300個	
月末仕掛品	500	(0.2)	600	(0.5)
完　成　品	1,900個		1,700個	

（注）仕掛品の（　）内の数値は加工費進捗度を示す。

4．当月実績データ

直接材料費　1,405円/kg×20,200kg=28,381,000円

第1工程加工費　38,240,000円（14,500直接作業時間）

第2工程加工費　28,600,000円（ 9,150機械稼働時間）

理解度チェック

問題6-16 ★★★

製品Gを製造・販売している水道橋工業㈱では，パーシャル・プランの標準工程別総合原価計算（累加法）を採用している。そこで次の資料をもとに，仕掛品―第1工程，仕掛品―第2工程の記入を行い，併せて標準原価差異分析表を完成させなさい。

なお，当社では材料勘定には標準単価で借記しており，また製造間接費差異は，変動費予算差異，固定費予算差異，（変動費と固定費の）能率差異，操業度差異に分析している。

（資　料）

1．標準原価カード（製品G1個あたり）

	第1工程	第2工程	合　計
直接材料費			
材料M	@ 600円×4kg=2,400円	――	
材料N	――	@ 300円×2kg= 600円	
		標準直接材料費	3,000円
直接労務費			
第1工程	@1,000円×2時=2,000円	――	
第2工程	――	@1,200円×3時=3,600円	
		標準直接労務費	5,600円
製造間接費			
第1工程	@1,500円×2時=3,000円	――	
第2工程	――	@1,700円×2時=3,400円	
		標準製造間接費	6,400円
		製品単位あたりの標準製造原価	15,000円

（注）製品Gの製造は，第1工程の始点において直接材料Mを投入して加工する。第1工程完成品は，ただちに第2工程へ移管され，第2工程の加工を受け完成する。なお直接材料Nは，第2工程の加工の進捗に応じて投入される。

2．公式法変動予算にもとづく製造間接費月次予算

	変動費率	固定費予算額	基準操業度
第1工程	@700円	2,000,000円	2,500直接作業時間
第2工程	@700円	2,200,000円	2,200機械稼働時間

3．当月の生産データ

	第1工程		第2工程	
月初仕掛品	120個	(0.4)	80個	(0.8)
当月投入	1,200		1,140	
合　計	1,320個		1,220個	
月末仕掛品	180	(0.5)	120	(0.5)
完成品	1,140個		1,100個	

（注）仕掛品の（　　）内の数値は加工費進捗度を示す。

4．当月実績データ

(1) 直接材料費

	月初在庫量	当月購入量	当月消費量	月末在庫量
材料M	300kg	5,200kg（実際購入単価 605円）	4,860kg	640kg
材料N	180kg	2,150kg（実際購入単価 296円）	2,210kg	120kg

(2) 直接労務費

第1工程　@　980円×2,375時間＝2,327,500円

第2工程　@1,210円×3,250時間＝3,932,500円

(3) 製造間接費

	実際変動費	実際固定費	
第1工程	1,696,500円	2,000,000円	（　?　時間）
第2工程	1,564,000円	2,180,000円	（2,180 時間）

理解度チェック □□□

問題6-17 ★☆☆

当社は製品Sを量産しており，製品原価計算はパーシャル・プランの標準工程別総合原価計算を採用している。下記資料にもとづいて，仕掛品勘定および各標準原価差異勘定の記入を行いなさい。

（資　料）

1．製品S1個あたりの標準原価に関する資料

直接材料費	材料品目	標準消費量	標準単価	第1工程		第2工程		合計
				第1作業	第2作業	第3作業	第4作業	
	DM—1	4kg	500円/kg	2,000円	——	——	——	
	DM—2	2	200	——	——	——	400円	
							標準直接材料費	2,400円
加工費	配賦基準	標準時間	標準配賦率	第1工程		第2工程		合計
				第1作業	第2作業	第3作業	第4作業	
	機械運転時間	0.6時	500円/時	300円	——	——	——	
	〃	0.5	500	——	250円	——	——	
	直接作業時間	0.5	600円/時	——	——	300円	——	
	〃	1.0	600	——	——	——	600円	
							標準加工費	1,450円
							製品S1個あたりの標準製造原価	3,850円

（注）① 製品Sの製造は，第1工程（第1作業と第2作業）および第2工程（第3作業と第4作業）によって行われ，第1工程完成品はただちに第2工程に投入される。

② 直接材料DM－1は第1作業の始点，DM－2は第4作業の始点でそれぞれ投入される。

③ 加工費は，第1工程は機械運転時間，第2工程は直接作業時間を基準に製品に配賦している。

2．加工費月間予算（公式法変動予算）に関するデータ

	第 1 工 程	第 2 工 程
変動費予算額	260,000円	375,000円
固定費予算額	390,000円	525,000円
合　計	650,000円	900,000円
月間正常機械運転時間	1,300時	——
月間正常直接作業時間	——	1,500時

3．当月の生産データ

	第 1 工 程	第 2 工 程
月初仕掛品量	50個①	120個③
当 月 投 入 量	1,120	1,090
合　計	1,170個	1,210個
月末仕掛品量	80　②	160　④
完 成 品 量	1,090個	1,050個

（注）①　第1作業の途中にあり，加工費の進捗度は50％である。
②　第2作業の途中にあり，加工費の進捗度は60％である。
③　第4作業の途中にあり，加工費の進捗度は60％である。
④　第3作業の途中にあり，加工費の進捗度は40％である。

4．当月の実際原価データ

⑴　直接材料費に関するデータ

材料品目	当月実際消費量	実際消費単価
DM—1	4,500kg	515円
DM—2	1,930kg	198円

⑵　加工費に関するデータ

	第 1 工 程	第 2 工 程
実 際 加 工 費	652,000円	885,500円
実際機械運転時間	1,265時	——
実際直接作業時間	——	1,490時

5．その他

原価計算関係諸勘定の記入にあたり，各差異勘定を締め切る必要はない。

なお，加工費の差異は，各工程ごとに予算差異，（変動費および固定費の）能率差異，および操業度差異に分析する。

理解度チェック

問題6-18 ★☆☆

当社は製品Qを量産しており，製品原価計算は修正パーシャル・プランの標準工程別総合原価計算を採用している。下記資料にもとづいて，当月の（A）原価計算関係諸勘定の記入と，（B）原価差異の分析を行いなさい。

（資　料）

1．製品Q１個あたりの標準原価に関する資料

				第１工程		第２工程		合　計
直接材料費	材料品目	標準消費量	標準単価	第１作業	第２作業	第３作業	第４作業	
	DM—1	4 kg	800円/kg	3,200円	——	——	——	
	DM—2	2	100	——	——	——	200円	
							標準直接材料費	3,400円
				第１工程		第２工程		合　計
直接労務費	作業番号	標準時間	標準賃率	第１作業	第２作業	第３作業	第４作業	
	DL—1	1.0時	500円/時	500円	——	——	——	
	DL—2	2.5	800	——	2,000円	——	——	
	DL—3	3.0	900	——	——	2,700円	——	
	DL—4	1.0	500	——	——	——	500円	
							標準直接労務費	5,700円
				第１工程		第２工程		合　計
製造間接費	配賦基準	標準時間	標準配賦率	第１作業	第２作業	第３作業	第４作業	
	直接作業時間	1.0時	800円/時	800円	——	——	——	
	〃	2.5	800	——	2,000円	——	——	
	〃	3.0	900	——	——	2,700円	——	
	〃	1.0	900	——	——	——	900円	
							標準製造間接費	6,400円
							製品Q１個あたりの標準製造原価	15,500円

① 製品Qの製造は，第１工程（第１作業と第２作業）および第２工程（第３作業と第４作業）によって行われ，第１工程完成品はただちに第２工程に投入される。

② 直接材料DM—１は第１作業の始点，DM—２は第４作業の終点でそれぞれ投入される。

③ 製造間接費は，直接作業時間を基準に製品に配賦している。

2．製造間接費月間予算（公式法変動予算）に関するデータ

	第１工程	第２工程
変動費率	300円/時	300円/時
固定費予算額	1,600,000円	1,860,000円
月間正常直接作業時間	3,200時	3,100時

3．当月の生産データ

	第１工程	第２工程
月初仕掛品量	80個①	50個③
当月投入量	850	810
合　計	930個	860個
月末仕掛品量	120　②	60　④
完成品量	810個	800個

（注）① 第1作業の途中にあり，直接労務費，製造間接費の進捗度は30%である。
② 第2作業の途中にあり，直接労務費，製造間接費の進捗度は80%である。
③ 第4作業の途中にあり，直接労務費，製造間接費の進捗度は90%である。
④ 第3作業の途中にあり，直接労務費，製造間接費の進捗度は20%である。

4．当月の実際原価データ

(1) 直接材料の当月における購入と消費に関するデータ

材料品目	当月実際購入量	実際購入単価	当月実際消費量
DM—1	4,000kg	820円	3,425kg
DM—2	2,000kg	98円	1,595kg

当社では，直接材料は掛けで購入し，材料勘定に標準単価で借記している。DM—1，DM—2とも月初棚卸高はなく，また月末に棚卸減耗も生じていない。

(2) 直接労務費に関するデータ

作業番号	実際直接作業時間	実際直接労務費
DL—1	920時	450,800円
DL—2	2,250時	1,845,000円
DL—3	2,275時	2,070,250円
DL—4	768時	399,360円

なお，月初，月末の未払賃金はなかったものとする。

(3) 製造間接費に関するデータ

	第 1 工 程	第 2 工 程
実際製造間接費	2,569,000円	2,764,300円

5．その他

差異分析表の記入を行ううえで，不利な差異には〔　　〕内に「借」を，有利な差異には〔　　〕内に「貸」と記入すること。

また製造間接費の差異は各工程ごとに予算差異，（変動費および固定費の）能率差異，および操業度差異に分析しており，そのすべてが仕掛品勘定で把握される。

理解度チェック □□□

問題6-19 ★★★

当工場では，製品甲と製品乙を製造している。製品甲1個は，自製部品P1個と買入部品R1個から構成され，製品乙1個は，自製部品Q1個と買入部品R1個とから構成され，組立工程で製品に組み立てられる。自製部品Pと自製部品Qはそれぞれ，材料pと材料qを第1加工工程で加工したあと，外注に出し，外注先から引き取ったものをさらに第2加工工程で加工して，自製部品PとQに仕上げている。組立工程，第2加工工程では仕損は生じないが，第1加工工程および外注先では仕損が生じることがある。製品甲と製品乙が製造される工程を図示すれば以下のようになる。

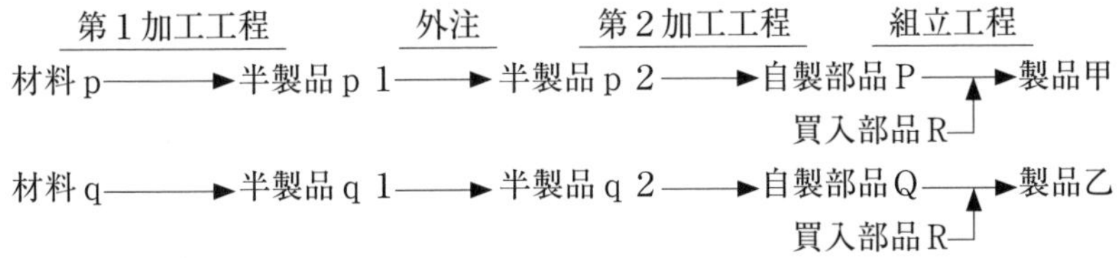

外注先には，第1加工工程を終了した半製品を無償支給し，外注加工を終わったものを引き取り，納品数に外注単価を掛けて外注加工賃を計算する。外注先での仕損は，外注先の責任とし，半製品p1，q1の単位あたり標準原価に仕損量を掛けたものを外注加工賃から差し引いた金額を支払う。外注先で仕損が生じた場合には，半製品を追加支給する。

製造間接費は直接作業時間を配賦基準にして配賦する。なお，当工場では修正パーシャル・プランの全部標準原価計算を採用している。製造間接費についての原価差異はすべて，仕掛品勘定から振り替えられるものとする。

以下の資料にもとづいて，各問に答えなさい。

（資　料）

1．材料および買入部品の標準単価

品　　目	標準単価
材　料　p	1,500円
材　料　q	1,800円
買入部品R	2,000円

2．1個あたり標準作業時間

産出品目	工　　程	標準作業時間
半製品p1	第1加工工程	0.5時間/個
半製品q1	〃	0.6時間/個
自製部品P	第2加工工程	0.5時間/個
自製部品Q	〃	0.5時間/個
製　品　甲	組立工程	0.6時間/個
製　品　乙	〃	0.6時間/個

3．標準賃率・標準製造間接費配賦率

	標準賃率	標準配賦率
第1加工工程	1,400円/時間	2,500円/時間
第2加工工程	1,300円/時間	1,500円/時間
組立工程	1,200円/時間	2,000円/時間

4．1個あたり外注加工賃

納入品目	外注加工賃
半製品p2	800円/個
半製品q2	900円/個

5．11月の製品別実際生産量

製品種類	月間実際生産量
製　品　甲	2,500個
製　品　乙	2,000個

6．11月の実際消費量

品　　目	月間実際消費量
材　料　p	2,440個
材　料　q	1,920個
半製品p2	2,500個
半製品q2	2,000個
自製部品P	2,500個
自製部品Q	2,000個
買入部品R	4,500個

7．11月の半製品支給量

支給品目	外注先支給数量
半製品p1	2,520個
半製品q1	2,010個

8．11月の実際直接作業時間

工　　程	実際直接作業時間
第1加工工程	2,365時間
第2加工工程	2,260時間
組立工程	2,725時間

9．11月の月初，月末在庫量

	月初在庫量	月末在庫量
半製品p1	300個	200個
半製品q1	200個	100個

半製品p2，半製品q2，自製部品P，自製部品Qの月初，月末在庫はない。

10．11月の製造間接費実際発生額

15,060,000円

〔問１〕

製品甲と製品乙の原価標準（単位あたり標準原価）を計算しなさい。ただし，原価標準に仕損分は含めない。

〔問２〕

11月における当工場の材料消費量差異を計算しなさい。ただし，外注先の仕損により余分に消費された部分は材料消費量差異に含めないものとする。（　　）の中には，借，貸のいずれか適切な方を記入しなさい。

〔問３〕

11月における当工場の作業時間差異を計算しなさい。ただし，外注先の仕損により余分に消費された作業時間部分は作業時間差異に含めないものとする。（　　）の中には，借，貸のいずれか適切な方を記入しなさい。

〔問４〕

解答用紙の仕掛品勘定を完成させなさい。

〔問５〕

ここで資料の条件を少し修正する。外注先に加工を依頼していた半製品ｑ２の2,000個のうち，800個分が，納品も完成報告もされない状態で月末をむかえたとする。半製品ｑ１は，11月中に2,005個が支給されている。11月の実際直接作業時間は第２加工工程が1,860時間，組立工程が2,240時間であり，11月の製造間接費実際発生額は14,840,000円とする。11月の半製品ｑ１の月末在庫量は，110個であった。この修正された条件にもとづいて，解答用紙の仕掛品勘定を完成させなさい。

理解度チェック □□□

問題6-20 ★★★

標準個別原価計算を採用する当社の次の資料にもとづき，仕掛品勘定および標準原価差異勘定の記入を行いなさい。なお当社では，シングル・プランにより勘定記入を行っており，製造間接費の差異は，変動予算による予算差異，（変動費と固定費の）能率差異，操業度差異に分析している。

（資　料）

1．指図書別原価標準

	＃101	＃201	＃301
直接材料費	500円/kg×55kg= 27,500円	500円/kg×50kg= 25,000円	500円/kg×75kg= 37,500円
直接労務費	600円/時×50時 = 30,000円	600円/時×90時 = 54,000円	600円/時×60時 = 36,000円
製造間接費	900円/時×50時 = 45,000円	900円/時×90時 = 81,000円	900円/時×60時 = 54,000円
合　計	102,500円	160,000円	127,500円

2．製造間接費月次予算（公式法変動予算）

変動費率　　400円/時（基準操業度は190直接作業時間）

固 定 費　　95,000円

3．作業進捗状況

＃101：前月に作業を着手し，前月末までに加工作業の20％が終了した。なお，当月中に作業のすべてが完了した。

＃201：当月に作業を着手し，当月中に完成した。

＃301：当月に作業を着手し，当月末までに作業の70％が終了した。

（注）直接材料は，各指図書ともに作業着手時にすべて投入されている。

4．指図書別の当月直接材料実際消費量および実際直接作業時間

	#101	#201	#301	合　計
直接材料消費量	——	52kg	76kg	128kg
直接作業時間	38時	94時	43時	175時

5．当月原価データ

直接材料実際消費単価：495円/kg

実 際 消 費 賃 率：610円/時

製造間接費実際発生額：169,500円

理解度チェック □□□

問題6-21 ★★★

当社は，標準規格製品A，B，Cをロット別に生産し，シングル・プランの標準原価計算制度を採用している。次に示す資料にもとづいて，当月の(A)製造指図書別原価計算表，(B)原価計算関係諸勘定，(C)原価差異指図書別内訳表を完成させなさい。

（資　料）

1．原価標準

製品A，B，Cそれぞれ1個あたりの標準原価は下記のとおりである。

	製　品　A	製　品　B	製　品　C
直接材料費	200円/kg×5kg = 1,000円	200円/kg×6kg = 1,200円	200円/kg×4kg = 800円
直接労務費	800円/時×2時 = 1,600円	800円/時×3時 = 2,400円	800円/時×1時 = 800円
製造間接費	900円/時×2時 = 1,800円	900円/時×3時 = 2,700円	900円/時×1時 = 900円
合　計	4,400円	6,300円	2,500円

2．製造間接費予算

製造間接費は，公式法変動予算が設定されており，月間正常直接作業時間（基準操業度）にもとづく月間予算額は次のとおりである。

変動費率　300円/時，　固定費　1,200,000円

正常直接作業時間　　2,000時

3．当月の取引

(1)　製造指図書の発行

製品A，B，Cを生産・販売するため，次のような製造指図書が発行されている。

製造指図書No.101：製品Aを1ロット（1ロット＝500個）生産，引渡価額 300万円

製造指図書No.201：製品Bを1ロット（1ロット＝400個）生産，引渡価額 350万円

製造指図書No.301：製品Cを2ロット（1ロット＝200個）生産，引渡価額 150万円

(2)　材料の購入（掛買い。なお，月初材料はない。）

主要材料：220円/kg×4,500kg＝990,000円

なお，当社では材料購入時に標準単価で材料勘定に借記している。

(3)　材料実際消費量

製造指図書別の材料実際消費量は次のとおりである。

	No.101	No.201	No.301	合　計
主要材料消費量	——	? kg	? kg	? kg

(4)　超過材料庫出請求書と材料戻入票

当月の各製造指図書別の主要材料の超過庫出請求書と材料戻入票の内容は次のとおりであった。

	超過材料庫出請求書による超過材料消費量	材料戻入票による材料戻入数量
No.101	——	5kg
No.201	45kg	——
No.301	——	10kg

(5)　直接工実際賃金消費額

	No.101	No.201	No.301	合　計
実際直接作業時間	670時	1,190時	120時	1,980時
実　際　賃　率	810円/時	810円/時	810円/時	810円/時
実 際 直 接 労 務 費	542,700円	963,900円	97,200円	1,603,800円

(6)　製造間接費実際発生額　　1,811,000円

(7)　製造指図書別の生産・販売状況

上記に示した製造指図書のうち，No.101は前月に製造着手し，前月末において直接材料費については必要量を100％投入済み，直接労務費と製造間接費については40％完成していた。No.201とNo.301は当月製造に着手した。

No.101とNo.201は期中に完成し，No.101については注文主に引き渡したが，No.201は引渡未済である。また，No.301は期末において直接材料費については必要量を100％投入済み，直接労務費と製造間接費については30％完成している。

また，期首製品の在庫はなかった。

理解度チェック □□□

問題6-22 ★★★

当社は，製品H（販売単価28,700円）をロット別生産し，シングル・プランの標準原価計算を実施している。直接材料は標準単価で受入記録している。なお，直接材料はすべて工程始点で投入される。

下記（資料）にもとづき，次の各問に答えなさい。

〔問１〕

解答用紙の損益計算書を完成しなさい。

〔問２〕

（資料）７の勘定連絡図の（　　）内に入る金額を計算し，解答用紙の対応する番号の解答欄に記入しなさい。なお，勘定連絡図の同じ番号には同じ金額が入る。（　　）内に「？」とある場合は，各自適切な金額を計算するが，解答の必要はない。

〔問３〕

解答用紙の差異一覧表を作成しなさい。ただし，製造間接費は変動予算を用いて三分法で分析し，能率差異は変動費率のみで計算する。

（資　料）

1．製品Hの原価標準

直接材料費	800円/kg×10kg/個	8,000円
直接労務費	2,400円/時間×1.5時間/個	3,600
製造間接費	3,200円/時間×1.5時間/個	4,800
合　計		16,400円

（注）年間製造間接費予算は88,320,000円（変動製造間接費22,080,000円，固定製造間接費66,240,000円），基準操業度は27,600時間/年である。

2．当月の実際直接材料購入量は13,000kgであった。実際購入単価は，13,000kgの内7,800kgは800円/kgであったが，5,200kgは840円/kgであった。

3．当月の実際直接材料消費量は13,250kgであった。

4．当月の実際直接労務費は5,243,000円，実際直接作業時間は2,140時間であった。

5．当月は，ロット１（400個）およびロット２（800個）を完成させた。ロット１は先月着手し，先月末までに40％加工していた。また，当月はロット２とロット３（500個）に着手したが，ロット３は月末時点で仕掛中（加工進捗度80％）である。

6．原価差異は，材料受入価格差異を除いて，当月の売上原価に賦課する。材料受入価格差異は，次月繰越として処理する。

7．当月勘定連絡図の一部（単位：円）

直接材料

月初有高	636,000	当月消費	（ ① ）
当月仕入高	（ ？ ）	月末有高	436,000
		原価差異	（ ② ）

仕掛品

月初有高	（ ？ ）	当月完成	（ ⑥ ）
直接材料費	（ ① ）	月末有高	（ ？ ）
直接労務費	（ ？ ）		
製造間接費	（ ④ ）		

製造間接費

変動費	1,685,000	配賦額	（ ④ ）
固定費	（ ③ ）	原価差異	（ ⑤ ）

理解度チェック

問題6-23 ★★★

当工場では，製品Xと製品Y，製品Zの３種類の製品を製造している。製品X，製品Y，製品Zは，自製部品A，自製部品B，自製部品C，自製部品Dで構成されている。２つの組立部門があり，製品の組立は，製品組立部門で行っており，自製部品の組立は，部品組立部門で行っている。月初・月末に自製部品の在庫は持たないものとする。なお，当工場は標準原価計算を採用している。【資料】をもとに，下記の各問に答えなさい。

〔問１〕自製部品A，自製部品B，自製部品C，自製部品Dの原価標準を計算しなさい。

〔問２〕製品X，製品Y，製品Zの原価標準を計算しなさい。

〔問３〕20×3年１月の計画生産量が，製品X800個，製品Y1,000個，製品Z1,200個であったとする。このとき，買入部品101から107までの，各必要量はどれだけか。

〔問４〕20×3年１月の計画生産量が，製品X800個，製品Y1,000個，製品Z1,200個であったとする。このとき，部品組立部門および製品組立部門におけるそれぞれの直接作業時間はどれだけか。

〔問５〕部品組立部門における買入部品消費量差異，作業時間差異を計算しなさい。借方差異か貸方差異を明記すること。部品組立部門における標準消費量・標準作業時間の計算は，製品組立部門における自製部品の実際消費量を前提として行うことにより，部品組立部門における差異に製品組立部門における不能率が混入しないようにすること。なお，部品組立部門における自製部品Cの消費量差異は，自製部品消費量差異として抽出せず，買入部品消費量差異，作業時間差異，製造間接費能率差異の中に含めている。

〔問６〕製品組立部門における自製部品消費量差異，作業時間差異を計算しなさい。借方差異か貸方差異を明記すること。

〔問７〕部品組立部門および製品組立部門における製造間接費総差異を計算しなさい。借方差異か貸方差異を明記すること。

【資　料】

１．製品構成および部品構成

製品構成表

製　　品	必要部品	必要量
X	自製部品A	１個
	自製部品B	１個
Y	自製部品A	１個
	自製部品C	１個
Z	自製部品A	１個
	自製部品D	１個

部品構成表

自製部品	必要部品	必要量
A	買入部品106	１個
	買入部品107	１個
B	買入部品101	２個
	買入部品102	１個
C	買入部品103	２個
	買入部品104	１個
D	自製部品C	１個
	買入部品105	１個

２．各部門の標準消費賃率と製造間接費標準配賦率

	標準消費賃率	製造間接費標準配賦率
製品組立部門	1,800円/時	3,000円/時
部品組立部門	1,500円/時	2,500円/時

注）製造間接費配賦基準は，直接作業時間とする。

3．各製品，各部品の所要直接作業時間

製品および部品	所要直接作業時間
X	0.6時間
Y	0.5時間
Z	0.6時間
A	0.5時間
B	0.7時間
C	0.6時間
D	0.6時間

4．買入部品の標準単価

買入部品	標準単価
101	1,600円
102	800円
103	1,200円
104	900円
105	1,050円
106	800円
107	900円

5．20×3年1月の実際生産量

製　　品	実際生産量
X	750個
Y	980個
Z	1,150個

6．20×3年1月の実際消費量

自 製 部 品	実際消費量
A	2,900個
B	760個
C（製品組立部門での消費）	1,000個
C（部品組立部門での消費）	1,160個
D	1,155個

買入部品	実際消費量
101	1,530個
102	790個
103	4,325個
104	2,165個
105	1,160個
106	2,915個
107	2,910個

7．20×3年1月の実際作業時間と製造間接費実際発生額

	製品組立部門	部品組立部門
実際作業時間	1,645時間	4,000時間
製造間接費実際発生額	5,000,000円	10,000,000円

Theme 07 標準原価計算における仕損・減損

理解度チェック

問題7-1 ★★★

ＮＯ工業では，製品Ｔを量産し，パーシャル・プランの標準総合原価計算を採用している。製品Ｔの原価標準は，次のとおりである。

主材料費	1,000円/m^2×2m^2 ………………………		2,000円
加工費			
変動費	1,200円/時×3時間 ………	3,600円	
固定費	1,800円/時×3時間 ………	5,400	9,000
1個あたり正味標準製造原価 ………………………			11,000円

なお固定加工費率1,800円は（月間固定加工費予算2,700,000円）÷（月間正常機械稼働時間1,500時）によって計算されている。

さて製品Ｔの生産には，上記の原価のほかに正常減損が工程の終点で発生する。正常減損率は良品に対し1％である。この場合，正常減損費を原価標準に組み込むには，原価要素別の標準消費量を，それぞれ1％ずつ増やすことによって，正常減損費分を原価標準に含める方法（第1法とよぶ）と，正常減損費を含まない正味標準製造原価に，いわば特別費としてその1％を加える方法（第2法とよぶ）の2つがある。

以上の資料により，第1法および第2法による正常減損費を含めた標準原価カードをそれぞれ作成しなさい。

理解度チェック

問題7-2 ★★★

難波工業では，製品Ｙを量産し，パーシャル・プランの全部標準総合原価計算を採用している。製品Ｙの原価標準は，次のとおりである。

直接材料費	1,000円/kg×5kg　＝	5,000円
加工費	1,100円/時間×2時間＝	2,200円
1個あたり正味標準製造原価		7,200円

さて製品Ｙの生産には，上記の原価のほかに正常減損が工程の終点で発生する。正常減損率は良品に対し5％である。難波工業では，正常減損費を原価標準に組み込む際に原価要素別の標準消費量を補正せず，製品1個あたりの正味標準製造原価に，特別費として正常減損費を加えて，製品1個あたりの総標準製造原価を設定する方法（第2法とよぶ）を採用している。

当月の生産実績（一部）は，次のとおりであった。

月末仕掛品	300個（0.4）
完成品	1,200個

直接材料は，工程の始点で投入される。（　　）内は加工費の進捗度。

以上の資料により，第2法による標準原価カードを前提として，完成品および月末仕掛品の標準原価を計算しなさい。なお，原価要素ごとの内訳も示すこと。

理解度チェック

問題7-3 ★★★

広尾工業では，製品Ｅを量産し，パーシャル・プランの全部標準総合原価計算を採用している。

1．製品Ｅの原価標準

主材料費	500円/kg×５kg	……	2,500円
加工費	600円/時×2.5時間	……	1,500
１個あたり正味標準製造原価		……	4,000円

加工費は機械稼働時間を基準に配賦している。なお，月間固定加工費予算は1,280,000円，月間正常機械稼働時間（基準操業度）は3,200時間である。

2．正常減損

製品Ｅの生産には，上記の原価のほかに正常減損が工程の終点で発生する。正常減損率は良品に対し３％である。広尾工業では，正常減損費を原価標準に組み込む際に原価要素別の標準消費量を補正せず，製品１個あたりの正味標準製造原価に，特別費として正常減損費を加えて，製品１個あたりの総標準製造原価を設定する方法（第２法とよぶ）を採用している。

3．当月の生産（単位：個）

月初仕掛品		300（0.2）
当月投入		1,250
合計		1,550
月末仕掛品	500（0.5）	
減損	50	550
完成品		1,000

主材料は，工程の始点で投入される。（　　）内は加工費の進捗度。減損はすべて工程の終点で発生した。正常減損費は，異常減損に負担させないものとする。

4．当月の実際製造費用

主材料費	502円/kg×6,300kg …………	3,162,600円
加工費	…………………………………………	1,872,400
合計	…………………………………………	5,035,000円

5．当月の実際機械稼働時間：3,150時間

6．当社では，仕掛品勘定は原価要素別に分割しておらず，工場全体で，１つの仕掛品勘定を使用している。

7．加工費の差異は，変動予算と三分法（能率差異は固定費からも把握する）によって分析している。

上記の資料にもとづき，⑴仕掛品勘定を作成し，⑵標準原価差異分析を行いなさい。

理解度チェック

問題7-4 ★★★

伏見工業では，製品Fを量産し，パーシャル・プランの全部標準総合原価計算を採用している。製品Fの原価標準は，次のとおりである。

直接材料費	10,000円/kg×2kg ………	20,000円
加　工　費	8,000円/時間×5時間 ………	40,000円
1個あたり正味標準製造原価 ………………………		60,000円

さて製品Fの生産には，上記の原価のほかに正常減損が工程の終点で発生する。正常減損率は良品に対し2％である。伏見工業では，正常減損費を原価標準に組み込む際に原価要素別の標準消費量を，それぞれ2％ずつ増やすことによって，正常減損費を自動的に良品に負担させる方法（第1法とよぶ）を採用している。

当月の生産実績（一部）は，次のとおりであった。

月末仕掛品	50個（0.6）
完　成　品	800個

直接材料は，工程の始点で投入される。（　　）内は加工費の進捗度。

以上の資料により，第1法による標準原価カードを前提として，完成品および月末仕掛品の標準原価を計算しなさい。なお，原価要素ごとの内訳も示すこと。

理解度チェック

問題7-5 ★★★

橋本工業では，製品Hを量産し，パーシャル・プランの全部標準総合原価計算を採用している。

1．製品Hの原価標準

主 材 料 費	5,000円/kg×30kg ……	150,000円
加　工　費	7,000円/時×10時間 ……	70,000
1個あたり正味標準製造原価 ……………		220,000円

加工費は機械稼働時間を基準に配賦している。なお，月間固定加工費予算は9,200,000円，月間正常機械稼働時間（基準操業度）は2,300時間である。

2．正常減損

製品Hの生産には，上記の原価のほかに正常減損が工程の終点で発生する。正常減損率は良品に対し4％である。橋本工業では，正常減損費を原価標準に組み込む際に原価要素別の標準消費量を，それぞれ4％ずつ増やすことによって，製品1個あたりの総標準製造原価を設定する方法（第1法とよぶ）を採用している。

3．当月の生産（単位：個）

月初仕掛品		30（0.4）
当 月 投 入		220
合　計		250
月末仕掛品	40（0.8）	
減　　損	10	50
完　成　品		200

主材料は，工程の始点で投入される。（　　）内は加工費の進捗度。減損はすべて工程の終点で発生した。正常減損費は，異常減損に負担させないものとする。

4．当月の実際製造費用

主材料費	5,010円/kg×6,560kg……	32,865,600円
加工費	………………………………	16,110,400
合計	………………………………	48,976,000円

5．当月の実際機械稼働時間：2,290時間

6．当社では，仕掛品勘定は原価要素別に分割しておらず，工場全体で，1つの仕掛品勘定を使用している。

7．加工費の差異は，変動予算と三分法（能率差異は固定費からも把握する）によって分析している。

上記の資料にもとづき，(1)仕掛品勘定を作成し，(2)標準原価差異分析を行いなさい。

理解度チェック □□□

問題7-6 ★★★

盛長工業では，製品Bを量産し，パーシャル・プランの全部標準総合原価計算を採用している。

1．製品Bの原価標準

直接材料費	200円/kg×3kg ……	600円
加工費	500円/時×4時間……	2,000
1個あたり正味標準製造原価………		2,600円

加工費は機械稼働時間を基準に配賦している。なお，月間固定加工費予算は7,680,000円，月間正常機械稼働時間（基準操業度）は19,200時間である。

2．正常仕損

製品Bの生産には，上記の原価のほかに正常仕損が工程の終点で発生する。正常仕損率は良品に対し1.5%である。仕損品は，正常仕損，異常仕損を問わず，通常，1個あたり200円で売却処分することができる。

盛長工業では，正常仕損費を原価標準に組み込む際に原価要素別の標準消費量を補正せず，製品1個あたりの正味標準製造原価に，売却処分価格を考慮した正常仕損費を加えて，製品1個あたりの総標準製造原価を設定する方法（第2法とよぶ）を採用している。

3．当月の生産（単位：個）

月初仕掛品		1,000（0.7）
当月投入		5,000
合計		6,000
仕損品	100	
月末仕掛品	1,100（0.5）	1,200
完成品		4,800

直接材料は，工程の始点で投入される。（　　）内は加工費の進捗度。仕損はすべて工程の終点で発生した。正常仕損費は，異常仕損品に負担させないものとする。

4．当月の実際製造費用

直接材料費	198円/kg×15,100kg ……	2,989,800円
加工費	………………………………	9,610,200
合計	………………………………	12,600,000円

5．当月の実際機械稼働時間：19,050時間

6．当社では，仕掛品勘定は原価要素別に分割しておらず，工場全体で，１つの仕掛品勘定を使用している。
7．加工費の差異は，変動予算と三分法（能率差異は固定費からも把握する）によって分析している。

上記の資料にもとづき，⑴仕掛品勘定を作成し，⑵標準原価差異分析を行いなさい。

理解度チェック

問題7-7　★★★

Ｊ工業の京都工場では，製品Ｑを製造し，パーシャル・プランによる標準原価計算の導入を検討中であり，標準製造間接費関係の資料は，次のとおりである。

⑴　製品Ｑの１kgあたりの標準製造間接費（以下，原価標準という）

変動製造間接費	150円/時間×２直接作業時間………	300円
固定製造間接費	200円/時間×２直接作業時間………	400円
合　計	……………………………………………	700円

⑵　月間の正常直接作業時間：2,300時間（基準操業度）

⑶　固定製造間接費月次予算：460,000円

⑷　当月生産データ

月初仕掛品	100kg	（ 50%）
当 月 投 入	1,200kg	
合　計	1,300kg	
月末仕掛品	250kg	（ 40%）
減　　損	50kg	（100%）
完 成 品	1,000kg	

（注）（　　）内は加工費進捗度を示す。

⑸　当月実際製造間接費

変動製造間接費……	350,000円
固定製造間接費……	455,000円
合　計　……	805,000円

⑹　当月の実際直接作業時間：2,255時間

さて，上記データをふまえて，原田工場長と大木経理課長との会話は，次のとおりであった。

原田「製品Ｑの製造では，正常減損率は完成した良品に対し４％だね。原価計算上，正常減損に対する許容額を原価標準に含めるには，原価標準における原価要素別標準投入量をそれぞれ４％ずつ増やす方法と，原価標準の合計額にその４％を加える方法とがあるが，前者を第１法，後者を第２法とよぶことにすると，どちらの方法がよいだろうか。」

大木「第［ (a) ］法が良いと思います。なぜなら第［ (b) ］法では正常減損費が分離されません。そのうえ，当工場では正常減損は工程の終点で発生しますが，第［ (b) ］法では正常減損費が［ (c) ］にも計上されることになり，勘定記録が正常減損発生の実状に合わず，期間損益計算上も適当ではないと思います。」

原田「なるほど。それではきみの言うように，第［ (a) ］法を採用しよう。」

上記の資料にもとづき，[(a)]，[(b)]，[(c)]の中に適切な数字または文字を入れ，次いで大木経理課長の提案した方法により標準製造間接費計算を行って，標準製造間接費の総差異を，⑴変動予算を使用した変動費予算差異，⑵固定費予算差異，⑶(変動費および固定費を含む）能率差異，⑷操業度差異に分析したうえで，解答用紙の「仕掛品—製造間接費」勘定およびその他の勘定記入を行って，製造間接費関係勘定連絡図を完成しなさい。

理解度チェック □□□

問題7-8　★★★

大阪製作所では製品Sを量産し，パーシャル・プランの全部標準総合原価計算を採用している。製品Sの原価標準および当月の原価計算関係の資料は次のとおりである。

⑴　製品S１台あたりの標準製造原価関係資料

①　標準製造原価

主材料費	標準単価 500円/個×標準消費量 10個/台…………………	5,000円
変動加工費	標準変動費率　600円/時×標準機械稼働時間 2.5時/台…	1,500円
固定加工費	標準固定費率 1,000円/時×標準機械稼働時間 2.5時/台…	2,500円
合計：製品S１台あたりの正味標準製造原価	………………………………	9,000円

（注）固定加工費率1,000円/時＝月次固定加工費予算 8,400,000円
÷月間正常機械稼働時間 8,400時間

②　正常仕損

製品Sの生産には，上記の製造原価の他に正常仕損費が発生する。正常仕損は，工程の終点にある検査で発見されるので，原価計算上は工程の終点で発生すると考えてよい。正常仕損率は良品に対し2.5%であり，それ以上発生した仕損は異常仕損である。仕損品は，正常仕損，異常仕損を問わず，通常，１台あたり600円で売却処分することができる。この製作所では，正常仕損費を製品Sの製品原価標準に組み込む際に原価要素別の標準消費量を補正せず，製品S１台あたりの正味標準製造原価に，売却処分価格を考慮した正常仕損費を加えて，製品S１台あたりの総標準製造原価を設定する方法を採用している。

⑵　当月の製品S生産データ

月初仕掛品		400台（1/2）
当月投入		3,600
投入合計		4,000台
差引：仕　損　品	120	
月末仕掛品	680（1/4）	800
完　成　品		3,200台

（注）主材料は工程の始点で投入。(　　）内は加工費の進捗度。

⑶　当月の製品S実際製造費用データ

主材料費	実際単価 498円/個×実際消費量 36,070個………	17,962,860円
変動加工費	……………………………………………………………	5,036,750円
固定加工費	……………………………………………………………	8,370,000円

⑷　当月の実際機械稼働時間：8,325時間

以上の条件にもとづき，解答用紙の仕掛品勘定を完成させ，標準原価総差異を，①主材料価格差異，②主材料数量差異，③変動加工費予算差異（変動予算を使用した予算差異），④固定加工費予算差異，⑤変動加工費能率差異，⑥固定加工費能率差異，⑦操業度差異に分析して，それらを各差異勘定の借方または貸方に記入しなさい。

理解度チェック

問題7-9　★★★

製品Cを量産するＫＯ工業では，パーシャル・プランの全部標準原価計算を採用しており，原価要素別の仕掛品勘定が設定されている。製造間接費の差異は，変動予算と四分法（総差異を，①変動予算による予算差異，②変動費能率差異，③固定費能率差異，④操業度差異に分析する方法）によって分析している。この製品の製造間接費関係のデータは次のとおりである。

1．製品Ｃ１個あたりの標準製造間接費

⑴　機械稼働時間あたりの標準製造間接費配賦率は，次のように設定されている。

$$\text{標準配賦率}=\frac{\text{年間製造間接費予算 29,760,000円}}{\text{年間正常機械稼働時間 74,400時間}}=\text{400円/時}$$

⑵　製品Ｃの製造には，工程の終点で正常仕損が発生する。正常仕損率は，良品に対し１％であり，正常仕損品に売却価値はない。

⑶　製品Ｃ１個あたりの（正常仕損製造間接費を含まない）正味標準製造間接費

400円/時×1.5時/個＝600円/個

⑷　製品Ｃの原価標準では，１個あたりの正常仕損製造間接費は，上記正味標準製造間接費の中に組み込まれず，それとは区別され，別個に設定されている。

2．５月と６月の生産データ

	５　月	６　月
月初仕掛品	600個（40%）	500個（50%）
当 月 受 入	3,940個	4,200個
合　計	4,540個	4,700個
差引：正常仕損品	40個	41個
異常仕損品	0個	9個
月末仕掛品	500個（50%）	550個（40%）
合　計	540個	600個
当月完成品合計	4,000個	4,100個
実際機械稼働時間	6,100時間	6,250時間

（注）（　　）内の％は，仕掛品の進捗度。６月の異常仕損は工程の終点で発生し，異常仕損品に売却価値はない。

3．５月の製造間接費差異分析において，操業度差異＝25,000円（借方）であった。

4．６月の製造間接費差異分析において，総差異＝０円であった。

以上のデータにもとづき，下記の各問に答えなさい。

〔問１〕

製造間接費の発生額を費目別に管理するために役立つ差異は，①予算差異，②変動費能率差異，③固定費能率差異，④操業度差異のうち，どの差異かを答えなさい。答えは該当する差異の番号を１つ選んで，［　　］内に記入すること。

〔問２〕

６月の「仕掛品―製造間接費」勘定の（　　）内には適切な名称を，［　　］内には該当する数値を記入し，この勘定記入を締め切り，完成させなさい。

〔問３〕

６月の標準製造間接費差異分析を行って，その計算結果を，それぞれ該当する差異勘定の借方または貸方に記入しなさい。

理解度チェック □□□

問題7-10 ★★★

K製作所では製品Xを量産し，パーシャル・プランの全部標準原価計算を採用している。製品Xの原価標準および当月における原価計算関係の資料は次のとおりである。

1．製品X１台あたりの標準原価関係資料

主 材 料 費　標準単価 70円/個×標準消費量 180個/台 ……12,600円

加　工　費

標準変動加工費率 820円/時×標準機械稼働時間 3時/台 … 2,460

標準固定加工費率 980円/時×標準機械稼働時間 3時/台 … 2,940

合計：製品X１台あたりの正味標準製造原価……………………18,000円

（注）標準固定加工費率 980円/時＝月次固定加工費予算 7,056,000円 ÷月間正常機械稼働時間 7,200時間

2．正常仕損と異常仕損

製品Xの生産には，工程の終点で正常仕損が発生する。正常仕損率は良品に対し５％であり，それ以上発生した仕損は異常仕損である。正常仕損費は異常仕損品に負担させないものとする。正常仕損品および異常仕損品には，売却価値はない。

3．当月の製品X生産データ

月初仕掛品		800台（1/2）
当 月 投 入		2,250
投入合計		3,050台
差引：仕　損　品	150	
月末仕掛品	400（1/4）	550
完　成　品		2,500台

（注）主材料は工程の始点で投入。（　）内は加工費の進捗度。仕損はすべて工程の終点で発生した。

4．当月の実際総製造費用

主 材 料 費　69円/個×406,500個…… 28,048,500円

変動加工費　…………………………… 5,950,000

固定加工費　…………………………… 7,050,000

当月実際総製造費用………………… 41,048,500円

5．当月の実際機械稼働時間：7,150時間

6．製品Xの製品原価標準の中に正常仕損費を組み込む方法としては，各原価要素別標準消費量を補正する方法（この方法を第１法という）と，正味標準製造原価に正常仕損費を加算する方法（この方法を第２法という）がある。

以上の条件にもとづき次の各問に答えなさい。

〔問１〕

第１法により，解答用紙にある仕掛品勘定を完成しなさい。

〔問２〕

第２法により，解答用紙にある仕掛品勘定を完成しなさい。

〔問３〕

第２法によって完成した仕掛品勘定における総差異を，①主材料価格差異，②主材料消費量差異，③変動加工費予算差異（変動予算を使用した予算差異），④固定加工費予算差異，⑤加工費能率差異（変動費と固定費の能率差異合計），⑥操業度差異に分析しなさい。なお各差異は，（　　）内に借方差異は－記号，貸方差異は＋記号を記入しなさい。

〔問４〕

次の文章における［　　］内の適当なことばを選択し，解答用紙の同じ番号欄に記入しなさい。

「本問の場合，第１法と第２法との計算結果を比較すると，正常仕損費は，第１法で計算した月初，月末仕掛品原価には，①［含まれる，含まれない］のに対し，第２法で計算した月初，月末仕掛品原価には，②［含まれる，含まれない］。また異常仕損費は，第１法で計算した加工費能率差異には，③［含まれる，含まれない］のに対し，第２法で計算した加工費能率差異には，④［含まれる，含まれない］。したがって第１法は，第２法と比較して，⑤［正確，不正確］な計算であるといえよう。」

理解度チェック □□□

問題7-11　★★☆

広尾工業では，製品Ｅを量産し，パーシャル・プランの全部標準総合原価計算を採用している。

１．製品Ｅの原価標準

主材料費	500円/kg×５kg ……	2,500円
加工費	600円/時×2.5時間……	1,500
１個あたり正味標準製造原価	……	4,000円

加工費は機械稼働時間を基準に配賦している。なお，月間固定加工費予算は1,280,000円，月間正常機械稼働時間（基準操業度）は3,200時間である。

２．正常減損

製品Ｅの生産には，上記の原価のほかに正常減損が工程の始点で発生する。正常減損率は良品に対し３％である。広尾工業では，正常減損費を原価標準に組み込む際に原価要素別の標準消費量を補正せず，製品１個あたりの正味標準製造原価に，特別費として正常減損費を加えて，製品１個あたりの総標準製造原価を設定する方法（第２法とよぶ）を採用している。

３．当月の生産（単位：個）

月初仕掛品		300（0.2）
当月投入		1,250
合計		1,550
月末仕掛品	500（0.5）	
減損	50	550
完成品		1,000

主材料は，工程の始点で投入される。（　　）内は加工費の進捗度。減損はすべて工程の始点で発生した。正常減損費は，異常減損に負担させないものとする。

４．当月の実際製造費用

主材料費	502円/kg×6,300kg……	3,162,600円
加工費	……………………………	1,872,400
合計	……………………………	5,035,000円

5．当月の実際機械稼働時間：3, 150時間

6．当社では，仕掛品勘定は原価要素別に分割しておらず，工場全体で，１つの仕掛品勘定を使用している。

7．加工費の差異は，変動予算と三分法（能率差異は固定費からも把握する）によって分析している。

上記の資料にもとづき，(1)第２法による標準原価カードを作成し，(2)仕掛品勘定の記入を行い，(3)標準原価差異分析を行いなさい。

理解度チェック

問題7-12　★★★

広尾工業では，製品Ｅを量産し，パーシャル・プランの全部標準総合原価計算を採用している。

1．製品Ｅの原価標準

主材料費	500円/kg×５kg ……	2, 500円
加　工　費	600円/時×2. 5時間…	1, 500
１個あたり正味標準製造原価	…	4, 000円

加工費は機械稼働時間を基準に配賦している。なお，月間固定加工費予算は1, 280, 000円，月間正常機械稼働時間（基準操業度）は3, 200時間である。

2．正常減損

製品Ｅの生産には，上記の原価のほかに正常減損が工程の0. 4の地点で発生する。正常減損率は減損の発生点を通過した良品に対し３％である。広尾工業では，正常減損費を原価標準に組み込む際に原価要素別の標準消費量を補正せず，製品１個あたりの正味標準製造原価に，特別費として正常減損費を加えて，製品１個あたりの総標準製造原価を設定する方法（第２法とよぶ）を採用している。

3．当月の生産（単位：個）

月初仕掛品		300（0. 2）
当月投入		1, 250
合　計		1, 550
月末仕掛品	500（0. 5）	
減　　損	50	550
完　成　品		1, 000

主材料は，工程の始点で投入される。（　　）内は加工費の進捗度。減損はすべて工程の0. 4の地点で発生した。正常減損費は，異常減損に負担させないものとする。

4．当月の実際製造費用

主材料費	502円/kg×6, 300kg……	3, 162, 600円
加　工　費	……………………………	1, 872, 400
合　計	……………………………	5, 035, 000円

5．当月の実際機械稼働時間：3, 150時間

6．当社では，仕掛品勘定は原価要素別に分割しておらず，工場全体で，１つの仕掛品勘定を使用している。

7．加工費の差異は，変動予算と三分法（能率差異は固定費からも把握する）によって分析している。

上記の資料にもとづき，(1)第２法による標準原価カードを作成し，(2)仕掛品勘定の記入を行い，(3)標準原価差異分析を行いなさい。

理解度チェック

問題7-13　★★★

当社は，工程始点で材料をすべて投入し，それを加工して製品Ｓを製造している。原価計算は修正パーシャル・プランの全部標準総合原価計算を採用している。次の資料にもとづき，解答用紙の仕掛品勘定を完成させ，仕掛品勘定において把握される標準原価差異を分析しなさい。なお，能率差異は変動費のみから把握する。

（資　料）

1．原価標準

直接材料費：標準単価500円/kg×標準消費量５kg/個	＝	2, 500円
直接労務費：標準賃率1, 000円/時間×標準直接作業時間２時間/個	＝	2, 000
製造間接費：標準配賦率1, 200円/時間×標準直接作業時間２時間/個	＝	2, 400
製品Ｓ１個あたりの正味標準製造原価		6, 900円

（注１）製造間接費については，公式法変動予算が設定されている。年間の正常直接作業時間（基準操業度）は83, 400時間であり，年間固定製造間接費予算は50, 040, 000円である。なお，月次予算は年間予算の12分の１である。

（注２）上記原価標準には，仕損費は含まれていない。

2．正常仕損と異常仕損

製品Ｓの生産には，工程の加工費進捗度0. 4の点で正常仕損が発生する。正常仕損率は良品に対し４％であり，それ以上発生した仕損は異常仕損である。正常仕損費は異常仕損品に負担させないものとする。なお，仕損品は，正常異常にかかわらず，１個あたり260円で売却処分することができる。

3．当月の生産データ

月初仕掛品	800個	（0. 3）
当月投入	3, 200	
投入合計	4, 000個	
仕　損　品	200	
月末仕掛品	500	（0. 6）
完　成　品	3, 300個	

（注）生産データの（　　）内の数値は，加工費進捗度を示す。仕損はすべて工程の加工費進捗度0. 4の点で発生した。

4．当月の実際原価データ

⑴　直接材料費　実際単価503円/kg×実際消費量16, 050kg＝8, 073, 150円

⑵　直接労務費　実際賃率1, 005円/時間×実際直接作業時間6, 920時間＝6, 954, 600円

⑶　変動製造間接費　4, 155, 000円

⑷　固定製造間接費　4, 200, 000円

5．原価標準の設定について

当社では，正常仕損費を製品Ｓの原価標準に組み込む際に，原価要素別の標準消費量を補正せず，製品Ｓ１個あたりの正味標準製造原価に，売却処分価格を考慮した正常仕損費を加えて，製品Ｓ１個あたりの総標準製造原価を設定する方法を採用している。

理解度チェック

問題7-14 ★★★

関東製作所の千葉工場では，製品Gを量産し，パーシャル・プランの全部標準原価計算を行っている。製品Gを製造するために，工程始点で直接材料Xが投入され，加工費進捗度80％の時点でさらに直接材料Yが投入されている。製品Gの原価標準は次のとおりである。

直接材料費（X）	標準単価 50円/kg×標準消費量 20kg/単位	1,000円
直接材料費（Y）	標準単価 80円/個×標準消費量 15個/単位	1,200
直接労務費	標準賃率 900円/時×標準直接作業時間 0.8時間/単位	720
変動製造間接費	標準配賦率 1,000円/時×標準直接作業時間 0.8時間/単位	800
固定製造間接費	標準配賦率 1,100円/時×標準直接作業時間 0.8時間/単位	880
合　計		4,600円

（注１）固定製造間接費の予算は44,000,000円（月額）である。

（注２）原価標準には，仕損費は含まれていない。

さて，当月の製品Gの完成品生産量は40,000単位，実際直接作業時間は39,000時間であった。ただし，月初仕掛品が6,000単位（加工費進捗度50％），月末仕掛品が8,000単位（加工費進捗度90％）ある。また，当月の実際製造原価発生額は，次のとおりであった。

直接材料費（X）	52,800,000円（＝55円/kg×960,000kg）
直接材料費（Y）	51,100,000円（＝70円/個×730,000個）
直接労務費	38,220,000円
製造間接費	80,000,000円
合　計	222,120,000円

〔問１〕

以上のデータにもとづいて，当月の仕掛品勘定に適当な金額を記入しなさい。また，総差異を分析し，差異分析表（A）を作成しなさい。ただし，単位は千円とする（以下同じ）。

〔問２〕

差異分析表（A）を検討する会議の席上，仕損の発生が問題となった。

以下の会話をふまえて，仕掛品勘定に計上される完成品原価，月末仕掛品原価，および総差異を計算しなさい。

工程管理者「ところで，この製造工程では，加工費進捗度70％の段階で検査を行っていますが，現在の技術水準では，検査点を通過する良品に対して10％の仕損が発生します。仕損品は処分しますが，売却価値はありません。」

工場長「なるほど。その検査点を通過する良品の10％の仕損が発生するのは正常な状態であり，そのコストは必要不可欠なコストであるとするなら，それを考慮して製品原価を計算し，その金額は総差異に現れないようにすることにしよう。」

原価課長「わかりました。検査点を通過する良品の10％の正常仕損が発生するものと仮定して，その正常仕損費を適切に良品の原価に算入することにします。」

〔問３〕

会議の後，異常仕損の発生が判明した。

以下の会話をふまえて，当月の異常仕損費と総差異を計算しなさい。また，差異分析表（B）を作成しなさい。

工程管理者「実は，当月は仕損が5,000単位，つまり，正常と判断される以上の仕損（異常仕損）が発生しました。」

原価課長「そういうことであれば，総差異に異常仕損費が含まれています。異常仕損費には原価性がありませんから，これを計算し，総差異から切り離して計上することにしましょう。なお，異常仕損費には正常仕損費を負担させないことにします。」

工場長「そうしてくれたまえ。」

理解度チェック

問題7-15 ★★★

P社では，製品Qを製造販売し，パーシャル・プランの全部標準総合原価計算を採用している。次の資料にもとづき，各問に答えなさい。

（資　料）

1．製品Qの原価標準

直接材料費A	標準単価	300円/kg	×標準消費量　4kg/個 …………	1,200円/個
直接材料費B	標準単価	250円/個	×標準消費量　6個/個 …………	1,500
直接労務費	標準賃率	1,800円/時間	×標準直接作業時間2時間/個 …………	3,600
変動製造間接費	標準配賦率	900円/時間	×標準直接作業時間2時間/個 …………	1,800
固定製造間接費	標準配賦率	600円/時間	×標準直接作業時間2時間/個 …………	1,200
製品Q1個あたり正味標準製造原価				9,300円/個

（注1）直接材料Aはその全てが工程の始点で投入される。直接材料Bは買入部品であり，加工進捗度70％でその地点の加工品1個に対して3個，工程の終点でさらに3個の合計6個が投入される。

（注2）固定製造間接費予算は月額で6,000,000円である。

2．正常仕損と異常仕損

製品Qの生産では，工程の終点で仕損が発生する。正常仕損率は良品に対し4％であり，それを超えて発生した仕損は異常仕損である。正常仕損費は異常仕損品に負担させないものとする。仕損品には1個あたり300円の売却処分価値がある。なお，仕損は工程の終点で直接材料Bが追加投入されたあとに発生している。

3．製品Qの当月生産データ（単位：個）

月初仕掛品		300（0.4）
当月投入		4,850
合　計		5,150
月末仕掛品	450（0.8）	
仕損品	200	650
完成品		4,500

（注）（　　）内は加工進捗度を示す。仕損はすべて工程の終点で発生した。

4．当月の実際製造費用

直接材料費A	290円/kg×19,780kg ……………………	5,736,200円
直接材料費B	265円/個×29,055個 ……………………	7,699,575
直接労務費	1,650円/時間×10,430時間 ……………	17,209,500
変動製造間接費	………………………………………………	9,452,000
固定製造間接費	………………………………………………	6,100,000
合　計		46,197,275円

5．P社における原価標準の設定について

正常仕損費を原価標準に組み込む際に原価要素別の標準消費量を補正せず，製品1個あたり正味標準製造原価に正常仕損費を特別費として加えて，製品１個あたりの総標準製造原価を設定する方法を採用している。

〔問１〕

(1)仕掛品勘定を完成させ，(2)仕掛品勘定の標準原価総差異を解答用紙に示した各差異に分析しなさい。

〔問２〕

仮に，仕損の発生点が工程の終点ではなく，加工進捗度50％の地点で発生するものとした場合の(1)仕掛品勘定の記入と(2)標準原価総差異の分析を行いなさい。

理解度チェック

問題7-16　★★★

当工場ではＡ直接材料およびＢ直接材料を投入・加工して製品Ｓを製造している。まず，Ａ材料を工程始点で投入し，これを加工したうえで，加工費進捗度90％の段階で検査を行っている。その合格品にＢ材料を追加投入し，残りの加工作業を施して製品Ｓを完成させている。先月の実績は，次のとおりであった。

製品Ｓ完成品数量	5,000個
製品Ｓ月初仕掛品数量	0個
製品Ｓ月末仕掛品数量	300個（加工費進捗度80％）
Ａ直接材料消費量	29,000kg
Ｂ直接材料消費量	5,000kg
直接作業時間	12,000時間
製造費用発生額：	
直接材料費（Ａ）	70,000千円
直接材料費（Ｂ）	29,000千円
直接労務費	12,000千円
製造間接費	83,000千円
合　計	194,000千円

なお，検査点で仕損品が発見されたが，先月の製造作業は正常な状態で行われており，正常仕損と判断されたため，仕損品数量は記録されていない。

以上の条件のもとで，問１から問５に答えなさい。なお，計算の過程で端数が生じても，計算の途中では四捨五入せず，最終の答えの段階において千円未満で四捨五入すること。また，解答用紙の（　）内には，有利差異であれば「Ｆ」，不利差異であれば「Ｕ」と記入すること。差異の金額を「０」と解答した場合は，（　）内は「－」と記入すること。

〔問１〕

当工場の先月の製造実績に対して実際原価計算を行って，完成品総合原価と月末仕掛品原価を計算しなさい。

〔問2〕

当工場の先月の製造実績に対してパーシャル・プランの標準原価計算を行って，解答用紙の表を完成しなさい。ただし，製品Sの原価標準は次のとおりである。

直接材料費（A）	2,400円/kg×5kg	12,000円
直接材料費（B）	5,900円/kg×1kg	5,900円
直接労務費	900円/時 × 2時間	1,800円
製造間接費	6,600円/時 × 2時間	13,200円
合　計		32,900円

なお，この原価標準には正常仕損費は含まれていない。当工場では，正常な状態で作業が行われる場合，検査点において通過する良品の8％の仕損品が出ると想定されている。

〔問3〕

〔問2〕で計算した標準原価差異を分析し，解答用紙の表を完成しなさい。ただし，製造間接費差異については変動予算を用いた差異分析を行い，能率差異は標準配賦率を用いて計算すること。固定製造間接費予算は月額45,600千円，基準操業度は月間12,000時間である。

〔問4〕

〔問3〕で「正常仕損費を含まない原価標準で良品の原価を計算する場合」に計算された直接材料消費量差異，直接労働時間差異，製造間接費能率差異を，それぞれ，仕損関連の差異と仕損無関連の差異に分解し，解答用紙の表を完成しなさい。なお，仕損関連の差異とは仕損が原因で生じている差異をいう。

〔問5〕

当工場は仕損ゼロの方針で品質改善に取り組むこととした。先月の実際仕損品数量を調べたところ，想定どおり良品の8％，400個であった。この現状を前提として，品質原価計算の観点から，予防原価と評価原価の合計額の上限を，実際原価計算を行っている場合と標準原価計算を行っている場合について計算しなさい。なお，失敗原価の計算では仕損品の処理に要するコスト等さまざまな内部失敗原価や外部失敗原価を計算する必要があるが，ここでは与えられたデータの範囲内で計算すればよい。また，品質原価計算では品質原価を差額原価で計算することもあるが，ここでは全部原価で計算すること。

理解度チェック

問題7-17 ★★★

当工場では，1種類の製品Sを製造しており，修正パーシャル・プランの全部標準原価計算を採用している（直接材料費と直接労務費は標準単価，標準賃率で仕掛品勘定へ振り替える）。当工場には，第1工程，第2工程，仕上工程の3つの工程がある。第1工程と第2工程の間で外注先にて加工を行う。

第1工程で標準単価1,200円の素材sを投入し，半製品s－1を製造する。半製品s－1を外注先に引き渡し，外注加工済みの半製品s－2を受け入れる。第2工程では半製品s－2を投入し，半製品s－3を製造する。仕上工程では半製品s－3を投入し，製品Sを製造する。

なお，仕損を無視すれば，それぞれの工程のアウトプット1個の生産には，前工程のアウトプット（第1工程の場合は，素材s）が1個必要である。仕上工程では仕損は生じないが，第1工程，第2工程では工程の終点で仕損が発生する。外注先でも仕損が発生する。第1工程，第2工程においては，良品の10％の仕損見積を標準消費量に算入するものとし，その標準消費量を基準に消費量差異および作業時間差異を計算する。月初・月末には，工程間在庫（半製品在庫）と製品在庫のみがあり，自工場工程内および外注先に在庫はない。

外注先には半製品s－1を無償で支給する。納品数に1個あたり1,650円の外注単価を掛けて外注加工賃を計算する。外注先において，良品の10％を超える仕損が生じた場合は外注先の責任とし，良品の10％を超える仕損量に半製品ｓ－１の原価標準を掛けた額を外注先の買掛金から控除することとし，原価差異には入れない。外注先で仕損が発生しても半製品ｓ－１を追加支給しない。外注先における良品の10％を仕損見積として，半製品ｓ－２の原価標準を計算する際に考慮するものとする。（資料）にもとづき，次の各問に答えなさい。

（資　料）

1．１個あたりの標準直接作業時間（仕損見積を含まない時間）

品　目	工　程	標準直接作業時間
半製品ｓ－１	第１工程	0.8時間
半製品ｓ－３	第２工程	0.6時間
製　品　Ｓ	仕上工程	0.8時間

2．標準賃率・標準製造間接費配賦率

	標準賃率	標準配賦率
第１工程	1,500円/時間	2,000円/時間
第２工程	1,500円/時間	3,100円/時間
仕上工程	1,500円/時間	4,000円/時間

（注）製造間接費の配賦基準は，直接作業時間である。

3．当月の各工程の投入・産出量

	投入要素	投入量	産出要素	産出量
第１工程	素材ｓ	2,900個	半製品ｓ－１	2,700個
外　注	半製品ｓ－１	2,600個	半製品ｓ－２	2,350個
第２工程	半製品ｓ－２	2,300個	半製品ｓ－３	2,050個
仕上工程	半製品ｓ－３	2,000個	製品Ｓ	2,000個

4．当月の月初在庫

	月初在庫量
半製品ｓ－１	80個
半製品ｓ－２	50個
半製品ｓ－３	80個

5．当月の実際直接作業時間

	直接作業時間
第１工程	2,365時間
第２工程	1,363時間
仕上工程	1,630時間

6．製造間接費実際発生額

15,200,000円

〔問１〕

第１工程における素材ｓ，第２工程における半製品ｓ－２，仕上工程における半製品ｓ－３の消費量差異をそれぞれ計算しなさい。借方差異ならば借方，貸方差異ならば貸方を○で囲みなさい。差異が０のときは金額を０として，借方も貸方も○で囲む必要はない（〔問２〕も同様）。

〔問２〕

第１工程，第２工程，仕上工程の作業時間差異を計算しなさい。

〔問３〕

解答用紙の仕掛品勘定を完成しなさい。

理解度チェック

問題7-18 ★★★

当社では修正パーシャル・プランの標準原価計算制度を採用している。直接材料費と直接労務費を標準単価と標準賃率でそれぞれ仕掛品勘定に振り替えている。次の（資料）にもとづいて，下記の各問に答えなさい。差異分析については，解答用紙の有利差異，不利差異の適切な方を○で囲みなさい。なお，仕損は原価標準に含めず，すべて原価差異に含める。

（資　料）

1．製品Ｓの原価標準

直接材料費：

材料Ｍ　標準単価 1,200円/個　×標準消費量１個　＝　1,200円

材料Ｎ　標準単価 1,000円/kg　×標準消費量３kg　＝　3,000円

直接労務費：標準賃率 2,400円/時間×標準作業時間２時間＝　4,800円

製造間接費：標準配賦率 4,000円/時間×標準作業時間２時間＝　8,000円

合　　計　17,000円

2．原価標準工程別標準消費量内訳

		第１工程	第２工程	第３工程
直接材料	材料Ｍ	１個	—	—
	材料Ｎ	1.5kg	0.8kg	0.7kg
直接作業時間		１時間	0.6時間	0.4時間

3．当月の生産データ

月初仕掛品：第１工程完成品　150個

第２工程完成品　110個

製品完成量：　3,600個

月末仕掛品：第１工程完成品　120個

第２工程完成品　160個

4．当月の消費実績

材　料　Ｍ　3,665個

材　料　Ｎ　10,930kg

直接作業時間　7,295時間

5．正常作業時間および製造間接費予算

１か月あたりの正常作業時間　7,500時間

１か月あたりの製造間接費予算　30,000,000円（うち，13,500,000円が変動費）

6．当月の製造間接費実際発生額　29,259,000円

〔問１〕

仕掛品勘定を完成しなさい。

〔問２〕

直接材料消費量差異を計算しなさい。

〔問３〕

直接作業時間差異を計算しなさい。

〔問４〕

製造間接費総差異を計算しなさい。

〔問５〕

製造間接費総差異を，予算差異，能率差異，操業度差異に分析しなさい。ただし，能率差異は変動費のみで計算すること。

〔問６〕

工程ごとの消費実績を調査したところ，以下のようになった。これをもとに，材料M第１工程消費量差異，材料N第１工程消費量差異，材料N第３工程消費量差異，前工程完成品第２工程消費量差異，前工程完成品第３工程消費量差異を計算しなさい。なお，各工程の標準消費量は，製品完成量，または次工程における「前工程完成品」の消費実績をふまえて逆算した各工程の完成量をもとに計算すること。この計算によれば，材料N第２工程消費量差異は，10,000円の不利差異となる。

	第１工程	第２工程	第３工程
材　料　M	3,665個	―	―
材　料　N	5,488kg	2,938kg	2,504kg
前工程完成品	―	3,680個	3,610個

〔問７〕

直接労務費について，工程ごとの直接作業時間実績を調査したところ，以下のようになった。これをもとに，第１工程作業時間差異，第２工程作業時間差異，第３工程作業時間差異を計算しなさい。なお，各工程の標準直接作業時間は，製品完成量，または〔問６〕に与えられている次工程における「前工程完成品」の消費実績をふまえて逆算した各工程の完成量をもとに計算すること。

第１工程	第２工程	第３工程
3,655時間	2,190時間	1,450時間

理解度チェック □□□

問題7-19　★★★

日本海工業では，製品Tを量産し，パーシャル・プランの全部標準原価計算を採用している。製品Tの原価標準および当月における原価計算関係の資料は次のとおりである。

(1)　製品T１個あたりの標準直接材料費

標準単価3,800円/単位×標準消費量５単位＝19,000円

(2)　製品T１個あたりの標準直接作業時間は，４時間（段取時間を除く）とする。

(3)　加工費変動予算

１直接作業時間あたりの標準変動加工費率は1,600円/時間，年間固定加工費は108,000,000円である。

年間正常直接作業時間は90,000時間である。

なお，月間固定加工費予算および月間正常直接作業時間は，年間の12分の１である。

(4)　標準ロットサイズは80個とする。１ロット製造するごとに12直接作業時間の段取作業が必要となる。段取作業に関する加工費は，80個の製品に均等に負担させるように原価標準に組み込むことにしている。

(5)　正常仕損と異常仕損

製品Tの製造では，工程の終点で仕損が発生する。正常仕損率は，良品に対して10%であり，それ以上発生した仕損は異常仕損である。正常仕損費は，異常仕損に負担させない。なお，仕損品には売却価値はない。

(6) 当月の製品Tの生産データ

月初仕掛品			80 個（50%）
当月投入			1,680
投入合計			1,760 個
差引	仕損品	220	
	月末仕掛品	40（25%）	260
完成品			1,500 個

（注）直接材料はすべて工程の始点で投入している。上記の（　　）内の数値は加工費進捗度を示している。ただし，段取費は製品と仕掛品とに区別なく平等に負担させる。また仕損はすべて工程の終点で発生した。

(7) 当月の実際製造費用

直接材料費	3,840円/単位×8,500単位＝32,640,000円
変動加工費	11,690,000円
固定加工費	8,987,000円

(8) 当月の実際直接作業時間は7,250時間であった。

(9) 現在，注文が殺到しており納期短縮を図るため，当月から予定ロットサイズを標準の80個から半分の40個にしている。ただし，注文が殺到しているのは一時的と考え，ロットサイズの変更に関しては原価標準に組み込まないことにしている。

(10) 製品Tの原価標準の中に正常仕損費を組み込む方法としては，正味標準製造原価に正常仕損費を別途加算する方法を用いている。

以上の条件にもとづき，次の各問に答えなさい。

問１　解答用紙の製品Tの標準原価カードを完成させなさい。

問２　解答用紙の仕掛品勘定を完成させなさい。

問３　直接材料費総差異を計算した後，価格差異と消費量差異とに分析しなさい。なお，（　　）内に，借方差異には「借」，貸方差異には「貸」と記入しなさい（以下の問４，問６も同様とする）。

問４　加工費総差異を計算した後，予算差異，能率差異，操業度差異に分析しなさい。ただし，能率差異は，変動費と固定費から計算する方式によること。

問５　当社では，能率差異を変動費と固定費から計算しているが，計算方法に関して問題があるとの意見が出ている。このことについて，解答用紙の文章を完成させなさい。

問６　加工費総差異を予算差異，能率差異，ロットサイズ変更差異，操業度差異に分析しなさい。ただし，能率差異とロットサイズ変更差異は，原価管理上望ましい方法で分析すること。なお，ここでロットサイズ変更差異とは，ロットサイズの変更により必然的に生じる必要段取回数の変更にもとづく差異である。

理解度チェック □□□

問題7-20 ★★★

マッチ製造株式会社では製品Tを製造しており，パーシャル・プランによる標準原価計算制度を採用している。

1．原料費標準

製品Tは，原料A，B，Cから作られるが，この製品8kgを製造するのに必要な各種原料の標準配合は次のとおりである。

原　料　A	5kg	@70円	350円
原　料　B	4	@60	240
原　料　C	1	@50	50
投入原料計	10kg		640円
	⇩		⇩
製　品　T	8kg		640円

したがって投入原料1kgあたりの標準原料費は64円/kg（＝640円÷10kg）であり，製品1kgあたりの標準原料費は80円/kg（＝640円÷8kg）である。

2．当月における原料記録

	(イ) 期首在庫量	(ロ) 当月購入量	(ハ)＝(イ)＋(ロ) 合　計	(ニ) 期末在庫量	(ホ)＝(ハ)－(ニ) 当月実際消費量	当月実際 購入単価
A	400kg	10,500kg	10,900kg	500kg	10,400kg	68円/kg
B	200kg	8,000kg	8,200kg	300kg	7,900kg	62円/kg
C	300kg	1,600kg	1,900kg	200kg	1,700kg	53円/kg
合　計	900kg	20,100kg	21,000kg	1,000kg	20,000kg	

なお原料は標準単価で受入記帳を行う。

3．当月製品実際生産量：15,800kg

4．月初および月末仕掛品はなかった。

以上の資料により，標準原価計算を行って，原料受入価格差異，原料配合差異および原料歩留差異を計算しなさい。なお，原料配合差異および原料歩留差異は，原料別の標準単価を用いて分析すること。

理解度チェック

問題7-21 ★★★

製品Sを製造・販売する当社は，全部標準原価計算を採用している。当社では，原料はすべて掛けで仕入れている。原料を掛けで仕入れたとき，標準単価で原料勘定に借記し，原料受入価格差異を算出している。また原料を出庫し，仕掛品―原料費勘定に借記するときに，原料配合差異を算出し，仕掛品―原料費勘定から製品勘定へ完成品の標準原料費を振り替えるときには，原料歩留差異を算出している。

そこで次に示す当月の資料にもとづき，当月の原料掛仕入額，原料受入価格差異，原料出庫額，原料配合差異，原料歩留差異，当月完成品標準原料費をそれぞれ計算し，計算した結果を解答用紙における原価計算関係諸勘定の（　　）内に記入しなさい。

（当月の資料）

(1)　製品Sの原料費標準

製品S 8kgを生産するのに必要な原料の種類とそれらの標準配合割合は，下記のとおりである。これらは，先月の原料費標準と等しい。

原料種類	標準消費量	標準単価	標準原料費
P	5kg	80円/kg	400円
Q	3kg	70円/kg	210円
R	2kg	60円/kg	120円
投入原料合計	10kg		730円

(2)　当月の原料記録

原料種類	期首在庫量	当月購入量	期末在庫量	実際購入単価
P	300kg	13,000kg	500kg	82円/kg
Q	200kg	8,000kg	300kg	69円/kg
R	150kg	5,350kg	200kg	61円/kg

（注）先月と当月において実際購入単価に変動はなかった。したがって先月および当月の実際購入単価はそのまま当月の実際消費単価として使用できる。

(3)　当月製品Sの実際生産量は，20,000kg であった。

(4)　当社では，月末に仕掛品は残らぬように生産しているので，月初および月末仕掛品はない。

(5)　解答用紙における原価計算関係諸勘定では，上記計算条件の中で明示されている原料月初有高を除き，前月からの繰越高の記入は，すべて省略されている。

理解度チェック □□□

問題7-22 ★★★

K工場では製品Bを製造し，パーシャル・プランによる標準原価計算制度を採用している。製品Bは原料X，YおよびZを配合して製造され，その標準配合割合はX：Y：Z＝3：5：2と定められている。当工場の原価計算制度では原料価格差異（受入価格差異）と原料消費量差異が算出され，原料消費量差異は更に原料配合差異と原料歩留差異に分析されている。

以下に示す当工場6月の資料にもとづき，解答用紙の各勘定の（　　）内に適切な金額を記入しなさい。ただし，原料受入価格差異勘定および原料消費量差異勘定への記入は，借方または貸方のいずれか一方のみに行うこと。

また，解答用紙の原料受入価格差異一覧表ならびに原料消費量差異分析表（甲表および乙表）を作成しなさい。なお，各表の（　　）内には，借方差異であれば「借」，貸方差異であれば「貸」と記入する。

（資　料）

1．製品B 8kgを製造するのに必要な各原料の標準消費量および標準単価

X	3 kg	105円/kg
Y	5	95円/kg
Z	2	85円/kg
計	10 kg	

2．各原料の月初在庫量，当月購入量，当月消費量および月末在庫量

原　料	月初在庫量	当月購入量	当月消費量	月末在庫量
X	200kg	16,000kg	14,500kg	1,700kg
Y	1,500kg	26,500kg	27,400kg	600kg
Z	1,400kg	9,000kg	10,100kg	300kg

3．当月の製品Bの実際生産量は40,000kgであった。月初仕掛品および月末仕掛品はなかった。

4．原料の購入原価は，購入代価に引取費用を加えて計算されている。それらの当月実績は，次のとおりであった。

① 送状価額：X 1,360,000円，Y 1,987,500円，Z 621,000円

② 引取運賃：592,250円

③ その他の引取費用：396,850円

④ 引取運賃は，購入量にもとづいて各原料に実際配賦する。その他の引取費用は，送状価額にもとづいて各原料に実際配賦する。

理解度チェック

問題7-23 ★★★

マッチ製造株式会社では製品Tを製造しており，パーシャル・プランによる標準原価計算制度を採用している。

1．原料費標準

製品Tは，原料A，B，Cから作られるが，この製品８kgを製造するのに必要な各種原料の標準配合は次のとおりである。

原　料　A	5kg	@70円	350円
原　料　B	4	@60	240
原　料　C	1	@50	50
投入原料計	10kg		640円
	⇩		⇩
製　品　T	8kg		640円

したがって投入原料１kgあたりの標準原料費は64円/kg（＝640円÷10kg）であり，製品１kgあたりの標準原料費は80円/kg（＝640円÷８kg）である。なお，減損は工程終点で生じたものとする。

2．直接労務費標準

上記10kg の原料を８kg の製品に加工するためには，

280円/時×２時間＝560円

の直接労務費を必要とする。したがって製品１kg あたりの標準直接労務費は70円/kg（＝560円÷８kg）である。

3．製造間接費標準

月間の正常製造間接費：840,000円

月間の正常直接作業時間：4,200時間

標準配賦率（直接作業時間基準）	固 定 費 率	120円/時
	変 動 費 率	80円/時
	（計）標準配賦率	200円/時

上記10kgの原料を８kgの製品に加工するためには，

200円/時×２時間＝400円

の製造間接費を必要とする。したがって製品１kg あたりの標準製造間接費は50円/kg（＝400円÷８kg）である。

4．当月の実際直接作業時間および実際直接労務費

実際直接作業時間：4,100時間

実際直接労務費：1,189,000円

5．当月実際製造間接費：837,000円

6．当月生産データ

当 月 投 入		
原　料　A	10,400kg	
原　料　B	7,900kg	
原　料　C	1,700kg	20,000kg
減　　　損		4,200kg
完　成　品		15,800kg

以上の資料により，標準原価計算を行って，原価計算関係諸勘定を作成し，直接労務費および製造間接費の各差異を分析しなさい。なお，製造間接費の能率差異および歩留差異は，変動費および固定費の両方から算出する方法による。

理解度チェック

問題7-24　★★★

1．当社は製品Dを製造・販売しており，製品Dの製造には原料X，Y，Zの標準配合割合が定められている。当社の原価計算制度は全部標準原価計算であって，原料はすべて掛けで仕入れ，仕入れたときに標準単価で原料勘定に借記し，原料受入価格差異を算出する。また原料を出庫し，仕掛品―原料費勘定に借記するときに，原料配合差異を算出し，仕掛品―原料費勘定から製品勘定へ完成品の標準原料費を振り替えるときには，原料歩留差異を算出している。

2．20×0年10月30日の夜，工場で爆発事故が起き，工場経理部の原価計算関係の書類が一部焼失した。消火活動の中から辛うじて下記の10月分のデータを持ち出すことができたが，まだ未整理の状態である。

3．10月分の資料

⑴　製品Dを８kg製造するのに要する原料X，Y，Zの標準配合による標準消費量の合計は10kgである。そのうちXとYの標準消費量は３kg と５kg であって，１kg あたりの標準単価はそれぞれ65円と55円である。Zの資料は焼失した。

⑵　10月の原料記録によると，Xの月初在庫量は2,300kg，当月購入量は18,000kg，月末在庫量は4,100kg，実際購入単価は63円/kg，Yの月初在庫量は不明，当月購入量は26,000kg，月末在庫量は2,800kg，実際購入単価は不明，Zの月初在庫量は3,000kg，当月購入量は不明，月末在庫量も不明，実際購入単価は46円/kgであった。なおX，Y，Z全部の合計である月初在庫総量は7,500kg，当月購入総量は55,000kg，月末在庫総量は10,000kg であることが判明している。また，９月と10月では，原料X，Y，Zのそれぞれの実際購入単価に変動はなかった。

⑶　10月の製品Dの実際生産量は40,000kg であった。

⑷　製品Dの完成品１kg あたりの標準原料費は70円である。

⑸　10月の月初，月末仕掛品はなかった。

⑹　原料Yの10月の実際購入原価総額が1,482,000円であることが，焼け残りの伝票から判明した。

〔問１〕

そこでこれらのデータにもとづき，欠けている資料を推定し，10月の原価計算を行って，計算した結果を解答用紙における原価計算関係諸勘定の（　　）内に記入しなさい。なお各差異勘定には，借方，貸方のいずれかを選んで記入すればよい。また解答用紙の原価計算関係諸勘定では，原料月初有高を除き，前月よりの繰越高の記入はすべて省略されている。

〔問２〕

原料歩留差異を原料種類別の標準単価を用いて計算し，解答用紙の所定の欄に記入しなさい。

理解度チェック

問題7-25　★★★

当工場では製品Ａを生産しており，原価計算制度としてパーシャル・プランによる全部標準原価計算を採用している。製品Ａは原料Ｘ，Ｙ，Ｚを配合して製造され，その標準配合割合はＸ：Ｙ：Ｚ＝４：２：３と定められている。当工場の原価計算制度では，原料からは原料価格差異（原料受入価格差異）と原料消費量差異を算出し，原料消費量差異はさらに配合差異と歩留差異に分析している。また，加工費からは予算差異，（変動費と固定費からなる）能率差異および操業度差異を算出し，能率差異はさらに純粋な能率差異と歩留差異に分析している。

以下に示す当工場の６月の資料にもとづき，〔問１〕解答用紙の各勘定の（　　）内に適切な金額を記入しなさい。ただし，各差異勘定への記入は，借方または貸方のいずれか一方のみに行うこと。また，〔問２〕解答用紙の原料受入価格差異一覧表，原料消費量差異分析表ならびに加工費能率差異分析表を作成しなさい。なお，原料消費量差異分析表において，配合差異と歩留差異は，原料別の標準単価で計算する方法によること。

（資　料）

１．製品Ａの標準データ

⑴　製品Ａ１個を生産するのに必要な各原料の標準消費量および標準単価は，次のとおりである。

原　　料	標準消費量	標準単価	標準原料費
X	4 kg	@300円	1, 200円
Y	2 kg	@900円	1, 800円
Z	3 kg	@750円	2, 250円
計	9 kg		5, 250円

⑵　加工費

上記９kgの原料を製品Ａ１個に加工するために必要な加工費は次のとおりである。なお，月間の正常直接作業時間（基準操業度）は3, 900時間である。

変　動　費	600円/時×４時間＝	2, 400円
固　定　費	750円/時×４時間＝	3, 000円
合　計		5, 400円

⑶　歩減（減損）は工程の終点で生じるものとする。

２．各原料の月初在庫量，当月購入量，当月消費量および月末在庫量は，次のとおりであった。

原　料	月初在庫量	当月購入量	当月消費量	月末在庫量
X	210kg	4, 500kg	4, 010kg	700kg
Y	260kg	2, 200kg	1, 920kg	540kg
Z	350kg	2, 900kg	2, 620kg	630kg

３．原料の購入原価は，送状価額（購入代価）に引取費用を加えて計算されている。それらの当月実績は，次のとおりであった。

⑴　送状価額（購入代価）：X 1, 400, 000円，Y 1, 960, 000円，Z 2, 240, 000円

⑵　引取費用　130, 400円

⑶　引取費用は，送状価額（購入代価）にもとづいて各原料に実際配賦する。

４．当月の実際直接作業時間および加工費の実際発生額は次のとおりであった。

実際直接作業時間　　3, 850時間

実　際　加　工　費　4, 925, 400円

５．当月の製品Ａの実際生産量は900個であった。なお，当工場では月末に仕掛品が残らないように生産しているので，月初および月末仕掛品はない。

Theme

08 原価差異の会計処理

理解度チェック

問題8-1 ★★★

当社は，標準製品R－1，R－2，R－3をロット別に受注生産し，これに対してシングル・プランの標準個別原価計算を採用している。直接材料費関係の資料は次のとおりである。

（資　料）

1．製品1個あたりの標準直接材料費

製品R－1	製品R－2	製品R－3
400円×5kg＝2,000円	400円×3kg＝1,200円	400円×6kg＝2,400円

（注）直接材料は製造着手時にすべて投入する。

2．当月の生産

製造指図書　#101　R－1　2ロット（1ロットは250個）　当月着手・当月完成

製造指図書　#102　R－2　1ロット（1ロットは400個）　当月着手・当月完成

製造指図書　#103　R－3　1ロット（1ロットは300個）　当月着手・月末仕掛中

（注）月初仕掛品は存在しなかった。

3．当月の直接材料購入高と消費量

実際購入単価	実際購入量	実際消費量	月末在庫量
408円	5,900kg	5,540kg	360kg

（注）月初材料は存在しなかった。

4．超過材料庫出請求書と材料戻入票

直接材料は，まず製造指図書の発行にともなう出庫票により標準消費量相当分が出庫される。そして標準消費量を超える材料が必要な時は超過材料庫出請求書により出庫され，また，実際消費量が標準消費量に達しなかったときは，材料戻入票により残余分が返庫される。

	超過材料庫出請求書による超過材料消費量	材料戻入票による材料戻入数量
製造指図書　#101	――	8kg
製造指図書　#102	48kg	――
製造指図書　#103	――	――

5．原価差異の把握

⑴　価格差異

直接材料を掛けで購入したときに，標準単価で受け入れるとともに購入材料価格差異を算出する。そして購入材料価格差異を月末に，実際に庫出した材料に対する価格差異と月末に残っている材料に対する価格差異とに分割する。

⑵　数量差異

材料の数量差異は，超過材料庫出請求書によって把握された超過材料消費量または材料戻入票によって把握された材料戻入数量に標準単価を乗じて直接に計算される。

〔設　問〕

上記の資料にもとづき，解答用紙の原価計算関係諸勘定の記入を行いなさい。

理解度チェック

問題8-2 ★★★

当社は，標準製品Ｆをロット単位（１ロットは100個）で受注生産し，これに対してシングル・プランの標準個別原価計算を採用している。直接材料費関係の資料は次のとおりである。

（資　料）

1．製品Ｆの１個あたりの標準直接材料費

500円×８kg＝4,000円

（注）直接材料は製造着手時にすべて投入する。

2．年間の生産データおよび販売データ

製造指図書　#101　６ロット　引渡済み
製造指図書　#102　５ロット　引渡済み
製造指図書　#103　１ロット　引渡済み
製造指図書　#104　４ロット　未引渡し
製造指図書　#105　２ロット　未完成

（注）期首仕掛品および期首製品は存在しなかった。

3．年間の直接材料購入高と消費量

実際購入単価	実際購入量	実際消費量	期末在庫量
530円	15,910kg	15,210kg	700kg

（注）直接材料を掛けで購入したときに，標準単価で受け入れるとともに購入材料価格差異を算出する。なお期首材料は存在しなかった。

〔問〕

上記の年間のデータにもとづき，シングル・プランの標準原価計算を行って，その結果を解答用紙の材料，仕掛品，製品，売上原価，購入材料価格差異，材料数量差異の諸勘定に記入しなさい。

なお，購入材料価格差異と材料数量差異は，異常な状態で発生したものではないが，予定価格等が不適当なため，比較的多額に発生した差異であるとする。そこで，外部報告目的のための標準原価差異の会計処理を行って，購入材料価格差異と材料数量差異の発生額を関係諸勘定へ追加配賦する計算を行う。また，標準原価差異を追加配賦する際には，追加配賦した結果得られた関係勘定の期末残高が，できるだけ実際原価に一致するように追加配賦すること。

理解度チェック □□□

問題8-3　★★☆

当社は，標準製品Aを量産し，パーシャル・プランの標準原価計算を採用している。次に示す当年度の資料にもとづいて，各設問に答えなさい。

（資　料）

1．原価標準

直接材料費：150円/kg×６kg　　＝　900円

加　工　費：400円/時間×２時間＝　800円

製品１個あたりの標準製造原価　1,700円

（注）加工費の標準配賦率は公式法変動予算（直接作業時間）にもとづき算出されている。

2．当年度の年間生産データおよび販売データ

(1)　年間生産データ

当期投入	2,750個
期末仕掛品	250個（0.4）
当期完成品	2,500個

(2)　年間販売データ

当期完成品	2,500個
期末製品	500個
当期販売量	2,000個

（注）直接材料は工程始点ですべて投入する。上記の期末仕掛品の（　　）内の数値は加工費の進捗度を示す。また期首仕掛品，期首製品はなかった。

3．直接材料購入高と消費量

実際購入単価	実際購入量	実際消費量	期末在庫量
150円	19,000kg	18,000kg	1,000kg

当社では，掛けで購入したときに標準単価で受け入れている。また期首材料はなかった。

4．原価の当期実際発生額

(1)　直接材料費：150円/kg×18,000kg＝2,700,000円

(2)　加　工　費：2,401,600円

5．原価差異はすべて正常なものであり，期末において原価差異の会計処理を行う。ただし，加工費においては加工費配賦差異を計算するのみにとどめている。

6．製品Aの販売価格は4,000円/個である。

〔設問１〕

解答用紙の当年度の損益計算書（売上総利益まで）と貸借対照表（一部のみ）を完成しなさい。なお原価差異はすべて少額なものとして，その全額を当年度の売上原価に賦課するものとする。

〔設問２〕

解答用紙の当年度の損益計算書（売上総利益まで）と貸借対照表（一部のみ）を完成しなさい。なお原価差異はすべて比較的多額であるものとして，一括調整法により当年度の売上原価と期末棚卸資産に追加配賦するものとする。

理解度チェック

問題8-4　★★★

当社は，標準製品Bを量産し，パーシャル・プランの標準原価計算を採用している。次に示す当期の資料にもとづいて，設問に答えなさい。なお，当社の決算日は毎年３月末日の年１回（当期は20×0年４月１日から20×1年３月31日）である。

（資　料）

1．原価標準

直接材料費：　350円/kg×４kg　　＝1,400円

直接労務費：　850円/時間×２時間＝1,700円

製造間接費：1,050円/時間×２時間＝2,100円

製品１個あたりの標準製造原価　5,200円

（注）製造間接費の標準配賦率は公式法変動予算（直接作業時間）にもとづき算出されている。

2．３月の生産データおよび年間の販売データ

⑴　３月の生産データ

月初仕掛品	40個	(0.4)
当月投入	800個	
合　計	840個	
月末仕掛品	60個	(0.5)
当月完成品	780個	

⑵　年間販売データ

当期完成品	7,400個
期末製品	400個
当期販売量	7,000個

（注）直接材料は工程始点ですべて投入する。上記の期末仕掛品の（　　）内の数値は加工費進捗度を示す。なお期首において仕掛品，製品は存在しなかった。

3．３月における直接材料の受払記録

月初棚卸高	当月購入高	月末棚卸高
361円/kg×500kg	354円/kg×3,000kg	？円/kg×200kg

当社では，掛けで購入したときに実際購入原価で受け入れている。なお実際消費単価の計算は平均法による。また期首において材料は存在しなかった。

4．３月における直接労務費，製造間接費の実際発生額

⑴　直接労務費：1,370,800円

⑵　製造間接費：1,709,400円

5．20×0年４月から20×1年２月までの原価差額累計

消費材料価格差異：	16,500円	（貸方）
材料消費量差異：	136,580円	（借方）
直接労務費差異：	112,740円	（借方）
製造間接費差異：	114,030円	（借方）

6．製品Bの販売価格は8,000円/個である。

〔設　問〕

解答用紙の当期の損益計算書（売上総利益まで）と貸借対照表（一部のみ）を完成しなさい。なお原価差異はすべて比較的多額であるものとして，原価要素ごとに当期の売上原価と期末棚卸資産に追加配賦するものとする。

理解度チェック □□□

問題8-5 ★★★

当社は，標準製品Cを製造・販売し，シングル・プランの標準純粋総合原価計算を採用している。直接材料費関係のデータは下記のとおりである。

1．製品Cの直接材料費標準

Y－1：	標準単価　20円/kg×	標準消費量　3kg	………	60円
Y－2：	〃　15円/ℓ×	〃　2ℓ	………	30円
Y－3：	〃　40円/袋×	〃　1袋	………	40円
		直接材料費合計	………	130円

（注）Y－1は工程の始点で投入され，Y－2は工程を通じて平均的に投入され，Y－3は工程の終点で投入される。

2．20×0年の年間取引データ

⑴　期首材料，期首仕掛品，期首製品はなかった。

⑵　材料Y－1，Y－2，Y－3は掛けで購入したときに標準単価で受け入れている。

⑶　材料購入高と消費量

	実際購入単価	実際購入量	実際消費量	期末在庫量
Y－1	24円	10,500kg	10,075kg	425kg
Y－2	19円	6,600ℓ	6,355ℓ	245ℓ
Y－3	46円	3,300袋	3,030袋	270袋

⑷　期中製品完成量　3,000個，期中製品販売量　2,600個

⑸　期末仕掛品量　250個，加工費進捗度　40％

〔問〕

上記の条件および年間のデータにもとづき，シングル・プランの標準原価計算を行って，その結果を解答用紙における材料，仕掛品，製品，売上原価，材料受入価格差異，材料数量差異の諸勘定に記入しなさい。

なお，材料受入価格差異と材料数量差異は，異常な状態で発生したものではないが，予定価格等が不適当なため，比較的多額に発生した差異であるとする。そこで，外部報告目的のための標準原価差異の会計処理を行って，材料受入価格差異と材料数量差異の発生額を関係諸勘定へ追加配賦する計算を行う。また，標準原価差異を追加配賦する際には，追加配賦した結果得られた関係勘定の期末残高が，できるだけ実際原価に一致するように追加配賦すること。

理解度チェック □□□

問題8-6 ★★★

当社は，標準製品Dを製造・販売し，パーシャル・プランの全部標準純粋総合原価計算を採用している。下記の条件にもとづき各問に答えなさい。

1．製品Dの1台あたりの原価標準

原料費	原料Z－1：標準単価　50円/kg×標準消費量　4kg…………	200円
	原料Z－2：　〃　30円/kg×　〃　3kg…………	90円
	原料費計………………………………………………………	290円
加工費	標準加工費率　300円×標準機械加工時間　2時………………	600円
	製品D1台あたりの製造原価……………………………………	890円

（注）原料Z－1は工程の始点で投入し，原料Z－2は工程を通じて平均的に投入する。

2．加工費変動予算と製品別配賦

加工費については公式法変動予算が設定されている。年間の正常機械加工時間（基準操業度）は4,800時間であり，そのときの年間変動加工費予算は480,000円，年間固定加工費予算は960,000円である。

3．20×0年度の年間取引データ

(1) 原料購入高と消費量

	実際購入単価	実際購入量	実際消費量	期末在庫量
Z－1	60円	9,700kg	9,522kg	178kg
Z－2	45円	7,500kg	7,232kg	268kg

(2) 原料Z－1，Z－2は掛けで購入したときに標準単価で原料勘定に借方記入している。

(3) 期首原料，期首仕掛品，期首製品はなかった。

(4) 期中製品完成量　2,200台，期中製品販売量　2,000台

(5) 期末仕掛品量　100台，加工費進捗度　60％

(6) 製品1台あたりの販売価格は2,000円

(7) 年間加工費実際発生額1,383,120円は，仕掛品勘定の借方に集計している。

(8) 年間実際販売費及び一般管理費発生額1,003,546円

4．原価差異分析

原料費については原料受入価格差異と原料消費量差異とに分析し，加工費については，加工費配賦差異を計算するのみにとどめている。

5．その他の条件

使用している勘定科目の主なものは，買掛金，原料，加工費，仕掛品，製品，売上原価，販売費及び一般管理費，原料受入価格差異，原料消費量差異，加工費配賦差異，損益である。

〔問1〕

上記の条件および年間のデータにもとづき，パーシャル・プランの標準原価計算を行って，(1)原料受入価格差異，(2)原料消費量差異，(3)加工費配賦差異を計算し，解答用紙に記入しなさい。

〔問2〕

〔問1〕で計算した原価差異は異常な状態で発生したものではなく，予定価格等が不適当であったため，比較的多額に発生してしまったとする。そこで，外部報告目的のための標準原価差異の会計処理を行って，その結果を解答用紙における仕掛品勘定，製品勘定および売上原価勘定に記入し，それぞれの実際原価を計算して各勘定を締め切りなさい。なお，標準原価差異を追加配賦する際には，追加配賦した結果得られた関係勘定の期末残高が，できるだけ実際原価に一致するように追加配賦すること。

〔問３〕

〔問２〕で計算した実際売上原価を利用して，当年度の実際営業利益を計算しなさい。

理解度チェック

問題8-7 ★★★

当社は，製品Ｚを製造・販売しており，原価計算方法として累加法による工程別全部標準総合原価計算（パーシャル・プラン）を採用している。製品Ｚは，第１工程と第２工程を経て完成する。第１工程では，工程の始点で原料甲を，工程を通じて平均的に原料乙を投入して加工する。なお，第１工程完成品の20％は半製品として貯蔵され，残りの80％が第２工程に投入される。第２工程では，工程の始点で第１工程完成品を１個につき２単位投入し，それを加工して製品Ｚとなる。

そこで，以下の20×0年度の〔資料〕にもとづいて，各問に答えなさい。

（資　料）

１．製品Ｚの年間生産・販売実績データ

	第１工程		第２工程			製品Ｚ
当期投入量	4,500単位		1,600個		当期生産量	1,400個
計	4,500単位		1,600個		計	1,400個
期末仕掛品	500単位	(40％)	200個	(50％)	期末在庫量	100個
完成品	4,000単位		1,400個		当期販売量	1,300個

なお，（　）内は加工進捗度を表す。また，期首仕掛品，期首半製品および期首製品はないものとする。

２．原価標準

第１工程

原料甲	200円/kg	×	5kg	＝	1,000円/単位
原料乙	400円/kg	×	10kg	＝	4,000円
加工費	？円/時間	×	2時間	＝	？円
合計					？円/単位

第２工程

前工程費	？円/単位	×	？単位	＝	？円/個
加工費	？円/時間	×	4時間	＝	？円
合計					？円/個

３．加工費変動予算

加工費については，公式法変動予算が設定されており，機械加工時間にもとづいて配賦計算が行われている。年間の正常機械加工時間（基準操業度）は25,000時間であり，そのときの年間変動加工費予算は15,000,000円，年間固定加工費予算は10,000,000円である。なお，加工費の配賦率は，両工程とも同一である。

４．年間取引データ

⑴　原料にかんするデータ

原料甲の実際購入額：6,250,000円（実際購入量25,000kg），実際消費量23,400kg

原料乙の実際購入額：21,600,000円（実際購入量45,000kg），実際消費量43,260kg

なお，原料は，購入時に標準原価で原料勘定に借方記入している。また，期首原料や棚卸減耗はないものとする。

⑵　年間実際加工費発生額は23,040,000円であり，仕掛品勘定の借方に実際発生額を記入している。

(3) 年間実際販売費および一般管理費は1,405,600円である。
(4) 製品1個あたりの販売価格は30,000円である。
(5) 原価差異分析は，原料費については，原料受入価格差異と原料消費量差異に分析し，加工費については，加工費配賦差異を計算するにとどめている。

〔問1〕

上記資料にもとづいて，パーシャル・プランの標準原価計算を行い，(1)原料受入価格差異，(2)原料消費量差異，(3)加工費配賦差異を計算し，解答用紙に記入しなさい。

〔問2〕

上記のすべての原価差異は異常な状態で発生したものではなく，予定が不適当であったために多額に発生してしまったものである。そこで，外部報告目的のために標準原価差異の会計処理を行って，その結果を解答用紙の仕掛品勘定，製品勘定および売上原価勘定へ記入しなさい。

標準原価差異を追加配賦するさいには，追加配賦してえられた各関係勘定の期末残高が可能な限り実際原価に一致するように追加配賦すること。ただし，標準機械加工時間に対する実際機械加工時間の割合は，第1工程・第2工程ともに同程度であった。なお，当社は半製品勘定を設定している。

〔問3〕

〔問2〕の原価差異がすべて正常かつ少額であったものとして，当年度の実際営業利益を計算しなさい。

Theme

09 標準の改訂

理解度チェック

問題9-1 ★★★

当社は，標準製品Yを量産し，パーシャル・プランの標準原価計算を採用している。次に示す資料にもとづいて，各設問に答えなさい。

(資　料)

1．原価標準

直接材料費：	800円/kg　× 5 kg	=	4,000円
直接労務費：	1,000円/時間 × 3 時間	=	3,000円
製造間接費：	1,500円/時間 × 2 時間	=	3,000円
製品1個あたりの標準製造原価			10,000円

(注) 製造間接費の標準配賦率は公式法変動予算（機械稼働時間）にもとづき算出されている。

2．20×0年度の生産データおよび販売データ

(1) 生産データ

期首仕掛品	――個	
当期投入	4,500個	
合　計	4,500個	
期末仕掛品	500個	(0.4)
当期完成品	4,000個	

(2) 販売データ

期首製品	――個
当期完成品	4,000個
合　計	4,000個
期末製品	500個
当期販売量	3,500個

(注) 直接材料は工程始点ですべて投入する。上記の期末仕掛品の（　　）内の数値は加工費進捗度を示す。

3．20×0年度の原価の実際発生額

(1) 直接材料費：18,200,000円

(2) 直接労務費：12,750,000円

(3) 製造間接費：12,800,000円

4．20×1年度の生産データおよび販売データ

(1) 生産データ

期首仕掛品	500個	(0.4)
当期投入	2,000個	
合　計	2,500個	
期末仕掛品	――個	
当期完成品	2,500個	

(2) 販売データ

期首製品	500個
当期完成品	2, 500個
合　計	3, 000個
期末製品	――個
当期販売量	3, 000個

(注) 直接材料は工程始点ですべて投入する。上記の期末仕掛品の（　　）内の数値は加工費進捗度を示す。

5．20×1年度の原価の実際発生額

(1) 直接材料費：8, 100, 000円

(2) 直接労務費：5, 900, 000円

(3) 製造間接費：7, 200, 000円

6．製品Ｙ１個あたりの販売価格は20×0年度，20×1年度ともに12, 000円である。

7．原価差額はすべて正常なものと認められ，全額を売上原価に賦課する。

〔設問１〕

新作業方法の導入により，翌期の20×1年度から製品１個あたりの標準直接作業時間を2. 5時間に変更することになった。そこで，20×0年度の資料にもとづき，20×1年度からの標準の改訂に備えて適切に会計処理を行い，解答用紙の関係諸勘定の記入を行うとともに，期末仕掛品および期末製品の貸借対照表価額を求めなさい。

〔設問２〕

〔設問１〕の計算結果および20×1年度の資料にもとづいて，20×1年度の売上総利益を求めなさい。

〔設問３〕

20×0年度において直接労務費標準に誤りがあることが明らかとなった。当初の原価標準に設定した製品１個あたりの標準直接作業時間は３時間であったが，実は２時間が適切であった。よって，20×0年度の資料にもとづいて，20×0年度の標準売上原価，および期末仕掛品と期末製品の貸借対照表価額を求めなさい。なお，〔設問３〕は〔設問１〕〔設問２〕から独立している。

Theme

10 本社工場会計

理解度チェック

問題10-1 ★★★

次の資料をもとに，下記の各問について，①諸収益，諸費用の損益勘定への振替仕訳，②工場の純損益の振替仕訳を示し，勘定に転記しなさい。ただし，勘定科目は下記の中から選ぶこと。

諸収益，諸費用，損益，総合損益，本社，工場

（資　料）

本社側：諸収益2,200千円，諸費用1,400千円

工場側：諸収益1,500千円，諸費用900千円

〔問１〕

本社の帳簿に損益勘定のほかに総合損益勘定を設定し，全社的損益を算定するケース

〔問２〕

本社の帳簿に損益勘定のみ設定しているケース

理解度チェック

問題10-2 ★★★

当社では，工場を独立した会計単位として処理している。工場では，材料を加工して製品を製造するが，完成した製品については，製造原価に10%の内部利益を加算した振替価格を用いて本社に送付している。本社では工場から仕入れた製品のみを外部に販売している。

本社における期首製品は110千円，期末製品は220千円であった。

〔問１〕

⑴内部利益の整理の仕訳および⑵総合損益勘定への振替仕訳を行いなさい。ただし，勘定科目は下記の中から選ぶこと。

繰延内部利益，繰延内部利益戻入，繰延内部利益控除，総合損益

〔問２〕

全社的な当期純利益はいくらか。ただし，本社の純利益が800千円，工場の純利益が600千円であるとする。

理解度チェック □□□

問題10-3 ★★★

ＣＡＴ製作所では外部から仕入れた材料を用いて製造した完成品を外部に販売しているが，工場を独立した単位として会計処理している。すなわち，工場では，材料を加工して製品を製造しており，完成したすべての製品を本社に発送しているが，予定内部振替価格で販売することにより収益を認識でき，実際総合原価計算の手続きを期中に継続して実施することにより売上原価を算定できるので，業績尺度としての工場損益が測定できるようになっている。本社では，工場から仕入れた製品のみを外部に販売している。材料はすべて直接材料であり，予定消費価格を用いて直接材料費を計算している。直接労務費および製造間接費に関しても予定賃率および予定配賦率を用いている。なお，発生する原価差異に関しては，棚卸減耗費の実際発生額と見積額との差額も含めて，決算に際して工場側の当期の損益に加減する方式をとっている。工場が本社への発送に際して利用する内部振替価格は250千円/個である。以下の（資料１）および（資料２）にもとづいて，下記の各問に答えなさい。

（資料１） 決算整理前の残高試算表（単位：千円）

借　方	本　社	工　場	貸　方	本　社	工　場
現金預金	1,800	1,000	買掛金	1,250	
売掛金	5,000		賃金・給料		120
材料		500	製造間接費		200
仕掛品		1,200	繰延内部利益	90	
製品	750	1,125	貸倒引当金	140	
固定資産	13,589		棚卸減耗引当金	24	
工場	1,205		減価償却累計額	5,000	
仕入	25,750		本社		1,205
売上原価		23,175	資本金	7,540	
販売費	5,200		資本準備金	1,500	
一般管理費	6,750		繰越利益剰余金	4,500	
製造経費		275	売上	40,000	25,750
	60,044	27,275		60,044	27,275

（資料２） 決算整理事項

⑴ 期末の棚卸資産

材料の帳簿棚卸高：150kg　材料の実地棚卸高：145kg　材料の帳簿価格：２千円/kg

仕掛品の実地棚卸高：８個

製品の実地棚卸高：11個（内訳：工場５個，本社６個）

（注）仕掛品と製品からは棚卸減耗は発生していない。

⑵ 減価償却費

機械装置などの固定資産に対する工場負担の減価償却費：1,350千円

建物などの固定資産に対する本社負担の減価償却費：　250千円

（注）工場負担の減価償却費については，期中に必要な会計処理がしてある。

⑶ 貸倒引当金

売掛金期末残高に対して３％の貸倒引当金を差額補充法により設定する。

(4) 費用の見越しと繰延べ

本社未払販売費：500千円　　本社前払一般管理費：210千円

工場前払製造経費：275千円　　工場未払賃金・給料：150千円

〔問1〕

材料の消費価格差異を推定しなさい。ただし，（資料1）の材料勘定の記入を要約すると以下のとおりであった。

材　料　（単位：千円）

期首繰越高	200	消　費　高	7,700
仕　入　高	8,000		

〔問2〕

賃率差異を推定しなさい。

〔問3〕

解答用紙の製造原価報告書を完成しなさい。ただし，（資料1）の仕掛品勘定の記入を要約すると以下のとおりであった。

仕　掛　品　（単位：千円）

期首繰越高	1,600	完成品原価	23,800
直接材料費	7,700		
直接労務費	5,800		
製造間接費	9,900		

〔問4〕

製品単位原価を計算しなさい。

〔問5〕

工場の当期損益を計算しなさい。

〔問6〕

決算整理後の本社の販売費および一般管理費を計算しなさい。

〔問7〕

期末製品に含まれている内部利益を計算しなさい。

〔問8〕

ＣＡＴ製作所全体としての税引前営業損益を計算しなさい。

理解度チェック □□□

問題10-4 ★★★

TK社では，工場を独立した単位として会計処理しており，工場および本社でそれぞれの営業利益を月次に測定すると同時に，本社では全社的な営業利益も月次に測定している。工場では，外部から仕入れた材料を加工してX製品を製造・販売しており，完成したX製品を先月まではすべて外部のみに販売していたが，当月からは，その一部を本社にも販売することになった。外部への売価は3,300円/個であるが，本社への売価は3,000円/個である。なお，工場では，継続的に標準原価計算を採用しているが，製造間接費に関しては直接作業時間を配賦基準とする変動予算を用いて標準を設定している。また，工場で発生する原価差異に関しては，月次決算に際して工場側の当月の売上原価に加減している。一方，本社では，外部から5,000円/個で仕入れたY商品のみを7,000円/個で外部に販売していたが，当月から，工場で製造したX製品を，工場が従来販売していたルートとは別の顧客に3,600円/個の売価で販売している。以下の資料にもとづいて，下記の各問に答えなさい。

（資　料）

1．月次決算整理前の残高試算表（単位：円）

借　方	本　社	工　場	貸　方	本　社	工　場
現金預金	4,418,000	323,000	買掛金	1,200,000	1,571,030
売掛金	2,500,000	1,500,000	賃金・給料		353,000
材料		271,800	貸倒引当金	14,000	10,000
仕掛品		（　①　）	減価償却累計額	（　?　）	3,750,000
製品		660,000	借入金	20,000,000	
繰越商品	1,500,000		その他の負債	1,974,000	1,000,000
固定資産	22,500,000	15,000,000	売上	10,020,000	6,420,000
その他の資産	35,000,000	800,000	受取利息	320,000	
仕入	（　?　）		資本金	（　?　）	
売上原価		4,400,000	その他の純資産	24,000,000	
販売費	1,010,000	280,000	本社元帳		10,960,000
一般管理費	850,000	190,000	直接作業時間差異		15,000
支払利息	100,000		製造間接費予算差異		（　③　）
工場元帳	10,960,000		製造間接費能率差異		24,000
材料消費価格差異		6,630			
材料消費量差異		9,000			
賃率差異		4,000			
操業度差異		（　②　）			
	86,768,000	（　?　）		86,768,000	（　?　）

2．X製品1個あたりの標準製造直接費

直接材料費：消費価格3,000円/kg　　消費量0.3kg

直接労務費：消費賃率2,500円/時間　　直接作業時間0.2時間

3．X製品製造のための月間製造間接費予算

1,800,000円（うち，固定費720,000円）

（注）基準操業度（正常直接作業時間）は450時間である。

4．工場における生産および販売データ（単位：個）

月初仕掛品棚卸量	300	月初製品棚卸量	200
当月製造着手量	2,200	当月製品完成量	2,100
当月製品完成量	2,100	当月製品販売量	2,000
月末仕掛品棚卸量	400	月末製品帳簿棚卸量	300

（注）材料はすべて工程の始点で投入される。月初および月末仕掛品の加工進捗度は0.5である。

5．本社における販売データ（単位：個）

	X製品	Y商品
月初棚卸量	0	300
当月仕入量	600	1,300
当月販売量	450	1,200
月末帳簿棚卸量	150	400

6．棚卸減耗費

月末に実地棚卸をしたところ，工場倉庫にあるX製品は296個，本社倉庫にあるX製品は150個，Y商品は394個であった。当月発生した棚卸減耗費については販売費に含める。

7．減価償却費

機械設備などの固定資産に対する工場負担の当月減価償却費：250,000円

建物施設などの固定資産に対する本社負担の当月減価償却費：150,000円

（注）工場負担の減価償却費については，期中に必要な会計処理をしている。

8．貸倒引当金

本社・工場とも売掛金月末残高に対し1％の貸倒引当金を差額補充法により設定する。

9．費用の前払いと未払い

本社未払販売費：67,600円

工場前払販売費：40,000円

工場未払一般管理費：70,000円

〔問1〕X製品1個あたりの標準原価（原価標準）を計算しなさい。

〔問2〕(1)直接材料の実際消費量および(2)実際直接作業時間を推定しなさい。

〔問3〕（資料）1の残高試算表の①～③に当てはまる金額を推定しなさい。

〔問4〕解答用紙に示されている工場の月次損益勘定を完成しなさい。

〔問5〕解答用紙に示されている企業全体としての月次損益勘定を完成しなさい。

MEMO

よくわかる簿記シリーズ

合格《ごうかく》トレーニング　日商《にっしょう》簿記《ぼき》１級《きゅう》工業《こうぎょう》簿記《ぼき》・原価《げんか》計算《けいさん》Ⅱ　Ver. 8.0

2002年１月15日　初　版　第１刷発行
2023年11月26日　第７版　第１刷発行

編 著 者　ＴＡＣ株式会社
（簿記検定講座）

発 行 者　多田敏男

発 行 所　ＴＡＣ株式会社　出版事業部
（ＴＡＣ出版）
〒101－8383
東京都千代田区神田三崎町３－２－18
電 話 03（5276）9492（営業）
FAX 03（5276）9674
https://shuppan.tac-school.co.jp

組　版　朝日メディアインターナショナル株式会社
印　刷　株式会社　ワコー
製　本　株式会社　常川製本

ISBN 978－4－300－10671－6
N.D.C. 336

簿記検定講座のご案内

選べる学習メディアでご自身に合うスタイルでご受講ください！

通学講座

3級コース ／ 3・2級コース ／ 2級コース ／ 1級コース ／ 1級上級・アドバンスコース

教室講座

通って学ぶ

定期的な日程で通学する学習スタイル。常に講師と接することができるという教室講座の最大のメリットがありますので、疑問点はその日のうちに解決できます。また、勉強仲間との情報交換も積極的に行えるのが特徴です。

ビデオブース講座

通って学ぶ　予約制

ご自身のスケジュールに合わせて、TACのビデオブースで学習するスタイル。日程を自由に設定できるため、忙しい社会人に人気の講座です。

直前期教室出席制度
直前期以降、教室受講に振り替えることができます。

無料体験入学
ご自身の目で、耳で体験し納得してご入学いただくために、無料体験入学をご用意しました。

無料講座説明会
もっとTACのことを知りたいという方は、無料講座説明会にご参加ください。

無　料
予約不要※

※ビデオブース講座の無料体験入学は要予約。
無料講座説明会は一部校舎では要予約。

通信講座

3級コース ／ 3・2級コース ／ 2級コース ／ 1級コース ／ 1級上級・アドバンスコース

Web通信講座

スマホやタブレットにも対応　見て学ぶ

教室講座の生講義をブロードバンドを利用し動画で配信します。ご自身のペースに合わせて、24時間いつでも何度でも繰り返し受講することができます。また、講義動画はダウンロードして2週間視聴可能です。有効期間内は何度でもダウンロード可能です。
※Web通信講座の配信期間は、お申込コースの目標月の翌月末までです。

TAC WEB SCHOOL ホームページ
URL https://portal.tac-school.co.jp/
※お申込み前に、左記のサイトにて必ず動作環境をご確認ください。

DVD通信講座

見て学ぶ

講義を収録したデジタル映像をご自宅にお届けします。講義の臨場感をクリアな画像でご自宅にて再現することができます。
※DVD-Rメディア対応のDVDプレーヤーでのみ受講が可能です。パソコンやゲーム機での動作保証はいたしておりません。

資料通信講座（1級のみ）

テキスト・添削問題を中心として学習します。

Webでも無料配信中！　スマホ タブレット　パソコン

「TAC動画チャンネル」

- 講座説明会　※収録内容の変更のため、配信されない期間が生じる場合がございます。
- 1回目の講義（前半分）が視聴できます

詳しくは、TACホームページ
「TAC動画チャンネル」をクリック！
TAC動画チャンネル　簿記　検索

コースの詳細は、簿記検定講座パンフレット・TACホームページをご覧ください。

パンフレットのご請求・お問い合わせは、TACカスタマーセンターまで
通話無料　0120-509《ゴウカク》-117《イイナ》
受付時間　月～金 9:30～19:00　土・日・祝 9:30～18:00
※携帯電話からもご利用になれます。

TAC簿記検定講座ホームページ
TAC 簿記　検索

会計業界の就職サポートは
安心のTAC
TACキャリアエージェントなら
BIG4・国内大手法人
就職支援実績多数！
税理士学習中の方
日商簿記学習中の方
会計士／USCPA学習中の方
会計業界で就業中の方で転職をお考えの方
会計業界でのお仕事に興味のある方
「残業なしで勉強時間を確保したい…」
「簿記３級から始められる仕事はあるの？」
といったご相談も大歓迎です！
スキマ時間に
PC・スマホ・タブレットで
WEB面談実施中！
忙しくて時間の取れない方、遠方に
お住まいの方、ぜひご利用ください。
詳細はこちら！
https://tacnavi.com/
accountant/web-mendan/
完全予約制
ご相談は無料です。会計業界を知り尽くしたプロの
コンサルタントにご相談ください。
※相談時間は原則としてお一人様60分とさせていただきます。
【相談会場】
東京オフィス 03-3518-6775
大阪オフィス 06-6371-5851
名古屋オフィス（登録会場） 0120-757-655
shoukai@
tac-school.co.jp
メールでご予約の際は、
件名に「相談希望のオフィス」
をご入力ください。
（例：相談希望 東京）
TAC
会計士・税理士専門の転職サポートサービス
キャリアエージェント

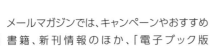

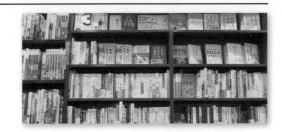

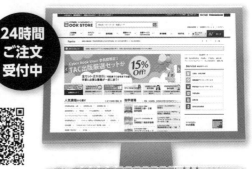

日商簿記検定試験対策書籍のご案内

TAC出版の日商簿記検定試験対策書籍は、学習の各段階に対応していますので、あなたのステップに応じて、合格に向けてご活用ください！

3タイプのインプット教材

1

簿記を専門的な知識にしていきたい方向け

● 満点合格を目指し次の級への土台を築く

「合格テキスト」

「合格トレーニング」

● 大判のB5判、3級～1級累計300万部超の、信頼の定番テキスト&トレーニング！TACの教室でも使用している公式テキストです。3級のみオールカラー。

● 出題論点はすべて網羅しているので、簿記をきちんと学んでいきたい方にぴったりです！

◆3級　□2級 商簿、2級 工簿　■1級 商・会 各3点、1級 工・原 各3点

2

スタンダードにメリハリつけて学びたい方向け

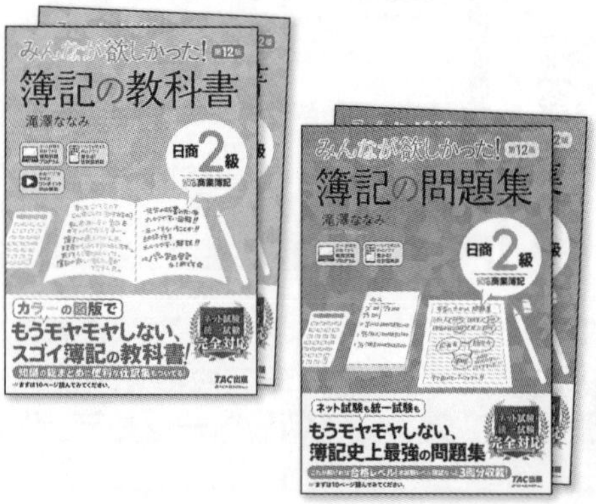

● 教室講義のようなわかりやすさでしっかり学べる

「簿記の教科書」

「簿記の問題集」

滝澤 ななみ 著

● A5判、4色オールカラーのテキスト（2級・3級のみ）&模擬試験つき問題集！

● 豊富な図解と実例つきのわかりやすい説明で、もうモヤモヤしない!!

◆3級　□2級 商簿、2級 工簿　■1級 商・会 各3点、1級 工・原 各3点

DVDの併用で、さらに理解が深まります！

『簿記の教科書DVD』

● 「簿記の教科書」3、2級の準拠DVD。わかりやすい解説で、合格力が短時間で身につきます！

◆3級　□2級 商簿、2級 工簿

3

気軽に始めて、早く全体像をつかみたい方向け

● 初学者でも楽しく続けられる！

「スッキリわかる」

テキスト／問題集一体型

滝澤 ななみ 著（1級は商・会のみ）

● 小型のA5判によるテキスト／問題集一体型。これ一冊でOKの、圧倒的に人気の教材です。

● 豊富なイラストとわかりやすいレイアウト！かわいいキャラの「ゴエモン」と一緒に楽しく学べます。

◆3級　□2級 商簿、2級 工簿　■1級 商・会 4点、1級 工・原 4点

シリーズ待望の問題集が誕生！

「スッキリとける本試験予想問題集」

滝澤 ななみ 監修　TAC出版開発グループ 編著

● 本試験タイプの予想問題9回分を掲載

◆3級　□2級

DVDの併用で、さらに理解が深まります！

『スッキリわかる 講義DVD』

● 「スッキリわかる」3、2級の準拠DVD。超短時間でも要点はのがさず解説。3級10時間、2級14時間＋10時間で合格へひとっとび。

◆3級　□2級 商簿、2級 工簿

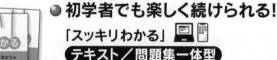

コンセプト問題集

●得点力をつける!

『みんなが欲しかった! やさしすぎる解き方の本』

B5判　滝澤 ななみ 著

- 授業で解き方を教わっているような新感覚問題集。再受験にも有効。

◆3級　□2級

本試験対策問題集

●本試験タイプの問題集

『合格するための本試験問題集』
（1級は過去問題集）

B5判

- 12回分（1級は14回分）の問題を収載。ていねいな「解答への道」、各問対策が充実。

◆3級　□2級　■1級

●知識のヌケをなくす!

『まるっと完全予想問題集』
（1級は網羅型完全予想問題集）

A4判

- オリジナル予想問題（3級10回分、2級12回分、1級8回分）で本試験の重要出題パターンを網羅。
- 実力養成にも直前の本試験対策にも有効。

◆3級　□2級　■1級

直前予想

『○年度試験をあてる TAC予想模試 ＋解き方テキスト』
（1級は第○回をあてるTAC直前予想模試）

A4判

- TAC講師陣による4回分の予想問題で最終仕上げ。
- 2級・3級は、第1部解き方テキスト編、第2部予想模試編の2部構成。
- 年3回（1級は年2回）、各試験に向けて発行します。

◆3級　□2級　■1級

あなたに合った合格メソッドをもう一冊!

仕訳 **『究極の仕訳集』**
B6変型判
- 悩む仕訳をスッキリ整理。ハンディサイズ、一問一答式で基本の仕訳を一気に覚える。

◆3級　□2級

仕訳 **『究極の計算と仕訳集』**
B6変型判　境 浩一朗 著
- 1級商会で覚えるべき計算と仕訳がすべてつまった1冊!

■1級 商・会

理論 **『究極の会計学理論集』**
B6変型判
- 会計学の理論問題を論点別に整理、手軽なサイズが便利です。

■1級 商・会、全経上級

電卓 **『カンタン電卓操作術』**
A5変型判　TAC電卓研究会 編
- 実践的な電卓の操作方法について、丁寧に説明します!

：ネット試験の演習ができる模擬試験プログラムつき（2級・3級）

：スマホで使える仕訳Webアプリつき（2級・3級）

・2023年8月現在　・刊行内容、表紙等は変更することがあります　・とくに記述がある商品以外は、TAC簿記検定講座編です

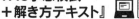

書籍の正誤に関するご確認とお問合せについて

書籍の記載内容に誤りではないかと思われる箇所がございましたら、以下の手順にてご確認とお問合せをしてくださいますよう、お願い申し上げます。

なお、正誤のお問合せ以外の**書籍内容に関する解説および受験指導などは、一切行っておりません。**
そのようなお問合せにつきましては、お答えいたしかねますので、あらかじめご了承ください。

1 「Cyber Book Store」にて正誤表を確認する

TAC出版書籍販売サイト「Cyber Book Store」の
トップページ内「正誤表」コーナーにて、正誤表をご確認ください。

CYBER TAC出版書籍販売サイト BOOK STORE

URL:https://bookstore.tac-school.co.jp/

2 1の正誤表がない、あるいは正誤表に該当箇所の記載がない ⇒ 下記①、②のどちらかの方法で文書にて問合せをする

★ご注意ください★

お電話でのお問合せは、お受けいたしません。

①、②のどちらの方法でも、お問合せの際には、「お名前」とともに、
「対象の書籍名(○級・第○回対策も含む)およびその版数(第○版・○○年度版など)」
「お問合せ該当箇所の頁数と行数」
「誤りと思われる記載」
「正しいとお考えになる記載とその根拠」
を明記してください。
なお、回答までに1週間前後を要する場合もございます。あらかじめご了承ください。

① ウェブページ「Cyber Book Store」内の「お問合せフォーム」より問合せをする

【お問合せフォームアドレス】

https://bookstore.tac-school.co.jp/inquiry/

② メールにより問合せをする

【メール宛先　TAC出版】

syuppan-h@tac-school.co.jp

※土日祝日はお問合せ対応をおこなっておりません。
※正誤のお問合せ対応は、該当書籍の改訂版刊行月末日までといたします。

乱丁・落丁による交換は、該当書籍の改訂版刊行月末日までといたします。なお、書籍の在庫状況等により、お受けできない場合もございます。
また、各種本試験の実施の延期、中止を理由とした本書の返品はお受けいたしません。返金もいたしかねますので、あらかじめご了承くださいますようお願い申し上げます。

TACにおける個人情報の取り扱いについて
■お預かりした個人情報は、TAC(株)で管理させていただき、お問合せへの対応、当社の記録保管にのみ利用いたします。お客様の同意なしに業務委託先以外の第三者に開示、提供することはございません(法令等により開示を求められた場合を除く)。その他、個人情報保護管理者、お預かりした個人情報の開示等及びTAC(株)への個人情報の提供の任意性については、当社ホームページ(https://www.tac-school.co.jp)をご覧いただくか、個人情報に関するお問い合わせ窓口(E-mail:privacy@tac-school.co.jp)までお問合せください。

(2022年7月現在)

別冊①

解答編

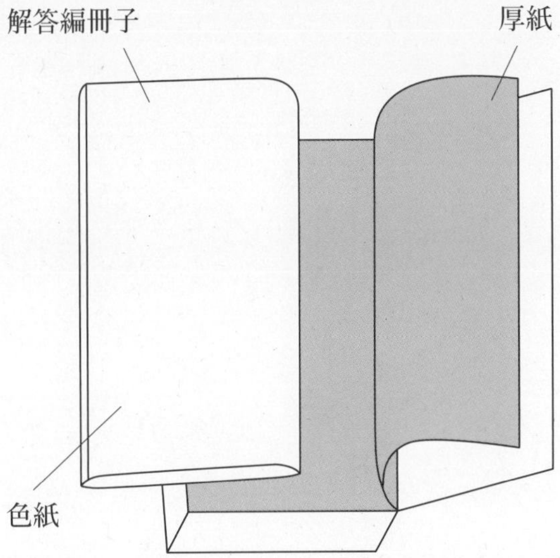

〈解答編ご利用時の注意〉

厚紙から，冊子を取り外します。

※　冊子と厚紙が，のりで接着されています。乱暴に扱いますと，破損する危険性がありますので，丁寧に抜き取るようにしてください。

※　抜き取る際の損傷についてのお取替えはご遠慮願います。

解答編

合格トレーニング

日商簿記1級 工業簿記 原価計算 II

解答編 CONTENTS

Theme 01 総合原価計算の基礎

問題1-1

(1) 平均法

月末仕掛品原価　155, 000 円

完成品総合原価　1, 560, 000 円　　完成品単位原価　1, 300 円/個

(2) 先入先出法

月末仕掛品原価　147, 800 円

完成品総合原価　1, 567, 200 円　　完成品単位原価　1, 306 円/個

解答への道

(1) 平均法

① 直接材料費の計算

仕掛品—直接材料費

172, 000円	月初 250個	完成 1, 200個
598, 000円	当月投入 1, 150個	月末 200個

完　成　品：172, 000円＋598, 000円－110, 000円＝660, 000円

月末仕掛品：$\dfrac{172,000円+598,000円}{1,200個+200個}\times 200個=110,000円$

② 加工費の計算

仕掛品—加工費

134, 700円	月初 150個	完成 1, 200個
810, 300円	当月投入 1, 110個	月末 60個

完　成　品：134, 700円＋810, 300円－45, 000円＝900, 000円

月末仕掛品：$\dfrac{134,700円+810,300円}{1,200個+60個}\times 60個=45,000円$

③ まとめ

月末仕掛品原価：110, 000円＋45, 000円＝155, 000円

完成品総合原価：660, 000円＋900, 000円＝1, 560, 000円

完成品単位原価：1, 560, 000円÷1, 200個＝1, 300円/個

(2) 先入先出法

① 直接材料費の計算

仕掛品—直接材料費

172, 000円	月初 250個	完成 1, 200個
598, 000円	当月投入 1, 150個	月末 200個

完　成　品：172, 000円＋598, 000円－104, 000円＝666, 000円

月末仕掛品：$\dfrac{598,000円}{(1,200個-250個)+200個}\times 200個=104,000円$

② 加工費の計算

仕掛品—加工費

134, 700円	月初 150個	完成 1, 200個
810, 300円	当月投入 1, 110個	月末 60個

完　成　品：134, 700円＋810, 300円－43, 800円＝901, 200円

月末仕掛品：$\dfrac{810,300円}{(1,200個-150個)+60個}\times 60個=43,800円$

③ まとめ

月末仕掛品原価：104, 000円＋43, 800円＝147, 800円

完成品総合原価：666, 000円＋901, 200円＝1, 567, 200円

完成品単位原価：1, 567, 200円÷1, 200個＝1, 306円/個

問題1-2

月末仕掛品原価　1, 105, 000 円

完成品総合原価　4, 380, 000 円　　完成品単位原価　3, 650 円/kg

解答への道

本問のように，月初仕掛品の加工費進捗度が不明である場合には，平均法でしか計算できない。なぜなら，月初仕掛品の完成品換算量（および当月投入換算量）が判明しないため，先入先出法では計算できないからである。この場合，月末仕掛品の完成品換算量が判明すれば計算可能な平均法によって計算せざるをえない。

1．直接材料費の計算

仕掛品—直接材料費

960, 000円	月初 800kg	完成 1, 200kg
1, 165, 000円	当月投入 900kg	月末 500kg

完　成　品：960, 000円＋1, 165, 000円－625, 000円＝1, 500, 000円

月末仕掛品：$\dfrac{960,000円+1,165,000円}{1,200kg+500kg}\times 500kg=625,000円$

2．加工費の計算

仕掛品—加工費

	月初	完成	
864, 000円	? kg	1, 200kg	
	当月投入	月末	
2, 496, 000円	? kg	200kg	

完　成　品：864, 000円＋2, 496, 000円－480, 000円＝2, 880, 000円

月末仕掛品：$\frac{864,000円+2,496,000円}{1,200kg+200kg}\times 200kg=480,000円$

3．まとめ

月末仕掛品原価：625, 000円＋480, 000円＝1, 105, 000円

完成品総合原価：1, 500, 000円＋2, 880, 000円＝4, 380, 000円

完成品単位原価：4, 380, 000円÷1, 200kg＝3, 650円/kg

問題1-3

月末仕掛品原価　1, 550, 000 円

完成品総合原価　7, 546, 000 円

完成品単位原価　修正先入先出法　3, 773 円/kg

純粋先入先出法
- 月初仕掛品完成分　3, 665 円/kg
- 当月着手完成分　3, 800 円/kg

解答への道

1．直接材料費の計算

仕掛品—直接材料費

	月初	完成
920, 000円	400kg	2, 000kg
	当月投入	月末
5, 040, 000円	2, 100kg	500kg

完　成　品：920, 000円＋5, 040, 000円－1, 200, 000円＝4, 760, 000円

月末仕掛品：$\frac{5,040,000円}{(2,000kg-400kg)+500kg}\times 500kg=1,200,000円$

2．加工費の計算

仕掛品—加工費

	月初	完成
378, 000円	280kg	2, 000kg
	当月投入	月末
2, 758, 000円	1, 970kg	250kg

完　成　品：378, 000円＋2, 758, 000円－350, 000円＝2, 786, 000円

月末仕掛品：$\frac{2,758,000円}{(2,000kg-280kg)+250kg}\times 250kg=350,000円$

3．まとめ

月末仕掛品原価：1, 200, 000円＋350, 000円＝1, 550, 000円

完成品総合原価：4, 760, 000円＋2, 786, 000円＝7, 546, 000円

4．修正先入先出法による完成品単位原価：7, 546, 000円÷2, 000kg＝3, 773円/kg

5．純粋先入先出法による完成品単位原価

仕掛品—直接材料費

	月初	完成	
920, 000円	400kg →	400kg	月初仕掛品完成分
	当月投入 →	1, 600kg	当月着手完成分
5, 040, 000円	2, 100kg	月末	
	→	500kg	

仕掛品—加工費

	月初	完成	
378, 000円	280kg →	280kg	月初仕掛品完成分
	当月投入 →	120kg	月初仕掛品完成分
2, 758, 000円	→	1, 600kg	当月着手完成分
	1, 970kg	月末	
	→	250kg	

(1)　月初仕掛品完成分

$920,000円+378,000円+\frac{2,758,000円}{(2,000kg-280kg)+250kg}\times 120kg=1,466,000円$

1, 466, 000円÷400kg＝3, 665円/kg

(2)　当月着手完成分

$(5,040,000円-1,200,000円)+\frac{2,758,000円}{(2,000kg-280kg)+250kg}\times 1,600kg=6,080,000円$

6, 080, 000円÷1, 600kg＝3, 800円/kg

問題1-4

仕　掛　品　（単位：円）

月初仕掛品原価		完成品総合原価	
原　料　費	37, 200	A　原　料　費	（　128, 000　）
加　工　費	22, 600	B　原　料　費	（　192, 000　）
計	59, 800	C　原　料　費	（　220, 000　）
当月製造費用		加　工　費	（　500, 000　）
A　原　料　費	126, 000	計	（　1, 040, 000　）
B　原　料　費	197, 400	月末仕掛品原価	
C　原　料　費	226, 800	A　原　料　費	（　12, 800　）
加　工　費	512, 400	B　原　料　費	（　19, 200　）
計	1, 062, 600	C　原　料　費	（　15, 400　）
		加　工　費	（　35, 000　）
		計	（　82, 400　）
	1, 122, 400		（　1, 122, 400　）

完成品単位原価　260 円/個

解答への道

1．原料費の計算

(1)　A原料費（始点投入なので，数量の比率で按分する）

仕掛品―A原料費

14,800円	月初　200個	完成　4,000個
126,000円	当月投入　4,200個	月末　400個

完　成　品：14,800円＋126,000円－12,800円＝128,000円

月末仕掛品：$\frac{14,800円+126,000円}{4,000個+400個}\times 400個=12,800円$

(2)　B原料費（始点投入なので，数量の比率で按分する）

仕掛品―B原料費

13,800円	月初　200個	完成　4,000個
197,400円	当月投入　4,200個	月末　400個

完　成　品：13,800円＋197,400円－19,200円＝192,000円

月末仕掛品：$\frac{13,800円+197,400円}{4,000個+400個}\times 400個=19,200円$

(3)　C原料費（平均的投入なので，完成品量と月末仕掛品加工換算量の比率で按分する）

仕掛品―C原料費

8,600円	月初　80個	完成　4,000個
226,800円	当月投入　4,200個	月末　280個

完　成　品：8,600円＋226,800円－15,400円＝220,000円

月末仕掛品：$\frac{8,600円+226,800円}{4,000個+280個}\times 280個=15,400円$

2．加工費の計算

仕掛品―加工費

22,600円	月初　80個	完成　4,000個
512,400円	当月投入　4,200個	月末　280個

完　成　品：22,600円＋512,400円－35,000円＝500,000円

月末仕掛品：$\frac{22,600円+512,400円}{4,000個+280個}\times 280個=35,000円$

3．まとめ

月末仕掛品原価：12,800円＋19,200円＋15,400円＋35,000円＝82,400円

完成品総合原価：128,000円＋192,000円＋220,000円＋500,000円＝1,040,000円

完成品単位原価：1,040,000円÷4,000個＝260円/個

問題1-5

月末仕掛品原価	265,600	円
完成品総合原価	1,196,000	円

解答への道

1．各材料の投入比率の推定

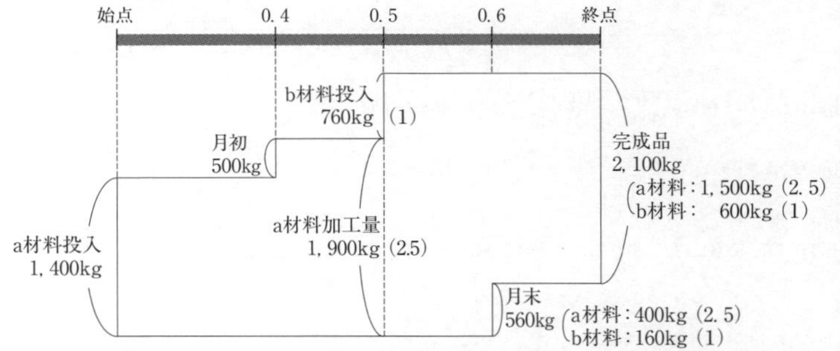

追加材料であるb材料の投入点（0.5）に着目すると，a材料1,900kgに対してb材料を760kg投入していることがわかる。よって，投入比率は「材料a：材料b＝2.5：1」と判明する。

そこで，生産データの整理に際しては，b材料の投入点を通過した完成品と月末仕掛品の数量を，2.5：1の比でa材料とb材料に分割する。

2．原価配分

1．の図から，生産データを材料種類ごとに分解し，材料費と加工費の配分を行うと，次のようになる。

(1)　材料費の計算

仕掛品―a材料費

195,000円	月初　500kg	完成　1,500kg
560,000円	当月投入　1,400kg	月末　400kg

完　成　品：195,000円＋560,000円－160,000円＝595,000円

月末仕掛品：$\frac{560,000円}{(1,500kg-500kg)+400kg}\times 400kg$
＝160,000円

仕掛品―b材料費

	月初	完成
0円	0kg	600kg
	当月投入	月末
114,000円	760kg	160kg

完　成　品：0円＋114,000円－24,000円＝90,000円

月末仕掛品：$\frac{114{,}000円}{(600kg-0kg)+160kg}\times 160kg = 24{,}000円$

(2)　加工費の計算

仕掛品―加工費

	月初	完成（＊）
69,000円	200kg	1,500kg
	当月投入	月末
523,600円	1,540kg	240kg

完　成　品：69,000円＋523,600円－81,600円＝511,000円

月末仕掛品：$\frac{523{,}600円}{(1{,}500kg-200kg)+240kg}\times 240kg$
＝81,600円

（＊）加工費の計算は，始点投入材料（本問ではａ材料）を基準に行うのが一般的である。

(3)　まとめ

月末仕掛品原価：160,000円＋24,000円＋81,600円＝265,600円
完成品総合原価：595,000円＋90,000円＋511,000円＝1,196,000円

Theme 02 仕損・減損が生じる場合の計算

問題2-1

月末仕掛品原価	736,080	円	異常減損費	296,520	円
完成品総合原価	14,536,800	円	完成品単位原価	2,019	円/kg

仕　掛　品　（単位：円）

月初仕掛品原価		完成品総合原価	
直接材料費	360,000	直接材料費	（　8,100,000　）
加工費	178,800	加工費	（　6,436,800　）
計	538,800	計	（　14,536,800　）
当月製造費用		異常減損費	（　296,520　）
直接材料費	8,415,000	月末仕掛品原価	
加工費	6,615,600	直接材料費	（　450,000　）
計	15,030,600	加工費	（　286,080　）
		計	（　736,080　）
	15,569,400		（　15,569,400　）

解答への道

1．直接材料費の計算

仕掛品―直接材料費

	月初	完成
360,000円	300kg	7,200kg
	当月投入	異常 200kg
8,415,000円	7,500kg	月末 400kg

完　成　品：360,000円＋8,415,000円－450,000円－225,000円
＝8,100,000円

異常減損：$\frac{360{,}000円+8{,}415{,}000円}{7{,}200kg+200kg+400kg}\times 200kg = 225{,}000円$

月末仕掛品：$\frac{360{,}000円+8{,}415{,}000円}{7{,}200kg+200kg+400kg}\times 400kg = 450{,}000円$

2．加工費の計算

仕掛品―加工費

	月初	完成
178,800円	150kg	7,200kg
	当月投入	異常 80kg
6,615,600円	7,450kg	月末 320kg

完　成　品：178,800円＋6,615,600円－286,080円－71,520円
＝6,436,800円

異常減損：$\frac{178{,}800円+6{,}615{,}600円}{7{,}200kg+80kg+320kg}\times 80kg = 71{,}520円$

月末仕掛品：$\frac{178{,}800円+6{,}615{,}600円}{7{,}200kg+80kg+320kg}\times 320kg = 286{,}080円$

3．まとめ

月末仕掛品原価：450,000円＋286,080円＝736,080円
異 常 減 損 費：225,000円＋71,520円＝296,520円
完成品総合原価：8,100,000円＋6,436,800円＝14,536,800円
完成品単位原価：14,536,800円÷7,200kg＝2,019円/kg

問題2-2

月末仕掛品原価	151,600 円	異 常 仕 損 費	66,680 円
完成品総合原価	1,250,000 円	完成品単位原価	500 円/個

仕　掛　品　（単位：円）

月初仕掛品原価		完成品総合原価	
直接材料費	67,200	直接材料費	(628,200)
加工費	31,560	加工費	(621,800)
計	98,760	計	(1,250,000)
当月製造費用		仕損品	(24,000)
直接材料費	714,000	異常仕損費	(66,680)
加工費	679,520	月末仕掛品原価	
計	1,393,520	直接材料費	(102,000)
		加工費	(49,600)
		計	(151,600)
	1,492,280		(1,492,280)

解答への道

1．直接材料費の計算

仕掛品―直接材料費

67,200円	月初 300個	完成 2,500個
714,000円	当月投入 2,800個	異常 200個
		月末 400個

完　成　品：67,200円＋714,000円－102,000円－51,000円＝628,200円

異 常 仕 損：$\frac{714,000円}{(2,500個-300個)+200個+400個}$×200個＝ 51,000円

月末仕掛品：$\frac{714,000円}{(2,500個-300個)+200個+400個}$×400個＝102,000円

2．加工費の計算

仕掛品―加工費

31,560円	月初 120個	完成 2,500個
679,520円	当月投入 2,740個	異常 160個
		月末 200個

完　成　品：31,560円＋679,520円－49,600円－39,680円＝621,800円

異 常 仕 損：$\frac{679,520円}{(2,500個-120個)+160個+200個}$×160個＝39,680円

月末仕掛品：$\frac{679,520円}{(2,500個-120個)+160個+200個}$×200個＝49,600円

3．まとめ

月末仕掛品原価：102,000円＋49,600円＝151,600円
仕　　損　　品：120円/個×200個＝24,000円
異 常 仕 損 費：51,000円＋39,680円－24,000円＝66,680円
完成品総合原価：628,200円＋621,800円＝1,250,000円
完成品単位原価：1,250,000円÷2,500個＝500円/個

問題2-3

月末仕掛品原価	974,400 円		
完成品総合原価	5,400,000 円	完成品単位原価	1,800 円/kg

仕　掛　品　（単位：円）

月初仕掛品原価		完成品総合原価	
直接材料費	234,900	直接材料費	(2,106,000)
加工費	249,000	加工費	(3,294,000)
計	483,900	計	(5,400,000)
当月製造費用		月末仕掛品原価	
直接材料費	2,425,500	直接材料費	(554,400)
加工費	3,465,000	加工費	(420,000)
計	5,890,500	計	(974,400)
	6,374,400		(6,374,400)

解答への道

正常仕損は，終点で発生していることから，完成品のみ負担となる。

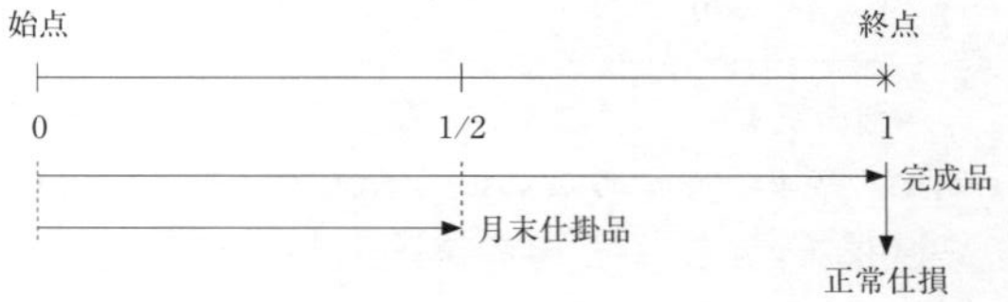

1．直接材料費の計算

仕掛品―直接材料費

234, 900円	月初 500kg	完成 3, 000kg
2, 425, 500円	当月投入 3, 500kg	正常 200kg
		月末 800kg

完　成　品：234, 900円＋2, 425, 500円－554, 400円＝2, 106, 000円

月末仕掛品：$\dfrac{2,425,500円}{(3,000kg-500kg)+200kg+800kg}\times 800kg=554,400円$

2．加工費の計算

仕掛品―加工費

249, 000円	月初 300kg	完成 3, 000kg
3, 465, 000円	当月投入 3, 300kg	正常 200kg
		月末 400kg

完　成　品：249, 000円＋3, 465, 000円－420, 000円＝3, 294, 000円

月末仕掛品：$\dfrac{3,465,000円}{(3,000kg-300kg)+200kg+400kg}\times 400kg=420,000円$

3．まとめ

月末仕掛品原価：554, 400円＋420, 000円＝974, 400円
完成品総合原価：2, 106, 000円＋3, 294, 000円＝5, 400, 000円
完成品単位原価：5, 400, 000円÷3, 000kg＝1, 800円/kg

問題2-4

月末仕掛品原価　101, 250 円

完成品総合原価　1, 143, 000 円　　完成品単位原価　254 円/kg

仕　掛　品　（単位：円）

月初仕掛品原価		完成品総合原価	
直接材料費	73, 400	直接材料費	（　623, 250　）
加工費	27, 100	加工費	（　519, 750　）
計	100, 500	計	（　1, 143, 000　）
当月製造費用		仕損品	（　4, 500　）
直接材料費	635, 350	月末仕掛品原価	
加工費	512, 900	直接材料費	（　81, 000　）
計	1, 148, 250	加工費	（　20, 250　）
		計	（　101, 250　）
	1, 248, 750		（　1, 248, 750　）

解答への道

正常仕損は，月末仕掛品の加工費進捗度よりも後で発生していることから，完成品のみ負担となる。

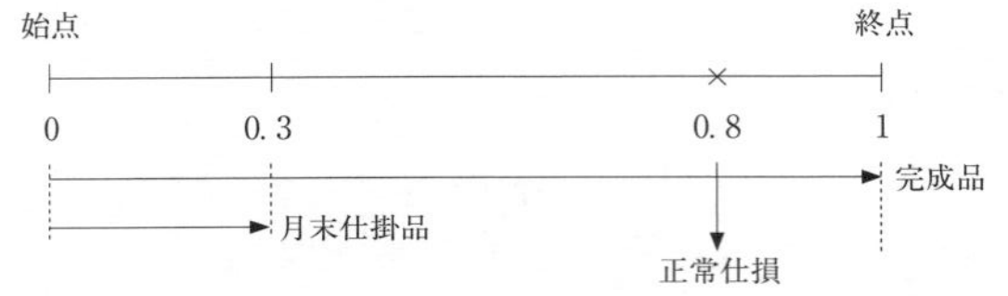

1．直接材料費の計算

仕掛品―直接材料費

73, 400円	月初 400kg	完成 4, 500kg
635, 350円	当月投入 4, 850kg	正常 150kg
		月末 600kg

完　成　品：73, 400円＋635, 350円－81, 000円
－30円/kg×150kg＝623, 250円
（仕損品評価額）

月末仕掛品：$\dfrac{73,400円+635,350円}{4,500kg+150kg+600kg}\times 600kg=81,000円$

2．加工費の計算

仕掛品―加工費

27, 100円	月初 200kg	完成 4, 500kg
512, 900円	当月投入 4, 600kg	正常 120kg
		月末 180kg

完　成　品：27, 100円＋512, 900円－20, 250円＝519, 750円

月末仕掛品：$\dfrac{27,100円+512,900円}{4,500kg+120kg+180kg}\times 180kg=20,250円$

3．まとめ

月末仕掛品原価：81, 000円＋20, 250円＝101, 250円
仕損品評価額：30円/kg×150kg＝4, 500円
完成品総合原価：623, 250円＋519, 750円＝1, 143, 000円
完成品単位原価：1, 143, 000円÷4, 500kg＝254円/kg

問題2-5

月末仕掛品原価　1, 068, 000 円

完成品総合原価　16, 800, 000 円　　完成品単位原価　1, 600 円/個

仕掛品			(単位：円)
月初仕掛品原価		完成品総合原価	
直接材料費	774,000	直接材料費	(9,298,800)
加工費	373,200	加工費	(7,501,200)
計	1,147,200	計	(16,800,000)
当月製造費用		仕損品	(130,000)
直接材料費	9,542,800	月末仕掛品原価	
加工費	7,308,000	直接材料費	(888,000)
計	16,850,800	加工費	(180,000)
		計	(1,068,000)
	17,998,000		(17,998,000)

解答への道

正常仕損は，月末仕掛品の加工費進捗度より前で発生していることから，完成品と月末仕掛品の両者負担となる。

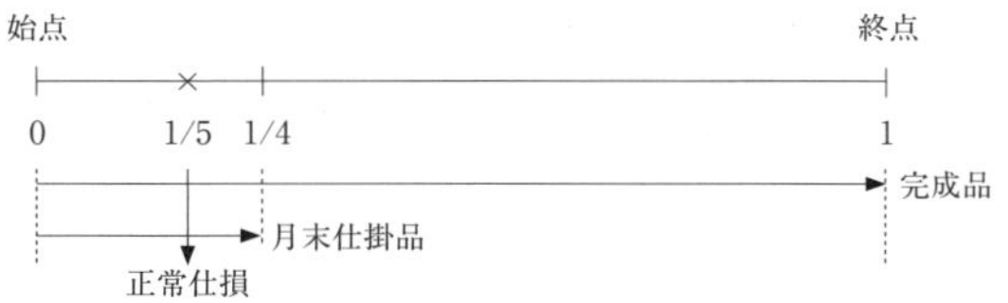

1．直接材料費の計算

仕掛品―直接材料費

774,000円	月初 900個	完成 10,500個
9,542,800円	当月投入 11,100個	正常 500個
		月末 1,000個

完　成　品：774,000円＋9,542,800円－260円/個×500個－888,000円＝9,298,800円

月末仕掛品：$\frac{9,542,800円-260円/個\times500個}{(10,500個-900個)+1,000個}\times1,000個$＝888,000円

2．加工費の計算

仕掛品―加工費

373,200円	月初 600個	完成 10,500個
7,308,000円	当月投入 10,250個	正常 100個
		月末 250個

完　成　品：373,200円＋7,308,000円－180,000円＝7,501,200円

月末仕掛品：$\frac{7,308,000円}{(10,500個-600個)+250個}\times250個$＝180,000円

3．まとめ

月末仕掛品原価：888,000円＋180,000円＝1,068,000円

仕損品評価額：260円/個×500個＝130,000円

完成品総合原価：9,298,800円＋7,501,200円＝16,800,000円

完成品単位原価：16,800,000円÷10,500個＝1,600円/個

問題2-6

月末仕掛品原価　1,763,200 円

完成品総合原価　14,000,000 円　　完成品単位原価　5,000 円/kg

仕掛品			(単位：円)
月初仕掛品原価		完成品総合原価	
直接材料費	890,400	直接材料費	(5,712,000)
加工費	533,600	加工費	(8,288,000)
計	1,424,000	計	(14,000,000)
当月製造費用		月末仕掛品原価	
直接材料費	5,637,600	直接材料費	(816,000)
加工費	8,701,600	加工費	(947,200)
計	14,339,200	計	(1,763,200)
	15,763,200		(15,763,200)

解答への道

正常減損の加工費進捗度が不明である場合には，正常減損の加工換算量が判明しないため，完成品のみ負担による計算が不可能となる。よって，このような場合には，完成品と月末仕掛品の両者負担による計算をすることになる。

1．直接材料費の計算

仕掛品―直接材料費

890,400円	月初 500kg	完成 2,800kg
5,637,600円	当月投入 2,900kg	正常 200kg
		月末 400kg

完　成　品：890,400円＋5,637,600円－816,000円＝5,712,000円

月末仕掛品：$\frac{890,400円+5,637,600円}{2,800kg+400kg}\times400kg$＝816,000円

2．加工費の計算

仕掛品—加工費

533, 600円	月初 200kg	完成 2, 800kg
8, 701, 600円	当月投入 ? kg	~~正常 ? kg~~
		月末 320kg

完　成　品：533, 600円＋8, 701, 600円－947, 200円＝8, 288, 000円

月末仕掛品：$\frac{533,600円+8,701,600円}{2,800kg+320kg}\times 320kg=947,200円$

3．まとめ

月末仕掛品原価：816, 000円＋947, 200円＝1, 763, 200円
完成品総合原価：5, 712, 000円＋8, 288, 000円＝14, 000, 000円
完成品単位原価：14, 000, 000円÷2, 800kg＝5, 000円/kg

問題2-7

月末仕掛品原価　938, 000　円

完成品総合原価　2, 280, 000　円　　完成品単位原価　3, 800　円/kg

仕　掛　品　（単位：円）

月初仕掛品原価		完成品総合原価	
直接材料費	330, 000	直接材料費	（936, 000）
加工費	319, 040	加工費	（1, 344, 000）
計	649, 040	計	（2, 280, 000）
当月製造費用		月末仕掛品原価	
直接材料費	1, 152, 000	直接材料費	（546, 000）
加工費	1, 416, 960	加工費	（392, 000）
計	2, 568, 960	計	（938, 000）
	3, 218, 000		（3, 218, 000）

解答への道

正常減損が工程を通じて平均的に発生している場合には，完成品と月末仕掛品の両者負担による計算をすることになる。

1．直接材料費の計算

仕掛品—直接材料費

330, 000円	月初 200kg	完成 600kg
1, 152, 000円	当月投入 800kg	~~正常 50kg~~
		月末 350kg

完　成　品：330, 000円＋1, 152, 000円－546, 000円＝936, 000円

月末仕掛品：$\frac{330,000円+1,152,000円}{600kg+350kg}\times 350kg=546,000円$

2．加工費の計算

仕掛品—加工費

319, 040円	月初 160kg	完成 600kg
1, 416, 960円	当月投入 640kg	~~正常 25kg~~
		月末 175kg

完　成　品：319, 040円＋1, 416, 960円－392, 000円＝1, 344, 000円

月末仕掛品：$\frac{319,040円+1,416,960円}{600kg+175kg}\times 175kg=392,000円$

3．まとめ

月末仕掛品原価：546, 000円＋392, 000円＝938, 000円
完成品総合原価：936, 000円＋1, 344, 000円＝2, 280, 000円
完成品単位原価：2, 280, 000円÷600kg＝3, 800円/kg

問題2-8

月末仕掛品原価　1, 167, 200　円

完成品総合原価　11, 220, 000　円　　完成品単位原価　2, 550　円/個

仕　掛　品　（単位：円）

月初仕掛品原価		完成品総合原価	
直接材料費	1, 238, 000	直接材料費	（5, 170, 000）
加工費	827, 200	加工費	（6, 050, 000）
計	2, 065, 200	計	（11, 220, 000）
当月製造費用		仕損品	（255, 000）
直接材料費	4, 945, 000	月末仕掛品原価	
加工費	5, 632, 000	直接材料費	（860, 000）
計	10, 577, 000	加工費	（307, 200）
		計	（1, 167, 200）
	12, 642, 200		（12, 642, 200）

解答への道

正常仕損は，終点で発生していることから，完成品のみ負担となり，評価額も完成品原価から控除することとなる。

1．直接材料費の計算

仕掛品―直接材料費

	借方	貸方
1, 238, 000円	月初 900個	完成 4, 400個
4, 945, 000円	当月投入 4, 600個	正常 300個
		月末 800個

完　成　品：1, 238, 000円＋4, 945, 000円－860, 000円
　－850円/個×0. 6×300個＝5, 170, 000円
　（仕損品評価額材料費依存分）

月末仕掛品：$\frac{4,945,000\text{円}}{(4,400\text{個}-900\text{個})+300\text{個}+800\text{個}}\times 800\text{個}=860,000\text{円}$

2．加工費の計算

仕掛品―加工費

	借方	貸方
827, 200円	月初 540個	完成 4, 400個
5, 632, 000円	当月投入 4, 400個	正常 300個
		月末 240個

完　成　品：827, 200円＋5, 632, 000円－307, 200円
　－850円/個×0. 4×300個＝6, 050, 000円
　（仕損品評価額加工費依存分）

月末仕掛品：$\frac{5,632,000\text{円}}{(4,400\text{個}-540\text{個})+300\text{個}+240\text{個}}\times 240\text{個}=307,200\text{円}$

3．まとめ

月末仕掛品原価：860, 000円＋307, 200円＝1, 167, 200円
仕 損 品 評 価 額：850円/個×300個＝255, 000円
完成品総合原価：5, 170, 000円＋6, 050, 000円＝11, 220, 000円
完成品単位原価：11, 220, 000円÷4, 400個＝2, 550円/個

問題2-9

月末仕掛品原価　709, 120　円

完成品総合原価　7, 239, 600　円　　完成品単位原価　2, 011　円/kg

仕　掛　品　（単位：円）

月初仕掛品原価		完成品総合原価	
直接材料費	440, 000	直接材料費	（　2, 952, 000　）
加工費	574, 820	加工費	（　4, 287, 600　）
計	1, 014, 820	計	（　7, 239, 600　）
当月製造費用		仕損品	（　68, 600　）
直接材料費	2, 840, 000	月末仕掛品原価	
加工費	4, 162, 500	直接材料費	（　328, 000　）
計	7, 002, 500	加工費	（　381, 120　）
		計	（　709, 120　）
	8, 017, 320		（　8, 017, 320　）

解答への道

正常仕損は，月末仕掛品の加工費進捗度よりも前で発生していることから，両者負担となる。

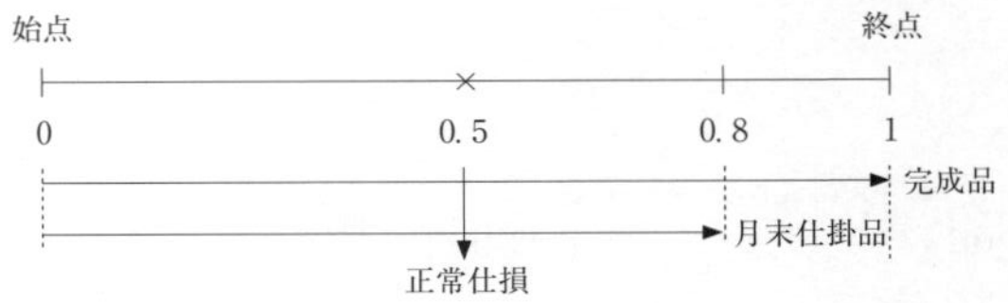

1．直接材料費の計算

仕掛品―直接材料費

	借方	貸方
440, 000円	月初 550kg	完成 3, 600kg
2, 840, 000円	当月投入 3, 550kg	~~正常 100kg~~
		月末 400kg

完　成　品：440, 000円＋2, 840, 000円－328, 000円＝2, 952, 000円

月末仕掛品：$\frac{440,000\text{円}+2,840,000\text{円}}{3,600\text{kg}+400\text{kg}}\times 400\text{kg}=328,000\text{円}$

2．加工費の計算

仕掛品―加工費

	借方	貸方
574, 820円	月初 220kg	完成 3, 600kg
4, 162, 500円	当月投入 3, 750kg	~~正常 50kg~~
		月末 320kg

完　成　品：574, 820円＋4, 162, 500円－686円/kg×100kg
　－381, 120円＝4, 287, 600円

月末仕掛品：$\frac{574,820\text{円}+4,162,500\text{円}-686\text{円/kg}\times 100\text{kg}}{3,600\text{kg}+320\text{kg}}\times 320\text{kg}$
　＝381, 120円

3．まとめ

月末仕掛品原価：328, 000円＋381, 120円＝709, 120円
仕 損 品 評 価 額：686円/kg×100kg＝68, 600円
完成品総合原価：2, 952, 000円＋4, 287, 600円＝7, 239, 600円
完成品単位原価：7, 239, 600円÷3, 600kg＝2, 011円/kg

問題2-10

月末仕掛品原価　412, 000　円

完成品総合原価　4, 936, 000　円　　完成品単位原価　1, 234　円/kg

仕　掛　品　(単位：円)

月初仕掛品原価		完成品総合原価	
直接材料費	344, 400	直接材料費	(2, 402, 400)
加工費	115, 000	加工費	(2, 298, 000)
計	459, 400	正常仕損費	(235, 600)
当月製造費用		計	(4, 936, 000)
直接材料費	2, 469, 600	月末仕掛品原価	
加工費	2, 419, 000	直接材料費	(294, 000)
計	4, 888, 600	加工費	(118, 000)
		計	(412, 000)
	5, 348, 000		(5, 348, 000)

解答への道

1．直接材料費の計算

仕掛品―直接材料費

344, 400円	月初 500kg	完成 4, 000kg
2, 469, 600円	当月投入 4, 200kg	正常 200kg
		月末 500kg

完　成　品：344, 400円＋2, 469, 600円－(294, 000円＋117, 600円)＝2, 402, 400円

正常仕損：$\frac{2,469,600円}{(4,000kg-500kg)+200kg+500kg}$×200kg＝117, 600円

月末仕掛品：　〃　×500kg＝294, 000円

2．加工費の計算

仕掛品―加工費

115, 000円	月初 300kg	完成 4, 000kg
2, 419, 000円	当月投入 4, 100kg	正常 200kg
		月末 200kg

完　成　品：115, 000円＋2, 419, 000円－(118, 000円＋118, 000円)＝2, 298, 000円

正常仕損：$\frac{2,419,000円}{(4,000kg-300kg)+200kg+200kg}$×200kg＝118, 000円

月末仕掛品：　〃　×200kg＝118, 000円

3．正常仕損費の追加配賦

正常仕損が工程終点で発生するため，正常仕損費は完成品が全額を負担する。

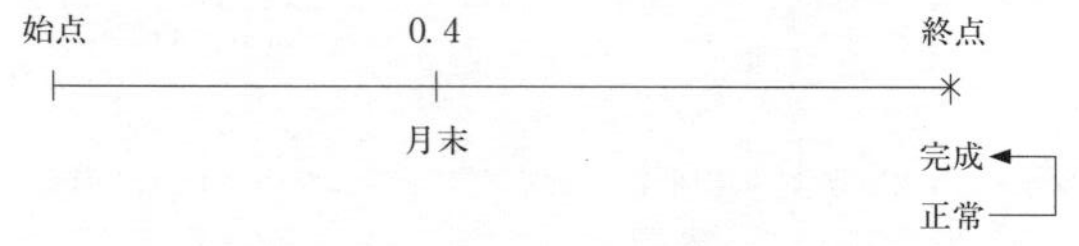

4．まとめ

月末仕掛品原価：294, 000円＋118, 000円＝412, 000円

完成品総合原価：2, 402, 400円＋2, 298, 000円＋(117, 600円＋118, 000円)＝4, 936, 000円
（(117, 600円＋118, 000円)：正常仕損費）

完成品単位原価：4, 936, 000円÷4, 000kg＝1, 234円/kg

問題2-11

月末仕掛品原価　355, 000　円

完成品総合原価　2, 122, 000　円　　完成品単位原価　1, 061　円/kg

仕　掛　品　(単位：円)

月初仕掛品原価		完成品総合原価	
直接材料費	354, 000	直接材料費	(1, 040, 000)
加工費	181, 000	加工費	(950, 000)
計	535, 000	正常仕損費	(132, 000)
当月製造費用		計	(2, 122, 000)
直接材料費	1, 050, 000	仕損品評価額	(48, 000)
加工費	940, 000	月末仕掛品原価	
計	1, 990, 000	直接材料費	(260, 000)
		加工費	(95, 000)
		計	(355, 000)
	2, 525, 000		(2, 525, 000)

解答への道

1．直接材料費の計算

仕掛品―直接材料費

354, 000円	月初 600kg	完成 2, 000kg
1, 050, 000円	当月投入 2, 100kg	正常 200kg
		月末 500kg

完　成　品：354, 000円＋1, 050, 000円－(260, 000円＋104, 000円)＝1, 040, 000円

正常仕損：$\frac{354,000円+1,050,000円}{2,000kg+200kg+500kg}$×200kg＝104, 000円

月末仕掛品：　〃　×500kg＝260, 000円

2．加工費の計算

仕掛品―加工費

181,000円	月初 360kg	完成 2,000kg	
940,000円	当月投入 2,000kg	正常 160kg	
		月末 200kg	

完　成　品：181,000円＋940,000円－(95,000円＋76,000円)
＝950,000円

正 常 仕 損：$\frac{181,000円＋940,000円}{2,000kg＋160kg＋200kg}$×160kg＝76,000円

月末仕掛品：　　〃　　×200kg＝95,000円

3．正常仕損費の追加配賦

正常仕損の発生点を通過しているのが完成品だけなので，正常仕損費は完成品が全額を負担する。

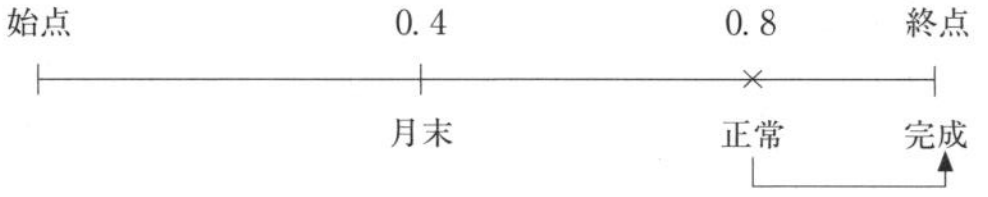

4．まとめ

月末仕掛品原価：260,000円＋95,000円＝355,000円
仕損品評価額：240円/kg×200kg＝48,000円
正 常 仕 損 費：104,000円＋76,000円－48,000円＝132,000円
完成品総合原価：1,040,000円＋950,000円＋132,000円＝2,122,000円
完成品単位原価：2,122,000円÷2,000kg＝1,061円/kg

問題2-12

月末仕掛品原価　435,200 円

完成品総合原価　1,222,400 円　　完成品単位原価　1,222.4 円/kg

仕　掛　品　（単位：円）

月初仕掛品原価		完成品総合原価	
直接材料費	311,800	直接材料費	(448,000)
加　工　費	308,100	加　工　費	(672,000)
計	619,900	正常仕損費	(102,400)
当月製造費用		計	(1,222,400)
直接材料費	405,000	月末仕掛品原価	
加　工　費	632,700	直接材料費	(179,200)
計	1,037,700	加　工　費	(215,040)
		正常仕損費	(40,960)
		計	(435,200)
	1,657,600		(1,657,600)

解答への道

1．直接材料費の計算

仕掛品―直接材料費

311,800円	月初 700kg	完成 1,000kg	
405,000円	当月投入 900kg	正常 200kg	
		月末 400kg	

完　成　品：311,800円＋405,000円－(179,200円＋89,600円)
＝448,000円

正 常 仕 損：$\frac{311,800円＋405,000円}{1,000kg＋200kg＋400kg}$×200kg＝ 89,600円

月末仕掛品：　　〃　　×400kg＝179,200円

2．加工費の計算

仕掛品―加工費

308,100円	月初 420kg	完成 1,000kg	
632,700円	当月投入 980kg	正常 80kg	
		月末 320kg	

完　成　品：308,100円＋632,700円－(215,040円＋53,760円)
＝672,000円

正 常 仕 損：$\frac{308,100円＋632,700円}{1,000kg＋80kg＋320kg}$×80kg＝53,760円

月末仕掛品：　　〃　　×320kg＝215,040円

3．正常仕損費の追加配賦

月末仕掛品も正常仕損の発生点を通過しているので，正常仕損費は完成品と月末仕掛品の両者が数量の比率に応じた金額を負担する。

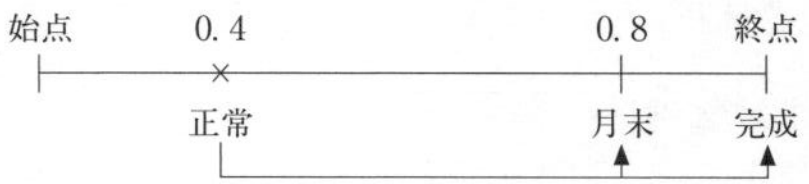

$\frac{89,600円＋53,760円}{1,000kg＋400kg}$×{ 1,000kg＝102,400円〈完成品負担額〉
　　400kg＝ 40,960円〈月末仕掛品負担額〉

4．まとめ

月末仕掛品原価：179,200円＋215,040円＋40,960円（正常仕損費）＝435,200円

完成品総合原価：448,000円＋672,000円＋102,400円（正常仕損費）＝1,222,400円

完成品単位原価：1,222,400円÷1,000kg＝1,222.4円/kg

問題2-13

月末仕掛品原価　1,331,000 円

完成品総合原価　12,232,000 円　　完成品単位原価　3,058 円/kg

仕掛品			(単位：円)
月初仕掛品原価		完成品総合原価	
直接材料費	568,000	直接材料費	(3,960,000)
加工費	560,400	加工費	(7,920,000)
計	1,128,400	正常減損費	(352,000)
当月製造費用		計	(12,232,000)
直接材料費	4,085,000	月末仕掛品原価	
加工費	8,349,600	直接材料費	(495,000)
計	12,434,600	加工費	(792,000)
		正常減損費	(44,000)
		計	(1,331,000)
	13,563,000		(13,563,000)

解答への道

1．直接材料費の計算

仕掛品―直接材料費

568,000円	月初 400kg	完成 4,000kg
4,085,000円	当月投入 4,300kg	正常 200kg
		月末 500kg

完　成　品：568,000円＋4,085,000円－(495,000円＋198,000円)＝3,960,000円

正常減損：$\dfrac{568,000円+4,085,000円}{4,000kg+200kg+500kg}$×200kg＝198,000円

月末仕掛品：　〃　×500kg＝495,000円

2．加工費の計算

仕掛品―加工費

560,400円	月初 240kg	完成 4,000kg
8,349,600円	当月投入 4,260kg	正常 100kg
		月末 400kg

完　成　品：560,400円＋8,349,600円－(792,000円＋198,000円)＝7,920,000円

正常減損：$\dfrac{560,400円+8,349,600円}{4,000kg+100kg+400kg}$×100kg＝198,000円

月末仕掛品：　〃　×400kg＝792,000円

3．正常減損費の追加配賦

月末仕掛品も正常減損の発生点を通過しているので，正常減損費は完成品と月末仕掛品の両者が数量の比率に応じた金額を負担する。

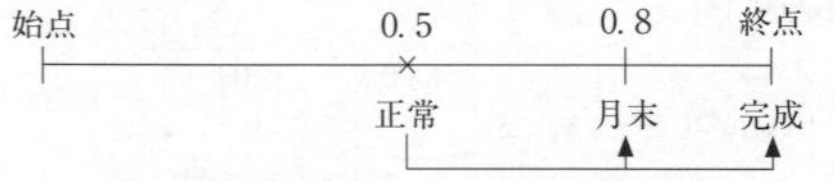

$\dfrac{198,000円+198,000円}{4,000kg+500kg}$×｛4,000kg＝352,000円〈完成品負担額〉
500kg＝ 44,000円〈月末仕掛品負担額〉

4．まとめ

月末仕掛品原価：495,000円＋792,000円＋44,000円＝1,331,000円（44,000円：正常減損費）

完成品総合原価：3,960,000円＋7,920,000円＋352,000円＝12,232,000円（352,000円：正常減損費）

完成品単位原価：12,232,000円÷4,000kg＝3,058円/kg

問題2-14

月末仕掛品原価　[1,323,000] 円

完成品総合原価　[12,240,000] 円　　完成品単位原価　[3,060] 円/kg

仕掛品			(単位：円)
月初仕掛品原価		完成品総合原価	
直接材料費	568,000	直接材料費	(3,960,000)
加工費	560,400	加工費	(7,920,000)
計	1,128,400	正常減損費	(360,000)
当月製造費用		計	(12,240,000)
直接材料費	4,085,000	月末仕掛品原価	
加工費	8,349,600	直接材料費	(495,000)
計	12,434,600	加工費	(792,000)
		正常減損費	(36,000)
		計	(1,323,000)
	13,563,000		(13,563,000)

解答への道

1．直接材料費の計算

仕掛品―直接材料費

568,000円	月初 400kg	完成 4,000kg
4,085,000円	当月投入 4,300kg	正常 200kg
		月末 500kg

完　成　品：568,000円＋4,085,000円－(495,000円＋198,000円)＝3,960,000円

正常減損：$\dfrac{568,000円+4,085,000円}{4,000kg+200kg+500kg}$×200kg＝198,000円

月末仕掛品：　〃　×500kg＝495,000円

2．加工費の計算

仕掛品—加工費

	借方		貸方
560, 400円	月初　240kg	完成　4, 000kg	
8, 349, 600円	当月投入　4, 260kg	正常　100kg(*)	
		月末　400kg	

完　成　品：560, 400円＋8, 349, 600円－(792, 000円＋198, 000円)
＝7, 920, 000円

正 常 減 損：$\frac{560,400円+8,349,600円}{4,000kg+100kg+400kg}$×100kg＝198, 000円

月末仕掛品：　〃　×400kg＝792, 000円

（＊）正常減損は工程を通じて平均的に発生しているため，加工費進捗度は50％とみなす。

3．正常減損費の追加配賦

正常減損が平均的に発生するため，正常減損費は完成品と月末仕掛品の両者が加工費の完成品換算量の比率に応じた金額を負担する。

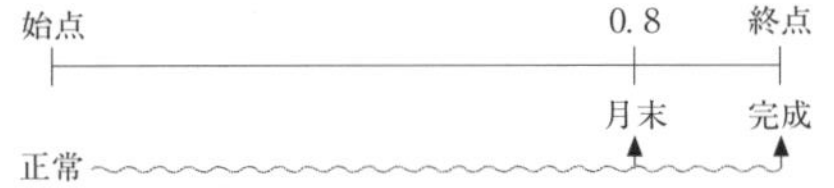

$\frac{198,000円+198,000円}{4,000kg+400kg}$×｛4, 000kg＝360, 000円〈完成品負担額〉
　　　　　　　　　　　400kg＝ 36, 000円〈月末仕掛品負担額〉

4．まとめ

月末仕掛品原価：495, 000円＋792, 000円＋36, 000円＝1, 323, 000円
完成品総合原価：3, 960, 000円＋7, 920, 000円＋360, 000円＝12, 240, 000円
完成品単位原価：12, 240, 000円÷4, 000kg＝3, 060円/kg

本問は【問題２－13】と同一の資料であるが，解答の数値が異なっている。これは，正常減損の発生が定点である場合と平均的発生である場合とで，正常減損費の負担比率が異なるためである。【問題２－13】の計算結果と比較して，この点を確認してほしい。

問題2-15

月末仕掛品原価	342, 000	円
完成品総合原価	2, 065, 500	円
修正先入先出法の完成品単位原価	1, 377	円/個
純粋先入先出法の完成品単位原価		
月初仕掛品完成分	1, 179	円/個
当月投入完成分	1, 476	円/個

解答への道

1．直接材料費の計算

仕掛品—直接材料費

	借方		貸方
225, 000円	月初　500個	月初仕掛品　完成分　500個	
768, 000円	当月投入　1, 600個	当月投入　完成分1, 000個	
		正常　200個	
		月末　400個	

完　成　品：
225, 000円＋768, 000円－(192, 000円＋96, 000円)
＝705, 000円

正 常 仕 損：
$\frac{768,000円}{(1,500個-500個)+200個+400個}$×200個
＝ 96, 000円

月末仕掛品：
$\frac{768,000円}{(1,500個-500個)+200個+400個}$×400個
＝192, 000円

2．加工費の計算

仕掛品—加工費

	借方		貸方
252, 000円	月初　350個	月初仕掛品　完成分　350個	
1, 162, 500円	当月投入　1, 550個	月初仕掛品　完成分　150個	
		当月投入　完成分1, 000個	
		正常　200個	
		月末　200個	

完　成　品：
252, 000円＋1, 162, 500円－(150, 000円＋150, 000円)
＝1, 114, 500円

正 常 仕 損：
$\frac{1,162,500円}{(1,500個-350個)+200個+200個}$×200個＝ 150, 000円

月末仕掛品：
$\frac{1,162,500円}{(1,500個-350個)+200個+200個}$×200個＝ 150, 000円

3．正常仕損費の追加配賦

正常仕損が工程終点で発生するため，正常仕損費は完成品が全額を負担する。

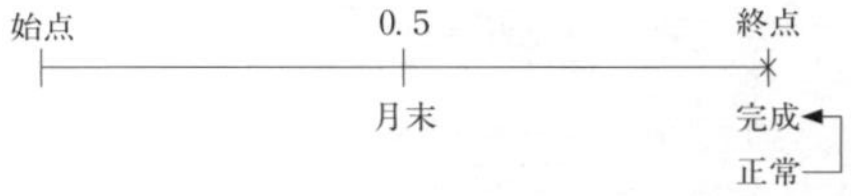

4．まとめ

月末仕掛品原価：192, 000円＋150, 000円＝342, 000円
完成品総合原価：705, 000円＋1, 114, 500円＋(96, 000円＋150, 000円)＝2, 065, 500円
　　　　　　　　　　　　　　　　　　　　　正常仕損費
修正先入先出法の完成品単位原価：2, 065, 500円÷1, 500個＝1, 377円/個

5．純粋先入先出法の完成品単位原価

純粋先入先出法の完成品単位原価を計算するためには，完成品総合原価を月初仕掛品完成分と当月投入完成分に分ける必要がある。完成品総合原価には正常仕損費が含まれているが，正常仕損はすべて当月投入分から生じるので，月初仕掛品完成分は正常仕損費を負担しない。したがって，完成品総合原価は次のように月初仕掛品完成分と当月投入完成分に分けられる。

月初仕掛品完成分

直接材料費：　225,000円

加工費

前月投入分：　252,000円

当月投入分：$\dfrac{1,162,500円}{(1,500個-350個)+200個+200個}\times(500個-350個)=112,500円$

合計　589,500円

当月投入完成分：2,065,500円－589,500円＝1,476,000円

以上より，完成品単位原価は次のとおりである。

月初仕掛品完成分：　589,500円÷　500個＝1,179円/個

当月投入完成分：1,476,000円÷1,000個＝1,476円/個

問題2-16

月末仕掛品原価　774,000 円

完成品総合原価　5,978,000 円　　完成品単位原価　1,708 円/個

(1)

仕　掛　品　（単位：円）

月初仕掛品原価		完成品総合原価	
直接材料費	794,000	直接材料費	（ 3,080,000 ）
加工費	281,250	加工費	（ 2,800,000 ）
計	1,075,250	正常仕損費	（ 98,000 ）
当月製造費用		計	（ 5,978,000 ）
直接材料費	2,814,000	仕損品評価額	（ 16,000 ）
加工費	2,878,750	月末仕掛品原価	
計	5,692,750	直接材料費	（ 440,000 ）
		加工費	（ 320,000 ）
		正常仕損費	（ 14,000 ）
		計	（ 774,000 ）
	6,768,000		（ 6,768,000 ）

(2)

仕　掛　品　（単位：円）

月初仕掛品原価		完成品総合原価	
直接材料費	794,000	直接材料費	（ 3,143,000 ）
加工費	281,250	加工費	（ 2,835,000 ）
計	1,075,250	計	（ 5,978,000 ）
当月製造費用		仕損品評価額	（ 16,000 ）
直接材料費	2,814,000	月末仕掛品原価	
加工費	2,878,750	直接材料費	（ 449,000 ）
計	5,692,750	加工費	（ 325,000 ）
		計	（ 774,000 ）
	6,768,000		（ 6,768,000 ）

解答への道

1．直接材料費の計算

仕掛品―直接材料費

794,000円	月初 750個	完成 3,500個
2,814,000円	当月投入 3,350個	正常 100個
		月末 500個

完成品：794,000円＋2,814,000円－(440,000円＋88,000円)＝3,080,000円

正常仕損：$\dfrac{794,000円+2,814,000円}{3,500個+100個+500個}\times100個=$　88,000円

月末仕掛品：　〃　×500個＝440,000円

2．加工費の計算

仕掛品―加工費

281,250円	月初 450個	完成 3,500個
2,878,750円	当月投入 3,500個	正常 50個
		月末 400個

完成品：281,250円＋2,878,750円－(320,000円＋40,000円)＝2,800,000円

正常仕損：$\dfrac{281,250円+2,878,750円}{3,500個+50個+400個}\times50個=$　40,000円

月末仕掛品：　〃　×400個＝320,000円

3．正常仕損費の追加配賦

月末仕掛品も正常仕損の発生点を通過しているので，正常仕損費は完成品と月末仕掛品の両者が数量の比率に応じた金額を負担する。

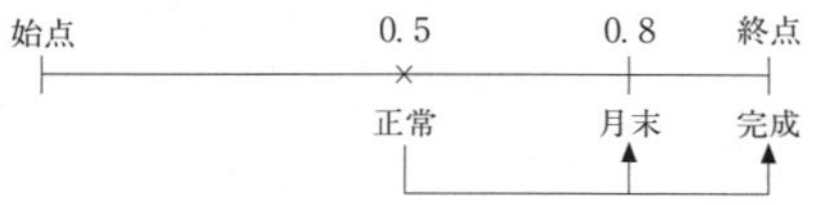

(1) 原価要素別内訳として「直接材料費」,「加工費」および「正常仕損費」を要求している場合

この場合の正常仕損費の追加配賦計算は，直接材料費分と加工費分とを合算して行えばよい。

$$\frac{88,000円+40,000円-160円\times100個}{3,500個+500個}\times\begin{cases}3,500個=98,000円〈完成品負担額〉\\500個=14,000円〈月末仕掛品負担額〉\end{cases}$$

(2) 原価要素別内訳として「直接材料費」と「加工費」のみ要求している場合

正常仕損費を記入する欄が設けられていない場合には，正常仕損費の追加配賦計算を原価要素別に行わなければならない。

① 直接材料費分の追加配賦

$$\frac{88,000円-160円\times100個}{3,500個+500個}\times\begin{cases}3,500個=63,000円〈完成品負担額〉\\500個=\ \ 9,000円〈月末仕掛品負担額〉\end{cases}$$

② 加工費分の追加配賦

$$\frac{40,000円}{3,500個+500個}\times\begin{cases}3,500個=35,000円〈完成品負担額〉\\500個=\ \ 5,000円〈月末仕掛品負担額〉\end{cases}$$

4．まとめ

(1) 原価要素別内訳として「直接材料費」,「加工費」および「正常仕損費」を要求している場合

上記1と2で計算した正常仕損費負担前の各金額に，合算して計算した正常仕損費の追加配賦額を加えて解答する。

月末仕掛品原価：440,000円＋320,000円＋14,000円（正常仕損費）＝774,000円

仕損品評価額：160円/個×100個＝16,000円

完成品総合原価：3,080,000円＋2,800,000円＋98,000円（正常仕損費）＝5,978,000円

完成品単位原価：5,978,000円÷3,500個＝1,708円/個

(2) 原価要素別内訳として「直接材料費」と「加工費」のみ要求している場合

正常仕損費負担前の各金額に，上記3(2)で計算した正常仕損費の原価要素別追加配賦額を，それぞれ加えて解答する。

月末仕掛品原価：

直接材料費：440,000円＋9,000円（正常仕損費）＝449,000円

加工費：320,000円＋5,000円（正常仕損費）＝325,000円

合計：449,000円＋325,000円＝774,000円

仕損品評価額：160円/個×100個＝16,000円

完成品総合原価：

直接材料費：3,080,000円＋63,000円（正常仕損費）＝3,143,000円

加工費：2,800,000円＋35,000円（正常仕損費）＝2,835,000円

合計：3,143,000円＋2,835,000円＝5,978,000円

完成品単位原価：5,978,000円÷3,500個＝1,708円/個

問題2-17

月末仕掛品原価　447,600 円

完成品総合原価　4,686,000 円　　完成品単位原価　1,065 円/個

仕　掛　品　（単位：円）

月初仕掛品原価		完成品総合原価	
直接材料費	114,000	直接材料費	(1,034,000)
加工費	203,400	加工費	(3,520,000)
計	317,400	正常減損費	(132,000)
当月製造費用		計	(4,686,000)
直接材料費	1,127,000	仕損品評価額	(13,800)
加工費	3,703,000	月末仕掛品原価	
計	4,830,000	直接材料費	(138,000)
		加工費	(289,800)
		正常減損費	(19,800)
		計	(447,600)
	5,147,400		(5,147,400)

解答への道

1．直接材料費の計算

仕掛品―直接材料費

114,000円	月初 400個	完成 4,400個
1,127,000円	当月投入 4,900個	正常 300個
		月末 600個

完成品：114,000円＋1,127,000円－(138,000円＋69,000円)＝1,034,000円

正常仕損：$\frac{1,127,000円}{(4,400個-400個)+300個+600個}\times300個=\ 69,000円$

月末仕掛品：　〃　×600個＝138,000円

2．加工費の計算

仕掛品―加工費

203,400円	月初 280個	完成 4,400個
3,703,000円	当月投入 4,600個	正常 120個
		月末 360個

完成品：203,400円＋3,703,000円－(289,800円＋96,600円)＝3,520,000円

正常仕損：$\frac{3,703,000円}{(4,400個-280個)+120個+360個}\times120個=\ 96,600円$

月末仕掛品：　〃　×360個＝289,800円

3．正常仕損費の追加配賦

月末仕掛品も正常仕損の発生点を通過しているので，正常仕損費は（当月投入）完成品と月末仕掛品の両者が数量の比率に応じた金額を負担する。

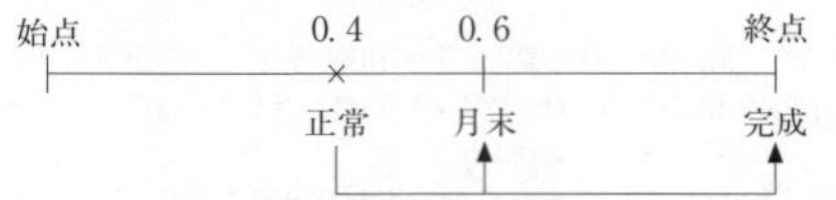

$$\frac{69,000円+96,600円-46円\times300個}{(4,400個-400個)+600個}\times\begin{cases}(4,400個-400個)=132,000円〈完成品負担額〉\\600個=19,800円〈月末仕掛品負担額〉\end{cases}$$

4．まとめ

月末仕掛品原価：138,000円＋289,800円＋19,800円（正常仕損費）＝447,600円

完成品総合原価：1,034,000円＋3,520,000円＋132,000円（正常仕損費）＝4,686,000円

完成品単位原価：4,686,000円÷4,400個＝1,065円/個

問題2-18

月末仕掛品原価　822,500 円

完成品総合原価　4,308,900 円

完成品単位原価

直接材料費	435	円/kg
加工費	1,161	円/kg
合計	1,596	円/kg

仕　掛　品　（単位：円）

当月製造費用		完成品総合原価	
直接材料費	1,565,200	直接材料費	（1,056,510）
加工費	3,566,200	加工費	（2,970,000）
計	5,131,400	正常減損費	（282,390）
		計	（4,308,900）
		月末仕掛品原価	
		直接材料費	（375,648）
		加工費	（422,400）
		正常減損費	（24,452）
		計	（822,500）
	5,131,400		（5,131,400）

解答への道

1．減損の安定的発生とは

減損の安定的発生とは「正常減損率が安定している場合」をいい，減損が工程を通じて発生する点では通常の平均的発生と同じといえるが，減損率が安定している点で平均的発生とは区別される。

〈平均的発生〉

工程のいたるところで減損が発生するが，一定率で発生しない。

まばらな定点発生の集合といえ，減損の進捗度は平均して1/2とみなす。

〈安定的発生〉

工程のいたるところで減損が発生し，その発生率が安定している。

加工の進捗に比例して減損量の累計が増加していく。

（注）×は減損の発生を示す。

正常減損が安定的に発生する場合には，減損発生量の内訳（完成品となるバッチより生じる減損量と月末仕掛品となるバッチより生じる減損量）を区別して把握することができる。そこで，より正確に製品原価を計算するため，完成品と月末仕掛品はおのおのから生じる正常減損量を個別に負担することが望ましい。なお，まとめて生産する１回分の量をバッチという。

(1)　完成品について

正常減損が安定的に発生する場合には，正常減損の加工費（の完成品）換算量の計算は次のようになる。

正常減損の加工費（の完成品）換算量＝正常減損量×加工費進捗度×$\frac{1}{2}$

たとえば次のように，完成品となるバッチより生じる正常減損は，工程始点から工程終点（＝進捗度100％）にかけて投入した原材料が徐々に目減りして最終的に300kgが消失する。

そこで，減損の発生過程において，（最終的には）減損となる原材料300kgに施される加工費の（完成品）換算量は，150kg相当（＝300kg×（100％）×$\frac{1}{2}$）と計算される。

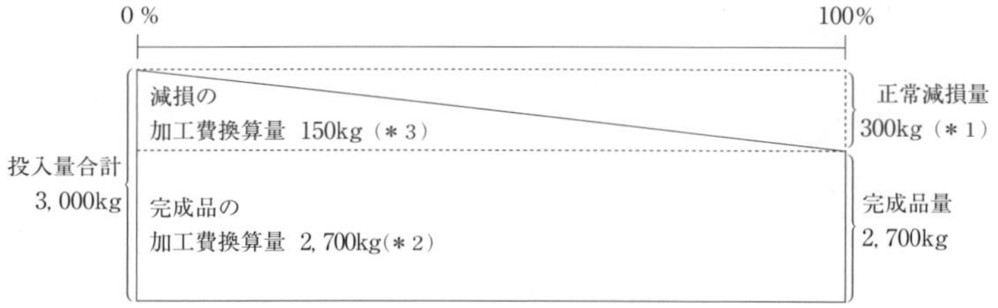

（＊1）3,000kg〈＝第1バッチと第2バッチ〉－2,700kg＝300kg

または　2,700kg÷90%（始点における投入量）×10%＝300kg

（＊2）2,700kg×100%＝2,700kg

（＊3）300kg×100%×$\frac{1}{2}$＝150kg

(2) 月末仕掛品について

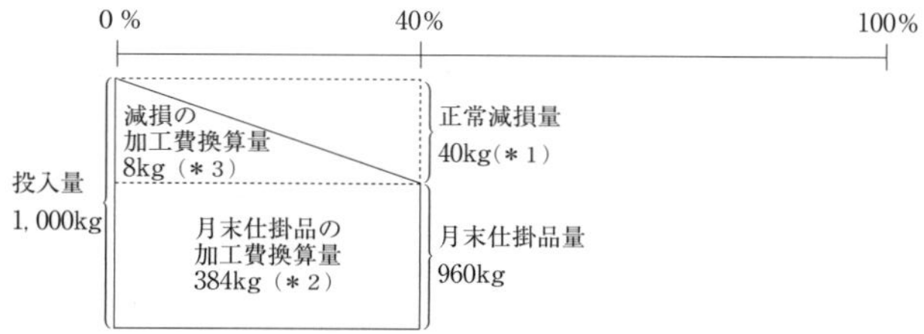

（＊1）1, 000kg〈＝第3バッチ〉－960kg＝40kg

　　または　960kg÷96%×(10%×40%)＝40kg
　　（960kg÷96%：始点における投入量、10%×40%：加工費進捗度40%での減損率）

（＊2）960kg×40%＝384kg

（＊3）$40\text{kg} \times 40\% \times \frac{1}{2} = 8\text{kg}$

2．直接材料費の計算

仕掛品―直接材料費

	当月投入	完成 2, 700kg
1, 565, 200円	4, 000kg	正常（完成品分） 300kg
		月末 960kg
		正常（月末分） 40kg

完　成　品：$\frac{1,565,200円}{2,700\text{kg}+300\text{kg}+960\text{kg}+40\text{kg}} \times 2,700\text{kg} = 1,056,510円$

正常減損費（完成品分）：〃　×300kg＝117, 390円

月末仕掛品：〃　×960kg＝375, 648円

正常減損費（月末分）：〃　×40kg＝15, 652円

3．加工費の計算

仕掛品―加工費

	当月投入	完成 2, 700kg
3, 566, 200円	3, 242kg	正常（完成品分） 150kg
		月末 384kg
		正常（月末分） 8kg

完　成　品：$\frac{3,566,200円}{2,700\text{kg}+150\text{kg}+384\text{kg}+8\text{kg}} \times 2,700\text{kg} = 2,970,000円$

正常減損費（完成品分）：〃　×150kg＝165, 000円

月末仕掛品：〃　×384kg＝422, 400円

正常減損費（月末分）：〃　×8kg＝8, 800円

4．まとめ

(1) 直接材料費

月末仕掛品原価：375, 648円＋15, 652円＝391, 300円

完 成 品 原 価：1, 056, 510円＋117, 390円＝1, 173, 900円

完成品単位原価：1, 173, 900円÷2, 700kg＝434. 777…→435円/kg（円未満四捨五入）

(2) 加工費

月末仕掛品原価：422, 400円＋8, 800円＝431, 200円

完 成 品 原 価：2, 970, 000円＋165, 000円＝3, 135, 000円

完成品単位原価：3, 135, 000円÷2, 700kg＝1, 161. 111…→1, 161円/kg（円未満四捨五入）

(3) 合計

月末仕掛品原価：391, 300円＋431, 200円＝822, 500円

完成品総合原価：1, 173, 900円＋3, 135, 000円＝4, 308, 900円

完成品単位原価：435円/kg＋1, 161円/kg＝1, 596円/kg

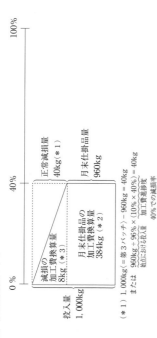

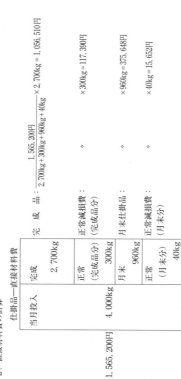

問題2-19

(1) 仕掛品勘定の完成

仕掛品			(単位：円)
月初仕掛品原価		完成品総合原価	
直接材料費	450,000	直接材料費	(1,038,000)
加工費	317,400	加工費	(1,224,600)
計	767,400	正常仕損費	(264,600)
当月製造費用		計	(2,527,200)
直接材料費	1,428,000	異常仕損費	(102,060)
加工費	1,310,400	仕損品評価額	(6,300)
計	2,738,400	月末仕掛品原価	
		直接材料費	(588,000)
		加工費	(282,240)
		計	(870,240)
	3,505,800		(3,505,800)

(2) 完成品単位原価の計算

修正先入先出法の完成品単位原価　2,106 円/個

純粋先入先出法の完成品単位原価

月初仕掛品完成分　1,938 円/個

当月投入完成分　2,226 円/個

解答への道

1．直接材料費の計算

仕掛品―直接材料費

450,000円	月初 500個	月初(完成分) 500個
1,428,000円	当月投入 1,700個	当月(完成分) 700個
		正常 200個
		異常 100個
		月末 700個

完成品：450,000円＋1,428,000円－(588,000円＋168,000円＋84,000円)
＝1,038,000円

正常仕損：$\frac{1,428,000円}{(1,200個-500個)+200個+100個+700個}$×200個＝168,000円

異常仕損：$\frac{1,428,000円}{(1,200個-500個)+200個+100個+700個}$×100個＝ 84,000円

月末仕掛品：$\frac{1,428,000円}{(1,200個-500個)+200個+100個+700個}$×700個＝588,000円

2．加工費の計算

仕掛品―加工費

317,400円	月初 300個	月初(完成分) 300個
1,310,400円	当月投入 1,300個	当月(完成分) 200個
		当月投入完成分700個
		正常 100個
		異常 20個
		月末 280個

完成品：317,400円＋1,310,400円－(282,240円＋100,800円＋20,160円)
＝1,224,600円

正常仕損：$\frac{1,310,400円}{(1,200個-300個)+100個+20個+280個}$×100個＝100,800円

異常仕損：$\frac{1,310,400円}{(1,200個-300個)+100個+20個+280個}$× 20個＝ 20,160円

月末仕掛品：$\frac{1,310,400円}{(1,200個-300個)+100個+20個+280個}$×280個＝282,240円

3．正常仕損費の追加配賦

正常仕損の発生点を通過したのは完成品だけなので，正常仕損費は完成品が全額を負担する。

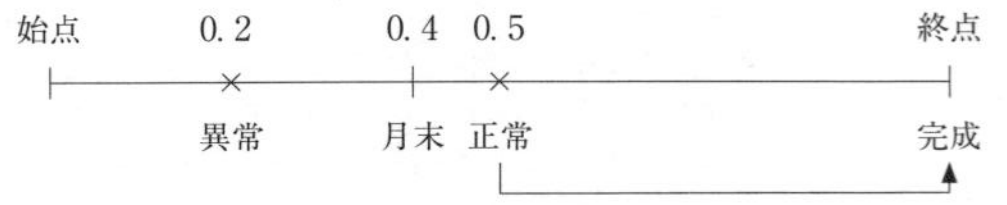

正常仕損費：(168,000円－21円×200個)＋100,800円＝264,600円

4．まとめ

月末仕掛品原価：588,000円＋282,240円＝870,240円

異常仕損費：(84,000円－21円×100個)＋20,160円＝102,060円

完成品総合原価：1,038,000円＋1,224,600円＋264,600円＝2,527,200円

修正先入先出法の完成品単位原価：2,527,200円÷1,200個＝2,106円/個

5．純粋先入先出法の完成品単位原価

純粋先入先出法の完成品単位原価を計算するためには，完成品総合原価を月初仕掛品完成分と当月投入完成分に分ける必要がある。完成品総合原価には正常仕損費が含まれているが，正常仕損はすべて当月投入分から生じるので，月初仕掛品完成分は正常仕損費を負担しない。したがって，完成品総合原価は次のように月初仕掛品完成分と当月投入完成分に分けられる。

月初仕掛品完成分

直接材料費：　450,000円

加工費

前月投入分：　317,400円

当月投入分：$\frac{1,310,400円}{(1,200個-300個)+100個+20個+280個}$×(500個－300個)＝201,600円

合計　969,000円

当月投入完成分：2,527,200円－969,000円＝1,558,200円

以上より，完成品単位原価は次のとおりである。

月初仕掛品完成分：969, 000円÷500個＝1, 938円/個

当月投入完成分：1, 558, 200円÷700個＝2, 226円/個

問題2-20

〔問１〕正常仕損非度外視の方法

異常仕損費	358, 272	円			
月末仕掛品原価	980, 208	円			
完成品総合原価	3, 307, 500	円	完成品単位原価	2, 205	円/個

〔問２〕正常仕損度外視の方法

異常仕損費	354, 549	円			
月末仕掛品原価	963, 126	円			
完成品総合原価	3, 328, 305	円	完成品単位原価	2, 218. 87	円/個

解答への道

〔問１〕正常仕損非度外視の方法

１．直接材料費の計算

仕掛品―直接材料費

	借方		貸方
285, 000円	月初 500個	完成	1, 500個
1, 080, 000円	当月投入 2, 000個	正常	200個
		月末	600個
		異常	200個

完成品：

285, 000円＋1, 080, 000円－(108, 000円＋324, 000円＋108, 000円)＝825, 000円

正常仕損：

$$\frac{1,080,000円}{(1,500個-500個)+200個+600個+200個}\times 200個=108,000円$$

月末仕掛品：

$$\frac{1,080,000円}{(1,500個-500個)+200個+600個+200個}\times 600個=324,000円$$

異常仕損：

$$\frac{1,080,000円}{(1,500個-500個)+200個+600個+200個}\times 200個=108,000円$$

２．加工費の計算

仕掛品―加工費

	借方		貸方
600, 420円	月初 400個	完成	1, 500個
2, 680, 560円	当月投入 1, 700個	正常	100個
		月末	360個
		異常	140個

完成品：

600, 420円＋2, 680, 560円－(157, 680円＋567, 648円＋220, 752円)＝2, 334, 900円

正常仕損：

$$\frac{2,680,560円}{(1,500個-400個)+100個+360個+140個}\times 100個=157,680円$$

月末仕掛品：

$$\frac{2,680,560円}{(1,500個-400個)+100個+360個+140個}\times 360個=567,648円$$

異常仕損：

$$\frac{2,680,560円}{(1,500個-400個)+100個+360個+140個}\times 140個=220,752円$$

３．正常仕損費の追加配賦

正常仕損の発生点を通過したのは完成品，月末仕掛品，異常仕損品の三者なので，正常仕損費は，(当月投入)完成品，月末仕掛品，異常仕損品の三者がそれぞれの数量の比率に応じた金額を負担する。

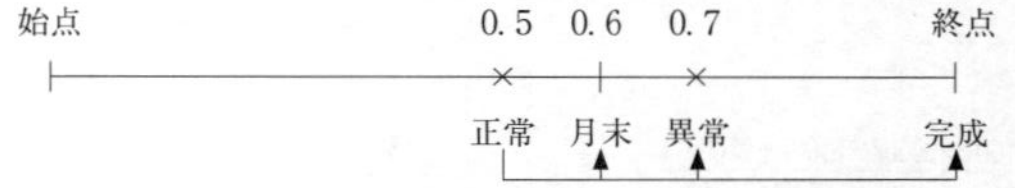

$$\frac{108,000円+157,680円}{(1,500個-500個)+200個+600個}\times\begin{cases}200個=29,520円〈異常仕損品負担額〉\\600個=88,560円〈月末仕掛品負担額〉\\(1,500個-500個)=147,600円〈完成品負担額〉\end{cases}$$

４．まとめ

月末仕掛品原価：324, 000円＋567, 648円＋88, 560円（正常仕損費）＝980, 208円

異常仕損費：108, 000円＋220, 752円＋29, 520円（正常仕損費）＝358, 272円

完成品総合原価：825, 000円＋2, 334, 900円＋147, 600円（正常仕損費）＝3, 307, 500円

完成品単位原価：3, 307, 500円÷1, 500個＝2, 205円/個

〔問２〕正常仕損度外視の方法

(1)　直接材料費の計算

仕掛品―直接材料費

285,000円	月初　500個	完成　1,500個
1,080,000円	当月投入　2,000個	正常　200個
		月末　600個
		異常　200個

完　成　品：

285,000円＋1,080,000円－（360,000円＋120,000円）＝885,000円

月末仕掛品：

$$\frac{1,080,000\text{円}}{(1,500\text{個}-500\text{個})+600\text{個}+200\text{個}}\times 600\text{個}=360,000\text{円}$$

異 常 仕 損：

$$\frac{1,080,000\text{円}}{(1,500\text{個}-500\text{個})+600\text{個}+200\text{個}}\times 200\text{個}=120,000\text{円}$$

(2)　加工費の計算

仕掛品―加工費

600,420円	月初　400個	完成　1,500個
2,680,560円	当月投入　1,700個	正常　100個
		月末　360個
		異常　140個

完　成　品：

600,420円＋2,680,560円－（603,126円＋234,549円）＝2,443,305円

月末仕掛品：

$$\frac{2,680,560\text{円}}{(1,500\text{個}-400\text{個})+360\text{個}+140\text{個}}\times 360\text{個}=603,126\text{円}$$

異 常 仕 損：

$$\frac{2,680,560\text{円}}{(1,500\text{個}-400\text{個})+360\text{個}+140\text{個}}\times 140\text{個}=234,549\text{円}$$

(3)　まとめ

月末仕掛品原価：360,000円＋603,126円＝963,126円

異 常 仕 損 費：120,000円＋234,549円＝354,549円

完成品総合原価：885,000円＋2,443,305円＝3,328,305円

完成品単位原価：3,328,305円÷1,500個＝2,218.87円/個

問題2-21

異 常 仕 損 費　101,460　円

月末仕掛品原価　628,200　円

完成品総合原価　2,848,800　円　　完成品単位原価　1,780.5　円/個

解答への道

1．正常仕損費の負担関係

正常仕損の発生点を通過したのは完成品，月末仕掛品の二者なので，いったん異常仕損費を抜き出した後，残額を完成品と月末仕掛品の二者に按分することで，正常仕損費をこの二者に負担させる。

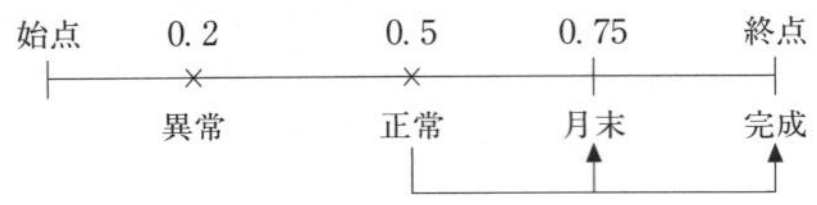

2．原価の按分計算（度外視法）

(1)　直接材料費の計算

仕掛品―直接材料費

429,300円	月初　500個	2,200個	完成　1,600個
1,537,200円	投入　1,800個		正常　200個
			月末　400個
		異常　100個	

③完　成　品：

429,300円＋1,537,200円－85,500円－376,200円＝1,504,800円

②月末仕掛品：

$$\frac{429,300\text{円}+1,537,200\text{円}-85,500\text{円}}{1,600\text{個}+400\text{個}}\times 400\text{個}=376,200\text{円}$$

①異 常 仕 損：

$$\frac{429,300\text{円}+1,537,200\text{円}}{1,600\text{個}+400\text{個}+200\text{個}+100\text{個}}\times 100\text{個}=85,500\text{円}$$

(2)　加工費の計算

仕掛品―加工費

240,260円	月初　300個	2,000個	完成　1,600個
1,371,700円	投入　1,720個		正常　100個
			月末　300個
		異常　20個	

③完　成　品：

240,260円＋1,371,700円－15,960円－252,000円＝1,344,000円

②月末仕掛品：

$$\frac{240,260\text{円}+1,371,700\text{円}-15,960\text{円}}{1,600\text{個}+300\text{個}}\times 300\text{個}=252,000\text{円}$$

①異 常 仕 損：

$$\frac{240,260\text{円}+1,371,700\text{円}}{1,600\text{個}+300\text{個}+100\text{個}+20\text{個}}\times 20\text{個}=15,960\text{円}$$

(3)　まとめ

異常仕損費：85,500円＋15,960円＝101,460円

月末仕掛品原価：376,200円＋252,000円＝628,200円

完成品総合原価：1,504,800円＋1,344,000円＝2,848,800円

完成品単位原価：2,848,800円÷1,600個＝1,780.5円/個

Theme 03 工程別総合原価計算

問題3-1

〔問1〕

	第1工程		第2工程	
月末仕掛品原価	44,750	円	99,050	円
完成品総合原価	306,250	円	468,710	円
完成品単位原価	1,225	円/個	2,343.55	円/個

〔問2〕

	第1工程		第2工程	
月末仕掛品原価	41,500	円	102,410	円
完成品総合原価	309,500	円	468,600	円
完成品単位原価	1,238	円/個	2,343	円/個

解答への道

〔問1〕月末仕掛品の評価方法が第1工程が平均法，第2工程が先入先出法の場合

1．第1工程の計算（平均法）

(1) 直接材料費の計算

仕掛品―直接材料費

17,400円	月初 30個	完成 250個
102,600円	当月投入 270個	月末 50個

完　成　品：17,400円＋102,600円－20,000円＝100,000円

月末仕掛品：$\frac{17,400円+102,600円}{250個+50個}$×50個＝20,000円

(2) 加工費の計算

仕掛品―加工費

25,500円	月初 6個	完成 250個
205,500円	当月投入 274個	月末 30個

完　成　品：25,500円＋205,500円－24,750円＝206,250円

月末仕掛品：$\frac{25,500円+205,500円}{250個+30個}$×30個＝24,750円

(3) まとめ

月末仕掛品原価：20,000円＋24,750円＝44,750円

完成品総合原価：100,000円＋206,250円＝306,250円

完成品単位原価：306,250円÷250個＝1,225円/個

2．第2工程の計算（先入先出法）

(1) 前工程費の計算

仕掛品―前工程費

26,110円	月初 20個	完成 200個
306,250円	当月投入 250個	月末 70個

完　成　品：26,110円＋306,250円－85,750円＝246,610円

月末仕掛品：$\frac{306,250円}{(200個-20個)+70個}$×70個＝85,750円

(2) 加工費の計算

仕掛品―加工費

45,400円	月初 14個	完成 200個
190,000円	当月投入 200個	月末 14個

完　成　品：45,400円＋190,000円－13,300円＝222,100円

月末仕掛品：$\frac{190,000円}{(200個-14個)+14個}$×14個＝13,300円

(3) まとめ

月末仕掛品原価：85,750円＋13,300円＝99,050円

完成品総合原価：246,610円＋222,100円＝468,710円

完成品単位原価：468,710円÷200個＝2,343.55円/個

［参考］本問の勘定連絡を示せば次のとおりである（単位：円）。

材　料

	仕掛品－第1工程 102,600

加工費

	諸　口 395,500

仕掛品―第1工程

前月繰越	42,900	仕掛品－第2工程	306,250
材　料	102,600	次月繰越	44,750
加工費	205,500		
	351,000		351,000

仕掛品―第2工程

前月繰越	71,510	製　品	468,710
仕掛品－第1工程	306,250	次月繰越	99,050
加工費	190,000		
	567,760		567,760

〔問2〕月末仕掛品の評価方法が第1工程が先入先出法，第2工程が平均法の場合

1．第1工程の計算（先入先出法）

(1) 直接材料費の計算

仕掛品―直接材料費

17,400円	月初 30個	完成 250個
102,600円	当月投入 270個	月末 50個

完　成　品：17,400円＋102,600円－19,000円＝101,000円

月末仕掛品：$\frac{102,600円}{(250個-30個)+50個}$×50個＝19,000円

(2) 加工費の計算

仕掛品―加工費

25,500円	月初 6個	完成 250個
205,500円	当月投入 274個	月末 30個

完　成　品：25,500円＋205,500円－22,500円＝208,500円

月末仕掛品：$\frac{205,500円}{(250個-6個)+30個}$×30個＝22,500円

(3) まとめ

月末仕掛品原価：19,000円＋22,500円＝41,500円
完成品総合原価：101,000円＋208,500円＝309,500円
完成品単位原価：309,500円÷250個＝1,238円/個

2．第2工程の計算（平均法）

(1) 前工程費の計算

仕掛品―前工程費

26,110円	月初 20個	完成 200個
309,500円	当月投入 250個	月末 70個

完　成　品：26,110円＋309,500円－87,010円＝248,600円

月末仕掛品：$\frac{26,110円+309,500円}{200個+70個}$×70個＝87,010円

(2) 加工費の計算

仕掛品―加工費

45,400円	月初 14個	完成 200個
190,000円	当月投入 200個	月末 14個

完　成　品：45,400円＋190,000円－15,400円＝220,000円

月末仕掛品：$\frac{45,400円+190,000円}{200個+14個}$×14個＝15,400円

(3) まとめ

月末仕掛品原価：87,010円＋15,400円＝102,410円
完成品総合原価：248,600円＋220,000円＝468,600円
完成品単位原価：468,600円÷200個＝2,343円/個

問題3-2

（注）金額は円単位で記入すること。

材　　料

		仕掛品―第1工程	（1,550,000）

加　工　費

諸　口	3,519,060	諸　口	（3,519,060）

仕掛品―第1工程

前月繰越	（　178,200）	仕掛品―第2工程	（3,048,000）
材　料	（1,550,000）	次月繰越	（　589,200）
加工費	（1,909,000）		
	3,637,200		（3,637,200）

仕掛品―第2工程

前月繰越	（1,258,840）	製　品	（5,009,400）
仕掛品―第1工程	（3,048,000）	次月繰越	（　907,500）
加工費	（1,610,060）		
	（5,916,900）		（5,916,900）

第1工程完成品単位原価　1,524　円/個

第2工程完成品単位原価　2,277　円/個

解答への道

1．第1工程の計算（平均法）

正常仕損は，月末仕掛品の加工費進捗度よりも前で発生していることから両者負担となる。

(1) 直接材料費の計算

仕掛品―直接材料費

100,000円	月初 250個	完成 2,000個
1,550,000円	当月投入 2,500個	正常 250個
		月末 500個

完　成　品：
100,000円＋1,550,000円－330,000円＝1,320,000円

月末仕掛品：
$\frac{100,000円+1,550,000円}{2,000個+500個}$×500個＝330,000円

(2) 加工費の計算

仕掛品―加工費

78,200円	月初 100個	完成 2,000個
1,909,000円	当月投入 2,300個	正常 100個
		月末 300個

完　成　品：78,200円＋1,909,000円－259,200円＝1,728,000円

月末仕掛品：$\frac{78,200円+1,909,000円}{2,000個+300個}$×300個＝259,200円

(3) まとめ

月末仕掛品原価：330, 000円＋259, 200円＝589, 200円

完成品総合原価：1, 320, 000円＋1, 728, 000円＝3, 048, 000円

完成品単位原価：3, 048, 000円÷2, 000個＝1, 524円/個

2．第２工程の計算（平均法）

正常仕損は，工程終点で発生していることから完成品のみが負担する。

(1) 前工程費の計算

仕掛品―前工程費

1, 017, 600円	月初 800個	完成 2, 200個
3, 048, 000円	当月投入 2, 000個	正常 100個
		月末 500個

完　成　品：1, 017, 600円＋3, 048, 000円－726, 000円＝3, 339, 600円

月末仕掛品：$\frac{1,017,600\text{円}+3,048,000\text{円}}{2,200\text{個}+100\text{個}+500\text{個}}\times 500\text{個}=726,000\text{円}$

(2) 加工費の計算

仕掛品―加工費

241, 240円	月初 320個	完成 2, 200個
1, 610, 060円	当月投入 2, 230個	正常 100個
		月末 250個

完　成　品：241, 240円＋1, 610, 060円－181, 500円＝1, 669, 800円

月末仕掛品：$\frac{241,240\text{円}+1,610,060\text{円}}{2,200\text{個}+100\text{個}+250\text{個}}\times 250\text{個}=181,500\text{円}$

(3) まとめ

月末仕掛品原価：726, 000円＋181, 500円＝907, 500円

完成品総合原価：3, 339, 600円＋1, 669, 800円＝5, 009, 400円

完成品単位原価：5, 009, 400円÷2, 200個＝2, 277円/個

問題3-3

(注) 金額は円単位で記入すること。

仕掛品―第１工程

前月繰越	(936, 000)	仕掛品―第２工程	(3, 120, 000)
材　料	(1, 520, 000)	次月繰越	(248, 000)
加 工 費	(912, 000)		
	3, 368, 000		(3, 368, 000)

仕掛品―第２工程

前月繰越	(1, 666, 000)	製　品	(7, 440, 000)
仕掛品―第１工程	(3, 120, 000)	次月繰越	(904, 750)
加 工 費	(3, 558, 750)		
	(8, 344, 750)		(8, 344, 750)

第１工程完成品単位原価	780	円/kg
第２工程完成品単位原価	1, 860	円/kg

解答への道

1．第１工程の計算（先入先出法）

(1) 直接材料費の計算

仕掛品―直接材料費

720, 000円	月初 750kg	完成 4, 000kg
1, 520, 000円	当月投入 3, 800kg	正常 50kg
		月末 500kg

完　成　品：720, 000円＋1, 520, 000円－(20, 000円＋200, 000円)＝2, 020, 000円

正 常 減 損：$\frac{1,520,000\text{円}}{(4,000\text{kg}-750\text{kg})+50\text{kg}+500\text{kg}}\times 50\text{kg}=20,000\text{円}$

月末仕掛品：$\frac{1,520,000\text{円}}{(4,000\text{kg}-750\text{kg})+50\text{kg}+500\text{kg}}\times 500\text{kg}=200,000\text{円}$

(2) 加工費の計算

仕掛品―加工費

216, 000円	月初 450kg	完成 4, 000kg
912, 000円	当月投入 3, 800kg	正常 50kg
		月末 200kg

完　成　品：216, 000円＋912, 000円－(12, 000円＋48, 000円)＝1, 068, 000円

正 常 減 損：$\frac{912,000\text{円}}{(4,000\text{kg}-450\text{kg})+50\text{kg}+200\text{kg}}\times 50\text{kg}=12,000\text{円}$

月末仕掛品：$\frac{912,000\text{円}}{(4,000\text{kg}-450\text{kg})+50\text{kg}+200\text{kg}}\times 200\text{kg}=48,000\text{円}$

(3) 正常減損費の追加配賦

正常減損が工程終点で発生するため，正常減損費は完成品が全額を負担する。

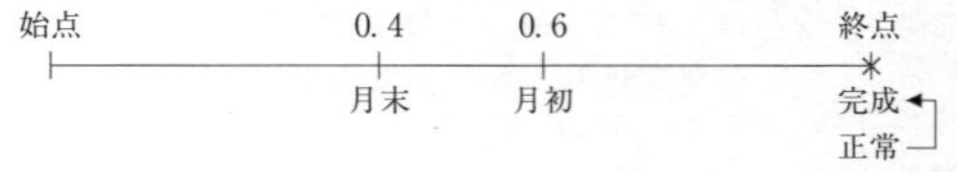

(4) まとめ

月末仕掛品原価：200, 000円＋48, 000円＝248, 000円

完成品総合原価：2, 020, 000円＋1, 068, 000円＋(20, 000円＋12, 000円)＝3, 120, 000円
（正常減損費）

完成品単位原価：3, 120, 000円÷4, 000kg＝780円/kg

2．第２工程の計算（先入先出法）

(1) 前工程費の計算

仕掛品―前工程費

960,000円	月初 800kg	完成 4,000kg	完　成　品：960,000円＋3,120,000円－(78,000円＋546,000円)＝3,456,000円
3,120,000円	当月投入 4,000kg	正常 100kg	正 常 減 損： $\frac{3,120,000円}{(4,000kg-800kg)+100kg+700kg}\times 100kg = 78,000円$
		月末 700kg	月末仕掛品： $\frac{3,120,000円}{(4,000kg-800kg)+100kg+700kg}\times 700kg = 546,000円$

(2) 加工費の計算

仕掛品―加工費

706,000円	月初 720kg	完成 4,000kg	完　成　品：706,000円＋3,558,750円－(19,500円＋341,250円)＝3,904,000円
3,558,750円	当月投入 3,650kg	正常 20kg	正 常 減 損： $\frac{3,558,750円}{(4,000kg-720kg)+20kg+350kg}\times 20kg = 19,500円$
		月末 350kg	月末仕掛品： $\frac{3,558,750円}{(4,000kg-720kg)+20kg+350kg}\times 350kg = 341,250円$

(3) 正常減損費の追加配賦

月末仕掛品も正常減損の発生点を通過しているので，正常減損費は（当月投入）完成品と月末仕掛品の両者が数量の比率に応じた金額を負担する。

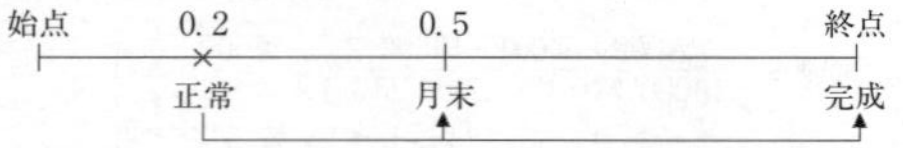

$$\frac{78,000円+19,500円}{(4,000kg-800kg)+700kg}\times\begin{cases}(4,000kg-800kg)=80,000円〈完成品負担額〉\\ 700kg=17,500円〈月末仕掛品負担額〉\end{cases}$$

(4) まとめ

月末仕掛品原価：546,000円＋341,250円＋17,500円（正常減損費）＝904,750円

完成品総合原価：3,456,000円＋3,904,000円＋80,000円（正常減損費）＝7,440,000円

完成品単位原価：7,440,000円÷4,000kg＝1,860円/kg

問題3-4

（注）（　　）内には適切な数値，〔　　〕内には適切な語句を記入しなさい。

仕掛品―第２工程　（単位：円）

月初仕掛品原価		完成品総合原価	
前工程費	4,406,400	前工程費	（13,860,000）
加工費	2,666,400	加工費	（11,220,000）
計	7,072,800	計	（25,080,000）
当月製造費用		〔異常仕損費〕	（27,360）
仕掛品―第１工程	（11,700,000）	月末仕掛品原価	
加工費	9,309,960	前工程費	（2,223,000）
計	（21,009,960）	加工費	（752,400）
		計	（2,975,400）
	（28,082,760）		（28,082,760）

第１工程完成品単位原価　234 円/個

第２工程完成品単位原価　456 円/個

解答への道

1．第１工程の計算（先入先出法）

(1) 直接材料費の計算

仕掛品―直接材料費

1,374,000円	月初 12,000個	完成 50,000個	完　成　品：1,374,000円＋4,896,000円－1,020,000円＝5,250,000円
4,896,000円	当月投入 48,000個	月末 10,000個	月末仕掛品： $\frac{4,896,000円}{(50,000個-12,000個)+10,000個}\times 10,000個 = 1,020,000円$

(2) 加工費の計算

仕掛品―加工費

631,440円	月初 3,600個	完成 50,000個	完　成　品：631,440円＋6,320,160円－501,600円＝6,450,000円
6,320,160円	当月投入 50,400個	月末 4,000個	月末仕掛品： $\frac{6,320,160円}{(50,000個-3,600個)+4,000個}\times 4,000個 = 501,600円$

(3) まとめ

月末仕掛品原価：1,020,000円＋501,600円＝1,521,600円

完成品総合原価：5,250,000円＋6,450,000円＝11,700,000円

完成品単位原価：11,700,000円÷50,000個＝234円/個

2．第2工程の計算（先入先出法）

本問は，正常仕損の発生点を通過しているのが完成品だけなので，完成品が正常仕損費の全額を負担する。完成品のみ負担の場合，非度外視の方法でも度外視の方法でも計算結果は同じになる。

解説は度外視の方法によっている。

(1) 前工程費の計算

仕掛品—前工程費

4, 406, 400円	月初 15, 000個	完成 55, 000個
11, 700, 000円	当月投入 50, 000個	正常 400個
		異常 100個
		月末 9, 500個

完　成　品：
4, 406, 400円＋11, 700, 000円－(23, 400円＋2, 223, 000円)
＝13, 860, 000円

異 常 仕 損：

$$\frac{11,700,000円}{(55,000個-15,000個)+400個+100個+9,500個}\times100個$$

＝23, 400円

月末仕掛品：

$$\frac{11,700,000円}{(55,000個-15,000個)+400個+100個+9,500個}\times9,500個$$

＝2, 223, 000円

(2) 加工費の計算

仕掛品—加工費

2, 666, 400円	月初 12, 000個	完成 55, 000個
9, 309, 960円	当月投入 47, 020個	正常 200個
		異常 20個
		月末 3, 800個

完　成　品：
2, 666, 400円＋9, 309, 960円－(3, 960円＋752, 400円)＝ 11, 220, 000円

異 常 仕 損：

$$\frac{9,309,960円}{(55,000個-12,000個)+200個+20個+3,800個}\times20個=3,960円$$

月末仕掛品：

$$\frac{9,309,960円}{(55,000個-12,000個)+200個+20個+3,800個}\times3,800個$$

＝752, 400円

(3) まとめ

月末仕掛品原価：2, 223, 000円＋752, 400円＝2, 975, 400円
異 常 仕 損 費：23, 400円＋3, 960円＝27, 360円
完成品総合原価：13, 860, 000円＋11, 220, 000円＝25, 080, 000円
完成品単位原価：25, 080, 000円÷55, 000個＝456円/個

問題3-5

〔問1〕切削工程の予定配賦率＝（　　2, 400　）円/時
　　仕上工程の予定配賦率＝（　　3, 000　）円/時

〔問2〕下記の諸勘定中の未記入部分を記入し（数値の単位は万円），各勘定を締め切って，切削工程と仕上工程の完成品原価および月末仕掛品原価をそれぞれ明らかにしなさい。なお事務部費勘定と電力部費勘定は，ここでは表示されていない。また諸勘定に記入する数値の内容を示す項目は，相手勘定でも説明的名称（例：事務部費配賦額，予定配賦額，総差異，前工程振替など）でもよい。

製造間接費—切削工程

固　定　費	1, 200. 0	予定配賦額	3, 120. 0
変　動　費	1, 263. 6	総　差　異	384. 0
事務部費配賦額	250. 0		
電力部費配賦額	790. 4		
	3, 504. 0		3, 504. 0

仕掛製造間接費—切削工程

月初仕掛品原価	780. 0	次工程振替	3, 684. 0
予定配賦額	3, 120. 0	月末仕掛品原価	216. 0
	3, 900. 0		3, 900. 0

製造間接費—仕上工程

固　定　費	860. 0	予定配賦額	2, 178. 0
変　動　費	1, 033. 4	総　差　異	113. 0
事務部費配賦額	200. 0		
電力部費配賦額	197. 6		
	2, 291. 0		2, 291. 0

仕掛製造間接費—仕上工程

月初仕掛品原価	814. 8	完成品原価	6, 173. 4
前工程振替	3, 684. 0	月末仕掛品原価	503. 4
予定配賦額	2, 178. 0		
	6, 676. 8		6, 676. 8

〔問3〕「製造間接費—切削工程」勘定の総差異の分析：

総　　差　　異＝（　384. 0　）万円　〔借方〕
内訳：変動費予算差異＝（　1. 0　）万円　〔貸方〕
　　固定費予算差異＝（　10. 0　）万円　〔借方〕
　　操 業 度 差 異＝（　375. 0　）万円　〔借方〕

（注）（　）の中には差異の金額を，〔　〕の中には借方または貸方の文字を記入しなさい。

解答への道

1．切削工程および仕上工程の予定配賦率の計算

	切削工程		仕上工程		電力部		事務部
	月間固定費	変動費率	月間固定費	変動費率	月間固定費	変動費率	月間固定費
(1)自　工　程　費	1, 190. 0 万円	1, 000 円/時	860. 0 万円	1, 425 円/時	650. 0 万円	60 円/kwh	500. 0 万円
(2)補助部門費配賦額							
事務部費	①250. 0	――	②200. 0	――	③50. 0	――	――
電力部費	④560. 0	⑥150	⑤140. 0	⑦75	――	――	――
合計(1)＋(2)	2, 000. 0 万円	1, 150 円/時	1, 200. 0 万円	1, 500 円/時	700. 0 万円	60 円/kwh	500. 0 万円

事務部費（固定費）①：$\frac{500.0\text{万円}}{50\text{人}+40\text{人}+10\text{人}}\times 50\text{人}=250.0\text{万円}$

②：　〃　×40人＝200. 0万円

③：　〃　×10人＝ 50. 0万円

電力部費（固定費）④：$\frac{650.0\text{万円}+50.0\text{万円}}{40,000\text{kwh}+10,000\text{kwh}}\times 40,000\text{kwh}=560.0\text{万円}$

⑤：　〃　×10, 000kwh＝140. 0万円

電力部費（変動費）⑥：$\frac{60\text{円/kwh}\times 40,000\text{kwh}}{16,000\text{時}}=150\text{円/時}$

⑦：$\frac{60\text{円/kwh}\times 10,000\text{kwh}}{8,000\text{時}}=75\text{円/時}$

以上より，

切削工程：$\frac{2,000.0\text{万円}}{16,000\text{時}}+1,150\text{円/時}=2,400\text{円/時}$

仕上工程：$\frac{1,200.0\text{万円}}{8,000\text{時}}+1,500\text{円/時}=3,000\text{円/時}$

2．各工程の完成品総合原価および月末仕掛品原価の計算

(1)　各工程の製造間接費予定配賦額

切削工程予定配賦額：2, 400円/時×13, 000時＝3, 120. 0万円

仕上工程予定配賦額：3, 000円/時× 7, 260時＝2, 178. 0万円

(2)　切削工程の計算（先入先出法）

自工程費の計算

仕掛品―製造間接費

780. 0万円	月初 800個	完成 25, 000個
3, 120. 0万円	当月投入 26, 000個	月末 1, 800個

完　成　品：

780. 0万円＋3, 120. 0万円－216. 0万円＝3, 684. 0万円

月末仕掛品：

$\frac{3,120.0\text{万円}}{(25,000\text{個}-800\text{個})+1,800\text{個}}\times 1,800\text{個}=216.0\text{万円}$

(3)　仕上工程の計算（先入先出法）

①　前工程費の計算

仕掛品―前工程費

300. 0万円	月初 2, 000個	完成 24, 500個
3, 684. 0万円	当月投入 25, 000個	月末 2, 500個

完　成　品：300. 0万円＋3, 684. 0万円－368. 4万円＝3, 615. 6万円

月末仕掛品：

$\frac{3,684.0\text{万円}}{(24,500\text{個}-2,000\text{個})+2,500\text{個}}\times 2,500\text{個}=368.4\text{万円}$

②　自工程費の計算

仕掛品―製造間接費

514. 8万円	月初 1, 800個	完成 24, 500個
2, 178. 0万円	当月投入 24, 200個	月末 1, 500個

完　成　品：514. 8万円＋2, 178. 0万円－135. 0万円＝2, 557. 8万円

月末仕掛品：

$\frac{2,178.0\text{万円}}{(24,500\text{個}-1,800\text{個})+1,500\text{個}}\times 1,500\text{個}=135.0\text{万円}$

③　まとめ

月末仕掛品原価：368. 4万円＋135. 0万円＝503. 4万円

完成品総合原価：3, 615. 6万円＋2, 557. 8万円＝6, 173. 4万円

3．補助部門費の配賦と差異分析

(1)　補助部門費の配賦

	切削工程		仕上工程		電力部		事務部
	月間固定費	月間変動費	月間固定費	月間変動費	月間固定費	月間変動費	月間固定費
(1)自工程費	1, 200. 0万円	1, 263. 6万円	860. 0万円	1, 033. 4万円	650. 0万円	289. 2万円	520. 0万円
(2)補助部門費配賦額							
事務部費	①250. 0	――	②200. 0	――	③50. 0	――	――
電力部費	④560. 0	⑥230. 4	⑤140. 0	⑦57. 6	――	――	――
合計(1)＋(2)	2, 010. 0万円	1, 494. 0万円	1, 200. 0万円	1, 091. 0万円	700. 0万円	289. 2万円	520. 0万円

事務部費（固定費）①：$\frac{500.0\text{万円}}{50\text{人}+40\text{人}+10\text{人}}\times 50\text{人}=250.0\text{万円}$

②：　〃　×40人＝200. 0万円

③：　〃　×10人＝ 50. 0万円

電力部費（固定費）④：$\frac{650.0\text{万円}+50.0\text{万円}}{40,000\text{kwh}+10,000\text{kwh}}\times 40,000\text{kwh}=560.0\text{万円}$

⑤：　〃　×10, 000kwh＝140. 0万円

電力部費（変動費）⑥：60円/kwh×38, 400kwh＝230. 4万円

⑦：60円/kwh×9, 600kwh＝57. 6万円

(2) 各部門の差異の把握と分析

〈切削工程〉

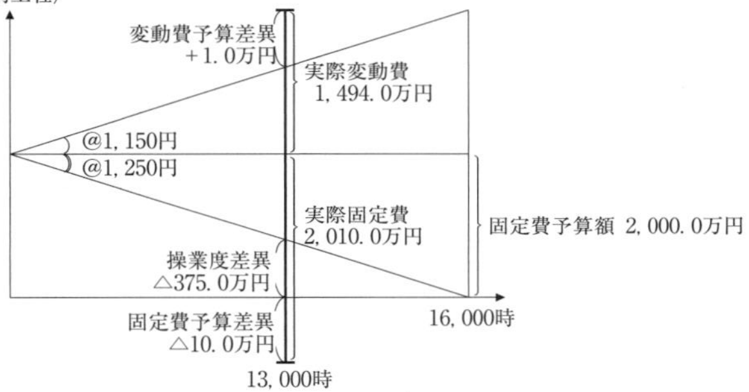

総　　差　　異：3, 120. 0万円 −（2, 010. 0万円＋1, 494. 0万円）＝(−)384. 0万円〔借方〕
予定配賦額

変動費予算差異：1, 150円/時×13, 000時−1, 494. 0万円＝(+)1. 0万円〔貸方〕
固定費予算差異：2, 000. 0万円−2, 010. 0万円＝(−)10. 0万円〔借方〕
操 業 度 差 異：1, 250円/時×（13, 000時−16, 000時）＝(−)375. 0万円〔借方〕

〈仕上工程〉

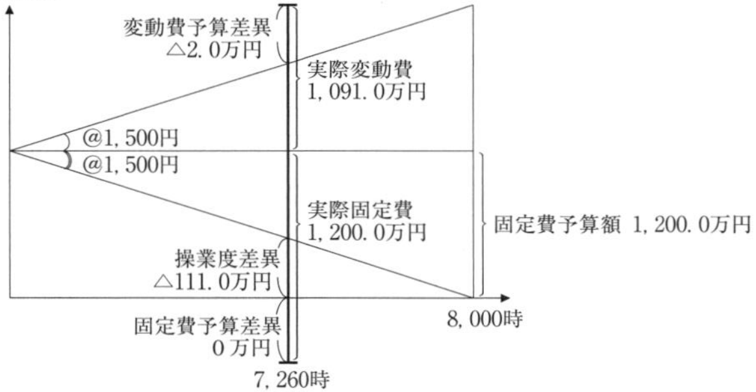

総　　差　　異：2, 178. 0万円 −（1, 200. 0万円＋1, 091. 0万円）＝(−)113. 0万円〔借方〕
予定配賦額
変動費予算差異：1, 500円/時×7, 260時−1, 091. 0万円＝(−)2. 0万円〔借方〕
固定費予算差異：1, 200. 0万円−1, 200. 0万円＝0万円〔——〕
操 業 度 差 異：1, 500円/時×（7, 260時−8, 000時）＝(−)111. 0万円〔借方〕

〈電力部費〉

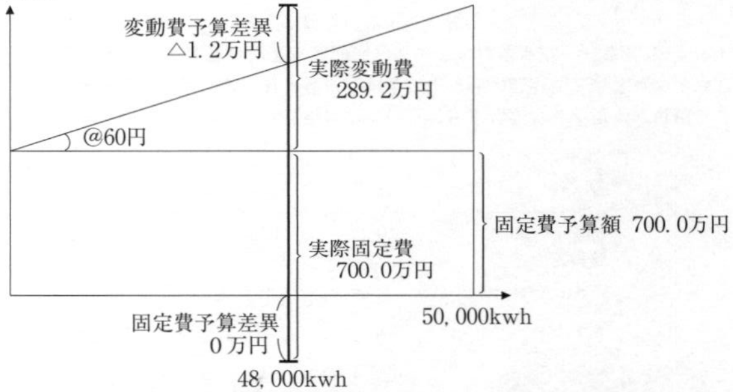

総　　差　　異：（700. 0万円+288. 0万円）−（700. 0万円+289. 2万円）＝(−)1. 2万円〔借方〕
変動費予算差異：60円/kwh×48, 000kwh−289. 2万円＝(−)1. 2万円〔借方〕
固定費予算差異：700. 0万円−700. 0万円＝0 万円〔——〕

〈事務部費〉

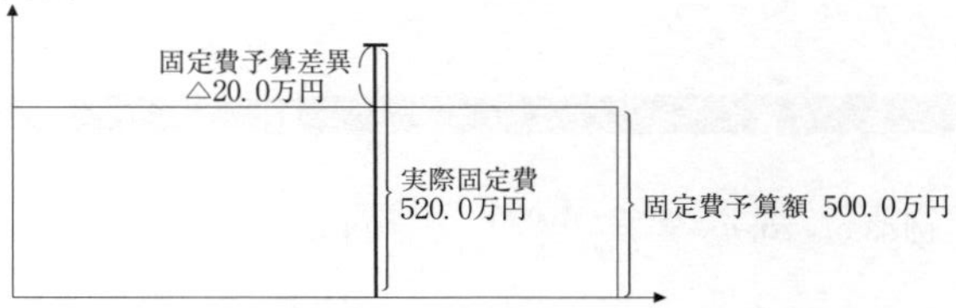

総　　差　　異：500. 0万円−520万円＝(−)20. 0万円〔借方〕
固定費予算差異：500. 0万円−520万円＝(−)20. 0万円〔借方〕

問題3-6

〔問１〕	完成品Ｙ材料費	72, 000	円	月末仕掛品Ｙ材料費	18, 000	円
〔問２〕	完成品Ｙ材料費	90, 000	円	月末仕掛品Ｙ材料費	0	円
〔問３〕	完成品Ｙ材料費	72, 000	円	月末仕掛品Ｙ材料費	18, 000	円
〔問４〕	完成品Ｙ材料費	90, 000	円	月末仕掛品Ｙ材料費	0	円
〔問５〕	完成品Ｙ材料費	80, 000	円	月末仕掛品Ｙ材料費	10, 000	円

解答への道

1．追加材料Ｙを第２工程始点で投入した場合
追加材料Ｙは始点投入なので，完成品と月末仕掛品が数量の比率に応じたＹ材料費を負担する。

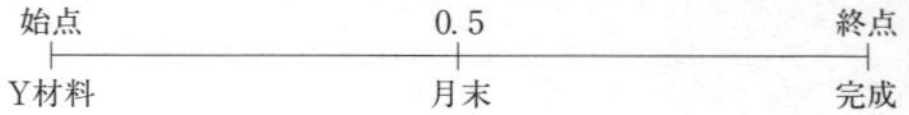

仕掛品―Y材料費

	当月投入	完成
90,000円	5,000個	4,000個
		月末 1,000個

完　成　品：90,000円－18,000円＝72,000円

月末仕掛品：$\frac{90,000円}{4,000個+1,000個}$×1,000個＝18,000円

1．追加材料Yを第2工程終点で投入した場合
追加材料Yは終点投入なので，完成品だけがY材料費を負担する。

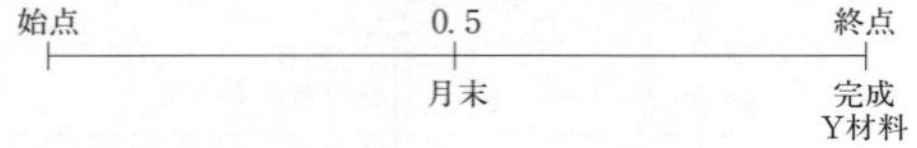

仕掛品―Y材料費

	当月投入	完成
90,000円	4,000個	4,000個
		月末 0個

完　成　品：90,000円

月末仕掛品：0円

3．追加材料Yを第2工程の進捗度30%の地点で投入した場合
完成品と月末仕掛品は追加材料Yの投入点を通過しているので，完成品と月末仕掛品が数量の比率に応じたY材料費を負担する。

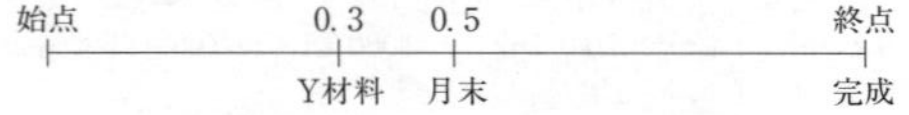

仕掛品―Y材料費

	当月投入	完成
90,000円	5,000個	4,000個
		月末 1,000個

完　成　品：90,000円－18,000円＝72,000円

月末仕掛品：$\frac{90,000円}{4,000個+1,000個}$×1,000個＝18,000円

4．追加材料Yを第2工程の進捗度80%の地点で投入した場合
追加材料Yの投入点を通過しているのは完成品だけなので，完成品だけがY材料費を負担する。

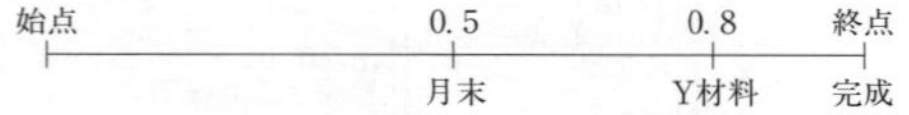

仕掛品―Y材料費

	当月投入	完成
90,000円	4,000個	4,000個
		月末 0個

完　成　品：90,000円

月末仕掛品：0円

5．追加材料Yを第2工程の加工に比例して平均的に投入した場合
追加材料Yは平均的投入なので，完成品と月末仕掛品が加工換算量の比率に応じたY材料費を負担する。

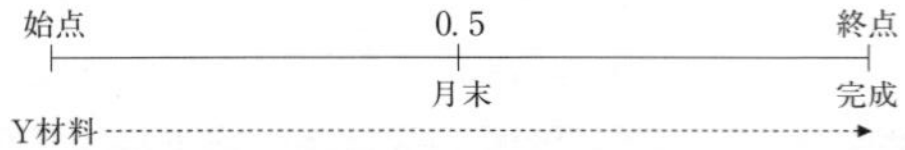

仕掛品―Y材料費

	当月投入	完成
90,000円	4,500個	4,000個
		月末 500個

完　成　品：90,000円－10,000円＝80,000円

月末仕掛品：$\frac{90,000円}{4,000個+500個}$×500個＝10,000円

問題3-7

月末仕掛品原価	1,895,600	円
完成品総合原価	8,400,000	円
完成品単位原価	1,200	円/個

解答への道

1．追加材料および正常仕損費の負担関係

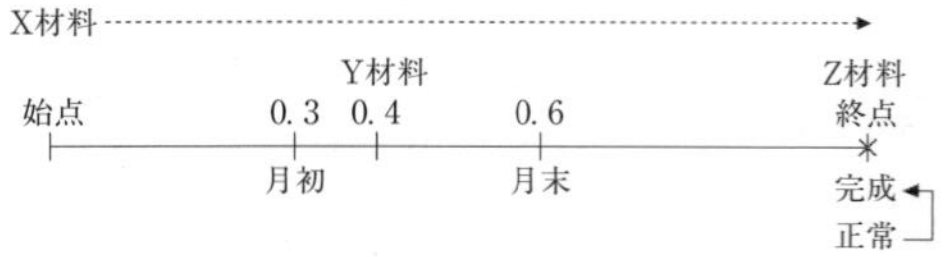

前 工 程 費：始点投入なので完成品，月末仕掛品および正常仕損品が数量の比率で負担
X 材 料 費：平均的投入なので完成品，月末仕掛品および正常仕損品が加工換算量の比率で負担
Y 材 料 費：途中点投入で，Y材料の投入点を通過しているのは完成品，月末仕掛品，および正常仕損品であるので，これらが数量の比率で負担
Z 材 料 費：終点投入だが品質検査に合格したものだけに投入されるので，完成品だけが負担
正常仕損費：終点発生なので，完成品だけが負担

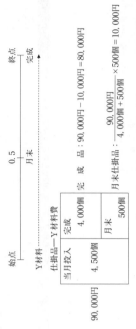

2．前工程費の計算

仕掛品―前工程費

220,000円	月初 1,000個	完成 7,000個
2,160,000円	当月投入 9,000個	正常 500個
		月末 2,500個

完　成　品：
220,000円＋2,160,000円－595,000円＝1,785,000円

月末仕掛品：
$$\frac{220{,}000\text{円}+2{,}160{,}000\text{円}}{7{,}000\text{個}+500\text{個}+2{,}500\text{個}}\times 2{,}500\text{個}=595{,}000\text{円}$$

3．X材料費の計算

仕掛品―X材料費

123,000円	月初 300個	完成 7,000個
2,523,000円	当月投入 8,700個	正常 500個
		月末 1,500個

完　成　品：
123,000円＋2,523,000円－441,000円＝2,205,000円

月末仕掛品：
$$\frac{123{,}000\text{円}+2{,}523{,}000\text{円}}{7{,}000\text{個}+500\text{個}+1{,}500\text{個}}\times 1{,}500\text{個}=441{,}000\text{円}$$

4．Y材料費の計算

仕掛品―Y材料費

0円	月初 0個	完成 7,000個
1,036,000円	当月投入 10,000個	正常 500個
		月末 2,500個

完　成　品：
1,036,000円－259,000円＝777,000円

月末仕掛品：
$$\frac{1{,}036{,}000\text{円}}{7{,}000\text{個}+500\text{個}+2{,}500\text{個}}\times 2{,}500\text{個}=259{,}000\text{円}$$

5．Z材料費の計算

仕掛品―Z材料費

0円	月初 0個	完成 7,000個
630,000円	当月投入 7,000個	正常 0個
		月末 0個

完　成　品：630,000円

6．加工費の計算

仕掛品―加工費

123,600円	月初 300個	完成 7,000個
3,480,000円	当月投入 8,700個	正常 500個
		月末 1,500個

完　成　品：
123,600円＋3,480,000円－600,600円＝3,003,000円

月末仕掛品：
$$\frac{123{,}600\text{円}+3{,}480{,}000\text{円}}{7{,}000\text{個}+500\text{個}+1{,}500\text{個}}\times 1{,}500\text{個}=600{,}600\text{円}$$

7．まとめ

月末仕掛品原価：595,000円＋441,000円＋259,000円＋600,600円＝1,895,600円
完成品総合原価：1,785,000円＋2,205,000円＋777,000円＋630,000円＋3,003,000円＝8,400,000円
完成品単位原価：8,400,000円÷7,000個＝1,200円/個

問題3-8

仕掛品―第1工程　（単位：円）

月初仕掛品原価		完成品総合原価	
X素材費	84,000	X素材費	（ 1,859,000 ）
加工費	97,700	加工費	（ 3,796,000 ）
計	181,700	計	（ 5,655,000 ）
当月製造費用		仕損品評価額	（ 13,100 ）
X素材費	1,918,000	月末仕掛品原価	
加工費	3,799,000	X素材費	（ 143,000 ）
計	5,717,000	加工費	（ 87,600 ）
		計	（ 230,600 ）
	5,898,700		（ 5,898,700 ）

仕掛品―第2工程　（単位：円）

月初仕掛品原価		完成品総合原価	
前工程費	800,000	前工程費	（ 4,280,000 ）
Y部品費	400,000	Y部品費	（ 2,140,000 ）
加工費	210,000	加工費	（ 2,235,000 ）
計	1,410,000	計	（ 8,655,000 ）
当月製造費用		月末仕掛品原価	
前工程費	（ 5,655,000 ）	前工程費	（ 2,175,000 ）
Y部品費	2,827,500	Y部品費	（ 1,087,500 ）
加工費	2,700,000	加工費	（ 675,000 ）
計	（ 11,182,500 ）	計	（ 3,937,500 ）
	（ 12,592,500 ）		（ 12,592,500 ）

第1工程完成品単位原価	870	円/個
第2工程完成品単位原価		
(a) 月初仕掛品完成分	1, 635	円/個
(b) 当月着手完成分	1, 755	円/個
(c) 当月完成品全体の加重平均単位原価	1, 731	円/個

解答への道

1．第1工程の計算（平均法）

正常仕損が工程の途中で発生しているが，発生点が不明なため度外視法・両者負担として処理する。

(1) 直接材料費の計算

仕掛品―X素材費

	借方	貸方
84, 000円	月初 250個	完成 6, 500個
1, 918, 000円	当月投入 6, 850個	正常 100個
		月末 500個

完　成　品：
84, 000円＋1, 918, 000円－143, 000円＝1, 859, 000円

月末仕掛品：

$$\frac{84,000円+1,918,000円}{6,500個+500個}\times 500個=143,000円$$

(2) 加工費の計算

仕掛品―加工費

	借方	貸方
97, 700円	月初 100個	完成 6, 500個
3, 799, 000円	当月投入 ？個	正常 ？個
		月末 150個

完　成　品：
97, 700円＋3, 799, 000円－(131円/個×100個＋87, 600円)＝3, 796, 000円

月末仕掛品：

$$\frac{97,700円+3,799,000円-131円/個\times 100個}{6,500個+150個}\times 150個=87,600円$$

(3) まとめ

月末仕掛品原価：143, 000円＋87, 600円＝230, 600円
完成品総合原価：1, 859, 000円＋3, 796, 000円＝5, 655, 000円
完成品単位原価：5, 655, 000円÷6, 500個＝870円/個

2．第2工程の計算（先入先出法）

Y部品が投入されているが，始点投入なので，Y部品費は完成品と月末仕掛品が数量の比率で負担する。

(1) 前工程費の計算

仕掛品―前工程費

	借方	貸方
800, 000円	月初 1, 000個	月初完成 1, 000個
5, 655, 000円	当月投入 6, 500個	当月着手完成 5, 000個－1, 000個＝4, 000個
		月末 2, 500個

月初仕掛品完成分：
800, 000円

当月着手完成分：

$$\frac{5,655,000円}{(5,000個-1,000個)+2,500個}\times 4,000個=3,480,000円$$

月末仕掛品：

$$\frac{5,655,000円}{(5,000個-1,000個)+2,500個}\times 2,500個=2,175,000円$$

(2) Y部品費の計算

仕掛品―Y部品費

	借方	貸方
400, 000円	月初 1, 000個	月初完成 1, 000個
2, 827, 500円	当月投入 6, 500個	当月着手完成 4, 000個
		月末 2, 500個

月初仕掛品完成分：
400, 000円

当月着手完成分：

$$\frac{2,827,500円}{(5,000個-1,000個)+2,500個}\times 4,000個=1,740,000円$$

月末仕掛品：

$$\frac{2,827,500円}{(5,000個-1,000個)+2,500個}\times 2,500個=1,087,500円$$

(3) 加工費の計算

仕掛品―加工費

	借方	貸方
210, 000円	月初 500個	月初完成（前月加工）1, 000個×0. 5＝500個
2, 700, 000円	当月投入 6, 000個	月初完成（当月加工）1, 000個×(1－0. 5)＝500個
		当月着手完成 5, 000個－1, 000個＝4, 000個
		月末 1, 500個

月初仕掛品完成分：
210, 000円

月初仕掛品完成分（当月加工分）：

$$\frac{2,700,000円}{(5,000個-500個)+1,500個}\times 500個=225,000円$$

当月着手完成分：

$$\frac{2,700,000円}{(5,000個-500個)+1,500個}\times 4,000個=1,800,000円$$

月末仕掛品：

$$\frac{2,700,000円}{(5,000個-500個)+1,500個}\times 1,500個=675,000円$$

(4) まとめ

月末仕掛品原価：2, 175, 000円＋1, 087, 500円＋675, 000円＝3, 937, 500円

完成品総合原価：

月初仕掛品完成分；800, 000円＋400, 000円＋210, 000円＋225, 000円＝	1, 635, 000円	〈1, 000個〉
当月着手完成分；3, 480, 000円＋1, 740, 000円＋1, 800, 000円＝	7, 020, 000円	〈4, 000個〉
合　　計	8, 655, 000円	〈5, 000個〉

(5) 完成品単位原価

(a) 月初仕掛品完成分：1, 635, 000円÷1, 000個＝1, 635円/個

(b) 当月着手完成分：7, 020, 000円÷4, 000個＝1, 755円/個

(c) 加重平均単位原価：8, 655, 000円÷5, 000個＝1, 731円/個

問題3-9

下記の工程勘定および単位原価表の中の（　　）内に，計算した数値を円単位で記入し，それらを完成しなさい。

〔9月〕

第 1 工 程

月初仕掛品原価		次工程振替	(441, 000)
X原料費	43, 000	月末仕掛品原価	
加 工 費	23, 750	X原料費	(60, 000)
計	66, 750	加 工 費	(90, 000)
当月製造費用		計	(150, 000)
X原料費	143, 000		
加 工 費	381, 250		
計	524, 250		
合　計	591, 000	合　計	591, 000

第 2 工 程

月初仕掛品原価		完成品原価	(1, 178, 000)
前工程費	215, 400	月末仕掛品原価	
Y原料費	9, 000	前工程費	(176, 400)
加 工 費	180, 000	Y原料費	10, 000
計	404, 400	加 工 費	118, 000
当月製造費用		計	(304, 400)
前工程費	(441, 000)		
Y原料費	(25, 000)		
Z材料費	22, 000		
加 工 費	(590, 000)		
計	(1, 078, 000)		
合　計	(1, 482, 400)	合　計	(1, 482, 400)

〔10月〕

第 1 工 程

月初仕掛品原価		次工程振替	(984, 000)
X原料費	(60, 000)	月末仕掛品原価	
加 工 費	(90, 000)	X原料費	(72, 000)
計	(150, 000)	加 工 費	(57, 600)
当月製造費用		計	(129, 600)
X原料費	340, 000		
加 工 費	623, 600		
計	963, 600		
合　計	1, 113, 600	合　計	(1, 113, 600)

第 2 工 程

月初仕掛品原価		完成品原価	(1, 976, 200)
前工程費	(176, 400)	月末仕掛品原価	
Y原料費	10, 000	前工程費	(147, 600)
加 工 費	118, 000	Y原料費	(12, 600)
計	(304, 400)	加 工 費	(68, 400)
当月製造費用		計	(228, 600)
前工程費	(984, 000)		
Y原料費	84, 000		
Z材料費	42, 000		
加 工 費	790, 400		
計	(1, 900, 400)		
合　計	(2, 204, 800)	合　計	(2, 204, 800)

第1工程完成品単位原価

	9月	10月
X原料費	(126. 0)	(164. 0)
加 工 費	(315. 0)	(328. 0)
合　計	(441. 0)	(492. 0)

第2工程完成品単位原価

	9月	10月
前工程費	(480. 0)	(506. 4)
Y原料費	(24. 0)	(40. 7)
Z材料費	(22. 0)	(21. 0)
加 工 費	(652. 0)	(420. 0)
合　計	(1, 178. 0)	(988. 1)

解答への道

1．本問は生産データおよび原価データの一部が推定になっているので，まず生産データと原価データを整理して推定部分を明らかにする。

〈9月〉

第 1 工 程

月初	250kg	完成	(①1, 000kg)
X原料費	43, 000円		
加 工 費	23, 750円		
当月投入	1, 300kg		
		正常	50kg
X原料費	143, 000円		
加 工 費	381, 250円	月末	(②500kg)

第 2 工 程

月初	500kg	完成	1, 000kg
前工程費	215, 400円		
Y原料費	9, 000円		
加 工 費	180, 000円		
当月投入	1, 000kg	正常	100kg
前工程費	(④)	月末	(③400kg)
Y原料費	(⑤25, 000円)	前工程費	(⑧)
Z材料費	22, 000円	Y原料費	10, 000円
加 工 費	(⑥590, 000円)	加 工 費	118, 000円

〈10月〉

第 1 工 程

月初	500kg	完成	2, 000kg
X原料費	(⑦)		
加 工 費	(⑦)		
当月投入	2, 000kg		
		正常	50kg
X原料費	340, 000円		
加 工 費	623, 600円	月末	450kg

第 2 工 程

月初	400kg	完成	2, 000kg
前工程費	(⑧)		
Y原料費	10, 000円		
加 工 費	118, 000円		
当月投入	(⑨2, 000kg)	正常	100kg
前工程費	(④)		
Y原料費	84, 000円	月末	300kg
Z材料費	42, 000円		
加 工 費	790, 400円		

①：第1工程完成品＝第2工程当月投入　∴ 1,000kg
②：9月末仕掛品＝10月初仕掛品　∴ 500kg（加工費進捗度は0.6）
③：9月末仕掛品＝10月初仕掛品　∴ 400kg（加工費進捗度は0.5）
④：第1工程の計算により明らかとなる。
⑤：9月のY原料費をYとおくと，

$$\frac{Y}{(1,000\text{kg}-500\text{kg})+100\text{kg}+400\text{kg}}\times 400\text{kg}=10,000\text{円}\quad \therefore\ Y=25,000\text{円}$$

⑥：9月の加工費をSとおくと，

$$\frac{S}{(1,000\text{kg}-300\text{kg})+100\text{kg}+200\text{kg}}\times 200\text{kg}=118,000\text{円}\quad \therefore\ S=590,000\text{円}$$

⑦：9月末仕掛品原価を計算することにより明らかとなる。
⑧：9月末仕掛品原価を計算することにより明らかとなる。
⑨：第1工程完成品＝第2工程当月投入または貸借差引　∴ 2,000kg

2．9月の計算

(1)　第1工程の計算（平均法）

正常減損が工程の終点で発生しているので，完成品だけが正常減損費を負担する。

①　X原料費の計算

仕掛品—X原料費

43,000円	月初 250kg	完成 1,000kg
143,000円	当月投入 1,300kg	正常 50kg
		月末 500kg

完　成　品：
43,000円＋143,000円－60,000円＝126,000円

月末仕掛品：

$$\frac{43,000\text{円}+143,000\text{円}}{1,000\text{kg}+50\text{kg}+500\text{kg}}\times 500\text{kg}=60,000\text{円}$$

②　加工費の計算

仕掛品—加工費

23,750円	月初 100kg	完成 1,000kg
381,250円	当月投入 1,250kg	正常 50kg
		月末 300kg

完　成　品：
23,750円＋381,250円－90,000円＝315,000円

月末仕掛品：

$$\frac{23,750\text{円}+381,250\text{円}}{1,000\text{kg}+50\text{kg}+300\text{kg}}\times 300\text{kg}=90,000\text{円}$$

③　まとめ

	月末仕掛品原価	完成品原価		完成品単位原価
X原料費	60,000円	126,000円	÷1,000kg＝	126.0円/kg
加工費	90,000円	315,000円	÷1,000kg＝	315.0円/kg
合計	150,000円	441,000円		441.0円/kg

(2)　第2工程の計算（先入先出法）

正常減損が工程の終点で発生しているので，完成品だけが正常減損費を負担する。また工程の始点でY原料，終点でZ材料が投入されているが，Y原料は前工程費と同様に，完成品，月末仕掛品，正常減損の三者に数量の比率で按分し，Z材料は完成品だけに負担させる。

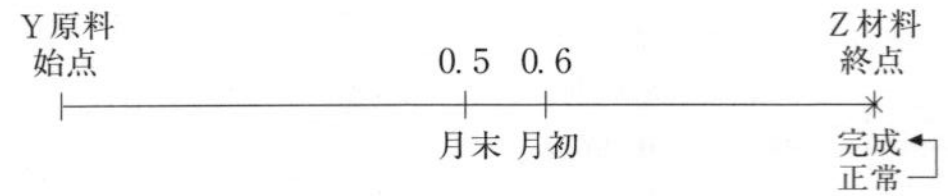

①　前工程費の計算

仕掛品—前工程費

215,400円	月初 500kg	完成 1,000kg
441,000円	当月投入 1,000kg	正常 100kg
		月末 400kg

完　成　品：
215,400円＋441,000円－176,400円＝480,000円

月末仕掛品：

$$\frac{441,000\text{円}}{(1,000\text{kg}-500\text{kg})+100\text{kg}+400\text{kg}}\times 400\text{kg}=176,400\text{円}$$

②　Y原料費の計算

仕掛品—Y原料費

9,000円	月初 500kg	完成 1,000kg
25,000円	当月投入 1,000kg	正常 100kg
		月末 400kg

完　成　品：
9,000円＋25,000円－10,000円＝24,000円

月末仕掛品：

$$\frac{25,000\text{円}}{(1,000\text{kg}-500\text{kg})+100\text{kg}+400\text{kg}}\times 400\text{kg}=10,000\text{円}$$

③　Z材料費の計算

仕掛品—Z材料費

	月初 0kg	完成 1,000kg
22,000円	当月投入 1,100kg	正常 100kg
		月末 0kg

完　成　品：22,000円

④ 加工費の計算

仕掛品―加工費

180,000円	月初 300kg	完成 1,000kg
590,000円	当月投入 1,000kg	正常 100kg
		月末 200kg

完　成　品：
180,000円＋590,000円－118,000円＝652,000円

月末仕掛品：
$$\frac{590,000円}{(1,000kg-300kg)+100kg+200kg}\times 200kg=118,000円$$

⑤ まとめ

	月末仕掛品原価	完成品原価		完成品単位原価
前工程費	176,400円	480,000円	÷1,000kg＝	480.0円/kg
Y原料費	10,000円	24,000円	÷1,000kg＝	24.0円/kg
Z材料費	0円	22,000円	÷1,000kg＝	22.0円/kg
加 工 費	118,000円	652,000円	÷1,000kg＝	652.0円/kg
合　計	304,400円	1,178,000円		1,178.0円/kg

3．10月の計算

(1) 第1工程の計算（平均法）

正常減損が工程の終点で発生しているので，完成品だけが正常減損費を負担する。

① X原料費の計算

仕掛品―X原料費

60,000円	月初 500kg	完成 2,000kg
340,000円	当月投入 2,000kg	正常 50kg
		月末 450kg

完　成　品：
60,000円＋340,000円－72,000円＝328,000円

月末仕掛品：
$$\frac{60,000円+340,000円}{(2,000kg+50kg)+450kg}\times 450kg=72,000円$$

② 加工費の計算

仕掛品―加工費

90,000円	月初 300kg	完成 2,000kg
623,600円	当月投入 1,930kg	正常 50kg
		月末 180kg

完　成　品：
90,000円＋623,600円－57,600円＝656,000円

月末仕掛品：
$$\frac{90,000円+623,600円}{(2,000kg+50kg)+180kg}\times 180kg=57,600円$$

③ まとめ

	月末仕掛品原価	完成品原価		完成品単位原価
X原料費	72,000円	328,000円	÷2,000kg＝	164.0円/kg
加 工 費	57,600円	656,000円	÷2,000kg＝	328.0円/kg
合　計	129,600円	984,000円		492.0円/kg

(2) 第2工程の計算（先入先出法）

正常減損が工程の終点で発生しているので，完成品だけが正常減損費を負担する。また工程の始点でY原料，終点でZ材料が投入されているが，Y原料は前工程費と同様に，完成品，月末仕掛品，正常減損の三者に数量の比率で按分し，Z材料は完成品だけに負担させる。

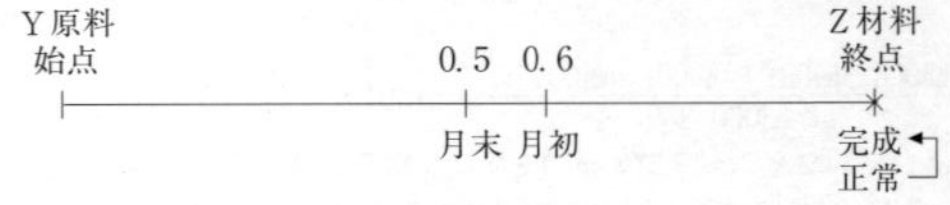

① 前工程費の計算

仕掛品―前工程費

176,400円	月初 400kg	完成 2,000kg
984,000円	当月投入 2,000kg	正常 100kg
		月末 300kg

完　成　品：
176,400円＋984,000円－147,600円＝1,012,800円

月末仕掛品：
$$\frac{984,000円}{(2,000kg-400kg)+100kg+300kg}\times 300kg=147,600円$$

② Y原料費の計算

仕掛品―Y原料費

10,000円	月初 400kg	完成 2,000kg
84,000円	当月投入 2,000kg	正常 100kg
		月末 300kg

完　成　品：
10,000円＋84,000円－12,600円＝81,400円

月末仕掛品：
$$\frac{84,000円}{(2,000kg-400kg)+100kg+300kg}\times 300kg=12,600円$$

③　Z材料費の計算

仕掛品—Z材料費

	月初 0 kg	完成 2,000kg	完　成　品：42,000円
42,000円	当月投入 2,100kg	正常 100kg	
		月末 0 kg	

④　加工費の計算

仕掛品—加工費

118,000円	月初 200kg	完成 2,000kg	完　成　品：118,000円＋790,400円－68,400円＝840,000円
790,400円	当月投入 2,080kg	正常 100kg	月末仕掛品：
		月末 180kg	

$$\frac{790,400円}{(2,000kg-200kg)+100kg+180kg}\times 180kg=68,400円$$

⑤　まとめ

	月末仕掛品原価	完成品原価		完成品単位原価
前工程費	147,600円	1,012,800円	÷2,000kg＝	506.4円/kg
Y原料費	12,600円	81,400円	÷2,000kg＝	40.7円/kg
Z材料費	0円	42,000円	÷2,000kg＝	21.0円/kg
加工費	68,400円	840,000円	÷2,000kg＝	420.0円/kg
合　計	228,600円	1,976,200円		988.1円/kg

問題3-10

仕掛品—切削工程　（単位：円）

月初仕掛品原価		完成品総合原価	
X素材費	180,000	X素材費	（480,000）
加工費	61,500	加工費	（490,500）
計	241,500	正常仕損費	58,500
当月製造費用		計	（1,029,000）
X素材費	（450,000）	仕損品評価額	（4,500）
加工費	528,000	月末仕掛品原価	
計	（978,000）	X素材費	120,000
		加工費	（66,000）
		計	（186,000）
	（1,219,500）		（1,219,500）

仕掛品—仕上工程　（単位：円）

月初仕掛品原価		完成品総合原価	
前工程費	315,000	前工程費	（1,001,000）
Y材料費	36,400	Y材料費	（134,400）
加工費	105,000	加工費	（987,000）
計	456,400	正常仕損費	（70,000）
当月製造費用		計	（2,192,400）
前工程費	（1,029,000）	仕損品評価額	（9,800）
Y材料費	147,000	月末仕掛品原価	
加工費	1,146,600	前工程費	（274,400）
計	（2,322,600）	Y材料費	（39,200）
		加工費	（235,200）
		正常仕損費	（28,000）
		計	（576,800）
	（2,779,000）		（2,779,000）

切削工程完成品単位原価　686 円/個

仕上工程完成品単位原価　1,566 円/個

解答への道

1．当月X素材費および切削工程仕損品評価額の推定

(1)　解答用紙より，月末仕掛品原価のX素材費が120,000円であることから，当月X素材費をXとおくと以下のように表すことができる。

$$\frac{X}{(1,500個-500個)+100個+400個}\times 400個=120,000円\quad \therefore X=450,000円$$

(2)　切削工程仕損品評価額

解答用紙より，切削工程における正常仕損費が58,500円（完成品のみ負担）であることから，1個あたりの仕損品評価額をSとおくと以下のように表すことができる。

$$\frac{450,000円}{(1,500個-500個)+100個+400個}\times 100個+\frac{528,000円}{(1,500個-200個)+100個+200個}\times 100個-100S$$

$=58,500円$

$\therefore\ S=45円$

2．切削工程の計算（修正先入先出法）

(1)　X素材費の計算

仕掛品―X素材費

180,000円	月初 500個	完成 1,500個
450,000円	当月投入 1,500個	正常 100個
		月末 400個

完　成　品：

180,000円＋450,000円－(30,000円＋120,000円)＝480,000円

正 常 仕 損：

$$\frac{450,000円}{(1,500個-500個)+100個+400個}\times 100個=30,000円$$

月末仕掛品：

$$\frac{450,000円}{(1,500個-500個)+100個+400個}\times 400個=120,000円$$

(2)　加工費の計算

仕掛品―加工費

61,500円	月初 200個	完成 1,500個
528,000円	当月投入 1,600個	正常 100個
		月末 200個

完　成　品：

61,500円＋528,000円－(33,000円＋66,000円)＝490,500円

正 常 仕 損：

$$\frac{528,000円}{(1,500個-200個)+100個+200個}\times 100個=33,000円$$

月末仕掛品：

$$\frac{528,000円}{(1,500個-200個)+100個+200個}\times 200個=66,000円$$

(3)　正常仕損費の追加配賦

正常仕損が工程の終点で発生しているので，完成品だけが正常仕損費を負担する。

正常仕損費：30,000円＋33,000円－45円×100個＝58,500円
（45円×100個：仕損品評価額）

(4)　まとめ

月末仕掛品原価：120,000円＋66,000円＝186,000円

完成品総合原価：480,000円＋490,500円＋58,500円＝1,029,000円

完成品単位原価：1,029,000円÷1,500個＝686円/個

3．仕上工程の計算（修正先入先出法）

正常仕損が工程の40％の地点で発生しており，完成品と月末仕掛品が正常仕損費を負担する。また工程の30％の地点でY材料が投入されており，完成品，月末仕掛品，正常仕損の三者に数量の比率で按分する。

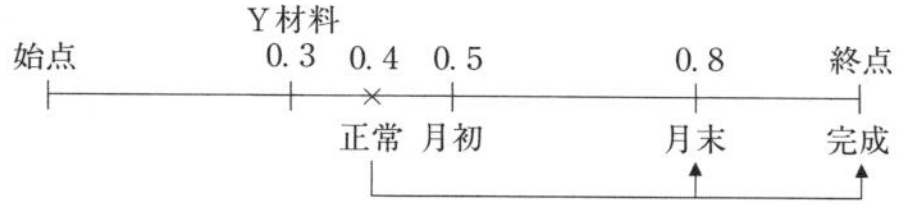

(1)　前工程費の計算

仕掛品―前工程費

315,000円	月初 400個	完成 1,400個
1,029,000円	当月投入 1,500個	正常 100個
		月末 400個

完　成　品：

315,000円＋1,029,000円－(68,600円＋274,400円)＝1,001,000円

正 常 仕 損：

$$\frac{1,029,000円}{(1,400個-400個)+100個+400個}\times 100個=68,600円$$

月末仕掛品：

$$\frac{1,029,000円}{(1,400個-400個)+100個+400個}\times 400個=274,400円$$

(2)　Y材料費の計算

仕掛品―Y材料費

36,400円	月初 400個	完成 1,400個
147,000円	当月投入 1,500個	正常 100個
		月末 400個

完　成　品：

36,400円＋147,000円－(9,800円＋39,200円)＝134,400円

正 常 仕 損：

$$\frac{147,000円}{(1,400個-400個)+100個+400個}\times 100個=9,800円$$

月末仕掛品：

$$\frac{147,000円}{(1,400個-400個)+100個+400個}\times 400個=39,200円$$

(3)　加工費の計算

仕掛品―加工費

105,000円	月初 200個	完成 1,400個
1,146,600円	当月投入 1,560個	正常 40個
		月末 320個

完　成　品：

105,000円＋1,146,600円－(29,400円＋235,200円)＝987,000円

正 常 仕 損：

$$\frac{1,146,600円}{(1,400個-200個)+40個+320個}\times 40個=29,400円$$

月末仕掛品：

$$\frac{1,146,600円}{(1,400個-200個)+40個+320個}\times 320個=235,200円$$

(4)　正常仕損費の追加配賦

$$\frac{68,600円+9,800円+29,400円-98円\times 100個}{(1,400個-400個)+400個}\times 400個=28,000円〈月末仕掛品〉$$

$$〃\times(1,400個-400個)=70,000円〈完成品〉$$

(5)　まとめ

月末仕掛品原価：274,400円＋39,200円＋235,200円＋28,000円＝576,800円

完成品総合原価：1,001,000円＋134,400円＋987,000円＋70,000円＝2,192,400円

完成品単位原価：2,192,400円÷1,400個＝1,566円/個

問題3-11

		金　　額
(1)	原料Y当月購入単価	50 千円
(2)	原料X当月消費額	42, 300 千円
(3)	第1工程加工費配賦額	51, 000 千円
(4)	第2工程加工費実際発生額	117, 000 千円
(5)	第1工程完成品原価（原料費）	44, 505 千円
	第1工程完成品原価（加工費）	56, 745 千円
(6)	第2工程月初仕掛品原価（前工程費）	13, 650 千円
	第2工程月初仕掛品原価（加工費）	8, 700 千円
(7)	第2工程完成品原価（原料費）	23, 550 千円
	第2工程完成品原価（加工費）	117, 450 千円

解答への道

1．原料費の計算

原料Yの当月購入単価は，資料5.より買掛金の当月原料掛購入高を逆算してから，原料Xの当月掛購入高を差し引いて計算する。

(1)　原料X（先入先出法）

原　料　X

月初 720kg	消費 13, 680kg
購入 13, 560kg	月末 600kg

月初棚卸高：2, 500円/kg × 720kg = 1, 800千円

当月購入高：3, 125円/kg × 13, 560kg = 42, 375千円

月末棚卸高：$\frac{42,375千円}{13,560kg}$ × 600kg = 1, 875千円

当月消費額：1, 800千円 + 42, 375千円 − 1, 875千円 = 42, 300千円

買　掛　金

当月支払高 69, 015千円	月初残高 6, 690千円
月末残高 4, 800千円	当月購入高 67, 125千円

当月購入高：69, 015千円 − 6, 690千円 + 4, 800千円 = 67, 125千円
　　　　　当月支払高　月初残高　月末残高

原料Y掛購入高：67, 125千円 − 42, 375千円 = 24, 750千円
　　　　　　　　　　　原料X掛購入高

原料Y購入単価：24, 750千円 ÷ 495kg = 50千円/kg

(2)　原料Y（先入先出法）

原　料　Y

月初 60kg	消費 444kg
購入 495kg	月末 111kg

月初棚卸高：60, 000円/kg × 60kg = 3, 600千円

当月購入高：50, 000円/kg × 495kg = 24, 750千円

月末棚卸高：$\frac{24,750千円}{495kg}$ × 111kg = 5, 550千円

当月消費額：3, 600千円 + 24, 750千円 − 5, 550千円 = 22, 800千円

2．加工費予定配賦率と予定配賦額

(1)　第1工程

予定配賦率：642, 600千円 ÷ 151, 200時間 = 4. 25千円/時間

予定配賦額：4. 25千円/時間 × 12, 000時間 = 51, 000千円

(2)　第2工程

予定配賦率：1, 368, 000千円 ÷ 180, 000時間 = 7. 6千円/時間

予定配賦額：7. 6千円/時間 × 15, 000時間 = 114, 000千円

3．第2工程加工費実際発生額

第2工程の加工費実際発生額を求めるには，第2工程加工費予定配賦額に第2工程の加工費配賦差異を加減すればよい。

加工費配賦差異合計：(51, 000千円 + 114, 000千円) − 167, 730千円 = (−)2, 730千円〔借方差異〕
　　　　　　　　　　予定配賦額合計　　　当月実際発生額

第2工程加工費配賦差異：(−)2, 730千円 − (+)270千円 = (−)3, 000千円〔借方差異〕
　　　　　　　　　　　　　　　第1工程加工費配賦差異

第2工程加工費実際発生額：114, 000千円 + 3, 000千円 = 117, 000千円

4．製品製造原価の計算

(1) 第１工程の計算（先入先出法）

① 原料Ｘの計算

仕掛品—原料費Ｘ

9,405千円	月初 3,960個	完成 18,000個
42,300千円	当月投入 16,920個	月末 2,880個

完　成　品：9,405千円＋42,300千円－7,200千円＝44,505千円

月末仕掛品：

$$\frac{42,300千円}{(18,000個-3,960個)+2,880個}\times 2,880個=7,200千円$$

② 加工費の計算

仕掛品—加工費

8,745千円	月初 2,640個	完成 18,000個
51,000千円	当月投入 16,320個	月末 960個

完　成　品：8,745千円＋51,000千円－3,000千円＝56,745千円

月末仕掛品：

$$\frac{51,000千円}{(18,000個-2,640個)+960個}\times 960個=3,000千円$$

③ まとめ

月末仕掛品原価：7,200千円＋3,000千円＝10,200千円

完成品総合原価：44,505千円＋56,745千円＝101,250千円（第２工程へ振替え）

(2) 第２工程の計算（先入先出法）

正常仕損費については，「原価計算理論にしたがった方法で計算し処理している」ことから，仕損発生点の進捗度にもとづいて負担関係を決定する。本問の場合，月末仕掛品が正常仕損発生点を通過していないため「完成品のみ負担」となる。

なお，完成品のみ負担では度外視法でも非度外視法でも計算結果は同じになるため，どちらで計算を行ってもよい。

ただし，加工費の完成品原価は，売上原価から当月完成品合計を逆算してから求めることになる（解答への道５．参照）。

① 前工程費の計算

仕掛品—前工程費

？千円	月初 2,400個	完成 18,000個
101,250千円（第１工程より）	当月投入 18,000個	正常 720個
		月末 1,680個

完　成　品：資料７.⑽より105,450千円

月末仕掛品：

$$\frac{101,250千円}{(18,000個-2,400個)+720個+1,680個}\times 1,680個=9,450千円$$

② 原料Ｙの計算

仕掛品—原料費Ｙ

1,800千円	月初 1,200個	完成 18,000個
22,800千円	当月投入 18,240個	正常 600個
		月末 840個

完　成　品：1,800千円＋22,800千円－1,050千円＝23,550千円

月末仕掛品：

$$\frac{22,800千円}{(18,000個-1,200個)+600個+840個}\times 840個=1,050千円$$

③ 加工費の計算

仕掛品—加工費

？千円	月初 1,200個	完成 18,000個
114,000千円	当月投入 18,240個	正常 600個
		月末 840個

完　成　品：（製品勘定の計算から逆算する）

246,450千円（完成品総合原価）－105,450千円（完成品前工程費）－23,550千円（完成品原料Ｙ）＝117,450千円

月末仕掛品：

$$\frac{114,000千円}{(18,000個-1,200個)+600個+840個}\times 840個=5,250千円$$

④ 月初仕掛品原価の推定

前工程費：105,450千円＋9,450千円－101,250千円＝13,650千円

加　工　費：117,450千円＋5,250千円－114,000千円＝8,700千円（完成品原価推定後，仕掛品勘定の貸借差引で求める。）

5．売上原価の計算（平均法）

資料７.⑼の売上原価勘定の月末残高232,500千円は，原価差異（加工費配賦差異）賦課後の金額であることに注意する。当月の原価差異合計2,730千円（解説３.参照）を差し引き，原価差異賦課前の売上原価を逆算して求め，ここから製品の庫出単価の計算が平均法であることを考慮して当月完成品原価を推定する。

製　　品

36,600千円	月初 2,400個	販売 16,560個 229,770千円	
246,450千円（貸借差引）	完成 18,000個	月末 3,840個	53,280千円

売上原価

229,770千円	232,500千円
加工費配賦差異 2,730千円	

① 原価差異賦課前の売上原価：

232,500千円－2,730千円＝229,770千円〈平均法の単価：229,770千円÷16,560個＝13.875千円/個〉

② 月末製品原価：13.875千円/個×3,840個＝53,280千円

③　月初製品原価：15, 250円/個×2, 400個＝36, 600千円
④　当月完成品原価：229, 770千円＋53, 280千円－36, 600千円＝246, 450千円

問題3-12

〔問１〕

〔　〕内には相手勘定科目を，（　）内には金額を円単位で記入すること。使用できる相手勘定科目は，材料，加工費，仕損品，切削工程，仕上工程，製品とする。

材　料

諸　口（ 9, 920, 000）	

加　工　費

諸　口（ 10, 560, 000）	

切　削　工　程

前月繰越	（ 593, 500）	〔仕上工程〕	（ 8, 149, 500）
〔材　料〕	（ 5, 520, 000）	〔仕 損 品〕	（ 40, 000）
〔加 工 費〕	（ 3, 888, 000）	翌月繰越	（ 1, 812, 000）
	（ 10, 001, 500）		（ 10, 001, 500）

（〔材料〕〔加工費〕順不同，〔仕上工程〕〔仕損品〕順不同）

仕　上　工　程

前月繰越	（ 1, 190, 500）	〔製　品〕	（ 16, 749, 440）
〔切削工程〕	（ 8, 149, 500）	〔仕 損 品〕	（ 64, 000）
〔材　料〕	（ 4, 400, 000）	翌月繰越	（ 3, 598, 560）
〔加 工 費〕	（ 6, 672, 000）		
	（ 20, 412, 000）		（ 20, 412, 000）

（〔切削工程〕〔材料〕〔加工費〕順不同，〔製品〕〔仕損品〕順不同）

〔問２〕

完成品総合原価	月末仕掛品原価
16, 764, 192　円	3, 583, 808　円

解答への道

〔問１〕非度外視法による工程別総合原価計算

資料３.(3)の指示より，正常仕損費は非度外視法により処理する。

１．切削工程の計算（先入先出法）

(1)　正常仕損費の負担関係

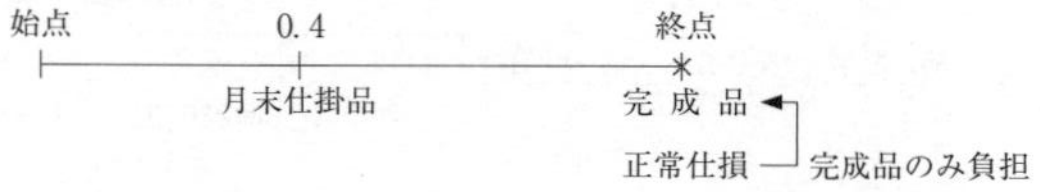

(2)　Ａ材料費の按分

切削工程仕掛品―Ａ材料費

月初　400個　360, 000円	完成　2, 000個　4, 040, 000円
当月投入　2, 400個　5, 520, 000円	正常　200個　460, 000円
	月末　600個　1, 380, 000円

完　成　品：360, 000円＋5, 520, 000円－（1, 380, 000円＋460, 000円）＝4, 040, 000円

正常仕損品：$\frac{5,520,000円}{(2,000個-400個)+200個+600個}\times 200個$＝460, 000円

月末仕掛品：$\frac{5,520,000円}{(2,000個-400個)+200個+600個}\times 600個$＝1, 380, 000円

(3)　加工費の按分

切削工程仕掛品―加工費

月初　280個　233, 500円	完成　2, 000個　3, 329, 500円
当月投入　2, 160個　（貸借差引）　3, 888, 000円	正常　200個　360, 000円
	月末　240個　432, 000円

完　成　品：233, 500円＋3, 888, 000円－（432, 000円＋360, 000円）＝3, 329, 500円

正常仕損品：$\frac{3,888,000円}{(2,000個-280個)+200個+240個}\times 200個$＝360, 000円

月末仕掛品：$\frac{3,888,000円}{(2,000個-280個)+200個+240個}\times 240個$＝432, 000円

(4)　正常仕損費の追加配賦

仕損品処分価値：200円/個×200個＝40, 000円

正 常 仕 損 費：460, 000円＋360, 000円－40, 000円（仕損品処分価値）＝780, 000円 … 完成品のみ負担

(5)　まとめ

月末仕掛品原価：1, 380, 000円＋432, 000円＝1, 812, 000円

完成品総合原価：4, 040, 000円＋3, 329, 500円＋780, 000円（正常仕損費）＝8, 149, 500円 … 仕上工程へ振替

２．仕上工程の計算（平均法）

(1)　正常仕損費の負担関係

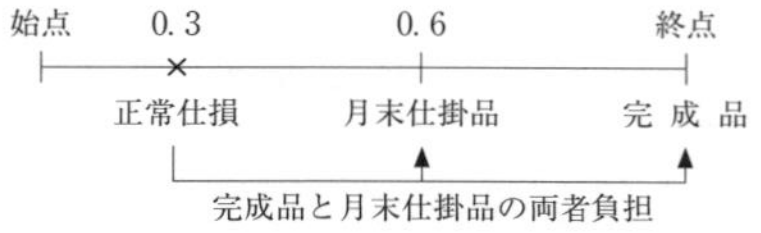

(2)　前工程費の按分

仕上工程仕掛品—前工程費

月　初 200個 870,500円(＊)	完　成 1,600個 6,560,000円
当月投入 2,000個 8,149,500円	正　常 200個 820,000円
	月　末 400個 1,640,000円

完　成　品：870,500円＋8,149,500円
　　－(1,640,000円＋820,000円)
　　＝6,560,000円

正常仕損品：$\frac{870,500\text{円}+8,149,500\text{円}}{1,600\text{個}+200\text{個}+400\text{個}}\times 200\text{個}$
　　＝820,000円

月末仕掛品：$\frac{870,500\text{円}+8,149,500\text{円}}{1,600\text{個}+200\text{個}+400\text{個}}\times 400\text{個}$
　　＝1,640,000円

(＊)月初仕掛品原価(前工程費)：$\underbrace{450,500\text{円}}_{\text{A材料費}}+\underbrace{420,000\text{円}}_{\text{切削工程加工費}}=870,500\text{円}$

(3)　B材料費の按分

仕上工程仕掛品—B材料費

月　初 0個 0円	完　成 1,600個 3,200,000円
当月投入 2,200個 (貸借差引) 4,400,000円	正　常 200個 400,000円
	月　末 400個 800,000円

完　成　品：4,400,000円－(800,000円＋400,000円)
　　＝3,200,000円

正常仕損品：$\frac{4,400,000\text{円}}{1,600\text{個}+200\text{個}+400\text{個}}\times 200\text{個}$
　　＝400,000円

月末仕掛品：$\frac{4,400,000\text{円}}{1,600\text{個}+200\text{個}+400\text{個}}\times 400\text{個}$
　　＝800,000円

(4)　加工費の按分

仕上工程仕掛品—加工費

月　初 20個 320,000円	完　成 1,600個 5,888,000円
当月投入 1,880個 (貸借差引) 6,672,000円	正　常 60個 220,800円
	月　末 240個 883,200円

完　成　品：320,000円＋6,672,000円
　　－(883,200円＋220,800円)
　　＝5,888,000円

正常仕損品：$\frac{320,000\text{円}+6,672,000\text{円}}{1,600\text{個}+60\text{個}+240\text{個}}\times 60\text{個}$
　　＝220,800円

月末仕掛品：$\frac{320,000\text{円}+6,672,000\text{円}}{1,600\text{個}+60\text{個}+240\text{個}}\times 240\text{個}$
　　＝883,200円

(5)　正常仕損費の追加配賦

仕損品処分価値：320円/個×200個＝64,000円

正 常 仕 損 費：$820,000\text{円}+400,000\text{円}+220,800\text{円}-\underbrace{64,000\text{円}}_{\text{仕損品処分価値}}=1,376,800\text{円}$

正常仕損は定点発生(進捗度0.3)であるため，正常仕損費は完成品と月末仕掛品の数量比で按分する。

月末仕掛品負担分：$\frac{1,376,800\text{円}}{1,600\text{個}+400\text{個}}\times 400\text{個}=$　275,360円

完 成 品 負 担 分：　〃　×1,600個＝1,101,440円

(6)　まとめ

月末仕掛品原価：$1,640,000\text{円}+800,000\text{円}+883,200\text{円}+\underbrace{275,360\text{円}}_{\text{正常仕損費}}=3,598,560\text{円}$

完成品総合原価：$6,560,000\text{円}+3,200,000\text{円}+5,888,000\text{円}+\underbrace{1,101,440\text{円}}_{\text{正常仕損費}}=16,749,440\text{円}$

材料勘定貸方：5,520,000円＋4,400,000円＝ 9,920,000円

加工費勘定貸方：3,888,000円＋6,672,000円＝10,560,000円

〔問2〕度外視法による仕上工程の計算(平均法)

切削工程の正常仕損費の負担関係は「完成品のみ負担」であり，度外視法と非度外視法の計算結果は一致することから，切削工程の計算結果は〔問1〕の金額をそのまま使用すればよい。したがって，以下の解説では，仕上工程の計算のみを度外視法で示している。

1．前工程費の按分

仕上工程仕掛品—前工程費

月　初 200個 870,500円	完　成 1,600個 7,214,240円
当月投入 2,000個 8,149,500円 問1と同じ	正　常 200個 (評)2,200円
	月　末 400個 1,803,560円

完　成　品：870,500円＋8,149,500円－2,200円
　　－1,803,560円＝7,214,240円

月末仕掛品：$\frac{870,500\text{円}+8,149,500\text{円}-2,200\text{円}}{1,600\text{個}+400\text{個}}$
　　×400個＝1,803,560円

2．B材料費の按分

仕上工程仕掛品―B材料費

月　初 0個 0円	完　成 1, 600個 3, 477, 552円
当月投入 2, 200個 （貸借差引） 4, 400, 000円	正　常 200個 ㊞53, 060円（＊）
	月　末 400個 869, 388円

完　成　品：4, 400, 000円－53, 060円－869, 388円
＝3, 477, 552円

月末仕掛品：$\dfrac{4,400,000円-53,060円(*)}{1,600個+400個}\times 400個$
＝869, 388円

（＊）B材料費の計算から控除すべき仕損品処分価値

320円/個×200個（仕損品処分価値）－（2, 200円（前工程費分）＋8, 740円（加工費分））＝53, 060円（B材料費分）

3．加工費の按分

仕上工程仕掛品―加工費

月　初 20個 320, 000円	完　成 1, 600個 6, 072, 400円
当月投入 1, 880個 （貸借差引） 6, 672, 000円	正　常 60個 ㊞8, 740円
	月　末 240個 910, 860円

完　成　品：320, 000円＋6, 672, 000円－8, 740円
－910, 860円＝6, 072, 400円

月末仕掛品：$\dfrac{320,000円+6,672,000円-8,740円}{1,600個+240個}$
×240個＝910, 860円

4．まとめ

月末仕掛品原価：1, 803, 560円＋869, 388円＋910, 860円＝3, 583, 808円
完成品総合原価：7, 214, 240円＋3, 477, 552円＋6, 072, 400円＝16, 764, 192円

問題3-13

〔問１〕累加法と計算結果が一致する非累加法（修正先入先出法）

第　1　工　程　費　（単位：円）

月初仕掛品原価		完成品総合原価	
直接材料費	6, 703, 200	直接材料費	（　21, 134, 925　）
加　工　費	3, 781, 620	加　工　費	（　18, 394, 155　）
計	10, 484, 820	計	（　39, 529, 080　）
当月製造費用		月末仕掛品原価	
直接材料費	18, 918, 900	直接材料費	（　4, 487, 175　）
加　工　費	17, 766, 000	加　工　費	（　3, 153, 465　）
計	36, 684, 900	計	（　7, 640, 640　）
	47, 169, 720		（　47, 169, 720　）

第　2　工　程　費　（単位：円）

月初仕掛品原価		完成品総合原価	
加　工　費	1, 332, 500	加　工　費	（　18, 020, 000　）
当月製造費用		月末仕掛品原価	
加　工　費	18, 467, 500	加　工　費	（　1, 780, 000　）
	19, 800, 000		（　19, 800, 000　）

〔問２〕累加法と計算結果が一致する非累加法（平均法）

第　1　工　程　費　（単位：円）

月初仕掛品原価		完成品総合原価	
直接材料費	6, 703, 200	直接材料費	（　20, 972, 000　）
加　工　費	3, 781, 620	加　工　費	（　18, 348, 800　）
計	10, 484, 820	計	（　39, 320, 800　）
当月製造費用		月末仕掛品原価	
直接材料費	18, 918, 900	直接材料費	（　4, 650, 100　）
加　工　費	17, 766, 000	加　工　費	（　3, 198, 820　）
計	36, 684, 900	計	（　7, 848, 920　）
	47, 169, 720		（　47, 169, 720　）

第　2　工　程　費　（単位：円）

月初仕掛品原価		完成品総合原価	
加　工　費	1, 332, 500	加　工　費	（　18, 000, 000　）
当月製造費用		月末仕掛品原価	
加　工　費	18, 467, 500	加　工　費	（　1, 800, 000　）
	19, 800, 000		（　19, 800, 000　）

解答への道

〔問１〕累加法と計算結果が一致する非累加法（修正先入先出法）

1．第１工程費の計算

(1) 直接材料費

〈第１工程での計算〉

3, 395, 700円	月初 500個	完成 4, 000個
18, 918, 900円	当月投入 3, 900個	月末① 400個

→ 3, 307, 500円

〈第２工程での計算〉

3, 307, 500円	月初 500個	完成③ 4, 000個
	当月投入 4, 000個	月末② 500個

① 月末仕掛品：$\frac{18,918,900\text{円}}{(4,000\text{個}-500\text{個})+400\text{個}}\times 400\text{個}=1,940,400\text{円}$

② 月末仕掛品：$\frac{3,395,700\text{円}+18,918,900\text{円}-1,940,400\text{円}}{(4,000\text{個}-500\text{個})+500\text{個}}\times 500\text{個}=2,546,775\text{円}$

③ 完　成　品：3, 395, 700円＋3, 307, 500円＋18, 918, 900円－(1, 940, 400円＋2, 546, 775円)＝21, 134, 925円

(2) 第１工程加工費

〈第１工程での計算〉

1, 243, 620円	月初 200個	完成 4, 000個
17, 766, 000円	当月投入 4, 000個	月末④ 200個

→ 2, 538, 000円

〈第２工程での計算〉

2, 538, 000円	月初 500個	完成⑥ 4, 000個
	当月投入 4, 000個	月末⑤ 500個

④ 月末仕掛品：$\frac{17,766,000\text{円}}{(4,000\text{個}-200\text{個})+200\text{個}}\times 200\text{個}=888,300\text{円}$

⑤ 月末仕掛品：$\frac{1,243,620\text{円}+17,766,000\text{円}-888,300\text{円}}{(4,000\text{個}-500\text{個})+500\text{個}}\times 500\text{個}=2,265,165\text{円}$

⑥ 完　成　品：1, 243, 620円＋2, 538, 000円＋17, 766, 000円－(888, 300円＋2, 265, 165円)＝18, 394, 155円

(3) まとめ

	月末仕掛品原価		完成品総合原価
直接材料費	①1, 940, 400円＋②2, 546, 775円＝	4, 487, 175円	③21, 134, 925円
加　工　費	④　888, 300円＋⑤2, 265, 165円＝	3, 153, 465円	⑥18, 394, 155円
合　　計		7, 640, 640円	39, 529, 080円

2．第２工程費の計算

(1) 第２工程加工費

〈第２工程での計算〉

1, 332, 500円	月初 250個	完成⑧ 4, 000個
18, 467, 500円	当月投入 4, 150個	月末⑦ 400個

⑧完　成　品：1, 332, 500円＋18, 467, 500円－1, 780, 000円
＝18, 020, 000円

⑦月末仕掛品：$\frac{18,467,500\text{円}}{(4,000\text{個}-250\text{個})+400\text{個}}\times 400\text{個}=1,780,000\text{円}$

(2) まとめ

月末仕掛品原価：⑦ 1, 780, 000円

完成品総合原価：⑧18, 020, 000円

［参考］累加法による勘定

仕掛品―第１工程　（単位：円）

月初仕掛品原価		次工程振替高	
直接材料費	3, 395, 700	直接材料費	20, 374, 200
加工費	1, 243, 620	加工費	18, 121, 320
計	4, 639, 320	計	38, 495, 520
当月製造費用		月末仕掛品原価	
直接材料費	18, 918, 900	直接材料費	1, 940, 400
加工費	17, 766, 000	加工費	888, 300
計	36, 684, 900	計	2, 828, 700
	41, 324, 220		41, 324, 220

仕掛品―第２工程　（単位：円）

月初仕掛品原価		完成品総合原価	
前工程費	5, 845, 500	前工程費	39, 529, 080
加工費	1, 332, 500	加工費	18, 020, 000
計	7, 178, 000	計	57, 549, 080
当月製造費用		月末仕掛品原価	
前工程費	38, 495, 520	直接材料費	4, 811, 940
加工費	18, 467, 500	加工費	1, 780, 000
計	56, 963, 020	計	6, 591, 940
	64, 141, 020		64, 141, 020

〔問２〕累加法と計算結果が一致する非累加法（平均法）

1．第１工程費の計算

(1)　直接材料費

〈第１工程での計算〉

3, 395, 700円	月初 500個	完成 4, 000個
18, 918, 900円	当月投入 3, 900個	月末① 400個

→ 3, 307, 500円

〈第２工程での計算〉

月初 500個	完成③ 4, 000個
当月投入 4, 000個	月末② 500個

①　月末仕掛品：$\frac{3,395,700\text{円}+18,918,900\text{円}}{4,000\text{個}+400\text{個}}\times 400\text{個}=2,028,600\text{円}$

②　月末仕掛品：$\frac{(3,395,700\text{円}+18,918,900\text{円}-2,028,600\text{円})+3,307,500\text{円}}{4,000\text{個}+500\text{個}}\times 500\text{個}=2,621,500\text{円}$

③　完　成　品：3, 395, 700円＋3, 307, 500円＋18, 918, 900円－(2, 028, 600円＋2, 621, 500円)＝20, 972, 000円

(2)　第１工程加工費

〈第１工程での計算〉

1, 243, 620円	月初 200個	完成 4, 000個
17, 766, 000円	当月投入 4, 000個	月末④ 200個

→ 2, 538, 000円

〈第２工程での計算〉

月初 500個	完成⑥ 4, 000個
当月投入 4, 000個	月末⑤ 500個

④　月末仕掛品：$\frac{1,243,620\text{円}+17,766,000\text{円}}{4,000\text{個}+200\text{個}}\times 200\text{個}=905,220\text{円}$

⑤　月末仕掛品：$\frac{(1,243,620\text{円}+17,766,000\text{円}-905,220\text{円})+2,538,000\text{円}}{4,000\text{個}+500\text{個}}\times 500\text{個}=2,293,600\text{円}$

⑥　完　成　品：1, 243, 620円＋2, 538, 000円＋17, 766, 000円－(905, 220円＋2, 293, 600円)＝18, 348, 800円

(3)　まとめ

	月末仕掛品原価		完成品総合原価
直接材料費	①2, 028, 600円＋②2, 621, 500円＝	4, 650, 100円	③20, 972, 000円
加工費	④ 905, 220円＋⑤2, 293, 600円＝	3, 198, 820円	⑥18, 348, 800円
合計		7, 848, 920円	39, 320, 800円

2．第２工程費の計算

(1)　第２工程加工費

〈第２工程での計算〉

1, 332, 500円	月初 250個	完成⑧ 4, 000個
18, 467, 500円	当月投入 4, 150個	月末⑦ 400個

⑧完　成　品：1, 332, 500円＋18, 467, 500円－1, 800, 000円
＝18, 000, 000円

⑦月末仕掛品：$\frac{1,332,500\text{円}+18,467,500\text{円}}{4,000\text{個}+400\text{個}}\times 400\text{個}$
＝1, 800, 000円

(2)　まとめ

月末仕掛品原価：⑦ 1, 800, 000円

完成品総合原価：⑧18, 000, 000円

［参考］累加法による勘定記入

仕掛品―第１工程　（単位：円）

月初仕掛品原価		完成品総合原価	
直接材料費	3, 395, 700	直接材料費	20, 286, 000
加工費	1, 243, 620	加工費	18, 104, 400
計	4, 639, 320	計	38, 390, 400
当月製造費用		月末仕掛品原価	
直接材料費	18, 918, 900	直接材料費	2, 028, 600
加工費	17, 766, 000	加工費	905, 220
計	36, 684, 900	計	2, 933, 820
	41, 324, 220		41, 324, 220

仕掛品－第２工程　（単位：円）

月初仕掛品原価		完成品総合原価	
前工程費	5, 845, 500	前工程費	39, 320, 800
加工費	1, 332, 500	加工費	18, 000, 000
計	7, 178, 000	計	57, 320, 800
当月製造費用		月末仕掛品原価	
前工程費	38, 390, 400	前工程費	4, 915, 100
加工費	18, 467, 500	加工費	1, 800, 000
計	56, 857, 900	計	6, 715, 100
	64, 035, 900		64, 035, 900

問題3-14

第１工程費　（単位：円）

月初仕掛品原価		完成品総合原価	
Ｘ素材費	（　369, 600　）	Ｘ素材費	（　1, 470, 000　）
加工費	（　455, 260　）	加工費	（　2, 401, 000　）
計	（　824, 860　）	計	（　3, 871, 000　）
当月製造費用		月末仕掛品原価	
Ｘ素材費	1, 325, 400	Ｘ素材費	（　225, 000　）
加工費	2, 208, 990	加工費	（　263, 250　）
計	3, 534, 390	計	（　488, 250　）
	（　4, 359, 250　）		（　4, 359, 250　）

第 2 工 程 費　　　　　　　　　　(単位：円)

月初仕掛品原価		完成品総合原価	
加　工　費	(56, 900)	加　工　費	(1, 347, 500)
当月製造費用		月末仕掛品原価	
加　工　費	1, 331, 100	加　工　費	(40, 500)
	(1, 388, 000)		(1, 388, 000)

解答への道

1．第 1 工程費の計算（累加法と計算結果が一致する非累加法・修正先入先出法）

第 1 工程の正常減損は工程の20％の地点で発生しており，完成品と月末仕掛品が正常減損費を負担する。

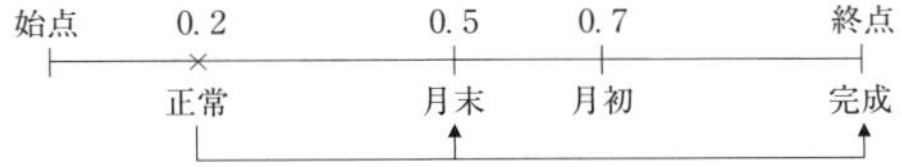

第 2 工程の正常減損は工程の終点で発生しているので，完成品だけが正常減損費を負担する。

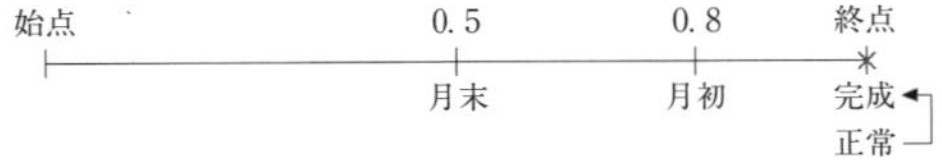

⑴　X 素材費

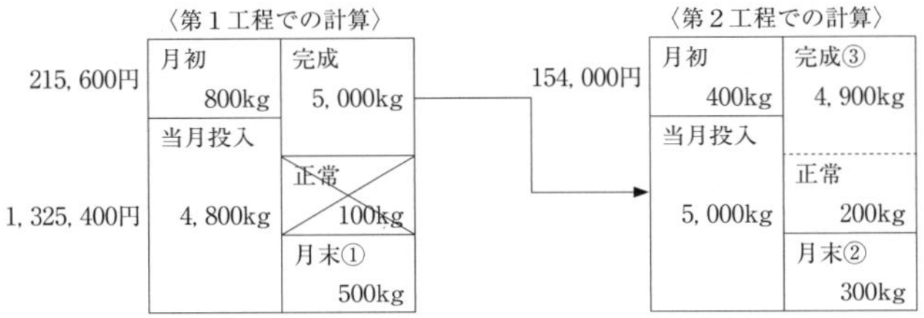

①　月末仕掛品：$\frac{1,325,400円}{(5,000kg-800kg)+500kg}\times 500kg=141,000円$

②　月末仕掛品：$\frac{215,600円+1,325,400円-141,000円}{(4,900kg-400kg)+200kg+300kg}\times 300kg=84,000円$

③　完　成　品：215, 600円 + 154, 000円 + 1, 325, 400円 − (141, 000円 + 84, 000円) = 1, 470, 000円

⑵　第 1 工程加工費

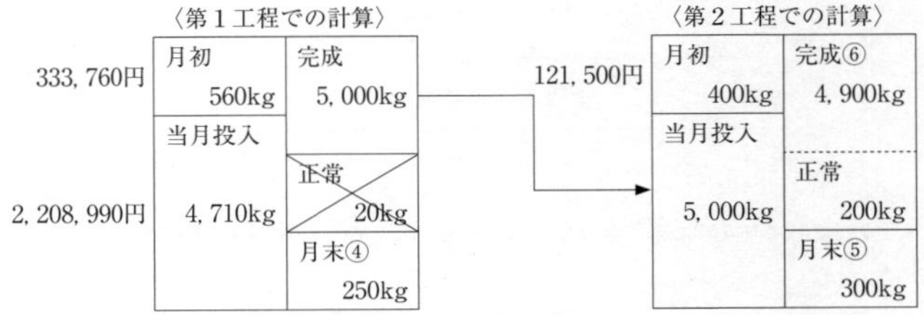

④　月末仕掛品：$\frac{2,208,990円}{(5,000kg-560kg)+250kg}\times 250kg=117,750円$

⑤　月末仕掛品：$\frac{333,760円+2,208,990円-117,750円}{(4,900kg-400kg)+200kg+300kg}\times 300kg=145,500円$

⑥　完　成　品：333, 760円 + 121, 500円 + 2, 208, 990円 − (117, 750円 + 145, 500円) = 2, 401, 000円

⑶　まとめ

	月末仕掛品原価		完成品総合原価
X 素材費	①141, 000円 + ② 84, 000円 =	225, 000円	③1, 470, 000円
加 工 費	④117, 750円 + ⑤ 145, 500円 =	263, 250円	⑥2, 401, 000円
合　計		488, 250円	3, 871, 000円

2．第 2 工程費の計算

第 2 工程の正常減損は工程の終点で発生しているので，完成品だけが正常減損費を負担する。

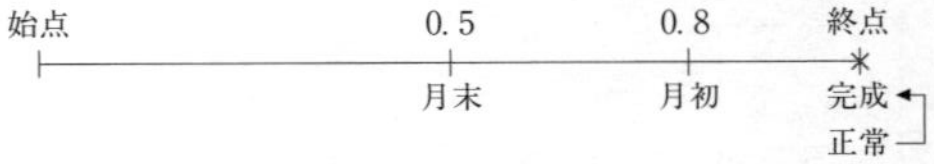

⑴　第 2 工程加工費

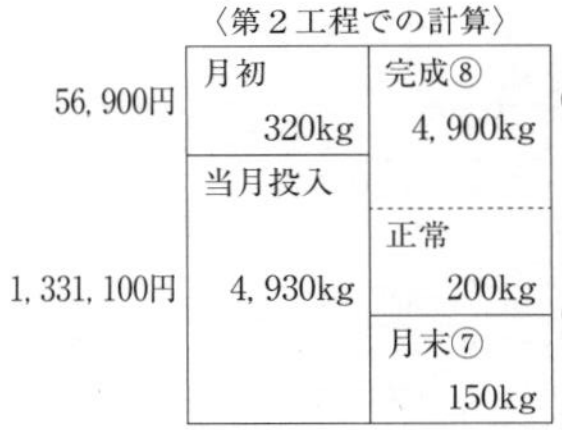

⑧完　成　品：56, 900円 + 1, 331, 100円 − 40, 500円 = 1, 347, 500円

⑦月末仕掛品：$\frac{1,331,100円}{(4,900kg-320kg)+200kg+150kg}\times 150kg=40,500円$

(2) まとめ

月末仕掛品原価：⑦　40, 500円

完成品総合原価：⑧1, 347, 500円

問題3-15

	月末仕掛品原価	完成品総合原価	完成品単位原価
第１工程費			
Ａ原料費	1, 061, 500 円	2, 125, 000 円	850 円/個
加　工　費	648, 900 円	1, 825, 000 円	730 円/個
第２工程費			
加　工　費	189, 000 円	1, 050, 000 円	420 円/個
合　　計	1, 899, 400 円	5, 000, 000 円	2, 000 円/個

解答への道

1．第１工程費の計算（累加法と計算結果が一致する非累加法・平均法）

第１工程の正常仕損は工程の50％の地点で発生しているため，完成品が正常仕損費を負担する。

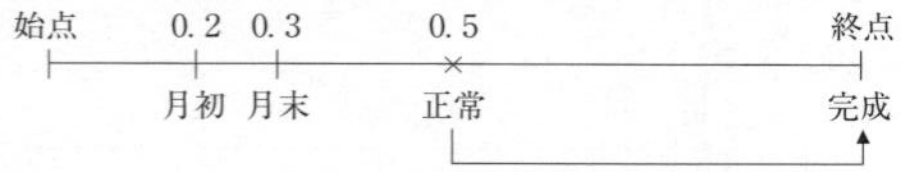

第２工程の正常仕損は工程の50％の地点で発生しているため，完成品と月末仕掛品が正常仕損費を負担する。

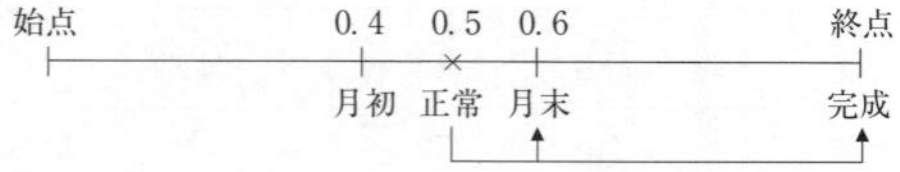

(1) Ａ原料費

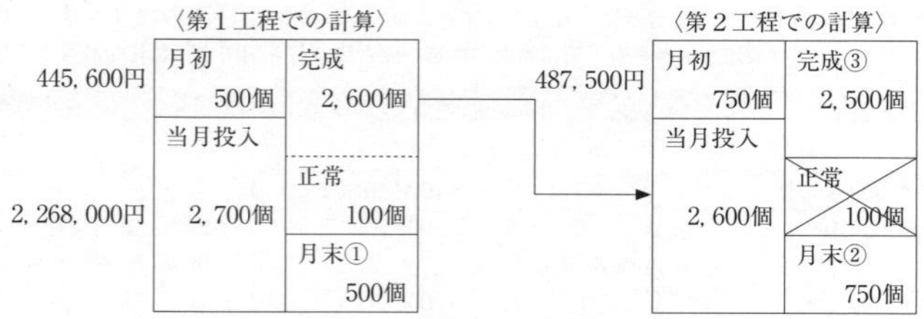

① 月末仕掛品：$\frac{445,600円+2,268,000円}{2,600個+100個+500個}\times 500個=424,000円$

② 月末仕掛品：$\frac{(445,600円+2,268,000円-424,000円-81円\times 100個)+487,500円-65円\times 100個}{2,500個+750個}\times 750個$

$=637,500円$

③ 完　成　品：445, 600円＋487, 500円＋2, 268, 000円－（81円×100個＋65円×100個＋424, 000円＋637, 500円）

＝2, 125, 000円

(2) 第１工程加工費

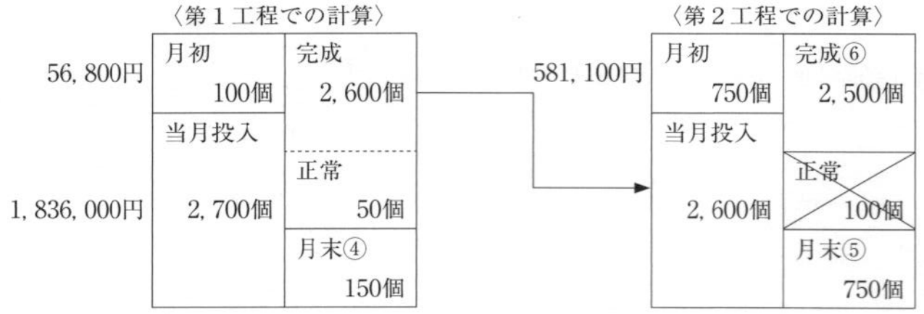

④ 月末仕掛品：$\frac{56,800円+1,836,000円}{2,600個+50個+150個}\times 150個=101,400円$

⑤ 月末仕掛品：$\frac{(56,800円+1,836,000円-101,400円)+581,100円}{2,500個+750個}\times 750個=547,500円$

⑥ 完　成　品：56, 800円＋581, 100円＋1, 836, 000円－（101, 400円＋547, 500円）＝1, 825, 000円

(3) まとめ

	月末仕掛品原価		完成品総合原価
Ａ原料費	①424, 000円＋②637, 500円＝	1, 061, 500円	③2, 125, 000円
加　工　費	④101, 400円＋⑤547, 500円＝	648, 900円	⑥1, 825, 000円
合　　計		1, 710, 400円	3, 950, 000円

	完成品単位原価	
Ａ原料費	2, 125, 000円÷2, 500個＝	850円/個
加　工　費	1, 825, 000円÷2, 500個＝	730円/個
合　　計		1, 580円/個

2．第２工程費の計算

第２工程の正常仕損は工程の50％の地点で発生しているため，完成品と月末仕掛品が正常仕損費を負担する。

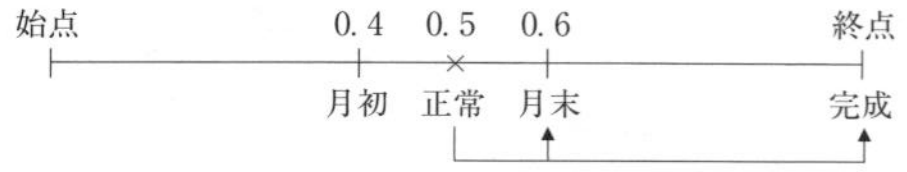

(1) 第２工程加工費

〈第２工程での計算〉

159,000円	月初 300個	完成⑧ 2,500個	
1,080,000円	当月投入 2,700個	正常 50個	
		月末⑦ 450個	

⑧完　成　品：159,000円＋1,080,000円－189,000円＝1,050,000円

⑦月末仕掛品：$\dfrac{159,000円＋1,080,000円}{2,500個＋450個}$×450個＝189,000円

(2) まとめ

月末仕掛品原価：⑦　189,000円

完成品総合原価：⑧1,050,000円

完成品単位原価：1,050,000円÷2,500個＝420円/個

［参考］勘定記入

第　1　工　程　費　　（単位：円）

月初仕掛品原価		完成品総合原価	
A　原　料　費	933,100	A　原　料　費	2,125,000
加　工　費	637,900	加　工　費	1,825,000
計	1,571,000	計	3,950,000
当月製造費用		仕損品評価額	14,600
A　原　料　費	2,268,000	月末仕掛品原価	
加　工　費	1,836,000	A　原　料　費	1,061,500
計	4,104,000	加　工　費	648,900
		計	1,710,400
	5,675,000		5,675,000

第　2　工　程　費　　（単位：円）

月初仕掛品原価		完成品総合原価	
加　工　費	159,000	加　工　費	1,050,000
当月製造費用		月末仕掛品原価	
加　工　費	1,080,000	加　工　費	189,000
計	1,239,000	計	1,239,000

問題3-16

〔問１〕非累加本来の計算（修正先入先出法）

第　1　工　程　費　　（単位：円）

月初仕掛品原価		完成品総合原価	
直接材料費	6,703,200	直接材料費	（　21,256,200　）
加　工　費	3,781,620	加　工　費	（　18,438,570　）
計	10,484,820	計	（　39,694,770　）
当月製造費用		月末仕掛品原価	
直接材料費	18,918,900	直接材料費	（　4,365,900　）
加　工　費	17,766,000	加　工　費	（　3,109,050　）
計	36,684,900	計	（　7,474,950　）
	47,169,720		（　47,169,720　）

第　2　工　程　費　　（単位：円）

月初仕掛品原価		完成品総合原価	
加　工　費	1,332,500	加　工　費	（　18,020,000　）
当月製造費用		月末仕掛品原価	
加　工　費	18,467,500	加　工　費	（　1,780,000　）
	19,800,000		（　19,800,000　）

〔問２〕非累加本来の計算（平均法）

第　1　工　程　費　　（単位：円）

月初仕掛品原価		完成品総合原価	
直接材料費	6,703,200	直接材料費	（　20,916,000　）
加　工　費	3,781,620	加　工　費	（　18,338,400　）
計	10,484,820	計	（　39,254,400　）
当月製造費用		月末仕掛品原価	
直接材料費	18,918,900	直接材料費	（　4,706,100　）
加　工　費	17,766,000	加　工　費	（　3,209,220　）
計	36,684,900	計	（　7,915,320　）
	47,169,720		（　47,169,720　）

第　2　工　程　費　　（単位：円）

月初仕掛品原価		完成品総合原価	
加　工　費	1,332,500	加　工　費	（　18,000,000　）
当月製造費用		月末仕掛品原価	
加　工　費	18,467,500	加　工　費	（　1,800,000　）
	19,800,000		（　19,800,000　）

解答への道

〔問１〕非累加本来の計算（修正先入先出法）

１．第１工程費の計算

(1)　直接材料費

直接材料費

金額	借方	貸方
3, 395, 700円	第１月初　500個	完成③　4, 000個
3, 307, 500円	第２月初　500個	
18, 918, 900円	当月投入　3, 900個	第１月末　①400個
		第２月末　②500個

③完　成　品：

3, 395, 700円＋3, 307, 500円＋18, 918, 900円

－(1, 940, 400円＋2, 425, 500円)＝21, 256, 200円

①第１工程月末仕掛品：

$$\frac{18,918,900\text{円}}{(4,000\text{個}-1,000\text{個})+400\text{個}+500\text{個}}\times 400\text{個}=1,940,400\text{円}$$

②第２工程月末仕掛品：

$$\frac{18,918,900\text{円}}{(4,000\text{個}-1,000\text{個})+400\text{個}+500\text{個}}\times 500\text{個}=2,425,500\text{円}$$

(2)　第１工程加工費

第１工程加工費

金額	借方	貸方
1, 243, 620円	第１月初　200個	完成⑥　4, 000個
2, 538, 000円	第２月初　500個	
17, 766, 000円	当月投入　4, 000個	第１月末　④200個
		第２月末　⑤500個

⑥完　成　品：

1, 243, 620円＋2, 538, 000円＋17, 766, 000円

－(888, 300円＋2, 220, 750円)＝18, 438, 570円

④第１工程月末仕掛品：

$$\frac{17,766,000\text{円}}{(4,000\text{個}-700\text{個})+200\text{個}+500\text{個}}\times 200\text{個}=888,300\text{円}$$

⑤第２工程月末仕掛品：

$$\frac{17,766,000\text{円}}{(4,000\text{個}-700\text{個})+200\text{個}+500\text{個}}\times 500\text{個}=2,220,750\text{円}$$

(3)　まとめ

	月末仕掛品原価	完成品総合原価
直接材料費	①1, 940, 400円＋②2, 425, 500円＝4, 365, 900円	③21, 256, 200円
加　工　費	④　888, 300円＋⑤2, 220, 750円＝3, 109, 050円	⑥18, 438, 570円
合　　計	7, 474, 950円	39, 694, 770円

２．第２工程費の計算

(1)　第２工程加工費

第２工程加工費

金額	借方	貸方
1, 332, 500円	月初　250個	完成⑧　4, 000個
18, 467, 500円	当月投入　4, 150個	月末⑦　400個

⑧完　成　品：1, 332, 500円＋18, 467, 500円－1, 780, 000円

＝18, 020, 000円

⑦月末仕掛品：

$$\frac{18,467,500\text{円}}{(4,000\text{個}-250\text{個})+400\text{個}}\times 400\text{個}$$

＝1, 780, 000円

(2)　まとめ

月末仕掛品原価：⑦ 1, 780, 000円

完成品総合原価：⑧18, 020, 000円

〔問２〕非累加本来の計算（平均法）

１．第１工程費の計算

(1)　直接材料費

直接材料費

金額	借方	貸方
3, 395, 700円	第１月初　500個	完成③　4, 000個
3, 307, 500円	第２月初　500個	
18, 918, 900円	当月投入　3, 900個	第１月末　①400個
		第２月末　②500個

③完　成　品：

3, 395, 700円＋3, 307, 500円＋18, 918, 900円

－(2, 091, 600円＋2, 614, 500円)＝20, 916, 000円

①第１工程月末仕掛品：

$$\frac{3,395,700\text{円}+3,307,500\text{円}+18,918,900\text{円}}{4,000\text{個}+400\text{個}+500\text{個}}\times 400\text{個}=2,091,600\text{円}$$

②第２工程月末仕掛品：

$$\frac{3,395,700\text{円}+3,307,500\text{円}+18,918,900\text{円}}{4,000\text{個}+400\text{個}+500\text{個}}\times 500\text{個}=2,614,500\text{円}$$

(2)　第１工程加工費

第１工程加工費

金額	借方	貸方
1, 243, 620円	第１月初　200個	完成⑥　4, 000個
2, 538, 000円	第２月初　500個	
17, 766, 000円	当月投入　4, 000個	第１月末　④200個
		第２月末　⑤500個

⑥完　成　品：

1, 243, 620円＋2, 538, 000円＋17, 766, 000円

－(916, 920円＋2, 292, 300円)＝18, 338, 400円

④第１工程月末仕掛品：

$$\frac{1,243,620\text{円}+2,538,000\text{円}+17,766,000\text{円}}{4,000\text{個}+200\text{個}+500\text{個}}\times 200\text{個}=916,920\text{円}$$

⑤第２工程月末仕掛品：

$$\frac{1,243,620\text{円}+2,538,000\text{円}+17,766,000\text{円}}{4,000\text{個}+200\text{個}+500\text{個}}\times 500\text{個}=2,292,300\text{円}$$

(3) まとめ

	月末仕掛品原価	完成品総合原価
直接材料費	①2, 091, 600円＋②2, 614, 500円＝4, 706, 100円	③20, 916, 000円
加　工　費	④　916, 920円＋⑤2, 292, 300円＝3, 209, 220円	⑥18, 338, 400円
合　　計	7, 915, 320円	39, 254, 400円

2．第２工程費の計算

(1) 第２工程加工費

第２工程加工費

	借方	貸方
1, 332, 500円	月初 250個	完成⑧ 4, 000個
18, 467, 500円	当月投入 4, 150個	月末⑦ 400個

⑧完　成　品：

1, 332, 500円＋18, 467, 500円－1, 800, 000円＝18, 000, 000円

⑦月末仕掛品：

$$\frac{1,332,500円+18,467,500円}{4,000個+400個}\times 400個=1,800,000円$$

(2) まとめ

月末仕掛品原価：⑦ 1, 800, 000円

完成品総合原価：⑧18, 000, 000円

本問の計算資料は【問題３－13】と同一のため，【問題３－13】の計算結果を参照して比較検討してみること。

問題3-17

第　1　工　程　費　　　　(単位：円)

月初仕掛品原価		完成品総合原価	
X　原　料　費	(1, 296, 000)	X　原　料　費	(3, 576, 000)
加　　工　　費	(1, 242, 000)	加　　工　　費	(3, 672, 000)
計	(2, 538, 000)	計	(7, 248, 000)
当月製造費用		月末仕掛品原価	
X　原　料　費	3, 705, 000	X　原　料　費	(1, 425, 000)
加　　工　　費	3, 510, 000	加　　工　　費	(1, 080, 000)
計	7, 215, 000	計	(2, 505, 000)
	(9, 753, 000)		(9, 753, 000)

第　2　工　程　費　　　　(単位：円)

月初仕掛品原価		完成品総合原価	
加　　工　　費	(740, 500)	加　　工　　費	(3, 393, 600)
当月製造費用		月末仕掛品原価	
加　　工　　費	2, 899, 900	加　　工　　費	(246, 800)
	(3, 640, 400)		(3, 640, 400)

	完成品単位原価
第１工程費	
X原料費	1, 490 円/kg
加　工　費	1, 530 円/kg
第２工程費	
加　工　費	1, 414 円/kg
合　計	4, 434 円/kg

解答への道

1．第１工程費の計算

第１工程の正常減損は工程の40％の地点で発生しているため，完成品と月末仕掛品が正常減損費を負担する。

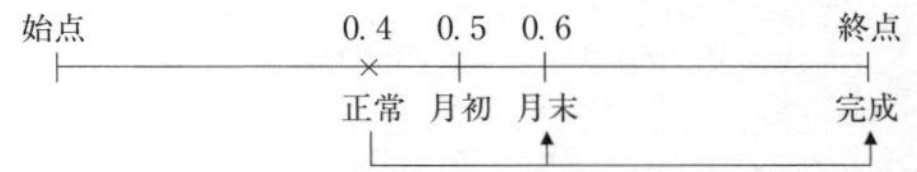

第２工程の正常減損は工程の50％の地点で発生しているため，完成品が正常減損費を負担する。

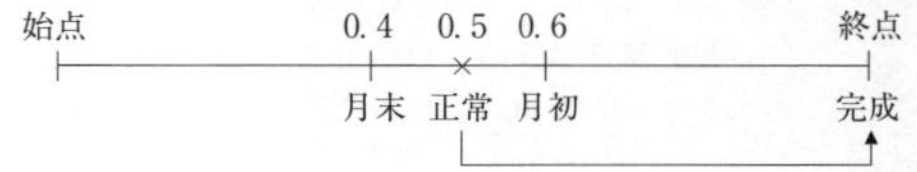

(1) X原料費

X原料費

	借方	貸方
596, 400円	第１月初 400kg	完成③ 2, 400kg
699, 600円	第２月初 500kg	
3, 705, 000円	当月投入 2, 850kg	第２減損 100kg
		第２月末 ②500kg
		第１減損 250kg（×）
		第１月末 ①500kg

③完　成　品：

596, 400円＋699, 600円＋3, 705, 000円－(712, 500円＋712, 500円)

＝3, 576, 000円

①第１工程月末仕掛品：

$$\frac{3,705,000円}{(2,400kg-400kg-500kg)+100kg+500kg+500kg}\times 500kg$$

＝712, 500円

②第２工程月末仕掛品：

$$\frac{3,705,000円-712,500円}{(2,400kg-400kg-500kg)+100kg+500kg}\times 500kg$$

＝712, 500円

(2) 第1工程加工費

第1工程加工費

	借方	貸方
350, 000円	第1月初 200kg	完成⑥ 2, 400kg
892, 000円	第2月初 500kg	
3, 510, 000円	当月投入 2, 700kg	第2減損 100kg
		第2月末 ⑤500kg
		第1減損 100kg
		第1月末 ④300kg

⑥完　成　品：

350, 000円＋892, 000円＋3, 510, 000円－(405, 000円＋675, 000円)

＝3, 672, 000円

④第1工程月末仕掛品：

$$\frac{3,510,000円}{(2,400kg-200kg-500kg)+100kg+500kg+300kg}\times 300kg$$

＝405, 000円

⑤第2工程月末仕掛品：

$$\frac{3,510,000円-405,000円}{(2,400kg-200kg-500kg)+100kg+500kg}\times 500kg$$

＝675, 000円

(3) まとめ

	月末仕掛品原価
X原料費	①712, 500円＋②712, 500円＝1, 425, 000円
加工費	④405, 000円＋⑤675, 000円＝1, 080, 000円
合　計	2, 505, 000円

	完成品総合原価	完成品単位原価
X原料費	③3, 576, 000円	3, 576, 000円÷2, 400kg＝1, 490円/kg
加工費	⑥3, 672, 000円	3, 672, 000円÷2, 400kg＝1, 530円/kg
合　計	7, 248, 000円	3, 020円/kg

2．第2工程費の計算

第2工程の正常減損は工程の50％の地点で発生しているため，完成品が正常減損費を負担する。

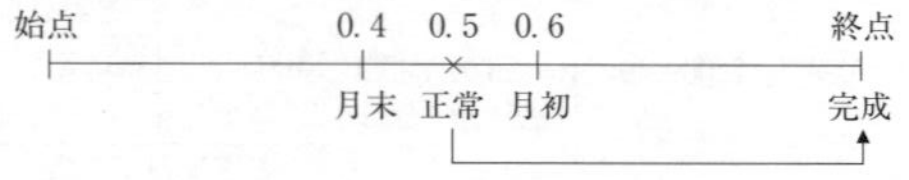

(1) 第2工程加工費

第2工程加工費

	借方	貸方
740, 500円	第2月初 300kg	完成⑧ 2, 400kg
2, 899, 900円	当月投入 2, 350kg	第2減損 50kg
		第2月末 ⑦200kg

⑧完　成　品：

740, 500円＋2, 899, 900円－246, 800円＝3, 393, 600円

⑦月末仕掛品：

$$\frac{2,899,900円}{(2,400kg-300kg)+50kg+200kg}\times 200kg=246,800円$$

(2) まとめ

月末仕掛品原価：⑦　246, 800円

完成品総合原価：⑧　3, 393, 600円

完成品単位原価：3, 393, 600円÷2, 400kg＝1, 414円/kg

問題3-18

仕掛品―Y原料費　(単位：円)

借方		貸方	
月初仕掛品原価	(232, 800)	完成品総合原価	(580, 800)
当月製造費用	(588, 000)	月末仕掛品原価	(240, 000)
	(820, 800)		(820, 800)

仕掛品―第1工程　(単位：円)

借方		貸方	
月初仕掛品原価		次工程振替	
当工程費	(95, 680)	当工程費	(780, 000)
当月製造費用		月末仕掛品原価	
当工程費	(794, 300)	当工程費	(109, 980)
	(889, 980)		(889, 980)

仕掛品―第2工程　(単位：円)

借方		貸方	
月初仕掛品原価		完成品総合原価	
前工程費	(96, 000)	前工程費	(751, 200)
当工程費	(73, 920)	当工程費	(609, 600)
計	(169, 920)	計	(1, 360, 800)
当月製造費用		月末仕掛品原価	
前工程費	(780, 000)	前工程費	(124, 800)
当工程費	(585, 280)	当工程費	(49, 600)
計	(1, 365, 280)	計	(174, 400)
	(1, 535, 200)		(1, 535, 200)

解答への道

1．Y原料費の計算（修正先入先出法）

仕掛品―Y原料費

借方	数量	貸方	数量
232, 800円 第1月初	650kg	完成	2, 400kg
第2月初	300kg	第1月末	600kg
588, 000円 当月投入	2, 450kg	第2月末	400kg

完　成　品：
232, 800円＋588, 000円－240, 000円＝580, 800円

月末仕掛品：

$$\frac{588,000円}{(2,400kg-650kg-300kg)+(600kg+400kg)}\times(600kg+400kg)=240,000円$$

2．加工費の計算（修正先入先出法）

(1)　第1工程加工費の計算

仕掛品―加工費

借方	数量	貸方	数量
95, 680円 月初	260kg	完成	2, 500kg
794, 300円 当月投入	2, 600kg	月末	360kg

完　成　品：
95, 680円＋794, 300円－109, 980円＝780, 000円

月末仕掛品：

$$\frac{794,300円}{(2,500kg-260kg)+360kg}\times360kg=109,980円$$

(2)　第2工程の計算

①　前工程費の計算

仕掛品―前工程費

借方	数量	貸方	数量
96, 000円 月初	300kg	完成	2, 400kg
780, 000円 当月投入	2, 500kg	月末	400kg

完　成　品：
96, 000円＋780, 000円－124, 800円＝751, 200円

月末仕掛品：

$$\frac{780,000円}{(2,400kg-300kg)+400kg}\times400kg=124,800円$$

②　第2工程加工費の計算

仕掛品―加工費

借方	数量	貸方	数量
73, 920円 月初	240kg	完成	2, 400kg
585, 280円 当月投入	2, 360kg	月末	200kg

完　成　品：
73, 920円＋585, 280円－49, 600円＝609, 600円

月末仕掛品：

$$\frac{585,280円}{(2,400kg-240kg)+200kg}\times200kg=49,600円$$

(2)　まとめ

月末仕掛品原価：124, 800円＋49, 600円＝174, 400円

完成品総合原価：751, 200円＋609, 600円＝1, 360, 800円

問題3-19

〔問1〕正常減損の負担を完成品のみとする簡便な処理

月末仕掛品原料費	270, 000 円			
完 成 品 原 料 費	2, 340, 000 円		完成品単位原価	468. 0 円/kg

〔問2〕正常減損の負担を月末仕掛品と減損の進捗度の大小関係により決定する厳密な処理

月末仕掛品原料費	272, 000 円			
完 成 品 原 料 費	2, 338, 000 円		完成品単位原価	467. 6 円/kg

解答への道

1．正常減損の負担を完成品のみとする簡便な処理

この処理は，加工費法では原料費の計算を厳密に行っても原価管理上あまり意味がないとの考え方から，正常減損の処理も最終完成品だけに負担させるとするものである。

仕掛品―X原料費

借方	数量	貸方	数量
360, 000円 第1月初	300kg	完成	5, 000kg
第2月初	500kg		
2, 250, 000円 当月投入	5, 000kg	第1正常	100kg
		第2正常	100kg
		第1月末	400kg
		第2月末	200kg

（第1正常・第2正常→）完成品に負担させる。

完成品原料費：360, 000円＋2, 250, 000円－270, 000円＝2, 340, 000円

月末仕掛品原料費：

$$\frac{2,250,000円}{(5,000kg-300kg-500kg)+(100kg+100kg)+(400kg+200kg)}\times(400kg+200kg)=270,000円$$

完成品単位原価：2, 340, 000円÷5, 000kg＝468円/kg

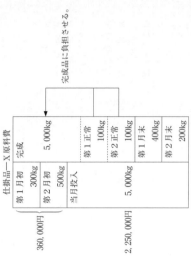

2．正常減損の負担を月末仕掛品と減損の進捗度の大小関係により決定する厳密な処理

加工費法では原料費の計算は工程を単一とみなした計算を行うが，本問における正常減損費は発生点の進捗度を考慮して負担させる。

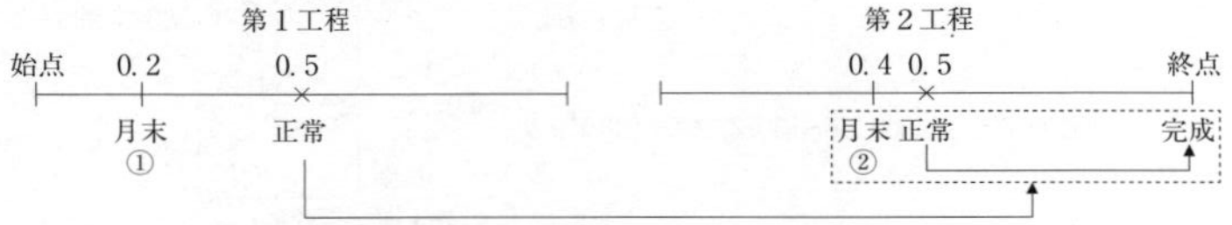

① 第1工程の正常減損費は第1工程月末仕掛品に負担させずに計算する。
② 第2工程の正常減損費は第2工程月末仕掛品に負担させずに計算する。

仕掛品―X原料費

360,000円	第1月初 300kg	完成 5,000kg
	第2月初 500kg	
2,250,000円	当月投入 5,000kg	第2正常 100kg
		第2月末 200kg
		第1正常 100kg
		第1月末 400kg

第1工程月末仕掛品：

$$\frac{2,250,000円}{(5,000kg-300kg-500kg)+(100kg+100kg)+(400kg+200kg)}\times 400kg=180,000円$$

第2工程月末仕掛品：

$$\frac{2,250,000円-180,000円}{(5,000kg-300kg-500kg)+100kg+200kg}\times 200kg=92,000円$$

月末仕掛品原料費 272,000円

完成品原料費：360,000円＋2,250,000円－(180,000円＋92,000円)＝2,338,000円
完成品単位原価：2,338,000円÷5,000kg＝467.6円/kg

問題3-20

仕掛品―Z原料費 (単位：円)

月初仕掛品原価	(137,000)	完成品総合原価	(280,000)
当月製造費用	(280,500)	月末仕掛品原価	(137,500)
	(417,500)		(417,500)

仕掛品―第1工程 (単位：円)

月初仕掛品原価		次工程振替	
当工程費	(61,960)	当工程費	(275,820)
当月製造費用		正常減損費	(5,780)
当工程費	(236,980)	計	(281,600)
		月末仕掛品原価	
		当工程費	(17,340)
	(298,940)		(298,940)

仕掛品―第2工程 (単位：円)

月初仕掛品原価		完成品総合原価	
前工程費	(62,400)	前工程費	(267,200)
当工程費	(20,160)	当工程費	(132,800)
計	(82,560)	正常減損費	(16,000)
当月製造費用		計	(416,000)
前工程費	(281,600)	月末仕掛品原価	
当工程費	(125,440)	前工程費	(64,000)
計	(407,040)	当工程費	(9,600)
		計	(73,600)
	(489,600)		(489,600)

原料費

完成品単位原価 140.0 円/kg

加工費

第1工程完成品単位原価

(a) 月初仕掛品完成分 158.6 円/kg

(b) 当月投入完成分 119.0 円/kg

(c) 当月完成品全体の加重平均単位原価 128.0 円/kg

第2工程完成品単位原価

(a) 月初仕掛品完成分 232.0 円/kg

(b) 当月投入完成分 202.0 円/kg

(c) 当月完成品全体の加重平均単位原価 208.0 円/kg

解答への道

1．原料費の計算

本問は，正常減損費の負担計算方法として非度外視の方法が指示されているが，原料費の計算については，正常減損費の負担を完成品のみとする簡便な処理を行うので，負担計算方法も簡便法としての度外視の方法と同じ結果となる。

仕掛品—Z原料費

	借方		貸方	
137, 000円	第1月初	500kg	完成	2, 000kg
	第2月初	400kg		
280, 500円	当月投入	2, 550kg	第1正常	100kg
			第2正常	100kg
			第1月末	750kg
			第2月末	500kg

（第1正常・第2正常 → 完成品に負担させる。）

完　成　品：137, 000円＋280, 500円－137, 500円＝280, 000円

月末仕掛品：

$$\frac{280,500円}{(2,000kg-500kg-400kg)+(100kg+100kg)+(750kg+500kg)}\times(750kg+500kg)=137,500円$$

完成品単位原価：280, 000円÷2, 000kg＝140. 0円/kg

2．加工費の計算（先入先出法）

正常減損費の処理は非度外視の方法による。なお第1工程，第2工程ともに，正常減損費を負担するのは完成品のみである。

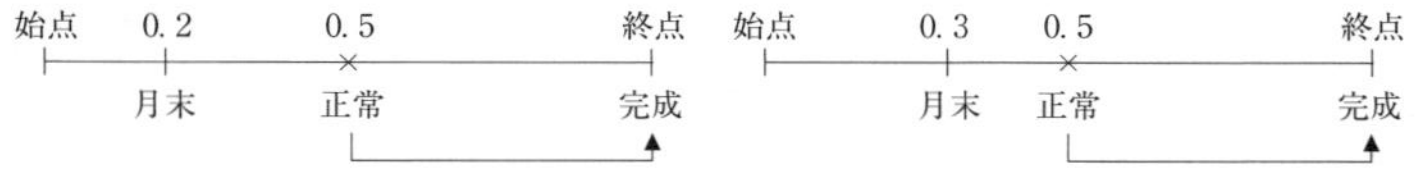

(1) 第1工程の計算

① 加工費の計算

仕掛品—加工費

	借方		貸方	
61, 960円	月初	350kg	完成	2, 200kg
236, 980円	当月投入	2, 050kg	正常	50kg
			月末	150kg

完　成　品：

61, 960円＋236, 980円－(5, 780円＋17, 340円)＝275, 820円

正 常 減 損：

$$\frac{236,980円}{(2,200kg-350kg)+50kg+150kg}\times50kg=5,780円$$

月末仕掛品：

$$\frac{236,980円}{(2,200kg-350kg)+50kg+150kg}\times150kg=17,340円$$

② まとめ

月末仕掛品原価：17, 340円

完成品総合原価：275, 820円＋5, 780円＝281, 600円
（5, 780円：正常減損費）

③ 完成品単位原価の計算

(a) 月初仕掛品完成分：

$$61,960円+\frac{236,980円}{(2,200kg-350kg)+50kg+150kg}\times(500kg-350kg)=79,300円$$

79, 300円÷500kg＝158. 6円/kg

(b) 当月投入完成分：

(281, 600円－79, 300円)÷(2, 200kg－500kg)＝119. 0円/kg

(c) 当月完成品全体の加重平均単位原価

281, 600円÷2, 200kg＝128. 0円/kg

(2) 第2工程の計算

① 前工程費の計算

仕掛品—前工程費

	借方		貸方	
62, 400円	月初	400kg	完成	2, 000kg
281, 600円	当月投入	2, 200kg	正常	100kg
			月末	500kg

完　成　品：

62, 400円＋281, 600円－(12, 800円＋64, 000円)＝267, 200円

正 常 減 損：

$$\frac{281,600円}{(2,000kg-400kg)+100kg+500kg}\times100kg=12,800円$$

月末仕掛品：

$$\frac{281,600円}{(2,000kg-400kg)+100kg+500kg}\times500kg=64,000円$$

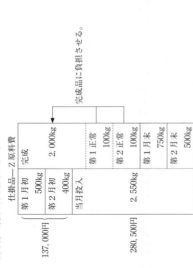

② 加工費の計算

仕掛品―前工程費

20,160円	月初 240kg	完成 2,000kg
125,440円	当月投入 1,960kg	正常 50kg
		月末 150kg

完　成　品：

20,160円＋125,440円－(3,200円＋9,600円)＝132,800円

正常減損：

$\frac{125,440円}{(2,000kg-240kg)+50kg+150kg}\times 50kg=3,200円$

月末仕掛品：

$\frac{125,440円}{(2,000kg-240kg)+50kg+150kg}\times 150kg=9,600円$

③ まとめ

月末仕掛品原価：64,000円＋9,600円＝73,600円

完成品総合原価：267,200円＋132,800円＋(12,800円＋3,200円)＝416,000円（正常減損費）

④ 完成品単位原価の計算

(a) 月初仕掛品完成分：

$62,400円+20,160円+\frac{125,440円}{(2,000kg-240kg)+50kg+150kg}\times(400kg-240kg)=92,800円$

92,800円÷400kg＝232.0円/kg

(b) 当月投入完成分：

(416,000円－92,800円)÷(2,000kg－400kg)＝202.0円/kg

(c) 当月完成品全体の加重平均単位原価

416,000円÷2,000kg＝208.0円/kg

問題3-21

仕　掛　品　（単位：円）

月初仕掛品原価	(93,000)	製　品	(1,550,000)
材　料	(396,000)	月末仕掛品原価	(62,000)
加　工　費	(1,123,000)		
	(1,612,000)		(1,612,000)

解答への道

1．生産状況の整理

第1工程完了品の第2工程への振替量は，第1工程完了品の月初・月末在庫を考慮して求める。ただし，製品N1個の製造に第1工程完了品を2単位投入したため，第2工程の当月投入量は3,100個（＝6,200単位÷2単位/個）となることに注意する。

第1工程仕掛品

当月投入 ？単位	当月完了 5,800単位
	正常 ？単位

→ 第1工程完了品

月初 800単位	第2工程へ 6,200単位（貸借差引）
当月完了 5,800単位	月末 400単位

→ 第2工程仕掛品

当月投入 3,100個 [6,200単位÷2単位/個]	最終完成 3,000個
	正常 100個

2．第1工程の計算

問題指示に，正常仕損が生じているとあるものの，その量は不明である。ただし，工程内在庫が存在しないことから，当該正常仕損費は全額，第1工程完了品が負担することとなる。したがって，投入原価がそのまま完了品原価となることから，下記の解説では便宜上，度外視法により処理している（第2工程も同様）。

第1工程仕掛品

当月投入 ？単位	当月完了 5,800単位 899,000円
材料 396,000円	
加工 503,000円	正常仕損 ？単位

3．第1工程完了品の第2工程への振替額の計算（先入先出法）

本問では，第1工程の完了品に月初・月末在庫があるため，第1工程完了品の完成量がそのまま第2工程への投入量とはならない。

そこで，問題の指示から，先入先出法によって，第2工程への振替額を計算する。

第1工程完了品

月　初 800単位 93,000円	第2工程へ 6,200単位（貸借差引） 930,000円
当月完了5,800単位 899,000円	月　末 400単位 62,000円

月末仕掛品：$\frac{899,000円}{5,800単位}\times 400単位=62,000円$

完　成　品：93,000円＋899,000円－62,000円＝930,000円

4．第2工程の計算

問題指示に，正常仕損が生じているとあることから，下記のボックスにおける貸借の数量差は正常仕損であることがわかる。なお，第2工程も工程内在庫が存在しないことから，当該正常仕損費は全額，最終完成品が負担することとなる。したがって，投入原価をそのまま完了品原価とすればよい。

第2工程仕掛品

当月投入 3,100個	最終完成 3,000個
前工 930,000円	1,550,000円
加工 620,000円	正常仕損 100個 ←貸借差引

5．仕掛品勘定の記入

本問における仕掛品勘定は工程別に区分されていないため，すべての工程の原価ボックスをまとめて仕掛品勘定に記入する。その際，貸借で重複する部分（下記　　部）は相殺されることになる。

〔借方〕

月初仕掛品原価：　93, 000円（第1工程完了品月初有高）

材　　　料：　396, 000円（第1工程での投入額）

加　工　費：　503, 000円＋620, 000円＝1, 123, 000円

〔貸方〕

製　　　品：1, 550, 000円（最終完成品原価）

月末仕掛品原価：　62, 000円（第1工程完了品月末有高）

Theme 04 組別・等級別総合原価計算

問題4-1

仕掛品—ＣＬ　（単位：円）

月初仕掛品原価		完成品総合原価	
A 原料費	263, 400	A 原料費	(1, 192, 800)
加工費	54, 720	加工費	(1, 310, 400)
計	318, 120	計	(2, 503, 200)
当月製造費用		月末仕掛品原価	
A 原料費	(1, 099, 800)	A 原料費	(170, 400)
加工費		加工費	(112, 320)
組直接費	547, 200	計	(282, 720)
組間接費	(820, 800)		
計	(2, 467, 800)		
	(2, 785, 920)		(2, 785, 920)

仕掛品—ＣＸ　（単位：円）

月初仕掛品原価		完成品総合原価	
B 原料費	172, 000	B 原料費	(940, 000)
加工費	112, 000	加工費	(886, 000)
計	284, 000	計	(1, 826, 000)
当月製造費用		月末仕掛品原価	
B 原料費	(1, 056, 000)	B 原料費	(288, 000)
加工費		加工費	(108, 000)
組直接費	369, 000	計	(396, 000)
組間接費	(513, 000)		
計	(1, 938, 000)		
	(2, 222, 000)		(2, 222, 000)

製品ＣＬ完成品単位原価　894. 0 円/kg

製品ＣＸ完成品単位原価　913. 0 円/kg

解答への道

1．当月製造費用の製品別集計

(1) 製品ＣＬ

A原料費：@446円×300kg＋@420円×(3, 000kg－700kg)＝1, 099, 800円

加 工 費：

組直接費；　547, 200円

組間接費；$\frac{1,333,800\text{円}}{1,600\text{時}+1,000\text{時}}\times 1,600\text{時}=$ 820, 800円

加工費計　1, 368, 000円

(2) 製品ＣＸ

Ｂ原料費：@463円×500kg＋@485円×(2, 100kg－400kg)＝1, 056, 000円

加 工 費：

組直接費；　369, 000円

組間接費；$\frac{1,333,800\text{円}}{1,600\text{時}+1,000\text{時}}\times 1,000\text{時}=$ 513, 000円

加工費計　882, 000円

2．製品ＣＬの計算（平均法）

(1) Ａ原料費の計算

仕掛品—Ａ原料費

263, 400円	月初 600kg	完成 2, 800kg
1, 099, 800円	当月投入 2, 600kg	月末 400kg

完 成 品：

263, 400円＋1, 099, 800円－170, 400円＝1, 192, 800円

月末仕掛品：

$\frac{263,400\text{円}+1,099,800\text{円}}{2,800\text{kg}+400\text{kg}}\times 400\text{kg}=170,400\text{円}$

(2) 加工費の計算

仕掛品—加工費

54, 720円	月初 180kg	完成 2, 800kg
1, 368, 000円	当月投入 2, 860kg	月末 240kg

完 成 品：

54, 720円＋1, 368, 000円－112, 320円＝1, 310, 400円

月末仕掛品：

$\frac{54,720\text{円}+1,368,000\text{円}}{2,800\text{kg}+240\text{kg}}\times 240\text{kg}=112,320\text{円}$

(3) まとめ

月末仕掛品原価：170, 400円＋112, 320円＝282, 720円

完成品総合原価：1, 192, 800円＋1, 310, 400円＝2, 503, 200円

完成品単位原価：2, 503, 200円÷2, 800kg＝894. 0円/kg

3．製品ＣＸの計算（先入先出法）

(1) Ｂ原料費の計算

仕掛品—Ｂ原料費

172, 000円	月初 400kg	完成 2, 000kg
1, 056, 000円	当月投入 2, 200kg	月末 600kg

完　成　品：172, 000円＋1, 056, 000円－288, 000円＝940, 000円

月末仕掛品：$\frac{1,056,000\text{円}}{(2,000\text{kg}-400\text{kg})+600\text{kg}}\times 600\text{kg}=288,000\text{円}$

(2) 加工費の計算

仕掛品—加工費

112, 000円	月初 280kg	完成 2, 000kg
882, 000円	当月投入 1, 960kg	月末 240kg

完　成　品：112, 000円＋882, 000円－108, 000円＝886, 000円

月末仕掛品：$\frac{882,000\text{円}}{(2,000\text{kg}-280\text{kg})+240\text{kg}}\times 240\text{kg}=108,000\text{円}$

(3) まとめ

月末仕掛品原価：288, 000円＋108, 000円＝396, 000円

完成品総合原価：940, 000円＋886, 000円＝1, 826, 000円

完成品単位原価：1, 826, 000円÷2, 000kg＝913. 0円/kg

問題4-2

仕 掛 品—ＡＬ　（単位：円）

月初仕掛品原価		完成品総合原価	
原料費	78, 100	原料費	(568, 000)
加工費	39, 600	加工費	(552, 000)
計	117, 700	計	(1, 120, 000)
当月製造費用		月末仕掛品原価	
原料費	607, 200	原料費	(117, 300)
加工費		加工費	(47, 600)
組直接費	205, 120	計	(164, 900)
組間接費	(354, 880)		
計	(1, 167, 200)		
	(1, 284, 900)		(1, 284, 900)

仕 掛 品―B X			(単位：円)
月初仕掛品原価		完成品総合原価	
原　料　費	61, 080	原　料　費	(890, 000)
加　工　費	35, 640	加　工　費	(630, 000)
計	96, 720	計	(1, 520, 000)
当月製造費用		月末仕掛品原価	
原　料　費	919, 020	原　料　費	(90, 100)
加　工　費		加　工　費	(38, 100)
組 直 接 費	138, 360	計	(128, 200)
組 間 接 費	(494, 100)		
計	(1, 551, 480)		
	(1, 648, 200)		(1, 648, 200)

製品ＡＬ完成品単位原価　280. 0　円/個

製品ＢＸ完成品単位原価　304. 0　円/個

解答への道

1．加工費の集計（(　　) 内は組間接費の配賦基準）

(1)　製品ＡＬ

動力部費（当月原料費）：$\frac{457,866円}{1,526,220円}$ × 607, 200円 = 182, 160円

修繕部費（当月組直接費）：$\frac{85,870円}{343,480円}$ × 205, 120円 = 51, 280円

検収部費（当月原料費）：$\frac{305,244円}{1,526,220円}$ × 607, 200円 = 121, 440円

組間接費計	354, 880円
組直接費	205, 120円
加工費合計	560, 000円

(2)　製品ＢＸ

動力部費（当月原料費）：$\frac{457,866円}{1,526,220円}$ × 919, 020円 = 275, 706円

修繕部費（当月組直接費）：$\frac{85,870円}{343,480円}$ × 138, 360円 = 34, 590円

検収部費（当月原料費）：$\frac{305,244円}{1,526,220円}$ × 919, 020円 = 183, 804円

組間接費計	494, 100円
組直接費	138, 360円
加工費合計	632, 460円

2．製品ＡＬの計算（先入先出法）

正常仕損は終点発生なので，完成品だけが正常仕損費を負担する。

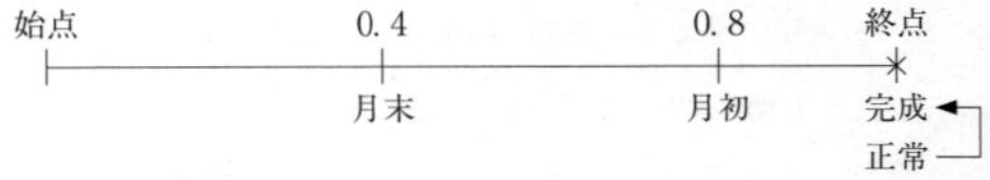

(1)　原料費の計算

仕掛品―原料費

78, 100円	月初 550個	完成 4, 000個
607, 200円	当月投入 4, 400個	正常 100個
		月末 850個

完　成　品：

78, 100円 + 607, 200円 − 117, 300円 = 568, 000円

月末仕掛品：

$\frac{607,200円}{(4,000個 - 550個) + 100個 + 850個}$ × 850個 = 117, 300円

(2)　加工費の計算

仕掛品―原料費

39, 600円	月初 440個	完成 4, 000個
560, 000円	当月投入 4, 000個	正常 100個
		月末 340個

完　成　品：

39, 600円 + 560, 000円 − 47, 600円 = 552, 000円

月末仕掛品：

$\frac{560,000円}{(4,000個 - 440個) + 100個 + 340個}$ × 340個 = 47, 600円

(3)　まとめ

月末仕掛品原価：117, 300円 + 47, 600円 = 164, 900円

完成品総合原価：568, 000円 + 552, 000円 = 1, 120, 000円

完成品単位原価：1, 120, 000円 ÷ 4, 000個 = 280. 0円/個

3．製品ＢＸの計算（先入先出法）

完成品と月末仕掛品が正常仕損費を負担する。

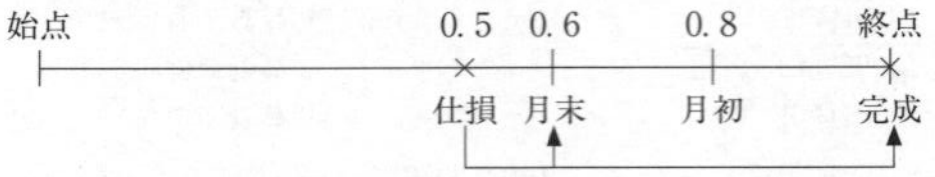

⑴　原料費の計算

仕掛品―原料費

61, 080円	月初 400個	完成 5, 000個
919, 020円	当月投入 5, 300個	正常 200個
		月末 500個

完　成　品：

61, 080円＋919, 020円－90, 100円＝890, 000円

月末仕掛品：

$\dfrac{919,020円}{(5,000個-400個)+500個} \times 500個 = 90,100円$

⑵　加工費の計算

仕掛品―加工費

35, 640円	月初 320個	完成 5, 000個
632, 460円	当月投入 5, 080個	正常 100個
		月末 300個

完　成　品：

35, 640円＋632, 460円－38, 100円＝630, 000円

月末仕掛品：

$\dfrac{632,460円}{(5,000個-320個)+300個} \times 300個 = 38,100円$

⑶　まとめ

月末仕掛品原価：90, 100円＋38, 100円＝128, 200円

完成品総合原価：890, 000円＋630, 000円＝1, 520, 000円

完成品単位原価：1, 520, 000円÷5, 000個＝304. 0円/個

問題4-3

仕掛品―ＤＣ　（単位：円）

月初仕掛品原価		完成品総合原価	
A 原料費	38, 700	A 原料費	(120, 000)
加工費	13, 320	加工費	(150, 000)
計	52, 020	正常仕損費	(24, 000)
当月製造費用		計	(294, 000)
A 原料費	(165, 300)	仕損品評価額	(3, 000)
加工費	(211, 680)	月末仕掛品原価	
計	(376, 980)	A 原料費	(60, 000)
		加工費	(60, 000)
		正常仕損費	(12, 000)
		計	(132, 000)
	(429, 000)		(429, 000)

仕掛品―ＦＦ　（単位：円）

月初仕掛品原価		完成品総合原価	
B 原料費	154, 400	B 原料費	(270, 000)
加工費	28, 140	加工費	(225, 000)
計	182, 540	正常仕損費	(24, 000)
当月製造費用		計	(519, 000)
B 原料費	(223, 600)	仕損品評価額	(1, 500)
加工費	(234, 360)	月末仕掛品原価	
計	(457, 960)	B 原料費	(90, 000)
		加工費	(30, 000)
		計	(120, 000)
	(640, 500)		(640, 500)

製品ＤＣ完成品単位原価　294. 0　円/個

製品ＦＦ完成品単位原価　346. 0　円/個

加工費配賦差異

総差異　3, 960　円（借方・~~貸方~~）

予算差異　840　円（~~借方~~・貸方）

操業度差異　4, 800　円（借方・~~貸方~~）

（　）内の借方・貸方のうち不要な文字を二重線（══）で消去しなさい。

解答への道

1．当月製造費用の製品別集計

(1) 製品ＤＣ

Ａ　原　料　費：@154.5円×200kg＋@140円×(1,360kg－400kg)＝165,300円

加工費予定配賦額：@126円(＊)×1,680時＝211,680円

(2) 製品ＦＦ

Ｂ　原　料　費：@223円×400kg＋@210円×(840kg－200kg)＝223,600円

加工費予定配賦額：@126円(＊)×1,860時＝234,360円

(＊) 加工費予定配賦率：46円/時＋$\frac{288,000円}{3,600直接作業時間}$＝126円/時

2．製品ＤＣの計算（平均法・非度外視の方法）

(1) Ａ原料費の計算

仕掛品―Ａ原料費

38,700円	月初 250個	完成 1,000個
165,300円	当月投入 1,450個	正常 200個
		月末 500個

完　成　品：

38,700円＋165,300円－(24,000円＋60,000円)＝120,000円

正常仕損：

$\frac{38,700円＋165,300円}{1,000個＋200個＋500個}$×200個＝24,000円

月末仕掛品：

$\frac{38,700円＋165,300円}{1,000個＋200個＋500個}$×500個＝60,000円

(2) 加工費の計算

仕掛品―加工費

13,320円	月初 100個	完成 1,000個
211,680円	当月投入 1,400個	正常 100個
		月末 400個

完　成　品：

13,320円＋211,680円－(15,000円＋60,000円)＝150,000円

正常仕損：

$\frac{13,320円＋211,680円}{1,000個＋100個＋400個}$×100個＝15,000円

月末仕掛品：

$\frac{13,320円＋211,680円}{1,000個＋100個＋400個}$×400個＝60,000円

(3) 正常仕損費の追加配賦

完成品と月末仕掛品が正常仕損費を負担する。

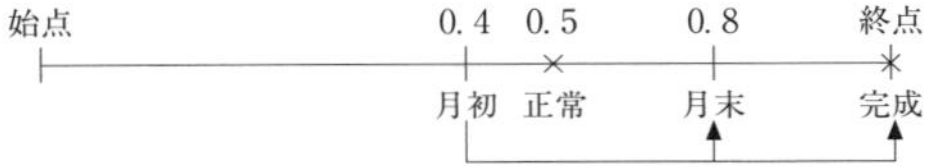

$\frac{(24,000円＋15,000円)－15円×200個}{1,000個＋500個}$× 1,000個＝24,000円〈完成品負担額〉 / 500個＝12,000円〈月末仕掛品負担額〉

(4) まとめ

月末仕掛品原価：60,000円＋60,000円＋12,000円＝132,000円

完成品総合原価：120,000円＋150,000円＋24,000円＝294,000円

完成品単位原価：294,000円÷1,000個＝294.0円/個

3．製品ＦＦの計算（平均法・非度外視の方法）

(1) Ｂ原料費の計算

仕掛品―Ｂ原料費

154,400円	月初 800個	完成 1,500個
223,600円	当月投入 1,300個	正常 100個
		月末 500個

完　成　品：

154,400円＋223,600円－(18,000円＋90,000円)＝270,000円

正 常 仕 損：

$\frac{154,400円＋223,600円}{1,500個＋100個＋500個}$×100個＝18,000円

月末仕掛品：

$\frac{154,400円＋223,600円}{1,500個＋100個＋500個}$×500個＝90,000円

(2) 加工費の計算

仕掛品―加工費

28,140円	月初 200個	完成 1,500個
234,360円	当月投入 1,550個	正常 50個
		月末 200個

完　成　品：

28,140円＋234,360円－(7,500円＋30,000円)＝225,000円

正 常 仕 損：

$\frac{28,140円＋234,360円}{1,500個＋50個＋200個}$×50個＝7,500円

月末仕掛品：

$\frac{28,140円＋234,360円}{1,500個＋50個＋200個}$×200個＝30,000円

(3) 正常仕損費の追加配賦

月末仕掛品は正常仕損の発生点を通過していないので，完成品だけが正常仕損費を負担する。

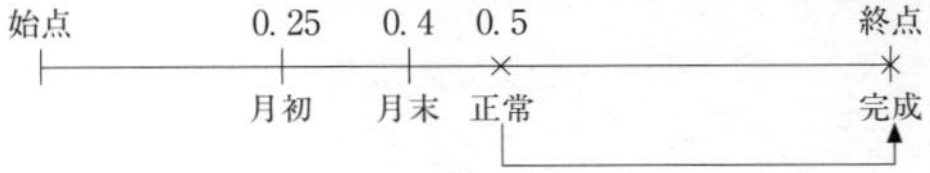

(18,000円＋7,500円)－15円×100個＝24,000円

(4) まとめ

月末仕掛品原価：90,000円＋30,000円＝120,000円

完成品総合原価：270,000円＋225,000円＋24,000円＝519,000円

完成品単位原価：519,000円÷1,500個＝346.0円/個

4．加工費配賦差異の分析

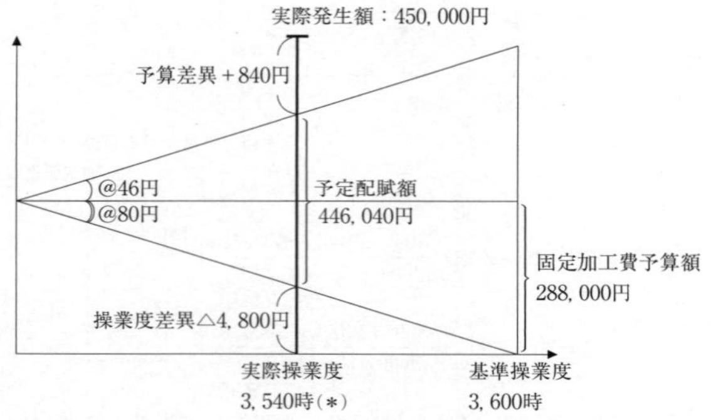

（＊） 1, 680時〈製品ＤＣ〉＋1, 860時〈製品ＦＦ〉＝3, 540時

総　差　異：(211, 680円＋234, 360円)－450, 000円＝(−)3, 960円〔借方〕
（予定配賦額：211, 680円＋234, 360円）

予 算 差 異：(46円/時×3, 540時＋288, 000円)－450, 000円＝(+)840円〔貸方〕

操業度差異：80円/時×(3, 540時－3, 600時)＝(−)4, 800円〔借方〕

問題4-4

第１工程―ＮＡ　（単位：円）

月初仕掛品原価		次工程振替	
原料費	90, 000	原料費	(336, 000)
加工費	38, 700	加工費	(464, 000)
計	128, 700	計	(800, 000)
当月製造費用		月末仕掛品原価	
原料費	(330, 000)	原料費	(84, 000)
加工費		加工費	(34, 800)
組直接費	216, 350	計	(118, 800)
組間接費	(243, 750)		
計	(790, 100)		
	(918, 800)		(918, 800)

第２工程―ＮＡ　（単位：円）

月初仕掛品原価		完成品総合原価	
前工程費	88, 100	前工程費	(722, 100)
加工費	57, 300	加工費	(417, 600)
計	145, 400	計	(1, 139, 700)
当月製造費用		月末仕掛品原価	
前工程費	(800, 000)	前工程費	(166, 000)
加工費		加工費	(67, 200)
組直接費	197, 000	計	(233, 200)
組間接費	(230, 500)		
計	(1, 227, 500)		
	(1, 372, 900)		(1, 372, 900)

第１工程―ＮＸ　（単位：円）

月初仕掛品原価		次工程振替	
原料費	58, 870	原料費	(435, 000)
加工費	22, 560	加工費	(725, 000)
計	81, 430	計	(1, 160, 000)
当月製造費用		月末仕掛品原価	
原料費	(445, 730)	原料費	(69, 600)
加工費		加工費	(92, 800)
組直接費	445, 240	計	(162, 400)
組間接費	(350, 000)		
計	(1, 240, 970)		
	(1, 322, 400)		(1, 322, 400)

第２工程―ＮＸ　（単位：円）

月初仕掛品原価		完成品総合原価	
前工程費	82, 000	前工程費	(920, 000)
加工費	15, 360	加工費	(272, 000)
計	97, 360	計	(1, 192, 000)
当月製造費用		月末仕掛品原価	
前工程費	(1, 160, 000)	前工程費	(322, 000)
加工費		加工費	(76, 160)
組直接費	22, 800	計	(398, 160)
組間接費	(310, 000)		
計	(1, 492, 800)		
	(1, 590, 160)		(1, 590, 160)

解答への道

1．加工費の集計

(1) 製品ＮＡ

	第１工程	第２工程
組間接費	$\frac{1,134,250円}{4,537時}$×975時＝243,750円	$\frac{1,134,250円}{4,537時}$×922時＝230,500円
組直接費	216,350	197,000
加工費合計	460,100円	427,500円

(2) 製品ＮＸ

	第１工程	第２工程
組間接費	$\frac{1,134,250円}{4,537時}$×1,400時＝350,000円	$\frac{1,134,250円}{4,537時}$×1,240時＝310,000円
組直接費	445,240	22,800
加工費合計	795,240円	332,800円

2．製品ＮＡの計算（平均法）

(1) 第１工程の計算

月末仕掛品も正常減損の発生点を通過しているので，完成品と月末仕掛品が正常減損費を負担する。

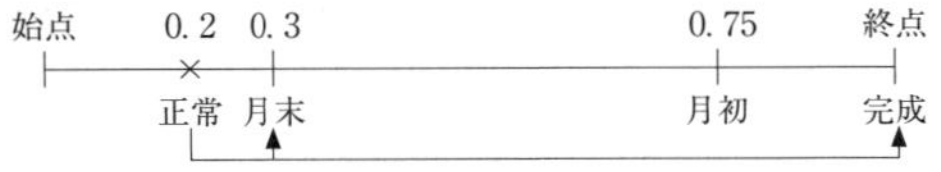

① 原料費の計算

仕掛品―原料費

	借方	貸方
90,000円	月初 400kg	完成 2,000kg
330,000円	当月投入 2,200kg	~~正常 100kg~~
		月末 500kg

完　成　品：
90,000円＋330,000円－84,000円＝336,000円

月末仕掛品：
$\frac{90,000円＋330,000円}{2,000kg＋500kg}$×500kg＝84,000円

② 加工費の計算

仕掛品―加工費

	借方	貸方
38,700円	月初 300kg	完成 2,000kg
460,100円	当月投入 1,870kg	~~正常 20kg~~
		月末 150kg

完　成　品：
38,700円＋460,100円－34,800円＝464,000円

月末仕掛品：
$\frac{38,700円＋460,100円}{2,000kg＋150kg}$×150kg＝34,800円

③ まとめ

月末仕掛品原価：84,000円＋34,800円＝118,800円

完成品総合原価：336,000円＋464,000円＝800,000円

(2) 第２工程の計算

正常減損は終点発生なので，完成品だけが正常減損費を負担する。

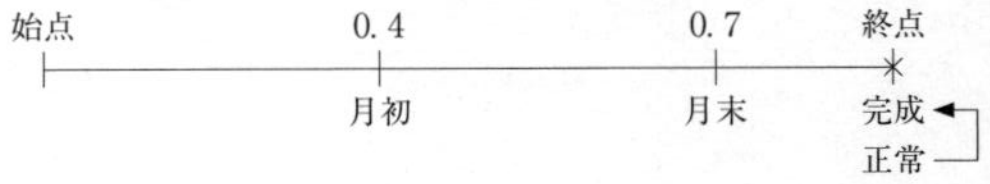

① 前工程費の計算

仕掛品―前工程費

	借方	貸方
88,100円	月初 140kg	完成 1,500kg
800,000円	当月投入 2,000kg	正常 240kg
		月末 400kg

完　成　品：
88,100円＋800,000円－166,000円＝722,100円

月末仕掛品：
$\frac{88,100円＋800,000円}{1,500kg＋240kg＋400kg}$×400kg＝166,000円

② 加工費の計算

仕掛品―加工費

	借方	貸方
57,300円	月初 56kg	完成 1,500kg
427,500円	当月投入 1,964kg	正常 240kg
		月末 280kg

完　成　品：
57,300円＋427,500円－67,200円＝417,600円

月末仕掛品：
$\frac{57,300円＋427,500円}{1,500kg＋240kg＋280kg}$×280kg＝67,200円

③ まとめ

月末仕掛品原価：166,000円＋67,200円＝233,200円

完成品総合原価：722,100円＋417,600円＝1,139,700円

3．製品NXの計算（平均法）

(1) 第１工程の計算

月末仕掛品も正常減損の発生点を通過しているので，完成品と月末仕掛品が正常減損費を負担する。

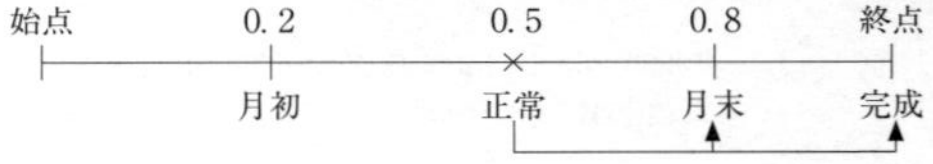

① 原料費の計算

仕掛品—原料費

58, 870円	月初 350kg	完成 2, 500kg	完　成　品：58, 870円＋445, 730円－69, 600円＝435, 000円
445, 730円	当月投入 2, 650kg	正常 100kg	月末仕掛品：
		月末 400kg	$\frac{58,870円+445,730円}{2,500kg+400kg}\times 400kg=69,600円$

② 加工費の計算

仕掛品—加工費

22, 560円	月初 70kg	完成 2, 500kg	完　成　品：22, 560円＋795, 240円－92, 800円＝725, 000円
795, 240円	当月投入 2, 800kg	正常 50kg	月末仕掛品：
		月末 320kg	$\frac{22,560円+795,240円}{2,500kg+320kg}\times 320kg=92,800円$

③ まとめ

月末仕掛品原価：69, 600円＋92, 800円＝162, 400円

完成品総合原価：435, 000円＋725, 000円＝1, 160, 000円

(2) 第２工程の計算

① 前工程費の計算

仕掛品—前工程費

82, 000円	月初 200kg	完成 2, 000kg	完　成　品：82, 000円＋1, 160, 000円－322, 000円＝920, 000円
1, 160, 000円	当月投入 2, 500kg	月末 700kg	月末仕掛品：$\frac{82,000円+1,160,000円}{2,000kg+700kg}\times 700kg=322,000円$

② 加工費の計算

仕掛品—加工費

15, 360円	月初 80kg	完成 2, 000kg	完　成　品：15, 360円＋332, 800円－76, 160円＝272, 000円
332, 800円	当月投入 2, 480kg	月末 560kg	月末仕掛品：$\frac{15,360円+332,800円}{2,000kg+560kg}\times 560kg=76,160円$

③ まとめ

月末仕掛品原価：322, 000円＋76, 160円＝398, 160円

完成品総合原価：920, 000円＋272, 000円＝1, 192, 000円

問題4-5

第１工程—A　（単位：円）

月初仕掛品原価		次工程振替	
原料費	105, 000	原料費	(220, 000)
加工費	21, 600	加工費	(180, 000)
計	126, 600	計	(400, 000)
当月製造費用		月末仕掛品原価	
原料費	(207, 000)	原料費	(92, 000)
加工費		加工費	(39, 600)
直接労務費	(100, 000)	計	(131, 600)
製造間接費	(98, 000)		
計	(405, 000)		
	(531, 600)		(531, 600)

第２工程—A　（単位：円）

月初仕掛品原価		完成品総合原価	
前工程費	180, 000	前工程費	(420, 000)
加工費	92, 400	加工費	(420, 000)
計	272, 400	計	(840, 000)
当月製造費用		月末仕掛品原価	
前工程費	(400, 000)	前工程費	(160, 000)
加工費		加工費	(72, 800)
直接労務費	(312, 000)	計	(232, 800)
製造間接費	(88, 400)		
計	(800, 400)		
	(1, 072, 800)		(1, 072, 800)

製品B

第１工程完成品単位原価　420. 0　円/kg

第２工程完成品単位原価　792. 0　円/kg

解答への道

1．当月製造費用の計算

(1) 原料費：製品A　200円/ℓ(＊)×1,035ℓ＝207,000円

製品B　200円/ℓ(＊)×(400ℓ＋1,800ℓ－355ℓ－1,035ℓ)＝162,000円

(＊) 消費単価：$\dfrac{191円/ℓ\times400ℓ+202円/ℓ\times1,800ℓ}{400ℓ+1,800ℓ}$＝200円/ℓ

(2) 直接労務費：製品A　第1工程　500円/時×200時＝100,000円

第2工程　600円/時×520時＝312,000円

製品B　第1工程　460円/時×250時＝115,000円

第2工程　600円/時×350時＝210,000円

(3) 製造間接費：

① 補助部門費の配賦

	第1工程	第2工程	動力部	修繕部
1次集計費	148,100円	120,300円	30,000円	70,000円
動力部費	20,400(＊1)	9,600(＊1)		
修繕部費	52,000(＊2)	18,000(＊2)		
合計	220,500円	147,900円		

(＊1) 動力部費の配賦：$\dfrac{30,000円}{34kwh+16kwh}\times\begin{cases}34kwh=20,400円\\16kwh=9,600円\end{cases}$

(＊2) 修繕部費の配賦：$\dfrac{70,000円}{52時+18時}\times\begin{cases}52時=52,000円\\18時=18,000円\end{cases}$

② 製品別・工程別の製造間接費配賦額

製品A　第1工程　490円/時(＊1)×200時＝ 98,000円

第2工程　170円/時(＊2)×520時＝ 88,400円

製品B　第1工程　490円/時(＊1)×250時＝122,500円

第2工程　170円/時(＊2)×350時＝ 59,500円

(＊1) 第1工程製造間接費配賦率：$\dfrac{220,500円}{200時+250時}$＝490円/時

(＊2) 第2工程製造間接費配賦率：$\dfrac{147,900円}{520時+350時}$＝170円/時

(4) 加工費：

以上より，製品別・工程別加工費（直接労務費＋製造間接費）は次のとおりである。

製品A　第1工程　100,000円＋ 98,000円＝198,000円

第2工程　312,000円＋ 88,400円＝400,400円

製品B　第1工程　115,000円＋122,500円＝237,500円

第2工程　210,000円＋ 59,500円＝269,500円

2．製品Aの計算（修正先入先出法）

(1) 第1工程の計算

① 原料費の計算

仕掛品―原料費

105,000円	月初 500kg	完成 1,000kg
207,000円	当月投入 900kg	月末 400kg

完　成　品：

105,000円＋207,000円－92,000円＝220,000円

月末仕掛品：

$\dfrac{207,000円}{(1,000kg-500kg)+400kg}\times400kg$＝92,000円

② 加工費の計算

仕掛品―加工費

21,600円	月初 200kg	完成 1,000kg
198,000円	当月投入 1,000kg	月末 200kg

完　成　品：

21,600円＋198,000円－39,600円＝180,000円

月末仕掛品：

$\dfrac{198,000円}{(1,000kg-200kg)+200kg}\times200kg$＝39,600円

③ まとめ

月末仕掛品原価：92,000円＋39,600円＝131,600円

完成品総合原価：220,000円＋180,000円＝400,000円

(2) 第2工程の計算

① 前工程費の計算

仕掛品―前工程費

180,000円	月初 600kg	完成 1,200kg
400,000円	当月投入 1,000kg	月末 400kg

完　成　品：

180,000円＋400,000円－160,000円＝420,000円

月末仕掛品：

$\dfrac{400,000円}{(1,200kg-600kg)+400kg}\times400kg$＝160,000円

② 加工費の計算

仕掛品―加工費

92,400円	月初 300kg	完成 1,200kg
400,400円	当月投入 1,100kg	月末 200kg

完　成　品：

92,400円＋400,400円－72,800円＝420,000円

月末仕掛品：

$\dfrac{400,400円}{(1,200kg-300kg)+200kg}\times200kg$＝72,800円

③ まとめ

月末仕掛品原価：160, 000円 + 72, 800円 = 232, 800円

完成品総合原価：420, 000円 + 420, 000円 = 840, 000円

3．製品Bの計算（修正先入先出法）

(1) 第1工程の計算

① 原料費の計算

仕掛品—原料費

82, 800円	月初 500kg	完成 800kg
162, 000円	当月投入 900kg	月末 600kg

完　成　品：

82, 800円 + 162, 000円 − 108, 000円 = 136, 800円

月末仕掛品：

$\frac{162,000円}{(800kg-500kg)+600kg}\times 600kg = 108,000円$

② 加工費の計算

仕掛品—加工費

36, 700円	月初 150kg	完成 800kg
237, 500円	当月投入 950kg	月末 300kg

完　成　品：

36, 700円 + 237, 500円 − 75, 000円 = 199, 200円

月末仕掛品：

$\frac{237,500円}{(800kg-150kg)+300kg}\times 300kg = 75,000円$

③ まとめ

月末仕掛品原価：108, 000円 + 75, 000円 = 183, 000円

完成品総合原価：136, 800円 + 199, 200円 = 336, 000円

完成品単位原価：336, 000円 ÷ 800kg = 420. 0円/kg

(2) 第2工程の計算

① 前工程費の計算

仕掛品—前工程費

79, 200円	月初 200kg	完成 600kg
336, 000円	当月投入 800kg	月末 400kg

完　成　品：

79, 200円 + 336, 000円 − 168, 000円 = 247, 200円

月末仕掛品：

$\frac{336,000円}{(600kg-200kg)+400kg}\times 400kg = 168,000円$

② 加工費の計算

仕掛品—加工費

35, 500円	月初 100kg	完成 600kg
269, 500円	当月投入 700kg	月末 200kg

完　成　品：

35, 500円 + 269, 500円 − 77, 000円 = 228, 000円

月末仕掛品：

$\frac{269,500円}{(600kg-100kg)+200kg}\times 200kg = 77,000円$

③ まとめ

月末仕掛品原価：168, 000円 + 77, 000円 = 245, 000円

完成品総合原価：247, 200円 + 228, 000円 = 475, 200円

完成品単位原価：475, 200円 ÷ 600kg = 792. 0円/kg

問題4-6

仕　掛　品—A　（単位：円）

月初仕掛品原価		完成品総合原価	
原　料　費	74, 100	原　料　費	(564, 000)
加　工　費	98, 670	加　工　費	(924, 000)
計	172, 770	計	(1, 488, 000)
当月製造費用		月末仕掛品原価	
原　料　費	607, 200	原　料　費	(117, 300)
加　工　費	(902, 000)	加　工　費	(76, 670)
計	(1, 509, 200)	計	(193, 970)
	(1, 681, 970)		(1, 681, 970)

仕　掛　品—B　（単位：円）

月初仕掛品原価		完成品総合原価	
原　料　費	71, 080	原　料　費	(900, 000)
加　工　費	64, 000	加　工　費	(1, 000, 000)
計	135, 080	計	(1, 900, 000)
当月製造費用		月末仕掛品原価	
原　料　費	919, 020	原　料　費	(90, 100)
加　工　費	(996, 000)	加　工　費	(60, 000)
計	(1, 915, 020)	計	(150, 100)
	(2, 050, 100)		(2, 050, 100)

製品A完成品単位原価　372 円/個

製品B完成品単位原価　380 円/個

解答への道

1．加工費の集計（活動基準原価計算）

(1) 機械作業コスト・プール（配賦基準は機械作業時間）

3, 000, 000円÷15, 000時間＝@200円

@200円×｛製品A1, 800時間＝360, 000円
　　　　　製品B2, 600時間＝520, 000円

(2) 段取コスト・プール（配賦基準は段取回数）

1, 000, 000円÷400回＝@2, 500円

@2, 500円×｛製品A60回＝150, 000円
　　　　　　製品B20回＝ 50, 000円

(3) 材料取扱コスト・プール（配賦基準は材料重量）

2, 000, 000円÷5, 000kg＝@400円

@400円×｛製品A880kg＝352, 000円
　　　　　製品B530kg＝212, 000円

(4) 管理活動コスト・プール（配賦基準は直接作業時間）

1, 600, 000円÷16, 000時間＝@100円

@100円×｛製品A　400時間＝ 40, 000円
　　　　　製品B2, 140時間＝214, 000円

(5) まとめ

製品A：360, 000円＋150, 000円＋352, 000円＋40, 000円＝902, 000円

製品B：520, 000円＋50, 000円＋212, 000円＋214, 000円＝996, 000円

2．製品Aの計算（先入先出法）

正常仕損は終点発生なので，完成品だけが正常仕損費を負担する。

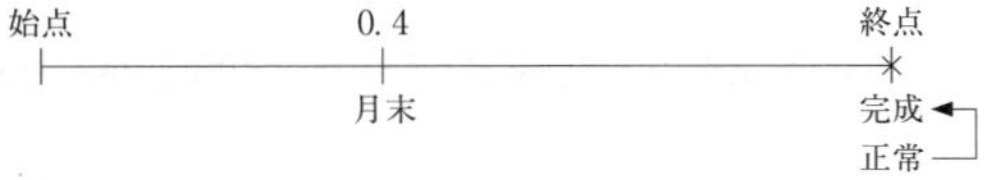

(1) 原料費の計算

仕掛品―原料費

74, 100円	月初 550個	完成 4, 000個
607, 200円	当月投入 4, 400個	正常 100個
		月末 850個

完　成　品：

74, 100円＋607, 200円－117, 300円＝564, 000円

月末仕掛品：

$$\frac{607,200円}{(4,000個-550個)+100個+850個}\times 850個=117,300円$$

(2) 加工費の計算

仕掛品―原料費

98, 670円	月初 440個	完成 4, 000個
902, 000円	当月投入 4, 000個	正常 100個
		月末 340個

完　成　品：

98, 670円＋902, 000円－76, 670円＝924, 000円

月末仕掛品：

$$\frac{902,000円}{(4,000個-440個)+100個+340個}\times 340個=76,670円$$

(3) まとめ

月末仕掛品原価：117, 300円＋76, 670円＝193, 970円

完成品総合原価：564, 000円＋924, 000円＝1, 488, 000円

完成品単位原価：1, 488, 000円÷4, 000個＝372円/個

3．製品Bの計算（修正先入先出法）

完成品と月末仕掛品が正常仕損費を負担する。

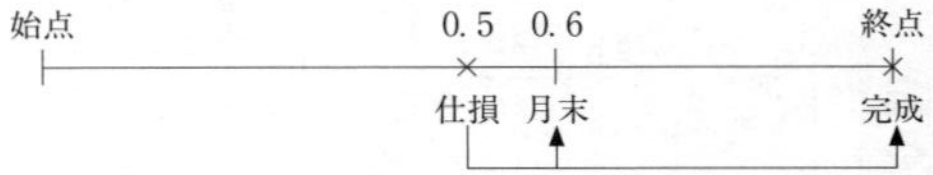

(1) 原料費の計算

仕掛品―原料費

71, 080円	月初 400個	完成 5, 000個
919, 020円	当月投入 5, 300個	~~正常 200個~~
		月末 500個

完　成　品：

71, 080円＋919, 020円－90, 100円＝900, 000円

月末仕掛品：

$$\frac{919,020円}{(5,000個-400個)+500個}\times 500個=90,100円$$

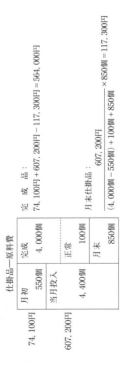

(2) 加工費の計算

仕掛品―加工費

64,000円	月初 320個	完成 5,000個	
996,000円	当月投入 5,080個	正常 100個	
		月末 300個	

完　成　品：
64,000円＋996,000円－60,000円＝1,000,000円

月末仕掛品：

$$\frac{996,000\text{円}}{(5,000\text{個}-320\text{個})+300\text{個}}\times 300\text{個}=60,000\text{円}$$

(3) まとめ

月末仕掛品原価：90,100円＋60,000円＝150,100円
完成品総合原価：900,000円＋1,000,000円＝1,900,000円
完成品単位原価：1,900,000円÷5,000個＝380円/個

問題4-7

〔問1〕

第1工程―製品甲

月初仕掛品原価		完成品原価	
原料費	(19,476,480)	原料費	(97,539,840)
加工費	(6,065,800)	加工費	(60,746,400)
当月製造費用		月末仕掛品原価	
原料費	(96,000,000)	原料費	(16,256,640)
直接労務費	(16,000,000)	加工費	(5,119,400)
製造間接費	(43,800,000)	仕損品（原料）	1,680,000
	(181,342,280)		(181,342,280)

〔問2〕

製品甲	205,470,980 円	製品乙	239,608,365 円

〔問3〕

製品甲	8,405,260 円	製品乙	10,870,835 円

〔問4〕

①	(イ)	②	(ア)	③	(サ)	④	(カ),(キ)	⑤	(ケ)

解答への道

〔問1〕～〔問3〕実際工程別組別総合原価計算（累加法）

1．本問のアウトライン

本問の計算構造は極めてオーソドックスであるものの，計算量が多く，どの段階の計算でどの原価要素を用いるのかを間違えてはならない。本問全体の計算の流れは次の図式のようになる。

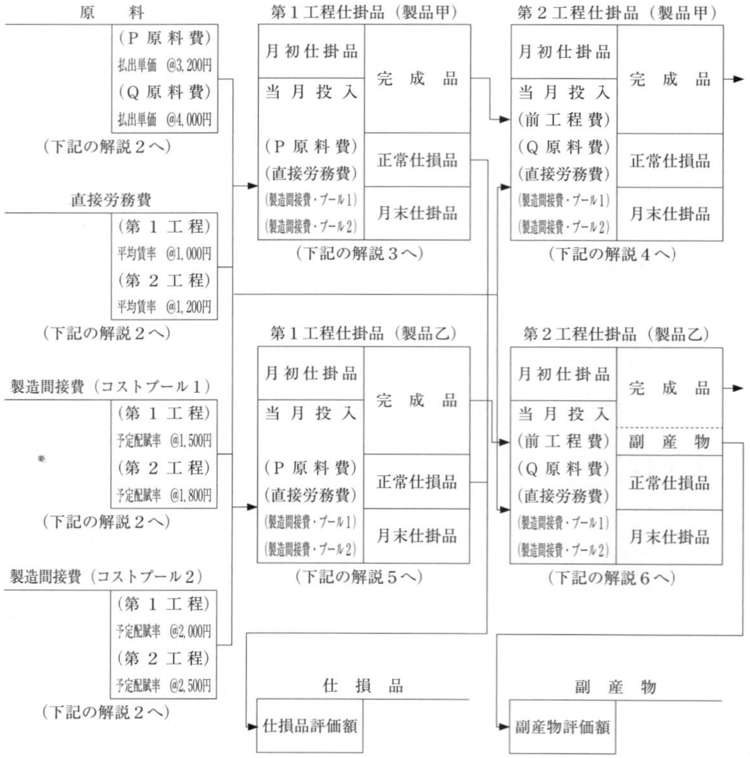

2．各原価要素の消費額の計算

(1) 原料費

P原料費：@3,200円×66,000kg＝211,200,000円
　製品甲へ：@3,200円×30,000kg＝96,000,000円（問1）
　製品乙へ：@3,200円×36,000kg＝115,200,000円
Q原料費：@4,000円×10,000kg＝40,000,000円
　製品甲へ：@4,000円×6,000kg＝24,000,000円
　製品乙へ：@4,000円×4,000kg＝16,000,000円

(2) 直接労務費

第1工程：@1,000円×(16,000時間＋14,000時間)＝30,000,000円
　製品甲へ：@1,000円×16,000時間＝16,000,000円（問1）
　製品乙へ：@1,000円×14,000時間＝14,000,000円

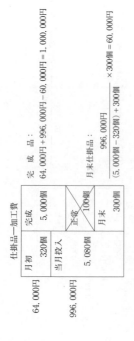

第2工程：@1,200円×(1,500時間+1,800時間)=3,960,000円
製品甲へ：@1,200円×1,500時間=1,800,000円
製品乙へ：@1,200円×1,800時間=2,160,000円

(3) 製造間接費

本問ではコストプールを2つに分けており，それぞれのコストプールごとに各工程に対する予定配賦率を算定している点に注意する。

① コストプール1（配賦基準は直接作業時間）

ⓐ 第1工程
予定配賦率：541,500,000円÷361,000時間=@1,500円
予定配賦額：@1,500円×(16,000時間+14,000時間)=45,000,000円
製品甲へ：@1,500円×16,000時間=24,000,000円
製品乙へ：@1,500円×14,000時間=21,000,000円

ⓑ 第2工程
予定配賦率：72,000,000円÷40,000時間=@1,800円
予定配賦額：@1,800円×(1,500時間+1,800時間)=5,940,000円
製品甲へ：@1,800円×1,500時間=2,700,000円
製品乙へ：@1,800円×1,800時間=3,240,000円

② コストプール2（配賦基準は機械稼働時間）

ⓐ 第1工程
予定配賦率：624,000,000円÷312,000時間=@2,000円
予定配賦額：@2,000円×(9,900時間+16,000時間)=51,800,000円
製品甲へ：@2,000円×9,900時間=19,800,000円
製品乙へ：@2,000円×16,000時間=32,000,000円

ⓑ 第2工程
予定配賦率：875,000,000円÷350,000時間=@2,500円
予定配賦額：@2,500円×(10,836時間+18,240時間)=72,690,000円
製品甲へ：@2,500円×10,836時間=27,090,000円
製品乙へ：@2,500円×18,240時間=45,600,000円

③ コストプール1の予定配賦額とコストプール2の予定配賦額の合計

ⓐ 第1工程
製品甲へ：24,000,000円+19,800,000円=43,800,000円（問1）
製品乙へ：21,000,000円+32,000,000円=53,000,000円

ⓑ 第2工程
製品甲へ：2,700,000円+27,090,000円=29,790,000円
製品乙へ：3,240,000円+45,600,000円=48,840,000円

3．製品甲の第1工程における計算

(1) 正常仕損費の負担関係

月末仕掛品（加工費進捗度0.5）は，正常仕損の発生地点（加工費進捗度0.4）を通過しているため，正常仕損費を完成品と月末仕掛品の両者に負担させる。

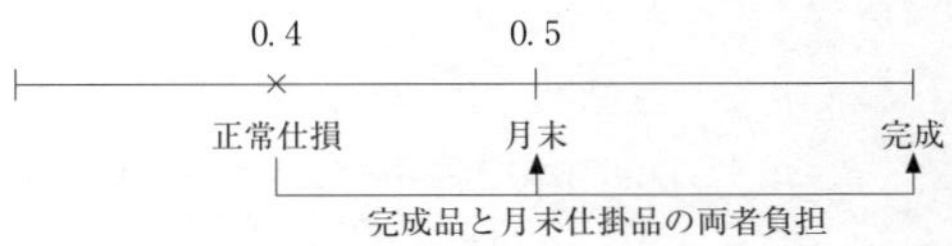

(2) 原価の按分計算（平均法・非度外視法）

第1工程仕掛品―P原料費

月初仕掛品 6,000kg 19,476,480円	完成品 30,000kg 96,230,400円
当月投入 30,000kg 96,000,000円	正常仕損品 1,000kg 3,207,680円
	月末仕掛品 5,000kg 16,038,400円

第1工程仕掛品―加工費

月初仕掛品 3,000kg 6,065,800円	完成品 30,000kg 60,060,000円
当月投入 29,900kg （貸借差引）	正常仕損品 400kg 800,800円
（労務）16,000,000円 （間接）43,800,000円 59,800,000円	月末仕掛品 2,500kg 5,005,000円

① P原料費の計算

月末仕掛品：$\frac{19,476,480円+96,000,000円}{30,000kg+1,000kg+5,000kg}$×5,000kg=16,038,400円

正常仕損品：　〃　×1,000kg=3,207,680円

完　成　品：19,476,480円+96,000,000円－(16,038,400円+3,207,680円)=96,230,400円

② 加工費の計算

月末仕掛品：$\frac{6,065,800円+(16,000,000円+43,800,000円)}{30,000kg+400kg+2,500kg}$×2,500kg=5,005,000円

正常仕損品：　〃　×400kg=800,800円

完　成　品：6,065,800円+(16,000,000円+43,800,000円)－(5,005,000円+800,800円)
=60,060,000円

(3) 正常仕損費の追加配賦

正常仕損費の処理は非度外視法であることから，分離把握した正常仕損費を負担すべき良品の原価に対して加算する。ただし，解答用紙の仕掛品勘定の記入欄を見ると，完成品原価や月末仕掛品原価の内訳欄に正常仕損費を単独に記入する箇所がない。そこで，正常仕損費の追加配賦計算は原価要素ごとに行う必要がある。

なお，正常仕損は定点（加工費進捗度0.4）で発生しているため，（P原料費の計算から生ずる正常仕損費であっても加工費の計算から生ずる正常仕損費であっても）完成品と月末仕掛品の数量の比率で追加配賦することに注意する。

① P原料費の計算から生ずる正常仕損費

「第1工程の仕損品は再溶解の後，翌月の原料として利用される」と問題資料7(3)にあるた

め，仕損品評価額はＰ原料費の計算から控除する。

正常仕損品評価額：@1, 680円×1, 000kg＝1, 680, 000円（解答用紙に記載済み）

正常仕損費：3, 207, 680円－1, 680, 000円＝1, 527, 680円

完成品への追加配賦額：$\dfrac{1,527,680\text{円}}{30,000\text{kg}+5,000\text{kg}}\times 30,000\text{kg}=1,309,440\text{円}$

月末仕掛品への追加配賦額：　〃　× 5, 000kg＝　218, 240円

② 加工費の計算から生ずる正常仕損費

完成品への追加配賦額：$\dfrac{800,800\text{円}}{30,000\text{kg}+5,000\text{kg}}\times 30,000\text{kg}=686,400\text{円}$

月末仕掛品への追加配賦額：　〃　× 5, 000kg＝114, 400円

(4) まとめ

① 完成品総合原価

Ｐ原料費：96, 230, 400円＋1, 309, 440円〈正常仕損費〉＝ 97, 539, 840円（問１）

加 工 費：60, 060, 000円＋686, 400円〈正常仕損費〉　＝ 60, 746, 400円（問１）

158, 286, 240円

② 月末仕掛品原価

Ｐ原料費：16, 038, 400円＋218, 240円〈正常仕損費〉＝16, 256, 640円（問１）

加 工 費：5, 005, 000円＋114, 400円〈正常仕損費〉　＝ 5, 119, 400円（問１）

21, 376, 040円

4．製品甲の第２工程における計算

(1) 正常仕損費の負担関係

月末仕掛品（加工費進捗度0. 6）は，正常仕損の発生地点（加工費進捗度0. 8）を通過していないため，正常仕損費は完成品のみに負担させる。

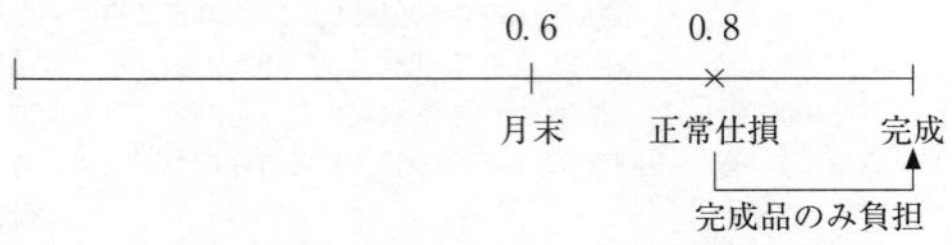

(2) 原価の按分計算（非度外視法）

第１工程の完成品（前工程費）と追加原料Ｑ（Ｑ原料費）は，どちらも第２工程の始点で投入されているため，両方の金額を合計して原価配分を行えばよい。

第２工程仕掛品―前工程費・Ｑ原料費

当月投入 30, 000kg＋6, 000kg （前工）158, 286, 240円 （Ｑ原）24, 000, 000円 182, 286, 240円	完成品 33, 000kg 167, 095, 720円
	正常仕損品 1, 500kg 7, 595, 260円
	月末仕掛品 1, 500kg 7, 595, 260円

第２工程仕掛品―加工費

当月投入 35, 100kg （貸借差引） （労務）1, 800, 000円 （間接）29, 790, 000円 31, 590, 000円	完成品 33, 000kg 29, 700, 000円
	正常仕損品 1, 200kg 1, 080, 000円
	月末仕掛品 900kg 810, 000円

① 前工程費・Ｑ原料費の計算

月末仕掛品：$\dfrac{158,286,240\text{円}+24,000,000\text{円}}{33,000\text{kg}+1,500\text{kg}+1,500\text{kg}}\times 1,500\text{kg}=7,595,260\text{円}$

正常仕損品：　〃　×1, 500kg＝7, 595, 260円

完　成　品：(158, 286, 240円＋24, 000, 000円)－(7, 595, 260円＋7, 595, 260円)

＝167, 095, 720円

② 加工費の計算

月末仕掛品：$\dfrac{1,800,000\text{円}+29,790,000\text{円}}{33,000\text{kg}+1,200\text{kg}+900\text{kg}}\times 900\text{kg}=810,000\text{円}$

正常仕損品：　〃　×1, 200kg＝1, 080, 000円

完　成　品：(1, 800, 000円＋29, 790, 000円)－(810, 000円＋1, 080, 000円)

＝29, 700, 000円

(3) 正常仕損費の追加配賦

上記解説３の(3)では，解答要求に即して各原価要素ごとに正常仕損費の追加配賦を行っているが，製品甲の第２工程における計算および製品乙の計算は合計金額のみ解答するため，以下の解説では正常仕損品原価を合算したうえで追加配賦している。

正常仕損品原価：7, 595, 260円＋1, 080, 000円＝8, 675, 260円

第２工程の仕損品には処分価値がないため，この金額がそのまま正常仕損費となる。正常仕損費は完成品にのみ負担させるため，正常仕損費8, 675, 260円の全額を完成品原価に加算すればよい。

(4) まとめ

完成品総合原価：167, 095, 720円〈前工程費・Ｑ原料費〉＋29, 700, 000円〈加工費〉

＋8, 675, 260円〈正常仕損費〉＝205, 470, 980円（問２）

月末仕掛品原価：7, 595, 260円〈前工程費・Ｑ原料費〉＋810, 000円〈加工費〉

＝8, 405, 260円（問３）

なお，製品甲の勘定記入は以下のようになる（単位：円）。

第1工程―製品甲

月初仕掛品原価	25,542,280	第1工程完成品総合原価	158,286,240
P原料費	96,000,000	正常仕損品評価額（原料）	1,680,000
直接労務費	16,000,000	月末仕掛品原価	21,376,040
製造間接費（コストプール1）	24,000,000		
製造間接費（コストプール2）	19,800,000		
	181,342,280		181,342,280

第2工程―製品甲

前工程費	158,286,240	第2工程完成品総合原価	205,470,980
Q原料費	24,000,000	月末仕掛品原価	8,405,260
直接労務費	1,800,000		
製造間接費（コストプール1）	2,700,000		
製造間接費（コストプール2）	27,090,000		
	213,876,240		213,876,240

5．製品乙の第1工程における計算

(1) 正常仕損費の負担関係

月末仕掛品（加工費進捗度0.6）は，正常仕損の発生地点（加工費進捗度0.4）を通過しているため，正常仕損費を完成品と月末仕掛品の両者に負担させる。

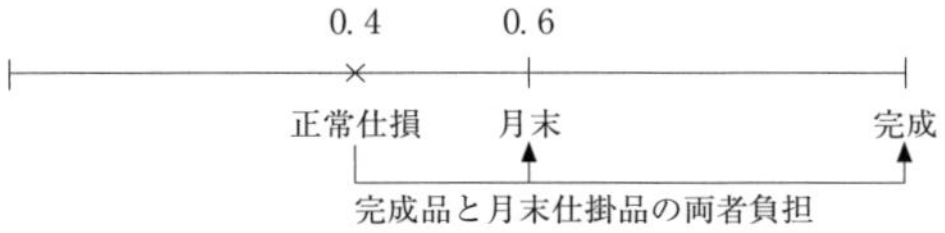

(2) 原価の按分計算（平均法・非度外視法）

第1工程仕掛品―P原料費

月初仕掛品 6,000kg 18,360,000円	完成品 36,000kg 114,480,000円
当月投入 36,000kg 115,200,000円	正常仕損品 2,000kg 6,360,000円
	月末仕掛品 4,000kg 12,720,000円

第1工程仕掛品―加工費

月初仕掛品 3,000kg 5,912,000円	完成品 36,000kg 66,960,000円
当月投入 36,200kg （貸借差引）	正常仕損品 800kg 1,488,000円
（労務）14,000,000円	
（間接）53,000,000円	
67,000,000円	月末仕掛品 2,400kg 4,464,000円

① P原料費の計算

月末仕掛品：$\dfrac{18,360,000円+115,200,000円}{36,000kg+2,000kg+4,000kg}\times 4,000kg=12,720,000円$

正常仕損品：　〃　$\times 2,000kg=\ 6,360,000円$

完　成　品：18,360,000円＋115,200,000円－(12,720,000円＋6,360,000円)

＝114,480,000円

② 加工費の計算

月末仕掛品：$\dfrac{5,912,000円+(14,000,000円+53,000,000円)}{36,000kg+800kg+2,400kg}\times 2,400kg=4,464,000円$

正常仕損品：　〃　$\times\ 800kg=1,488,000円$

完　成　品：5,912,000円＋(14,000,000円＋53,000,000円)－(4,464,000円

＋1,488,000円)＝66,960,000円

(3) 正常仕損費の追加配賦

正常仕損は定点（加工費進捗度0.4）で発生しているため，分離把握した正常仕損費は完成品と月末仕掛品の数量の比率で追加配賦する。

正常仕損品評価額：@1,680円×2,000kg＝3,360,000円

正常仕損費：6,360,000円＋1,488,000円－3,360,000円＝4,488,000円

完成品への追加配賦額：$\dfrac{4,488,000円}{36,000kg+4,000kg}\times 36,000kg=4,039,200円$

月末仕掛品への追加配賦額：　〃　$\times\ 4,000kg=\ \ 448,800円$

(4) まとめ

完成品総合原価：114,480,000円〈P原料費〉＋66,960,000円〈加工費〉

＋4,039,200円〈正常仕損費〉＝185,479,200円

月末仕掛品原価：12,720,000円〈P原料費〉＋4,464,000円〈加工費〉＋448,800円〈正常仕損費〉

＝17,632,800円

6．製品乙の第2工程における計算

(1) 正常仕損費の負担関係

月末仕掛品（加工費進捗度0.3）は，正常仕損の発生地点（加工費進捗度0.8）を通過していないため，正常仕損費は完成品のみに負担させる。

(2) 原価の按分計算（非度外視法）

副産物は工程の終点で発生している。資料7(4)に指示されているとおり，月末仕掛品に対して原価の按分計算をしたのち，残りの製造原価（つまり製品乙の完成品総合原価）から副産物の評価額を控除する。

第２工程仕掛品―前工程費・Ｑ原料費

当月投入	完成品・副産物
36, 000kg＋4, 000kg	35, 000kg＋2, 000kg
（前工）185, 479, 200円	186, 368, 260円
（Ｑ原）16, 000, 000円	
201, 479, 200円	正常仕損品 1, 000kg 5, 036, 980円
	月末仕掛品 2, 000kg 10, 073, 960円

第２工程仕掛品―加工費

当月投入	完成品・副産物
38, 400kg （貸借差引）	35, 000kg＋2, 000kg
（労務）2, 160, 000円	49, 140, 625円
（間接）48, 840, 000円	
51, 000, 000円	正常仕損品 800kg 1, 062, 500円
	月末仕掛品 600kg 796, 875円

① 前工程費・Ｑ原料費の計算

月末仕掛品：$\dfrac{185,479,200円+16,000,000円}{(35,000kg+2,000kg)+1,000kg+2,000kg}\times 2,000kg=10,073,960円$

正常仕損品：　〃　×1, 000kg＝ 5, 036, 980円

完　成　品：(185, 479, 200円＋16, 000, 000円)－(10, 073, 960円＋5, 036, 980円)
＝186, 368, 260円

② 加工費の計算

月末仕掛品：$\dfrac{2,160,000円+48,840,000円}{(35,000kg+2,000kg)+800kg+600kg}\times 600kg=796,875円$

正常仕損品：　〃　×800kg＝1, 062, 500円

完　成　品：(2, 160, 000円＋48, 840, 000円)－(796, 875円＋1, 062, 500円)
＝49, 140, 625円

(3) 正常仕損費の追加配賦

正常仕損品原価：5, 036, 980円＋1, 062, 500円＝6, 099, 480円

第２工程の仕損品には処分価値がないため，この金額がそのまま正常仕損費となる。正常仕損費は完成品にのみ負担させるため，正常仕損費6, 099, 480円の全額を完成品原価に加算すればよい。

(4) まとめ

副産物評価額：@1, 000円×2, 000kg＝2, 000, 000円

完成品総合原価：186, 368, 260円〈前工程費・Ｑ原料費〉＋49, 140, 625円〈加工費〉＋6, 099, 480円〈正常仕損費〉－2, 000, 000円〈副産物評価額〉＝239, 608, 365円（問２）

月末仕掛品原価：10, 073, 960円〈前工程費・Ｑ原料費〉＋796, 875円〈加工費〉
＝10, 870, 835円（問３）

なお，製品乙の勘定記入は以下のようになる（単位：円）。

第１工程―製品乙

月初仕掛品原価	24, 272, 000	第１工程完成品総合原価	185, 479, 200
Ｐ原料費	115, 200, 000	正常仕損品評価額（原料）	3, 360, 000
直接労務費	14, 000, 000	月末仕掛品原価	17, 632, 800
製造間接費（コストプール１）	21, 000, 000		
製造間接費（コストプール２）	32, 000, 000		
	206, 472, 000		206, 472, 000

第２工程―製品乙

前工程費	185, 479, 200	第２工程完成品総合原価	239, 608, 365
Ｑ原料費	16, 000, 000	副産物評価額	2, 000, 000
直接労務費	2, 160, 000	月末仕掛品原価	10, 870, 835
製造間接費（コストプール１）	3, 240, 000		
製造間接費（コストプール２）	45, 600, 000		
	252, 479, 200		252, 479, 200

〈参　考〉

副産物とは，主産物に比べてその経済的価値が相対的に低い産出品のことをいう。副産物に対しては発生する製造原価を割り当てることはせず，原則として主産物の製造原価から副産物の評価額を控除する。副産物の評価額をどのように控除するかは，その副産物の分離点が月末仕掛品の進捗度の前か後ろかで処理が異なる。

本問では，副産物の分離点（工程終点）が月末仕掛品の加工費進捗度（0.3）よりも後ろであるため，月末仕掛品原価控除後の製造原価（完成品総合原価）から副産物評価額を控除すればよい。

〔問４〕実際組別総合原価計算に関する原価計算基準からの理論問題（空欄補充）

本問は，与えられている計算条件より，２種類の製品（製品甲，製品乙）における製品原価計算が問われている。

総合原価計算において，もっとも単純な計算モデルはいうまでもなく「単純総合原価計算」である。ただし，実際には単一種類の製品のみ生産を行っている工企業はほとんどなく，大半がいくつもの製品を併せて生産しているのが現実的である。

そこで，複数品種の製品を生産する場合に適用する総合原価計算として，「組別総合原価計算」および「等級別総合原価計算」がある。それらについての原価計算基準における規定は以下のとおりである。

〈参　考〉

「原価計算基準22（等級別総合原価計算）」（一部抜粋）

等級別総合原価計算は，同一工程において，同種製品を連続生産するが，その製品を形状，大きさ，品位等によって等級に区別する場合に適用する。（以下略）

「原価計算基準23（組別総合原価計算）」（一部抜粋）

組別総合原価計算は，異種製品を組別に連続生産する生産形態に適用する。組別総合原価計算にあっては，一期間の製造費用を組直接費と組間接費又は原料費と加工費とに分け，個別原価計算に準じ，（以下略）

複数の製品品種を生産している場合には，本来であれば組別総合原価計算を適用すべきところであるが，物量の比較などにより製品間に妥当な原価発生の因果関係を把握することができるときは，それらを「同種製品」として（合理的に手数を省略して）等級別総合原価計算を適用することもできる。

上記より，組別総合原価計算は「異種製品」を連続生産する工場で適用される計算方法であり，また，本問では問題文に「これに対して」とあることから，もう片方の（ ③ ）は「同種製品」を連続生産する工場に適用される計算方法を意図していることが伺える。したがって，（ ① ）には（イ）異種製品が，（ ② ）には（ア）同種製品が，（ ③ ）には（サ）等級別総合原価計算が入る。

最後の一文は，「この問題において」とあることから，本問の計算資料に与えられている組直接費と組間接費を解答すればよい。したがって，（ ④ ）には（カ）原料費と（キ）直接労務費が入り，（ ⑤ ）には（ケ）製造間接費が入る。

〈参　考〉

本問では，組別総合原価計算と等級別総合原価計算について問われているが，「製品別計算」に関して，全体的な体系を確認しておくと，次のようになる。

まず，原価計算基準20（製品別計算の形態）において，このような記述がある。

「原価計算基準20（製品別計算の形態）」

製品別計算は，経営における生産形態の種類別に対応して，これを次のような類型に区分する。

（一）単純総合原価計算
（二）等級別総合原価計算
（三）組別総合原価計算
（四）個別原価計算

製品別計算におけるはじめの切り口として，製造する製品の「同質性」（もしくは「異質性」）に着目している。ここでいう「同質性」とは，製造する製品が完全に同じ製品（標準製品）のことをいう。両極にある計算方法として総合原価計算と個別原価計算とがあり，受注生産形態において完全に異質の製品を個別に生産する場合には「個別原価計算」を適用し，市場生産（見込生産）形態において完全に同質の製品を大量に生産する場合には「単純総合原価計算」を適用することになる。

「原価計算基準21（単純総合原価計算）」（一部抜粋）
単純総合原価計算は，同種製品を反復連続的に生産する生産形態に適用する。（以下略）
「原価計算基準31」（個別原価計算）」（一部抜粋）
個別原価計算は，種類を異にする製品を個別的に生産する生産形態に適用する。（以下略）

ただし，実際には，受注生産であっても生産工程の標準化により，ある程度の部分は同質の製品であったり，市場生産であっても顧客の多様なニーズにより，ある程度の部分は異質の製品であったりするのであるから，完全に同質なのか（もしくは異質なのか）ということをすべての製品にあてはめるのは現実的ではない。そこで，「個別原価計算」と「単純総合原価計算」の間に位置する製品別計算として，「組別総合原価計算」や「等級別総合原価計算」がある。本問ではこの両者の比較が問われていると考えればよい。

なお，原価計算基準では，単純総合原価計算の記述にも「同種製品」とあるが，等級別総合原価計算のような『形状，大きさ，品位等によって』製品ごとに比較できる表現がないことから，ここでいう「同種製品」はまったく同質のいわゆる「同一種製品」を意味していると考えればよい。

〈製品別計算の枠組み〉

単純総合原価計算 ……まったく同質の製品（同一種）を大量に連続生産する
等級別総合原価計算 ……同質の製品（同種）を大量に連続生産する
↑簡便法
組別総合原価計算 ……異質の製品（異種）を大量に連続生産する
↑簡便法
個別原価計算 ……まったく異質の製品（異種）を個別に生産する

（上の三つ：総合原価計算）

なお，本問の文章からは，この全体的な体系のどの部分を比較すべきなのかが不明瞭である。単に「製品の同質性による比較」であるならば，単純総合原価計算と個別原価計算との対比であると考えるべきであるが，「連続生産下における製品の同質性による比較」であるため，この場合は，単純総合原価計算（同質）と（個別原価計算の簡便法たる）組別総合原価計算（異質）とを比較すべきである。このことから，（ ③ ）には（コ）単純総合原価計算を入れることが望ましい。

問題4-8

下記の諸勘定中の未記入部分を記入し（数値の単位は万円），差異勘定以外の各勘定を締め切りなさい。なお，諸勘定に記入する数値の内容を示す相手勘定は，以下の諸勘定を使用すること。

切　削　工　程

固定費	240.0000	切削工程-AM	482.3800
変動費	218.9570	切削工程-PM	717.9920
事務部	360.0000	予算差異	0.1232
電力部	441.3150	操業度差異	59.7768
	1,260.2720		1,260.2720

仕　上　工　程

固定費	645.0000	仕上工程-AM	560.8800
変動費	348.4880	仕上工程-PM	782.6000
事務部	240.0000	操業度差異	38.1510
電力部	147.9120		
予算差異	0.2310		
	1,381.6310		1,381.6310

電　力　部

固定費	180.0000	切削工程	441.3150
変動費	349.5510	仕上工程	147.9120
事務部	60.0000	予算差異	0.3240
	589.5510		589.5510

事　務　部

固定費	670.0000	切削工程	360.0000
		仕上工程	240.0000
		電力部	60.0000
		予算差異	10.0000
	670.0000		670.0000

予　算　差　異

切削工程	0.1232	仕上工程	0.2310
電力部	0.3240		
事務部	10.0000		

操　業　度　差　異

切削工程	59.7768		
仕上工程	38.1510		

切削工程―AM

月初仕掛品原価	95.2650	次工程振替	545.1250
切削工程	482.3800	月末仕掛品原価	32.5200
	577.6450		577.6450

切削工程―PM

月初仕掛品原価	72.4720	次工程振替	741.5100
切削工程	717.9920	月末仕掛品原価	48.9540
	790.4640		790.4640

仕上工程―AM

月初仕掛品原価	110.5100	完成品原価	1,083.6000
切削工程-AM	545.1250	月末仕掛品原価	132.9150
仕上工程	560.8800		
	1,216.5150		1,216.5150

仕上工程―PM

月初仕掛品原価	280.2240	完成品原価	1,526.0000
切削工程-PM	741.5100	月末仕掛品原価	278.3340
仕上工程	782.6000		
	1,804.3340		1,804.3340

原料費―AM

月初仕掛品原価	74.9000	完成品原価	354.4000
原料費	408.5000	月末仕掛品原価	129.0000
	483.4000		483.4000

原料費―PM

月初仕掛品原価	42.7000	完成品原価	148.0000
原料費	210.6000	月末仕掛品原価	105.3000
	253.3000		253.3000

解答への道

1．切削工程および仕上工程の予定配賦率の計算

	切削工程		仕上工程		電力部		事務部
	月間固定費	月間変動費	月間固定費	月間変動費	月間固定費	月間変動費	月間固定費
(1) 自工程費	240万円	250万円	645万円	365万円	180万円	360万円	660万円
(2) 補助部門費配賦額							
事務部費	①360	——	②240	——	③ 60	——	——
電力部費	④180	⑥270	⑤ 60	⑦ 90	——	——	——
合計 (1)＋(2)	780万円	520万円	945万円	455万円	240万円	360万円	660万円

事務部費（固定費） ①：$\dfrac{660\text{万円}}{30\text{人}+20\text{人}+5\text{人}}\times 30\text{人}=360\text{万円}$

②：〃 ×20人＝240万円

③：〃 ×５人＝60万円

電力部費（固定費） ④：$\dfrac{180\text{万円}+60\text{万円}}{30,000\text{kwh}+10,000\text{kwh}}\times 30,000\text{kwh}=180\text{万円}$

⑤：〃 ×10,000kwh＝60万円

電力部費（変動費） ⑥：$\dfrac{360\text{万円}}{30,000\text{kwh}+10,000\text{kwh}}\times 30,000\text{kwh}=270\text{万円}$

⑦：〃 ×10,000kwh＝90万円

以上より

切削工程：$\dfrac{780\text{万円}+520\text{万円}}{6,500\text{時}}=2,000\text{円/時}$

仕上工程：$\dfrac{945\text{万円}+455\text{万円}}{3,500\text{時}}=4,000\text{円/時}$

2．当月製造費用の計算

(1) 各工程の加工費予定配賦額

製品ＡＭ切削工程予定配賦額：2,000円/時×2,411.9時＝482.38万円

製品ＰＭ切削工程予定配賦額：2,000円/時×3,589.96時＝717.992万円

製品ＡＭ仕上工程予定配賦額：4,000円/時×1,402.2時＝560.88万円

製品ＰＭ仕上工程予定配賦額：4,000円/時×1,956.5時＝782.6万円

(2) 原料消費額

製品AM：$\dfrac{440\text{円}\times 2,000\text{kg}+510\text{円}\times 12,000\text{kg}}{2,000\text{kg}+12,000\text{kg}}\times 8,170\text{kg}=408.5\text{万円}$

製品PM：〃 ×(2,000kg＋12,000kg－1,618kg－8,170kg)

＝210.6万円

3．製品原価の計算（修正先入先出法）

(1) 原料費の計算（工程を単一とみなした計算）

原料費―AM

74.9万円	切削月初 500個	完成 4,000個
	仕上月初 500個	
408.5万円	当月投入 4,750個	切削正常 50個
		仕上正常 200個
		切削月末 750個
		仕上月末 750個

完　成　品：

74.9万円＋408.5万円－129万円＝354.4万円

月末仕掛品：

$\dfrac{408.5\text{万円}}{(4,000\text{個}-1,000\text{個})+250\text{個}+1,500\text{個}}\times 1,500\text{個}=129\text{万円}$

原料費－ＰＭ

	借方		貸方	
42. 7万円	切削月初	250個	完成	2, 000個
	仕上月初	560個		
210. 6万円	当月投入	2, 700個	切削正常	60個
			仕上正常	100個
			切削月末	750個
			仕上月末	600個

完　成　品：

42. 7万円＋210. 6万円－105. 3万円＝148万円

月末仕掛品：

$$\frac{210.6万円}{(2,000個-810個)+160個+1,350個}\times 1,350個=105.3万円$$

(2)　加工費の計算（工程別累加法）

①　製品AMの計算（修正先入先出法）

(i)　切削工程の計算

仕掛品―加工費

	借方		貸方	
95. 265万円	月初	350個	完成	4, 450個
482. 38万円	当月投入	4, 450個	正常	50個
			月末	300個

完　成　品：

95. 265万円＋482. 38万円－32. 52万円＝545. 125万円

月末仕掛品：

$$\frac{482.38万円}{(4,450個-350個)+50個+300個}\times 300個=32.52万円$$

(ii)　仕上工程の計算

(a)　前工程費の計算

仕掛品―前工程費

	借方		貸方	
67. 95万円	月初	500個	完成	4, 000個
545. 125万円	当月投入	4, 450個	正常	200個
			月末	750個

完　成　品：

67. 95万円＋545. 125万円－91. 875万円＝521. 2万円

月末仕掛品：

$$\frac{545.125万円}{(4,000個-500個)+200個+750個}\times 750個=91.875万円$$

(b)　加工費の計算

仕掛品―加工費

	借方		貸方	
42. 56万円	月初	400個	完成	4, 000個
560. 88万円	当月投入	4, 100個	正常	200個
			月末	300個

完　成　品：

42. 56万円＋560. 88万円－41. 04万円＝562. 4万円

月末仕掛品：

$$\frac{560.88万円}{(4,000個-400個)+200個+300個}\times 300個=41.04万円$$

(c)　まとめ

月末仕掛品原価：91. 875万円＋41. 04万円＝132. 915万円

完成品総合原価：521. 2万円＋562. 4万円＝1, 083. 6万円

②　製品PMの計算（修正先入先出法）

(i)　切削工程の計算

仕掛品―加工費

	借方		貸方	
72. 472万円	月初	150個	完成	2, 140個
717. 992万円	当月投入	2, 200個	正常	60個
			月末	150個

完　成　品：

72. 472万円＋717. 992万円－48. 954万円＝741. 51万円

月末仕掛品：

$$\frac{717.992万円}{(2,140個-150個)+60個+150個}\times 150個=48.954万円$$

(ii)　仕上工程の計算

(a)　前工程費の計算

仕掛品―前工程費

	借方		貸方	
191. 59万円	月初	560個	完成	2, 000個
741. 51万円	当月投入	2, 140個	正常	100個
			月末	600個

完　成　品：

191. 59万円＋741. 51万円－207. 9万円＝725. 2万円

月末仕掛品：

$$\frac{741.51万円}{(2,000個-560個)+100個+600個}\times 600個=207.9万円$$

(b) 加工費の計算

仕掛品—加工費

	借方	貸方
88.634万円	月初 280個	完成 2,000個
782.6万円	当月投入 2,000個	正常 100個
		月末 180個

完　成　品：
88.634万円＋782.6万円－70.434万円＝800.8万円

月末仕掛品：

$$\frac{782.6\text{万円}}{(2,000\text{個}-280\text{個})+100\text{個}+180\text{個}}\times 180\text{個}=70.434\text{万円}$$

(c) まとめ

月末仕掛品原価：207.9万円＋70.434万円＝278.334万円

完成品総合原価：725.2万円＋800.8万円＝1,526万円

4．補助部門費の配賦と差異分析

(1) 補助部門費の配賦

	切削工程		仕上工程		電力部		事務部
	月間固定費	月間変動費	月間固定費	月間変動費	月間固定費	月間変動費	月間固定費
(1) 自工程費	240万円	218.957万円	645万円	348.488万円	180万円	349.551万円	670万円
(2) 補助部門費配賦							
事務部費	①360	——	②240	——	③ 60	——	——
電力部費	④180	⑥261.315	⑤ 60	⑦87.912	——	——	——
合計 (1)＋(2)	780万円	480.272万円	945万円	436.4万円	240万円	349.551万円	670万円

事務部費（固定費）①：$\frac{660\text{万円}}{30\text{人}+20\text{人}+5\text{人}}\times 30\text{人}=360\text{万円}$

②：　〃　×20人＝240万円

③：　〃　×5人＝60万円

電力部費（固定費）④：$\frac{180\text{万円}+60\text{万円}}{30,000\text{kwh}+10,000\text{kwh}}\times 30,000\text{kwh}=180\text{万円}$

⑤：　〃　×10,000kwh＝60万円

電力部費（変動費）⑥：$\frac{360\text{万円}}{30,000\text{kwh}+10,000\text{kwh}}\times 29,035\text{kwh}=261.315\text{万円}$

⑦：　〃　×9,768kwh＝87.912万円

(2) 各部門の差異の把握と分析

〈切削工程〉

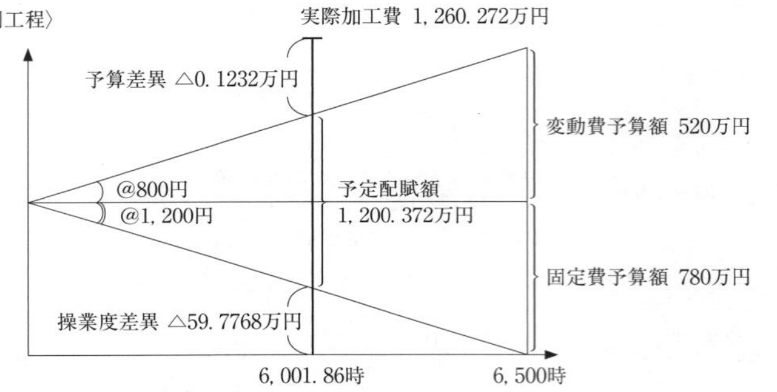

総　差　異：1,200.372万円（予定配賦額）－(780万円＋480.272万円)（実際加工費）＝(－)59.9万円〔借方〕

予 算 差 異：800円/時×6,001.86時＋780万円－(780万円＋480.272万円)＝(－)0.1232万円〔借方〕

操業度差異：1,200円/時×(6,001.86時－6,500時)＝(－)59.7768万円〔借方〕

〈仕上工程〉

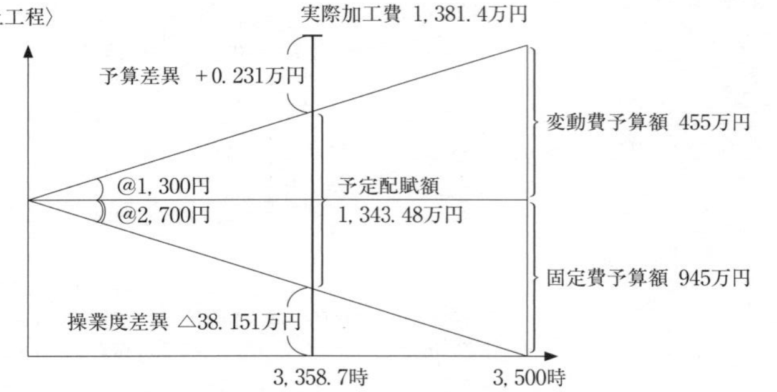

総　差　異：1,343.48万円（予定配賦額）－(945万円＋436.4万円)（実際加工費）＝(－)37.92万円〔借方〕

予 算 差 異：1,300円/時×3,358.7時＋945万円－(945万円＋436.4万円)＝(＋)0.231万円〔貸方〕

操業度差異：2,700円/時×(3,358.7時－3,500時)＝(－)38.151万円〔借方〕

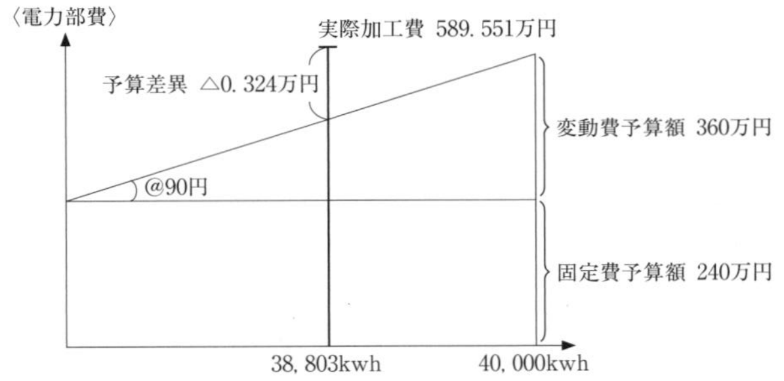

総差異(予算差異)：(90円/kwh × 38,803kwh + 240万円) − (240万円 + 349.551万円) =(−)0.324万円〔借方〕

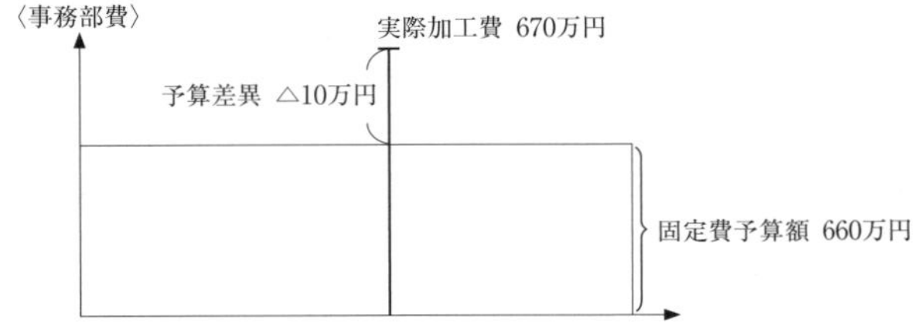

総差異(予算差異)：660万円 − 670万円 =(−)10万円〔借方〕

問題4-9

仕　掛　品　(単位：円)

月初仕掛品原価		完成品総合原価	
直接材料費	200,000	製品A－1	(1,225,000)
加工費	90,000	製品A－2	(1,400,000)
計	290,000	製品A－3	(875,000)
当月製造費用		計	(3,500,000)
直接材料費	2,120,000	月末仕掛品原価	
加工費	1,602,000	直接材料費	(320,000)
計	3,722,000	加工費	(192,000)
		計	(512,000)
	4,012,000		(4,012,000)

完成品単位原価

製品A－1	612.5	円/個
製品A－2	700.0	円/個
製品A－3	875.0	円/個

解答への道

1．完成品総合原価と月末仕掛品原価の計算（先入先出法）

(1) 直接材料費の計算

仕掛品―直接材料費

200,000円	月初 500個	完成 5,000個	
2,120,000円	当月投入 5,300個	月末 800個	

完　成　品：200,000円＋2,120,000円－320,000円＝2,000,000円

月末仕掛品：$\frac{2,120,000円}{(5,000個-500個)+800個}$×800個＝320,000円

(2) 加工費の計算

仕掛品―加工費

90,000円	月初 300個	完成 5,000個
1,602,000円	当月投入 5,340個	月末 640個

完　成　品：90,000円＋1,602,000円－192,000円＝1,500,000円

月末仕掛品：$\frac{1,602,000円}{(5,000個-300個)+640個}$×640個＝192,000円

(3) まとめ

月末仕掛品原価：320,000円＋192,000円＝512,000円

完成品総合原価：2,000,000円＋1,500,000円＝3,500,000円

2．完成品総合原価の等級製品への按分

製品A－1：$\frac{3,500,000円}{4,000kg(＊4)}$×1,400kg(＊1)＝1,225,000円

製品A－2：　〃　×1,600kg(＊2)＝1,400,000円

製品A－3：　〃　×1,000kg(＊3)＝　875,000円

(＊1) 製品A－1の積数：1,400kg＝2,000個×0.7kg/個
(＊2) 製品A－2の積数：1,600kg＝2,000個×0.8kg/個
(＊3) 製品A－3の積数：1,000kg＝1,000個×1.0kg/個
(＊4) 製品の積数の合計：1,400kg＋1,600kg＋1,000kg＝4,000kg

3．完成品単位原価

製品A－1：1,225,000円÷2,000個＝612.5円/個

製品A－2：1,400,000円÷2,000個＝700.0円/個

製品A－3：　875,000円÷1,000個＝875.0円/個

問題4-10

〔問１〕

製品ＣＭ

月末仕掛品原価	15,651,000 円	完成品総合原価	58,680,000 円
完成品単位原価	11,736.0 円/kg		

製品ＣＬ

月末仕掛品原価	6,133,800 円	完成品総合原価	32,347,200 円
完成品単位原価	8,086.8 円/kg		

〔問２〕

製品ＣＭ

月末仕掛品原価	15,724,800 円	完成品総合原価	58,957,500 円
完成品単位原価	11,791.5 円/kg		

製品ＣＬ

月末仕掛品原価	6,080,900 円	完成品総合原価	32,048,800 円
完成品単位原価	8,012.2 円/kg		

解答への道

1．積数の計算

	製品ＣＭ		製品ＣＬ			
	数量	換算量	数量	積数	換算量	積数
完成品	5,000	5,000	4,000×0.8＝	3,200	4,000×0.6＝	2,400
月末仕掛品	1,500	1,200	1,000×〃＝	800	500×〃＝	300
月初仕掛品	2,500	1,000	2,000×〃＝	1,600	500×〃＝	300
当月投入	4,000	5,200	3,000×〃＝	2,400	4,000×〃＝	2,400

2．単純総合原価計算に近い等級別計算〔問１〕

(1)　原料費の計算

仕掛品―原料費

	借方	貸方
6,825,000円	CM月初 2,500kg	CM完成 5,000kg
4,368,000円	CL月初 1,600kg	CM月末 1,500kg
43,680,000円	当月投入 6,400kg	CL完成 3,200kg
		CL月末 800kg

ＣＭ完成品：

$$\frac{6,825,000円+4,368,000円+43,680,000円}{(5,000kg+1,500kg)+(3,200kg+800kg)}\times 5,000kg$$
＝26,130,000円

ＣＭ月末仕掛品：

$$\frac{6,825,000円+4,368,000円+43,680,000円}{(5,000kg+1,500kg)+(3,200kg+800kg)}\times 1,500kg$$
＝7,839,000円

ＣＬ完成品：

$$\frac{6,825,000円+4,368,000円+43,680,000円}{(5,000kg+1,500kg)+(3,200kg+800kg)}\times 3,200kg$$
＝16,723,200円

ＣＬ月末仕掛品：

$$\frac{6,825,000円+4,368,000円+43,680,000円}{(5,000kg+1,500kg)+(3,200kg+800kg)}\times 800kg$$
＝4,180,800円

(2)　加工費の計算

仕掛品―加工費

	借方	貸方
8,277,000円	CM月初 1,000kg	CM完成 5,000kg
2,483,100円	CL月初 300kg	CM月末 1,200kg
47,178,900円	当月投入 7,600kg	CL完成 2,400kg
		CL月末 300kg

ＣＭ完成品：

$$\frac{8,277,000円+2,483,100円+47,178,900円}{(5,000kg+1,200kg)+(2,400kg+300kg)}\times 5,000kg$$
＝32,550,000円

ＣＭ月末仕掛品：

$$\frac{8,277,000円+2,483,100円+47,178,900円}{(5,000kg+1,200kg)+(2,400kg+300kg)}\times 1,200kg$$
＝7,812,000円

ＣＬ完成品：

$$\frac{8,277,000円+2,483,100円+47,178,900円}{(5,000kg+1,200kg)+(2,400kg+300kg)}\times 2,400kg$$
＝15,624,000円

ＣＬ月末仕掛品：

$$\frac{8,277,000円+2,483,100円+47,178,900円}{(5,000kg+1,200kg)+(2,400kg+300kg)}\times 300kg$$
＝1,953,000円

(3) まとめ

製品ＣＭ：月末仕掛品原価：7, 839, 000円＋7, 812, 000円＝15, 651, 000円
完成品総合原価：26, 130, 000円＋32, 550, 000円＝58, 680, 000円
完成品単位原価：58, 680, 000円÷5, 000kg＝11, 736. 0円/kg

製品ＣＬ：月末仕掛品原価：4, 180, 800円＋1, 953, 000円＝6, 133, 800円
完成品総合原価：16, 723, 200円＋15, 624, 000円＝32, 347, 200円
完成品単位原価：32, 347, 200円÷4, 000kg＝8, 086. 8円/kg

3．組別総合原価計算に近い等級別計算〔問２〕

(1) 当月製造費用の按分

① 原料費

$$\frac{43,680,000\text{円}}{4,000\text{kg}+2,400\text{kg}}\times\begin{cases}4,000\text{kg}=27,300,000\text{円}\ \langle\text{製品CM}\rangle\\2,400\text{kg}=16,380,000\text{円}\ \langle\text{製品CL}\rangle\end{cases}$$

② 加工費

$$\frac{47,178,900\text{円}}{5,200\text{kg}+2,400\text{kg}}\times\begin{cases}5,200\text{kg}=32,280,300\text{円}\ \langle\text{製品CM}\rangle\\2,400\text{kg}=14,898,600\text{円}\ \langle\text{製品CL}\rangle\end{cases}$$

(2) 製品ＣＭの計算（平均法）

① 原料費の計算

仕掛品―原料費

6, 825, 000円	月初 2, 500kg	完成 5, 000kg
27, 300, 000円	当月投入 4, 000kg	月末 1, 500kg

完　成　品：
6, 825, 000円＋27, 300, 000円－7, 875, 000円＝26, 250, 000円

月末仕掛品：

$$\frac{6,825,000\text{円}+27,300,000\text{円}}{5,000\text{kg}+1,500\text{kg}}\times1,500\text{kg}=7,875,000\text{円}$$

② 加工費の計算

仕掛品―加工費

8, 277, 000円	月初 1, 000kg	完成 5, 000kg
32, 280, 300円	当月投入 5, 200kg	月末 1, 200kg

完　成　品：
8, 277, 000円＋32, 280, 300円－7, 849, 800円＝32, 707, 500円

月末仕掛品：

$$\frac{8,277,000\text{円}+32,280,300\text{円}}{5,000\text{kg}+1,200\text{kg}}\times1,200\text{kg}=7,849,800\text{円}$$

③ まとめ

月末仕掛品原価：7, 875, 000円＋7, 849, 800円＝15, 724, 800円
完成品総合原価：26, 250, 000円＋32, 707, 500円＝58, 957, 500円
完成品単位原価：58, 957, 500円÷5, 000kg＝11, 791. 5円/kg

(3) 製品ＣＬの計算（平均法）

① 原料費の計算

仕掛品―原料費

4, 368, 000円	月初 2, 000kg	完成 4, 000kg
16, 380, 000円	当月投入 3, 000kg	月末 1, 000kg

完　成　品：
4, 368, 000円＋16, 380, 000円－4, 149, 600円＝16, 598, 400円

月末仕掛品：

$$\frac{4,368,000\text{円}+16,380,000\text{円}}{4,000\text{kg}+1,000\text{kg}}\times1,000\text{kg}=4,149,600\text{円}$$

② 加工費の計算

仕掛品―加工費

2, 483, 100円	月初 500kg	完成 4, 000kg
14, 898, 600円	当月投入 4, 000kg	月末 500kg

完　成　品：
2, 483, 100円＋14, 898, 600円－1, 931, 300円＝15, 450, 400円

月末仕掛品：

$$\frac{2,483,100\text{円}+14,898,600\text{円}}{4,000\text{kg}+500\text{kg}}\times500\text{kg}=1,931,300\text{円}$$

③ まとめ

月末仕掛品原価：4, 149, 600円＋1, 931, 300円＝6, 080, 900円
完成品総合原価：16, 598, 400円＋15, 450, 400円＝32, 048, 800円
完成品単位原価：32, 048, 800円÷4, 000kg＝8, 012. 2円/kg

問題4-11

〔問１〕

	製品甲	製品乙
原　料　費	1	0. 7
加　工　費	1	0. 6

〔問２〕

仕掛品―製品甲　（単位：円）

月初仕掛品原価		完成品総合原価	
原　料　費	174, 800	原　料　費	（ 2, 482, 950 ）
加　工　費	48, 000	加　工　費	（ 1, 692, 140 ）
計	222, 800	計	（ 4, 175, 090 ）
当月製造費用		仕　損　品	（ 3, 565 ）
原　料　費	（ 2, 577, 000 ）	月末仕掛品原価	
加　工　費	（ 1, 755, 250 ）	原　料　費	（ 266, 325 ）
計	（ 4, 332, 250 ）	加　工　費	（ 110, 070 ）
		計	（ 376, 395 ）
合　計	（ 4, 555, 050 ）	合　計	（ 4, 555, 050 ）

	製 品 乙
完成品総合原価	1, 962, 600　円
完成品単位原価	1, 962. 6　円/個
月末仕掛品原価	122, 325　円

〔問３〕

	製 品 甲	製 品 乙
完成品総合原価	4, 233, 600　円	1, 989, 525　円
完成品単位原価	3, 024　円/個	1, 989. 525　円/個
月末仕掛品原価	381, 600　円	124, 275　円

解答への道

〔問１〕等価係数の計算

資料３より「資源消費量にもとづき等価係数を原価要素別に設定している」ことから，原料費については各製品の原料消費量の比で，加工費については直接作業時間の比で等価係数を計算する。なお，製品甲を基準製品（等価係数１）とする問題指示より，製品甲の資源消費量を１とした場合の製品乙の資源消費量の比率から，製品乙の等価係数を計算できる。

1．製品乙の原料費の等価係数の計算

2. 8kg/個(製品乙の標準原料消費量)÷４kg/個(製品甲の標準原料消費量)＝0. 7

2．製品乙の加工費の等価係数の計算

2. 1時間/個(製品乙の標準直接作業時間)÷3. 5時間/個(製品甲の標準直接作業時間)＝0. 6

〔問２〕組別総合原価計算に近い等級別計算

1．生産データの整理

(1)　製品甲

仕掛品甲―原料費

借方		貸方	
月初	100個	完成	1, 400個
当月投入	1, 500個	正常仕損	50個
		月末	150個

仕掛品甲―加工費

借方		貸方	
月初	40個	完成	1, 400個
当月投入	1, 475個（貸借差引）	正常仕損	25個
		月末	90個

(2)　製品乙

仕掛品乙―原料費

借方		貸方	
月初	100個	完成	1, 000個
当月投入	1, 000個	正常仕損	25個
		月末	75個

仕掛品乙―加工費

借方		貸方	
月初	40個	完成	1, 000個
当月投入	1, 025個（貸借差引）	正常仕損	20個
		月末	45個

2．当月製造費用の各等級製品への按分

(1)　原料費

$$\frac{3,779,600\text{円}}{(\text{甲})1,500\text{個}\times 1+(\text{乙})1,000\text{個}\times 0.7}\times(\text{甲})1,500\text{個}\times 1 = 2,577,000\text{円}$$

$$〃\qquad \times(\text{乙})1,000\text{個}\times 0.7 = 1,202,600\text{円}$$

(2)　加工費

$$\frac{2,487,100\text{円}}{(\text{甲})1,475\text{個}\times 1+(\text{乙})1,025\text{個}\times 0.6}\times(\text{甲})1,475\text{個}\times 1 = 1,755,250\text{円}$$

$$〃\qquad \times(\text{乙})1,025\text{個}\times 0.6 = 731,850\text{円}$$

3．製品甲の計算（先入先出法）

(1)　原料費

仕掛品甲―原料費

借方		貸方	
月初	100個 174, 800円	完成	1, 400個 2, 408, 200円
当月投入	1, 500個 2, 577, 000円 解説２(1)より	正常仕損	50個 85, 900円
		月末	150個 257, 700円

月末仕掛品原価：$\frac{2,577,000\text{円}}{(1,400\text{個}-100\text{個})+50\text{個}+150\text{個}}\times 150\text{個}=257,700\text{円}$

正常仕損品原価：　〃　$\times 50\text{個}=85,900\text{円}$

完成品原価：174, 800円＋2, 577, 000円－257, 700円－85, 900円＝2, 408, 200円

(2) 加工費

仕掛品甲—加工費

月初 40個 48,000円	完成 1,400個 1,666,400円
当月投入 1,475個 1,755,250円（解説2(2)より）	正常仕損 25個 29,750円
	月末 90個 107,100円

月末仕掛品原価：$\frac{1,755,250円}{(1,400個-40個)+25個+90個}$×90個＝107,100円

正常仕損品原価：　〃　×25個＝ 29,750円

完 成 品 原 価：48,000円＋1,755,250円－107,100円－29,750円＝1,666,400円

(3) 正常仕損費の追加配賦

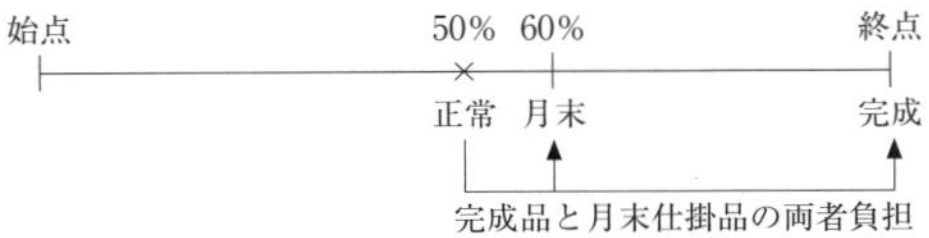

月末仕掛品（加工費進捗度60%）が仕損発生点（50%の点）を通過していることから完成品と月末仕掛品に数量比で追加配賦する。

その際，先入先出法であるため，完成品量から月初仕掛品量を除いた数量と，月末仕掛品の数量の割合で追加配賦することに注意する。また，解答用紙の仕掛品勘定は，完成品総合原価と月末仕掛品原価の原価要素別の内訳が要求されており，かつ，正常仕損費を記入する欄が設けられていない。よって，正常仕損費の追加配賦は原価要素別に行う必要がある。なお，製品甲の正常仕損品には原料から生じる処分価値が1個あたり50.5円，加工から生じる処分価値が1個あたり20.8円であるため，それぞれの正常仕損費は，仕損品評価額を控除した金額を追加配賦する。

① 原料費

正 常 仕 損 費：85,900円－50.5円/個×50個＝83,375円（仕損品評価額2,525円）

完 成 品 負 担 分：$\frac{83,375円}{(1,400個-100個)+150個}$×(1,400個－100個)＝74,750円

月末仕掛品負担分：　〃　×150個＝8,625円

② 加工費

正 常 仕 損 費：29,750円－20.8円/個×50個＝28,710円（仕損品評価額1,040円）

完 成 品 負 担 分：$\frac{28,710円}{(1,400個-100個)+150個}$×(1,400個－100個)＝25,740円

月末仕掛品負担分：　〃　×150個＝2,970円

(4) 仕掛品勘定の記入

① 月初仕掛品原価

原　料　費：　174,800円
加　工　費：　48,000円
　　計　　　222,800円（解答用紙に所与）

② 当月製造費用

原　料　費：2,577,000円
加　工　費：1,755,250円
　　計　　　4,332,250円

③ 完成品総合原価

原　料　費：2,408,200円＋74,750円＝ 2,482,950円
加　工　費：1,666,400円＋25,740円＝ 1,692,140円
　　計　　　　　　　　　　　　　　4,175,090円

仕　損　品：2,525円＋1,040円＝3,565円

④ 月末仕掛品原価

原　料　費：257,700円＋8,625円＝ 266,325円
加　工　費：107,100円＋2,970円＝ 110,070円
　　計　　　　　　　　　　　　　376,395円

4．製品乙の計算（先入先出法）

(1) 原料費

仕掛品乙—原料費

月初 100個 122,300円	完成 1,000個 1,204,640円
当月投入 1,000個 1,202,600円（解説2(1)より）	正常仕損 25個 30,065円
	月末 75個 90,195円

月末仕掛品原価：$\frac{1,202,600円}{(1,000個-100個)+25個+75個}$×75個＝90,195円

正常仕損品原価：　〃　×25個＝30,065円

完 成 品 原 価：122,300円＋1,202,600円－90,195円－30,065円＝1,204,640円

(2) 加工費

仕掛品乙―加工費

月初 40個 28, 800円	完成 1, 000個 714, 240円
当月投入 1, 025個 731, 850円（解説2(2)より）	正常仕損 20個 14, 280円
	月末 45個 32, 130円

月末仕掛品原価：$\dfrac{731,850円}{(1,000個-40個)+20個+45個}$×45個＝32, 130円

正常仕損品原価：　〃　×20個＝14, 280円

完 成 品 原 価：28, 800円＋731, 850円－32, 130円－14, 280円＝714, 240円

(3) 正常仕損費の追加配賦および，完成品総合原価，完成品単位原価，月末仕掛品原価の計算

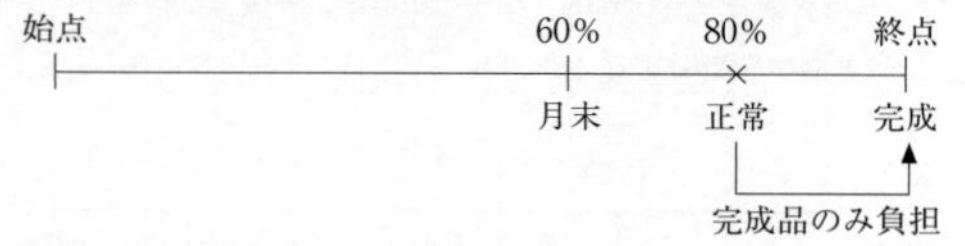

月末仕掛品（加工費進捗度60％）が仕損発生点（80％の点）を通過していないことから，完成品のみに追加配賦する。

また，解答要求が製品甲と異なり，原価要素別の内訳が要求されていないため，正常仕損費の追加配賦は原価要素別に行う必要はない。

正 常 仕 損 費：30, 065円＋14, 280円－（15円＋10円）×25個（仕損品評価額）＝43, 720円…完成品の負担分

完成品総合原価：1, 204, 640円＋714, 240円＋43, 720円＝1, 962, 600円

完成品単位原価：1, 962, 600円÷1, 000個＝1, 962. 6円/個

月末仕掛品原価：90, 195円＋32, 130円＝122, 325円

〔問3〕単純総合原価計算に近い等級別計算

1．生産データの積数（基準製品甲）への換算

(1) 原料費の換算

仕掛品甲―原料費（×等価係数 ×1）

月初 100個	完成 1, 400個
当月投入 1, 500個	正常仕損 50個
	月末 150個

仕掛品乙―原料費（×等価係数 ×0. 7）

月初 100個	完成 1, 000個
当月投入 1, 000個	正常仕損 25個
	月末 75個

仕掛品―原料費（積数で合算）

月初 100個	完成 1, 400個
当月投入 1, 500個	正常仕損 50個
	月末 150個
月初 70個	完成 700個
当月投入 700個	正常仕損 17. 5個
	月末 52. 5個

(2) 加工費の換算

仕掛品甲―加工費（×等価係数 ×1）

月初 40個	完成 1, 400個
当月投入 1, 475個	正常仕損 25個
	月末 90個

仕掛品乙―加工費（×等価係数 ×0. 6）

月初 40個	完成 1, 000個
当月投入 1, 025個	正常仕損 20個
	月末 45個

仕掛品―加工費（積数で合算）

月初 40個	完成 1, 400個
当月投入 1, 475個	正常仕損 25個
	月末 90個
月初 24個	完成 600個
当月投入 615個	正常仕損 12個
	月末 27個

2．各等級製品への原価の按分（平均法）

(1)　原料費

3,850,400円（→ 甲当月投入・乙当月投入）

仕掛品―原料費

借方	貸方
甲月初 100個 174,800円	甲完成 1,400個 2,450,000円
甲当月投入 1,500個	甲正常仕損 50個 87,500円
	甲月末 150個 262,500円
乙月初 70個 122,300円	乙完成 700個 1,225,000円
乙当月投入 700個	乙正常仕損 17.5個 30,625円
	乙月末 52.5個 91,875円

$$\text{按分単価}:\frac{174{,}800\text{円}+122{,}300\text{円}+3{,}850{,}400\text{円}}{(1{,}400\text{個}+50\text{個}+150\text{個})+(700\text{個}+17.5\text{個}+52.5\text{個})}=1{,}750\text{円/個}$$

製品甲完成品：1,750円/個×1,400個＝2,450,000円
製品甲正常仕損品：　〃　×　50個＝　87,500円
製品甲月末仕掛品：　〃　×　150個＝　262,500円

製品乙完成品：1,750円/個×　700個＝1,225,000円
製品乙正常仕損品：　〃　×17.5個＝　30,625円
製品乙月末仕掛品：　〃　×52.5個＝　91,875円

(2)　加工費

2,508,000円（→ 甲当月投入・乙当月投入）

仕掛品―加工費

借方	貸方
甲月初 40個 48,000円	甲完成 1,400個 1,680,000円
甲当月投入 1,475個	甲正常仕損 25個 30,000円
	甲月末 90個 108,000円
乙月初 24個 28,800円	乙完成 600個 720,000円
乙当月投入 615個	乙正常仕損 12個 14,400円
	乙月末 27個 32,400円

$$\text{按分単価}:\frac{48{,}000\text{円}+28{,}800\text{円}+2{,}508{,}000\text{円}}{(1{,}400\text{個}+25\text{個}+90\text{個})+(600\text{個}+12\text{個}+27\text{個})}=1{,}200\text{円/個}$$

製品甲完成品：1,200円/個×1,400個＝1,680,000円
製品甲正常仕損品：　〃　×　25個＝　30,000円
製品甲月末仕掛品：　〃　×　90個＝　108,000円

製品乙完成品：1,200円/個×　600個＝　720,000円
製品乙正常仕損品：　〃　×　12個＝　14,400円
製品乙月末仕掛品：　〃　×　27個＝　32,400円

3．正常仕損費の追加配賦および完成品総合原価，完成品単位原価，月末仕掛品原価の計算

正常仕損費の負担関係は〔問２〕と同様，製品甲は完成品と月末仕掛品の両者負担，製品乙は完成品のみ負担となる。

(1)　製品甲（完成品と月末仕掛品の両者負担）

①　追加配賦額の計算

正常仕損費は，完成品と月末仕掛品に数量比で追加配賦する。また，解答形式から，正常仕損費は原価要素ごとに分けることなく追加配賦すればよい。

正常仕損費：87,500円＋30,000円－56円×50個＝114,700円
（56円×50個：仕損品評価額）

完成品負担分：$\frac{114,700円}{1,400個+150個}$×1,400個＝103,600円

月末仕掛品負担分：　〃　×　150個＝　11,100円

② まとめ

完成品総合原価：2,450,000円＋1,680,000円＋103,600円＝4,233,600円

完成品単位原価：4,233,600円÷1,400個＝3,024円/個

月末仕掛品原価：262,500円＋108,000円＋11,100円＝381,600円

(2) 製品乙（完成品のみ負担）

解答形式から，正常仕損費は一括して（原価要素ごとに分けることなく）追加配賦すればよい。

正常仕損費：30,625円＋14,400円－20円×25個＝44,525円…完成品負担分
（20円×25個：仕損品評価額）

完成品総合原価：1,225,000円＋720,000円＋44,525円＝1,989,525円

完成品単位原価：1,989,525円÷1,000個＝1,989.525円/個

月末仕掛品原価：91,875円＋32,400円＝124,275円

問題4-12

〔問1〕（注）不要な括弧には，「—」を記入すること。

仕掛品　（単位：円）

製品X月初仕掛品原価		製品X完成品原価	
原料費	88,460	原料費	（849,875）
加工費	47,522	加工費	（1,022,500）
計	135,982	正常仕損費	（92,450）
製品Y月初仕掛品原価		計	（1,964,825）
原料費	85,740	製品Y完成品原価	
加工費	44,280	原料費	（407,940）
計	130,020	加工費	（368,100）
当月製造費用		正常仕損費	（23,400）
原料費	1,321,580	計	（799,440）
加工費	1,432,950	仕損品評価額	（52,252）
計	2,754,530	製品X月末仕掛品原価	
		原料費	（101,985）
		加工費	（36,810）
		正常仕損費	（——）
		計	（138,795）
		製品Y月末仕掛品原価	
		原料費	（40,794）
		加工費	（22,086）
		正常仕損費	（2,340）
		計	（65,220）
	3,020,532		（3,020,532）

製品X完成品単位原価＝ 392.965 円/個

製品Y完成品単位原価＝ 266.480 円/個

〔問2〕（注）不要な括弧には，「—」を記入すること。

仕掛品—製品Y　（単位：円）

月初仕掛品原価		完成品原価	
原料費	85,740	原料費	（409,560）
加工費	44,280	加工費	（369,000）
計	130,020	正常仕損費	（23,520）
当月製造費用		計	（802,080）
原料費	（392,080）	仕損品評価額	（11,272）
加工費	（356,700）	月末仕掛品原価	
計	（748,780）	原料費	（40,956）
		加工費	（22,140）
		正常仕損費	（2,352）
		計	（65,448）
	（878,800）		（878,800）

製品Y完成品単位原価＝ 267.360 円/個

解答への道

〔問1〕単純総合原価計算に近い方法

(1) 生産データの整理

仕掛品—X

月初	500個 (250個)	完成品	5,000個 (5,000個)
当月投入	5,500個 (5,250個)	正常仕損	400個 (320個)
		月末	600個 (180個)

原：×1
加：×1

仕掛品—Y

月初	600個 (360個)	完成品	3,000個 (3,000個)
当月投入	2,900個 (2,900個)	正常仕損	200個 (80個)
		月末	300個 (180個)

原：×0.8
加：×0.6

仕掛品（X＋Y）〈積数〉

月初	500個 (250個)	完成品	5,000個 (5,000個)
当月投入	5,500個 (5,250個)	正常仕損	400個 (320個)
		月末	600個 (180個)
月初	480個 (216個)	完成品	2,400個 (1,800個)
当月投入	2,320個 (1,740個)	正常仕損	160個 (48個)
		月末	240個 (108個)

（注）(　) 内は加工費の完成品換算量を示す。

(2) 原料費の計算（平均法）

$$\frac{88,460円+85,740円+1,321,580円}{5,000個+400個+600個+2,400個+160個+240個}=169.975円/個$$

① 製品X

完　成　品：169.975円/個×5,000個＝849,875円
正常仕損品：　〃　×　400個＝ 67,990円
月末仕掛品：　〃　×　600個＝101,985円

② 製品Y

完　成　品：169.975円/個×2,400個＝407,940円
正常仕損品：　〃　×　160個＝ 27,196円
月末仕掛品：　〃　×　240個＝ 40,794円

(3) 加工費の計算（平均法）

$$\frac{47,522円+44,280円+1,432,950円}{5,000個+320個+180個+1,800個+48個+108個}=204.5円/個$$

① 製品X

完　成　品：204.5円/個×5,000個＝1,022,500円
正常仕損品：　〃　×　320個＝　65,440円
月末仕掛品：　〃　×　180個＝　36,810円

② 製品Y

完　成　品：204.5円/個×1,800個＝368,100円
正常仕損品：　〃　×　48個＝　9,816円
月末仕掛品：　〃　×　108個＝ 22,086円

(4) 正常仕損費の追加配賦

① 製品X

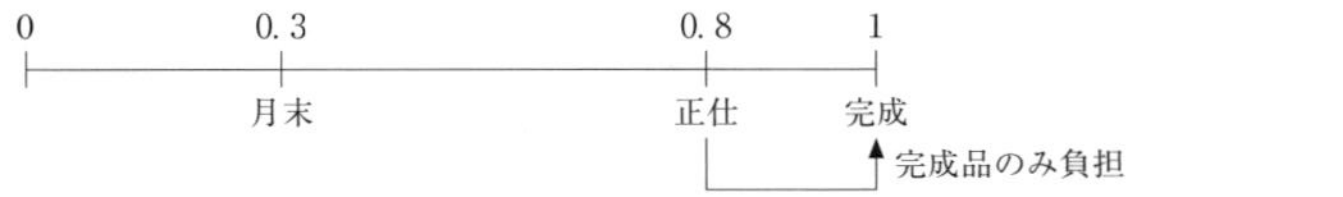

正常仕損費：67,990円＋65,440円－102.45円/個×400個＝92,450円 → 完成品原価にプラス
評価額：40,980円

② 製品Y

正常仕損費：27,196円＋9,816円－56.36円/個×200個＝25,740円
評価額：11,272円

完　成　品：$\frac{25,740円}{3,000個+300個}$×3,000個＝23,400円

月末仕掛品：　〃　×　300個＝ 2,340円

(5) 合　計

① 製品X

完成品総合原価：849,875円＋1,022,500円＋92,450円＝1,964,825円
月末仕掛品原価：101,985円＋36,810円＝138,795円

② 製品Y

完成品総合原価：407,940円＋368,100円＋23,400円＝799,440円
月末仕掛品原価：40,794円＋22,086円＋2,340円＝65,220円

③ 仕損品評価額

40,980円＋11,272円＝52,252円

(6) 完成品単位原価

① 製品X

1,964,825円÷5,000個＝392.965円/個

② 製品Y

799,440円÷3,000個＝266.480円/個

〔問2〕組別総合原価計算に近い方法

(1) 当月製造費用の按分

① 原料費

製品Y：$\frac{1,321,580円}{5,500個+2,320個}$×2,320個＝392,080円

② 加工費

製品Y：$\frac{1,432,950円}{5,250個+1,740個}$×1,740個＝356,700円

(2) 製品Yの計算（平均法）

仕掛品—Y

原： 85,740円 加： 44,280円	月　初　600個 （360個）	完成品　3,000個 （3,000個）	原：409,560円 加：369,000円
原：392,080円 加：356,700円	当月投入 2,900個 （2,900個）	正常仕損　200個 （ 80個）	原： 27,304円 加：　9,840円 ｝37,144円
		月　末　300個 （180個）	原： 40,956円 加： 22,140円

（注）（　）内は加工費の完成品換算量を示す。

① 原料費

月 末 仕 掛 品：$\frac{85,740円+392,080円}{3,000個+200個+300個}$×300個＝40,956円

正 常 仕 損 品：　〃　×200個＝27,304円

完　　成　　品：85,740円＋392,080円－(40,956円＋27,304円)＝409,560円

② 加工費

月 末 仕 掛 品：$\frac{44,280円+356,700円}{3,000個+80個+180個}$×180個＝22,140円

正 常 仕 損 品：　〃　× 80個＝ 9,840円

完　　成　　品：44,280円＋356,700円－(22,140円＋9,840円)＝369,000円

(3) 正常仕損費の追加配賦

正常仕損費：27, 304円＋9, 840円－56. 36円/個×200個＝25, 872円
（評価額：11, 272円）

完　成　品：$\frac{25,872\text{円}}{3,000\text{個}+300\text{個}}$×3, 000個＝23, 520円

月末仕掛品：　〃　×　300個＝ 2, 352円

(4) 合　計

完成品総合原価：409, 560円＋369, 000円＋23, 520円＝802, 080円

月末仕掛品原価：40, 956円＋22, 140円＋2, 352円＝65, 448円

(5) 完成品単位原価

802, 080円÷3, 000個＝267. 360円/個

問題4-13

仕 掛 品―ＹＭ　（単位：円）

月初仕掛品原価		完成品総合原価	
原　料　費	1, 960, 000	原　料　費	(16, 393, 300)
加　工　費	1, 960, 000	加　工　費	(20, 294, 680)
計	3, 920, 000	正常仕損費	(2, 362, 500)
当月製造費用		計	(39, 050, 480)
原　料　費	(19, 931, 700)	仕損品評価額	(9, 100)
加　工　費	(22, 206, 600)	月末仕掛品原価	
計	(42, 138, 300)	原　料　費	(3, 665, 600)
		加　工　費	(2, 733, 120)
		正常仕損費	(600, 000)
		計	(6, 998, 720)
	(46, 058, 300)		(46, 058, 300)

仕 掛 品―ＹＬ　（単位：円）

月初仕掛品原価		完成品総合原価	
原　料　費	3, 136, 000	原　料　費	(13, 399, 680)
加　工　費	840, 000	加　工　費	(11, 544, 720)
計	3, 976, 000	正常仕損費	(1, 200, 000)
当月製造費用		計	(26, 144, 400)
原　料　費	(12, 829, 600)	仕損品評価額	(10, 880)
加　工　費	(12, 469, 860)	月末仕掛品原価	
計	(25, 299, 460)	原　料　費	(1, 924, 440)
		加　工　費	(1, 195, 740)
		計	(3, 120, 180)
	(29, 275, 460)		(29, 275, 460)

製品ＹＭ完成品単位原価　11, 157. 28　円/個

製品ＹＬ完成品単位原価　6, 536. 10　円/個

解答への道

1．組別総合原価計算に近い等級別計算

(1) 当月製造費用の按分

① 原料費

$\frac{32,761,300\text{円}}{7,150\text{個}(*1)}$×｛4, 350個＝19, 931, 700円〈製品ＹＭ〉／2, 800個＝12, 829, 600円〈製品ＹＬ〉｝

② 加工費

$\frac{34,676,460\text{円}}{6,090\text{個}(*2)}$×｛3, 900個＝22, 206, 600円〈製品ＹＭ〉／2, 190個＝12, 469, 860円〈製品ＹＬ〉｝

（＊1）原料費の当月投入積数：
製品ＹＭ：(3, 500個＋800個＋400個－350個)×1. 0＝4, 350個
製品ＹＬ：(4, 000個＋600個＋200個－800個)×0. 7＝2, 800個
計　7, 150個

（＊2）加工費の当月投入積数：
製品ＹＭ：(3, 500個＋800個×0. 6＋400個×0. 5－350個×0. 8)×1. 0＝3, 900個
製品ＹＬ：(4, 000個＋600個×0. 7＋200個×1. 0－800個×0. 3)×0. 5＝2, 190個
計　6, 090個

(2) 製品ＹＭの計算（修正先入先出法）

① 原料費の計算

仕掛品―原料費

1, 960, 000円	月初 350個	完成 3, 500個
19, 931, 700円	当月投入 4, 350個	正常 400個
		月末 800個

完　成　品：
1, 960, 000円＋19, 931, 700円－(1, 832, 800円＋3, 665, 600円)
＝16, 393, 300円

正常仕損品：
$\frac{19,931,700\text{円}}{(3,500\text{個}-350\text{個})+400\text{個}+800\text{個}}$×400個＝1, 832, 800円

月末仕掛品：
$\frac{19,931,700\text{円}}{(3,500\text{個}-350\text{個})+400\text{個}+800\text{個}}$×800個＝3, 665, 600円

② 加工費の計算

仕掛品―加工費

1, 960, 000円	月初 280個	完成 3, 500個
22, 206, 600円	当月投入 3, 900個	正常 200個
		月末 480個

完　成　品：
1, 960, 000円＋22, 206, 600円－(1, 138, 800円＋2, 733, 120円)
＝20, 294, 680円

正常仕損品：
$\frac{22,206,600\text{円}}{(3,500\text{個}-280\text{個})+200\text{個}+480\text{個}}$×200個＝1, 138, 800円

月末仕掛品：
$\frac{22,206,600\text{円}}{(3,500\text{個}-280\text{個})+200\text{個}+480\text{個}}$×480個＝2, 733, 120円

③ 正常仕損費の追加配賦

正常仕損は工程の50%の地点で発生しており，完成品と月末仕掛品が正常仕損費を負担する。

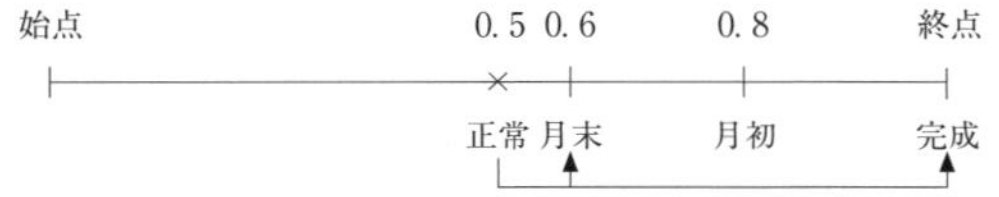

$$\frac{(1,832,800\text{円}+1,138,800\text{円})-22.75\text{円/個}\times 400\text{個}}{(3,500\text{個}-350\text{個})+800\text{個}}\times\begin{cases}(3,500\text{個}-350\text{個})=2,362,500\text{円}\ \langle\text{完成品}\rangle\\ 800\text{個}=600,000\text{円}\ \langle\text{月末仕掛品}\rangle\end{cases}$$

④ まとめ

月末仕掛品原価：3, 665, 600円＋2, 733, 120円＋600, 000円＝6, 998, 720円

完成品総合原価：16, 393, 300円＋20, 294, 680円＋2, 362, 500円＝39, 050, 480円

完成品単位原価：39, 050, 480円÷3, 500個＝11, 157. 28円/個

(3) 製品ＹＬの計算（修正先入先出法）

① 原料費の計算

仕掛品―原料費

3, 136, 000円	月初 800個	完成 4, 000個
12, 829, 600円	当月投入 4, 000個	正常 200個
		月末 600個

完　成　品：

3, 136, 000円＋12, 829, 600円－(641, 480円＋1, 924, 440円)

＝13, 399, 680円

正常仕損品：

$$\frac{12,829,600\text{円}}{(4,000\text{個}-800\text{個})+200\text{個}+600\text{個}}\times 200\text{個}=641,480\text{円}$$

月末仕掛品：

$$\frac{12,829,600\text{円}}{(4,000\text{個}-800\text{個})+200\text{個}+600\text{個}}\times 600\text{個}=1,924,440\text{円}$$

② 加工費の計算

仕掛品―加工費

840, 000円	月初 240個	完成 4, 000個
12, 469, 860円	当月投入 4, 380個	正常 200個
		月末 420個

完　成　品：

840, 000円＋12, 469, 860円－(569, 400円＋1, 195, 740円)

＝11, 544, 720円

正常仕損品：

$$\frac{12,469,860\text{円}}{(4,000\text{個}-240\text{個})+200\text{個}+420\text{個}}\times 200\text{個}=569,400\text{円}$$

月末仕掛品：

$$\frac{12,469,860\text{円}}{(4,000\text{個}-240\text{個})+200\text{個}+420\text{個}}\times 420\text{個}=1,195,740\text{円}$$

③ 正常仕損費の追加配賦

正常仕損は工程の終点で発生しているので，完成品だけが正常仕損費を負担する。

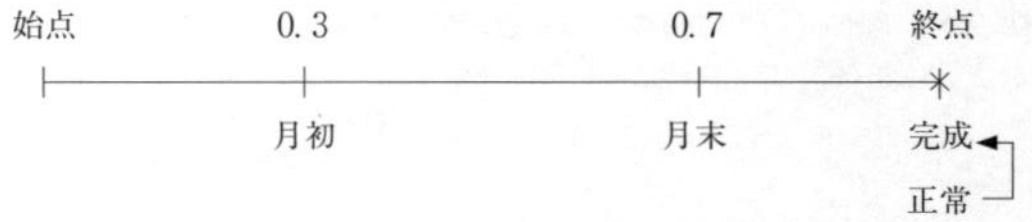

正常仕損費：641, 480円＋569, 400円－54. 4円/個×200個＝1, 200, 000円

④ まとめ

月末仕掛品原価：1, 924, 440円＋1, 195, 740円＝3, 120, 180円

完成品総合原価：13, 399, 680円＋11, 544, 720円＋1, 200, 000円＝26, 144, 400円

完成品単位原価：26, 144, 400円÷4, 000個＝6, 536. 10円/個

Theme 05 連産品の原価計算

問題5-1

〔問1〕生産量基準

製品ＶＫ

完成品総合原価	250,000	円	完成品単位原価	100	円/kg

製品ＺＴ

完成品総合原価	250,000	円	完成品単位原価	100	円/kg

〔問2〕正常市価基準

製品ＶＫ

完成品総合原価	300,000	円	完成品単位原価	120	円/kg

製品ＺＴ

完成品総合原価	200,000	円	完成品単位原価	80	円/kg

解答への道

〔問1〕生産量基準

連結原価：350,000円〈原料費〉+150,000円〈加工費〉=500,000円

製品ＶＫ

完成品総合原価：$\frac{500,000円}{2,500kg+2,500kg}\times 2,500kg=250,000円$

完成品単位原価：250,000円÷2,500kg=100円/kg

製品ＺＴ

完成品総合原価：$\frac{500,000円}{2,500kg+2,500kg}\times 2,500kg=250,000円$

完成品単位原価：250,000円÷2,500kg=100円/kg

〔問2〕正常市価基準

分離点における見積正味実現可能価額：製品ＶＫ：300円×2,500kg=750,000円

製品ＺＴ：200円×2,500kg=500,000円

製品ＶＫ

完成品総合原価：$\frac{500,000円}{750,000円+500,000円}\times 750,000円=300,000円$

完成品単位原価：300,000円÷2,500kg=120円/kg

製品ＺＴ

完成品総合原価：$\frac{500,000円}{750,000円+500,000円}\times 500,000円=200,000円$

完成品単位原価：200,000円÷2,500kg=80円/kg

問題5-2

〔問1〕正常市価基準

製品別損益計算書（単位：円）

	最終製品Ｙ	最終製品Ｚ	合　計
売　上　高	(6,000,000)	(12,000,000)	(18,000,000)
売 上 原 価			
連結原価配賦額	(2,400,000)	(7,680,000)	10,080,000
追加加工費	(3,000,000)	(2,400,000)	(5,400,000)
計	(5,400,000)	(10,080,000)	(15,480,000)
売 上 総 利 益	(600,000)	(1,920,000)	(2,520,000)
売上総利益率	(10 %)	(16 %)	(14 %)

〔問2〕修正正味実現可能価額法

製品別損益計算書（単位：円）

	最終製品Ｙ	最終製品Ｚ	合　計
売　上　高	(6,000,000)	(12,000,000)	(18,000,000)
売 上 原 価			
連結原価配賦額	(2,160,000)	(7,920,000)	10,080,000
追加加工費	(3,000,000)	(2,400,000)	(5,400,000)
計	(5,160,000)	(10,320,000)	(15,480,000)
売 上 総 利 益	(840,000)	(1,680,000)	(2,520,000)
売上総利益率	(14 %)	(14 %)	(14 %)

解答への道

〔問1〕連結原価の配賦を正常市価基準によった場合

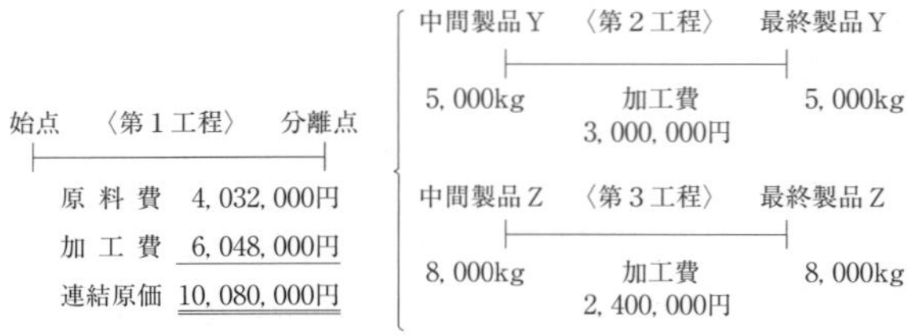

(1) 連結原価の配賦

製品Ｙ：$\frac{10,080,000円}{3,000,000円+9,600,000円}\times 3,000,000円(*1)=2,400,000円$

製品Ｚ：〃 ×9,600,000円(＊2)=7,680,000円

(＊1) 製品Ｙの分離点における見積正味実現可能価額：1,200円/kg×5,000kg−3,000,000円=3,000,000円

(＊2) 製品Ｚの分離点における見積正味実現可能価額：1,500円/kg×8,000kg−2,400,000円=9,600,000円

正常市価から分離後個別費を控除した金額を，分離点の正常市価とみなして計算を行う。

(2) 製品別損益計算書

	最終製品Y	最終製品Z	合　計
売　上　高	（ ①6, 000, 000 ）	（ ②12, 000, 000 ）	（ 18, 000, 000 ）
売 上 原 価			
連結原価配賦額	（ 2, 400, 000 ）	（ 7, 680, 000 ）	10, 080, 000
追加加工費	（ 3, 000, 000 ）	（ 2, 400, 000 ）	（ 5, 400, 000 ）
計	（ ③5, 400, 000 ）	（ ③10, 080, 000 ）	（ 15, 480, 000 ）
売 上 総 利 益	（ 600, 000 ）	（ 1, 920, 000 ）	（ 2, 520, 000 ）
売上総利益率	（ ④10 % ）	（ ⑤16 % ）	（ ⑥14 % ）

①：1, 200円/kg×5, 000kg＝6, 000, 000円
②：1, 500円/kg×8, 000kg＝12, 000, 000円
③：本問は月初・月末仕掛品および製品がないので「完成品総合原価＝売上原価」となる。両製品は，分離後，追加加工を受けるため，完成品総合原価は「連結原価配賦額＋分離後個別加工費」となる。
④：600, 000円÷6, 000, 000円×100＝10%
⑤：1, 920, 000円÷12, 000, 000円×100＝16%
⑥：2, 520, 000円÷18, 000, 000円×100＝14%

〔問2〕連結原価の配賦を修正正味実現可能価額法によった場合

この方法は各製品の売上総利益率が全体の売上総利益率と等しくなるように逆算して連結原価の配賦額を計算するものである。

	最終製品Y	最終製品Z	合　計
売　上　高	（ ②6, 000, 000 ）	（ ③12, 000, 000 ）	（ 18, 000, 000 ）
売 上 原 価			
連結原価配賦額	（ ⑥2, 160, 000 ）	（ ⑦7, 920, 000 ）	10, 080, 000
追加加工費	（ 3, 000, 000 ）	（ 2, 400, 000 ）	（ 5, 400, 000 ）
計	（ 5, 160, 000 ）	（ 10, 320, 000 ）	（ 15, 480, 000 ）
売 上 総 利 益	（ ④840, 000 ）	（ ⑤1, 680, 000 ）	（ 2, 520, 000 ）
売上総利益率	（ ①14 % ）	（ ①14 % ）	（ ①14 % ）

①：〔問1〕の計算結果より
②：〔問1〕と同様
③：〔問1〕と同様
④：6, 000, 000円×14%＝840, 000円
⑤：12, 000, 000円×14%＝1, 680, 000円
⑥：6, 000, 000円－(840, 000円＋3, 000, 000円)＝2, 160, 000円
⑦：12, 000, 000円－(1, 680, 000円＋2, 400, 000円)＝7, 920, 000円

問題5-3

〔問1〕

仕掛品―第1工程　(単位：円)

借方		貸方	
月初仕掛品原価		完成品総合原価	
原　料　費	231, 000	中 間 製 品 M	（ 1, 975, 000 ）
加　工　費	96, 900	中 間 製 品 N	（ 1, 500, 000 ）
計	327, 900	計	（ 3, 475, 000 ）
当月製造費用		月末仕掛品原価	
原　料　費	1, 558, 000	原　料　費	（ 164, 000 ）
加　工　費	1, 865, 000	加　工　費	（ 111, 900 ）
計	3, 423, 000	計	（ 275, 900 ）
	3, 750, 900		（ 3, 750, 900 ）

仕掛品―第2工程　(単位：円)

借方		貸方	
当月製造費用		完成品総合原価	（ 3, 075, 000 ）
前　工　程　費	（ 1, 975, 000 ）		
加　工　費	（ 1, 100, 000 ）		
	（ 3, 075, 000 ）		（ 3, 075, 000 ）

仕掛品―第3工程　(単位：円)

借方		貸方	
当月製造費用		完成品総合原価	（ 2, 362, 500 ）
前　工　程　費	（ 1, 500, 000 ）		
加　工　費	（ 862, 500 ）		
	（ 2, 362, 500 ）		（ 2, 362, 500 ）

〔問2〕

製品M
完成品総合原価　2, 837, 500 円　完成品単位原価　1, 135 円/kg
製品N
完成品総合原価　2, 600, 000 円　完成品単位原価　1, 040 円/kg

解答への道

〔問1〕正常市価基準により連結原価の配賦を行った場合

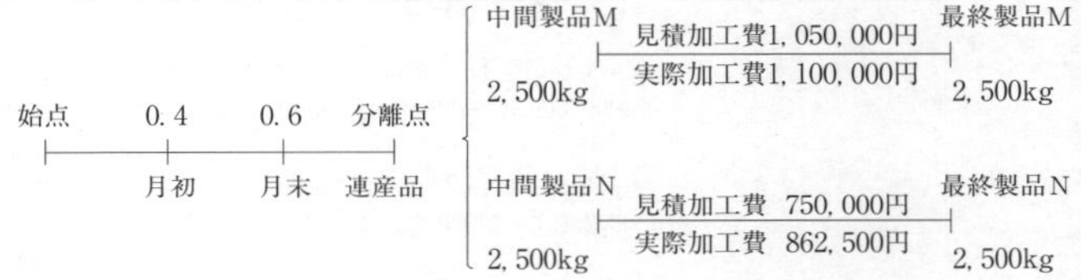

1．第１工程の計算（修正先入先出法）

(1)　原料費の計算

仕掛品―原料費

	借方	貸方
231, 000円	月初 750kg	完成 5, 000kg
1, 558, 000円	当月投入 4, 750kg	月末 500kg

完　成　品：
231, 000円＋1, 558, 000円－164, 000円＝1, 625, 000円

月末仕掛品：

$$\frac{1,558,000円}{(5,000kg-750kg)+500kg}\times 500kg=164,000円$$

(2)　加工費の計算

仕掛品―加工費

	借方	貸方
96, 900円	月初 300kg	完成 5, 000kg
1, 865, 000円	当月投入 5, 000kg	月末 300kg

完　成　品：
96, 900円＋1, 865, 000円－111, 900円＝1, 850, 000円

月末仕掛品：

$$\frac{1,865,000円}{(5,000kg-300kg)+300kg}\times 300kg=111,900円$$

(3)　まとめ

月末仕掛品原価：164, 000円＋111, 900円＝275, 900円

完成品総合原価（＝連結原価）：1, 625, 000円＋1, 850, 000円＝3, 475, 000円

2．連結原価の配賦

製品M：$\frac{3,475,000円}{3,950,000円+3,000,000円}\times 3,950,000円(*1)=1,975,000円$

製品N：　　〃　　$\times 3,000,000円(*2)=1,500,000円$

（＊1）製品Mの分離点における見積正味実現可能価額：2, 000円/kg×2, 500kg－1, 050, 000円＝3, 950, 000円

（＊2）製品Nの分離点における見積正味実現可能価額：1, 500円/kg×2, 500kg－　750, 000円＝3, 000, 000円

分離点における見積正味実現可能価額の計算では正常市価および分離後個別加工費は見積額を使用する。

3．製品M，製品Nの完成品総合原価の計算

「完成品総合原価＝連結原価配賦額＋分離後実際個別加工費」であるから，

(1)　製品M

完成品総合原価：1, 975, 000円＋1, 100, 000円＝3, 075, 000円

完成品単位原価：3, 075, 000円÷2, 500kg＝1, 230円/kg

(2)　製品N

完成品総合原価：1, 500, 000円＋862, 500円＝2, 362, 500円

完成品単位原価：2, 362, 500円÷2, 500kg＝945円/kg

〔問２〕生産量基準により連結原価の配賦を行った場合

1．連結原価の計算：〔問１〕と同様で，3, 475, 000円

2．連結原価の配賦

製品M：$\frac{3,475,000円}{2,500kg+2,500kg}\times 2,500kg=1,737,500円$

製品N：　　〃　　$\times 2,500kg=1,737,500円$

3．製品M，製品Nの完成品総合原価および完成品単位原価の計算

(1)　製品M

完成品総合原価：1, 737, 500円＋1, 100, 000円＝2, 837, 500円

完成品単位原価：2, 837, 500円÷2, 500kg＝1, 135円/kg

(2)　製品N

完成品総合原価：1, 737, 500円＋862, 500円＝2, 600, 000円

完成品単位原価：2, 600, 000円÷2, 500kg＝1, 040円/kg

問題5-4

月末仕掛品原価　761, 500　円

製品A

完成品総合原価　4, 772, 000　円　　完成品単位原価　1, 193　円/kg

製品B

完成品総合原価　5, 084, 000　円　　完成品単位原価　2, 542　円/kg

解答への道

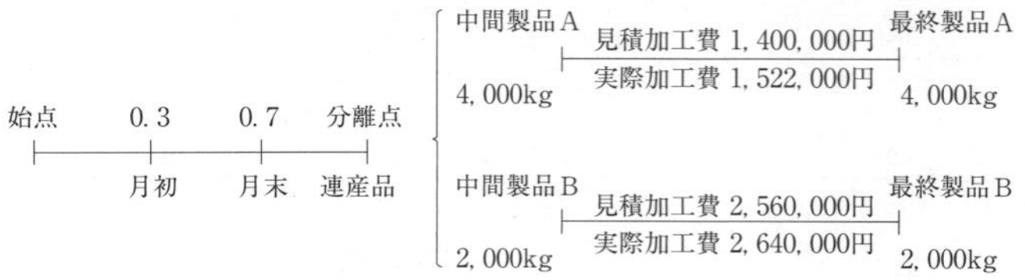

1．第１工程の計算（平均法）

(1)　原料費の計算

仕掛品―原料費

	借方	貸方
406, 200円	月初 1, 200kg	完成 6, 000kg
1, 861, 800円	当月投入 5, 800kg	月末 1, 000kg

完　成　品：
406, 200円＋1, 861, 800円－324, 000円＝1, 944, 000円

月末仕掛品：

$$\frac{406,200円+1,861,800円}{6,000kg+1,000kg}\times 1,000kg=324,000円$$

(2)　加工費の計算

仕掛品―加工費

	借方	貸方
253, 530円	月初 360kg	完成 6, 000kg
3, 933, 970円	当月投入 6, 340kg	月末 700kg

完　成　品：
253, 530円＋3, 933, 970円－437, 500円＝3, 750, 000円

月末仕掛品：

$$\frac{253,530円+3,933,970円}{6,000kg+700kg}\times 700kg=437,500円$$

(3)　まとめ

月末仕掛品原価：324,000円＋437,500円＝761,500円

完成品総合原価（＝連結原価）：1,944,000円＋3,750,000円＝5,694,000円

2．連結原価の配賦

製品A：$\dfrac{5,694,000円}{5,000,000円+3,760,000円}\times 5,000,000円(*)=3,250,000円$

製品B：　　　〃　　　×3,760,000円(＊)＝2,444,000円

(＊) 分離点における見積正味実現可能価額：

	製品A	製品B
正常売上高	8,000,000円	8,000,000円
見積販売費	1,200,000	1,200,000
見積管理費	400,000	480,000
見積追加加工費	1,400,000	2,560,000
見積正味実現可能価額	5,000,000円	3,760,000円

分離点における見積正味実現可能価額の計算では，正常市価および分離後個別費は見積額を使用する。

3．製品A，製品Bの完成品総合原価および完成品単位原価の計算

「完成品総合原価＝連結原価配賦額＋分離後実際個別加工費」であるから，

(1)　製品A

完成品総合原価：3,250,000円＋1,522,000円＝4,772,000円

完成品単位原価：4,772,000円÷4,000kg＝1,193円/kg

(2)　製品B

完成品総合原価：2,444,000円＋2,640,000円＝5,084,000円

完成品単位原価：5,084,000円÷2,000kg＝2,542円/kg

問題5-5

〔問1〕

仕　掛　品　（単位：円）

月初仕掛品原価		完成品総合原価	
直接材料費	8,927,100	直接材料費	（ 77,564,400 ）
加工費	1,447,200	加工費	（ 66,480,750 ）
計	10,374,300	計	（ 144,045,150 ）
当月製造費用		作業屑評価額	（ 58,500 ）
直接材料費	76,576,500	副産物評価額	（ 1,308,000 ）
加工費	69,465,600	月末仕掛品原価	
計	146,042,100	直接材料費	（ 6,572,700 ）
		加工費	（ 4,432,050 ）
		計	（ 11,004,750 ）
	156,416,400		（ 156,416,400 ）

完成品単位原価　2,880.903　円/kg

〔問2〕

仕　掛　品　（単位：円）

月初仕掛品原価		完成品総合原価	
直接材料費	8,927,100	直接材料費	（ 77,190,000 ）
加工費	1,447,200	加工費	（ 66,150,000 ）
計	10,374,300	計	（ 143,340,000 ）
当月製造費用		作業屑評価額	（ 58,500 ）
直接材料費	76,576,500	副産物評価額	（ 1,308,000 ）
加工費	69,465,600	月末仕掛品原価	
計	146,042,100	直接材料費	（ 6,947,100 ）
		加工費	（ 4,762,800 ）
		計	（ 11,709,900 ）
	156,416,400		（ 156,416,400 ）

完成品単位原価　2,866.800　円/kg

解答への道

1．月末仕掛品の加工費進捗度＜副産物の分離点の進捗度のケース

作業屑＜月末：作業屑評価額控除後の直接材料費で月末仕掛品原価，完成品原価を計算

180円/kg－63円/kg＝117円/kg〈単位あたり評価額〉

副産物＞月末：副産物評価額控除前の直接材料費で月末仕掛品原価を計算。副産物評価額は完成品直接材料費から控除

400円/kg－73円/kg＝327円/kg〈単位あたり評価額〉

仕掛品—直接材料費

8,927,100円	月初 5,000kg	完成 50,000kg
76,576,500円	当月投入 54,000kg	副産物 4,000kg
		作業屑 500kg
		月末 4,500kg

仕掛品—加工費

1,447,200円	月初 1,000kg	完成 50,000kg
69,465,600円	当月投入 56,650kg	副産物 4,000kg
		作業屑 50kg
		月末 3,600kg

(1) 直接材料費

月末仕掛品：

$$\frac{8,927,100円+76,576,500円-117円/kg\times500kg}{50,000kg+4,000kg+4,500kg}\times4,500kg=6,572,700円$$

完　成　品：

8, 927, 100円＋76, 576, 500円－(117円/kg×500kg＋6, 572, 700円＋327円/kg×4, 000kg)＝77, 564, 400円

(2) 加工費

月末仕掛品：

$$\frac{1,447,200円+69,465,600円}{50,000kg+4,000kg+3,600kg}\times3,600kg=4,432,050円$$

完　成　品：

1, 447, 200円＋69, 465, 600円－4, 432, 050円＝66, 480, 750円

(3) まとめ

月末仕掛品原価：6, 572, 700円＋4, 432, 050円＝11, 004, 750円

完成品総合原価：77, 564, 400円＋66, 480, 750円＝144, 045, 150円

完成品単位原価：144, 045, 150円÷50, 000kg＝2, 880. 903円/kg

2．月末仕掛品の加工費進捗度＞副産物の分離点の進捗度のケース

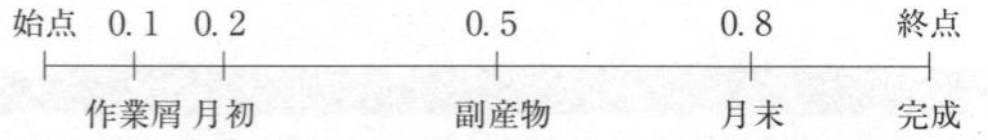

作業屑＜月末：作業屑評価額控除後の直接材料費で月末仕掛品原価，完成品原価を計算

副産物＜月末：副産物評価額控除後の直接材料費で月末仕掛品原価，完成品原価を計算

仕掛品―直接材料費

8, 927, 100円	月初 5, 000kg	完成 50, 000kg
	当月投入	副産物 4, 000kg
76, 576, 500円	54, 000kg	作業屑 500kg
		月末 4, 500kg

仕掛品―加工費

1, 447, 200円	月初 1, 000kg	完成 50, 000kg
	当月投入	副産物 2, 000kg
69, 465, 600円	54, 650kg	作業屑 50kg
		月末 3, 600kg

(1) 直接材料費

月末仕掛品：

$$\frac{8,927,100円+76,576,500円-(117円/kg\times500kg+327円/kg\times4,000kg)}{50,000kg+4,500kg}\times4,500kg=6,947,100円$$

完　成　品：

8, 927, 100円＋76, 576, 500円－(6, 947, 100円＋117円/kg×500kg＋327円/kg×4, 000kg)＝77, 190, 000円

(2) 加工費

月末仕掛品：$\frac{1,447,200円+69,465,600円}{50,000kg+3,600kg}\times3,600kg=4,762,800円$

完　成　品：1, 447, 200円＋69, 465, 600円－4, 762, 800円＝66, 150, 000円

(3) まとめ

月末仕掛品原価：6, 947, 100円＋4, 762, 800円＝11, 709, 900円

完成品総合原価：77, 190, 000円＋66, 150, 000円＝143, 340, 000円

完成品単位原価：143, 340, 000円÷50, 000kg＝2, 866. 8円/kg

問題5-6

	月末仕掛品原価	552, 300	円	副産物評価額	331, 000	円
製品A	完成品総合原価	4, 616, 000	円	完成品単位原価	2, 308	円/kg
製品B	完成品総合原価	5, 268, 000	円	完成品単位原価	1, 756	円/kg
製品C	完成品総合原価	3, 870, 000	円	完成品単位原価	1, 290	円/kg

解答への道

1．第1工程の計算（修正先入先出法）

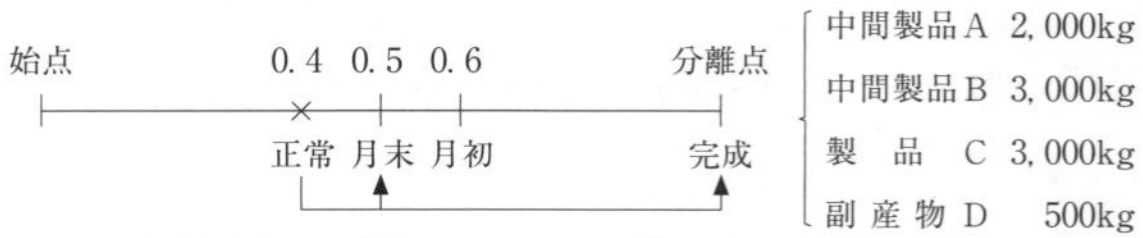

副産物＞月末：副産物評価額は完成品総合原価から控除

800円/kg－138円/kg＝662円/kg〈単位あたり副産物評価額〉

減　損＜月末：正常減損費は完成品と月末仕掛品が負担

仕掛品―原料費

310, 000円	月初 400kg	完成 8, 000kg
	当月投入	副産物 500kg
4, 524, 000円	8, 800kg	正常 100kg
		月末 600kg

仕掛品―加工費

166, 740円	月初 240kg	完成 8, 000kg
	当月投入	副産物 500kg
6, 856, 560円	8, 600kg	正常 40kg
		月末 300kg

(1) 原料費

月末仕掛品：$\frac{4,524,000円}{(8,000kg-400kg)+500kg+600kg}\times600kg=312,000円$

完　成　品：310, 000円＋4, 524, 000円－312, 000円＝4, 522, 000円

(2) 加工費

月末仕掛品：$\frac{6,856,560円}{(8,000kg-240kg)+500kg+300kg}\times300kg=240,300円$

完　成　品：166, 740円＋6, 856, 560円－240, 300円＝6, 783, 000円

(3) まとめ

副産物評価額：662円/kg×500kg＝331, 000円

月末仕掛品原価：312, 000円＋240, 300円＝552, 300円

連　結　原　価：4, 522, 000円＋6, 783, 000円－331, 000円＝10, 974, 000円

2．連結原価の配賦

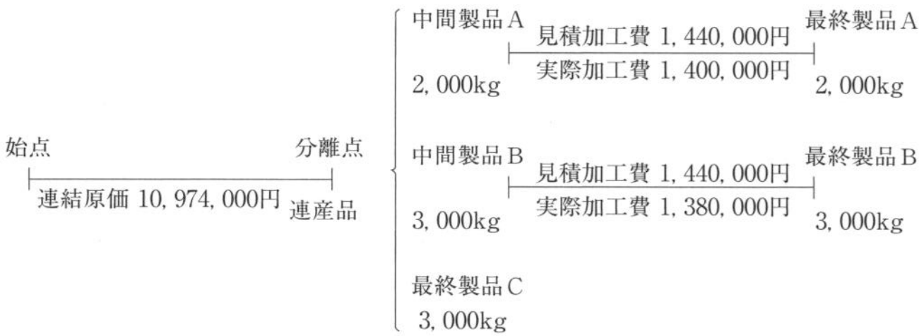

製品Ａ：$\frac{10,974,000\text{円}}{5,360,000\text{円}+6,480,000\text{円}+6,450,000\text{円}}$×5, 360, 000円(＊)＝3, 216, 000円

製品Ｂ：　〃　×6, 480, 000円(＊)＝3, 888, 000円

製品Ｃ：　〃　×6, 450, 000円(＊)＝3, 870, 000円

（＊）分離点における見積正味実現可能価額：

	製　品　Ａ	製　品　Ｂ	製　品　Ｃ
正常売上高	8, 000, 000円	9, 000, 000円	7, 500, 000円
見積販売費	1, 200, 000	1, 080, 000	1, 050, 000
見積追加加工費	1, 440, 000	1, 440, 000	——
見積正味実現可能価額	5, 360, 000円	6, 480, 000円	6, 450, 000円

分離点における見積正味実現可能価額の計算では，正常市価および分離後個別費は見積額を使用する。

3．製品Ａ，製品Ｂおよび製品Ｃの完成品総合原価および完成品単位原価の計算

「完成品総合原価＝連結原価配賦額＋分離後実際個別加工費」であるから，

(1) 製品Ａ

完成品総合原価：3, 216, 000円＋1, 400, 000円＝4, 616, 000円

完成品単位原価：4, 616, 000円÷2, 000kg＝2, 308円/kg

(2) 製品Ｂ

完成品総合原価：3, 888, 000円＋1, 380, 000円＝5, 268, 000円

完成品単位原価：5, 268, 000円÷3, 000kg＝1, 756円/kg

(3) 製品Ｃ

完成品総合原価：3, 870, 000円

完成品単位原価：3, 870, 000円÷3, 000kg＝1, 290円/kg

問題5-7

〔問１〕

(a) 連結原価配賦額

製品Ｃ　13, 200, 000　円　製品Ｄ　10, 800, 000　円

(b) 製品別損益計算書

製品別損益計算書　（単位：円）

	最終製品Ｃ	最終製品Ｄ	合　計
売　上　高	(30, 000, 000)	(18, 000, 000)	(48, 000, 000)
売上原価			
連結原価配賦額	(13, 200, 000)	(10, 800, 000)	24, 000, 000
追加加工費	(13, 500, 000)	(4, 500, 000)	(18, 000, 000)
計	(26, 700, 000)	(15, 300, 000)	(42, 000, 000)
売上総利益	(3, 300, 000)	(2, 700, 000)	(6, 000, 000)
売上総利益率	(11 %)	(15 %)	(12.5 %)

〔問２〕

製品別損益計算書　（単位：円）

	最終製品Ｃ	最終製品Ｄ	合　計
売　上　高	(30, 000, 000)	(18, 000, 000)	(48, 000, 000)
売上原価			
連結原価配賦額	(12, 750, 000)	(11, 250, 000)	24, 000, 000
追加加工費	(13, 500, 000)	(4, 500, 000)	(18, 000, 000)
計	(26, 250, 000)	(15, 750, 000)	(42, 000, 000)
売上総利益	(3, 750, 000)	(2, 250, 000)	(6, 000, 000)
売上総利益率	(12.5 %)	(12.5 %)	(12.5 %)

解答への道

1．連結原価の配賦を正常市価基準によった場合

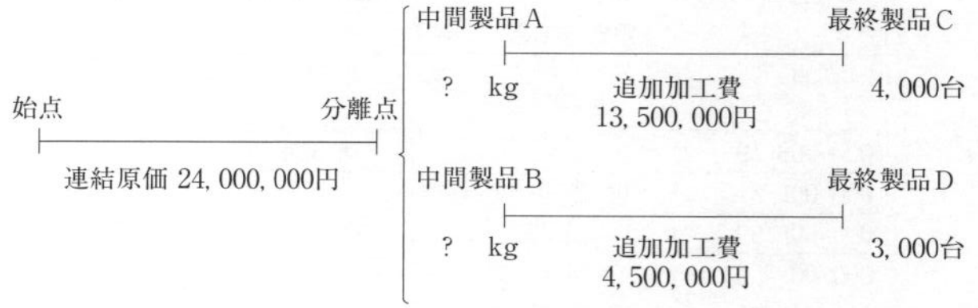

(1) 連結原価の配賦

製品Ｃ：$\frac{24,000,000\text{円}}{16,500,000\text{円}+13,500,000\text{円}}$×16, 500, 000円(＊１)＝13, 200, 000円

製品Ｄ：　〃　×13, 500, 000円(＊２)＝10, 800, 000円

(＊１) 製品Ｃの分離点における見積正味実現可能価額：7, 500円/台×4, 000台－13, 500, 000円＝16, 500, 000円

(＊２) 製品Ｄの分離点における見積正味実現可能価額：6, 000円/台×3, 000台－ 4, 500, 000円＝13, 500, 000円

(2) 製品別損益計算書

製品別損益計算書 (単位：円)

	最終製品C	最終製品D	合 計
売上高	(①30,000,000)	(②18,000,000)	(48,000,000)
売上原価			
連結原価配賦額	(13,200,000)	(10,800,000)	24,000,000
追加加工費	(13,500,000)	(4,500,000)	(18,000,000)
計	(③26,700,000)	(③15,300,000)	(③42,000,000)
売上総利益	(3,300,000)	(2,700,000)	(6,000,000)
売上総利益率	(④ 11 %)	(⑤ 15 %)	(⑥ 12.5 %)

①：7,500円/台×4,000台＝30,000,000円
②：6,000円/台×3,000台＝18,000,000円
③：本問は月初・月末仕掛品および月初・月末製品がないので「完成品総合原価＝売上原価」となる。両製品は，分離後，追加加工を受けるため，完成品総合原価は「連結原価配賦額＋分離後個別加工費」となる。
④：3,300,000円÷30,000,000円×100＝11％
⑤：2,700,000円÷18,000,000円×100＝15％
⑥：6,000,000円÷48,000,000円×100＝12.5％

2．連結原価の配賦を修正見積正味実現可能価額法によった場合

この方法は，各製品の売上総利益率が全体の売上総利益率と等しくなるように逆算して連結原価の配賦額を計算するものである。

製品別損益計算書 (単位：円)

	最終製品C	最終製品D	合 計
売上高	(②30,000,000)	(③18,000,000)	(48,000,000)
売上原価			
連結原価配賦額	(⑥12,750,000)	(⑦11,250,000)	24,000,000
追加加工費	(13,500,000)	(4,500,000)	(18,000,000)
計	(26,250,000)	(15,750,000)	(42,000,000)
売上総利益	(④ 3,750,000)	(⑤ 2,250,000)	(6,000,000)
売上総利益率	(① 12.5 %)	(① 12.5 %)	(① 12.5 %)

①：〔問1〕の計算結果より
②：〔問1〕と同様
③：〔問1〕と同様
④：30,000,000円×12.5％＝3,750,000円
⑤：18,000,000円×12.5％＝2,250,000円
⑥：30,000,000円－(3,750,000円＋13,500,000円)＝12,750,000円
⑦：18,000,000円－(2,250,000円＋ 4,500,000円)＝11,250,000円

問題5-8

(a) 仕掛品勘定の記入

仕掛品―第1工程 (単位：円)

当月製造費用		次工程振替高	
原料費	32,480,000	中間製品A	(42,000,000)
加工費	35,320,000	中間製品B	(23,400,000)
計	67,800,000	計	(65,400,000)
		副産品評価額	(2,400,000)
	67,800,000		(67,800,000)

仕掛品―第2工程 (単位：円)

月初仕掛品原価		製品A完成品原価	
前工程費	(10,200,000)	前工程費	(39,600,000)
加工費	(1,748,000)	加工費	(13,140,000)
計	(11,948,000)	計	(52,740,000)
当月製造費用		月末仕掛品原価	
前工程費	(42,000,000)	前工程費	(12,600,000)
加工費	(13,528,000)	加工費	(2,136,000)
計	(55,528,000)	計	(14,736,000)
	(67,476,000)		(67,476,000)

仕掛品―第3工程 (単位：円)

月初仕掛品原価		製品B完成品原価	
前工程費	(10,890,000)	前工程費	(28,050,000)
加工費	(798,000)	加工費	(4,760,000)
計	(11,688,000)	計	(32,810,000)
当月製造費用		月末仕掛品原価	
前工程費	(23,400,000)	前工程費	(6,240,000)
加工費	(4,528,000)	加工費	(566,000)
計	(27,928,000)	計	(6,806,000)
	(39,616,000)		(39,616,000)

(b) 製品別損益計算書の作成

製品別損益計算書 (単位：円)

	最終製品A	最終製品B	合 計
売上高	(76,000,000)	(54,000,000)	(130,000,000)
売上原価	(55,100,000)	(34,200,000)	(89,300,000)
売上総利益	(20,900,000)	(19,800,000)	(40,700,000)

解答への道

1．連結原価の計算

始点 ――――――― 分離点 30, 000kg

- 中間製品Ａ 10, 000kg（$=25,000\text{kg}\times\frac{2}{5}$）
- 中間製品Ｂ 15, 000kg（$=25,000\text{kg}\times\frac{3}{5}$）
- 副産物：副産物評価額は完成品原料費から控除 5, 000kg（$=30,000\text{kg}\times\frac{1}{6}$）

副産物評価総額：600円/kg×（1－0. 2）×5, 000kg＝2, 400, 000円

連　結　原　価：(16, 800, 000円＋15, 680, 000円－2, 400, 000円)＋35, 320, 000円＝65, 400, 000円

2．連結原価の配賦

始点 ――――――― 分離点（連結原価 65, 400, 000円、連産品）

- 中間製品Ａ 10, 000kg →（加水）見積加工費 500円×20, 000kg → 最終製品Ａ 20, 000kg(＊)
  （＊）加水により始点量の２倍になる。
- 中間製品Ｂ 15, 000kg → 見積加工費 400円×15, 000kg → 最終製品Ｂ 15, 000kg

製品Ａ：$\frac{65,400,000円}{70,000,000円+39,000,000円}$×70, 000, 000円(＊)＝42, 000, 000円

製品Ｂ：　　〃　　×39, 000, 000円(＊)＝23, 400, 000円

（＊）分離点における見積正味実現可能価額：

	製　品　Ａ	製　品　Ｂ
正常売上高	4, 000円/kg×20, 000kg	3, 000円/kg×15, 000kg
	＝80, 000, 000円	＝45, 000, 000円
見積追加加工費	500円/kg×20, 000kg	400円/kg×15, 000kg
	＝10, 000, 000円	＝6, 000, 000円
見積正味実現可能価額	70, 000, 000円	39, 000, 000円

分離点における見積正味実現可能価額の計算では，正常市価および分離後個別費は見積額を使用する。

3．製品Ａ，製品Ｂの月末仕掛品原価および完成品総合原価の計算（修正先入先出法）

(1)　製品Ａ（第２工程）の計算

仕掛品―前工程費

10, 200, 000円	月初 4, 000kg	完成 18, 000kg
42, 000, 000円	当月投入 20, 000kg	月末 6, 000kg

仕掛品―加工費

1, 748, 000円	月初 2, 000kg	完成 18, 000kg
13, 528, 000円	当月投入 19, 000kg	月末 3, 000kg

①　前工程費

月末仕掛品：$\frac{42,000,000円}{(18,000\text{kg}-4,000\text{kg})+6,000\text{kg}}$×6, 000kg＝12, 600, 000円

完　成　品：10, 200, 000円＋42, 000, 000円－12, 600, 000円＝39, 600, 000円

②　加工費

月末仕掛品：$\frac{13,528,000円}{(18,000\text{kg}-2,000\text{kg})+3,000\text{kg}}$×3, 000kg＝2, 136, 000円

完　成　品：1, 748, 000円＋13, 528, 000円－2, 136, 000円＝13, 140, 000円

③　まとめ

月末仕掛品原価：12, 600, 000円＋ 2, 136, 000円＝14, 736, 000円

完成品総合原価：39, 600, 000円＋13, 140, 000円＝52, 740, 000円

(2)　製品Ｂ（第３工程）の計算

仕掛品―前工程費

10, 890, 000円	月初 6, 000kg	完成 17, 000kg
23, 400, 000円	当月投入 15, 000kg	月末 4, 000kg

仕掛品―加工費

798, 000円	月初 3, 000kg	完成 17, 000kg
4, 528, 000円	当月投入 16, 000kg	月末 2, 000kg

①　前工程費

月末仕掛品：$\frac{23,400,000円}{(17,000\text{kg}-6,000\text{kg})+4,000\text{kg}}$×4, 000kg＝6, 240, 000円

完　成　品：10, 890, 000円＋23, 400, 000円－6, 240, 000円＝28, 050, 000円

②　加工費

月末仕掛品：$\frac{4,528,000円}{(17,000\text{kg}-3,000\text{kg})+2,000\text{kg}}$×2, 000kg＝566, 000円

完　成　品：798, 000円＋4, 528, 000円－566, 000円＝4, 760, 000円

③　まとめ

月末仕掛品原価：6, 240, 000円＋566, 000円＝6, 806, 000円

完成品総合原価：28, 050, 000円＋4, 760, 000円＝32, 810, 000円

4．製品Ａ，製品Ｂの月末製品原価および売上原価の計算（修正先入先出法）

製　品　Ａ

8, 220, 000円	月初 3, 000kg	売上原価 19, 000kg
52, 740, 000円	完成 18, 000kg	月末 2, 000kg

製　品　Ｂ

3, 320, 000円	月初 2, 000kg	売上原価 18, 000kg
32, 810, 000円	完成 17, 000kg	月末 1, 000kg

(1)　製品Ａ

月末製品原価：$\frac{52,740,000円}{(19,000\text{kg}-3,000\text{kg})+2,000\text{kg}}$×2, 000kg＝5, 860, 000円

売　上　原　価：8, 220, 000円＋52, 740, 000円－5, 860, 000円＝55, 100, 000円

(2)　製品Ｂ

月末製品原価：$\frac{32,810,000円}{(18,000\text{kg}-2,000\text{kg})+1,000\text{kg}}$×1, 000kg＝1, 930, 000円

売　上　原　価：3, 320, 000円＋32, 810, 000円－1, 930, 000円＝34, 200, 000円

問題5-9

〔問１〕

製　　品	X	Y	Z	合　　計
製品単位あたり製造原価	16, 800円	11, 000円	6, 900円	——
売　上　総　利　益	3, 300万円	△750万円	800万円	3, 350万円

（注）マイナスの場合は，金額の前に△を付すこと。

〔問２〕

製　　品	X	Y	Z	合　　計
売　上　総　利　益	1, 709万円	1, 105万円	536万円	3, 350万円

（注）マイナスの場合は，金額の前に△を付すこと。

〔問３〕

製　　品	X	Y	Z	合　　計
売　上　総　利　益	1, 800万円	1, 265万円	285万円	3, 350万円

（注）マイナスの場合は，金額の前に△を付すこと。

解答への道

〔問１〕連結原価の配賦（物量基準）

1．生産のアウトラインの把握

本問では連産品である最終製品X，Y，Zが，２つの製造工程を経て生産されるため，連結原価となる製造工程ⅠとⅡの製造原価の配賦計算が段階的に行われることに注意しなければならない。

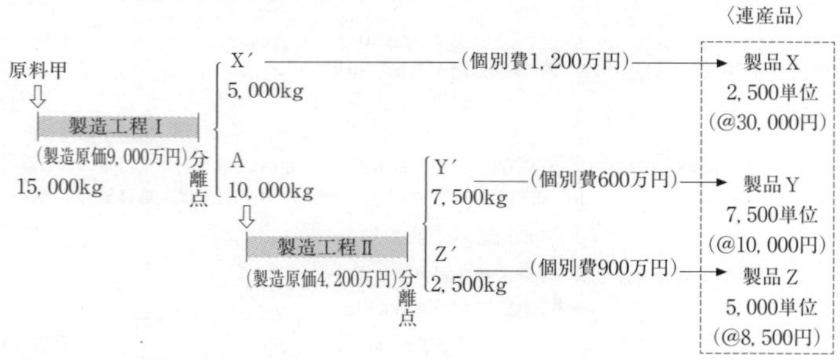

2．物量基準による連結原価の配賦

各工程の連結原価を各連産品の分離点における重量（kg）を基準に配賦する。したがって，製造工程Ⅰの製造原価9, 000万円はいったん製造工程Ⅰで分離される中間生産物X′とAに配賦される。このうちAへの配賦額は製造工程Ⅱの前工程費となり，改めて製造工程Ⅱで分離される中間生産物Y′とZ′に配賦される。

(1) 製造工程Ⅰでの連結原価の配賦計算

X′への配賦額：$\frac{9,000\text{万円}}{5,000\text{kg}+10,000\text{kg}}\times 5,000\text{kg}=3,000\text{万円}$

A への配賦額：　〃　$\times 10,000\text{kg}=6,000\text{万円}$

(2) 製造工程Ⅱでの連結原価の配賦計算

① 前工程費（Aへの配賦額）6, 000万円の配賦計算

Y′への配賦額：$\frac{6,000\text{万円}}{7,500\text{kg}+2,500\text{kg}}\times 7,500\text{kg}=4,500\text{万円}$

Z′への配賦額：　〃　$\times 2,500\text{kg}=1,500\text{万円}$

② 製造工程Ⅱの製造原価4, 200万円の配賦計算

Y′への配賦額：$\frac{4,200\text{万円}}{7,500\text{kg}+2,500\text{kg}}\times 7,500\text{kg}=3,150\text{万円}$

Z′への配賦額：　〃　$\times 2,500\text{kg}=1,050\text{万円}$

(3) 各製品単位あたり製造原価および売上総利益

	X	Y	Z	合　計
売　上　高	30, 000円/単位×2, 500単位 ＝7, 500万円	10, 000円/単位×7, 500単位 ＝7, 500万円	8, 500円/単位×5, 000単位 ＝4, 250万円	19, 250万円
売　上　原　価				
連結原価配賦額				
製造工程Ⅰ	3, 000万円	4, 500万円	1, 500万円	9, 000万円
製造工程Ⅱ	——	3, 150万円	1, 050万円	4, 200万円
分離後個別費	1, 200万円	600万円	900万円	2, 700万円
合　　計	4, 200万円	8, 250万円	3, 450万円	15, 900万円
差引：売上総利益	3, 300万円	△750万円	800万円	3, 350万円

〈単位あたり製造原価〉

製品X：4, 200万円÷2, 500単位＝16, 800円/単位

製品Y：8, 250万円÷7, 500単位＝11, 000円/単位

製品Z：3, 450万円÷5, 000単位＝ 6, 900円/単位

〔問２〕連結原価の配賦（見積正味実現可能価額基準）

各工程の連結原価を，分離点における見積正味実現可能価額により各連産品に配賦する。

ここで，分離点における見積正味実現可能価額とは，最終製品の市価から分離点後の個別費を差し引いた金額である。

したがって，製造工程ⅠでのAへの配賦計算においては，製造工程Ⅱの製造原価4, 200万円も分離点後の個別費となることに注意しなければならない。

1．製造工程Ⅰでの連結原価の配賦計算

(1) 分離点における見積正味実現可能価額の計算

X′：30, 000円/単位×2, 500単位－1, 200万円＝6, 300万円

A　：(10, 000円/単位×7, 500単位＋8, 500円/単位×5, 000単位)－(600万円＋900万円＋4, 200万円)＝6, 050万円

(2) 連結原価の配賦計算

X′への配賦額：$\dfrac{\text{9, 000万円}}{\text{6, 300万円}+\text{6, 050万円}}\times\text{6, 300万円}\fallingdotseq\text{4, 591万円}$（万円未満四捨五入）

Aへの配賦額：　〃　×6, 300万円≒4, 409万円（　〃　）

2．製造工程Ⅱでの連結原価の配賦計算

(1) 分離点における見積正味実現可能価額の計算

Y′：10, 000円/単位×7, 500単位－600万円＝6, 900万円

Z′：8, 500円/単位×5, 000単位－900万円＝3, 350万円

(2) 前工程費（Aへの配賦額）4, 409万円の配賦計算

Y′への配賦額：$\dfrac{\text{4, 409万円}}{\text{6, 900万円}+\text{3, 350万円}}\times\text{6, 900万円}\fallingdotseq\text{2, 968万円}$（万円未満四捨五入）

Z′への配賦額：　〃　×3, 350万円≒1, 441万円（　〃　）

(3) 製造工程Ⅱの製造原価4, 200万円の配賦計算

Y′への配賦額：$\dfrac{\text{4, 200万円}}{\text{6, 900万円}+\text{3, 350万円}}\times\text{6, 900万円}\fallingdotseq\text{2, 827万円}$（万円未満四捨五入）

Z′への配賦額：　〃　×3, 350万円≒1, 373万円（　〃　）

3．製品別の売上総利益

	X	Y	Z	合　計
売　上　高	30, 000円/単位×2, 500単位 ＝7, 500万円	10, 000円/単位×7, 500単位 ＝7, 500万円	8, 500円/単位×5, 000単位 ＝4, 250万円	19, 250万円
売　上　原　価				
連結原価配賦額				
製造工程Ⅰ	4, 591万円	2, 968万円	1, 441万円	9, 000万円
製造工程Ⅱ	——	2, 827万円	1, 373万円	4, 200万円
分離後個別費	1, 200万円	600万円	900万円	2, 700万円
合　計	5, 791万円	6, 395万円	3, 714万円	15, 900万円
差引：売上総利益	1, 709万円	1, 105万円	536万円	3, 350万円

〔問3〕連結原価の配賦（分離点市価基準）

〔問2〕と同じく，各製品の収益力にもとづいて原価を割り当てるが，中間生産物に外部市場が存在し市場価格があるため，中間生産物の分離点における市場価格にもとづいて連結原価を配賦する。

1．製造工程Ⅰでの連結原価の配賦計算

(1) 分離点における市価総額の計算

X′：12, 000円/kg×5, 000kg＝6, 000万円

A　：6, 000円/kg×10, 000kg＝6, 000万円

(2) 連結原価の配賦計算

X′への配賦額：$\dfrac{\text{9, 000万円}}{\text{6, 000万円}+\text{6, 000万円}}\times\text{6, 000万円}=\text{4, 500万円}$

Aへの配賦額：　〃　×6, 000万円＝4, 500万円

2．製造工程Ⅱでの連結原価の配賦計算

(1) 分離点における市価総額の計算

Y′：9, 500円/kg×7, 500kg＝7, 125万円

Z′：15, 500円/kg×2, 500kg＝3, 875万円

(2) 前工程費（Aへの配賦額）4, 500万円の配賦計算

Y′への配賦額：$\dfrac{\text{4, 500万円}}{\text{7, 125万円}+\text{3, 875万円}}\times\text{7, 125万円}\fallingdotseq\text{2, 915万円}$（万円未満四捨五入）

Z′への配賦額：　〃　×3, 875万円≒1, 585万円（　〃　）

(3) 製造工程Ⅱの製造原価4, 200万円の配賦計算

Y′への配賦額：$\dfrac{\text{4, 200万円}}{\text{7, 125万円}+\text{3, 875万円}}\times\text{7, 125万円}\fallingdotseq\text{2, 720万円}$（万円未満四捨五入）

Z′への配賦額：　〃　×3, 875万円≒1, 480万円（　〃　）

3．製品別の売上総利益

	X	Y	Z	合　計
売　上　高	30, 000円/単位×2, 500単位 ＝7, 500万円	10, 000円/単位×7, 500単位 ＝7, 500万円	8, 500円/単位×5, 000単位 ＝4, 250万円	19, 250万円
売　上　原　価				
連結原価配賦額				
製造工程Ⅰ	4, 500万円	2, 915万円	1, 585万円	9, 000万円
製造工程Ⅱ	——	2, 720万円	1, 480万円	4, 200万円
分離後個別費	1, 200万円	600万円	900万円	2, 700万円
合　計	5, 700万円	6, 235万円	3, 965万円	15, 900万円
差引：売上総利益	1, 800万円	1, 265万円	285万円	3, 350万円

問題5-10

〔問1〕

(1)

工　程	完成品総合原価	完成品単位原価
第2工程	21, 957, 000　円	7, 319　円/kg
第3工程	24, 460, 800　円	7, 644　円/kg

(2)

（単位：円）

	製品X	製品Y	製品Z
売　上　高	15, 400, 000	36, 900, 000	30, 360, 000
売上原価	9, 600, 000	22, 215, 300	25, 181, 800
売上総利益	5, 800, 000	14, 684, 700	5, 178, 200

〔問2〕

(1)

工　程	完成品総合原価	完成品単位原価
第2工程	25, 149, 000　円	8, 383　円/kg
第3工程	21, 604, 800　円	6, 751. 5　円/kg

(2)

(単位：円)

	製品X	製品Y	製品Z
売　上　高	15, 400, 000	36, 900, 000	30, 360, 000
売 上 原 価	9, 240, 000	25, 088, 100	22, 548, 925
売上総利益	6, 160, 000	11, 811, 900	7, 811, 075

解答への道

1．生産のアウトラインの把握

本問では，３種の連産品のうち２種のみが追加加工され，最終製品となる。また，追加加工工程や各製品について，月初・月末の在庫が存在する点に注意する必要がある。

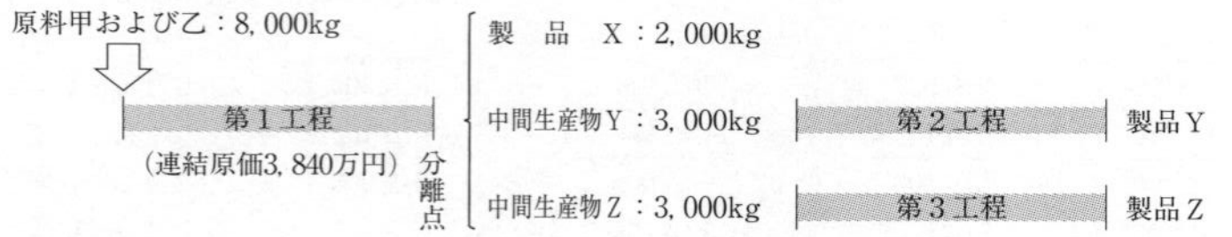

2．〔問１〕物量（重量）基準

第１工程では，月初・月末仕掛品がないため，投入原価総額が完成品総合原価となり，これが各連産品に按分されるべき連結原価となる。

物量（重量）基準では，分離点における物量（重量）にもとづいて当該連結原価を各連産品に配賦する。

(1)　連結原価（第１工程完成品総合原価）の計算

15, 000, 000円（原料甲）＋7, 200, 000円（原料乙）＋16, 200, 000円（第１工程加工費）＝38, 400, 000円

(2)　分離点における各連産品の生産量（重量）

製　品　X：(6, 000kg（原料甲）＋2, 000kg（原料乙）)×１／４＝2, 000kg

中間生産物Y：(6, 000kg＋2, 000kg)×３／４×１／２＝3, 000kg

中間生産物Z：(6, 000kg＋2, 000kg)×３／４×１／２＝3, 000kg

(3)　連結原価の按分

$$\frac{38,400,000\text{円}}{2,000\text{kg}+3,000\text{kg}+3,000\text{kg}}\times\begin{cases}2,000\text{kg}=9,600,000\text{円（製品X）}\\3,000\text{kg}=14,400,000\text{円（中間生産物Y）}\\3,000\text{kg}=14,400,000\text{円（中間生産物Z）}\end{cases}$$

(4)　第２工程（製品Y）の計算（先入先出法）

上記(3)の連結原価配賦額は第１工程完成品総合原価であるから，これが第２工程や第３工程に引き継がれる前工程費となる。

また，資料①に与えられている正常個別費とは，見積分離後個別費である。これは，正常市価基準（見積正味実現可能価額法）における連結原価の配賦基準数値たる見積正味実現可能価額を算出するためにのみ用いるものである。したがって，これを用いて実際原価の計算を行うなどのミスをしないように注意する（問２も同様）。

第２工程仕掛品―前工程費

月初　200kg 1, 152, 000円	完成　3, 000kg (貸借差引) 14, 592, 000円
当月投入 3, 000kg 14, 400, 000円	月末　200kg 960, 000円

第２工程仕掛品―加工費

月初　100kg 260, 000円	完成 3, 000kg 7, 365, 000円
当月投入 3, 000kg (貸借差引) 7, 350, 000円	月末　100kg 245, 000円

①　月末仕掛品原価

前工程費：$\dfrac{14,400,000\text{円}}{(3,000\text{kg}-200\text{kg})+200\text{kg}}\times200\text{kg}=960,000\text{円}$

加　工　費：$\dfrac{7,350,000\text{円}}{(3,000\text{kg}-100\text{kg})+100\text{kg}}\times100\text{kg}=245,000\text{円}$

②　完成品総合原価

前工程費：1, 152, 000円＋14, 400, 000円－960, 000円＝14, 592, 000円

加　工　費：260, 000円＋7, 350, 000円－245, 000円　＝ 7, 365, 000円

合　計　21, 957, 000円

③　完成品単位原価

21, 957, 000円÷3, 000kg＝7, 319円/kg

(5)　第３工程（製品Z）の計算（先入先出法）

第３工程仕掛品―前工程費

月初　400kg 1, 536, 000円	完成　3, 200kg (貸借差引) 14, 976, 000円
当月投入 3, 000kg 14, 400, 000円	月末　200kg 960, 000円

第３工程仕掛品―加工費

月初　200kg 604, 800円	完成 3, 200kg 9, 484, 800円
当月投入 3, 100kg (貸借差引) 9, 176, 000円	月末　100kg 296, 000円

①　月末仕掛品原価

前工程費：$\dfrac{14,400,000\text{円}}{(3,200\text{kg}-400\text{kg})+200\text{kg}}\times200\text{kg}=960,000\text{円}$

加　工　費：$\dfrac{9,176,000\text{円}}{(3,200\text{kg}-200\text{kg})+100\text{kg}}\times100\text{kg}=296,000\text{円}$

② 完成品総合原価

前工程費：1,536,000円＋14,400,000円－960,000円＝14,976,000円

加 工 費：604,800円＋9,176,000円－296,000円　＝　9,484,800円

合　計　24,460,800円

③ 完成品単位原価

24,460,800円÷3,200kg＝7,644円/kg

(6) 各製品の売上高，売上原価，売上総利益

① 製品X

製品Xは追加加工を行わず，また，月初・月末製品もないため，第1工程完成品総合原価（連結原価配賦額）がそのまま売上原価となる。

製　品　X

月初　0kg	当月販売
当月完成	2,000kg
2,000kg	9,600,000円
9,600,000円	
	月末　0kg

売　上　高：7,700円/kg×2,000kg＝15,400,000円

売 上 原 価：9,600,000円

売上総利益：15,400,000円－9,600,000円＝5,800,000円

② 製品Y（先入先出法）

製　品　Y

月初　300kg	当月販売
2,454,000円	3,000kg
当月完成	（貸借差引）
3,000kg	22,215,300円
21,957,000円	月末　300kg
	2,195,700円

ⓐ 月末製品原価

$$\frac{21,957,000\text{円}}{(3,000\text{kg}-300\text{kg})+300\text{kg}}\times 300\text{kg}=2,195,700\text{円}$$

ⓑ 売上原価

2,454,000円＋21,957,000円－2,195,700円＝22,215,300円

売　上　高：12,300円/kg×3,000kg＝36,900,000円

売 上 原 価：22,215,300円

売上総利益：36,900,000円－22,215,300円＝14,684,700円

③ 製品Z（先入先出法）

製　品　Z

月初　350kg	当月販売
2,632,000円	3,300kg
当月完成	（貸借差引）
3,200kg	25,181,800円
24,460,800円	月末　250kg
	1,911,000円

ⓐ 月末製品原価

$$\frac{24,460,800\text{円}}{(3,300\text{kg}-350\text{kg})+250\text{kg}}\times 250\text{kg}=1,911,000\text{円}$$

ⓑ 売上原価

2,632,000円＋24,460,800円－1,911,000円＝25,181,800円

売　上　高：9,200円/kg×3,300kg＝30,360,000円

売 上 原 価：25,181,800円

売上総利益：30,360,000円－25,181,800円＝5,178,200円

3．〔問2〕正常市価基準（見積正味実現可能価額法）

問2では，正常市価基準（見積正味実現可能価額法）により連結原価の配賦を行う。正常市価基準（見積正味実現可能価額法）とは，最終製品の正常市価から見積分離後個別費（本問では正常個別費）を控除した金額（これを見積正味実現可能価額という）にもとづいて当該連結原価を各連産品に配賦する方法である。問2の問題文における「①のデータをすべて用いて連結原価を連産品X，Y，Zに配賦し」との指示は，間接的な表現ではあるが，この見積正味実現可能価額法を表すものと容易に推測できる（資料①には，各連産品の正常販売価格と正常個別費の両方が与えられているため）。

なお，連結原価総額は問1と同様である。

(1) 分離点における各連産品の見積正味実現可能価額

製　　品　X：7,700円/kg×2,000kg＝15,400,000円

中間生産物Y：(12,300円/kg－2,400円/kg)×3,000kg＝29,700,000円

中間生産物Z：(9,200円/kg－2,900円/kg)×3,000kg＝18,900,000円

（注）上記の見積正味実現可能価額は，分離点における生産物に対して連結原価を按分することを目的として算出するものであるから，分離点における生産量にもとづいて計算しなければならない。したがって，最終的な販売量や，追加加工工程における完成量などを用いて計算しないよう注意する。

(2) 連結原価（第1工程完成品総合原価）の按分

$$\frac{38,400,000\text{円}}{15,400,000\text{円}+29,700,000\text{円}+18,900,000\text{円}}\times\begin{cases}15,400,000\text{円}=9,240,000\text{円（製品X）}\\29,700,000\text{円}=17,820,000\text{円（中間生産物Y）}\\18,900,000\text{円}=11,340,000\text{円（中間生産物Z）}\end{cases}$$

（注）第2工程および第3工程の計算において，問1と異なるところは，連結原価（第1工程完成品総合原価）の連産品X，Y，Zへの配賦額のみである。したがって，以下の計算では，前工程費のみ計算すればよく，加工費の計算は問1と同様であるため省略する。

(3) 第2工程（製品Y）の計算（先入先出法）

第2工程仕掛品―前工程費

月初　200kg	完成
1,152,000円	3,000kg
当月投入	17,784,000円
3,000kg	
17,820,000円	月末　200kg
	1,188,000円

① 月末仕掛品原価

前工程費：$\frac{17,820,000\text{円}}{(3,000\text{kg}-200\text{kg})+200\text{kg}}\times 200\text{kg}=1,188,000\text{円}$

② 完成品総合原価

前工程費：1,152,000円＋17,820,000円－1,188,000円＝17,784,000円

加 工 費：　7,365,000円（問1と同様）

合　計　25,149,000円

③ 完成品単位原価

25,149,000円÷3,000kg＝8,383円/kg

(4) 第3工程の計算（先入先出法）

第3工程仕掛品―前工程費

月初　400kg 1,536,000円	完成 3,200kg 12,120,000円
当月投入 3,000kg 11,340,000円	
	月末　200kg 756,000円

① 月末仕掛品原価

前工程費：$\dfrac{11,340,000円}{(3,200kg-400kg)+200kg}\times 200kg=756,000円$

② 完成品総合原価

前工程費：1,536,000円＋11,340,000円－756,000円＝12,120,000円

加工費：　9,484,800円（問1と同様）

合計　21,604,800円

③ 完成品単位原価

21,604,800円÷3,200kg＝6,751.5円/kg

(5) 各製品の売上高，売上原価，売上総利益

① 製品X

製品Xについては，問1と同様に，第1工程完成品総合原価（連結原価配賦額）がそのまま売上原価となる。

製品X

月初　0kg	当月販売 2,000kg 9,240,000円
当月完成 2,000kg 9,240,000円	
	月末　0kg

売上高：7,700円/kg×2,000kg＝15,400,000円

売上原価：9,240,000円

売上総利益：15,400,000円－9,240,000円＝6,160,000円

② 製品Y（先入先出法）

製品Y

月初　300kg 2,454,000円	当月販売 3,000kg （貸借差引） 25,088,100円
当月完成 3,000kg 25,149,000円	
	月末　300kg 2,514,900円

ⓐ 月末製品原価

$\dfrac{25,149,000円}{(3,000kg-300kg)+300kg}\times 300kg=2,514,900円$

ⓑ 売上原価

2,454,000円＋25,149,000円－2,514,900円＝25,088,100円

売上高：12,300円/kg×3,000kg＝36,900,000円

売上原価：25,088,100円

売上総利益：36,900,000円－25,088,100円＝11,811,900円

③ 製品Z（先入先出法）

製品Z

月初　350kg 2,632,000円	当月販売 3,300kg （貸借差引） 22,548,925円
当月完成 3,200kg 21,604,800円	
	月末　250kg 1,687,875円

ⓐ 月末製品原価

$\dfrac{21,604,800円}{(3,300kg-350kg)+250kg}\times 250kg=1,687,875円$

ⓑ 売上原価

2,632,000円＋21,604,800円－1,687,875円＝22,548,925円

売上高：9,200円/kg×3,300kg＝30,360,000円

売上原価：22,548,925円

売上総利益：30,360,000円－22,548,925円＝7,811,075円

Theme

06 標準原価計算の基礎

問題6-1

〔問1〕

完成品の標準原価	12,000,000	円
月初仕掛品の標準原価	2,200,000	円
月末仕掛品の標準原価	1,200,000	円

〔問2〕

完成品の標準原価	12,000,000	円
月初仕掛品の標準原価	1,800,000	円
月末仕掛品の標準原価	900,000	円

解答への道

標準原価計算では，完成品原価や仕掛品原価などの製品原価は標準原価（＝原価標準×製品生産量）で計算する。

〔問1〕材料は工程の始点ですべて投入する場合

1．完成品の標準原価：6,000円/個×2,000個＝12,000,000円

または，原価要素ごとに計算して合計する。

直接材料費：2,000円/個×2,000個＝ 4,000,000円
直接労務費：1,600円/個×2,000個＝ 3,200,000円
製造間接費：2,400円/個×2,000個＝ 4,800,000円
合　計　12,000,000円

2．月初・月末仕掛品の標準原価

仕掛品の標準原価は，進捗度を考慮した完成品換算量により計算しなければならない。

材料を工程始点で投入する場合には，次のようになる。

直接材料費：製品1個あたりの標準直接材料費×仕掛品数量
直接労務費：　〃　標準直接労務費×仕掛品数量×加工費進捗度
製造間接費：　〃　標準製造間接費×仕掛品数量×加工費進捗度

(1)　月初仕掛品原価

直接材料費：2,000円/個×500個　＝1,000,000円
直接労務費：1,600円/個×500個×0.6 ＝ 480,000円
製造間接費：2,400円/個×500個×0.6 ＝ 720,000円
合　計　2,200,000円

(2)　月末仕掛品原価

直接材料費：2,000円/個×300個　＝ 600,000円
直接労務費：1,600円/個×300個×0.5 ＝ 240,000円
製造間接費：2,400円/個×300個×0.5 ＝ 360,000円
合　計　1,200,000円

〈193〉

〔問2〕材料は加工に比例して投入する場合

1．完成品の標準原価：〔問1〕と同じ

2．月初・月末仕掛品の標準原価

材料を加工に比例して投入する場合には，次のようになる。

直接材料費：製品1個あたりの標準直接材料費×仕掛品数量×加工費進捗度
直接労務費：　〃　標準直接労務費×仕掛品数量×加工費進捗度
製造間接費：　〃　標準製造間接費×仕掛品数量×加工費進捗度

(1)　月初仕掛品原価

直接材料費：2,000円/個×500個×0.6 ＝ 600,000円
直接労務費：1,600円/個×500個×0.6 ＝ 480,000円
製造間接費：2,400円/個×500個×0.6 ＝ 720,000円
合　計　1,800,000円

(2)　月末仕掛品原価

直接材料費：2,000円/個×300個×0.5 ＝ 300,000円
直接労務費：1,600円/個×300個×0.5 ＝ 240,000円
製造間接費：2,400円/個×300個×0.5 ＝ 360,000円
合　計　900,000円

問題6-2

(注) 下記の各勘定の（　　）には適切な金額（単位：円）を記入すること。なお，総差異については，借方または貸方のいずれかに記入し，不要な（　　）は空欄のままでよい。

〔問1〕シングル・プラン

材　　料

前月繰越	786,800	仕掛品	(3,600,000)
買掛金	3,876,000	次月繰越	(969,000)
総差異	(　　)	総差異	(93,800)
	(4,662,800)		(4,662,800)

賃　　金

諸口	2,288,880	仕掛品	(2,214,000)
総差異	(　　)	総差異	(74,880)
	(2,288,880)		(2,288,880)

製造間接費

諸口	2,627,000	仕掛品	(2,583,000)
総差異	(　　)	総差異	(44,000)
	(2,627,000)		(2,627,000)

〈194〉

仕掛品

前月繰越	(973,000)	製品	(8,050,000)
材料	(3,600,000)	次月繰越	(1,320,000)
賃金	(2,214,000)	総差異	( )
製造間接費	(2,583,000)		
総差異	( )		
	(9,370,000)		(9,370,000)

〔問2〕パーシャル・プラン

材料

前月繰越	786,800	仕掛品	(3,693,800)
買掛金	3,876,000	次月繰越	(969,000)
総差異	( )	総差異	( )
	(4,662,800)		(4,662,800)

賃金

諸口	2,288,880	仕掛品	(2,288,880)
総差異	( )	総差異	( )
	(2,288,880)		(2,288,880)

製造間接費

諸口	2,627,000	仕掛品	(2,627,000)
総差異	( )	総差異	( )
	(2,627,000)		(2,627,000)

仕掛品

前月繰越	(973,000)	製品	(8,050,000)
材料	(3,693,800)	次月繰越	(1,320,000)
賃金	(2,288,880)	総差異	(212,680)
製造間接費	(2,627,000)		
総差異	( )		
	(9,582,680)		(9,582,680)

〔問3〕修正パーシャル・プラン

材料

前月繰越	786,800	仕掛品	(3,650,000)
買掛金	3,876,000	次月繰越	(969,000)
総差異	( )	総差異	(43,800)
	(4,662,800)		(4,662,800)

賃金

諸口	2,288,880	仕掛品	(2,244,000)
総差異	( )	総差異	(44,880)
	(2,288,880)		(2,288,880)

製造間接費

諸口	2,627,000	仕掛品	(2,627,000)
総差異	( )	総差異	( )
	(2,627,000)		(2,627,000)

仕掛品

前月繰越	(973,000)	製品	(8,050,000)
材料	(3,650,000)	次月繰越	(1,320,000)
賃金	(2,244,000)	総差異	(124,000)
製造間接費	(2,627,000)		
総差異	( )		
	(9,494,000)		(9,494,000)

解答への道

1．各問に共通の計算

(1) 生産データの整理

仕掛品

月初 700個 (210個)	完成 3,500個 (3,500個)
当月投入 3,600個 (3,690個)	月末 800個 (400個)

(注)(　　)内は加工費（直接労務費，製造間接費）の完成品換算量を示す。

(2) 完成品および仕掛品の標準原価の計算

完成品総合原価：2,300円/個×3,500個＝8,050,000円

月初仕掛品原価：1,000円/個×700個＋(600円/個＋700円/個)×210個＝973,000円

月末仕掛品原価：1,000円/個×800個＋(600円/個＋700円/個)×400個＝1,320,000円

(3) 材料実際消費額の算定（先入先出法）

材　料

786, 800円	月初 1, 600kg	消費 7, 300kg	3, 693, 800円（＊2）
3, 876, 000円	購入 7, 600kg	月末 1, 900kg	969, 000円（＊1）

（＊1）月末材料有高：$\dfrac{3,876,000円}{7,300kg-1,600kg+1,900kg}\times 1,900kg = 969,000円$

（＊2）実際直接材料費：786, 800円＋3, 876, 000円－969, 000円＝3, 693, 800円
　　　実際消費単価：3, 693, 800円÷7, 300kg＝506円/kg

2．原価要素の各勘定から仕掛品勘定への振替額の計算

〔問1〕シングル・プランの場合

> 各原価要素の当月消費額を標準原価で振り替える。

直接材料費：1, 000円/個×3, 600個＝3, 600, 000円
直接労務費：600円/個×3, 690個＝2, 214, 000円
製造間接費：700円/個×3, 690個＝2, 583, 000円

〔問2〕パーシャル・プランの場合

> 各原価要素の当月消費額を実際原価で振り替える。

直接材料費：3, 693, 800円
直接労務費：2, 288, 880円
製造間接費：2, 627, 000円

〔問3〕修正パーシャル・プランの場合

> 製造直接費は，（標準単価）×（実際消費量）で振り替える。
> 製造間接費は，実際原価で振り替える。

直接材料費：500円/kg×7, 300kg＝3, 650, 000円
直接労務費：600円/時間×3, 740時間＝2, 244, 000円
製造間接費：2, 627, 000円

3．総差異の記入
それぞれの勘定の貸借差額にて総差異を記入する。

問題6-3

（注）設定されている原価差異勘定は，価格差異，数量差異，賃率差異，時間差異，予算差異，変動費能率差異，固定費能率差異，操業度差異である。

仕　掛　品　（単位：円）

前月繰越	（ 1, 720, 000 ）	製品	（ 13, 000, 000 ）
材料	（ 6, 062, 140 ）	次月繰越	（ 1, 480, 000 ）
賃金	（ 2, 709, 000 ）	〔価格差異〕	（ 20, 140 ）
製造間接費	（ 4, 193, 000 ）	〔数量差異〕	（ 42, 000 ）
〔時間差異〕	（ 20, 000 ）	〔賃率差異〕	（ 129, 000 ）
〔変動費能率差異〕	（ 12, 000 ）	〔予算差異〕	（ 45, 000 ）
〔固定費能率差異〕	（ 20, 000 ）	〔操業度差異〕	（ 20, 000 ）
	（ 14, 736, 140 ）		（ 14, 736, 140 ）

解答への道

1．生産データの整理

仕　掛　品

月初 500個 (200個)	完成 2, 600個 (2, 600個)
当月投入 2, 500個 (2, 600個)	月末 400個 (200個)

（注）（　）内は加工費（直接労務費，製造間接費）の完成品換算量を示す。

2．仕掛品勘定の記入

(1) 完成品および仕掛品の標準原価の計算
完成品総合原価：5, 000円/個×2, 600個＝13, 000, 000円
月初仕掛品原価：2, 400円/個×500個＋2, 600円/個(＊)×200個＝1, 720, 000円
月末仕掛品原価：2, 400円/個×400個＋2, 600円/個(＊)×200個＝1, 480, 000円

（＊）製品S1個あたりの標準加工費：1, 000円/個＋1, 600円/個＝2, 600円/個

(2) 当月製造費用
パーシャル・プランであるため実際原価で計上する。実際直接労務費は，標準直接労務費と原価差異（賃率差異と時間差異）より逆算する。
標準直接労務費：1, 000円/個×2, 600個＝2, 600, 000円
実際直接労務費：2, 600, 000円＋129, 000円〈賃率差異〉－20, 000円〈時間差異〉＝2, 709, 000円
（注）実際原価＝標準原価＋不利な原価差異－有利な原価差異

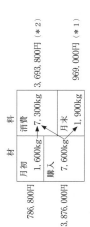

(3) 原価差異の記入

借方差異（＝不利差異）…仕掛品勘定の貸方に記入
貸方差異（＝有利差異）…仕掛品勘定の借方に記入

なお，数量差異と固定費能率差異についても解説２．(2)と同様に逆算する。

① 数量差異
標準直接材料費：2, 400円/個×2, 500個＝6, 000, 000円
6, 062, 140円〈実際原価〉＝6, 000, 000円〈標準原価〉＋20, 140円〈価格差異〉＋数量差異
これより，数量差異＝42, 000円（∴ 不利差異）

② 固定費能率差異
標準製造間接費：1, 600円/個×2, 600個＝4, 160, 000円
4, 193, 000円〈実際原価〉＝4, 160, 000円〈標準原価〉＋45, 000円〈予算差異〉－12, 000円〈変動費能率差異〉＋固定費能率差異＋20, 000円〈操業度差異〉
これより，固定費能率差異＝－20, 000円（∴ 有利差異）

問題6-4

(注) 各差異の〔　　〕には，借方または貸方を記入すること。

〔問１〕

価　格　差　異	55, 100 円〔　借方　〕
数　量　差　異	67, 500 円〔　貸方　〕
計：直接材料費差異	12, 400 円〔　貸方　〕
賃　率　差　異	158, 400 円〔　貸方　〕
時　間　差　異	48, 000 円〔　借方　〕
計：直接労務費差異	110, 400 円〔　貸方　〕

〔問２〕

価　格　差　異	55, 100 円〔　借方　〕
数　量　差　異	202, 500 円〔　借方　〕
計：直接材料費差異	257, 600 円〔　借方　〕
賃　率　差　異	158, 400 円〔　貸方　〕
時　間　差　異	48, 000 円〔　借方　〕
計：直接労務費差異	110, 400 円〔　貸方　〕

解答への道

1．生産データの整理
〔問１〕と〔問２〕では，直接材料の標準消費量が異なることに注意する。

仕　掛　品

月初　150個 （120個）	完成 2, 600個 （2, 600個）
当月投入 2, 800個 （2, 620個）	月末　350個 （140個）

(注)（　　）内は直接労務費の完成品換算量を示す。

→ 当月標準消費量の計算
直接材料消費量
〔問１〕工程始点で投入：２kg/個×2, 800個＝5, 600kg
〔問２〕加工に比例して投入：２kg/個×2, 620個＝5, 240kg
直接作業時間
３時間/個×2, 620個＝7, 860時間

2．差異分析
〔問１〕直接材料を工程始点で投入する場合
(1) 直接材料費
価格差異：(750円/kg－760円/kg)×5, 510kg＝(−)55, 100円〔借方〕
数量差異：750円/kg×(5, 600kg－5, 510kg)＝(+)67, 500円〔貸方〕

→ 実際直接材料費：4, 187, 600円

実際 @760円
標準 @750円

価 格 差 異　△55, 100円	
標準直接材料費 4, 200, 000円	数 量 差 異 ＋67, 500円

標準 5, 600kg　実際 5, 510kg

(2) 直接労務費
賃率差異：(800円/時間－780円/時間)×7, 920時間＝(+)158, 400円〔貸方〕
時間差異：800円/時間×(7, 860時間－7, 920時間)＝(−)48, 000円〔借方〕

→ 実際直接労務費：6, 177, 600円

実際 @780円
標準 @800円

賃 率 差 異　＋158, 400円	
標準直接労務費 6, 288, 000円	時 間 差 異 △48, 000円

標準 7, 860時間　実際 7, 920時間

〔問２〕直接材料を加工に比例して投入する場合

〔問１〕と〔問２〕を比較すると，直接材料の標準消費量が変化するだけであり，直接材料費の数量差異が異なるのみである。事前に両問の違いを把握して，無駄な計算を繰り返さずにすむように注意したい。

数量差異：750円/kg×(5, 240kg－5, 510kg)＝(−)202, 500円〔借方〕

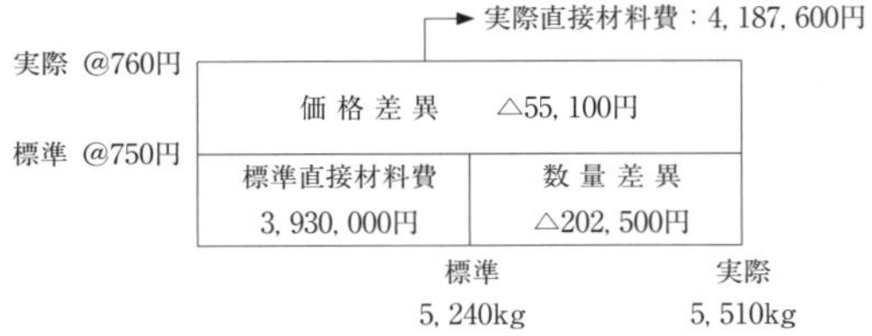

問題6-5

製造間接費差異：158, 700 円〔借方〕

〈差異分析〉

① 四分法

予算差異：	26, 700	円〔借方〕
変動費能率差異：	28, 000	円〔借方〕
固定費能率差異：	52, 000	円〔借方〕
操業度差異：	52, 000	円〔借方〕

② 能率差異は変動費と固定費の両方から算出する三分法

予算差異：	26, 700	円〔借方〕
能率差異：	80, 000	円〔借方〕
操業度差異：	52, 000	円〔借方〕

③ 能率差異は変動費のみから算出する三分法

予算差異：	26, 700	円〔借方〕
能率差異：	28, 000	円〔借方〕
操業度差異：	104, 000	円〔借方〕

④ 二分法

管理可能差異：	54, 700	円〔借方〕
操業度差異：	104, 000	円〔借方〕

解答への道

1．生産データの整理

仕 掛 品

月初 150個 (120個)	完成 2, 400個 (2, 400個)
当月投入 2, 600個 (2, 420個)	月末 350個 (140個)

(注)（ ）内は製造間接費の完成品換算量を示す。

→ 当月標準消費量の計算

直接作業時間：２時間/個×2, 420個＝4, 840時間

2．差異分析

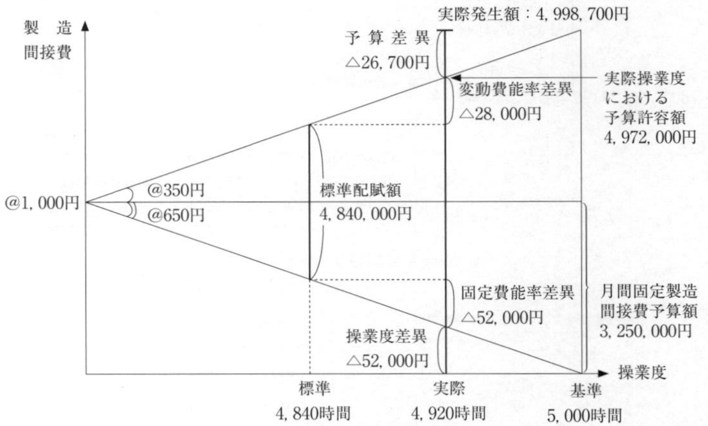

(注) 固定費率：3, 250, 000円÷5, 000時間＝650円/時間
変動費率：1, 000円/時間－650円/時間＝350円/時間

標準配賦額：1, 000円/時間×4, 840時間＝4, 840, 000円

実際発生額：4, 998, 700円

製造間接費差異：4, 840, 000円－4, 998, 700円＝(−)158, 700円〔借方〕

〈差異分析〉

① 四分法

予算差異：4, 972, 000円(＊)－4, 998, 700円＝(−)26, 700円〔借方〕

(＊) 実際操業度における予算許容額：350円/時間×4, 920時間＋3, 250, 000円＝4, 972, 000円

変動費能率差異：350円/時間×(4, 840時間－4, 920時間)＝(−)28, 000円〔借方〕

固定費能率差異：650円/時間×(4, 840時間－4, 920時間)＝(−)52, 000円〔借方〕

操業度差異：650円/時間×(4, 920時間－5, 000時間)＝(−)52, 000円〔借方〕

四分法を前提に，各種分析方法の金額は次のようにまとめればよい。

①四分法	②三分法	③三分法	④二分法
予算差異	予算差異	予算差異	管理可能差異
変動費能率差異	能率差異	能率差異	
固定費能率差異		操業度差異	操業度差異
操業度差異	操業度差異		

② 能率差異は変動費と固定費の両方から算出する三分法
予算差異：(−)26, 700円〔借方〕
能率差異：(−)28, 000円＋(−)52, 000円＝(−)80, 000円〔借方〕
操業度差異：(−)52, 000円〔借方〕

③ 能率差異は変動費のみから算出する三分法
予算差異：(−)26, 700円〔借方〕
能率差異：(−)28, 000円〔借方〕
操業度差異：(−)52, 000円＋(−)52, 000円＝(−)104, 000円〔借方〕

④ 二分法
管理可能差異：(−)26, 700円＋(−)28, 000円＝(−)54, 700円〔借方〕
操業度差異：(−)52, 000円＋(−)52, 000円＝(−)104, 000円〔借方〕

問題6-6

〔設問１〕
(注) 下記勘定の〔　〕内には原価差異の名称を，(　) には金額を記入しなさい。なお，不要なカッコには —— を記入すること。

仕掛品—製造間接費　(単位：円)

前月繰越	(192, 000)	製品	(3, 840, 000)
製造間接費	(4, 023, 300)	次月繰越	(240, 000)
〔——〕	(——)	〔変動費予算差異〕	(21, 300)
〔——〕	(——)	〔固定費予算差異〕	(20, 000)
〔——〕	(——)	〔変動費能率差異〕	(24, 000)
〔——〕	(——)	〔固定費能率差異〕	(40, 000)
〔——〕	(——)	〔操業度差異〕	(30, 000)
	(4, 215, 300)		(4, 215, 300)

〔設問２〕
(注) 次の文章の□内に，下掲の〔考えられる発生原因〕の中から当てはまると思われる原因の番号を選んで記入しなさい。ただし，予算の設定に誤りはなかったものとする。

「予算差異のうち，変動費については［⑤］，固定費については［⑦］原因から発生したものと思われる。」
〔考えられる発生原因〕
① 補助材料を浪費した。② 補助材料を節約した。③ 賃金・給料が値上がりした。④ 賃金・給料が削減された。⑤ 燃料費が値上がりした。⑥ 燃料費が値下がりした。⑦ 工場消耗品が値上がりした。⑧ 工場消耗品が値下がりした。⑨ 設備投資が増えた。⑩ 設備を削減した。⑪ 原因は不明である。

解答への道

〔設問１〕
1．生産データの整理

仕掛品

月初 100個 (80個)	完成 1, 600個 (1, 600個)
当月投入 1, 700個 (1, 620個)	月末 200個 (100個)

(注) (　) 内は製造間接費の完成品換算量を示す。

→ 当月標準消費量の計算
直接作業時間：３時間/個×1, 620個＝4, 860時間

2．完成品および仕掛品の標準原価の計算
完成品総合原価：2, 400円/個×1, 600個＝3, 840, 000円
月初仕掛品原価：2, 400円/個×80個＝192, 000円
月末仕掛品原価：2, 400円/個×100個＝240, 000円

3．差異分析

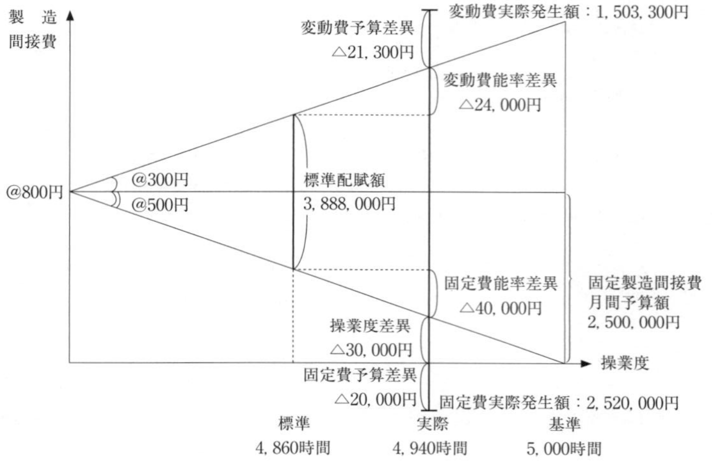

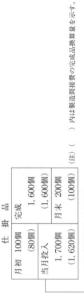

(注) 変動費率：18, 000, 000円÷60, 000時間＝300円/時間
固定費率：30, 000, 000円÷60, 000時間＝500円/時間

変動費予算差異：300円/時間×4, 940時間－1, 503, 300円＝(−)21, 300円〔借方〕
固定費予算差異：2, 500, 000円－2, 520, 000円＝(−)20, 000円〔借方〕
変動費能率差異：300円/時間×(4, 860時間－4, 940時間)＝(−)24, 000円〔借方〕
固定費能率差異：500円/時間×(4, 860時間－4, 940時間)＝(−)40, 000円〔借方〕
操業度差異：500円/時間×(4, 940時間－5, 000時間)＝(−)30, 000円〔借方〕

〔設問２〕
製造間接費の各費目ごとに予算差異を計算し，予算差異の発生原因を把握する。

	変動費率	予算許容額(A)	実際発生額(B)	予算差異(A)−(B)
補助材料費：	30円/時間	148, 200円	148, 200円	0円
賃金・手当：	190円/時間	938, 600円	938, 600円	0円
燃料費：	80円/時間	395, 200円	416, 500円	(−)21, 300円
変動費計	300円/時間	1, 482, 000円	1, 503, 300円	(−)21, 300円
工場消耗品費：		250, 000円	270, 000円	(−)20, 000円
給料：		1, 200, 000円	1, 200, 000円	0円
減価償却費：		690, 000円	690, 000円	0円
その他：		360, 000円	360, 000円	0円
固定費計		2, 500, 000円	2, 520, 000円	(−)20, 000円

問題6-7

(注) 下記勘定の〔　〕内には原価差異の名称を，(　)には金額を記入しなさい。なお，不要なカッコには —— を記入すること。

仕掛品—直接材料費 (単位：円)

前月繰越	(1, 100, 000)	製品	(11, 000, 000)
材料	(12, 887, 600)	次月繰越	(2, 200, 000)
〔 —— 〕	(——)	〔価格差異〕	(127, 600)
〔 —— 〕	(——)	〔数量差異〕	(660, 000)
	(13, 987, 600)		(13, 987, 600)

仕掛品—直接労務費 (単位：円)

前月繰越	(120, 000)	製品	(3, 000, 000)
賃金	(3, 170, 160)	次月繰越	(180, 000)
〔賃率差異〕	(42, 840)	〔時間差異〕	(153, 000)
〔 —— 〕	(——)	〔 —— 〕	(——)
	(3, 333, 000)		(3, 333, 000)

仕掛品—製造間接費 (単位：円)

前月繰越	(240, 000)	製品	(6, 000, 000)
製造間接費	(6, 511, 680)	次月繰越	(360, 000)
〔予算差異〕	(30, 320)	〔能率差異〕	(306, 000)
〔 —— 〕	(——)	〔操業度差異〕	(116, 000)
〔 —— 〕	(——)	〔 —— 〕	(——)
	(6, 782, 000)		(6, 782, 000)

解答への道

1．生産データの整理

仕掛品

月初　50個 (20個)	完成 500個 (500個)
当月投入 550個 (510個)	月末　100個 (30個)

(注)（　）内は加工費の完成品換算量を示す。

→ 当月標準消費量の計算
直接材料消費量：10kg/個×550個＝5, 500kg
直接作業時間：4時間/個×510個＝2, 040時間

2．直接材料費の計算と勘定記入
(1) 仕掛品勘定の記入
完成品原価：22, 000円/個×500個＝11, 000, 000円
月初仕掛品原価：22, 000円/個× 50個＝ 1, 100, 000円
月末仕掛品原価：22, 000円/個×100個＝ 2, 200, 000円
当月製造費用：パーシャル・プランのため実際消費額（＊）を記入する。

（＊）直接材料費実際消費額

実際消費単価：$\dfrac{508,700\text{円}+13,045,500\text{円}}{250\text{kg}+5,850\text{kg}}=2,222\text{円/kg}$（平均法）

実際消費量：250kg＋5, 850kg－300kg＝5, 800kg
実際消費額：2, 222円/kg×5, 800kg＝12, 887, 600円

(2) 差異分析

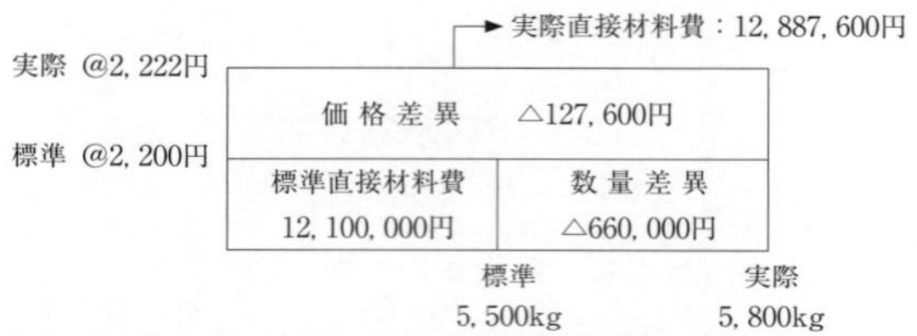

価格差異：(2, 200円/kg－2, 222円/kg)×5, 800kg＝(−)127, 600円〔借方〕
数量差異：2, 200円/kg×(5, 500kg－5, 800kg)＝(−)660, 000円〔借方〕

3．直接労務費の計算と勘定記入

(1) 仕掛品勘定の記入

完成品原価：6, 000円/個×500個＝3, 000, 000円
月初仕掛品原価：6, 000円/個×20個＝120, 000円
月末仕掛品原価：6, 000円/個×30個＝180, 000円
当月製造費用：パーシャル・プランのため実際消費額を記入する。

(2) 差異分析

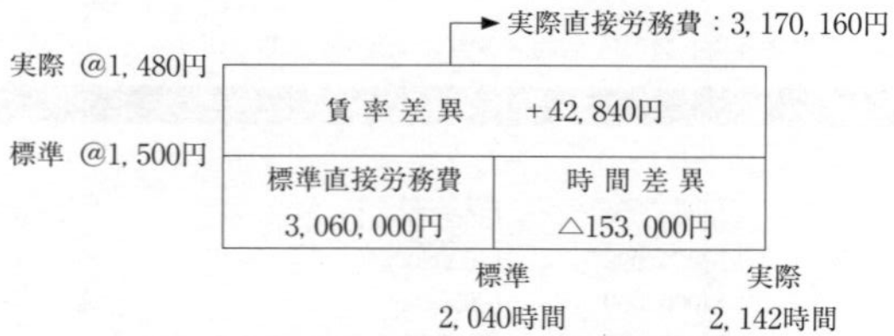

賃率差異：(1, 500円/時間－1, 480円/時間)×2, 142時間＝(＋)42, 840円〔貸方〕
時間差異：1, 500円/時間×(2, 040時間－2, 142時間)＝(−)153, 000円〔借方〕

4．製造間接費の計算と勘定記入

(1) 仕掛品勘定の記入

完成品原価：12, 000円/個×500個＝6, 000, 000円
月初仕掛品原価：12, 000円/個× 20個＝240, 000円
月末仕掛品原価：12, 000円/個× 30個＝360, 000円
当月製造費用：パーシャル・プランのため実際消費額を記入する。

(2) 差異分析

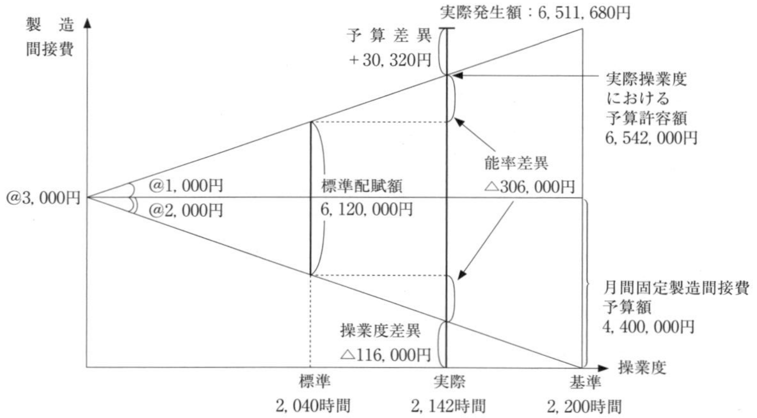

(注) 固定費率：4, 400, 000円÷2, 200時間＝2, 000円/時間
　　変動費率：3, 000円/時間－2, 000円/時間＝1, 000円/時間

標準配賦額：3, 000円/時間×2, 040時間＝6, 120, 000円
製造間接費差異：6, 120, 000円－6, 511, 680円＝(−)391, 680円〔借方〕
〈内　訳〉
予算差異：6, 542, 000円(＊)－6, 511, 680円＝(＋)30, 320円〔貸方〕
(＊) 実際操業度における予算許容額：1, 000円/時間×2, 142時間＋4, 400, 000円＝6, 542, 000円
能率差異：3, 000円/時間×(2, 040時間－2, 142時間)＝(−)306, 000円〔借方〕
操業度差異：2, 000円/時間×(2, 142時間－2, 200時間)＝(−)116, 000円〔借方〕

問題6-8

(1) 原価計算関係勘定の記入（単位：円）
(注) 原価差異の勘定は，借方または貸方のいずれか一方にのみ記入すること。

仕　掛　品

前月繰越	(4, 584, 000)	製品	(74, 000, 000)
材料	(49, 216, 530)	次月繰越	(5, 024, 000)
加工費	(26, 231, 000)	総差異	(1, 007, 530)
	(80, 031, 530)		(80, 031, 530)

価格差異	
(562,530)	( )

数量差異	
(214,000)	( )

変動費予算差異	
(31,000)	( )

固定費予算差異	
( )	(20,000)

能率差異	
(70,000)	( )

操業度差異	
(150,000)	( )

(2) 直接材料費差異分析表

(注) 各差異の〔　〕には,「借」または「貸」を記入すること。

	価格差異	数量差異	合計
材料A	579,200円〔 借 〕	160,000円〔 借 〕	739,200円〔 借 〕
材料B	41,720円〔 貸 〕	48,000円〔 借 〕	6,280円〔 借 〕
材料C	25,050円〔 借 〕	6,000円〔 借 〕	31,050円〔 借 〕
合計	562,530円〔 借 〕	214,000円〔 借 〕	776,530円〔 借 〕

解答への道

1．生産データの整理

仕掛品

月初 A 600個 C 0個 (120個)	完成 A 5,000個 C 5,000個 (5,000個)
当月投入 A 4,800個 C 5,000個 (5,200個)	月末 A 400個 C 0個 (320個)

(注)(　) 内はB材料費と加工費の完成品換算量を示す。

→ 当月標準消費量の計算

直接材料消費量

材料A：6kg/個×4,800個＝28,800kg

材料B：4kg/個×5,200個(＊1)＝20,800kg

材料C：1箱/個×5,000個(＊2)＝5,000箱

機械運転時間：2時間/個×5,200個＝10,400時間

(＊1) 材料Bは加工に比例して投入するため，加工費の計算と同様に考える。

(＊2) 材料Cは工程終点で投入するため完成品のみが負担する。

2．完成品および仕掛品の標準原価

完成品総合原価：14,800円/個×5,000個＝74,000,000円

月初仕掛品原価：6,000円/個×600個＋(3,200円/個＋5,000円/個)×120個＝4,584,000円

月末仕掛品原価：6,000円/個×400個＋(3,200円/個＋5,000円/個)×320個＝5,024,000円

3．差異分析

(1) 材料A

→ 実際直接材料費：29,539,200円

実際 @1,020円

標準 @1,000円

価格差異 △579,200円	
標準直接材料費 28,800,000円	数量差異 △160,000円

標準 28,800kg　実際 28,960kg

価格差異：(1,000円/kg－1,020円/kg)×28,960kg＝(－)579,200円〔借方〕

数量差異：1,000円/kg×(28,800kg－28,960kg)＝(－)160,000円〔借方〕

(2) 材料B

→ 実際直接材料費：16,646,280円

実際 @ 798円

標準 @ 800円

価格差異 ＋41,720円	
標準直接材料費 16,640,000円	数量差異 △ 48,000円

標準 20,800kg　実際 20,860kg

価格差異：(800円/kg－798円/kg)×20,860kg＝(＋)41,720円〔貸方〕

数量差異：800円/kg×(20,800kg－20,860kg)＝(－)48,000円〔借方〕

(3) 材料C

→ 実際直接材料費：3,031,050円

実際 @ 605円

標準 @ 600円

価格差異 △25,050円	
標準直接材料費 3,000,000円	数量差異 △6,000円

標準 5,000箱　実際 5,010箱

価格差異：(600円/箱－605円/箱)×5,010箱＝(－)25,050円〔借方〕

数量差異：600円/箱×(5,000箱－5,010箱)＝(－)6,000円〔借方〕

(4) 加工費

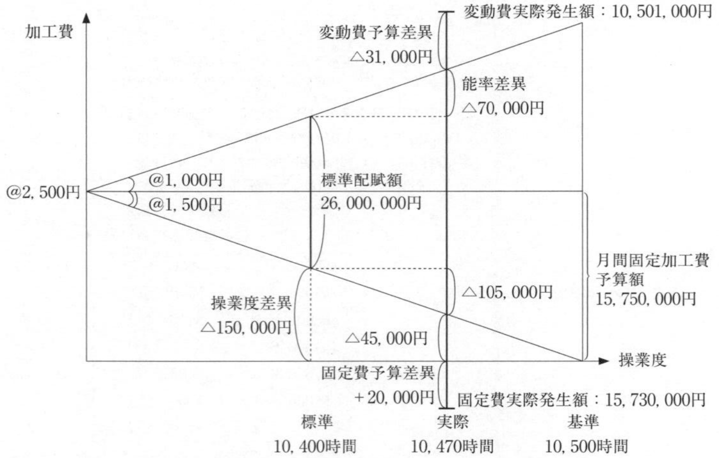

変動費予算差異：1, 000円/時間×10, 470時間－10, 501, 000円＝(－)31, 000円〔借方〕
固定費予算差異：15, 750, 000円－15, 730, 000円＝(＋)20, 000円〔貸方〕
能　率　差　異：1, 000円/時間×(10, 400時間－10, 470時間)＝(－)70, 000円〔借方〕
操 業 度 差 異：1, 500円/時間×(10, 400時間－10, 500時間)＝(－)150, 000円〔借方〕
(注) 本問では能率差異は変動費のみから把握し，固定費能率差異の部分については操業度差異に含めて表示する。

問題6-9

(注) 原価差異の勘定は，借方または貸方のいずれか一方にのみ記入すること。

(単位：円)

仕掛品―加工費

加　工　費	(11, 086, 000)	製　品	(10, 800, 000)
		総　差　異	(286, 000)
	(11, 086, 000)		(11, 086, 000)

予　算　差　異

(46, 000)	(　)

能　率　差　異

(150, 000)	(　)

操　業　度　差　異

(90, 000)	(　)

解答への道

1．基準操業度となる操業水準の算定
理 論 的 生 産 能 力：8時間/日×20台×300日……………………… 48, 000時間
許 容 故 障 停 止 時 間：30時間/年×20台……………… 600時間
許容段取・調整時間：0. 5時間/台×20台×300日… 3, 000時間　3, 600時間
差引：実際的生産能力　44, 400時間
したがって
平均操業度：44, 400時間×80%＝35, 520時間（年間）

2．標準配賦率の算定
標準配賦率：1, 500円/時間＋$\frac{79,920,000円}{35,520時間}$(＝2, 250円/時間)＝3, 750円/時間

3．差異分析

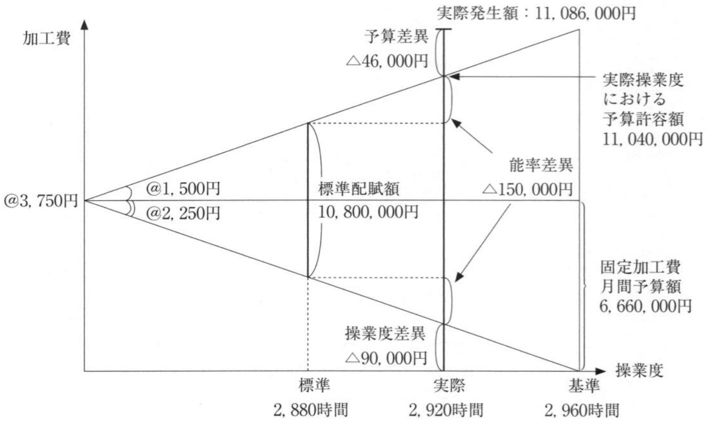

標準配賦額：3, 750円/時間×2, 880時間＝10, 800, 000円
加工費配賦差異：10, 800, 000円－11, 086, 000円＝(－)286, 000円〔借方〕
〈内　訳〉
予 算 差 異：11, 040, 000円(＊1)－11, 086, 000円＝(－)46, 000円〔借方〕
(＊1) 実際操業度における予算許容額：1, 500円/時間×2, 920時間＋6, 660, 000円＝11, 040, 000円
能 率 差 異：3, 750円/時間×(2, 880時間(＊2)－2, 920時間)＝(－)150, 000円〔借方〕
(＊2) 標準機械運転時間：4時間/個×720個＝2, 880時間
操業度差異：2, 250円/時間×(2, 920時間－2, 960時間)＝(－)90, 000円〔借方〕

問題6-10

製造間接費差異： 60,000 円〔 借方 〕

〈差異分析〉

予　算　差　異： 24,000 円〔 貸方 〕

能　率　差　異： 56,000 円〔 借方 〕

操 業 度 差 異： 28,000 円〔 借方 〕

解答への道

1．生産データの整理

仕　掛　品

月初　150個 （　60個）	完成 2,100個 （ 2,100個）
当月投入 2,250個 （ 2,220個）	月末　300個 （　180個）

(注)（　　）内は製造間接費の完成品換算量を示す。

→ 当月標準消費量の計算

標準直接作業時間： 2時間/個×2,220個＝4,440時間

2．差異分析

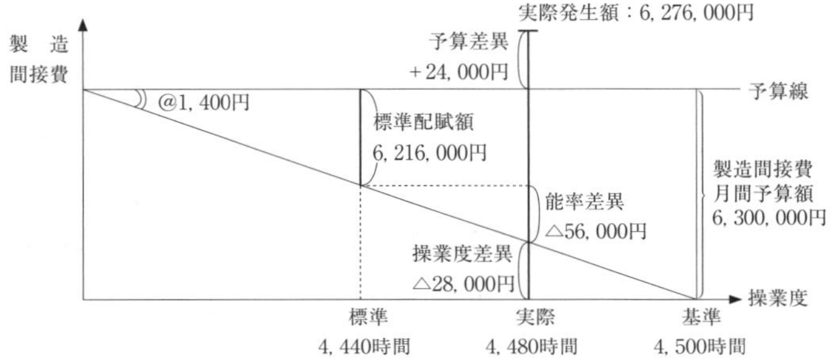

標 準 配 賦 額：1,400円/時間×4,440時間＝6,216,000円

製造間接費差異：6,216,000円－6,276,000円＝(－)60,000円〔借方〕

〈内　訳〉

予　算　差　異：6,300,000円－6,276,000円＝(+)24,000円〔貸方〕

能　率　差　異：1,400円/時間×(4,440時間－4,480時間)＝(－)56,000円〔借方〕

操 業 度 差 異：1,400円/時間×(4,480時間－4,500時間)＝(－)28,000円〔借方〕

問題6-11

製造間接費差異： 1,016,000 円〔 借方 〕

〈差異分析〉

予　算　差　異： 142,000 円〔 借方 〕

能　率　差　異： 510,000 円〔 借方 〕

操 業 度 差 異： 364,000 円〔 借方 〕

解答への道

1．生産データの整理

仕　掛　品

月初　300個 （ 240個）	完成 3,200個 （ 3,200個）
当月投入 3,100個 （ 3,040個）	月末　200個 （　80個）

(注)（　　）内は製造間接費の完成品換算量を示す。

→ 当月標準消費量の計算

機械運転時間： 5時間/個×3,040個＝15,200時間

2．差異分析

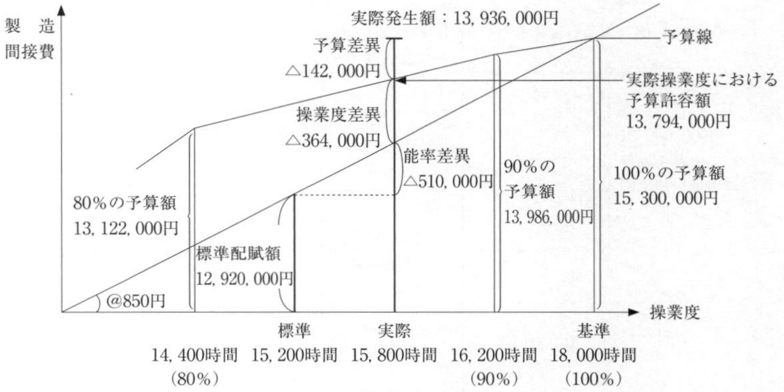

標 準 配 賦 額：850円/時間×15,200時間＝12,920,000円

製造間接費差異：12,920,000円－13,936,000円＝(－)1,016,000円〔借方〕

〈差異分析〉

予算差異：13, 794, 000円(＊) − 13, 936, 000円 = (−)142, 000円〔借方〕

（＊）実際操業度における予算許容額：

$$13,122,000円 + \frac{13,986,000円 - 13,122,000円}{16,200時間 - 14,400時間} \times (15,800時間 - 14,400時間) = 13,794,000円$$

（注）実際操業度（15, 800時間）は80％（18, 000時間×80％＝14, 400時間）と90％（18, 000時間×90％＝16, 200時間）の間にある。実際操業度における予算許容額は両操業度における予算額を補間して算出する。

能率差異：850円/時間×(15, 200時間 − 15, 800時間) = (−)510, 000円〔借方〕

操業度差異：850円/時間×15, 800時間 − 13, 794, 000円 = (−)364, 000円〔借方〕

問題6-12

仕掛品—製造間接費　（単位：円）

前月繰越	(700, 000)	製品	(17, 150, 000)
製造間接費	(17, 830, 000)	次月繰越	(700, 000)
〔固定費予算差異〕	(20, 000)	〔変動費予算差異〕	(280, 000)
		〔能率差異〕	(210, 000)
		〔操業度差異〕	(210, 000)
	(18, 550, 000)		(18, 550, 000)

解答への道

1．生産データの整理

仕掛品

月初　80個 （ 40個）	完成 980個 （ 980個）
当月投入 950個 （ 980個）	月末　50個 （ 40個）

（注）（　）内は製造間接費の完成品換算量を示す。

→ 当月標準消費量の計算

機械運転時間：５時間/個×980個＝4, 900時間

2．差異分析

変動費予算差異：1, 400円/時間(＊)×5, 050時間 − 7, 350, 000円 = (−)280, 000円〔借方〕

（＊）固定費率：126, 000, 000円÷60, 000時間＝2, 100円/時間
変動費率：3, 500円/時間 − 2, 100円/時間＝1, 400円/時間

固定費予算差異：10, 500, 000円(＊) − 10, 480, 000円 = (+)20, 000円〔貸方〕

（＊）月間固定製造間接費予算額：126, 000, 000円÷12か月＝10, 500, 000円

能率差異：1, 400円/時間×(4, 900時間 − 5, 050時間) = (−)210, 000円〔借方〕

操業度差異：2, 100円/時間×(4, 900時間 − 5, 000時間(＊)) = (−)210, 000円〔貸方〕

（＊）月間基準操業度：60, 000時間÷12か月＝5, 000時間

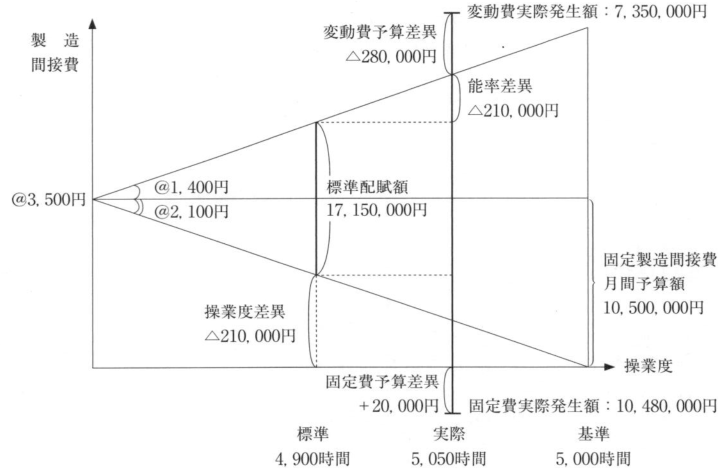

問題6-13

（注）下記勘定の〔　〕内には適切な名称を，（　）には金額（単位：円）を記入しなさい。なお不要なカッコには —— を記入すること。

材料

前月繰越	(425, 000)	仕掛品—直接材料費	(6, 080, 000)
〔買掛金〕	(6, 100, 000)	次月繰越	(445, 000)
〔 —— 〕	(——)	〔 —— 〕	(——)
	(6, 525, 000)		(6, 525, 000)

材料受入価格差異

〔買掛金〕	(61, 000)	〔 —— 〕	(——)

仕掛品—直接材料費

前月繰越	(1, 500, 000)	製品	(6, 600, 000)
材料	(6, 080, 000)	次月繰越	(900, 000)
〔 —— 〕	(——)	〔材料数量差異〕	(80, 000)
	(7, 580, 000)		(7, 580, 000)

解答への道

1．材料勘定の記入

材料の購入時に標準単価の500円/kgで材料勘定の借方に受入記帳をしているため，材料勘定の記入はすべて標準単価で計算される。

前 月 繰 越 額：500円/kg×850kg＝425，000円
材 料 購 入 原 価：500円/kg×12，200kg＝6，100，000円
材 料 消 費 額：500円/kg×12，160kg(＊)＝6，080，000円… 仕掛品―直接材料費勘定へ
（＊）実際消費量：850kg＋12，200kg－890kg＝12，160kg
次 月 繰 越 額：500円/kg×890kg＝445，000円

2．当月の材料受入価格差異の計算と勘定記入

材料受入価格差異：(500円/kg－505円/kg)×12，200kg＝(－)61，000円〔借方〕
（12，200kg：当月購入量）

なお，材料購入時の仕訳を示せば次のとおりである。

(材 料)	6，100，000	(買 掛 金)	6，161，000
(材料受入価格差異)	61，000		

3．仕掛品－直接材料費勘定の記入

(1) 生産データの整理

仕 掛 品

月初 500個	完成 2，200個
当月投入 2，000個	月末 300個

（注）直接材料は工程始点で投入

→ 標準消費量：6kg/個×2，000個＝12，000kg

(2) 完成品総合原価および仕掛品原価の計算

完成品総合原価：3，000円/個×2，200個＝6，600，000円
月初仕掛品原価：3，000円/個×500個＝1，500，000円
月末仕掛品原価：3，000円/個×300個＝900，000円

(3) 材料数量差異の計算

	(価格差異 ――)	
標準@500円	標準直接材料費 6，000，000円	数量差異 △80，000円
	標準 12，000kg	実際 12，160kg

材料数量差異：500円/kg×(12，000kg－12，160kg)＝(－)80，000円〔借方〕

（注）材料受入価格差異を把握しているため，消費価格差異は計算されない。

問題6-14

（注）下記勘定の〔 〕内には適切な名称を，（ ）には金額（単位：円）を記入しなさい。なお不要なカッコは空欄のままでよい。

材 料

借方	金額	貸方	金額
前月繰越	(225，000)	仕掛品	(4，620，000)
諸口	(4，800，000)	次月繰越	(405，000)
〔 〕	( )	〔 〕	( )
	(5，025，000)		(5，025，000)

材料受入価格差異

借方	金額	貸方	金額
〔 〕	( )	〔材料〕	(64，000)

賃 金

借方	金額	貸方	金額
諸口	1，643，200	仕掛品	(1，580，000)
〔 〕	( )	〔賃率差異〕	(63，200)
	(1，643，200)		(1，643，200)

仕 掛 品

借方	金額	貸方	金額
前月繰越	(456，000)	製品	(10，780，000)
材料	(4，620，000)	次月繰越	(432，000)
賃金	(1，580，000)	〔数量差異〕	(120，000)
製造間接費	(4，758，000)	〔時間差異〕	(16，000)
〔予算差異〕	(26，000)	〔能率差異〕	(68，000)
〔 〕	( )	〔操業度差異〕	(24，000)
	(11，440，000)		(11，440，000)

解答への道

1．生産データの整理

仕 掛 品

月初 60個 (12個)	完成 770個 (770個)
当月投入 750個 (782個)	月末 40個 (24個)

（注）（ ）内は加工費の完成品換算量を示す。

→ 当月標準消費量の計算

直接材料消費量：4kg/個×750個＝3，000kg
直接作業時間：2時間/個×782個＝1，564時間
機械運転時間：3時間/個×782個＝2，346時間

2．材料勘定の計算と勘定記入

材料の購入時に標準単価の1,500円/kgで材料勘定の借方に受入記帳をしているため，材料勘定の記入はすべて標準単価で計算される。

前 月 繰 越 額：1,500円/kg×150kg＝225,000円

材 料 購 入 原 価：1,500円/kg×3,200kg＝4,800,000円

材 料 消 費 額：1,500円/kg×3,080kg(＊)＝4,620,000円…… 仕掛品勘定へ（注）

（＊）実際消費量：150kg＋3,200kg－270kg＝3,080kg

（注）修正パーシャル・プランによっているため，実際消費量で計算する。

次 月 繰 越 額：1,500円/kg×270kg＝405,000円

3．当月の材料受入価格差異の計算と勘定記入

材料受入価格差異：(1,500円/kg－1,480円/kg)×3,200kg＝(+)64,000円〔貸方〕
当月購入量

なお，材料購入時の仕訳を示せば次のとおりである。

（材 料）	4,800,000	（買 掛 金）	4,736,000
		（材料受入価格差異）	64,000

4．賃金の計算と勘定記入

賃金消費額：1,000円/時間×1,580時間＝1,580,000円…… 仕掛品勘定へ（注）

（注）修正パーシャル・プランのため「標準単価×実際消費量」で振り替える。

賃 率 差 異：1,580,000円－1,643,200円＝(−)63,200円〔借方〕

5．仕掛品勘定の記入

完成品総合原価：14,000円/個×770個＝10,780,000円

月初仕掛品原価：6,000円/個×60個＋(2,000円/個＋6,000円/個)×12個＝456,000円

月末仕掛品原価：6,000円/個×40個＋(2,000円/個＋6,000円/個)×24個＝432,000円

当月製造費用：

材　　料：4,620,000円（解説２より）

賃　　金：1,580,000円（解説４より）

製造間接費：4,758,000円（実際発生額）

6．差異分析

(1) 直接材料費

	（価格差異 ―― ）	
標準 @1,500円	標準直接材料費 4,500,000円	数 量 差 異 △120,000円
	標準 3,000kg	実際 3,080kg

数量差異：1,500円/kg×(3,000kg－3,080kg)＝(−)120,000円〔借方〕

（注）材料受入価格差異を把握しているため，消費価格差異は計算されない。

(2) 直接労務費

→ 実際直接労務費：1,643,200円

実際 @1,040円	（賃 率 差 異 △63,200円）	
標準 @1,000円	標準直接労務費 1,564,000円	時 間 差 異 △16,000円
	標準 1,564時間	実際 1,580時間

時間差異：1,000円/時間×(1,564時間－1,580時間)＝(−)16,000円〔借方〕

（注）賃率差異（計算済み）は，仕掛品勘定では把握されない。

(3) 製造間接費

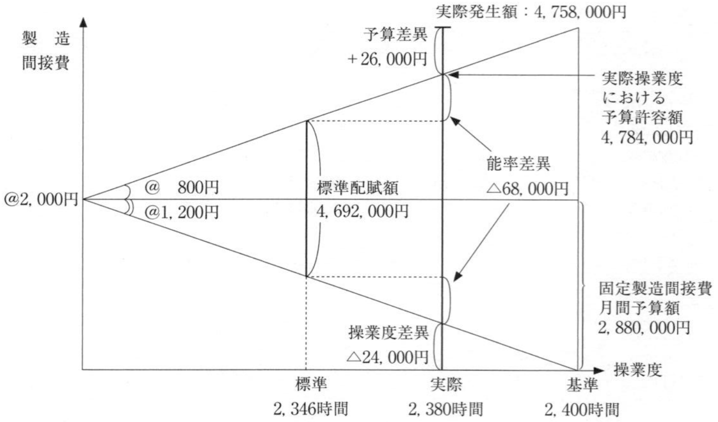

（注）固定費率：2,880,000円÷2,400時間＝1,200円/時間
変動費率：2,000円/時間－1,200円/時間＝800円/時間

標準配賦額：2,000円/時間×2,346時間＝4,692,000円

製造間接費差異：4,692,000円－4,758,000円＝(−)66,000円〔借方〕

〈内　訳〉

予 算 差 異：4,784,000円(＊)－4,758,000円＝(+)26,000円〔貸方〕

（＊）実際操業度における予算許容額：800円/時間×2,380時間＋2,880,000円＝4,784,000円

能 率 差 異：2,000円/時間×(2,346時間－2,380時間)＝(−)68,000円〔借方〕

操 業 度 差 異：1,200円/時間×(2,380時間－2,400時間)＝(−)24,000円〔借方〕

問題6-15

(注) 下記勘定の〔　　〕内には相手勘定科目名を，(　　) には金額（単位：円）を記入しなさい。
また，原価差異の勘定は借方または貸方のいずれか一方にのみ記入すること。なお不要なカッコは空欄のままでよい。

仕掛品―第１工程

月初仕掛品原価	(10, 400, 000)	〔仕掛品―第２工程〕	(64, 600, 000)
材料	(28, 381, 000)	月末仕掛品原価	(9, 000, 000)
加工費	(38, 240, 000)	総差異	(3, 421, 000)
	(77, 021, 000)		(77, 021, 000)

仕掛品―第２工程

月初仕掛品原価	(16, 600, 000)	〔製品〕	(83, 300, 000)
〔仕掛品―第１工程〕	(64, 600, 000)	月末仕掛品原価	(24, 900, 000)
加工費	(28, 600, 000)	総差異	(1, 600, 000)
	(109, 800, 000)		(109, 800, 000)

〔仕掛品―第１工程勘定の総差異〕

価格差異

(101, 000)	(　　)

数量差異

(280, 000)	(　　)

予算差異

(　　)	(260, 000)

能率差異

(1, 050, 000)	(　　)

操業度差異

(2, 250, 000)	(　　)

〔仕掛品―第２工程勘定の総差異〕

予算差異

(　　)	(210, 000)

能率差異

(450, 000)	(　　)

操業度差異

(1, 360, 000)	(　　)

解答への道

1．原価標準の工程別整理

〈第１工程の標準原価カード〉

直接材料費：@1, 400円×10kg　= 14, 000円
加　工　費
　第１工程：@2, 500円×８時間 = 20, 000円
　　第１工程完成品　34, 000円

〈第２工程の標準原価カード〉

前工程費：@34, 000円×１個　= 34, 000円
加　工　費
　第２工程：@3, 000円×５時間 = 15, 000円
　　第２工程完成品　49, 000円

2．生産データの整理

(注) (　　) 内は加工費の完成品換算量を示す。

仕掛品―第１工程

月初　400個 (240個)	完成 1, 900個 (1, 900個)
当月投入 2, 000個 (1, 760個)	月末　500個 (100個)

→当月標準消費量の計算

直接材料消費量：10kg/個×2, 000個 = 20, 000kg

直接作業時間：８時間/個×1, 760個 = 14, 080時間

仕掛品―第２工程

月初　400個 (200個)	完成 1, 700個 (1, 700個)
当月投入 1, 900個 (1, 800個)	月末　600個 (300個)

→当月標準消費量の計算

機械稼働時間：５時間/個×1, 800個 = 9, 000時間

3．仕掛品―第１工程勘定の計算

完成品総合原価：34, 000円/個×1, 900個=64, 600, 000円（第２工程へ振替え）
月初仕掛品原価：14, 000円/個×400個+20, 000円/個×240個=10, 400, 000円
月末仕掛品原価：14, 000円/個×500個+20, 000円/個×100個=9, 000, 000円

4．第１工程の差異分析

(1) 直接材料費

→実際直接材料費：28, 381, 000円

実際@1, 405円	価格差異　△101, 000円	
標準@1, 400円	標準直接材料費 28, 000, 000円	数量差異 △280, 000円
	標準 20, 000kg	実際 20, 200kg

価格差異：(1, 400円/kg−1, 405円/kg)×20, 200kg=(−)101, 000円〔借方〕
数量差異：1, 400円/kg×(20, 000kg−20, 200kg)=(−)280, 000円〔借方〕

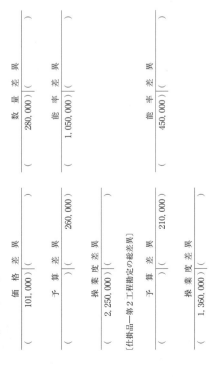

(2) 第１工程加工費

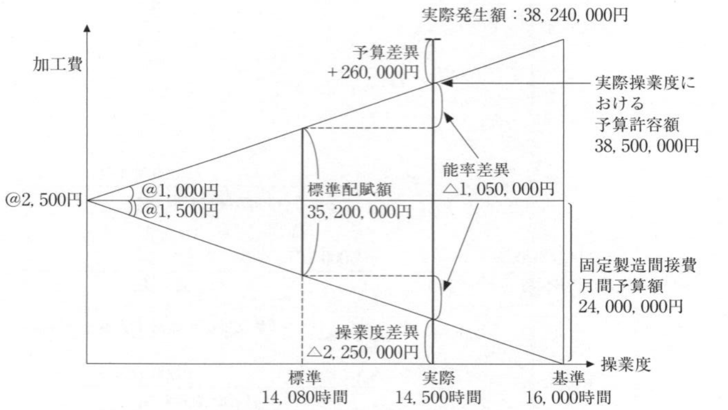

(注) 変動費率：16, 000, 000円÷16, 000時間=1, 000円/時間
　　固定費率：24, 000, 000円÷16, 000時間=1, 500円/時間

予　算　差　異：38, 500, 000円(＊)−38, 240, 000円＝(+)260, 000円〔貸方〕

(＊) 実際操業度における予算許容額：1, 000円/時間×14, 500時間+24, 000, 000円=38, 500, 000円

能　率　差　異：2, 500円/時間×(14, 080時間−14, 500時間)=(−)1, 050, 000円〔借方〕

操 業 度 差 異：1, 500円/時間×(14, 500時間−16, 000時間)=(−)2, 250, 000円〔借方〕

5．仕掛品―第２工程勘定の計算

前　工　程　費：34, 000円/個×1, 900個=64, 600, 000円

月初仕掛品原価：34, 000円/個×400個+15, 000円/個×200個=16, 600, 000円

月末仕掛品原価：34, 000円/個×600個+15, 000円/個×300個=24, 900, 000円

完成品総合原価：49, 000円/個×1, 700個=83, 300, 000円

6．第２工程加工費の差異分析

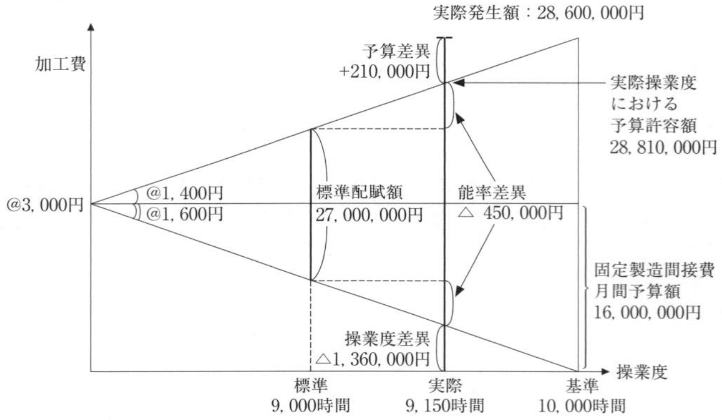

(注) 固定費率：16, 000, 000円÷10, 000時間=1, 600円/時間
　　変動費率：14, 000, 000円÷10, 000時間=1, 400円/時間

予　算　差　異：28, 810, 000円(＊)−28, 600, 000円=(+)210, 000円〔貸方〕

(＊) 実際操業度における予算許容額：1, 400円/時間×9, 150時間+16, 000, 000円=28, 810, 000円

能　率　差　異：3, 000円/時間×(9, 000時間−9, 150時間)=(−)450, 000円〔借方〕

操 業 度 差 異：1, 600円/時間×(9, 150時間−10, 000時間)=(−)1, 360, 000円〔借方〕

問題6-16

(注) 下記勘定の〔　　〕内には相手勘定科目名ないしは適当な名称を，(　　)には金額（単位：円）を記入しなさい。

仕掛品―第１工程

月初仕掛品原価	(528, 000)	〔仕掛品―第２工程〕	(8, 436, 000)
直接材料費	(2, 916, 000)	月末仕掛品原価	(882, 000)
直接労務費	(2, 327, 500)	総差異	(150, 000)
製造間接費	(3, 696, 500)		
	(9, 468, 000)		(9, 468, 000)

仕掛品―第２工程

月初仕掛品原価	(1, 078, 400)	〔製品〕	(16, 500, 000)
〔仕掛品―第１工程〕	(8, 436, 000)	月末仕掛品原価	(1, 344, 000)
直接材料費	(663, 000)	総差異	(9, 900)
直接労務費	(3, 932, 500)		
製造間接費	(3, 744, 000)		
	(17, 853, 900)		(17, 853, 900)

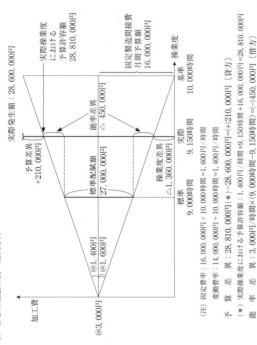

〔標準原価差異分析表〕

	材　料　M	材　料　N	合　　計
材料受入価格差異	26, 000 円〔 借 〕	8, 600 円〔 貸 〕	17, 400円〔 借 〕

	第 1 工 程	第 2 工 程
材 料 数 量 差 異	36, 000 円〔 借 〕	5, 400 円〔 借 〕
賃　率　差　異	47, 500 円〔 貸 〕	32, 500 円〔 借 〕
時　間　差　異	11, 000 円〔 借 〕	45, 600 円〔 貸 〕
変 動 費 予 算 差 異	34, 000 円〔 借 〕	38, 000 円〔 借 〕
固 定 費 予 算 差 異	0 円〔 ― 〕	20, 000 円〔 貸 〕
能　率　差　異	16, 500 円〔 借 〕	20, 400 円〔 貸 〕
操 業 度 差 異	100, 000 円〔 借 〕	20, 000 円〔 借 〕
合　　　計	150, 000 円〔 借 〕	9, 900 円〔 借 〕

（注）差異分析表の〔　　〕には，「借」または「貸」を記入すること。ただし，金額が0の場合は〔　　〕に「――」を記入すること。

解答への道

1．原価標準の工程別整理

〈第1工程の標準原価カード〉

直接材料M：@　600円×4 kg＝2, 400円	
直接労務費：@1, 000円×2 時＝2, 000円	
製造間接費：@1, 500円×2 時＝3, 000円	
第1工程完成品	7, 400円

〈第2工程の標準原価カード〉

前 工 程 費：@7, 400円×1 個 ＝	7, 400円
直接材料N：@　300円×2 kg＝	600円
直接労務費：@1, 200円×3 時 ＝	3, 600円
製造間接費：@1, 700円×2 時 ＝	3, 400円
第2工程完成品	15, 000円

2．生産データの整理

（注）（　　）内は加工費の完成品換算量を示す。

仕掛品―第1工程

月初　120個 （　48個）	完成 1, 140個 （1, 140個）
当月投入 1, 200個 （1, 182個）	月末　180個 （　90個）

→当月標準消費量の計算

材料M消費量：4 kg/個×1, 200個＝4, 800kg

直接作業時間：2時/個×1, 182個＝2, 364時

仕掛品―第2工程

月初　80個 （　64個）	完成 1, 100個 （1, 100個）
当月投入 1, 140個 （1, 096個）	月末　120個 （　60個）

→当月標準消費量の計算

材料N消費量：2 kg/個×1, 096個＝2, 192kg

直接作業時間：3時/個×1, 096個＝3, 288時

機械稼働時間：2時/個×1, 096個＝2, 192時

（注）材料Nは平均的投入である。

3．当月の材料受入価格差異の計算

材　料　M：(600円/kg−605円/kg)×5, 200kg＝(−)26, 000円〔借方〕

材　料　N：(300円/kg−296円/kg)×2, 150kg＝(+)　8, 600円〔貸方〕

4．仕掛品―第1工程勘定の計算

完成品総合原価：7, 400円/個×1, 140個＝8, 436, 000円（第2工程へ振替え）

月初仕掛品原価：2, 400円/個×120個＋(2, 000円/個＋3, 000円/個)×48個＝528, 000円

月末仕掛品原価：2, 400円/個×180個＋(2, 000円/個＋3, 000円/個)×90個＝882, 000円

当月製造費用：

直 接 材 料 費：600円/kg×4, 860kg＝2, 916, 000円

直 接 労 務 費：2, 327, 500円

製 造 間 接 費：1, 696, 500円＋2, 000, 000円＝3, 696, 500円

5．仕掛品―第2工程勘定の計算

完成品総合原価：15, 000円/個×1, 100個＝16, 500, 000円

月初仕掛品原価：7, 400円/個×80個＋(600円/個＋3, 600円/個＋3, 400円/個)×64個＝1, 078, 400円

月末仕掛品原価：7, 400円/個×120個＋(600円/個＋3, 600円/個＋3, 400円/個)×60個＝1, 344, 000円

前工程より振替え：8, 436, 000円

当月製造費用：

直 接 材 料 費：300円/kg×2, 210kg＝663, 000円

直 接 労 務 費：3, 932, 500円

製 造 間 接 費：1, 564, 000円＋2, 180, 000円＝3, 744, 000円

6．第1工程の差異分析

(1)　直接材料M

標準 @ 600円

（価格差異　――）	
標準直接材料費 2, 880, 000円	数 量 差 異 △36, 000円

標準 4, 800kg　　実際 4, 860kg

数量差異：600円/kg×(4, 800kg−4, 860kg)＝(−)36, 000円〔借方〕

（注）材料受入価格差異を把握しているため，材料（消費）価格差異は算出されない。

(2)　直接労務費

→実際直接労務費：2, 327, 500円

実際 @　980円

標準 @1, 000円

賃 率 差 異　+47, 500円	
標準直接労務費 2, 364, 000円	時 間 差 異 △11, 000円

標準 2, 364時間　　実際 2, 375時間

賃率差異：(1, 000円/時間−980円/時間)×2, 375時間＝(+)47, 500円〔貸方〕

時間差異：1, 000円/時間×(2, 364時間−2, 375時間)＝(−)11, 000円〔借方〕

(3) 製造間接費

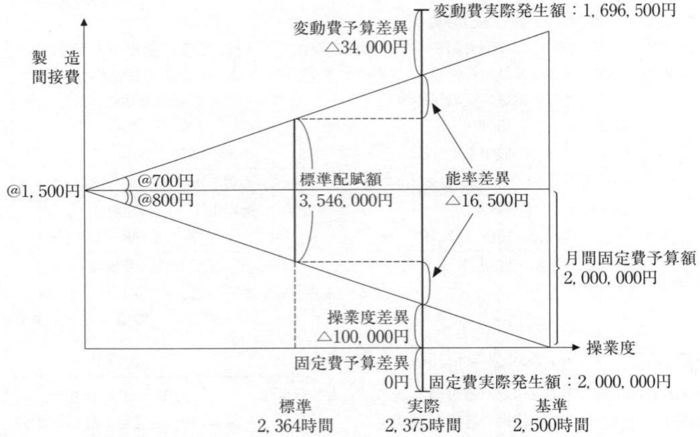

変動費予算差異：700円/時間×2, 375時間−1, 696, 500円=(−)34, 000円〔借方〕

固定費予算差異：2, 000, 000円−2, 000, 000円=0円〔――〕

能　率　差　異：(700円/時間+800円/時間(＊))×(2, 364時間−2, 375時間)=(−)16, 500円〔借方〕

(＊) 固定費率：2, 000, 000円÷2, 500時間=800円/時間

操 業 度 差 異：800円/時間×(2, 375時間−2, 500時間)=(−)100, 000円〔借方〕

7．第2工程の差異分析

(1) 直接材料N

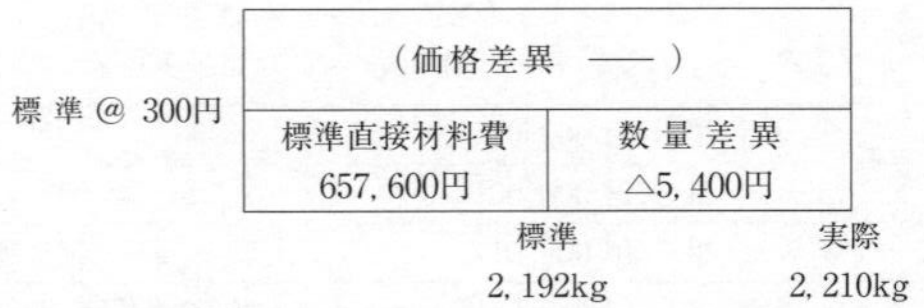

数量差異：300円/kg×(2, 192kg−2, 210kg)=(−)5, 400円〔借方〕

(注) 材料受入価格差異を把握しているため，材料（消費）価格差異は算出されない。

(2) 直接労務費

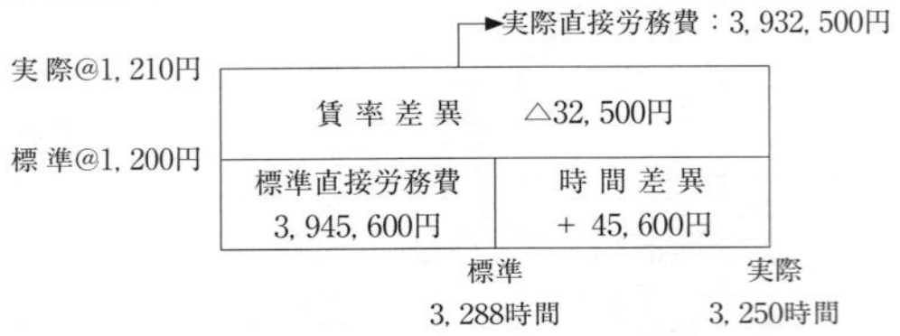

賃率差異：(1, 200円/時間−1, 210円/時間)×3, 250時間=(−)32, 500円〔借方〕

時間差異：1, 200円/時間×(3, 288時間−3, 250時間)=(+)45, 600円〔貸方〕

(3) 製造間接費

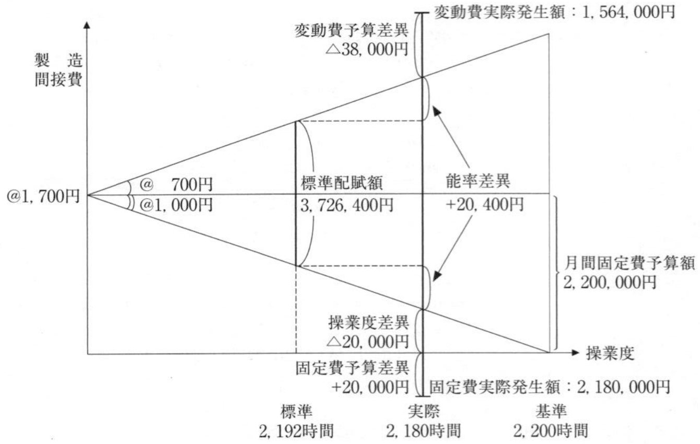

変動費予算差異：700円/時間×2, 180時間−1, 564, 000円=(−)38, 000円〔借方〕

固定費予算差異：2, 200, 000円−2, 180, 000円=(+)20, 000円〔貸方〕

能　率　差　異：(700円/時間+1, 000円/時間(＊))×(2, 192時間−2, 180時間)=(+)20, 400円〔貸方〕

(＊) 固定費率：2, 200, 000円÷2, 200時間=1, 000円/時間

操 業 度 差 異：1, 000円/時間×(2, 180時間−2, 200時間)=(−)20, 000円〔借方〕

問題6-17

（注）下記勘定の（　　）に金額（単位：円）を記入しなさい。また，原価差異の勘定は借方または貸方のいずれか一方にのみ記入すること。なお不要なカッコは空欄のままでよい。

仕掛品―第１工程

月初仕掛品原価	（107,500）	仕掛品―第２工程	（2,779,500）
材料	（2,317,500）	月末仕掛品原価	（196,000）
加工費	（652,000）	総差異	（101,500）
	（3,077,000）		（3,077,000）

仕掛品―第２工程

月初仕掛品原価	（433,200）	製品	（4,042,500）
仕掛品―第１工程	（2,779,500）	月末仕掛品原価	（427,200）
材料	（382,140）	総差異	（10,640）
加工費	（885,500）		
	（4,480,340）		（4,480,340）

〔仕掛品―第１工程勘定の総差異〕

価格差異

（67,500）	（　　）

数量差異

（10,000）	（　　）

予算差異

（9,000）	（　　）

能率差異

（4,500）	（　　）

操業度差異

（10,500）	（　　）

〔仕掛品―第２工程勘定の総差異〕

価格差異

（　　）	（3,860）

数量差異

（14,000）	（　　）

予算差異

（　　）	（12,000）

能率差異

（9,000）	（　　）

操業度差異

（3,500）	（　　）

解答への道

1．原価標準の整理（標準原価カードの作成）

第１工程

直接材料費（DM－１）	
500円/kg×４kg＝	2,000円
加工費（第１作業分）	
500円/時×0.6時＝	300円
加工費（第２作業分）	
500円/時×0.5時＝	250円
合計	2,550円

第２工程

前工程費	
2,550円/個×１個＝	2,550円
直接材料費（DM－２）	
200円/kg×２kg＝	400円
加工費（第３作業分）	
600円/時×0.5時＝	300円
加工費（第４作業分）	
600円/時×1.0時＝	600円
合計	3,850円

2．生産データの整理

各原価要素別（加工費は作業区分別）に完成品換算量を整理する。この際，作業区分ごとの進捗状況を正しくとらえることが重要である。

仕掛品―第１工程（第１作業＋第２作業）

月初仕掛品		完成品	
DM－1	50個	DM－1	1,090個
加工費		加工費	
第１作業	25個	第１作業	1,090個
第２作業	0個	第２作業	1,090個
当月投入		月末仕掛品	
DM－1	1,120個	DM－1	80個
加工費		加工費	
第１作業	1,145個	第１作業	80個
第２作業	1,138個	第２作業	48個

仕掛品―第２工程（第３作業＋第４作業）

月初仕掛品		完成品	
前工程費	120個	前工程費	1,050個
DM－2	120個	DM－2	1,050個
加工費		加工費	
第３作業	120個	第３作業	1,050個
第４作業	72個	第４作業	1,050個
当月投入		月末仕掛品	
前工程費	1,090個	前工程費	160個
DM－2	930個	DM－2	0個
加工費		加工費	
第３作業	994個	第３作業	64個
第４作業	978個	第４作業	0個

3．仕掛品勘定の記入

(1) 仕掛品―第1工程勘定

① 完成品総合原価：2, 550円/個×1, 090個＝2, 779, 500円（→仕掛品―第2工程費勘定へ）

② 月初仕掛品原価

DM－1	：2, 000円/個×50個＝	100, 000円
第1作業加工費	：300円/個×25個＝	7, 500円
第2作業加工費	：250円/個× 0個＝	0円
合計		107, 500円

③ 月末仕掛品原価

DM－1	：2, 000円/個×80個＝	160, 000円
第1作業加工費	：300円/個×80個＝	24, 000円
第2作業加工費	：250円/個×48個＝	12, 000円
合計		196, 000円

(2) 仕掛品―第2工程勘定

① 前工程費の受入額：2, 779, 500円

② 完成品総合原価：3, 850円/個×1, 050個＝4, 042, 500円（→製品勘定へ）

③ 月初仕掛品原価

前工程費	：2, 550円/個×120個＝	306, 000円
DM－2	：400円/個×120個＝	48, 000円
第3作業加工費	：300円/個×120個＝	36, 000円
第4作業加工費	：600円/個× 72個＝	43, 200円
合計		433, 200円

④ 月末仕掛品原価

前工程費	：2, 550円/個×160個＝	408, 000円
DM－2	：400円/個× 0個＝	0円
第3作業加工費	：300円/個× 64個＝	19, 200円
第4作業加工費	：600円/個× 0個＝	0円
合計		427, 200円

4．差異分析

(1) 仕掛品―第1工程

① 直接材料費差異（DM−1）

価格差異：(500円/kg－515円/kg)×4, 500kg＝(−)67, 500円〔借方〕

数量差異：500円/kg×(4, 480kg(＊)－4, 500kg)＝(−)10, 000円〔借方〕

（＊）標準材料消費量：4 kg/個×1, 120個＝4, 480kg

② 加工費差異

予算差異：200円/時×1, 265時+390, 000円－652, 000円＝(−)9, 000円〔借方〕

能率差異：500円/時×(1, 256時(＊)－1, 265時)＝(−)4, 500円〔借方〕

操業度差異：300円/時×(1, 265時－1, 300時)＝(−)10, 500円〔借方〕

（＊）標準機械運転時間：0. 6時/個×1, 145個+0. 5時/個×1, 138個＝1, 256時

〈差異分析図〉

［DM－1］

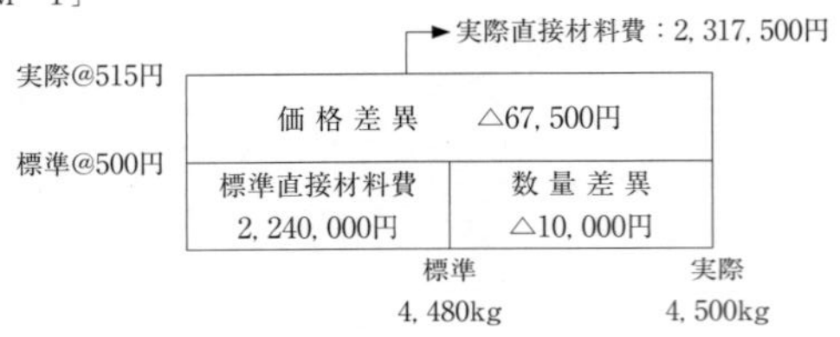

［加工費］

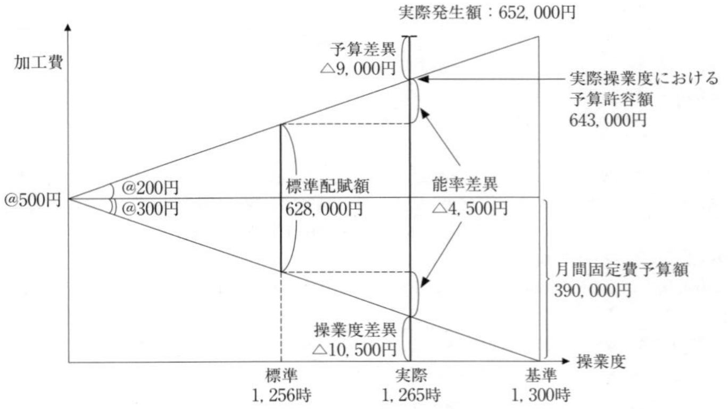

(2) 仕掛品―第2工程

① 直接材料費差異（DM−2）

価格差異：(200円/kg−198円/kg)×1, 930kg＝(+)3, 860円〔貸方〕

数量差異：200円/kg×(1, 860kg(＊)−1, 930kg)＝(−)14, 000円〔借方〕

（＊）標準材料消費量：2 kg/個×930個＝1, 860kg

② 加工費差異

予算差異：250円/時×1, 490時+525, 000円−885, 500円＝(+)12, 000円〔貸方〕

能率差異：600円/時×(1, 475時(＊)−1, 490時)＝(−)9, 000円〔借方〕

操業度差異：350円/時×(1, 490時−1, 500時)＝(−)3, 500円〔借方〕

（＊）標準直接作業時間：0. 5時/個×994個+1. 0時/個×978個＝1, 475時

〈差異分析図〉
［DM－2］

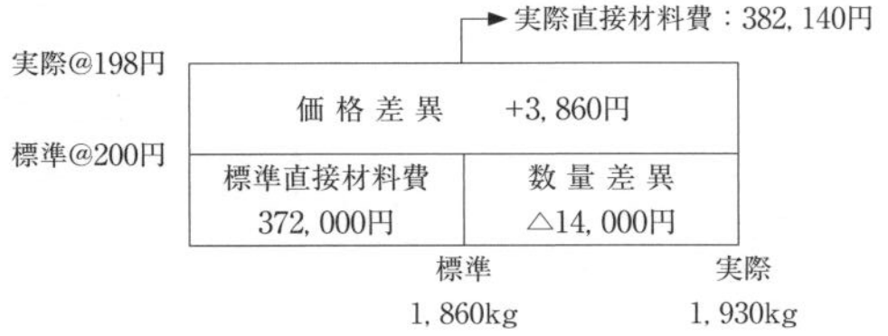

［加工費］

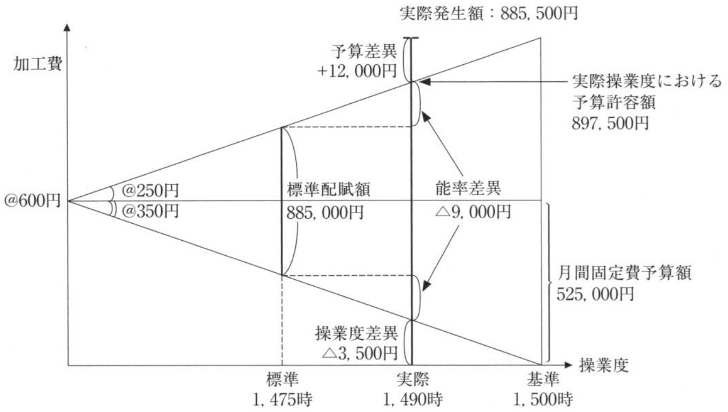

問題6-18

(A) 原価計算関係諸勘定の記入（単位：円）

材　料

買掛金	3, 400, 000	仕掛品―第1工程	2, 740, 000
		仕掛品―第2工程	159, 500
		次月繰越	500, 500
	3, 400, 000		3, 400, 000

仕掛品―第1工程

前月繰越	287, 200	仕掛品―第2工程	6, 885, 000
材料	2, 740, 000	次月繰越	924, 000
賃金	2, 260, 000	総差異	47, 200
製造間接費	2, 569, 000		
	7, 856, 200		7, 856, 200

賃　金

諸口	4, 765, 410	仕掛品―第1工程	2, 260, 000
		仕掛品―第2工程	2, 431, 500
		総差異	73, 910
	4, 765, 410		4, 765, 410

仕掛品―第2工程

前月繰越	758, 000	製品	12, 400, 000
仕掛品―第1工程	6, 885, 000	次月繰越	574, 800
材料	159, 500	総差異	23, 500
賃金	2, 431, 500		
製造間接費	2, 764, 300		
	12, 998, 300		12, 998, 300

製造間接費

諸口	5, 333, 300	仕掛品―第1工程	2, 569, 000
		仕掛品―第2工程	2, 764, 300
	5, 333, 300		5, 333, 300

(B) 原価差異の分析

(1) 直接材料費

	材料受入価格差異	数量差異
DM－1	80, 000円〔借〕	20, 000円〔借〕
DM－2	4, 000円〔貸〕	500円〔貸〕
合計	76, 000円〔借〕	19, 500円〔借〕

(2) 直接労務費

	賃率差異	時間差異
第1作業	9, 200円〔貸〕	7, 000円〔借〕
第2作業	45, 000円〔借〕	12, 000円〔貸〕
計：第1工程	35, 800円〔借〕	5, 000円〔貸〕
第3作業	22, 750円〔借〕	9, 900円〔貸〕
第4作業	15, 360円〔借〕	6, 500円〔借〕
計：第2工程	38, 110円〔借〕	3, 400円〔貸〕
合計	73, 910円〔借〕	8, 400円〔貸〕

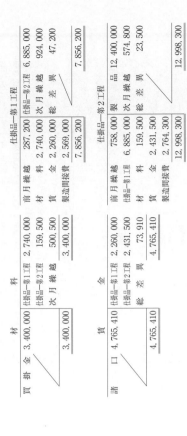

(3) 製造間接費

	予算差異	能率差異	操業度差異	合　計
第１工程	18,000円〔借〕	800円〔貸〕	15,000円〔借〕	32,200円〔借〕
第２工程	8,600円〔貸〕	1,800円〔借〕	34,200円〔借〕	27,400円〔借〕
合　計	9,400円〔借〕	1,000円〔借〕	49,200円〔借〕	59,600円〔借〕

解答への道

1．原価標準の整理（標準原価カードの作成）

第　1　工　程

直接材料費		
ＤＭ－１：800円/kg×4kg	=	3,200円
加工費（第1作業分）		
直接労務費：500円/時×1.0時	=	500円
製造間接費：800円/時×1.0時	=	800円
小　計		1,300円
加工費（第2作業分）		
直接労務費：800円/時×2.5時	=	2,000円
製造間接費：800円/時×2.5時	=	2,000円
小　計		4,000円
合　計		8,500円

第　2　工　程

前工程費		
8,500円/個×1個	=	8,500円
直接材料費		
ＤＭ－２：100円/kg×2kg	=	200円
加工費（第3作業分）		
直接労務費：900円/時×3.0時	=	2,700円
製造間接費：900円/時×3.0時	=	2,700円
小　計		5,400円
加工費（第4作業分）		
直接労務費：500円/時×1.0時	=	500円
製造間接費：900円/時×1.0時	=	900円
小　計		1,400円
合　計		15,500円

2．生産データの整理

仕掛品―第１工程（第１作業＋第２作業）

借方		貸方	
月初仕掛品		完成品	
DM－1	80個	DM－1	810個
加工費		加工費	
第1作業	24個	第1作業	810個
第2作業	0個	第2作業	810個
当月投入		月末仕掛品	
DM－1	850個	DM－1	120個
加工費		加工費	
第1作業	906個	第1作業	120個
第2作業	906個	第2作業	96個

仕掛品―第２工程（第３作業＋第４作業）

借方		貸方	
月初仕掛品		完成品	
前工程費	50個	前工程費	800個
DM－2	0個	DM－2	800個
加工費		加工費	
第3作業	50個	第3作業	800個
第4作業	45個	第4作業	800個
当月投入		月末仕掛品	
前工程費	810個	前工程費	60個
DM－2	800個	DM－2	0個
加工費		加工費	
第3作業	762個	第3作業	12個
第4作業	755個	第4作業	0個

3．原価要素の各勘定の計算

(1) 材料勘定と材料受入価格差異勘定の計算

材　料

借方	貸方
①当月購入額 3,400,000円（買掛金勘定より）	③当月消費額 2,740,000円 → 仕掛品―第１工程勘定へ
	159,500円 → 仕掛品―第２工程勘定へ
	④次月繰越 500,500円

材料受入価格差異

借方	貸方
② 76,000円（買掛金勘定より）	

① 当月購入原価（材料勘定借記額）

DM－1：800円/kg×4,000kg=3,200,000円

DM－2：100円/kg×2,000kg=　200,000円

　　合　計　3,400,000円

② 材料受入価格差異

DM－1：(800円/kg－820円/kg)×4,000kg=(－)80,000円〔借方〕

DM－2：(100円/kg－ 98円/kg)×2,000kg=(＋) 4,000円〔貸方〕

　　合　計　(－)76,000円〔借方〕

③ 当月消費額（＝標準価格×実際消費量）

DM－1：800円/kg×3,425kg=2,740,000円

DM－2：100円/kg×1,595kg=　159,500円

　　合　計　2,899,500円

④ 月末材料有高（次月繰越額）

DM－1：800円/kg×575kg=460,000円

DM－2：100円/kg×405kg=　40,500円

　　合　計　500,500円

(2) 賃金勘定の計算

賃　金

借方	貸方
①当月実際額 4,765,410円	②当月消費額 4,691,500円
	③総差異 73,910円

②当月消費額 →｛仕掛品―第１工程勘定へ：2,260,000円／仕掛品―第２工程勘定へ：2,431,500円

③総差異 → 賃率差異 73,910円

① 当月実際額

450,800円+1,845,000円+2,070,250円+399,360円=4,765,410円

② 当月消費額（＝標準賃率×実際直接作業時間）

ＤＬ－1：500円/時×920時　=　460,000円　　ＤＬ－3：900円/時×2,275時=2,047,500円

ＤＬ－2：800円/時×2,250時=1,800,000円　　ＤＬ－4：500円/時×768時　=　384,000円

　第１工程分合計　2,260,000円　　第２工程分合計　2,431,500円

③ 総差異：貸借差額(−)73, 910円〔借方〕…修正パーシャル・プランのため賃率差異のみが把握される。

〈内訳〉ＤＬ−1：500円/時×　920時−　450, 800円＝(+)　9, 200円〔貸方〕
ＤＬ−2：800円/時×2, 250時−1, 845, 000円＝(−)45, 000円〔借方〕
ＤＬ−3：900円/時×2, 275時−2, 070, 250円＝(−)22, 750円〔借方〕
ＤＬ−4：500円/時×　768時−　399, 360円＝(−)15, 360円〔借方〕

(3) 製造間接費勘定：実際発生額を各工程の仕掛品勘定に振り替える。

4．仕掛品勘定の記入

(1) 仕掛品―第1工程勘定

① 完成品総合原価：8, 500円/個×810個＝6, 885, 000円（→仕掛品―第2工程勘定へ）

② 月初仕掛品原価

ＤＭ−1：3, 200円/個×80個＝	256, 000円
第1作業加工費：1, 300円/個×24個＝	31, 200円
第2作業加工費：4, 000円/個× 0個＝	0円
合　計	287, 200円

③ 月末仕掛品原価

ＤＭ−1：3, 200円/個×120個＝	384, 000円
第1作業加工費：1, 300円/個×120個＝	156, 000円
第2作業加工費：4, 000円/個× 96個＝	384, 000円
合　計	924, 000円

(2) 仕掛品―第2工程勘定

① 前工程からの受入額：6, 885, 000円

② 完成品総合原価：15, 500円/個×800個＝12, 400, 000円（→製品勘定へ）

③ 月初仕掛品原価

前工程費：8, 500円/個×50個＝	425, 000円
ＤＭ−2：　200円/個× 0個＝	0円
第3作業加工費：5, 400円/個×50個＝	270, 000円
第4作業加工費：1, 400円/個×45個＝	63, 000円
合　計	758, 000円

④ 月末仕掛品原価

前工程費：8, 500円/個×60個＝	510, 000円
ＤＭ−2：　200円/個× 0個＝	0円
第3作業加工費：5, 400円/個×12個＝	64, 800円
第4作業加工費：1, 400円/個× 0個＝	0円
合　計	574, 800円

5．差異分析

(1) 仕掛品―第1工程

① 直接材料費差異（数量差異）

ＤＭ−1：800円/kg×（4 kg/個×850個−3, 425kg）＝(−)20, 000円〔借方〕

② 直接労務費差異（時間差異）

ＤＬ−1：500円/時×（1. 0時/個×906個−　920時）＝(−)　7, 000円〔借方〕
ＤＬ−2：800円/時×（2. 5時/個×906個−2, 250時）＝(+)12, 000円〔貸方〕

③ 製造間接費差異

予算差異：300円/時×3, 170時+1, 600, 000円−2, 569, 000円＝(−)18, 000円〔借方〕
能率差異：800円/時×（3, 171時（＊）−3, 170時）＝(+)800円〔貸方〕
操業度差異：500円/時×（3, 170時−3, 200時）＝(−)15, 000円〔借方〕

（＊）標準直接作業時間：1. 0時/個×906個〈第1作業〉+2. 5時/個×906個〈第2作業〉=3, 171時

〈差異分析図〉

［ＤＭ−1］

標準@800円

	数量差異 △20, 000円
標準 3, 400kg	実際 3, 425kg

（注）材料受入価格差異を把握しているため，価格差異は仕掛品勘定では把握されない。

［ＤＬ−1］

標準@500円

	時間差異 △7, 000円
標準 906時	実際 920時

［ＤＬ−2］

標準@800円

	時間差異 +12, 000円
標準 2, 265時	実際 2, 250時

（注）賃率差異は，仕掛品勘定では把握されない。

［製造間接費］

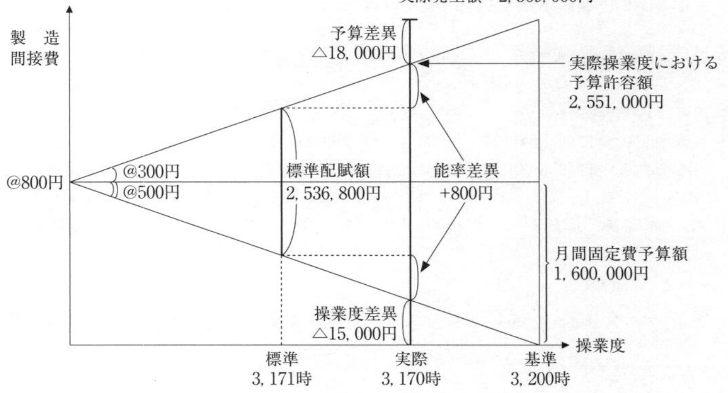

(2) 仕掛品―第2工程

① 直接材料費差異（数量差異）

ＤＭ−2：100円/kg×（2kg/個×800個−1, 595kg）＝(+)500円〔貸方〕

② 直接労務費差異（時間差異）

ＤＬ−3：900円/時×（3. 0時/個×762個−2, 275時）＝(+)9, 900円〔貸方〕
ＤＬ−4：500円/時×（1. 0時/個×755個−　768時）＝(−)6, 500円〔借方〕

③ 製造間接費差異

予算差異：300円/時×3, 043時+1, 860, 000円−2, 764, 300円＝(+)8, 600円〔貸方〕
能率差異：900円/時×（3, 041時（＊）−3, 043時）＝(−)1, 800円〔借方〕
操業度差異：600円/時×（3, 043時−3, 100時）＝(−)34, 200円〔借方〕

（＊）標準直接作業時間：3. 0時/個×762個〈第3作業〉+1. 0時/個×755個〈第4作業〉=3, 041時

〈差異分析図〉

［ＤＭ−2］

標準@100円

	数量差異 +500
標準 1, 600kg	実際 1, 595kg

（注）材料受入価格差異を把握しているため，価格差異は仕掛品勘定では把握されない。

［ＤＬ－３］

標準@900円

	時間差異 ＋9, 900円

標準 2, 286時　実際 2, 275時

［ＤＬ－４］

標準@500円

	時間差異 △6, 500円

標準 755時　実際 768時

（注）賃率差異は，仕掛品勘定では把握されない。

［製造間接費］

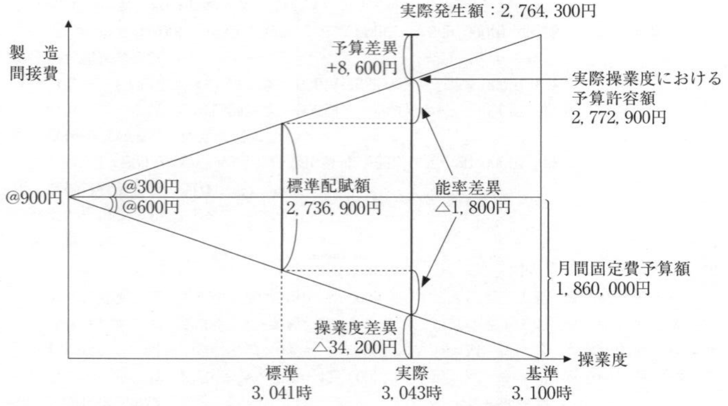

問題6-19

〔問１〕

製品甲	製品乙
9, 570円	10, 360円

〔問２〕

材料消費量差異
48, 000円（ 借 ）

〔問３〕

作業時間差異
55, 600円（ 借 ）

〔問４〕

仕　掛　品　（単位：円）

月初仕掛品	（ 1, 863, 000 ）	製品	（ 44, 645, 000 ）
当月消費		月末仕掛品	（ 1, 104, 000 ）
直接材料費	（ 16, 116, 000 ）	外注先仕損分	（ 110, 400 ）
直接労務費	（ 9, 519, 000 ）	原価差異	（ 498, 600 ）
直接経費	（ 3, 800, 000 ）		
製造間接費	（ 15, 060, 000 ）		
合計	（ 46, 358, 000 ）	合計	（ 46, 358, 000 ）

〔問５〕

仕　掛　品　（単位：円）

月初仕掛品	（ 1, 863, 000 ）	製品	（ 36, 357, 000 ）
当月消費		月末仕掛品	（ 4, 457, 400 ）
直接材料費	（ 14, 516, 000 ）	外注先仕損分	（ 89, 700 ）
直接労務費	（ 8, 417, 000 ）	原価差異	（ 1, 811, 900 ）
直接経費	（ 3, 080, 000 ）		
製造間接費	（ 14, 840, 000 ）		
合計	（ 42, 716, 000 ）	合計	（ 42, 716, 000 ）

解答への道

〔問１〕

	製品甲		製品乙	
直接材料費	（ｐ）1, 500円/個×１個	＝1, 500円	（ｑ）1, 800円/個×１個	＝ 1, 800円
第１加工工程				
直接労務費	1, 400円/時間×0. 5時間/個＝	700円	1, 400円/時間×0. 6時間/個＝	840円
製造間接費	2, 500円/時間×0. 5時間/個＝	1, 250円	2, 500円/時間×0. 6時間/個＝	1, 500円
	小計：半製品ｐ１	3, 450円	小計：半製品ｑ１	4, 140円
外注加工賃(注)		800円		900円
	小計：半製品ｐ２	4, 250円	小計：半製品ｑ２	5, 040円
第２加工工程				
直接労務費	1, 300円/時間×0. 5時間/個＝	650円	1, 300円/時間×0. 5時間/個＝	650円
製造間接費	1, 500円/時間×0. 5時間/個＝	750円	1, 500円/時間×0. 5時間/個＝	750円
	小計：自製部品Ｐ	＝5, 650円	小計：自製部品Ｑ	＝ 6, 440円
組立工程				
直接材料費Ｒ	2, 000円/個×１個	＝2, 000円	2, 000円/個×１個	＝ 2, 000円
直接労務費	1, 200円/時間×0. 6時間/個＝	720円	1, 200円/時間×0. 6時間/個＝	720円
製造間接費	2, 000円/時間×0. 6時間/個＝	1, 200円	2, 000円/時間×0. 6時間/個＝	1, 200円
合計	製品甲（１個あたり）	9, 570円	製品乙（１個あたり）	10, 360円

（注）外注加工賃については，支給材料（半製品ｐ１とｑ１）を無償支給し，納入加工品（半製品ｐ２とｑ２）はそのまま第２加工工程へ投入されるため，直接経費として処理すればよい。

〔問2〕および〔問3〕

1．生産データの整理

標準消費量の計算にあたっては，問題文の「外注先の仕損により余分に消費された部分は材料消費量差異に含めない」に注意してほしい。外注先仕損分を除いて材料の標準消費量を計算すると，仕損分だけ材料標準消費量が少なく計算されてしまい，外注先で生じた仕損費が材料消費量差異の金額に含まれてしまうことになる。

そのため，外注先仕損分も含めた総生産量により材料標準消費量を計算する（作業時間差異も同様）。

(1)　製品甲

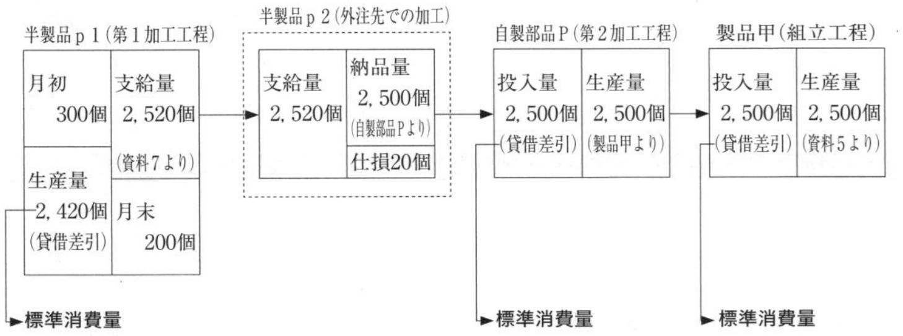

材 料 ｐ：2，420個×１個=2，420個
作業時間：2，420個×0．5時=1，210時

作業時間：2，500個×0．5時=1，250時

買入部品Ｒ：2，500個×１個=2，500個
作業時間：2，500個×0．6時=1，500時

(2)　製品乙

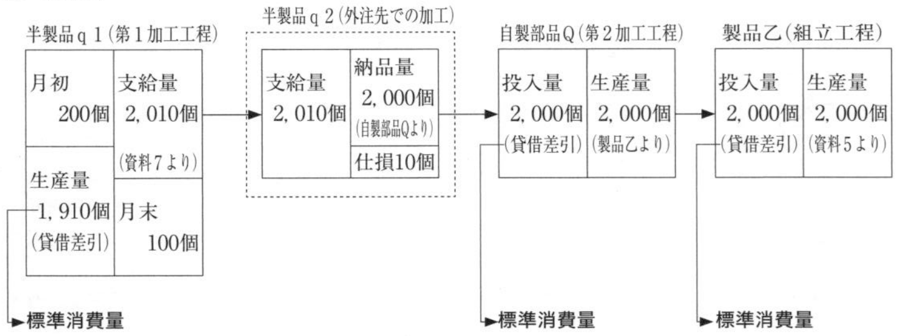

材 料 ｑ：1，910個×１個=1，910個
作業時間：1，910個×0．6時=1，146時

作業時間：2，000個×0．5時=1，000時

買入部品Ｒ：2，000個×１個=2，000個
作業時間：2，000個×0．6時=1，200時

2．材料消費量差異

材　料　ｐ	：1，500円/個×(2，420個−2，440個)	=(−)30，000円	〔借〕
材　料　ｑ	：1，800円/個×(1，910個−1，920個)	=(−)18，000円	〔借〕
買入部品Ｒ	：2，000円/個×｛(2，500個+2，000個)−4，500個｝	=　0円	〔−〕
計		(−)48，000円	〔借〕

3．作業時間差異

第１加工工程	：1，400円/時間×(1，210時+1，146時−2，365時)	=(−)12，600円	〔借〕
第２加工工程	：1，300円/時間×(1，250時+1，000時−2，260時)	=(−)13，000円	〔借〕
組 立 工 程	：1，200円/時間×(1，500時+1，200時−2，725時)	=(−)30，000円	〔借〕
計		(−)55，600円	〔借〕

〔問４〕

月初仕掛品原価：3，450円/個〈半製品ｐ１〉×300個+4，140円/個〈半製品ｑ１〉×200個=1，863，000円

当月消費

直接材料費：1，500円/個〈材料ｐ〉×2，440個+1，800円/個〈材料ｑ〉×1，920個+2，000円/個〈買入部品Ｒ〉×4，500個=16，116，000円

直接労務費：1，400円/時間×2，365時間+1，300円/時間×2，260時間+1，200円/時間×2，725時間=9，519，000円

直 接 経 費：800円/個〈半製品ｐ２〉×2，500個+900円/個〈半製品ｑ２〉×2，000個=3，800，000円

製造間接費：15，060，000円〈実際発生額〉

製　　　　品：9，570円/個〈製品甲〉×2，500個+10，360円/個〈製品乙〉×2，000個=44，645，000円

月末仕掛品原価：3，450円/個〈半製品ｐ１〉×200個+4，140円/個〈半製品ｑ１〉×100個=1，104，000円

外注先仕損分：3，450円/個〈半製品ｐ１〉×20個+4，140円/個〈半製品ｑ１〉×10個=110，400円

原　価　差　異：498，600円〔借〕〈仕掛品勘定貸借差額〉

〔問５〕

1．条件修正後の生産データ

問題条件の修正により，製品乙に関する生産データが次のように変更される（製品甲は変更なし）。特に指示はないが，買入部品の消費量も変化することに注意が必要である。

(1)　製品甲

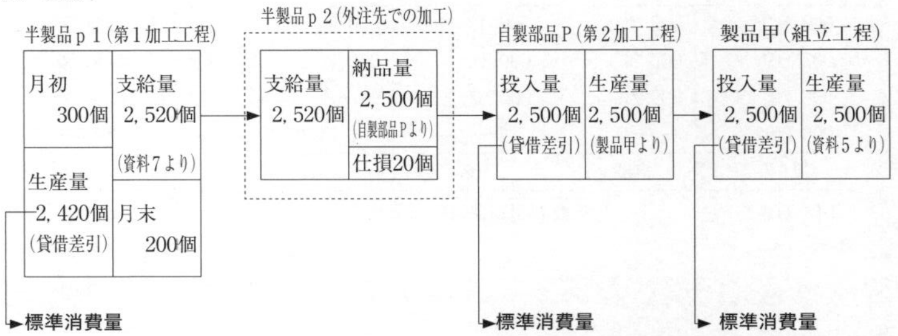

材 料 ｐ：2，420個×１個=2，420個
作業時間：2，420個×0．5時=1，210時

作業時間：2，500個×0．5時=1，250時

買入部品Ｒ：2，500個×１個=2，500個
作業時間：2，500個×0．6時=1，500時

(2) 製品乙

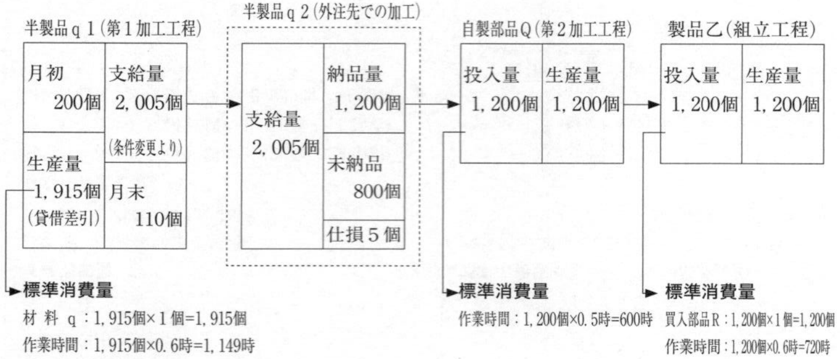

2．仕掛品勘定の作成

月初仕掛品原価：3,450円/個〈半製品p 1〉×300個+4,140円/個〈半製品q 1〉×200個=1,863,000円

当月消費

直接材料費：1,500円/個〈材料p〉×2,440個+1,800円/個〈材料q〉×1,920個+2,000円/個〈買入部品R〉×3,700個=14,516,000円

直接労務費：1,400円/時間×2,365時間+1,300円/時間×1,860時間+1,200円/時間×2,240時間=8,417,000円

直接経費：800円/個〈半製品p 2〉×2,500個+900円/個〈半製品q 2〉×1,200個=3,080,000円

製造間接費：14,840,000円〈実際発生額〉

製品：9,570円/個〈製品甲〉×2,500個+10,360円/個〈製品乙〉×1,200個=36,357,000円

月末仕掛品原価：3,450円/個〈半製品p 1〉×200個+4,140円/個〈半製品q 1〉×(110個+800個〈外注先在庫〉)=4,457,400円

外注先仕損分：3,450円/個〈半製品p 1〉×20個+4,140円/個〈半製品q 1〉× 5個=89,700円

原価差異：1,811,900円〔借〕〈仕掛品勘定貸借差額〉

問題6-20

(注) 各原価差異勘定は，借方または貸方の一方のみに金額を記入すること。

(単位：円)

仕 掛 品

前月繰越	(42,500)	製品	(262,500)
材料	(62,500)	次月繰越	(100,500)
賃金	(103,200)		
製造間接費	(154,800)		
	(363,000)		(363,000)

価 格 差 異

( )	(640)

数 量 差 異

(1,500)	( )

賃 率 差 異

(1,750)	( )

時 間 差 異

(1,800)	( )

予 算 差 異

(4,500)	( )

能 率 差 異

(2,700)	( )

操 業 度 差 異

(7,500)	( )

解答への道

1．製造指図書別原価計算表の作成

製造指図書別原価計算表 (単位：円)

	#101	#201	#301	合計
月初仕掛品原価	(＊1) 42,500	——	——	42,500
直接材料費(＊2)	——	25,000	37,500	62,500
直接労務費(＊3)	24,000	54,000	25,200	103,200
製造間接費(＊4)	36,000	81,000	37,800	154,800
合計	102,500	160,000	100,500	363,000
備考(＊5)	完成	完成	仕掛中	

(＊1) 月初仕掛品原価… 仕掛品勘定借方へ
直接材料費： 27,500円
直接労務費：30,000円×20%＝ 6,000円
製造間接費：45,000円×20%＝ 9,000円
合計 42,500円

(＊2) 直接材料費… 仕掛品勘定借方へ
#101： ——円
#201：25,000円×100% ＝ 25,000円
#301：37,500円×100% ＝ 37,500円
合計 62,500円

(＊3) 直接労務費… 仕掛品勘定借方へ
#101：30,000円×(100%－20%)＝ 24,000円
#201：54,000円×100% ＝ 54,000円
#301：36,000円×70% ＝ 25,200円
合計 103,200円

(＊4) 製造間接費… 仕掛品勘定借方へ
#101：45,000円×(100%－20%)＝ 36,000円
#201：81,000円×100% ＝ 81,000円
#301：54,000円×70% ＝ 37,800円
合計 154,800円

(＊5) 完成品総合原価と月末仕掛品原価… 仕掛品勘定貸方へ
完成品総合原価：102,500円〈#101〉＋160,000円〈#201〉＝262,500円
月末仕掛品原価：100,500円〈#301〉

2．標準原価差異の分析

(1)　直接材料費

価格差異：(500円/kg－495円/kg)×128kg ＝ (+)　640円〔貸方〕

数量差異：500円/kg×(125kg(＊)－128kg) ＝ (−)1, 500円〔借方〕

(＊) 直接材料標準消費量：50kg〈＃201〉＋75kg〈＃301〉＝125kg

〈差異分析図〉

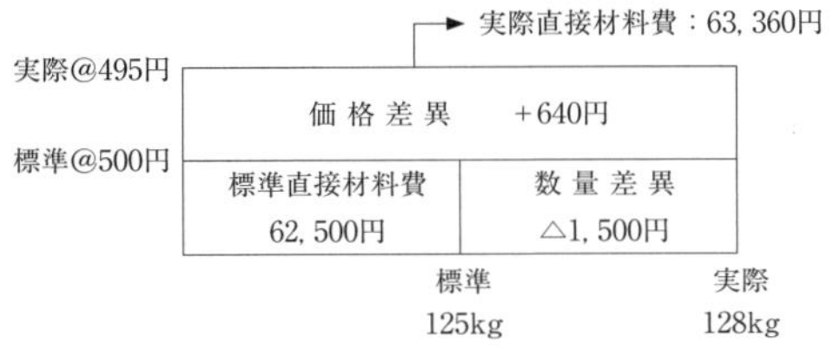

(2)　直接労務費

賃率差異：(600円/時－610円/時)×175時 ＝ (−)1, 750円〔借方〕

時間差異：600円/時×(172時(＊)－175時) ＝ (−)1, 800円〔借方〕

(＊) 標準直接作業時間：50時×80%〈＃101〉＋90時〈＃201〉＋60時×70%〈＃301〉＝172時

〈差異分析図〉

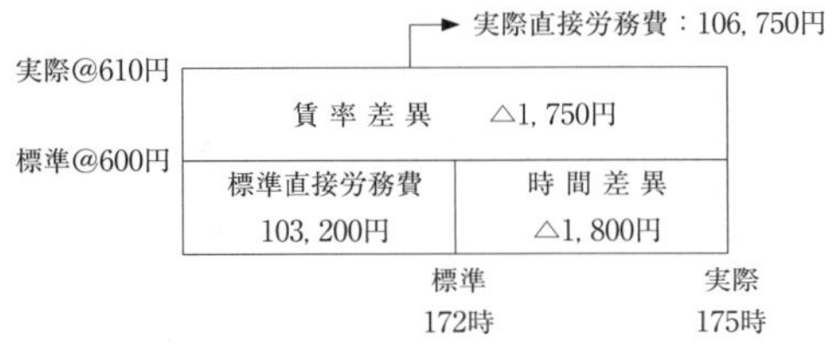

(3)　製造間接費

予算差異：400円/時×175時＋95, 000円－169, 500円＝(−)4, 500円〔借方〕

能率差異：900円/時×(172時－175時)＝(−)2, 700円〔借方〕

操業度差異：500円/時×(175時－190時)＝(−)7, 500円〔借方〕

〈差異分析図〉

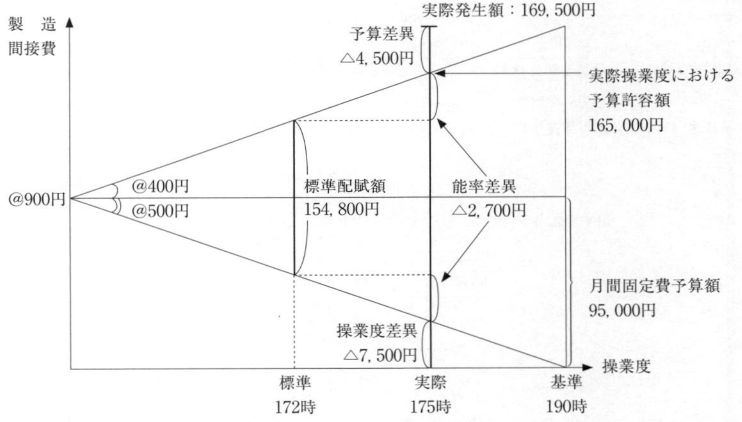

問題6-21

(A)　製造指図書別原価計算表

製造指図書別原価計算表　(単位：円)

	№101	№201	№301	合　計
月初仕掛品原価	1, 180, 000	——	——	1, 180, 000
直接材料費	——	480, 000	320, 000	800, 000
直接労務費	480, 000	960, 000	96, 000	1, 536, 000
製造間接費	540, 000	1, 080, 000	108, 000	1, 728, 000
合　計	2, 200, 000	2, 520, 000	524, 000	5, 244, 000
備　考	完　成	完　成	仕掛中	

(B) 原価計算関係諸勘定の記入（単位：円）

（注）製造間接費の能率差異は変動費および固定費の両方から算出すること。また各差異勘定は，借方または貸方の一方に金額のみ記入すればよい。

材　料

買 掛 金	900,000	仕 掛 品	800,000
		総 差 異	6,000
		次月繰越	94,000
	900,000		900,000

仕 掛 品

前月繰越	1,180,000	製　　品	4,720,000
材　　料	800,000	次月繰越	524,000
賃　　金	1,536,000		
製造間接費	1,728,000		
	5,244,000		5,244,000

賃　金

諸　　口	1,603,800	仕 掛 品	1,536,000
		総 差 異	67,800
	1,603,800		1,603,800

製　品

仕 掛 品	4,720,000	売上原価	2,200,000
		次月繰越	2,520,000
	4,720,000		4,720,000

製造間接費

諸　　口	1,811,000	仕 掛 品	1,728,000
		総 差 異	83,000
	1,811,000		1,811,000

材料受入価格差異

（　90,000）	（　　）

数 量 差 異

（　6,000）	（　　）

賃 率 差 異

（　19,800）	（　　）

時 間 差 異

（　48,000）	（　　）

予 算 差 異

（　17,000）	（　　）

能 率 差 異

（　54,000）	（　　）

操業度差異

（　12,000）	（　　）

(C) 原価差異指図書別内訳表

（単位：円）

	No.101	No.201	No.301	合　計
数 量 差 異	（＋）1,000	（－）9,000	（＋）2,000	（－）6,000
賃 率 差 異	（－）6,700	（－）11,900	（－）1,200	（－）19,800
時 間 差 異	（－）56,000	（＋）8,000	（　）0	（－）48,000
合　計	（－）61,700	（－）12,900	（＋）800	（－）73,800

（注）不利差異には（－）を，有利差異には（＋）を金額の前に付すこと。

解答への道

1．製造指図書別原価計算表の作成と仕掛品勘定への記入

標準原価計算を採用しているため，標準原価により(A)製造指図書別原価計算表を作成したうえで，シングル・プランにより(B)原価計算関係諸勘定へ記入する。

製造指図書別原価計算表　（単位：円）

	No.101	No.201	No.301	合　計
月初仕掛品原価	（＊1）1,180,000	——	——	1,180,000
直接材料費（＊2）	——	480,000	320,000	800,000
直接労務費（＊3）	480,000	960,000	96,000	1,536,000
製造間接費（＊4）	540,000	1,080,000	108,000	1,728,000
合　計	2,200,000	2,520,000	524,000	5,244,000
備　考（＊5）	完　成	完　成	仕掛中	

（＊1）月初仕掛品原価… 仕掛品勘定借方記入額
直接材料費：1,000円×500個×100％ = 500,000円
直接労務費：1,600円×500個× 40％ = 320,000円
製造間接費：1,800円×500個× 40％ = 360,000円
合　計　1,180,000円

（＊2）直接材料費… 仕掛品勘定借方記入額
No.101：　——円
No.201：1,200円×400個×100％ = 480,000円
No.301：800円×200個×2ロット×100％ = 320,000円
合　計　800,000円

（＊3）直接労務費… 仕掛品勘定借方記入額
No.101：1,600円×500個×(100％－40％) = 480,000円
No.201：2,400円×400個×100％ = 960,000円
No.301：800円×200個×2ロット×30％ = 96,000円
合　計　1,536,000円

（＊4）製造間接費… 仕掛品勘定借方記入額
No.101：1,800円×500個×(100％－40％) = 540,000円
No.201：2,700円×400個×100％ = 1,080,000円
No.301：900円×200個×2ロット×30％ = 108,000円
合　計　1,728,000円

（＊5）完成品総合原価と月末仕掛品原価… 仕掛品勘定貸方記入額
完成品総合原価：2,200,000円〈No.101〉+2,520,000円〈No.201〉= 4,720,000円
月末仕掛品原価：524,000円〈No.301〉

2．材料勘定の記入と材料受入価格差異の計算

(1) 直接材料実際消費量の推定

標準消費量と超過材料消費量または材料戻入数量より，当月における製造指図書別の実際消費量を推定する。

製造指図書	標準消費量	（＋）超過材料消費量	（－）材料戻入数量	（＝）実際消費量
No.101	——	——	5kg	－5kg
No.201	6kg×400個＝2,400kg	45kg	——	2,445kg
No.301	4kg×400個＝1,600kg	——	10kg	1,590kg
合計	4,000kg	45kg	15kg	4,030kg

(2) 材料勘定の記入

材料購入額：200円/kg×4, 500kg＝900, 000円

材料消費額：200円/kg×4, 000kg＝800, 000円

標準消費量

月 末 有 高：200円/kg×470kg＝94, 000円

総　差　異：貸借差額 6, 000円…すべて数量差異

(3) 材料受入価格差異

200円/kg×4, 500kg－990, 000円＝(－)90, 000円〔借方〕

3．標準原価差異の分析

(1) 直接材料費

数量差異：200円/kg×(4, 000kg－4, 030kg)＝(－)6, 000円〔借方〕

〈差異分析図〉

	価格差異 ―― 円	
標準@200円	標準直接材料費 800, 000円	数量差異 △6, 000円
	標準 4, 000kg	実際 4, 030kg

（注）価格差異は，材料購入時に把握しているため，材料勘定では計算されない。

(2) 直接労務費

賃率差異：(800円/時－810円/時)×1, 980時＝(－)19, 800円〔借方〕

時間差異：800円/時×(1, 920時(＊)－1, 980時)＝(－)48, 000円〔借方〕

（＊）標準直接作業時間：

No.101：2時×500個×(100%－40%)　＝　600時

No.201：3時×400個×100%　＝1, 200時

No.301：1時×200個×２ロット×30%　＝　120時

合　計　1, 920時

〈差異分析図〉

→実際直接労務費：1, 603, 800円

実際@810円	賃率差異　△19, 800円	
標準@800円	標準直接労務費 1, 536, 000円	時間差異 △48, 000円
	標準 1, 920時	実際 1, 980時

(3) 製造間接費

予算差異：300円/時×1, 980時＋1, 200, 000円－1, 811, 000円＝(－)17, 000円〔借方〕

能率差異：900円/時×(1, 920時－1, 980時)＝(－)54, 000円〔借方〕

操業度差異：600円/時×(1, 980時－2, 000時)＝(－)12, 000円〔借方〕

〈差異分析図〉

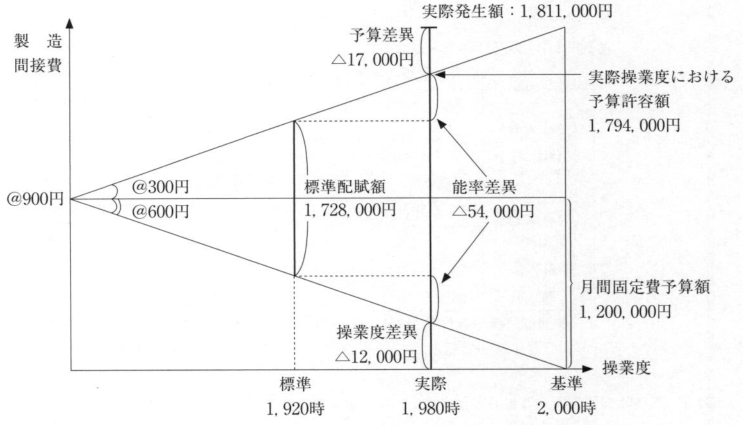

4．原価差異内訳表について

(1) 直接材料費差異

[No.101]

	価格差異 ―― 円	
標準@200円	標準直接材料費 (500, 000円)	数量差異 ＋1, 000円
	標準 (2, 500kg)	実際 (2, 495kg)

（注）No.101は，前月に直接材料をすべて投入済みであり，当月において生じた材料戻入量のみ数量差異として把握される。

[No.201]

	価格差異 ―― 円	
標準@200円	標準直接材料費 480, 000円	数量差異 △ 9, 000円
	標準 2, 400kg	実際 2, 445kg

[No.301]

	価格差異 ―― 円	
標準@200円	標準直接材料費 320, 000円	数量差異 ＋2, 000円
	標準 1, 600kg	実際 1, 590kg

(2) 直接労務費差異

［No.101］

実際@810円
標準@800円

賃率差異	△6,700円
標準直接労務費	時間差異
480,000円	△56,000円

標準 600時　実際 670時

［No.201］

実際@810円
標準@800円

賃率差異	△11,900円
標準直接労務費	時間差異
960,000円	+8,000円

標準 1,200時　実際 1,190時

［No.301］

実際@810円
標準@800円

賃率差異	△1,200円
標準直接労務費	時間差異
96,000円	── 円

標準 120時　実際 120時

問題6-22

〔問１〕

損益計算書　(単位：円)

売上高		31,570,000
売上原価		
標準売上原価	(18,040,000)	
標準原価差異	612,000	(18,652,000)
売上総利益		(12,918,000)
販売費及び一般管理費		5,051,200
営業利益		(7,866,800)

〔問２〕

①	10,400,000 円	②	200,000 円	③	5,580,000 円
④	6,912,000 円	⑤	353,000 円	⑥	19,680,000 円

〔問３〕

材料受入価格差異		208,000 円（借）
直接材料費差異	材料消費量差異	200,000 円（借）
直接労務費差異	労働賃率差異	107,000 円（借）
	労働時間差異	48,000 円（貸）
製造間接費差異	予算差異	33,000 円（借）
	能率差異	16,000 円（貸）
	操業度差異	336,000 円（借）

（注）金額の後の（　）内には，借方差異ないし不利差異であれば，「借」または「不利」，貸方差異ないし有利差異であれば，「貸」または「有利」と記入しなさい。

解答への道

〔問１〕標準ロット別原価計算

本問は，製品をロット別に生産している場合の標準原価計算の問題である。

直接材料はすべて工程の始点で投入されるため，いつ投入されたのか，その投入された月に注意して材料消費額を計算する。一方，直接労務費と製造間接費については，当月にどの程度加工したか，すなわち，加工進捗度に注意して標準原価を計算しなければならない。

1．損益計算書の作成

標準売上原価：16,400円/個〈原価標準〉×1,100個(注)〈販売数量〉=18,040,000円

（注）当月の販売数量について

当月完成量＝当月販売量ではないことに注意する。いいかえれば，当月に完成したロット（400個〈ロット１〉+800個〈ロット２〉=1,200個〈合計〉）が，当月に販売されたわけではない。

販売数量については，解答用紙の損益計算書に記載されている売上高より推定することができる。

販売数量：31,570,000円〈売上高〉÷28,700円/個〈販売単価〉=1,100個
（31,570,000円：解答用紙に所与）

原価差異賦課後の売上原価：18,040,000円〈標準売上原価〉+612,000円(注)=18,652,000円
（612,000円：解答用紙に所与）

（注）当月の原価差異は不利差異である（解説２.(3)参照）ことから，標準売上原価に対して加算されることになる。

売上総利益：31,570,000円〈売上高〉−18,652,000円〈原価差異賦課後の売上原価〉=12,918,000円

営業利益：12,918,000円〈売上総利益〉−5,051,200円〈販売費及び一般管理費〉=7,866,800円
（5,051,200円：解答用紙に所与）

2．原価計算関係諸勘定の金額推定

(1) 仕掛品勘定

ⓐ 生産データの整理

「ロット１は先月着手し，先月末までに40%加工していた」ため，ロット１が月初仕掛品（加工進捗度40%）となる。また，ロット２とロット３は当月に製造着手しており，このうち，「ロット３は月末時点で仕掛中」であったため，ロット３が月末仕掛品（加工進捗度80%）となる。

仕掛品―直接材料費

月初 400個（ロット１）	当月完成 1,200個（ロット１ ロット２）
当月着手 1,300個（ロット２ ロット３）	月末 500個（ロット３）

→直接材料標準消費量
1,300個×10kg/個=13,000kg

仕掛品―加工費
（直接労務費，製造間接費）

月初 160個（ロット１）	当月完成 1,200個（ロット１ ロット２）
当月着手 1,440個（ロット２ ロット３）	月末 400個（ロット３）

→標準直接作業時間
1,440個×1.5時間/個=2,160時間

ⓑ　勘定記入

本問ではシングル・プランを採用しているため，各原価要素の当月消費額は標準原価によって振り替えられる。

〔借方〕

月 初 有 高：8,000円/個×400個＋(3,600円/個＋4,800円/個)×160個＝4,544,000円
　　直接材料費　　　直接労務費　製造間接費

直接材料費：800円/kg〈標準単価〉×13,000kg〈標準消費量〉＝10,400,000円（①）

直接労務費：2,400円/時間〈標準賃率〉×2,160時間〈標準直接作業時間〉＝5,184,000円

製造間接費：3,200円/時間〈標準配賦率〉×2,160時間〈標準直接作業時間(注)〉＝6,912,000円（④）

（注）製造間接費の配賦基準について問題文中に明記がないが，原価標準における標準所要時間が直接労務費と製造間接費で同じであり，かつ，実際操業度として使用可能な資料が実際直接作業時間しか与えられていないことから，製造間接費の配賦基準に直接作業時間を採用しているものと考えざるをえない。

〔貸方〕

当 月 完 成：16,400円/個×1,200個＝19,680,000円（⑥）

月 末 有 高：8,000円/個×500個＋(3,600円/個＋4,800円/個)×400個＝7,360,000円
　　直接材料費　　　直接労務費　製造間接費

(2)　直接材料勘定

〔借方〕

月 初 有 高：636,000円（問題資料に所与）

当月仕入高：「直接材料は標準単価で受入記録している」ことから，直接材料の当月仕入高は実際単価ではなく，標準単価により計算する。

800円/kg〈標準単価〉×13,000kg〈実際購入量〉＝10,400,000円

〔貸方〕

当 月 消 費：800円/kg〈標準単価〉×13,000kg〈標準消費量〉＝10,400,000円（①）

月 末 有 高：436,000円（問題資料に所与）

原 価 差 異：貸借差額200,000円（②）

〈参考〉本問では，直接材料は標準単価で受入記録しているため，直接材料に関する価格面の差異（材料受入価格差異）は直接材料勘定の手前で分離把握される。したがって，直接材料勘定において把握される差異は数量面の差異（材料消費量差異）のみである（解説3.(1)参照）。

(3)　製造間接費勘定

〔借方〕

変　動　費：1,685,000円（問題資料に所与）

固　定　費：勘定の貸方側の金額（後述）を先に求めてから，貸借差額で計算する。

6,912,000円＋353,000円－1,685,000円＝5,580,000円（③）
　配賦額　　原価差異　　変動費

〔貸方〕

配　賦　額：3,200円/時間〈標準配賦率〉×2,160時間〈標準直接作業時間〉＝6,912,000円（④）

原 価 差 異：本問では，材料受入価格差異以外の原価差異はすべて当月の売上原価に賦課される。解答用紙の損益計算書に記載されている「標準原価差異」がそれであり，直接材料費差異，直接労務費差異，製造間接費差異の総額である。

問題は，この原価差異が借方差異なのか貸方差異なのかであるが，直接材料勘定と製造間接費勘定の貸方に原価差異の記入欄があることから，直接材料費差異と製造間接費差異は借方差異であることがわかる。また，直接労務費差異も借方差異である（下記参照）ことから，当月の売上原価に賦課された原価差異は借方差異である。

直接労務費差異：5,184,000円〈標準直接労務費〉－5,243,000円〈実際直接労務費〉
　解説2.(1)ｂ参照　　　　問題資料4より

＝(－)59,000円（借）

製造間接費差異：(－)612,000円－((－)200,000円＋(－)59,000円)
　損益計算書より　直接材料費差異　直接労務費差異

＝(－)353,000円（⑤）

以上より，すべての金額を推定すると，勘定連絡図は以下のようになる（単位：円）。

直　接　材　料

月初有高	636,000	当月消費	(10,400,000)
当月仕入高	(10,400,000)	月末有高	436,000
		原価差異	(200,000)

仕　掛　品

月初有高	(4,544,000)	当月完成	(19,680,000)
直接材料費	(10,400,000)	月末有高	(7,360,000)
直接労務費	(5,184,000)		
製造間接費	(6,912,000)		

製　造　間　接　費

変 動 費	1,685,000	配 賦 額	(6,912,000)
固 定 費	(5,580,000)	原価差異	(353,000)

3.　差異分析

(1)　直接材料関係

材料受入価格差異：800円/kg〈標準単価〉×13,000kg〈実際購入量〉
－10,608,000円(＊)〈実際購入原価〉＝(－)208,000円（借）

（＊）実際購入原価：800円/kg×7,800kg＋840円/kg×5,200kg＝10,608,000円

材料消費量差異：

標準単価@800円

消費価格差異　―円（注）	
	消費量差異 △200,000円

標準消費量　13,000kg　　実際消費量　13,250kg

材料消費量差異：800円/kg×(13,000kg－13,250kg)＝(－)200,000円（借）

（注）材料受入価格差異を把握しているため，ここで消費価格差異は把握しない（解説2.(2)参照）。

(2) 直接労務費差異

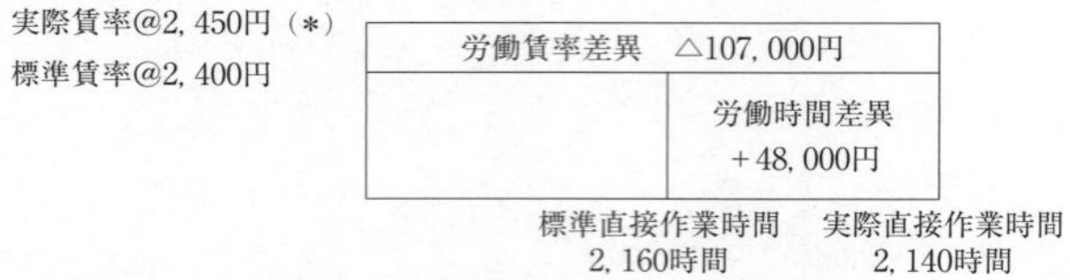

（＊）実際賃率：5, 243, 000円〈実際直接労務費〉÷ 2, 140時間〈実際直接作業時間〉＝ 2, 450円／時間

労働賃率差異：(2, 400円/時間－2, 450円/時間)×2, 140時間＝(－)107, 000円（借）

労働時間差異：2, 400円/時間×(2, 160時間－2, 140時間)　＝(＋) 48, 000円（貸）

(3) 製造間接費差異

問題指示より，能率差異は変動費のみから把握することに注意する。この場合，いわゆる固定費能率差異は操業度差異に含めて計算されることになる。

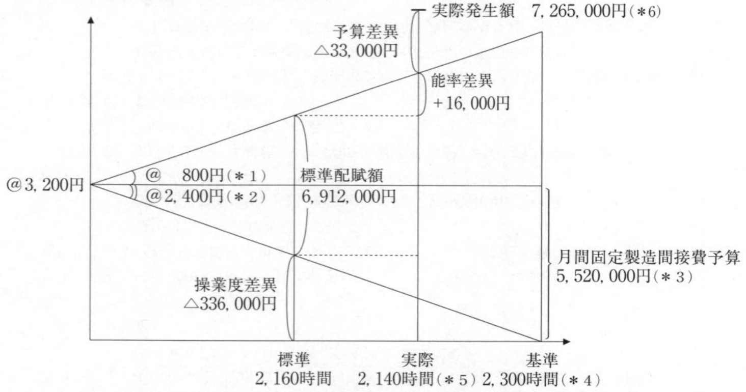

（＊1）変　動　費　率：22, 080, 000円〈年間変動製造間接費予算〉÷ 27, 600時間/年〈基準操業度〉
＝800円/時間

（＊2）固　定　費　率：66, 240, 000円〈年間固定製造間接費予算〉÷ 27, 600時間/年〈基準操業度〉
＝2, 400円/時間

（＊3）月間固定製造間接費予算：66, 240, 000円〈年間固定製造間接費予算〉÷ 12か月＝5, 520, 000円

（＊4）月間基準操業度：27, 600時間〈年間基準操業度〉÷ 12か月＝2, 300時間

（＊5）実際操業度：2, 140時間〈実際直接作業時間〉（解説2.(1)ⓑ参照）

（＊6）実際発生額：1, 685, 000円＋5, 580, 000円＝7, 265, 000円（解説2.(3)参照）
変動費実際発生額　固定費実際発生額

予算差異：800円/時間×2, 140時間＋5, 520, 000円－7, 265, 000円＝(－) 33, 000円（借）

能率差異：800円/時間×(2, 160時間－2, 140時間)　＝(＋) 16, 000円（貸）

操業度差異：2, 400円/時間×(2, 160時間－2, 300時間)　＝(－)336, 000円（借）

問題6-23

〔問1〕

自製部品	A	B	C	D
原価標準	3, 700　円	6, 800　円	5, 700　円	9, 150　円

〔問2〕

製　品	X	Y	Z
原価標準	13, 380　円	11, 800　円	15, 730　円

〔問3〕

買入部品	101	102	103	104	105	106	107
必要量	1, 600個	800個	4, 400個	2, 200個	1, 200個	3, 000個	3, 000個

〔問4〕

部品組立部門	4, 100　時間
製品組立部門	1, 700　時間

〔問5〕

買入部品消費量差異	93, 250　円（借方，~~貸方~~）
作業時間差異	48, 000　円（借方，~~貸方~~）

（借方，貸方）のどちらかを二重線で消すこと。

〔問6〕

自製部品消費量差異	301, 750　円（借方，~~貸方~~）
作業時間差異	27, 000　円（借方，~~貸方~~）

（借方，貸方）のどちらかを二重線で消すこと。

〔問7〕

部品組立部門	80, 000　円（借方，~~貸方~~）
製品組立部門	110, 000　円（借方，~~貸方~~）

（借方，貸方）のどちらかを二重線で消すこと。

解答への道

〔問1〕

自製部品A：　800円(買入部品106)＋　900円(買入部品107)＋(1, 500円＋2, 500円)×0. 5時間＝3, 700円

自製部品B：3, 200円(買入部品101)＋　800円(買入部品102)＋(1, 500円＋2, 500円)×0. 7時間＝6, 800円

自製部品C：2, 400円(買入部品103)＋　900円(買入部品104)＋(1, 500円＋2, 500円)×0. 6時間＝5, 700円

自製部品D：1, 050円(買入部品105)＋5, 700円(自製部品C)＋(1, 500円＋2, 500円)×0. 6時間＝9, 150円

〔問２〕

製品Ｘ：3, 700円(自製部品Ａ)＋6, 800円(自製部品Ｂ)＋(1, 800円＋3, 000円)×0. 6時間＝13, 380円
製品Ｙ：3, 700円(自製部品Ａ)＋5, 700円(自製部品Ｃ)＋(1, 800円＋3, 000円)×0. 5時間＝11, 800円
製品Ｚ：3, 700円(自製部品Ａ)＋9, 150円(自製部品Ｄ)＋(1, 800円＋3, 000円)×0. 6時間＝15, 730円

〔問３〕

製品単位あたりの必要部品を整理すると次のようになる。

- 製品Ｘ（1個）
  - 自製部品Ａ（1個）
    - 買入部品106（1個）
    - 買入部品107（1個）
  - 自製部品Ｂ（1個）
    - 買入部品101（2個）
    - 買入部品102（1個）
- 製品Ｙ（1個）
  - 自製部品Ａ（1個）
    - 買入部品106（1個）
    - 買入部品107（1個）
  - 自製部品Ｃ（1個）
    - 買入部品103（2個）
    - 買入部品104（1個）
- 製品Ｚ（1個）
  - 自製部品Ａ（1個）
    - 買入部品106（1個）
    - 買入部品107（1個）
  - 自製部品Ｄ（1個）
    - 買入部品105（1個）
    - 自製部品Ｃ（1個）
      - 買入部品103（2個）
      - 買入部品104（1個）

したがって，買入部品の必要量は次のとおりである。

買入部品101：　800個(製品Ｘ)×2個＝1, 600個
〃　102：　800個(製品Ｘ)×1個＝　800個
〃　103：1, 000個(製品Ｙ)×2個＋1, 200個(製品Ｚ)×2個＝4, 400個
〃　104：1, 000個(製品Ｙ)×1個＋1, 200個(製品Ｚ)×1個＝2, 200個
〃　105：1, 200個(製品Ｚ)×1個＝1, 200個
〃　106：　800個(製品Ｘ)×1個＋1, 000個(製品Ｙ)×1個＋1, 200個(製品Ｚ)＝3, 000個
〃　107：　800個(製品Ｘ)×1個＋1, 000個(製品Ｙ)×1個＋1, 200個(製品Ｚ)＝3, 000個

〔問４〕

	製品組立部門	
製品Ｘ：	800個×0. 6時間＝	480時間
製品Ｙ：	1, 000個×0. 5時間＝	500時間
製品Ｚ：	1, 200個×0. 6時間＝	720時間
		1, 700時間

	部品組立部門	
自製部品Ａ：	800個×0. 5時間＝	400時間
〃　Ｂ：	800個×0. 7時間＝	560時間
自製部品Ａ：	1, 000個×0. 5時間＝	500時間
〃　Ｃ：	1, 000個×0. 6時間＝	600時間
自製部品Ａ：	1, 200個×0. 5時間＝	600時間
〃　Ｄ：	1, 200個×0. 6時間＝	720時間
〃　Ｃ：	1, 200個×0. 6時間＝	720時間
		4, 100時間

〔問５〕

1．生産データの整理

本問では〔問２〕および〔問３〕とは異なり，1月の実績データにもとづいて計算する。なお，各部門の業績を適切に把握するためには，部品組立部門の業績測定数値に製品組立部門の不能率が混入しないようにしなければならない。したがって，部品組立部門では自部門での製品完成量である自製部品の実際消費量（資料6）にもとづき標準消費量を算出すればよい。

ただし，自製部品Ｃから生じる消費量差異5個分については，問題の指示により自製部品消費量差異ではなく買入部品消費量差異などに含めて把握するため，標準消費量の計算から除くことになる。

《部品組立部門》

〈標準消費量〉

買入部品106：2, 900個×1個　＝2, 900個
買入部品107：2, 900個×1個　＝2, 900個
直接作業時間：2, 900個×0. 5時間　＝1, 450時間

自製部品Ａ　在庫なし。∴ 完成＝消費

投入量	完成・消費
2, 900個	2, 900個

→ 製品組立部門へ

買入部品101：760個×2個　＝1, 520個
買入部品102：760個×1個　＝　760個
直接作業時間：760個×0. 7時間　＝　532時間

自製部品Ｂ

投入量	完成・消費
760個	760個

→ 製品組立部門へ

買入部品103：2, 155個(注)×2個　＝4, 310個
買入部品104：2, 155個(注)×1個　＝2, 155個
直接作業時間：2, 155個(注)×0. 6時間＝1, 293時間
（注）差異5個を除く

自製部品Ｃ

投入量	完成・消費
2, 160個 (うち差異5個)	1, 000個 → 製品組立部門へ
	1, 160個 → 自製部品Ｄへ

自製部品Ｄへ ｛差異　5個／標準1, 155個｝

買入部品105：1, 155個×1個　＝1, 155個
直接作業時間：1, 155個×0. 6時間　＝　693時間

自製部品Ｄ

投入量	完成・消費
1, 155個	1, 155個

→ 製品組立部門へ

2．各差異の計算

(1)　買入部品消費量差異

買入部品101：1, 600円/個×(1, 520個－1, 530個)＝(－)16, 000円（借方）
〃　102：　800円/個×(　760個－　790個)＝(－)24, 000円（借方）
〃　103：1, 200円/個×(4, 310個－4, 325個)＝(－)18, 000円（借方）
〃　104：　900円/個×(2, 155個－2, 165個)＝(－) 9, 000円（借方）
〃　105：1, 050円/個×(1, 155個－1, 160個)＝(－) 5, 250円（借方）
〃　106：　800円/個×(2, 900個－2, 915個)＝(－)12, 000円（借方）
〃　107：　900円/個×(2, 900個－2, 910個)＝(－) 9, 000円（借方）
合　計　(－)93, 250円（借方）

(2)　作業時間差異

1, 500円/時間×(3, 968時間(＊)－4, 000時間)＝(－)48, 000円（借方）

(＊) 標準直接作業時間：1, 450時間(Ａ)＋532時間(Ｂ)＋1, 293時間(Ｃ)＋693時間(Ｄ)＝3, 968時間

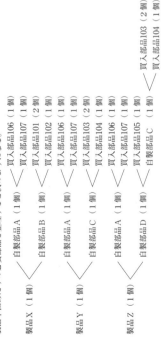

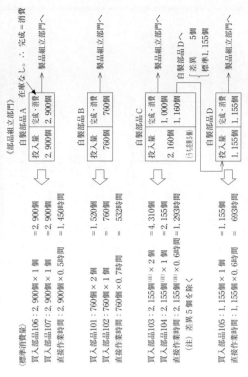

〔問６〕

１．生産データの整理

本問も，〔問２〕および〔問３〕とは異なり，１月の実際生産量（資料５）にもとづいて標準原価差異を分析する。

そこで，各製品の実際生産量から自製部品標準消費量と製品組立部門の標準直接作業時間を把握する。

《製品組立部門》

〈標準消費量〉

自製部品Ａ：750個×１個　　＝750個
自製部品Ｂ：750個×１個　　＝750個
直接作業時間：750個×0.6時間　＝450時間

製品Ｘ

投入量	完成量
750個	750個

自製部品Ａ：980個×１個　　＝980個
自製部品Ｃ：980個×１個　　＝980個
直接作業時間：980個×0.5時間　＝490時間

製品Ｙ

投入量	完成量
980個	980個

自製部品Ａ：1,150個×１個　＝1,150個
自製部品Ｄ：1,150個×１個　＝1,150個
直接作業時間：1,150個×0.6時間＝　690時間

製品Ｚ

投入量	完成量
1,150個	1,150個

２．各差異の計算

(1)　自製部品消費量差異

自製部品Ａ：3,700円/個×(2,880個(＊)－2,900個)＝(−) 74,000円（借方）
〃　Ｂ：6,800円/個×(　750個　－　760個)＝(−) 68,000円（借方）
〃　Ｃ：5,700円/個×(　980個　－1,000個)＝(−)114,000円（借方）
〃　Ｄ：9,150円/個×(1,150個　－1,155個)＝(−) 45,750円（借方）
合　計　(−)301,750円（借方）

（＊）自製部品Ａの標準消費量：750個(Ｘ)＋980個(Ｙ)＋1,150個(Ｚ)＝2,880個

(2)　作業時間差異

1,800円/時間×(1,630時間(＊)－1,645時間)＝(−)27,000円（借方）

（＊）標準直接作業時間：450時間(Ｘ)＋490時間(Ｙ)＋690時間(Ｚ)＝1,630時間

〔問７〕

部品組立部門：2,500円/時×3,968時間－10,000,000円＝(−) 80,000円（借方）
製品組立部門：3,000円/時×1,630時間－ 5,000,000円＝(−)110,000円（借方）

Theme 07 標準原価計算における仕損・減損

問題7-1

〔第１法の標準原価カード〕

主材料費	1,000	円×	2.02	㎡	＝	2,020	円
変動加工費	1,200	円×	3.03	時間	＝	3,636	
固定加工費	1,800	円×	3.03	時間	＝	5,454	
合　計						11,110	円

〔第２法の標準原価カード〕

主材料費	1,000	円×	2	㎡	＝	2,000	円
変動加工費	1,200	円×	3	時間	＝	3,600	
固定加工費	1,800	円×	3	時間	＝	5,400	
小　計						11,000	円
正常減損費	11,000	円×	1	％	＝	110	
合　計						11,110	円

解答への道

１．第１法の標準原価カードの作成

問題文にもあるように，原価要素別の標準消費量を，それぞれ１％ずつ増やすことによって，正常減損費分を原価標準に含める方法により，正常減損費を原価標準に組み込む。

主材料費　1,000円×2.02㎡（＊１）　＝ 2,020円
変動加工費　1,200円×3.03時間（＊２）＝ 3,636円
固定加工費　1,800円×3.03時間（＊２）＝ 5,454円
１個あたり総標準製造原価　11,110円

（＊１）正常減損の余裕分を含んだ主材料標準消費量：２㎡×1.01＝2.02㎡
（＊２）正常減損の余裕分を含んだ標準機械稼働時間：３時間×1.01＝3.03時間

２．第２法の標準原価カードの作成

問題文にもあるように，正常減損費を含まない正味標準製造原価に，いわば特別費としてその１％を加える方法により，正常減損費を原価標準に組み込む。その際，工程の終点で正常減損が発生しているため，正常減損費は，「終点の正味標準製造原価×正常減損率」により計算する。

主材料費　1,000円×２㎡　＝ 2,000円
変動加工費　1,200円×３時間　＝ 3,600円
固定加工費　1,800円×３時間　＝ 5,400円
１個あたり正味標準製造原価　11,000円
正常減損費　11,000円（＊）×１％　＝　110円
１個あたり総標準製造原価　11,110円

（＊）終点の正味標準製造原価

問題7-2

完成品標準原価	9,072,000 円	月末仕掛品標準原価	1,764,000 円
内訳：直接材料費	6,000,000 円	内訳：直接材料費	1,500,000 円
加工費	2,640,000 円	加工費	264,000 円
正常減損費	432,000 円	正常減損費	—— 円

解答への道

1．第2法の標準原価カードの作成

問題文にもあるように，まずは，製品1個あたりの正味標準製造原価に，特別費として正常減損費を加えて，製品1個あたりの総標準製造原価を設定する方法（第2法とよぶ）の標準原価カードを作成する。その際，工程の終点で正常減損が発生しているため，正常減損費は，「終点の正味標準製造原価×正常減損率」により計算する。

直接材料費	1,000円/kg×5kg	= 5,000円
加工費	1,100円/時間×2時間	= 2,200円
1個あたり正味標準製造原価		7,200円
正常減損費	7,200円（＊）×5％	= 360円
1個あたり総標準製造原価		7,560円

（＊）終点の正味標準製造原価

2．完成品および月末仕掛品の標準原価の計算

工程の終点で正常減損が発生しているため，正常減損の発生点を通過している完成品のみが正常減損費を負担する。

(1) 完成品標準原価の計算

直接材料費：5,000円/個×1,200個 = 6,000,000円
加工費：2,200円/個×1,200個 = 2,640,000円
正常減損費：360円/個×1,200個 = 432,000円
合計 9,072,000円

(2) 月末仕掛品標準原価の計算

直接材料費：5,000円/個×300個 = 1,500,000円
加工費：2,200円/個×300個×0.4 = 264,000円
合計 1,764,000円

問題7-3

(1) 仕掛品勘定の作成（第2法）

仕掛品　（単位：円）

借方	金額	貸方	金額
月初仕掛品原価	（840,000）	完成品製造原価	（4,120,000）
当月実際製造費用		異常減損費	（80,000）
主材料費	（3,162,600）	月末仕掛品原価	（1,625,000）
加工費	（1,872,400）	標準原価総差異	（50,000）
実際製造費用計	（5,035,000）		
合計	（5,875,000）	合計	（5,875,000）

(2) 標準原価総差異の分析

総差異 = 50,000 円〔借方〕

① 主材料価格差異 = 12,600 円〔借方〕

② 主材料数量差異 = 25,000 円〔借方〕

③ 加工費予算差異 = 37,600 円〔貸方〕

④ 加工費能率差異 = 30,000 円〔借方〕

⑤ 操業度差異 = 20,000 円〔借方〕

（注）〔　〕内に，借方差異は「借方」，貸方差異は「貸方」と記入しなさい。

解答への道

1．第2法の標準原価カードの作成

主材料費	500円/kg×5kg	= 2,500円
加工費	600円/時×2.5時間	= 1,500
製品1個あたり正味標準製造原価		4,000円
正常減損費	4,000円×3％	= 120
製品1個あたり総標準製造原価		4,120円

2．正常減損費の負担関係の把握

工程の終点で正常減損が発生しているため，正常減損費は完成品のみ負担となる。

3．当月の生産データの整理（生産データの（　　）内は，加工費の完成品換算量を示す。）

仕　掛　品

月　初	300個	完　成	1,000個
（	60個）	（	1,000個）
当月投入	1,250個	正常減損	30個
（	1,240個）	（	30個）
		異常減損	20個
		（	20個）
		月　末	500個
		（	250個）

完成品負担分
完成品量×３％

50個 － 30個
実際減損　正常減損

当月標準消費量の計算
主材料消費量：1,250個×５kg/個＝6,250kg
機械稼働時間：1,240個×2.5時間/個＝3,100時間

4．仕掛品勘定の完成

(1) 完成品総合原価：4,120円/個×1,000個＝4,120,000円

(2) 異 常 減 損 費：4,000円/個×20個＝80,000円

(3) 月末仕掛品原価：

主 材 料 費　2,500円/個×500個 ＝ 1,250,000円
加　工　費　1,500円/個×250個 ＝ 375,000円
合　計　1,625,000円

(4) 月初仕掛品原価：

主 材 料 費　2,500円/個×300個 ＝ 750,000円
加　工　費　1,500円/個× 60個 ＝ 90,000円
合　計　840,000円

(5) パーシャル・プランであるため，仕掛品勘定借方は当月実際製造費用で記入する。

(6) 標準原価総差異：仕掛品勘定の貸借差額で50,000円

5．標準原価総差異の分析

(1) 主材料費差異

主材料価格差異：(500円/kg－502円/kg)×6,300kg＝(−)12,600円〔借方〕
主材料数量差異：500円/kg×(6,250kg－6,300kg)＝(−)25,000円〔借方〕

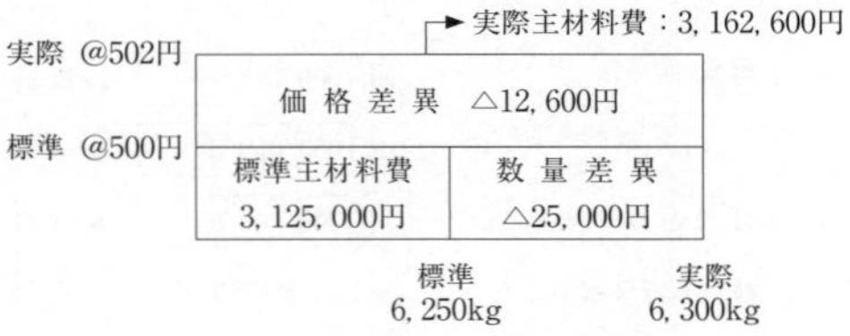

(2) 加工費差異

加工費予算差異：200円/時間×3,150時間＋1,280,000円－1,872,400円＝(+)37,600円〔貸方〕
加工費能率差異：600円/時間×(3,100時間－3,150時間)＝(−)30,000円〔借方〕
操 業 度 差 異：400円/時間×(3,150時間－3,200時間)＝(−)20,000円〔借方〕

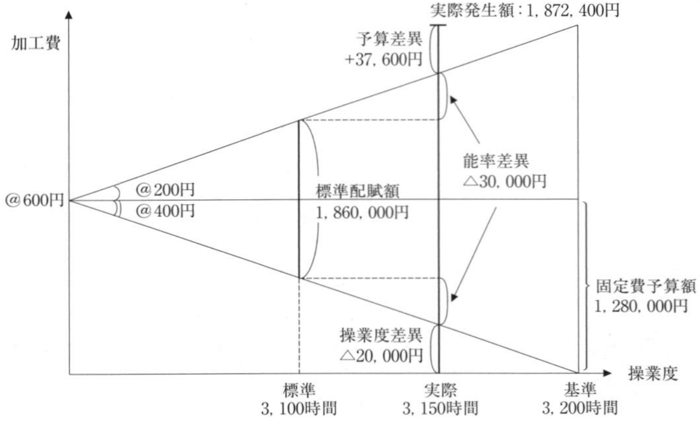

問題7-4

完成品標準原価	48,960,000 円	月末仕掛品標準原価	2,244,000 円
内訳：直接材料費	16,320,000 円	内訳：直接材料費	1,020,000 円
加　工　費	32,640,000 円	加　工　費	1,224,000 円

解答への道

1．第１法の標準原価カードの作成

問題文にもあるように，まずは，製品１個あたりの正味標準製造原価における原価要素別の標準消費量を，それぞれ２％ずつ増やすことによって，正常減損費を自動的に良品に負担させる方法（第１法とよぶ）の標準原価カードを作成する。

直 接 材 料 費	10,000円/kg×2.04kg(＊1)	＝	20,400円
加　工　費	8,000円/時間×5.1時間(＊2)	＝	40,800円
1個あたり総標準製造原価			61,200円

（＊1）正常減損の余裕分を含んだ直接材料標準消費量：2kg×1.02＝2.04kg
（＊2）正常減損の余裕分を含んだ標準加工時間：5時間×1.02＝5.1時間

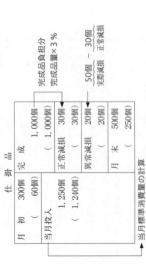

2．完成品および月末仕掛品の標準原価の計算

第１法の標準原価カードを採用しているため，完成品と月末仕掛品（良品すべて）が自動的に正常減損費を負担する。

(1) 完成品標準原価の計算

直接材料費：20, 400円/個×800個 ＝ 16, 320, 000円
加　工　費：40, 800円/個×800個 ＝ 32, 640, 000円
合　計　48, 960, 000円

(2) 月末仕掛品標準原価の計算

直接材料費：20, 400円/個×50個 ＝ 1, 020, 000円
加　工　費：40, 800円/個×50個×0. 6 ＝ 1, 224, 000円
合　計　2, 244, 000円

問題7-5

(1) 仕掛品勘定の作成（第１法）

仕　掛　品　(単位：円)

月初仕掛品原価	(5, 553, 600)	完成品製造原価	(45, 760, 000)
当月実際製造費用		月末仕掛品原価	(8, 569, 600)
主材料費	(32, 865, 600)	標準原価総差異	(200, 000)
加工費	(16, 110, 400)		
実際製造費用計	(48, 976, 000)		
合計	(54, 529, 600)	合計	(54, 529, 600)

(2) 標準原価総差異の分析

総　差　異　＝ 200, 000 円〔借方〕
① 主材料価格差異 ＝ 65, 600 円〔借方〕
② 主材料数量差異 ＝ 40, 000 円〔借方〕
③ 加工費予算差異 ＝ 40, 400 円〔借方〕
④ 加工費能率差異 ＝ 14, 000 円〔借方〕
⑤ 操業度差異 ＝ 40, 000 円〔借方〕

(注)〔　　〕内に，借方差異は「借方」，貸方差異は「貸方」と記入しなさい。

解答への道

1．第１法の標準原価カードの作成

主材料費	5, 000円/kg×31. 2kg(＊１)	＝ 156, 000円
加工費	7, 000円/時×10. 4時間(＊２)	＝ 72, 800円
１個あたり総標準製造原価		228, 800円

(＊１) 正常減損の余裕分を含んだ主材料標準消費量：30kg × 1. 04 = 31. 2kg
(＊２) 正常減損の余裕分を含んだ標準機械稼働時間：10時間 × 1. 04 = 10. 4時間

2．正常減損費の負担関係の把握

工程の終点で正常減損が発生しているが，第１法の標準原価カードを採用しているため，完成品と月初・月末仕掛品（良品すべて）が自動的に正常減損費を負担する。

3．当月の生産データの整理（生産データの（　　）内は，加工費の完成品換算量を示す。）

(注１) 正常減損の余裕分が原価標準の各原価要素別標準消費量の中に含まれているため，正常減損量は生産データから除外（度外視）する。

(注２) 正常減損費を負担しない異常減損を計算することができないため，異常減損費は標準原価差異に含めて把握する。そのため，異常減損量は生産データから除外する。

仕　掛　品

月初	30個	完成	
	(12個)		200個
当月投入（差引）			(200個)
	210個	月末	40個
	(220個)		(32個)

→当月標準消費量の計算

主材料消費量：210個×31. 2kg/個＝6, 552kg
機械稼働時間：220個×10. 4時間/個＝2, 288時間

4．仕掛品勘定の完成

(1) 完成品総合原価：228, 800円/個×200個＝45, 760, 000円

(2) 月末仕掛品原価：

主材料費 156, 000円/個×40個 ＝ 6, 240, 000円
加工費 72, 800円/個×32個 ＝ 2, 329, 600円
合　計　8, 569, 600円

(3) 月初仕掛品原価：

主材料費 156, 000円/個×30個 ＝ 4, 680, 000円
加工費 72, 800円/個×12個 ＝ 873, 600円
合　計　5, 553, 600円

(4) パーシャル・プランであるため，仕掛品勘定借方は当月実際製造費用で記入する。

(5) 標準原価総差異：仕掛品勘定の貸借差額で200, 000円

5．標準原価総差異の分析

(1)　主材料費差異

主材料価格差異：(5, 000円/kg－5, 010円/kg)×6, 560kg＝(−)65, 600円〔借方〕

主材料数量差異：5, 000円/kg×(6, 552kg－6, 560kg)＝(−)40, 000円〔借方〕

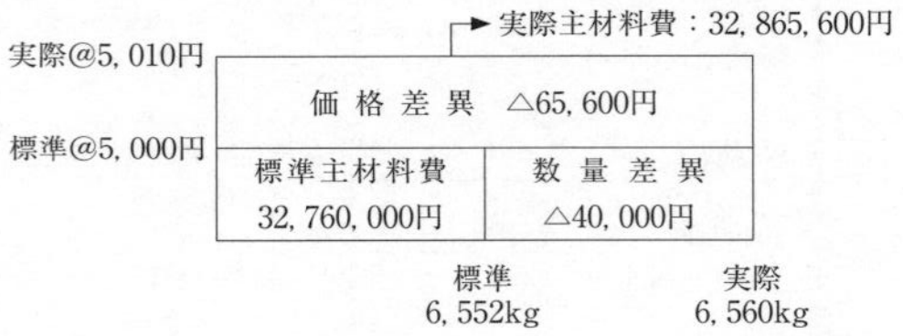

(2)　加工費差異

加工費予算差異：3, 000円/時間×2, 290時間＋9, 200, 000円－16, 110, 400円＝(−)40, 400円〔借方〕

加工費能率差異：7, 000円/時間×(2, 288時間－2, 290時間)＝(−)14, 000円〔借方〕

操 業 度 差 異：4, 000円/時間×(2, 290時間－2, 300時間)＝(−)40, 000円〔借方〕

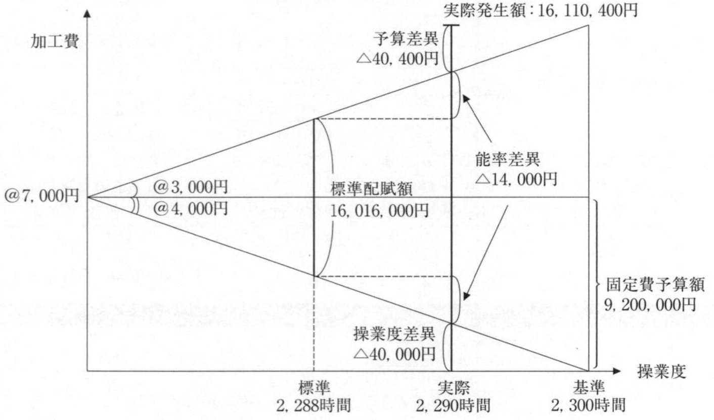

問題7-6

(1)　仕掛品勘定の作成（第2法）

仕　掛　品　（単位：円）

月初仕掛品原価	(2, 000, 000)	完成品製造原価	(12, 652, 800)
当月実際製造費用		仕損品評価額	(20, 000)
直接材料費	(2, 989, 800)	異常仕損費	(67, 200)
加　工　費	(9, 610, 200)	月末仕掛品原価	(1, 760, 000)
実際製造費用計	(12, 600, 000)	標準原価総差異	(100, 000)
合　計	(14, 600, 000)	合　計	(14, 600, 000)

(2)　標準原価総差異の分析

総　差　異　＝　100, 000　円〔借方〕

①　直接材料費価格差異　＝　30, 200　円〔貸方〕

②　直接材料費数量差異　＝　20, 000　円〔借方〕

③　加工費予算差異　＝　25, 200　円〔借方〕

④　加工費能率差異　＝　25, 000　円〔借方〕

⑤　操業度差異　＝　60, 000　円〔借方〕

（注）〔　〕内に，借方差異は「借方」，貸方差異は「貸方」と記入しなさい。

解答への道

1．第2法の標準原価カードの作成

直接材料費	200円/kg×3kg	＝	600円
加　工　費	500円/時×4時間	＝	2, 000
1個あたり正味標準製造原価			2, 600円
正常仕損費	(2, 600円－200円)×1.5%	＝	36
1個あたり総標準製造原価			2, 636円

2．正常仕損費の負担関係の把握

工程の終点で正常仕損が発生しているため，正常仕損費は完成品のみ負担となる。

3．当月の生産データの整理（生産データの（　　）内は，加工費の完成品換算量を示す。）

仕　掛　品

月　初 1,000個 （　700個）	完　成 4,800個 （4,800個）
当月投入 5,000個 （4,750個）	正常仕損　72個 （　72個）
	異常仕損　28個 （　28個）
	月　末 1,100個 （　550個）

完成品負担分
完成品量×1.5%

100個 − 72個
実際仕損　正常仕損

当月標準消費量の計算
直接材料消費量：5,000個×3kg/個＝15,000kg
機械稼働時間：4,750個×4時間/個＝19,000時間

4．仕掛品勘定の作成
(1) 完成品総合原価：2,636円/個×4,800個＝12,652,800円
(2) 仕損品評価額：200円/個×（72個＋28個）＝20,000円
(3) 異常仕損費：2,600円/個×28個−200円/個×28個＝67,200円
(4) 月末仕掛品原価：

直接材料費	600円/個×1,100個＝	660,000円
加　工　費	2,000円/個×550個＝	1,100,000円
合　計		1,760,000円

(5) 月初仕掛品原価：

直接材料費	600円/個×1,000個＝	600,000円
加　工　費	2,000円/個×700個＝	1,400,000円
合　計		2,000,000円

(6) パーシャル・プランであるため，仕掛品勘定借方は当月実際製造費用で記入する。
(7) 標準原価総差異：仕掛品勘定の貸借差額で100,000円

5．標準原価総差異の分析
(1) 直接材料費差異
直接材料費価格差異：（200円/kg−198円/kg）×15,100kg＝(+)30,200円〔貸方〕
直接材料費数量差異：200円/kg×（15,000kg−15,100kg）＝(−)20,000円〔借方〕

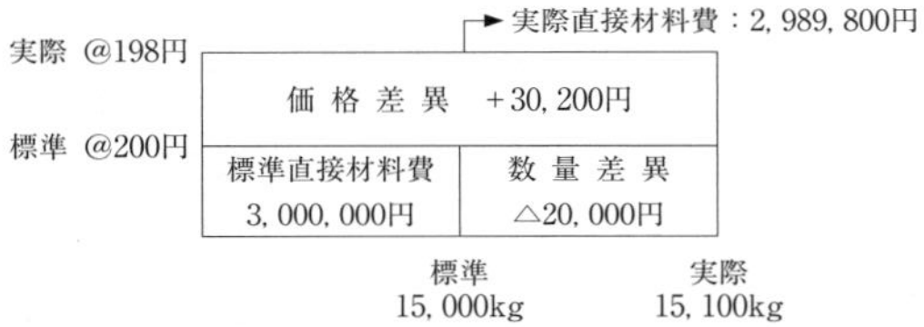

(2) 加工費差異
加工費予算差異：100円/時間×19,050時間＋7,680,000円−9,610,200円＝(−)25,200円〔借方〕
加工費能率差異：500円/時間×（19,000時間−19,050時間）＝(−)25,000円〔借方〕
操業度差異：400円/時間×（19,050時間−19,200時間）＝(−)60,000円〔借方〕

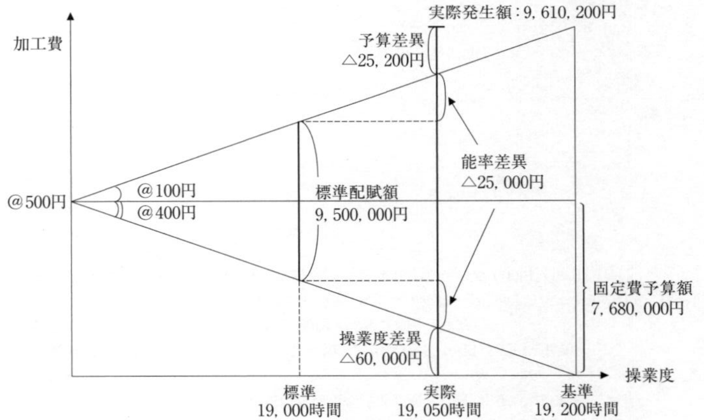

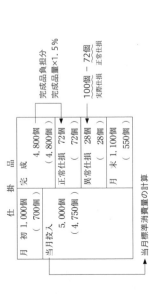

問題7-7

1．下記の［　　］の中に，適切な数字または文字を記入しなさい。

(a)＝第［2］法　(b)＝第［1］法　(c)＝［仕掛品原価］

2．製造間接費関係勘定連絡図

下記の［　　］内に適切な名称を，また借方または貸方の（　　）の中に計算した金額（単位：円）を記入しなさい。

仕掛品―製造間接費

月初仕掛品原価	（35,000）	完成品製造原価	（700,000）
当月実際製造間接費		正常減損費	（28,000）
変動費	（350,000）	月末仕掛品原価	（70,000）
固定費	（455,000）	［異常減損費］	（7,000）
		総差異	（35,000）
	（840,000）		（840,000）

（完成品製造原価・正常減損費 → 製品勘定へ）

変動製造間接費予算差異

（11,750）	（　　）

固定製造間接費予算差異

（　　）	（5,000）

能率差異

（19,250）	（　　）

操業度差異

（9,000）	（　　）

［異常減損費］

（7,000）	（　　）

解答への道

1．会話文の穴埋め

解答参照のこと。

2．第2法の標準原価カードの作成

変動製造間接費	150円/時間×2直接作業時間	＝	300円
固定製造間接費	200円/時間×2直接作業時間	＝	400円
小計			700円
正常減損費	700円×4％	＝	28
合計			728円

3．正常減損費の負担関係の把握

工程の終点で正常減損が発生しているため，正常減損費は完成品のみの負担となる。

4．当月の生産データの整理（生産データの（　　）内は，製造間接費の完成品換算量を示す。）

仕掛品

月初	100kg	完成	1,000kg
	（50kg）		（1,000kg）
当月投入	1,200kg	正常減損	40kg
	（1,100kg）		（40kg）
		異常減損	10kg
			（10kg）
		月末	250kg
			（100kg）

完成品負担分　完成品量×4％

50kg（実際減損）－40kg（正常減損）

→ 当月標準直接作業時間の計算：1,100kg×2時間/kg＝2,200時間

5．仕掛品－製造間接費勘定の作成

(1) 完成品製造原価：700円/kg×1,000kg＝700,000円（正味標準製造原価で計上）
(2) 正常減損費：28円/kg×1,000kg＝28,000円
(3) 月末仕掛品原価：700円/kg×100kg＝70,000円
(4) 異常減損費：700円/kg×10kg＝7,000円
(5) 月初仕掛品原価：700円/kg×50kg＝35,000円
(6) パーシャル・プランであるため，仕掛品勘定借方は当月実際製造間接費を記入する。
(7) 総差異：仕掛品―製造間接費勘定の貸借差額で35,000円

6．総差異の分析

(1) 変動費予算差異：150円/時間×2,255時間－350,000円＝(−)11,750円〔借方〕
(2) 固定費予算差異：460,000円－455,000円＝(+)5,000円〔貸方〕
(3) 能率差異：(150円/時間＋200円/時間)×(2,200時間－2,255時間)＝(−)19,250円〔借方〕
(4) 操業度差異：200円/時間×(2,255時間－2,300時間)＝(−)9,000円〔借方〕

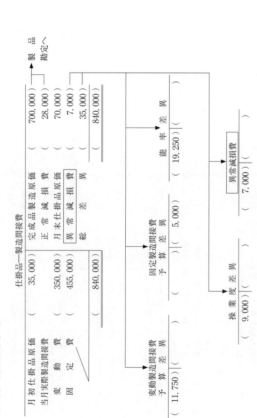

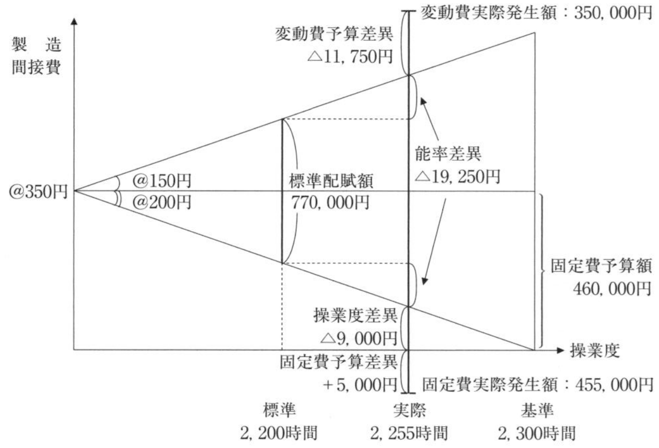

問題7-8

仕　掛　品　（単位：円）

月初仕掛品原価	2,800,000	完成品製造原価	29,472,000
当月実際製造費用		仕損品売却処分価額	72,000
主材料費	17,962,860	異常仕損費	336,000
変動加工費	5,036,750	月末仕掛品原価	4,080,000
固定加工費	8,370,000	標準原価総差異	209,610
合計	31,369,610		
	34,169,610		34,169,610

主材料価格差異	
(　　)	(72,140)

主材料数量差異	
(35,000)	(　　)

変動加工費予算差異	
(41,750)	(　　)

固定加工費予算差異	
(　　)	(30,000)

変動加工費能率差異	
(60,000)	(　　)

固定加工費能率差異	
(100,000)	(　　)

操業度差異	
(75,000)	(　　)

解答への道

1．第2法の標準原価カードの作成

主材料費	標準単価500円/個×標準消費量10個/台 =	5,000円
変動加工費	標準変動費率　600円/時×標準機械稼働時間2.5時/台 =	1,500円
固定加工費	標準固定費率 1,000円/時×標準機械稼働時間2.5時/台 =	2,500円
小計：製品S1台あたりの正味標準製造原価		9,000円
正常仕損費	(9,000円－600円)×2.5% =	210円
合計：製品S1台あたりの総標準製造原価		9,210円

2．正常仕損費の負担関係の把握

工程の終点で正常仕損が発生しているため，正常仕損費は完成品のみ負担となる。

3．当月の生産データの整理（生産データの（　）内は，加工費の完成品換算量を示す。）

仕　掛　品

月初	400台 (200台)	完成	3,200台 (3,200台)
当月投入	3,600台 (3,290台)	正常仕損	80台 (80台)
		異常仕損	40台 (40台)
		月末	680台 (170台)

完成品負担分
完成品量×2.5%

120台（実際仕損）－80台（正常仕損）

当月標準消費量の計算

主材料消費量：3,600台×10個/台＝36,000個

機械稼働時間：3,290台×2.5時/台＝8,225時間

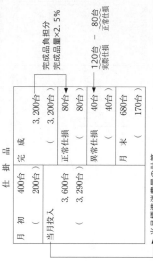

4．仕掛品勘定の完成

(1) 完成品製造原価：9,210円/台×3,200台＝29,472,000円

(2) 仕損品評価額：600円/台×(80台＋40台)＝72,000円

(3) 異常仕損費：9,000円/台×40台－600円/台×40台＝336,000円

(4) 月末仕掛品原価：

主材料費	5,000円/台×680台	＝ 3,400,000円
加工費	(1,500円/台＋2,500円/台)×170台	＝ 680,000円
合計		4,080,000円

(5) 月初仕掛品原価：

主材料費	5,000円/台×400台	＝ 2,000,000円
加工費	(1,500円/台＋2,500円/台)×200台	＝ 800,000円
合計		2,800,000円

(6) 標準原価総差異：仕掛品勘定の貸借差額で209,610円

5．標準原価総差異の分析

(1) 主材料費差異

主材料価格差異：(500円/個－498円/個)×36,070個＝(+)72,140円〔貸方〕

主材料数量差異：500円/個×(36,000個－36,070個)＝(−)35,000円〔借方〕

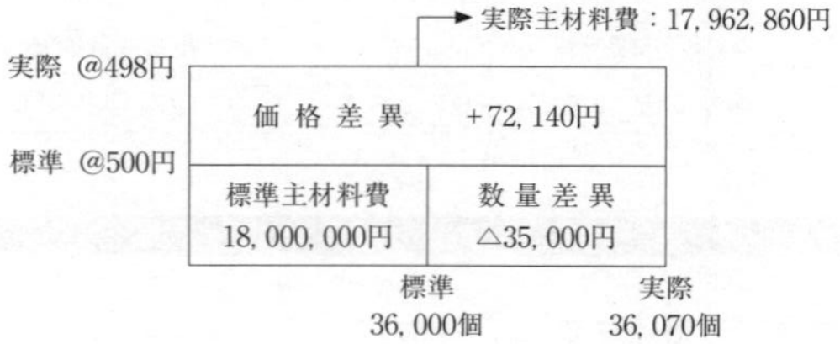

(2) 加工費差異

変動加工費予算差異：600円/時間×8,325時間－5,036,750円＝(−)41,750円〔借方〕

固定加工費予算差異：8,400,000円－8,370,000円＝(+)30,000円〔貸方〕

変動加工費能率差異：600円/時間×(8,225時間－8,325時間)＝(−)60,000円〔借方〕

固定加工費能率差異：1,000円/時間×(8,225時間－8,325時間)＝(−)100,000円〔借方〕

操業度差異：1,000円/時間×(8,325時間－8,400時間)＝(−)75,000円〔借方〕

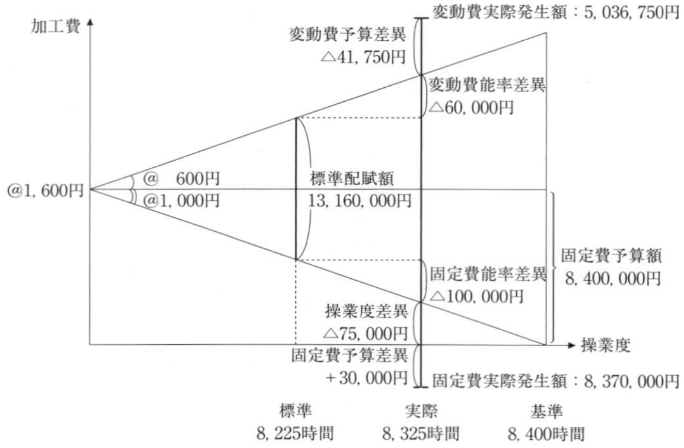

問題7-9

〔問1〕製造間接費の発生額を費目別に管理するために役立つ差異は，［ ① ］である。
　（注）上記の答えは，該当する差異の番号で記入しなさい。

〔問2〕6月の「仕掛品―製造間接費」勘定

仕掛品―製造間接費　（単位：円）

月初仕掛品有高	150,000	(完成品原価)	2,484,600
当月実際製造間接費	2,472,000	(異常仕損費)	5,400
		(月末仕掛品有高)	132,000
		製造間接費総差異	0
	2,622,000		2,622,000

〔問3〕（単位：円）

予算差異

	15,500

変動費能率差異

10,500	

操業度差異

	12,500

固定費能率差異

17,500	

解答への道

1．〔問１〕について

予算差異は，製造間接費の浪費や節約を示し，費目ごとに予算と実績の比較を行うことで，費目別の原価管理に役立てることができる。

2．原価標準の整理

正味標準製造間接費	400円/時×1.5時/個＝	600円/個
正　常　仕　損　費	600円/個×１％　　＝	6円/個
総標準製造間接費		606円/個

3．正常仕損費の負担関係の把握

工程の終点で正常仕損が発生しているため，正常仕損費は完成品のみ負担となる。

4．６月の生産データの整理（生産データの（　　）内は，製造間接費の完成品換算量を示す。）

仕　掛　品

月　初	500個	完　成	
	（250個）		4,100個
当月投入			（4,100個）
	4,200個	正常仕損	41個
	（4,120個）		（41個）
		異常仕損	9個
			（9個）
		月　末	550個
			（220個）

完成品負担分
完成品量×１％

当月標準機械稼働時間：1.5時間/個×4,120個＝6,180時間

5．６月の仕掛品－製造間接費勘定の完成

完　成　品　原　価：606円/個×4,100個＝2,484,600円
異　常　仕　損　費：600円/個×９個＝5,400円
月末仕掛品有高：600円/個×220個＝132,000円
月初仕掛品有高：600円/個×250個＝150,000円
製造間接費総差異：記入済み，　0円
当月実際製造間接費：仕掛品勘定の貸借差額で2,472,000円

6．６月の製造間接費総差異の分析

製造間接費の固定費率を，５月の差異分析の結果から推定する。

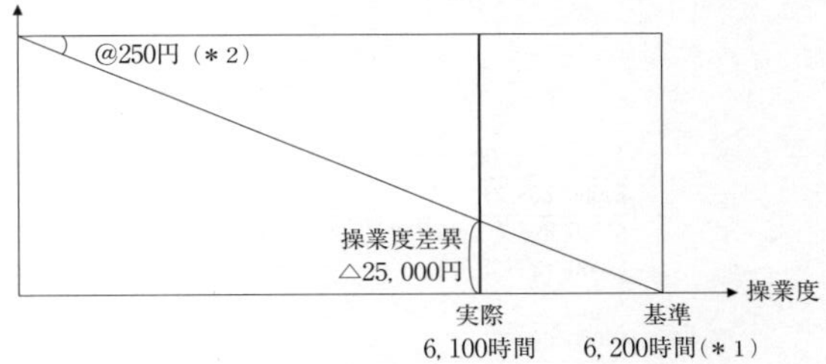

（＊１）月間基準操業度：74,400時間÷12か月＝6,200時間

（＊２）固　定　費　率：(−)25,000円÷(6,100時間－6,200時間)＝250円/時間

〈差異分析〉

予　算　差　異：150円/時間×6,250時間＋1,550,000円－2,472,000円＝(+)15,500円〔貸方〕
変動費能率差異：150円/時間×(6,180時間－6,250時間)＝(−)10,500円〔借方〕
固定費能率差異：250円/時間×(6,180時間－6,250時間)＝(−)17,500円〔借方〕
操　業　度　差　異：250円/時間×(6,250時間－6,200時間)＝(+)12,500円〔貸方〕

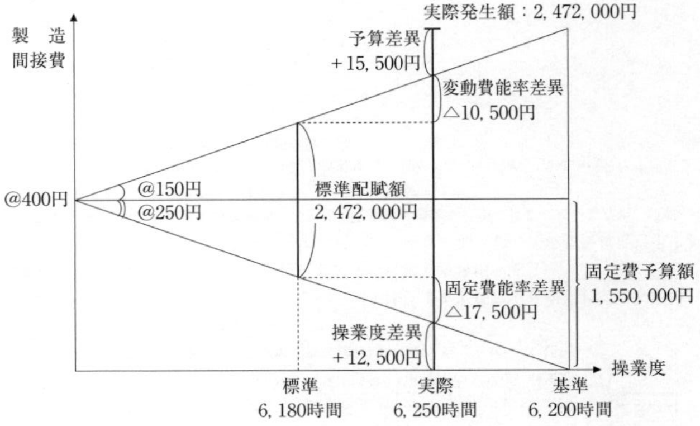

問題7-10

〔問1〕第1法による仕掛品勘定

仕　掛　品　（単位：円）

月初仕掛品原価	12,852,000	完成品製造原価	47,250,000
当月実際製造費用		月末仕掛品原価	5,859,000
主材料費	28,048,500	標準原価総差異	791,500
変動加工費	5,950,000		
固定加工費	7,050,000		
実際製造費用計	41,048,500		
合計	53,900,500	合計	53,900,500

〔問2〕第2法による仕掛品勘定

(注)(　)内に勘定名を記入しなさい。

仕　掛　品　（単位：円）

月初仕掛品原価	12,240,000	完成品製造原価	47,250,000
当月実際製造費用		（異常仕損費）	450,000
主材料費	28,048,500	月末仕掛品原価	5,580,000
変動加工費	5,950,000	標準原価総差異	8,500
固定加工費	7,050,000		
実際製造費用計	41,048,500		
合計	53,288,500	合計	53,288,500

〔問3〕第2法による標準原価差異の分析

(注)(　)内に，借方差異は－，貸方差異は＋記号を記入しなさい。

① 主材料価格差異　＝（＋）406,500 円
② 主材料消費量差異　＝（－）105,000 円
③ 変動加工費予算差異　＝（－）87,000 円
④ 固定加工費予算差異　＝（＋）6,000 円
⑤ 加工費能率差異　＝（－）180,000 円
⑥ 操業度差異　＝（－）49,000 円

〔問4〕(注)〔　〕内の適当な言葉を□印で囲みなさい。

①＝〔 **含まれる** ，含まれない〕
②＝〔 含まれる ，**含まれない**〕
③＝〔 **含まれる** ，含まれない〕
④＝〔 含まれる ，**含まれない**〕
⑤＝〔 正確 ，**不正確**〕

解答への道

〔問1〕

(1) 第1法による原価標準の整理

主材料費　標準単価 70円/個×標準消費量 189個/台(＊1)………………… 13,230円

加工費

標準変動加工費率 820円/時×標準機械稼働時間 3.15時/台(＊2)…… 2,583

標準固定加工費率 980円/時×標準機械稼働時間 3.15時/台(＊2)…… 3,087

合計：製品X1台あたりの総標準製造原価……………………………… 18,900円

(＊1) 正常仕損の余裕分を含んだ主材料標準消費量：180個/台×1.05＝189個/台

(＊2) 正常仕損の余裕分を含んだ標準機械稼働時間：3時/台×1.05＝3.15時/台

(2) 正常仕損費の負担関係の把握

工程の終点で正常仕損が発生しているが，第1法による原価標準を採用しているため，完成品と月初・月末仕掛品（良品すべて）が自動的に正常仕損費を負担する。

(3) 当月の生産データの整理（生産データの（　）内は，加工費の完成品換算量を示す。）

(注1) 正常仕損の余裕分が原価標準の各原価要素別標準消費量の中に含まれているため，正常仕損量は生産データから除外（度外視）する。

(注2) 正常仕損費を負担しない異常仕損を計算することができないため，異常仕損費は標準原価差異に含めて把握する。そのため，異常仕損量は生産データから除外する。

仕　掛　品

月初　800台 （400台）	完成 2,500台 （2,500台）
当月投入(差引) 2,100台 （2,200台）	
	月末　400台 （100台）

(4) 仕掛品勘定の完成

① 完成品製造原価：18,900円/台×2,500台＝47,250,000円

② 月末仕掛品原価：

主材料費13,230円/台×400台 ＝ 5,292,000円

加工費(2,583円/台＋3,087円/台)×100台＝ 567,000円

合計 5,859,000円

③ 月初仕掛品原価：

主材料費13,230円/台×800台 ＝ 10,584,000円

加工費(2,583円/台＋3,087円/台)×400台＝ 2,268,000円

合計 12,852,000円

④ 標準原価総差異：仕掛品勘定の貸借差額で 791,500円

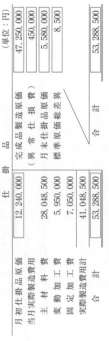

〔問２〕

(1) 第２法による原価標準の整理

主材料費　標準単価 70円/個×標準消費量 180個/台 …………………… 12, 600円

加 工 費

標準変動加工費率 820円/時×標準機械稼働時間 3時/台 ………… 2, 460

標準固定加工費率 980円/時×標準機械稼働時間 3時/台 ………… 2, 940

小計：製品Ｘ１台あたりの正味標準製造原価……………………………… 18, 000円

正常仕損費　終点までの正味標準製造原価 18, 000円/個×５％ ……… 900

合計：製品Ｘ１台あたりの総標準製造原価……………………………… 18, 900円

(2) 正常仕損費の負担関係の把握

工程の終点で正常仕損が発生しているため，正常仕損費は完成品のみ負担となる。

(3) 当月の生産データの整理（生産データの（　　）内は，加工費の完成品換算量を示す。）

仕　掛　品

月　初	800台	完　成	
（	400台）		2, 500台
当月投入		（	2, 500台）
	2, 250台	正常仕損	125台
（	2, 350台）	（	125台）
		異常仕損	25台
		（	25台）
		月　末	400台
		（	100台）

完成品負担分
完成品量×５％

150台－125台
実際仕損　正常仕損

当月標準消費量の計算

主材料消費量：2, 250台×180個/台＝405, 000個

機械稼働時間：2, 350台×３時/台＝7, 050時間

(4) 仕掛品勘定の完成

① 完成品製造原価：18, 900円/台×2, 500台＝47, 250, 000円

② 異 常 仕 損 費：18, 000円/台×25台＝450, 000円

③ 月末仕掛品原価：

主 材 料 費 12, 600円/台×400台 ＝ 5, 040, 000円

加　工　費 (2, 460円/台＋2, 940円/台)×100台＝ 540, 000円

合　計 5, 580, 000円

④ 月初仕掛品原価：

主 材 料 費 12, 600円/台×800台 ＝10, 080, 000円

加　工　費 (2, 460円/台＋2, 940円/台)×400台＝ 2, 160, 000円

合　計 12, 240, 000円

⑤ 標準原価総差異：仕掛品勘定の貸借差額で 8, 500円

〔問３〕

(1) 主材料費差異

主材料価格差異：(70円/個－69円/個)×406, 500個＝(+)406, 500円〔貸方〕

主材料消費量差異：70円/個×(405, 000個－406, 500個)＝(−)105, 000円〔借方〕

(2) 加工費差異

変動加工費予算差異：820円/時間×7, 150時間－5, 950, 000円＝(−)87, 000円〔借方〕

固定加工費予算差異：7, 056, 000円－7, 050, 000円＝(+)6, 000円〔貸方〕

加 工 費 能 率 差 異：1, 800円/時間×(7, 050時間－7, 150時間)＝(−)180, 000円〔借方〕

操　業　度　差　異：980円/時間×(7, 150時間－7, 200時間)＝(−)49, 000円〔借方〕

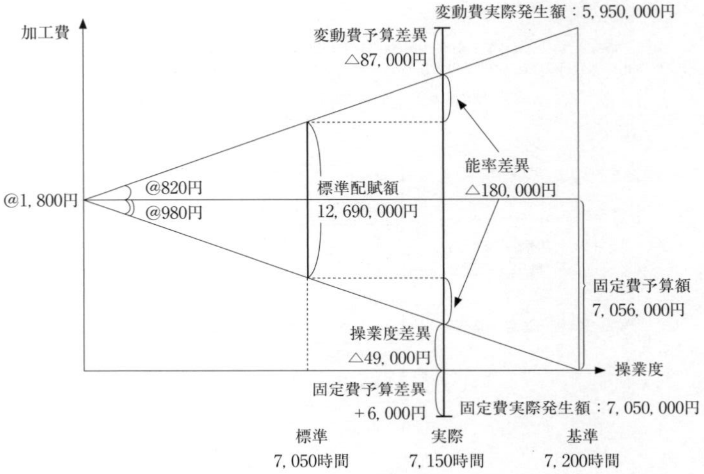

〔問４〕解答参照

問題7-11

(1) 第2法の標準原価カード

主材料費	500	円/kg ×	5	kg =	2,500	円
加工費	600	円/時 ×	2.5	時間 =	1,500	
小計					4,000	円
正常減損費	2,500	円/個 ×	3	% =	75	
合計					4,075	円

(2) 仕掛品勘定の作成（第2法）

仕　掛　品　（単位：円）

借方	金額	貸方	金額
月初仕掛品原価	(862,500)	完成品製造原価	(4,075,000)
当月実際製造費用		異常減損費	(35,000)
主材料費	(3,162,600)	月末仕掛品原価	(1,662,500)
加工費	(1,872,400)	標準原価総差異	(125,000)
実際製造費用計	(5,035,000)		
合計	(5,897,500)	合計	(5,897,500)

(3) 標準原価総差異の分析

総差異 = 125,000 円〔借方〕

① 主材料価格差異 = 12,600 円〔借方〕

② 主材料数量差異 = 25,000 円〔借方〕

③ 加工費予算差異 = 37,600 円〔貸方〕

④ 加工費能率差異 = 105,000 円〔借方〕

⑤ 操業度差異 = 20,000 円〔借方〕

(注)〔　〕内に，借方差異は「借方」，貸方差異は「貸方」と記入しなさい。

解答への道

1．第2法による原価標準の整理

主材料費　500円/kg×5kg……………2,500円

加工費　600円/時×2.5時間…………1,500

1個あたり正味標準製造原価………………4,000円

正常減損費　2,500円(＊)×3％…………　75

1個あたり総標準製造原価…………………4,075円

(＊) 正常減損発生点（始点）までの正味標準製造原価（標準直接材料費）

2．正常減損費の負担関係の把握

工程の始点で正常減損が発生しているため，正常減損費は完成品と月末仕掛品の両者負担となる。また月初仕掛品は前月において，減損の発生点を通過しているため，月初仕掛品原価も正常減損費負担後の金額で計算する。

3．当月の生産データの整理（生産データの（　）内は，加工費の完成品換算量を示す。）

仕　掛　品

月初	300個 (60個)	完成	1,000個 (1,000個)
当月投入	1,250個 (1,190個)	正常減損	36個(＊) (0個) ← (完成＋月末－月初)×3％
		異常減損	14個 (0個) ← 50個（実際減損）－36個（正常減損）
		月末	500個 (250個)

→当月標準消費量の計算

主材料消費量：1,250個×5kg/個＝6,250kg

機械稼働時間：1,190個×2.5時間/個＝2,975時間

(＊) 当月の正常減損量：当月の正常減損量は（完成品量＋月末仕掛品量－月初仕掛品量）×正常減損率で計算される。したがって，(1,000個＋500個－300個)×3％＝36個

4．仕掛品勘定の完成

(1) 完成品製造原価：4,075円/個×1,000個＝4,075,000円

(2) 異常減損費：

主材料費　2,500円/個×14個＝　35,000円

加工費　1,500円/個×0個＝　0円

合計　35,000円

(3) 月末仕掛品原価：

主材料費　2,500円/個×500個＝　1,250,000円

加工費　1,500円/個×250個＝　375,000円

正常減損費　75円/個×500個＝　37,500円

合計　1,662,500円

(4) 月初仕掛品原価：

主材料費　2,500円/個×300個＝　750,000円

加工費　1,500円/個×60個＝　90,000円

正常減損費　75円/個×300個＝　22,500円

合計　862,500円

(5) パーシャル・プランであるため，仕掛品勘定借方は当月実際製造費用で記入する。

(6) 標準原価総差異：仕掛品勘定の貸借差額で125,000円

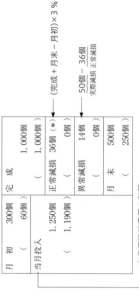

5．標準原価総差異の分析

(1) 主材料費差異

主材料価格差異：(500円/kg－502円/kg)×6, 300kg＝(−)12, 600円〔借方〕

主材料数量差異：500円/kg×(6, 250kg－6, 300kg)　＝(−)25, 000円〔借方〕

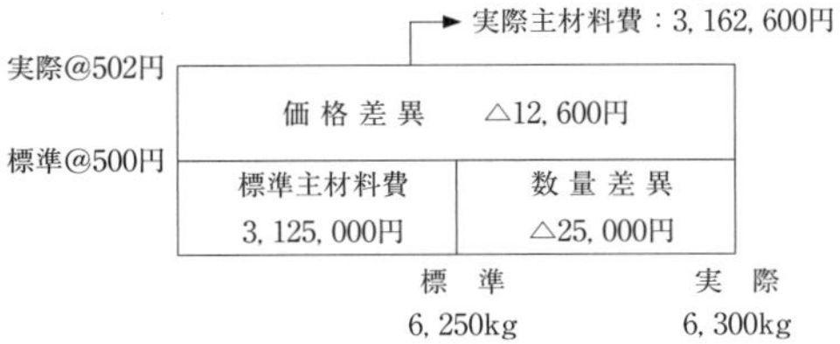

(2) 加工費差異

加工費予算差異：200円/時間×3, 150時間＋1, 280, 000円－1, 872, 400円＝(+)37, 600円〔貸方〕

加工費能率差異：600円/時間×(2, 975時間－3, 150時間)　＝(−)105, 000円〔借方〕

操業度差異：400円/時間×(3, 150時間－3, 200時間)　＝(−)20, 000円〔借方〕

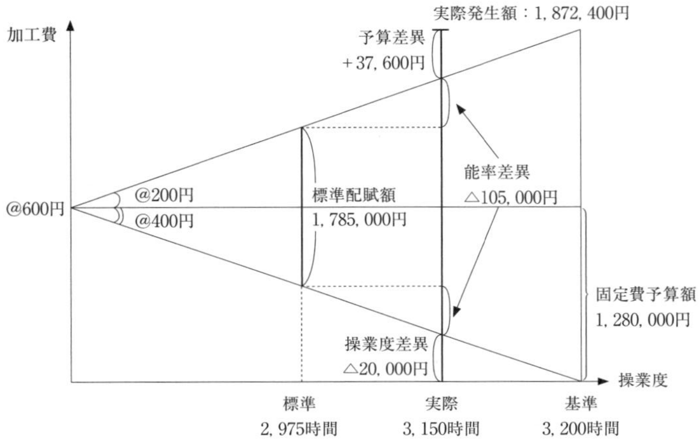

問題7-12

(1) 第2法の標準原価カード

主材料費	500	円/kg	×	5	kg	＝	2, 500 円
加工費	600	円/時	×	2. 5	時間	＝	1, 500
小計							4, 000 円
正常減損費	3, 100	円/個	×	3	%	＝	93
合計							4, 093 円

(2) 仕掛品勘定の作成（第2法）

仕掛品　(単位：円)

月初仕掛品原価	(840, 000)	完成品製造原価	(4, 093, 000)
当月実際製造費用		異常減損費	(15, 500)
主材料費	(3, 162, 600)	月末仕掛品原価	(1, 671, 500)
加工費	(1, 872, 400)	標準原価総差異	(95, 000)
実際製造費用計	(5, 035, 000)		
合計	(5, 875, 000)	合計	(5, 875, 000)

(3) 標準原価総差異の分析

総差異　＝　95, 000 円〔借方〕

① 主材料価格差異　＝　12, 600 円〔借方〕

② 主材料数量差異　＝　25, 000 円〔借方〕

③ 加工費予算差異　＝　37, 600 円〔貸方〕

④ 加工費能率差異　＝　75, 000 円〔借方〕

⑤ 操業度差異　＝　20, 000 円〔借方〕

(注)〔　〕内に，借方差異は「借方」，貸方差異は「貸方」と記入しなさい。

解答への道

1．第2法による原価標準の整理

主材料費　500円/kg×5 kg…………………………2, 500円

加工費　600円/時×2. 5時間………………………1, 500

1個あたり正味標準製造原価……………………4, 000円

正常減損費　(2, 500円+1, 500円×0. 4)(＊)×3％…　93

1個あたり総標準製造原価………………………4, 093円

(＊) 正常減損発生点（0. 4の地点）までの正味標準製造原価

2．正常減損費の負担関係の把握

工程の0.4の地点で正常減損が発生しているため，正常減損費は完成品と月末仕掛品（進捗度0.5）の両者負担となる。

3．当月の生産データの整理（生産データの（　）内は，加工費の完成品換算量を示す。）

仕　掛　品

月　初	300個	完　成	1,000個
（	60個）	（	1,000個）
当月投入	1,250個	正常減損	45個
（	1,210個）	（	18個）
		異常減損	5個
		（	2個）
		月　末	500個
		（	250個）

完成品と月末仕掛品負担分
(完成＋月末)×３％

50個 − 45個
実際減損　正常減損

当月標準消費量の計算

主材料消費量：1,250個×５kg/個=6,250kg

機械稼働時間：1,210個×2.5時間/個=3,025時間

4．仕掛品勘定の完成

(1) 完成品製造原価：4,093円/個×1,000個=4,093,000円

(2) 異常減損費：

主材料費 2,500円/個×５個 =12,500円

加工費 1,500円/個×２個 = 3,000円

合計 15,500円

(3) 月末仕掛品原価：

主材料費 2,500円/個×500個 =1,250,000円

加工費 1,500円/個×250個 = 375,000円

正常減損費 93円/個×500個 = 46,500円

合計 1,671,500円

(4) 月初仕掛品原価：

主材料費 2,500円/個×300個 =750,000円

加工費 1,500円/個× 60個 = 90,000円

合計 840,000円

(5) パーシャル・プランであるため，仕掛品勘定借方は当月実際製造費用で記入する。

(6) 標準原価総差異：仕掛品勘定の貸借差額で 95,000円

5．標準原価総差異の分析

(1) 主材料費差異

主材料価格差異：(500円/kg−502円/kg)×6,300kg=(−)12,600円〔借方〕

主材料数量差異：500円/kg×(6,250kg−6,300kg) =(−)25,000円〔借方〕

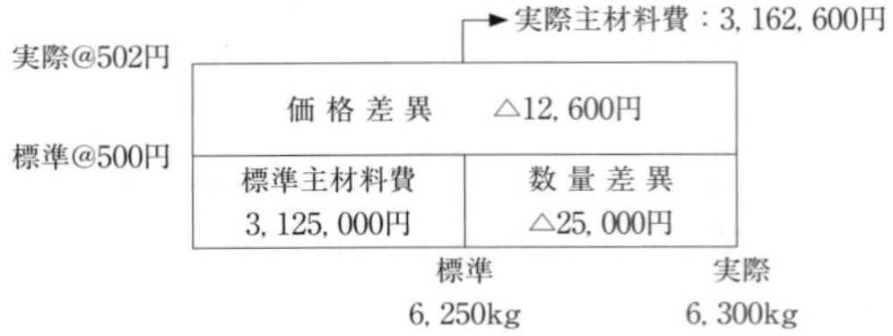

(2) 加工費差異

加工費予算差異：200円/時間×3,150時間+1,280,000円−1,872,400円=(+)37,600円〔貸方〕

加工費能率差異：600円/時間×(3,025時間−3,150時間)=(−)75,000円〔借方〕

操業度差異：400円/時間×(3,150時間−3,200時間)=(−)20,000円〔借方〕

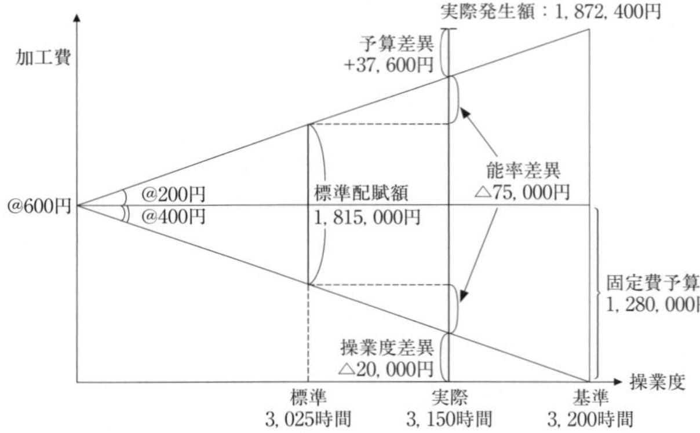

問題7-13

1．仕掛品勘定の記入

（注）下記の仕掛品勘定における［　　］内には適切な名称を，借方または貸方の（　）の中には計算した金額（単位：円）を記入しなさい。

仕　掛　品

月初仕掛品原価	（3,056,000）	完成品原価	（23,298,000）
当月製造費用		仕損品売却処分価額	（52,000）
直接材料費	（8,025,000）	［異常仕損費］	（192,000）
直接労務費	（6,920,000）	月末仕掛品原価	（2,650,000）
製造間接費	8,355,000	標準原価差異	（164,000）
	（26,356,000）		（26,356,000）

2．仕掛品勘定において把握される標準原価差異

直接材料費価格差異	―― 円〔――〕
直接材料費消費量差異	25,000 円〔 U 〕
直接労務費賃率差異	―― 円〔――〕
直接労務費時間差異	40,000 円〔 U 〕
変動製造間接費予算差異	3,000 円〔 U 〕
固定製造間接費予算差異	30,000 円〔 U 〕
製造間接費能率差異	24,000 円〔 U 〕
操業度差異	42,000 円〔 U 〕

(注)〔　　〕内は不利差異であれば「U」，有利差異であれば「F」と記入しなさい。また，差異が生じない場合は，金額欄と〔　　〕の両方に「―」を記入すること。

解答への道

1．正常仕損費を組込んだ原価標準（第2法）

問題資料5より，製品S 1個あたりの正味標準製造原価に，売却処分価格を考慮した正常仕損費を加えて，正常仕損費を製品Sの原価標準の中に組込む方法（いわゆる第2法）を採用しているため，問題資料1の原価標準を正常仕損費を組込んだ原価標準に設定し直す。

直接材料費：標準単価500円/kg×標準消費量5kg/個 ＝2,500円
直接労務費：標準賃率1,000円/時間×標準直接作業時間2時間/個 ＝2,000
製造間接費：標準配賦率1,200円/時間×標準直接作業時間2時間/個＝2,400
　　製品S 1個あたりの正味標準製造原価 6,900円
正常仕損費：(4,260円/個(＊)－260円/個)×正常仕損率4％ ＝ 160
　　製品S 1個あたりの総標準製造原価 7,060円

(＊) 仕損発生点（0.4）までの正味標準製造原価
　直接材料費2,500円/個×1 〈原価の進捗度〉＝2,500円
　直接労務費2,000円/個×0.4〈　〃　〉＝ 800円
　製造間接費2,400円/個×0.4〈　〃　〉＝ 960円
　　合　計 4,260円

2．正常仕損費の負担関係の把握

正常仕損は工程の0.4の点で発生するため，正常仕損費は完成品と月末仕掛品の両者が負担する。

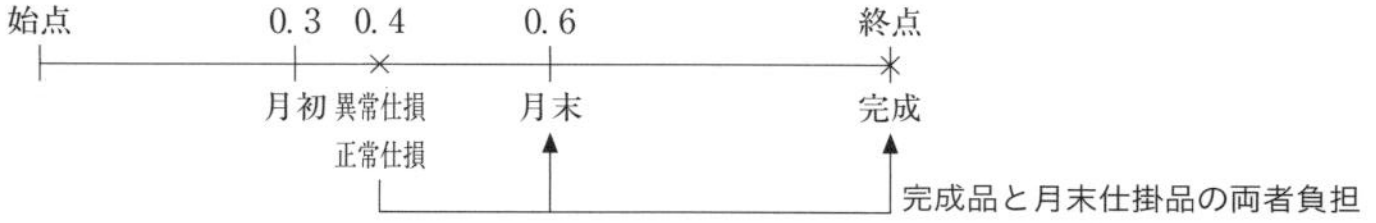

3．当月の生産データの整理　(注) 生産データの（　）内は加工費の完成品換算量を示す。

仕　掛　品

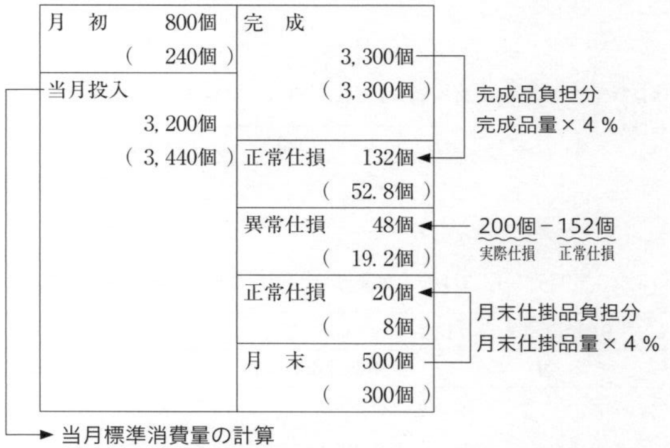

当月標準消費量の計算
直接材料消費量：3,200個×5kg/個＝16,000kg
直接作業時間：3,440個×2時間/個＝6,880時間

4．仕掛品勘定の完成

(1) 完成品原価：7,060円/個×3,300個＝23,298,000円
(2) 仕損品評価額：260円/個×200個＝52,000円
(3) 異常仕損費：(4,260円/個－260円/個)×48個＝192,000円
(4) 月末仕掛品原価：
　直接材料費 2,500円/個×500個＝1,250,000円
　直接労務費 2,000円/個×300個＝ 600,000円
　製造間接費 2,400円/個×300個＝ 720,000円
　正常仕損費 160円/個×500個＝ 80,000円
　　合　計 2,650,000円
(5) 月初仕掛品原価：
　直接材料費 2,500円/個×800個＝2,000,000円
　直接労務費 2,000円/個×240個＝ 480,000円
　製造間接費 2,400円/個×240個＝ 576,000円
　　合　計 3,056,000円
(6) 当月製造費用：
　直接材料費 500円/kg×16,050kg＝8,025,000円
　直接労務費 1,000円/時間×6,920時間＝6,920,000円
　製造間接費 4,155,000円＋4,200,000円＝8,355,000円（記入済み）
(7) 標準原価差異：仕掛品勘定の貸借差額で164,000円

5．仕掛品勘定において把握される標準原価差異の分析

(1) 直接材料費差異
　価格差異：修正パーシャル・プランの場合，仕掛品勘定においては把握されない。
　消費量差異：500円/kg×(16,000kg－16,050kg)＝(－)25,000円〔U・借方差異〕

→ 実際直接材料費：8, 073, 150円

実際 @503円
標準 @500円

（価格差異は仕掛品勘定においては把握されない）	
標準直接材料費 8, 000, 000円	消費量差異 △25, 000円

標準 16, 000kg　　実際 16, 050kg

(2) 直接労務費差異

賃率差異：修正パーシャル・プランの場合，仕掛品勘定においては把握されない。

時間差異：1, 000円/時間×(6, 880時間－6, 920時間)＝(−)40, 000円〔U・借方差異〕

→ 実際直接労務費：6, 954, 600円

実際 @1, 005円
標準 @1, 000円

（賃率差異は仕掛品勘定においては把握されない）	
標準直接労務費 6, 880, 000円	時間差異 △40, 000円

標準 6, 880時間　　実際 6, 920時間

(3) 製造間接費差異

変動費予算差異：600円/時間(＊1)×6, 920時間－4, 155, 000円　＝(−) 3, 000円〔U・借方差異〕

固定費予算差異：4, 170, 000円(＊2)－4, 200, 000円　＝(−)30, 000円〔U・借方差異〕

能　率　差　異：600円/時間×(6, 880時間－6, 920時間)　＝(−)24, 000円〔U・借方差異〕

操 業 度 差 異：600円/時間(＊3)×(6, 880時間－6, 950時間(＊4))＝(−)42, 000円〔U・借方差異〕

(＊1) 変動費率：1, 200円/時間－(50, 040, 000円÷83, 400時間)＝600円/時間

(＊2) 固定製造間接費月次予算額：50, 040, 000円÷12か月＝4, 170, 000円

(＊3) 固定費率：50, 040, 000円÷83, 400時間＝600円/時間

(＊4) 月間基準操業度：83, 400時間÷12か月＝6, 950時間

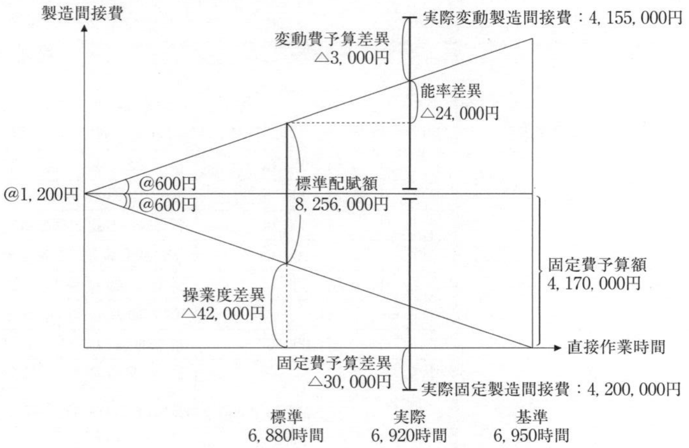

問題7-14

〔問1〕

仕　掛　品　（単位：千円）

月初仕掛品原価	(13, 200)	完成品原価	(184, 000)
当月製造費用		月末仕掛品原価	(34, 880)
直接材料費(X)	(52, 800)	総差異	(16, 440)
直接材料費(Y)	(51, 100)		
直接労務費	(38, 220)		
製造間接費	(80, 000)		
小　計	(222, 120)		
	(235, 320)		(235, 320)

差異分析表(A)　（単位：千円）

直接材料費(X) 総差異＝　10, 800 (U)	価格差異＝　4, 800 (U)	消費量差異＝　6, 000 (U)
直接材料費(Y) 総差異＝　6, 500 (F)	価格差異＝　7, 300 (F)	消費量差異＝　800 (U)
直接労務費 総差異＝　6, 396 (U)	賃率差異＝　3, 120 (U)	時間差異＝　3, 276 (U)
製造間接費 総差異＝　5, 744 (U)	予算差異＝　3, 000 (F)	変動費能率差異＝3, 640 (U)
	固定費能率差異＝4, 004 (U)	操業度差異＝　1, 100 (U)

(注)(　)には，不利差異であれば「U」，有利差異であれば「F」と記入しなさい。

〔問2〕

完成品原価	月末仕掛品原価	総差異
194, 720　千円	37, 024　千円	3, 576　千円 (U)

(注)(　)には，不利差異であれば「U」，有利差異であれば「F」と記入しなさい。

〔問3〕

異常仕損費	総差異
536　千円	3, 040　千円 (U)

(注)(　)には，不利差異であれば「U」，有利差異であれば「F」と記入しなさい。

差異分析表(B)　　　　　　　　　　　　　　　　　　(単位：千円)

直接材料費(X) 総差異＝　5, 800（U）	価格差異＝　4, 800（U）	消費量差異＝　1, 000（U）
直接材料費(Y) 総差異＝　6, 500（F）	価格差異＝　7, 300（F）	消費量差異＝　800（U）
直接労務費 総差異＝　3, 876（U）	賃率差異＝　3, 120（U）	時間差異＝　756（U）
製造間接費 総差異＝　136（F）	予算差異＝　3, 000（F）	変動費能率差異＝　840（U）
	固定費能率差異＝　924（U）	操業度差異＝　1, 100（U）

(注)（　）には，不利差異であれば「U」，有利差異であれば「F」と記入しなさい。

解答への道

〔問１〕

(1)　当月の生産データの整理

なお，生産データの〔　〕内は，80％の地点で投入される直接材料Yの完成品換算量を，（　）内は，加工費の完成品換算量を示す。

仕　掛　品

月　初　6, 000単位 〔　0単位〕 （　3, 000単位）	完　成 40, 000単位 〔40, 000単位〕 （40, 000単位）
当月投入(差引) 42, 000単位 〔48, 000単位〕 （44, 200単位）	月　末　8, 000単位 〔　8, 000単位〕 （　7, 200単位）

→当月標準消費量の計算

直接材料X消費量：42, 000単位×20kg/単位=840, 000kg

直接材料Y消費量：48, 000単位×15個/単位=720, 000個

直接作業時間：44, 200単位×0. 8時間/単位=35, 360時間

(2)　仕掛品勘定の完成

①　完成品原価：4, 600円/単位×40, 000単位=184, 000千円

②　月末仕掛品原価：

直接材料費(X)：1, 000円/単位×8, 000単位　　= 8, 000千円

直接材料費(Y)：1, 200円/単位×8, 000単位　　= 9, 600千円

直接労務費　；　720円/単位×7, 200単位　　= 5, 184千円

製造間接費　；(800円/単位+880円/単位)×7, 200単位=12, 096千円

合　計　　　34, 880千円

③　月初仕掛品原価：

直接材料費(X)：1, 000円/単位×6, 000単位　　= 6, 000千円

直接材料費(Y)：1, 200円/単位×　0単位　　=　0千円

直接労務費　；　720円/単位×3, 000単位　　= 2, 160千円

製造間接費　；(800円/単位+880円/単位)×3, 000単位= 5, 040千円

合　計　　　13, 200千円

④　パーシャル・プランであるため，仕掛品勘定借方は当月実際製造費用で記入する。

⑤　標準原価総差異：仕掛品勘定の貸借差額で 16, 440千円

(3)　標準原価総差異の分析

①　直接材料費(X)差異

価格差異：(50円/kg−55円/kg)×960, 000kg=(−)4, 800千円〔借方〕

消費量差異：50円/kg×(840, 000kg−960, 000kg)=(−)6, 000千円〔借方〕

→実際直接材料費(X)：52, 800千円

実際@55円	価格差異　△4, 800千円	
標準@50円	標準直接材料費(X) 42, 000千円	消費量差異 △6, 000千円
	標準 840, 000kg	実際 960, 000kg

②　直接材料費(Y)差異

価格差異：(80円/個−70円/個)×730, 000個=(+)7, 300千円〔貸方〕

消費量差異：80円/個×(720, 000個−730, 000個)=(−)800千円〔借方〕

→実際直接材料費(Y)：51, 100千円

実際@70円	価格差異　+7, 300千円	
標準@80円	標準直接材料費(Y) 57, 600千円	消費量差異 △800千円
	標準 720, 000個	実際 730, 000個

③　直接労務費差異

賃率差異：(900円/時間−980円/時間)×39, 000時間=(−)3, 120千円〔借方〕

時間差異：900円/時間×(35, 360時間−39, 000時間)=(−)3, 276千円〔借方〕

→実際直接労務費：38, 220千円

実際@980円	賃率差異　△3, 120千円	
標準@900円	標準直接労務費 31, 824千円	時間差異 △3, 276千円
	標準 35, 360時間	実際 39, 000時間

④ 製造間接費差異

予　算　差　異：1, 000円/時間×39, 000時間+44, 000千円−80, 000千円=(+)3, 000千円〔貸方〕

変動費能率差異：1, 000円/時間×(35, 360時間−39, 000時間)=(−)3, 640千円〔借方〕

固定費能率差異：1, 100円/時間×(35, 360時間−39, 000時間)=(−)4, 004千円〔借方〕

操　業　度　差　異：1, 100円/時間×(39, 000時間−40, 000時間)=(−)1, 100千円〔借方〕

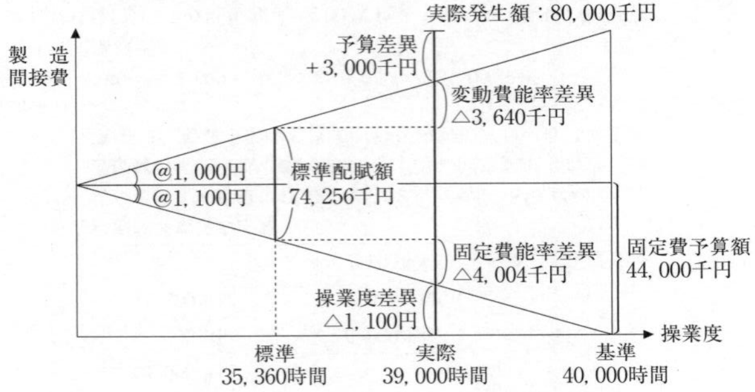

〔問２〕

(1) 第２法の標準原価カードの作成

本問では問題文の「正常仕損費を適切に良品の原価に算入する」との条件より，いわゆる第２法によって標準原価カードを作成する。

直接材料費（X）	標準単価 50円/kg×標準消費量 20kg/単位	= 1, 000円
直接材料費（Y）	標準単価 80円/個×標準消費量 15個/単位	= 1, 200
直接労務費	標準賃率 900円/時×標準直接作業時間 0. 8時間/単位	= 720
変動製造間接費	標準配賦率 1, 000円/時×標準直接作業時間 0. 8時間/単位	= 800
固定製造間接費	標準配賦率 1, 100円/時×標準直接作業時間 0. 8時間/単位	= 880
小　計		4, 600円
正常仕損費	{1, 000円＋(720円＋800円＋880円)×0. 7}×10% 正常仕損発生の0. 7の地点までの正味標準製造原価	= 268
合　計		4, 868円

(2) 正常仕損費の負担関係の把握

工程の0. 7の地点で正常仕損が発生しているため，正常仕損費は完成品と月末仕掛品（進捗度0. 9）の両者負担となる。

(3) 当月の生産データの整理

なお，生産データの〔　〕内は，80％の地点で投入される直接材料Ｙの完成品換算量を，（　）内は，加工費の完成品換算量を示す。

仕　掛　品

月　初 6, 000単位	完　成
〔　　0単位〕	40, 000単位
（　3, 000単位）	〔40, 000単位〕
当月投入(差引)	（40, 000単位）
46, 800単位	正常仕損 4, 800単位
〔48, 000単位〕	〔　　0単位〕
（47, 560単位）	（　3, 360単位）
	月　末 8, 000単位
	〔　8, 000単位〕
	（　7, 200単位）

完成品と月末仕掛品負担分
(完成＋月末)×10%

(4) 完成品原価，月末仕掛品原価および総差異の計算

① 完成品原価：4, 868円/単位×40, 000単位＝194, 720千円

② 月末仕掛品原価：

直接材料費(Ｘ)	：1, 000円/単位×8, 000単位	＝ 8, 000千円
直接材料費(Ｙ)	：1, 200円/単位×8, 000単位	＝ 9, 600千円
直接労務費	：720円/単位×7, 200単位	＝ 5, 184千円
製造間接費	：(800円/単位＋880円/単位)×7, 200単位	＝ 12, 096千円
正常仕損費	：268円/単位×8, 000単位	＝ 2, 144千円
合　計		37, 024千円

③ 月初仕掛品原価：

直接材料費(Ｘ)	：1, 000円/単位×6, 000単位	＝ 6, 000千円
直接材料費(Ｙ)	：1, 200円/単位×　0単位	＝ 0千円
直接労務費	：720円/単位×3, 000単位	＝ 2, 160千円
製造間接費	：(800円/単位＋880円/単位)×3, 000単位	＝ 5, 040千円
合　計		13, 200千円

④ パーシャル・プランであるため，仕掛品勘定借方は当月実際製造費用で記入する。

⑤ 標準原価総差異：仕掛品勘定の貸借差額で 3, 576千円〔借方差異〕

［参考］仕掛品勘定の記入

仕　掛　品　（単位：千円）

月初仕掛品原価	（13, 200）	完成品原価	（194, 720）
当月製造費用		月末仕掛品原価	（37, 024）
直接材料費(Ｘ)	（52, 800）	総差異	（3, 576）
直接材料費(Ｙ)	（51, 100）		
直接労務費	（38, 220）		
製造間接費	（80, 000）		
小　計	（222, 120）		
	（235, 320）		（235, 320）

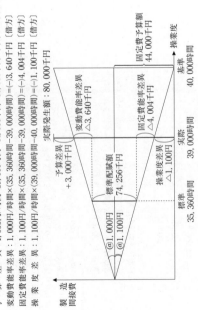

〔問３〕

(1)　当月の生産データの整理

なお，生産データの〔　　〕内は，80％の地点で投入される直接材料Ｙの完成品換算量を，（　　）内は，加工費の完成品換算量を示す。

仕　掛　品

月　初 6,000単位 〔　　　0単位〕 （　3,000単位）	完　成 40,000単位 〔 40,000単位〕 （ 40,000単位）
当月投入(差引) 47,000単位 〔 48,000単位〕 （ 47,700単位）	正常仕損 4,800単位 〔　　0単位〕 （　3,360単位）
	異常仕損　200単位 〔　　0単位〕 （　140単位）
	月　末 8,000単位 〔　8,000単位〕 （　7,200単位）

正常仕損：完成品と月末仕掛品負担分　(完成＋月末)×10％

異常仕損：5,000単位（実際仕損）－ 4,800単位（正常仕損）

当月標準消費量の計算

直接材料Ｘ消費量：47,000単位×20kg/単位＝940,000kg

直接材料Ｙ消費量：48,000単位×15個/単位＝720,000個

直 接 作 業 時 間：47,700単位×0.8時間/単位＝38,160時間

(2)　異常仕損費および総差異の計算

①　完成品原価：〔問２〕同様，194,720千円

②　異常仕損費：

直接材料費Ｘ	1,000円/単位× 200単位	＝	200　千円
直接材料費Ｙ	1,200円/単位×　0単位	＝	0　千円
直接労務費	720円/単位× 140単位	＝	100.8千円
製造間接費	(800円/単位＋880円/単位)×140単位	＝	235.2千円
合　計			536　千円

③　月末仕掛品原価：〔問２〕同様，37,024千円

④　月初仕掛品原価：〔問２〕同様，13,200千円

⑤　パーシャル・プランであるため，仕掛品勘定借方は当月実際製造費用で記入する。

⑥　標準原価総差異：仕掛品勘定の貸借差額で 3,040千円〔借方差異〕

［参考］仕掛品勘定の記入

仕　掛　品　　　　(単位：千円)

借方	金額	貸方	金額
月初仕掛品原価	（ 13,200）	完成品原価	（ 194,720）
当月製造費用：		異常仕損費	（ 536）
直接材料費(Ｘ)	（ 52,800）	月末仕掛品原価	（ 37,024）
直接材料費(Ｙ)	（ 51,100）	総差異	（ 3,040）
直接労務費	（ 38,220）		
製造間接費	（ 80,000）		
小　計	（ 222,120）		
	（ 235,320）		（ 235,320）

(3)　標準原価総差異の分析

①　直接材料費(Ｘ)差異

価 格 差 異：(50円/kg－55円/kg)×960,000kg＝(－)4,800千円〔借方〕

消費量差異：50円/kg×(940,000kg－960,000kg)＝(－)1,000千円〔借方〕

実際直接材料費(Ｘ)：52,800千円

実際@55円		
	価格差異　△4,800千円	
標準@50円	標準直接材料費(Ｘ) 47,000千円	消費量差異 △1,000千円
	標準 940,000kg	実際 960,000kg

②　直接材料費(Ｙ)差異

価 格 差 異：(80円/個－70円/個)×730,000個＝(＋)7,300千円〔貸方〕

消費量差異：80円/個×(720,000個－730,000個)＝(－)800千円〔借方〕

実際直接材料費(Ｙ)：51,100千円

実際@70円		
	価格差異　＋7,300千円	
標準@80円	標準直接材料費(Ｙ) 57,600千円	消費量差異 △800千円
	標準 720,000個	実際 730,000個

③　直接労務費差異

賃率差異：(900円/時間－980円/時間)×39,000時間＝(－)3,120千円〔借方〕

時間差異：900円/時間×(38,160時間－39,000時間)＝(－)756千円〔借方〕

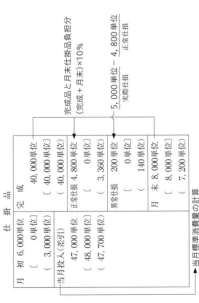

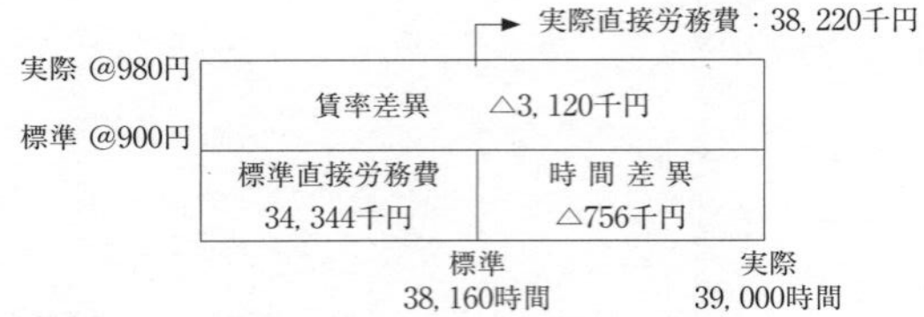

④ 製造間接費差異

予　算　差　異：1, 000円/時間×39, 000時間＋44, 000千円－80, 000千円＝(+)3, 000千円〔貸方〕
変動費能率差異：1, 000円/時間×(38, 160時間－39, 000時間)＝(−)840千円〔借方〕
固定費能率差異：1, 100円/時間×(38, 160時間－39, 000時間)＝(−)924千円〔借方〕
操 業 度 差 異：1, 100円/時間×(39, 000時間－40, 000時間)＝(−)1, 100千円〔借方〕

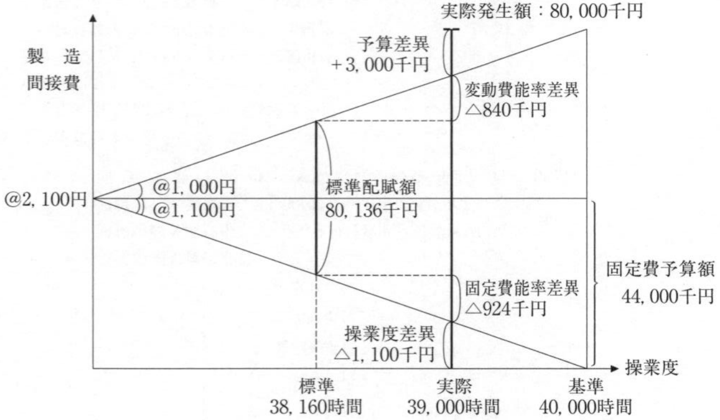

問題7-15

〔問１〕

⑴ 仕掛品勘定の記入

仕　掛　品　（単位：円）

月初仕掛品原価	（ 1, 152, 000 ）	完成品製造原価	（ 43, 470, 000 ）
当月製造費用		仕損品評価額	（ 60, 000 ）
直接材料費	（ 13, 435, 775 ）	異常仕損費	（ 180, 000 ）
直接労務費	（ 17, 209, 500 ）	月末仕掛品原価	（ 3, 253, 500 ）
変動製造間接費	（ 9, 452, 000 ）	標準原価総差異	（ 385, 775 ）
固定製造間接費	（ 6, 100, 000 ）		
	（ 47, 349, 275 ）		（ 47, 349, 275 ）

⑵ 標準原価総差異の分析

（注）各差異の〔　〕内には，借方または貸方を記入すること。また，製造間接費能率差異は変動費と固定費の能率差異合計額で解答すること。直接材料費の差異は，A，Bまとめて記入すること。

直接材料費価格差異	238, 025円〔 借方 〕
直接材料費消費量差異	9, 750円〔 貸方 〕
直接労務費賃率差異	1, 564, 500円〔 貸方 〕
直接労務費時間差異	990, 000円〔 借方 〕
変動製造間接費予算差異	65, 000円〔 借方 〕
固定製造間接費予算差異	100, 000円〔 借方 〕
製造間接費能率差異	825, 000円〔 借方 〕
操業度差異	258, 000円〔 貸方 〕
計：標準原価総差異	385, 775円〔 借方 〕

〔問２〕

⑴ 仕掛品勘定の記入

仕　掛　品　（単位：円）

月初仕掛品原価	（ 1, 152, 000 ）	完成品製造原価	（ 42, 606, 000 ）
当月製造費用		仕損品評価額	（ 60, 000 ）
直接材料費	（ 13, 435, 775 ）	異常仕損費	（ 8, 400 ）
直接労務費	（ 17, 209, 500 ）	月末仕掛品原価	（ 3, 329, 100 ）
変動製造間接費	（ 9, 452, 000 ）	標準原価総差異	（ 1, 345, 775 ）
固定製造間接費	（ 6, 100, 000 ）		
	（ 47, 349, 275 ）		（ 47, 349, 275 ）

(2) 標準原価総差異の分析

(注) 各差異の〔　　〕内には，借方または貸方を記入すること。また，製造間接費能率差異は変動費と固定費の能率差異合計額で解答すること。直接材料費の差異は，A，Bまとめて記入すること。

直接材料費価格差異	238,025円〔 借方 〕
直接材料費消費量差異	290,250円〔 借方 〕
直接労務費賃率差異	1,564,500円〔 貸方 〕
直接労務費時間差異	1,350,000円〔 借方 〕
変動製造間接費予算差異	65,000円〔 借方 〕
固定製造間接費予算差異	100,000円〔 借方 〕
製造間接費能率差異	1,125,000円〔 借方 〕
操業度差異	258,000円〔 貸方 〕
計：標準原価総差異	1,345,775円〔 借方 〕

解答への道

〔問1〕仕損が工程の終点で発生している場合の標準原価計算

1．正常仕損費を組み込んだ原価標準（正常仕損費を特別費として正味標準製造原価に加算する方法）

直接材料費A	標準単価	300円/kg	×標準消費量	4kg/個	…1,200円/個
直接材料費B	標準単価	250円/個	×標準消費量	6個/個	…1,500
直接労務費	標準賃率	1,800円/時間	×標準直接作業時間	2時間/個	…3,600
変動製造間接費	標準配賦率	900円/時間	×標準直接作業時間	2時間/個	…1,800
固定製造間接費	標準配賦率	600円/時間	×標準直接作業時間	2時間/個	…1,200
			製品Q1個あたり正味標準製造原価		9,300円/個
正常仕損費	(9,300円/個－300円/個)×正常仕損率4％				360
		製品Q1個あたり総標準製造原価			9,660円/個

2．正常仕損費の負担関係の把握

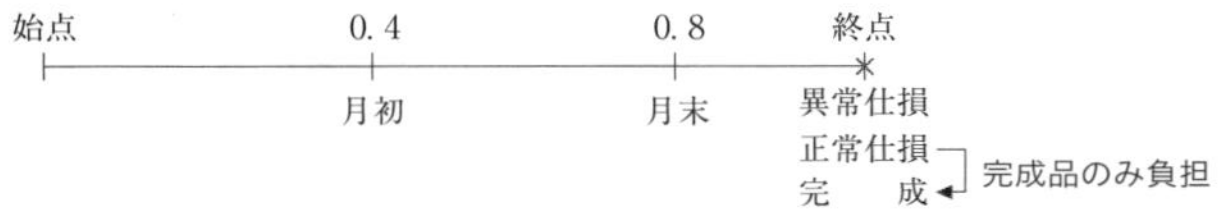

3．生産データの整理［生産データの（　　）内は，加工費の完成品換算量］

仕掛品―直接材料費Aおよび加工費

月初 300個 (120個)	完成 4,500個 (4,500個)
当月投入 4,850個 (4,940個) 〔貸借差引〕	正常仕損 180個 (180個)
	異常仕損 20個 (20個)
	月末 450個 (360個)

完成品量×4％（→正常仕損）

200個－180個（実際仕損　正常仕損）（→異常仕損）

→当月標準消費量の計算

直接材料A消費量：4,850個×4kg/個＝19,400kg

直接作業時間：4,940個×2時間/個＝9,880時間

仕掛品－直接材料費B

月初 0個	完成品 4,500個
当月投入 4,925個 〔貸借差引〕	正常仕損 180個(＊2)
	異常仕損 20個(＊2)
	月末 225個(＊1)

(＊1) 月末仕掛品は，直接材料Bの投入量6個のうち，加工進捗度70％地点で投入される3個については投入済であるが，工程の終点で投入される3個については未投入である。したがって，月末仕掛品の進捗度は50％（＝3個/6個）となる。

∴　月末仕掛品の完成品換算量：450個×50％＝225個

(＊2) 仕損は工程終点で直接材料Bが投入された後に発生することから，進捗度は100％となる。

→当月標準消費量の計算

直接材料B消費量：4,925個×6個/個＝29,550個

4．仕掛品勘定の記入

完成品製造原価　：9,660円/個×4,500個＝43,470,000円

仕損品評価額　：300円/個×(180個＋20個)＝60,000円

異常仕損費　：9,300円/個×20個－300円/個×20個＝180,000円

月末仕掛品原価：

直接材料費Ａ：1, 200円/個×450個　=　540, 000円
直接材料費Ｂ：1, 500円/個×225個　=　337, 500円
直接労務費：3, 600円/個×360個　=　1, 296, 000円
製造間接費：(1, 800円/個＋1, 200円/個)×360個 =　1, 080, 000円
合　計　3, 253, 500円

月初仕掛品原価：

直接材料費Ａ：1, 200円/個×300個　=　360, 000円
直接材料費Ｂ：1, 500円/個×　0個　=　0円
直接労務費：3, 600円/個×120個　=　432, 000円
製造間接費：(1, 800円/個＋1, 200円/個)×120個 =　360, 000円
合　計　1, 152, 000円

当月製造費用：パーシャル・プランであるため，仕掛品勘定の借方には当月実際製造費用を記入する。

標準原価総差異：仕掛品勘定の貸借差額で385, 775円〔借方〕

5．標準原価総差異の分析

〈直接材料費差異〉

直接材料費Ａ：

→実際直接材料費　5, 736, 200円

実際　@290円
標準　@300円

価格差異	＋197, 800円
標準直接材料費 5, 820, 000円	消費量差異 △114, 000円

標準　19, 400kg　　実際　19, 780kg

直接材料費Ｂ：

→実際直接材料費　7, 699, 575円

実際　@265円
標準　@250円

価格差異	△435, 825円
標準直接材料費 7, 387, 500円	消費量差異 ＋123, 750円

標準　29, 550個　　実際　29, 055個

直接材料費Ａ価格差異：(@300円－@290円)×19, 780kg =　(+)197, 800円〔貸方〕
直接材料費Ｂ価格差異：(@250円－@265円)×29, 055個 =　(−)435, 825円〔借方〕
合　計　(−)238, 025円〔借方〕
直接材料費Ａ消費量差異：@300円×(19, 400kg－19, 780kg) =　(−)114, 000円〔借方〕
直接材料費Ｂ消費量差異：@250円×(29, 550個－29, 055個) =　(+)123, 750円〔貸方〕
合　計　(+)　9, 750円〔貸方〕

〈直接労務費差異〉

→実際直接労務費　17, 209, 500円

実際@1, 650円
標準@1, 800円

賃率差異	＋1, 564, 500円
標準直接労務費 17, 784, 000円	時間差異 △990, 000円

標準　9, 880時間　　実際　10, 430時間

直接労務費賃率差異：(@1, 800円－@1, 650円)×10, 430時間　=(+)1, 564, 500円〔貸方〕
直接労務費時間差異：@1, 800円×(9, 880時間－10, 430時間)=(−)990, 000円〔借方〕

〈製造間接費差異〉

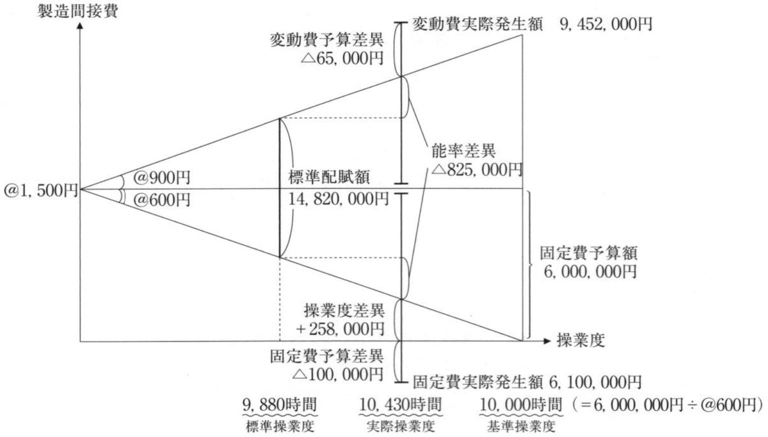

変動製造間接費予算差異：@900円×10, 430時間－9, 452, 000円=(−)65, 000円〔借方〕
固定製造間接費予算差異：6, 000, 000円－6, 100, 000円=(−)100, 000円〔借方〕
製造間接費能率差異：(@900円＋@600円)×(9, 880時間－10, 430時間)=(−)825, 000円〔借方〕
操業度差異：@600円×(10, 430時間－10, 000時間)=(+)258, 000円〔貸方〕

〔問２〕仕損が工程途中の一定点で発生している場合の標準原価計算

1．正常仕損費を組み込んだ原価標準（正常仕損費を特別費として正味標準製造原価に加算する方法）

直接材料費Ａ	標準単価	300円/kg	×標準消費量	4kg/個	…1,200円/個
直接材料費Ｂ	標準単価	250円/個	×標準消費量	6個/個	…1,500
直接労務費	標準賃率	1,800円/時間	×標準直接作業時間	2時間/個	…3,600
変動製造間接費	標準配賦率	900円/時間	×標準直接作業時間	2時間/個	…1,800
固定製造間接費	標準配賦率	600円/時間	×標準直接作業時間	2時間/個	…1,200
			製品Ｑ１個あたり正味標準製造原価		9,300円/個
正常仕損費	（4,500円/個（＊）－300円/個）×正常仕損率４％				168
			製品Ｑ１個あたり総標準製造原価		9,468円/個

（＊）正常仕損の発生点（加工進捗度50％）までの正味標準製造原価

直接材料費Ａ	1,200円/個	×100％＝	1,200円/個
直接材料費Ｂ	1,500円	× 0％＝	0
直接労務費	3,600円	× 50％＝	1,800
変動製造間接費	1,800円	× 50％＝	900
固定製造間接費	1,200円	× 50％＝	600
		合計	4,500円/個

2．正常仕損費の負担関係の把握

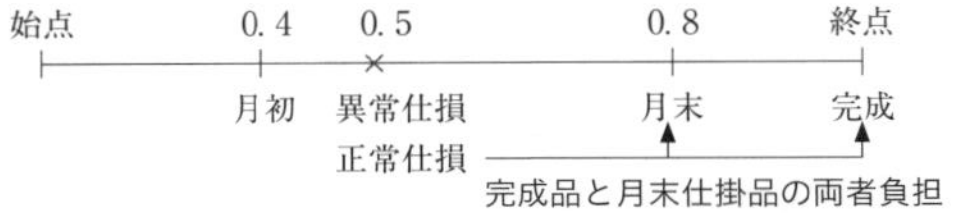

（注）月初仕掛品は，月初時点で正常仕損の発生点を通過していないため，正常仕損費を負担しない正味標準製造原価で計算する。

3．生産データの整理［生産データの（　）内は，加工費の完成品換算量］

仕掛品―直接材料費Ａおよび加工費

月初	300個 （120個）	完成	4,500個 （4,500個）
当月投入	4,850個 （4,840個） 〔貸借差引〕	正常仕損	180個 （90個）
		異常仕損	2個 （1個）
		正常仕損	18個 （9個）
		月末	450個 （360個）

正常仕損180個：完成品量×４％
異常仕損2個：200個（実際仕損）－（180個＋18個）（正常仕損）
正常仕損18個：月末仕掛品量×４％

→当月標準消費量の計算
直接材料Ａ消費量：4,850個× 4kg/個＝19,400kg
直接作業時間：4,840個×２時間/個＝9,680時間

仕掛品―直接材料費Ｂ

月初	0個	完成品	4,500個
当月投入	4,725個 〔貸借差引〕	正常仕損	0個（＊）
		異常仕損	0個（＊）
		正常仕損	0個（＊）
		月末	225個

（＊）仕損発生点が直接材料Ｂ投入地点（70％と工程終点）より前にあるため，仕損品には直接材料Ｂは含まれない（＝０％）。

→当月標準消費量の計算
直接材料Ｂ消費量：4,725個×６個/個＝28,350個

4．仕掛品勘定の記入

完成品製造原価：9,468円/個×4,500個＝42,606,000円

仕損品評価額：300円/個×（198個＋２個）＝60,000円

異常仕損費：

直接材料費Ａ：1,200円/個×２個	＝	2,400円
直接材料費Ｂ：1,500円/個×０個	＝	0円
直接労務費：3,600円/個×１個	＝	3,600円
製造間接費：（1,800円/個＋1,200円/個）×１個	＝	3,000円
小計		9,000円
仕損品評価額：300円/個×２個	＝	(−)600円
差引		8,400円

月末仕掛品原価：（正常仕損の発生点を通過しているため，正常仕損費を負担させる）

直接材料費Ａ：1,200円/個×450個	＝	540,000円
直接材料費Ｂ：1,500円/個×225個	＝	337,500円
直接労務費：3,600円/個×360個	＝	1,296,000円
製造間接費：（1,800円/個＋1,200円/個）×360個	＝	1,080,000円
正常仕損費：168円/個×450個	＝	75,600円
合計		3,329,100円

月初仕掛品原価：

直接材料費Ａ：1,200円/個×300個	＝	360,000円
直接材料費Ｂ：1,500円/個× 0個	＝	0円
直接労務費：3,600円/個×120個	＝	432,000円
製造間接費：（1,800円/個＋1,200円/個）×120個	＝	360,000円
合計		1,152,000円

当月製造費用：パーシャル・プランであるため，仕掛品勘定の借方には当月実際製造費用を記入する。

標準原価総差異：仕掛品勘定の貸借差額で1,345,775円〔借方〕

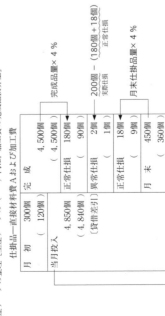

5．標準原価総差異の分析

仕損の発生点が変化した場合，各原価要素の標準消費量のみが変化し，他の計算要素は影響を受けない。したがって，消費量差異，時間差異，能率差異以外は〔問１〕の計算結果と変わらないことに注意する。

〈直接材料費差異〉

直接材料費Ａ：

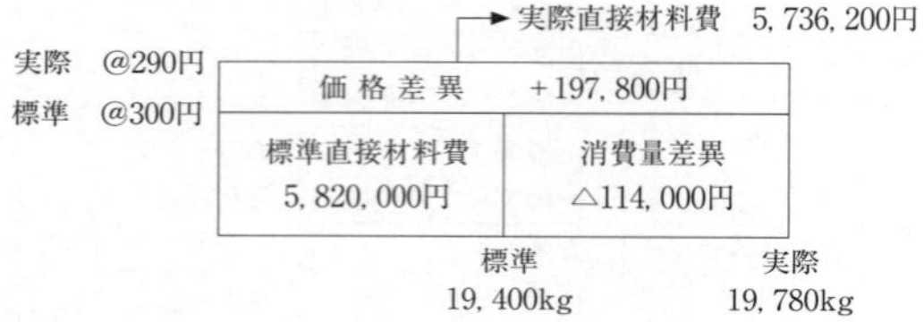

直接材料費Ｂ：

直接材料費Ａ価格差異：(@300円－@290円)×19, 780kg　＝(+)197, 800円〔 貸方 〕
直接材料費Ｂ価格差異：(@250円－@265円)×29, 055個　＝(−)435, 825円〔 借方 〕
合　計　(−)238, 025円〔 借方 〕
直接材料費Ａ消費量差異：@300円×(19, 400kg－19, 780kg)＝(−)114, 000円〔 借方 〕
直接材料費Ｂ消費量差異：@250円×(28, 350個－29, 055個)＝(−)176, 250円〔 借方 〕
合　計　(−)290, 250円〔 借方 〕

〈直接労務費差異〉

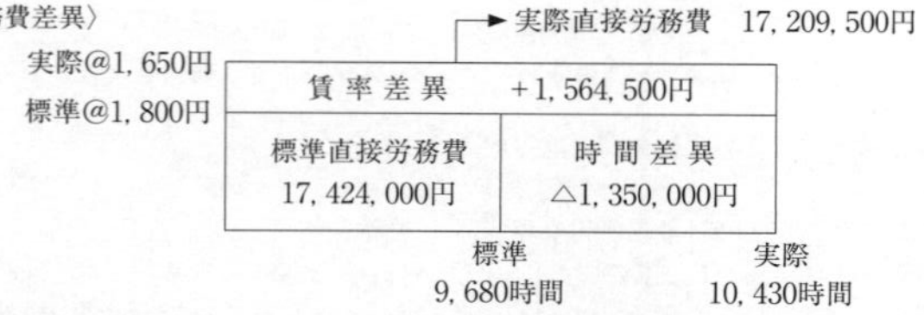

直接労務費賃率差異：(@1, 800円－@1, 650円)×10, 430時間＝(+)1, 564, 500円〔貸方〕
直接労務費時間差異：@1, 800円×(9, 680時間－10, 430時間)＝(−)1, 350, 000円〔借方〕

〈製造間接費差異〉

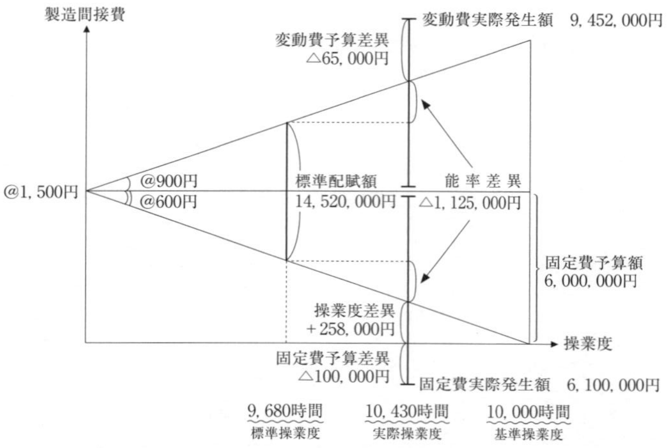

変動製造間接費予算差異：@900円×10, 430時間－9, 452, 000円＝(−)65, 000円〔借方〕
固定製造間接費予算差異：6, 000, 000円－6, 100, 000円＝(−)100, 000円〔借方〕
製造間接費能率差異：(@900円＋@600円)×(9, 680時間－10, 430時間)
＝(−)1, 125, 000円〔借方〕
操　業　度　差　異：@600円×(10, 430時間－10, 000時間)＝(+)258, 000円〔貸方〕

問題7-16

〔問１〕　（単位：千円）

完成品総合原価	185, 687	月末仕掛品原価	8, 313

〔問２〕　（単位：千円）

	完成品原価	月末仕掛品原価	標準原価差異
正常仕損費を含まない原価標準で良品の原価を計算する場合	164, 500	7, 200	22, 300（ Ｕ ）
正常仕損費を含む原価標準で良品の原価を計算する場合	174, 700	7, 200	12, 100（ Ｕ ）

〔問３〕

（単位：千円）

標準原価差異の分析		正常仕損費を含まない原価標準で良品の原価を計算する場合		正常仕損費を含む原価標準で良品の原価を計算する場合	
直接材料費差異（A材料）	総差異	6, 400	（U）	1, 600	（U）
	価格差異	400	（U）	400	（U）
	消費量差異	6, 000	（U）	1, 200	（U）
直接材料費差異（B材料）	総差異	500	（F）	500	（F）
	価格差異	500	（F）	500	（F）
	消費量差異	0	（－）	0	（－）
直接労務費差異	総差異	2, 568	（U）	1, 920	（U）
	賃率差異	1, 200	（U）	1, 200	（U）
	時間差異	1, 368	（U）	720	（U）
製造間接費差異	総差異	13, 832	（U）	9, 080	（U）
	予算差異	3, 800	（U）	3, 800	（U）
	能率差異	10, 032	（U）	5, 280	（U）
	操業度差異	0	（－）	0	（－）

〔問４〕

（単位：千円）

	仕損関連の差異		仕損無関連の差異	
直接材料消費量差異（A材料）	4, 800	（U）	1, 200	（U）
直接材料消費量差異（B材料）	0	（－）	0	（－）
直接労働時間差異	648	（U）	720	（U）
製造間接費能率差異	4, 752	（U）	5, 280	（U）
合　計	10, 200	（U）	7, 200	（U）

〔問５〕

（単位：千円）

実際原価計算の場合	11, 019	標準原価計算の場合	10, 200

解答への道

〔問１〕実際原価計算

1．タイム・テーブル（生産状況の把握）

月末仕掛品（加工費進捗度80％）はB材料の投入点（加工費進捗度90％）を通過していないため，B材料費を負担しないことに注意する。

2．実際原価計算による完成品総合原価と月末仕掛品原価の計算

⑴　生産データの整理

本問では仕損品数量の記録は行われていないため，仕損品は度外視して投入原価を完成品と月末仕掛品に按分する。

仕掛品―直材（A）

投入	完成	
5, 300 個	5, 000個	
70, 000千円	月末 300 個	3, 962. 26…千円

仕掛品―直接労務費

投入	完成	
5, 240 個	5, 000個	
12, 000千円	月末 240 個	549. 61…千円

仕掛品―直材（B）

投入	完成	
5, 000 個	5, 000個	
29, 000千円	月末 0 個	0千円

仕掛品―製造間接費

投入	完成	
5, 240 個	5, 000個	
83, 000千円	月末 240 個	3, 801. 52…千円

⑵　月末仕掛品原価

直接材料費（A）：70, 000千円÷(5, 000個＋300個)×300個＝3, 962. 26…千円

直接材料費（B）：　0　千円

直接労務費：12, 000千円÷(5, 000個＋240個)×240個＝　549. 61…千円

製造間接費：83, 000千円÷(5, 000個＋240個)×240個＝3, 801. 52…千円

合　計　8, 313千円（四捨五入）

⑶　完成品総合原価

70, 000千円＋29, 000千円＋12, 000千円＋83, 000千円－8, 313千円＝185, 687千円

〔問２〕標準原価計算

1．正常仕損費を含まない原価標準で良品の原価を計算する場合

〔問２〕の資料に示された正常仕損費を含まない原価標準をそのまま用いて計算する。その結果，正常仕損費は良品の原価に算入されず，すべて標準原価差異に含まれて把握されることになる。

⑴　完成品原価

@32, 900円×5, 000個＝164, 500千円

⑵　月末仕掛品原価

直接材料費（A）：@12, 000円×300個＝3, 600千円

直接材料費（B）：　0千円

直接労務費：@　1, 800円×240個＝　432千円

製造間接費：@13, 200円×240個＝3, 168千円

合　計　7, 200千円

(3) 標準原価差異

(164, 500千円＋7, 200千円)－194, 000千円＝(－)22, 300千円（U）

パーシャル・プランによる仕掛品勘定を示せば次のようになる。

仕　掛　品　（単位：千円）

直接材料費（A）	70, 000	完成品総合原価	164, 500
直接材料費（B）	29, 000	月末仕掛品原価	7, 200
直 接 労 務 費	12, 000	標 準 原 価 差 異	22, 300
製 造 間 接 費	83, 000		
	194, 000		194, 000

2．正常仕損費を含む原価標準で良品の原価を計算する場合

(1) 正常仕損費の負担関係の把握

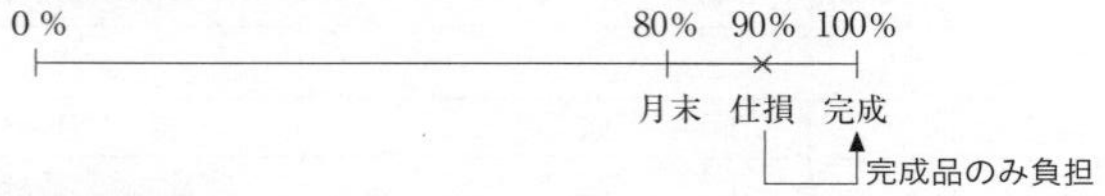

(2) 原価標準の設定

〔問2〕の資料に示された製品Sの原価標準に正常仕損費を組み込む。その際，上記(1)より，検査点を通過する良品のみが正常仕損費を負担できるように，正味標準製造原価に正常仕損費を特別費として加算する方法（いわゆる第2法）を用いることになる。

完成品のみ負担を想定しているケースにおいて第1法で解答すると，月末仕掛品原価にも正常仕損費が混入することになり，正確性に欠ける処理となる。にも関わらず第1法を要求するならば，それ相応の指示が付くと考えて差し支えない。本問では第1法で解くべき直接的な指示がないことからも第2法で解答すべきである。

〈製品Sの原価標準〉

正味標準製造原価		32, 900円
正常仕損費	25, 500円(＊)×8％＝	2, 040円
総標準製造原価		34, 940円

（＊）仕損発生点（加工費進捗度90％）までの正味標準製造原価

直接材料費（A）	：@12, 000円×100％＝	12, 000円
直接材料費（B）	：	0円
直 接 労 務 費	：@ 1, 800円× 90％＝	1, 620円
製 造 間 接 費	：@13, 200円× 90％＝	11, 880円
合　計		25, 500円

(3) 完成品原価

@34, 940円×5, 000個＝174, 700千円

(4) 月末仕掛品原価

直接材料費（A）	：@12, 000円×300個＝	3, 600千円
直接材料費（B）	：	0千円
直 接 労 務 費	：@ 1, 800円×240個＝	432千円
製 造 間 接 費	：@13, 200円×240個＝	3, 168千円
合　計		7, 200千円

(5) 標準原価差異

(174, 700千円＋7, 200千円)－194, 000千円＝(－)12, 100千円（U）

パーシャル・プランによる仕掛品勘定を示せば次のようになる。

仕　掛　品　（単位：千円）

直接材料費（A）	70, 000	完成品総合原価	174, 700
直接材料費（B）	29, 000	月末仕掛品原価	7, 200
直 接 労 務 費	12, 000	標 準 原 価 差 異	12, 100
製 造 間 接 費	83, 000		
	194, 000		194, 000

〔問3〕標準原価差異の分析

1．正常仕損費を含まない原価標準で良品の原価を計算する場合

(1) 標準消費量の把握

仕掛品―直材（A）

投入	完成
5, 300個	5, 000個
	月末 300個

→標準消費量

5, 300個×5kg＝26, 500kg

仕掛品―直接労務費

投入	完成
5, 240個	5, 000個
	月末 240個

→標準作業時間

5, 240個×2時間＝10, 480時間

仕掛品―直材（B）

投入	完成
5, 000個	5, 000個
	月末 0個

→標準消費量

5, 000個×1kg＝5, 000kg

仕掛品―製造間接費

投入	完成
5, 240個	5, 000個
	月末 240個

→標準作業時間

5, 240個×2時間＝10, 480時間

(2) 直接材料費（A）の差異分析

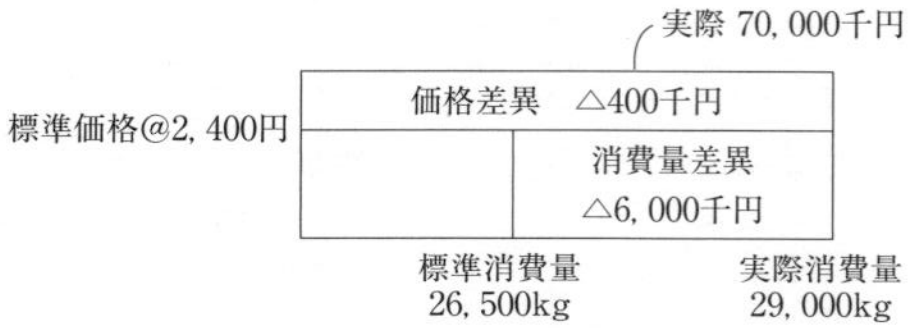

価 格 差 異：2, 400円/kg×29, 000kg－70, 000千円＝(－)　400千円（U）

消費量差異：2, 400円/kg×(26, 500kg－29, 000kg)＝(－)6, 000千円（U）

総　差　異：(－)6, 400千円（U）

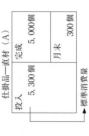

(3) 直接材料費（B）の差異分析

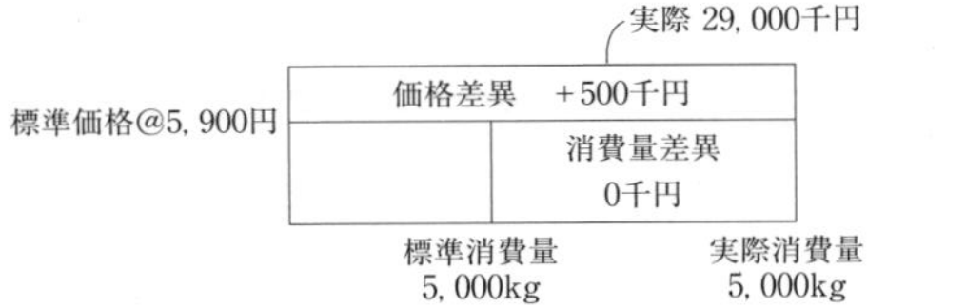

価 格 差 異：5, 900円/kg×5, 000kg－29, 000千円＝(+)500千円（F）
消費量差異：5, 900円/kg×（5, 000kg－5, 000kg）＝ 0千円（－）
総 差 異： (+)500千円（F）

(4) 直接労務費の差異分析

賃率差異：900円/時×12, 000時間－12, 000千円 ＝(－)1, 200千円（U）
時間差異：900円/時×（10, 480時間－12, 000時間）＝(－)1, 368千円（U）
総 差 異： (－)2, 568千円（U）

(5) 製造間接費の差異分析

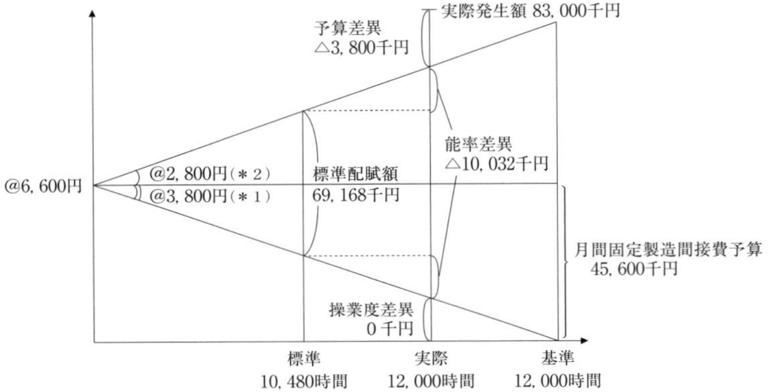

（＊1）固定費率：45, 600千円÷12, 000時間＝3, 800円/時
（＊2）変動費率：6, 600円/時－3, 800円/時＝2, 800円/時

予 算 差 異：2, 800円/時×12, 000時間＋45, 600千円－83, 000千円＝(－) 3, 800千円（U）
能 率 差 異：6, 600円/時×（10, 480時間－12, 000時間） ＝(－)10, 032千円（U）
操業度差異：3, 800円/時×（12, 000時間－12, 000時間） ＝ 0千円（－）
総 差 異： (－)13, 832千円（U）

2．正常仕損費を含む原価標準で良品の原価を計算する場合

(1) 標準消費量の把握

月末仕掛品は正常仕損の発生点を通過していないため，完成品に対してのみ８％分の正常仕損品量を計上する。

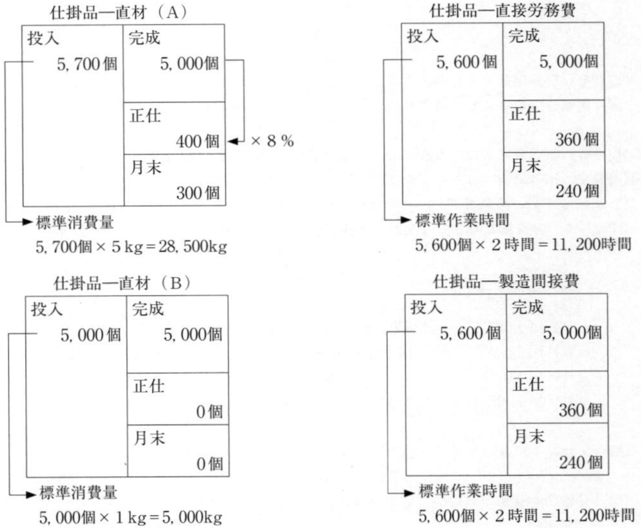

(2) 直接材料費（A）の差異分析

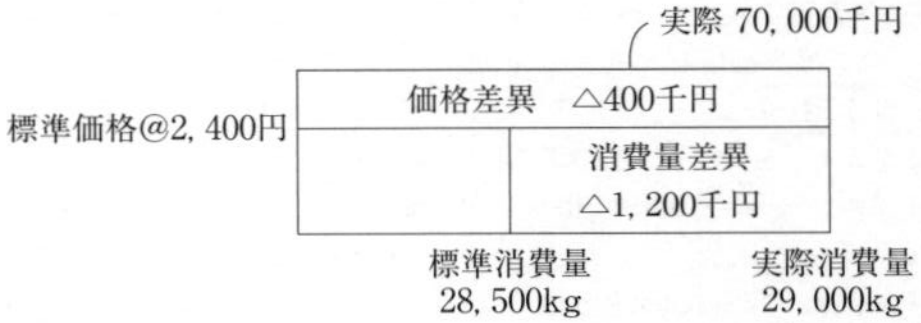

価 格 差 異：2, 400円/kg×29, 000kg－70, 000千円＝(－) 400千円（U）
消費量差異：2, 400円/kg×（28, 500kg－29, 000kg）＝(－)1, 200千円（U）
総 差 異： (－)1, 600千円（U）

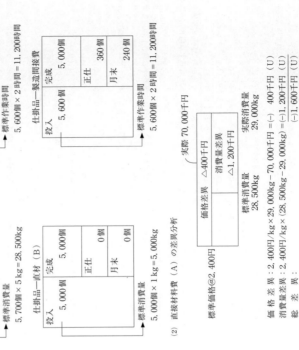

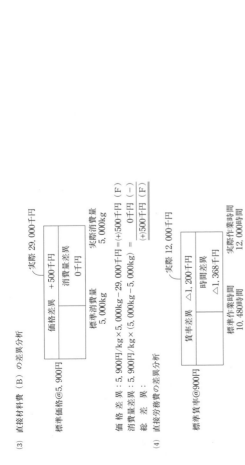

(3) 直接材料費（B）の差異分析

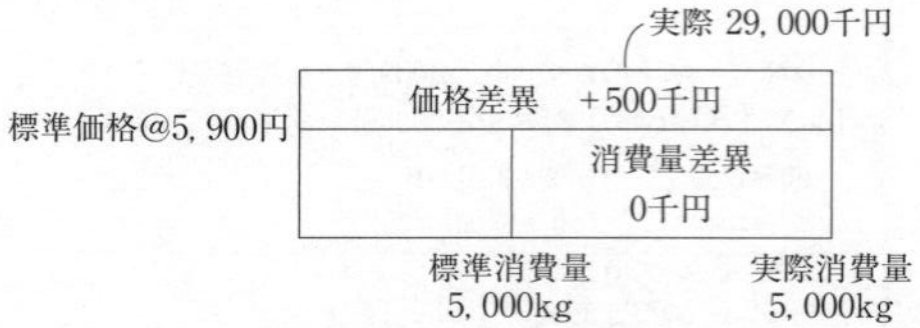

価 格 差 異：5, 900円/kg×5, 000kg－29, 000千円＝(+)500千円（F）
消費量差異：5, 900円/kg×(5, 000kg－5, 000kg)　＝　0千円（－）
総　差　異：　(+)500千円（F）

(4) 直接労務費の差異分析

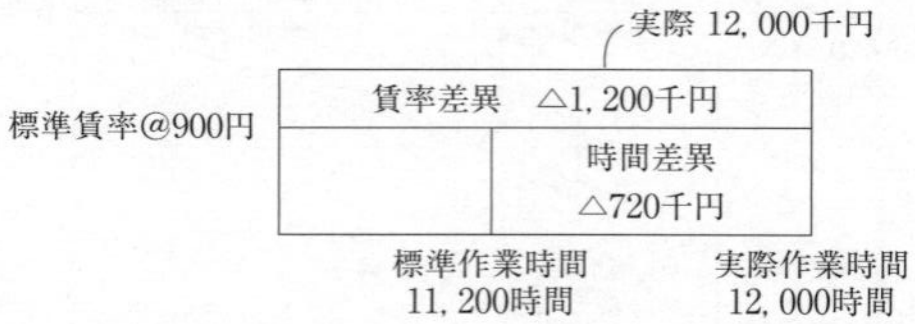

賃率差異：900円/時×12, 000時間－12, 000千円　＝(－)1, 200千円（U）
時間差異：900円/時×(11, 200時間－12, 000時間)＝(－)　720千円（U）
総 差 異：　(－)1, 920千円（U）

(5) 製造間接費の差異分析

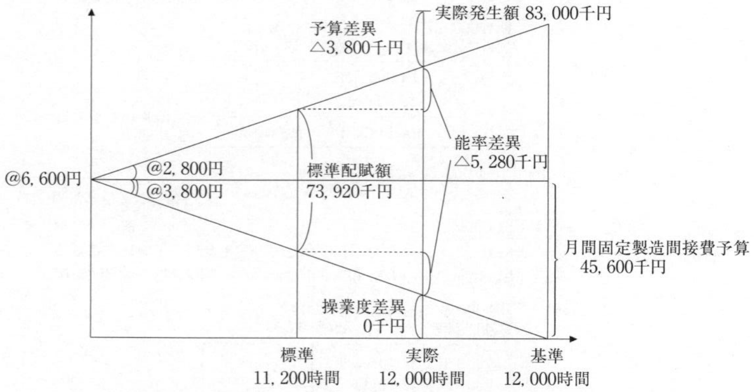

予 算 差 異：2, 800円/時×12, 000時間＋45, 600千円－83, 000千円＝(－)3, 800千円（U）
能 率 差 異：6, 600円/時×(11, 200時間－12, 000時間)　＝(－)5, 280千円（U）
操業度差異：3, 800円/時×(12, 000時間－12, 000時間)　＝　0千円（－）
総　差　異：　(－)9, 080千円（U）

〔問4〕仕損関連の差異を標準原価差異から分離する計算

1．仕損関連の差異の計算

〔問3〕における「正常仕損費を含まない原価標準で良品の原価を計算する場合」では，正常仕損費が標準原価差異の中に含まれてしまっているので，当該正常仕損費を計算して標準原価差異から分離する。

直接材料消費量差異（A材料）：@12, 000円×400個＝(－) 4, 800千円（U）
直接材料消費量差異（B材料）：　0千円（－）
直 接 労 働 時 間 差 異：@1, 800円×360個 ＝(－)　648千円（U）
製 造 間 接 費 能 率 差 異：@13, 200円×360個＝(－) 4, 752千円（U）
合　計　(－)10, 200千円（U）

なお，上で求めた差異の金額は〔問3〕の「正常仕損費を含まない原価標準で良品の原価を計算する場合」の消費量差異等と，「正常仕損費を含む原価標準で良品の原価を計算する場合」の消費量差異等との差額と一致する。

2．仕損無関連の差異の計算

〔問3〕における「正常仕損費を含まない原価標準で良品の原価を計算する場合」の消費量差異，時間差異，能率差異から仕損関連の差異を控除すればよい。

その結果，仕損無関連の差異は〔問3〕の「正常仕損費を含む原価標準で良品の原価を計算する場合」の消費量差異等と一致する。

直接材料消費量差異（A材料）：6, 000千円－4, 800千円　＝(－)1, 200千円（U）
直接材料消費量差異（B材料）：　0千円（－）
直 接 労 働 時 間 差 異：1, 368千円－648千円　＝(－)　720千円（U）
製 造 間 接 費 能 率 差 異：10, 032千円－4, 752千円＝(－)5, 280千円（U）
合　計　(－)7, 200千円（U）

〔問5〕予防・評価原価の投資上限の計算

品質適合コスト（予防原価・評価原価）と品質不適合コスト（失敗原価ともいう。本問では正常仕損費のみを指す。）は，トレード・オフの関係にある。すなわち，品質適合コストを掛けることで仕損をゼロにできれば，引き替えに品質不適合コストは回避できる。ただし，現状発生する仕損費をゼロにするため，それを超える予防原価等をかけては意味がない。なぜならコスト総額はむしろ増えてしまうからである。

したがって，回避できた失敗原価以下の金額であれば品質適合コストを投じる価値があると考えられる。すなわち，品質管理活動を行う上で投じることができる予防原価と評価原価の合計額の上限は，失敗原価と同額となる。

1．実際原価計算の場合

仕掛品―直材（A）

投入 5, 700個 70, 000千円	完成 5, 000個
	正仕 400個 （4, 912. 28…千円）
	月末 300個

仕掛品―直接労務費

投入 5, 600個 12, 000千円	完成 5, 000個
	正仕 360個 （771. 42…千円）
	月末 240個

仕掛品―直材（B）

投入 5, 000個 29, 000千円	完成 5, 000個
	正仕 0個 （0千円）
	月末 0個

仕掛品―製造間接費

投入 5, 600個 83, 000千円	完成 5, 000個
	正仕 360個 （5, 335. 71…千円）
	月末 240個

直接材料費（A）：70, 000千円÷(5, 000個＋400個＋300個)×400個＝ 4, 912. 28…千円
直接材料費（B）： 0 千円
直接労務費：12, 000千円÷(5, 000個＋360個＋240個)×360個＝ 771. 42…千円
製造間接費：83, 000千円÷(5, 000個＋360個＋240個)×360個＝ 5, 335. 71…千円
合　計 11, 019千円（四捨五入）

2．標準原価計算の場合
10, 200千円（解説〔問４〕の１参照）

問題7-17

〔問１〕

素　材　s	84, 000　円	（ 借方 , **貸方** ）
半製品s－2	292, 050　円	（ **借方** , 貸方 ）
半製品s－3	0　円	（ 借方 , 貸方 ）

〔問２〕

第 1 工 程	16, 500　円	（ 借方 , **貸方** ）
第 2 工 程	15, 000　円	（ **借方** , 貸方 ）
仕 上 工 程	45, 000　円	（ **借方** , 貸方 ）

〔問３〕

仕　掛　品　（単位：円）

月初仕掛品	（ 1, 490, 500 ）	製　品	（ 29, 150, 000 ）
素　材	（ 3, 480, 000 ）	月末仕掛品	（ 2, 763, 750 ）
直接労務費	（ 8, 037, 000 ）	外注先負担分	（ 66, 000 ）
直接経費	（ 3, 877, 500 ）	原価差異	（ 105, 250 ）
製造間接費	（ 15, 200, 000 ）		
	（ 32, 085, 000 ）		（ 32, 085, 000 ）

解答への道

1．原価標準の設定

半製品s－1

素　材　s	@1, 200円×1. 1個(＊)　＝ 1, 320円	(＊）仕損見積10%を含む。
第1工程		
直接労務費	@1, 500円×0. 88時間(＊)　＝ 1, 320円	
製造間接費	@2, 000円×0. 88時間(＊)　＝ 1, 760円	
合　計	4, 400円	

半製品s－2

半製品s－1	@4, 400円×1. 1個(＊)　＝ 4, 840円	(＊）仕損見積10%を含む。
外注加工賃	@1, 650円×1個(注)　＝ 1, 650円	(注）外注加工賃は納品分に対して生じるため，数量を10%増しにする必要はない。
合　計	6, 490円	

半製品s－3

半製品s－2	@6, 490円×1. 1個(＊)　＝ 7, 139円	(＊）仕損見積10%を含む。
第2工程		
直接労務費	@1, 500円×0. 66時間(＊)　＝ 990円	
製造間接費	@3, 100円×0. 66時間(＊)　＝ 2, 046円	
合　計	10, 175円	

製品S

半製品s－3	@10, 175円×1個　＝ 10, 175円	(注）仕上工程では仕損は生じない。
仕上工程		
直接労務費	@1, 500円×0. 8時間　＝ 1, 200円	
製造間接費	@4, 000円×0. 8時間　＝ 3, 200円	
合　計	14, 575円	

2．生産データの整理

本問ではいわゆる第１法（仕損見積を標準消費量に算入する方法）によっているため，仕損量は正常，異常を問わず，生産データから除外することに注意する。

ただし，外注先で生じた異常仕損については，異常仕損費を把握すると同時に，その金額を買掛金から控除しなければならないため，異常仕損量を分離把握しなければならないことに注意する。

（＊）外注先の正常仕損量：2, 350個×10％＝235個

3．消費量差異の計算（問１）

(1)　素材ｓ

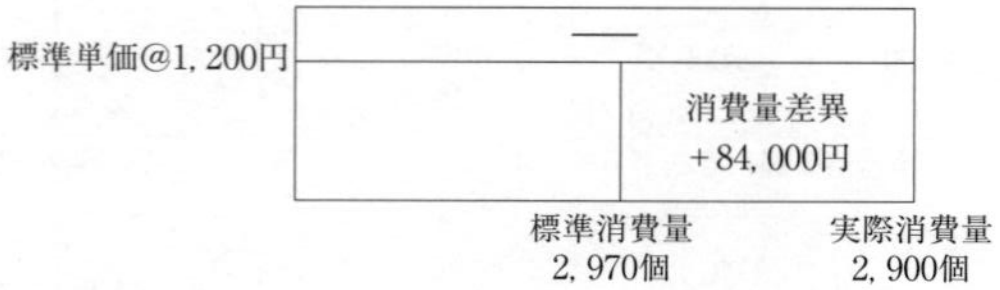

消費量差異：@1, 200円×（2, 970個－2, 900個）＝(+)84, 000円（貸方）

(2)　半製品ｓ－２

消費量差異：@6, 490円×（2, 255個－2, 300個）＝(−)292, 050円（借方）

(3)　半製品ｓ－３

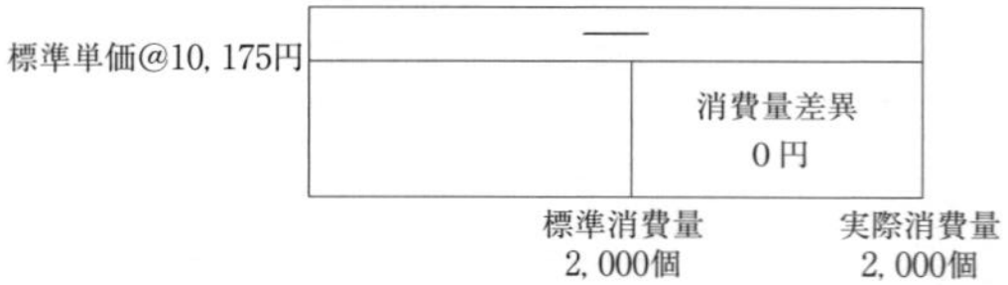

消費量差異：@10, 175円×（2, 000個－2, 000個）＝０円

4．作業時間差異の計算（問２）

(1)　第１工程

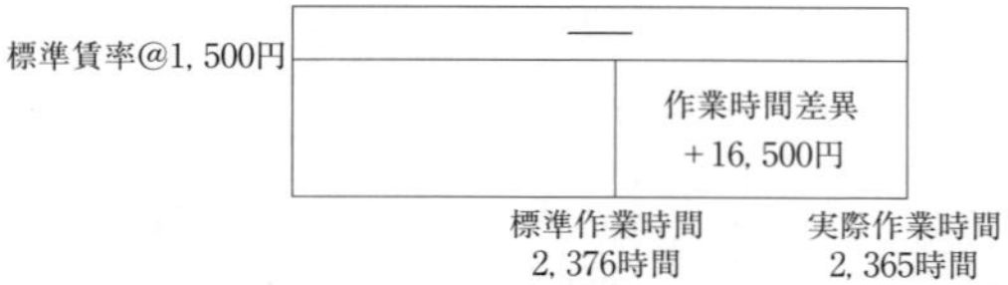

作業時間差異：@1, 500円×（2, 376時間－2, 365時間）＝(+)16, 500円（貸方）

(2)　第２工程

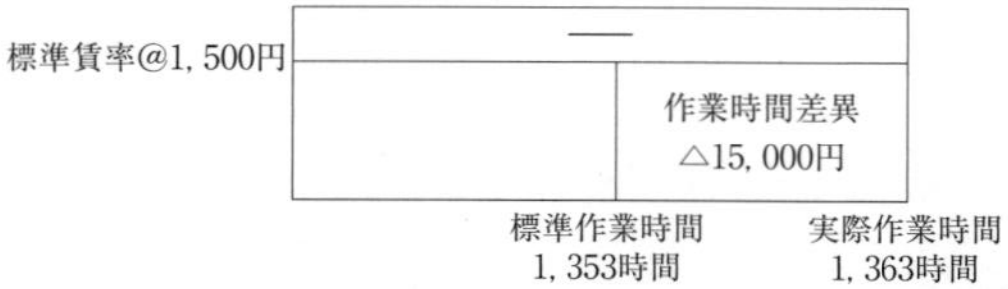

作業時間差異：@1, 500円×（1, 353時間－1, 363時間）＝(−)15, 000円（借方）

(3) 仕上工程

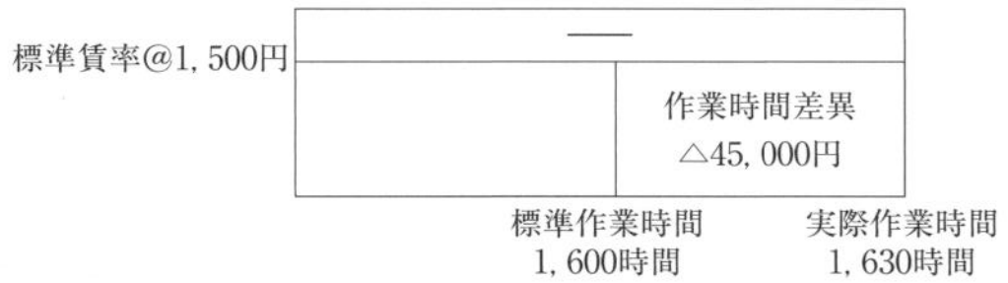

作業時間差異：@1, 500円×(1, 600時間－1, 630時間)＝(－)45, 000円（借方）

5．仕掛品勘定の作成（問3・修正パーシャル・プラン）

本問では，工程別に仕掛品勘定が設定されていないため，すべての工程分を合算して記入する。その際，工程間で振り替えられる部分（下記▒部）は貸借で相殺され，仕掛品勘定には現れない。

なお，本問では，「自工場工程内および外注先の在庫は存在しない」ため，工程間在庫（半製品在庫）が月初・月末仕掛品に相当することになる。

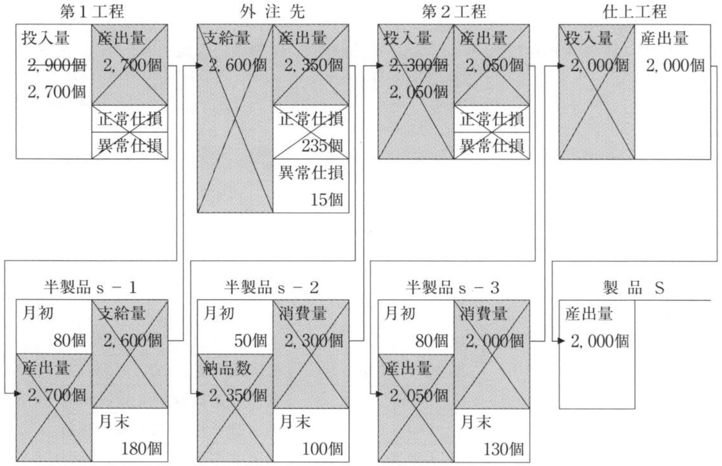

〈借方〉

月初仕掛品原価：@4, 400円(半製品s－1)×80個＋@6, 490円(半製品s－2)×50個
＋@10, 175円(半製品s－3)×80個＝1, 490, 500円

当月消費額

素　　　材：@1, 200円(素材s)×2, 900個＝3, 480, 000円

直接労務費：@1, 500円×(2, 365時間＋1, 363時間＋1, 630時間)＝8, 037, 000円

直接経費：@1, 650円×2, 350個＝3, 877, 500円

製造間接費：15, 200, 000円（実際発生額）

〈貸方〉

完成品原価：@14, 575円×2, 000個＝29, 150, 000円

月末仕掛品原価：@4, 400円(半製品s－1)×180個＋@6, 490円(半製品s－2)×100個
＋@10, 175円(半製品s－3)×130個＝2, 763, 750円

外注先負担分：@4, 400円(半製品s－1)×15個(異常仕損量)＝66, 000円

原価差異：仕掛品勘定の貸借差額で105, 250円（借方差異）

【参考】

原価差異については原価要素ごとの差異を合計して求めることもできる。本問は修正パーシャル・プランによっているため，仕掛品勘定で把握される原価差異の内訳は，消費量差異，作業時間差異，製造間接費差異である。

消費量差異：(＋)84, 000円＋(－)292, 050円 ＝(－)208, 050円(借方)…〔問1〕より
作業時間差異：(＋)16, 500円＋(－) 15, 000円＋(－)45, 000円＝(－) 43, 500円(借方)…〔問2〕より
製造間接費差異：15, 346, 300円(＊)－15, 200, 000円 ＝(＋)146, 300円(貸方)
原価差異合計 (－)105, 250円(借方)

（＊）製造間接費標準配賦額
@2, 000円×2, 376時間（第1工程）＋@3, 100円×1, 353時間（第2工程）＋@4, 000円×1, 600時間（仕上工程）＝15, 346, 300円

問題7-18

〔問1〕

仕　掛　品　（単位：円）

月初仕掛品	(2, 876, 400)	製　　　品	(61, 200, 000)
直接材料費	(15, 328, 000)	月末仕掛品	(3, 290, 400)
直接労務費	(17, 508, 000)	原価差異	(481, 000)
製造間接費	29, 259, 000		
	(64, 971, 400)		(64, 971, 400)

〔問2〕

直接材料消費量差異	114, 000 円	(有利差異 , (不利差異))

〔問3〕

直接作業時間差異	108, 000 円	(有利差異 , (不利差異))

〔問4〕

製造間接費総差異	259,000 円	（ 有利差異 ， **不利差異** ）

〔問5〕

予算差異	372,000 円	（ **有利差異** ， 不利差異 ）
能率差異	81,000 円	（ 有利差異 ， **不利差異** ）
操業度差異	550,000 円	（ 有利差異 ， **不利差異** ）

〔問6〕

材料M第1工程消費量差異	18,000 円	（ 有利差異 ， **不利差異** ）
材料N第1工程消費量差異	13,000 円	（ 有利差異 ， **不利差異** ）
材料N第3工程消費量差異	16,000 円	（ **有利差異** ， 不利差異 ）
前工程完成品第2工程消費量差異	182,000 円	（ 有利差異 ， **不利差異** ）
前工程完成品第3工程消費量差異	137,400 円	（ 有利差異 ， **不利差異** ）

〔問7〕

第1工程作業時間差異	12,000 円	（ 有利差異 ， **不利差異** ）
第2工程作業時間差異	14,400 円	（ **有利差異** ， 不利差異 ）
第3工程作業時間差異	24,000 円	（ 有利差異 ， **不利差異** ）

解答への道

〔問1〕仕掛品勘定の完成

1．標準原価カード

〈第1工程〉

M材料費：1,200円/個×1個/個　＝ 1,200円
N材料費：1,000円/kg×1.5kg/個 ＝ 1,500円
直接労務費：2,400円/時間×1時間/個＝ 2,400円
製造間接費：4,000円/時間×1時間/個＝ 4,000円
合　計（第1工程完成品原価） 9,100円

〈第2工程〉

前工程費：9,100円/個×1個/個　＝ 9,100円
N材料費：1,000円/kg×0.8kg/個 ＝ 800円
直接労務費：2,400円/時間×0.6時間/個＝ 1,440円
製造間接費：4,000円/時間×0.6時間/個＝ 2,400円
合　計（第2工程完成品原価） 13,740円

〈第3工程〉

前工程費：13,740円/個×1個/個　＝ 13,740円
N材料費：1,000円/kg×0.7kg/個　＝ 700円
直接労務費：2,400円/時間×0.4時間/個＝ 960円
製造間接費：4,000円/時間×0.4時間/個＝ 1,600円
合　計（最終完成品原価） 17,000円

2．生産データ

第1工程仕掛品

投入	完成
3,620個	3,620個

第1工程完成品

月初　150個	次工程振替 3,650個
完成 3,620個（貸借差額）	月末　120個

標準消費量・標準作業時間
材料M：3,620個× 1 個＝3,620個
材料N：3,620個×1.5kg＝5,430kg
作業時間：3,620個× 1 時＝3,620時

第2工程仕掛品

投入	完成
3,650個	3,650個

第2工程完成品

月初　110個	次工程振替 3,600個
完成 3,650個（貸借差額）	月末　160個

標準消費量・標準作業時間
材料N：3,650個×0.8kg＝2,920kg
作業時間：3,650個×0.6時＝2,190時

第3工程仕掛品

投入	最終完成
3,600個	3,600個

標準消費量・標準作業時間
材料N：3,600個×0.7kg＝2,520kg
作業時間：3,600個×0.4時＝1,440時

3．仕掛品勘定の計算

〔借方〕

月初仕掛品：9,100円/個×150個（第1工程完成品）＋13,740円/個×110個（第2工程完成品）＝2,876,400円

直接材料費：1,200円/個×3,665個（材料M）＋1,000円/kg×10,930kg（材料N）＝15,328,000円

直接労務費：2,400円/時間×7,295時間＝17,508,000円

製造間接費：29,259,000円（所与）

〔貸方〕

製　　品：17,000円/個×3,600個＝61,200,000円

月末仕掛品：9,100円/個×120個（第1工程完成品）＋13,740円/個×160個（第2工程完成品）＝3,290,400円

原価差異：481,000円（貸借差額）

〔問２〕直接材料消費量差異

〔材料M〕

標準 1, 200円/個

――	
	消費量差異 △54, 000円

標準 3, 620個　実際 3, 665個

1, 200円/個×(3, 620個－3, 665個)＝(−)54, 000円〔不利差異〕

〔材料N〕

標準消費量：5, 430kg＋2, 920kg＋2, 520kg＝10, 870kg

標準1, 000円/kg

――	
	消費量差異 △60, 000円

標準 10, 870kg　実際 10, 930kg

1, 000円/kg×(10, 870kg－10, 930kg)＝(−)60, 000円〔不利差異〕

〔合　計〕(−)54, 000円＋(−)60, 000円＝(−)114, 000円〔不利差異〕

〔問３〕直接作業時間差異

標準消費量：3, 620時間＋2, 190時間＋1, 440時間＝7, 250時間

標準2, 400円/時間

――	
	作業時間差異 △108, 000円

標準 7, 250時間　実際 7, 295時間

2, 400円/時間×(7, 250時間－7, 295時間)＝(−)108, 000円〔不利差異〕

〔問４〕製造間接費総差異

4, 000円/時間×7, 250時間－29, 259, 000円＝(−)259, 000円〔不利差異〕

または，4, 000円/個×3, 620個＋2, 400円/個×3, 650個＋1, 600円/個×3, 600個－29, 259, 000円
＝(−)259, 000円

〔問５〕製造間接費差異の分析

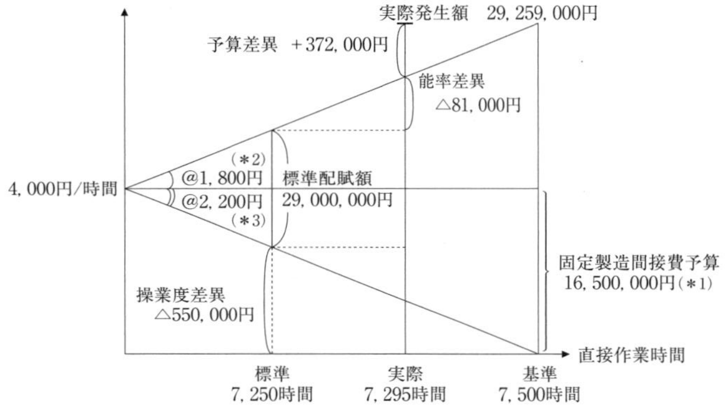

(＊１) 30, 000, 000円－13, 500, 000円＝16, 500, 000円
(＊２) 変動費率：13, 500, 000円÷7, 500時間＝1, 800円/時間
(＊３) 固定費率：16, 500, 000円÷7, 500時間＝2, 200円/時間

予 算 差 異：1, 800円/時間×7, 295時間＋16, 500, 000円－29, 259, 000円
＝(+)372, 000円〔有利差異〕

能 率 差 異：1, 800円/時間×(7, 250時間－7, 295時間)＝(−) 81, 000円〔不利差異〕

操業度差異：2, 200円/時間×(7, 250時間－7, 500時間)＝(−)550, 000円〔不利差異〕

〔問６〕〔問７〕工程別消費量差異および工程別作業時間差異の分析

1．生産データ

第１工程仕掛品

投入	完成
3, 650個	3, 650個

第１工程完成品

月初　150個	次工程振替
完成	3, 680個 (実績)
3, 650個 (貸借差額)	月末　120個

標準消費量・標準作業時間

材料M：3, 650個×　1　個＝3, 650個

材料N：3, 650個×1. 5kg＝5, 475kg

作業時間：3, 650個×　1　時＝3, 650時

第２工程仕掛品

投入	完成
3, 660個	3, 660個

第２工程完成品

月初　110個	次工程振替
完成	3, 610個 (実績)
3, 660個 (貸借差額)	月末　160個

標準消費量・標準作業時間

第１完成品：3, 660個×１個＝3, 660個

材　料　N：3, 660個×0. 8kg＝2, 928kg

作 業 時 間：3, 660個×0. 6時＝2, 196時

第３工程仕掛品

投入	最終完成
3, 600個	3, 600個

標準消費量・標準作業時間

第２完成品：3, 600個×１個＝3, 600個

材　料　N：3, 600個×0. 7kg＝2, 520kg

作 業 時 間：3, 600個×0. 4時＝1, 440時

〔材料M・第１工程消費量差異〕

標準 1, 200円/個

――	
	消費量差異 △18, 000円

標準 3, 650個　実際 3, 665個

1, 200円/kg×(3, 650個－3, 665個＝(−)18, 000円〔不利差異〕

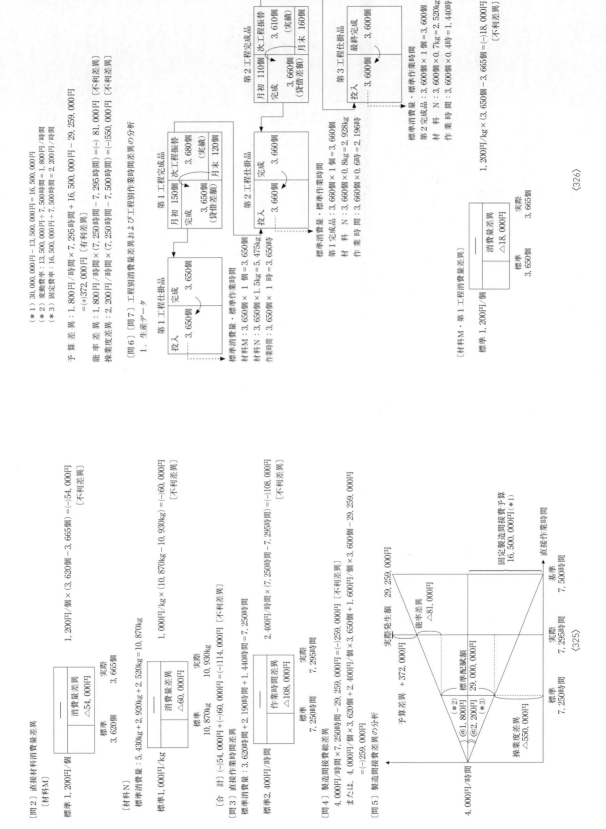

〔材料N・第1工程消費量差異〕

標準 1,000円/kg

──	
	消費量差異 △13,000円

標準 5,475kg　実際 5,488kg

1,000円/kg×(5,475kg－5,488kg)＝(−)13,000円〔不利差異〕

〔材料N・第2工程消費量差異〕⇨ 計算済み

標準 1,000円/kg

──	
	消費量差異 △10,000円

標準 2,928kg　実際 2,938kg

1,000円/kg×(2,928kg－2,938kg)＝(−)10,000円〔不利差異〕

〔材料N・第3工程消費量差異〕

標準 1,000円/kg

──	
	消費量差異 ＋16,000円

標準 2,520kg　実際 2,504kg

1,000円/kg×(2,520kg－2,504kg)＝(+)16,000円〔有利差異〕

〔前工程完成品・第2工程消費量差異〕

標準 9,100円/個

──	
	消費量差異 △182,000円

標準 3,660個　実際 3,680個

9,100円/個×(3,660個－3,680個)＝(−)182,000円〔不利差異〕

〔前工程完成品・第3工程消費量差異〕

標準 13,740円/個

──	
	消費量差異 △137,400円

標準 3,600個　実際 3,610個

13,740円/個×(3,600個－3,610個)＝(−)137,400円〔不利差異〕

〔第1工程作業時間差異〕

標準 2,400円/時間

──	
	作業時間差異 △12,000円

標準 3,650時間　実際 3,655時間

2,400円/時間×(3,650時間－3,655時間)＝(−)12,000円〔不利差異〕

〔第2工程作業時間差異〕

標準 2,400円/時間

──	
	作業時間差異 ＋14,400円

標準 2,196時間　実際 2,190時間

2,400円/時間×(2,196時間－2,190時間)＝(+)14,400円〔有利差異〕

〔第3工程作業時間差異〕

標準 2,400円/時間

──	
	作業時間差異 △24,000円

標準 1,440時間　実際 1,450時間

2,400円/時間×(1,440時間－1,450時間)＝(−)24,000円〔不利差異〕

問題7-19

問1

標準原価カード

直接材料費	(3,800)円/単位	×	(5)単位	＝	(19,000)円
変動加工費	(1,600)円/時間	×	(4)時間	＝	(6,400)円
固定加工費	(1,200)円/時間	×	(4)時間	＝	(4,800)円
段取費	(33,600)円/回	÷	(80)個	＝	(420)円
小計：製品Tの正味標準製造原価					(30,620)円
正常仕損費	(30,620)円/個	×	(10)%	＝	(3,062)円
合計：製品Tの総標準製造原価					(33,682)円

問2

仕掛品 (単位：円)

月初仕掛品原価	(2,001,600)	完成品製造原価	(50,523,000)
当月実際製造費用		異常仕損費	(2,143,400)
直接材料費	(32,640,000)	月末仕掛品原価	(888,800)
変動加工費	(11,690,000)	標準原価総差異	(1,763,400)
固定加工費	(8,987,000)		
	(55,318,600)		(55,318,600)

問3 (単位：円)

直接材料費総差異＝ 720,000 (借)	価格差異＝ 340,000 (借)	消費量差異＝ 380,000 (借)

問4 (単位：円)

加工費総差異＝ 1,043,400 (借)	予算差異＝ 77,000 (借)	能率差異＝ 666,400 (借)
	操業度差異＝ 300,000 (借)	

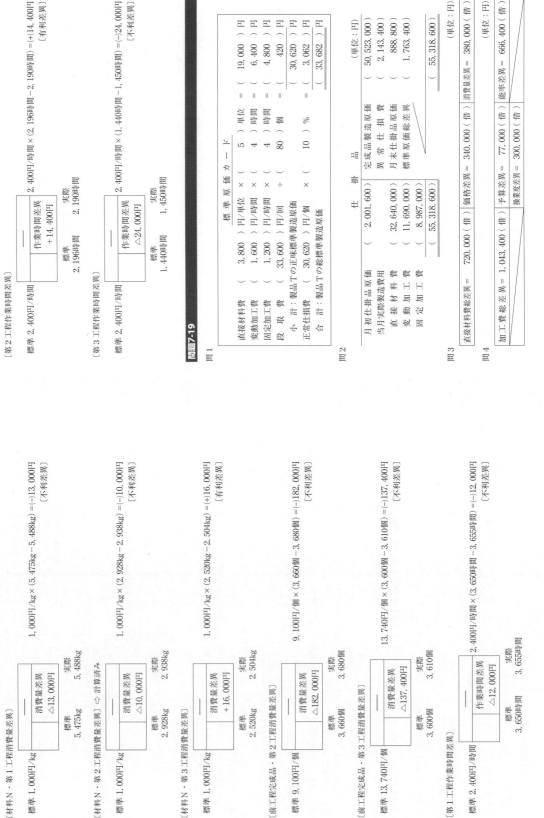

問５

> 当社では，問４の計算で能率差異を（　666,400　）円の（　借方　）差異と計算しているが，標準操業度を達成して削減できるのは，このうち（　380,800　）円だけである。なぜなら，能率を改善しても（　固定費　）の発生額は変わらないためである。よって，能率差異は（　変動費　）のみで計算すべきである。

問６

（単位：円）

予　算　差　異　＝　77,000（借）	能　率　差　異　＝　22,400（貸）
ロットサイズ変更差異　＝　403,200（借）	操　業　度　差　異　＝　585,600（借）

解答への道

問１　製品Ｔの標準原価カード

本問では工程の終点で正常仕損が発生し，良品に対する正常仕損率は10％である。問題指示にしたがい，正味標準製造原価に正常仕損費を別途加算する方法（いわゆる第２法）により，標準原価カードを作成する。その際に，段取費は標準ロットサイズ（80個）に対して一定額発生し，これを均等に負担させるように原価標準に組み込むことに注意する。なお，資料(9)において，一時的に当月からロットサイズを40個に変更しているが「原価標準に組み込まない」との指示があるため，段取費は標準ロットサイズ80個を１ロットとして計算すればよい。

標準原価カード

直接材料費	3,800円/単位 × ５単位	＝	19,000円
変動加工費	1,600円/時間 × ４時間	＝	6,400円
固定加工費	1,200円/時間（＊１）× ４時間	＝	4,800円
段　取　費	33,600円/回（＊２）÷ 80個	＝	420円
小　計：製品Ｔの正味標準製造原価			30,620円
正常仕損費	30,620円/個 × 10％	＝	3,062円
合　計：製品Ｔの総標準製造原価			33,682円

（＊１）標準固定加工費率：108,000,000円÷90,000時間＝1,200円/時間
（＊２）１ロットあたりの段取費：(1,600円/時間＋1,200円/時間)×12時間/ロット＝33,600円

問２　仕掛品勘定の記入

１．生産データの整理

正常仕損は終点発生のため，正常仕損費は完成品のみ負担となる。また，段取作業は製造開始前に実施されるため，加工作業を開始した製品が一律に負担することから，始点投入の直接材料費と同様に加工費進捗度を加味しない数量によって計算を行うことに注意すること。

仕掛品―直接材料費・段取費

月初	80個	完成	1,500個
当月投入	1,680個	正常	150個（＊１）
		異常	70個（＊２）
		月末	40個

×10％

仕掛品―加工費

月初	40個	完成	1,500個
当月投入	1,690個（貸借差引）	正常	150個
		異常	70個
		月末	10個

→標準消費量　　→標準消費量

直接材料：５単位/個×1,680個＝8,400単位　　加工時間：４時間/個×1,690個＝6,760時間

段取時間：12時間/ロット×(1,680個÷80個/ロット)＝252時間
（1,680個÷80個/ロット＝21ロット）

（＊１）正常仕損量：1,500個×10％＝150個
（＊２）異常仕損量：220個－150個＝70個

２．仕掛品勘定の記入

月初仕掛品原価：(19,000円/個＋420円/個)×80個＋(6,400円/個＋4,800円/個)×40個
＝2,001,600円

当月実際製造費用：パーシャル・プランによっているため，資料(7)の当月の実際製造費用を記入する。

完成品製造原価：33,682円/個×1,500個＝50,523,000円
または，30,620円/個×1,500個＋30,620円/個×150個＝50,523,000円

異常仕損費：30,620円/個×70個＝2,143,400円

月末仕掛品原価：(19,000円/個＋420円/個)×40個＋(6,400円/個＋4,800円/個)×10個
＝888,800円

標準原価総差異：貸借差額より，1,763,400円（借方差異）

問３　直接材料費総差異の計算と分析

１．直接材料費総差異

3,800円/単位×8,400単位－32,640,000円＝(－)720,000円（借）

２．直接材料費総差異の分析

→実際直接材料費　32,640,000円

実際3,840円/単位	価格差異　△340,000円	
標準3,800円/単位	標準直接材料費 31,920,000円	消費量差異 △380,000円
	標準 8,400単位	実際 8,500単位

価格差異：(3,800円/単位－3,840円/単位)×8,500単位＝(－)340,000円（借）
消費量差異：3,800円/単位×(8,400単位－8,500単位)＝(－)380,000円（借）

問４　加工費総差異の計算と分析

１．加工費総差異

(1, 600円/時間＋1, 200円/時間)×(6, 760時間＋252時間)－(11, 690, 000円＋8, 987, 000円)

加工時間　段取時間

＝(−)1, 043, 400円（借）

２．加工費総差異の分析

加工費の分析にあたり，能率差異は変動費と固定費から計算することに注意すること。

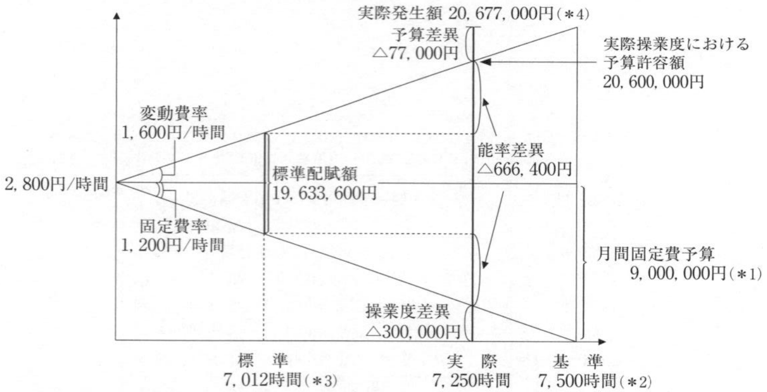

（＊１）月間固定費予算：108, 000, 000円÷12か月＝9, 000, 000円

（＊２）月間基準操業度：90, 000時間÷12か月＝7, 500時間

（＊３）標準操業度：6, 760時間〈加工時間〉＋252時間〈段取時間〉＝7, 012時間

（＊４）実際発生額：11, 690, 000円＋8, 987, 000円＝20, 677, 000円

予算差異：(1, 600円/時間×7, 250時間＋9, 000, 000円)－20, 677, 000円＝(−)77, 000円（借）

能率差異：(1, 600円/時間＋1, 200円/時間)×(7, 012時間－7, 250時間)＝(−)666, 400円（借）

操業度差異：1, 200円/時間×(7, 250時間－7, 500時間)＝(−)300, 000円（借）

問５　当社の能率差異の問題点

当社では，変動費と固定費から能率差異を計算しているが，固定費については能率の改善に関わらず一定額発生するもので，これにより発生額を削減できるのは変動費のみとなる。したがって，変動費と固定費から能率差異を計算すると固定費能率差異についても削減できるという誤解を生む可能性が生じるため，変動費のみから能率差異を計算するのが，原価管理上望ましいと考えられる。なお，変動費能率差異を計算すると次のようになる。

(変動費) 能率差異：1, 600円/時間×(7, 012時間－7, 250時間)＝(−)380, 800円（借）

そこで，上記のことから解答用紙の文章を完成させると次のようになる。

> 当社では，問４の計算で能率差異を（　666, 400　）円の（　借方　）差異と計算しているが，標準操業度を達成して削減できるのは，このうち（　380, 800　）円だけである。なぜなら，能率を改善しても（　固定費　）の発生額は変わらないためである。よって，能率差異は（　変動費　）のみで計算すべきである。

問６　加工費総差異の詳細分析

ロットサイズを80個から40個に変更すると，必要段取回数が増えることにより段取時間が増加することになる。現在は一時的にロットサイズを40個にしているため，問４で計算した標準操業度と実際操業度との差で計算した能率の差から，ロットサイズの変更による影響を分離すればよい。

また，「原価管理上望ましい方法で分析すること」とあるため，問５の結果のとおり，変動費のみから能率差異を計算する。

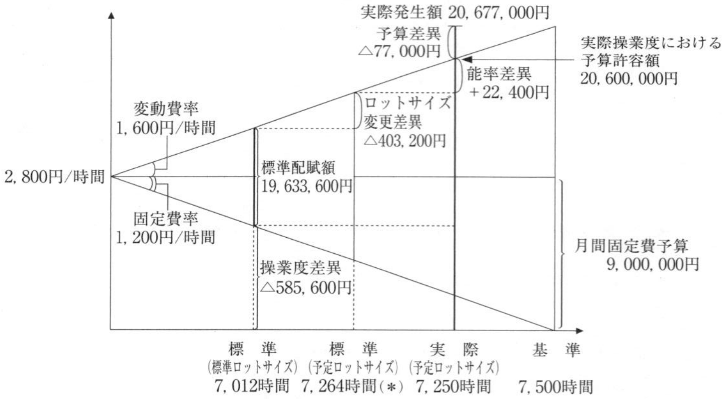

（＊）加工時間：４時間/個×1, 690個＝6, 760時間

段取時間：12時間/ロット×(1, 680個÷40個/ロット)＝504時間

42ロット

合　計：6, 760時間＋504時間＝7, 264時間

予算差異：(1, 600円/時間×7, 250時間＋9, 000, 000円)－20, 677, 000円＝(−)77, 000円（借）

能率差異：1, 600円/時間×(7, 264時間－7, 250時間)＝(＋)22, 400円（貸）

ロットサイズ変更差異：1, 600円/時間×(7, 012時間－7, 264時間)＝(−)403, 200円（借）

操業度差異：1, 200円/時間×(7, 012時間－7, 500時間)＝(−)585, 600円（借）

問題7-20

原料受入価格差異

原　料	金　　額
A	21, 000 円（ 貸 ）
B	16, 000 円（ 借 ）
C	4, 800 円（ 借 ）
合　計	200 円（ 貸 ）

(注)（　）内には，「借」または「貸」と記入する。

原料配合差異および原料歩留差異（原料別の標準単価を用いて分析）

原　料	原料配合差異	原料歩留差異
A	28, 000 円（ 借 ）	8, 750 円（ 借 ）
B	6, 000 円（ 貸 ）	6, 000 円（ 借 ）
C	15, 000 円（ 貸 ）	1, 250 円（ 借 ）
合　計	7, 000 円（ 借 ）	16, 000 円（ 借 ）

(注)（　　）内には，「借」または「貸」と記入する。

解答への道

1．原価標準の整理

本問において，問題資料1．の原料費標準は8kgの製品Tを製造するために10kgの原料（原料A5kg＋原料B4kg＋原料C1kg）を投入しており，ここから，（正常）減損が2kg発生することが明らかである。

したがって，産出された完成品は25%の正常減損費を負担することになる。

原 料 A	5kg（50%）	標準配合割合
原 料 B	4kg（40%）	標準配合割合
原 料 C	1kg（10%）	標準配合割合
投入量計	10kg（100%）	
正常減損	2kg	正常減損率25%（＊）
産 出 量	8kg	

（＊）正常減損率：$\frac{正常減損量2\,kg}{製品T産出量8\,kg}=25\%$

そこで，原料費の原価標準を正常減損費を含まない製品T1kgあたりの正味標準原価に正常減損費を特別費として加算する形式（いわゆる第2法）で標準原価カードにまとめると次のようになる。

直接材料費			
原　料　A：	70円/kg× 0.5kg（＊1）	＝	35円
原　料　B：	60円/kg× 0.4kg（＊2）	＝	24円
原　料　C：	50円/kg× 0.1kg（＊3）	＝	5円
投入量合計	1.0kg		64円
正常減損費：	64円/kg× 25%	＝	16円
製品T1kgあたりの標準原料費			80円

（＊1）5kg÷10kg〈原料投入量合計〉＝0.5kg
（＊2）4kg÷10kg〈　〃　〉＝0.4kg
（＊3）1kg÷10kg〈　〃　〉＝0.1kg

2．生産データの整理

差異分析において歩留差異を把握するため，異常減損（超過減損）を生産データから除外する。

仕　掛　品（標準減損）

当月投入	完　成
19, 750kg	15, 800kg
	正常減損 3, 950kg

×25%

仕　掛　品（実際減損）

当月投入	完　成
A　10, 400kg	
B　7, 900kg	15, 800kg
C　1, 700kg	
計　20, 000kg	実際減損（＊） 4, 200kg

→ 標準投入量にもとづく標準消費量の計算

原料A：19, 750kg×50%＝9, 875kg
原料B：　〃　×40%＝7, 900kg
原料C：　〃　×10%＝1, 975kg

→ 実際投入量にもとづく標準消費量の計算

原料A：20, 000kg×50%＝10, 000kg
原料B：　〃　×40%＝ 8, 000kg
原料C：　〃　×10%＝ 2, 000kg

（＊）実際減損量（4, 200kg）＝原料実際消費量合計（20, 000kg）－製品Tの実際生産量（15, 800kg）

3．原料受入価格差異の分析

原料A：（70円/kg－68円/kg）×10, 500kg＝(+)21, 000円〔貸方〕
原料B：（60円/kg－62円/kg）× 8, 000kg＝(−)16, 000円〔借方〕
原料C：（50円/kg－53円/kg）× 1, 600kg＝(−) 4, 800円〔借方〕
(+)　200円〔貸方〕

4．原料配合差異および原料歩留差異の分析（原料別の標準単価を用いて分析）

(1)　原料A

配合差異：70円/kg×（10, 000kg－10, 400kg）＝(−)28, 000円〔借方〕
歩留差異：70円/kg×（9, 875kg－10, 000kg）＝(−)8, 750円〔借方〕

標準 @70円

価 格 差 異　――円（＊）		
	歩留差異 △8, 750円	配合差異 △28, 000円
標準（標準投入） 9, 875kg	標準（実際投入） 10, 000kg	実際 10, 400kg

（＊）受入価格差異を把握しているため，ここで（消費）価格差異は把握しない。

(2)　原料B

配合差異：60円/kg×（8, 000kg－7, 900kg）＝(+)6, 000円〔貸方〕
歩留差異：60円/kg×（7, 900kg－8, 000kg）＝(−)6, 000円〔借方〕

標準 @60円

価 格 差 異　――円		
	歩留差異 △6, 000円	配合差異 ＋6, 000円
標準（標準投入） 7, 900kg	標準（実際投入） 8, 000kg	実際 7, 900kg

(3) 原料C

配合差異：50円/kg×(2,000kg－1,700kg)＝(+)15,000円〔貸方〕

歩留差異：50円/kg×(1,975kg－2,000kg)＝(−) 1,250円〔借方〕

標準 @50円

価格差異 ――円		
	歩留差異 △1,250円	配合差異 +15,000円

標準(標準投入) 1,975kg　標準(実際投入) 2,000kg　実際 1,700kg

問題7-21

〔注意〕

下記の原価計算関係諸勘定の（　　）内に計算した数値を円単位で記入しなさい。ただし原料受入価格差異勘定，原料配合差異勘定および原料歩留差異勘定には，（　　）が借方と貸方の両方に印刷されているが，計算した数値は，借方または貸方のどちらかに判断して記入しなさい。

買掛金

借方	貸方
	(1,944,350)

原料

借方	貸方
47,000	(1,895,000)
(1,921,000)	

原料受入価格差異

借方	貸方
(23,350)	(　　)

仕掛品―原料費

借方	貸方
(1,898,000)	(1,898,000)

製品

借方	貸方
(1,825,000)	

原料配合差異

借方	貸方
(　　)	(3,000)

原料歩留差異

借方	貸方
(73,000)	(　　)

解答への道

1．原価標準の整理

本問において，問題資料(1)製品Ｓの原料費標準は製品Ｓ８kgを生産するために10kgの原料（原料Ｐ５kg＋原料Ｑ３kg＋原料Ｒ２kg）を投入しており，ここから，（正常）減損が２kg発生することが明らかである。

したがって，産出された完成品は25%の正常減損費を負担することになる。

原料Ｐ	5kg	(50%)	標準配合割合
原料Ｑ	3kg	(30%)	
原料Ｒ	2kg	(20%)	
投入量計	10kg	(100%)	
正常減損	2kg		正常減損率 25%(＊)
産出量	8kg		

(＊) 正常減損率：$\frac{\text{正常減損量}2\text{kg}}{\text{製品S産出量}8\text{kg}}=25\%$

そこで，原料費の原価標準を正常減損費を含まない製品Ｓ１kgあたりの正味標準原価に正常減損費を特別費として加算する形式（いわゆる第２法）で標準原価カードにまとめると次のようになる。

直接材料費			
原料Ｐ：	80円/kg× 0.5kg(＊1)	＝	40 円
原料Ｑ：	70円/kg× 0.3kg(＊2)	＝	21 円
原料Ｒ：	60円/kg× 0.2kg(＊3)	＝	12 円
投入量合計	1.0kg		73 円
正常減損費：	73円/kg× 25%	＝	18.25円
製品Ｓ１kgあたりの標準原料費			91.25円

(＊1) 5kg÷10kg〈原料投入量合計〉＝0.5kg
(＊2) 3kg÷10kg〈　〃　〉＝0.3kg
(＊3) 2kg÷10kg〈　〃　〉＝0.2kg

2．生産データの整理

仕掛品（標準減損）

当月投入	完成
25,000kg	20,000kg
	正常減損 5,000kg（×25%）

→標準投入量にもとづく標準消費量の計算

原料Ｐ：25,000kg×50%＝12,500kg

原料Ｑ：　〃　×30%＝ 7,500kg

原料Ｒ：　〃　×20%＝ 5,000kg

仕掛品（実際減損）

当月投入	完成
Ｐ 12,800kg	
Ｑ 7,900kg	20,000kg
Ｒ 5,300kg	
計 26,000kg	実際減損 6,000kg

→実際投入量にもとづく標準消費量の計算

原料Ｐ：26,000kg×50%＝13,000kg

原料Ｑ：　〃　×30%＝ 7,800kg

原料Ｒ：　〃　×20%＝ 5,200kg

3．各勘定の完成

(1) 原料実際購入額（買掛金勘定貸方記入額）

Ｐ：82円/kg×13,000kg＝1,066,000円

Ｑ：69円/kg× 8,000kg＝ 552,000円

Ｒ：61円/kg× 5,350kg＝ 326,350円

合計 1,944,350円

(2) 原料勘定借方記入額（＝標準単価×実際購入量）

Ｐ：80円/kg×13,000kg＝1,040,000円

Ｑ：70円/kg× 8,000kg＝ 560,000円

Ｒ：60円/kg× 5,350kg＝ 321,000円

合計 1,921,000円

(3) 原料受入価格差異

Ｐ：(80円/kg－82円/kg)×13,000kg＝(−)26,000円〔借方〕

Ｑ：(70円/kg－69円/kg)× 8,000kg＝(+) 8,000円〔貸方〕

Ｒ：(60円/kg－61円/kg)× 5,350kg＝(−) 5,350円〔借方〕

合計 (−)23,350円〔借方〕

(4)　原料勘定貸方記入額

	当月実際消費量		標準単価		貸方記入額
P：	12, 800kg	×	80円/kg	=	1, 024, 000円
Q：	7, 900kg	×	70円/kg	=	553, 000円
R：	5, 300kg	×	60円/kg	=	318, 000円
合計					1, 895, 000円

(5)　仕掛品勘定借方記入額

	実際投入量にもとづく標準消費量		標準単価		借方記入額
P：	13, 000kg	×	80円/kg	=	1, 040, 000円
Q：	7, 800kg	×	70円/kg	=	546, 000円
R：	5, 200kg	×	60円/kg	=	312, 000円
合計					1, 898, 000円

(6)　原料配合差異：1, 898, 000円－1, 895, 000円＝(+)3, 000円〔貸方〕

(注) 原料種類ごとの原料配合差異の分析は，解説4．を参照のこと。

(7)　完成品標準原料費(製品勘定借方)：91. 25円/kg×20, 000kg＝1, 825, 000円

(8)　原料歩留差異：1, 825, 000円－1, 898, 000円＝(－)73, 000円〔借方〕

(注) 原料種類ごとの原料歩留差異の分析は，解説4．を参照のこと。

4．原料種類ごとの原料配合差異および歩留差異の分析

原料種類ごとの配合差異と歩留差異の計算方法については，原料種類別の標準単価を用いる方法以外に，加重平均標準単価を用いて計算する方法もあるが，配合差異と歩留差異のそれぞれの合計額(原料配合差異勘定および原料歩留差異勘定の記入額）は等しくなるため，ここでは原料種類別の標準単価を用いる方法で示す。

(1)　原料P

配合差異：80円/kg×(13, 000kg－12, 800kg)＝(+)16, 000円〔貸方〕

歩留差異：80円/kg×(12, 500kg－13, 000kg)＝(－)40, 000円〔借方〕

標準 @80円

価格差異　——円(＊)		
	歩留差異 △40, 000円	配合差異 ＋16, 000円

標準(標準投入) 12, 500kg　標準(実際投入) 13, 000kg　実際 12, 800kg

(＊) 受入価格差異を把握しているため，ここで（消費）価格差異は把握しない。

(2)　原料Q

配合差異：70円/kg×(7, 800kg－7, 900kg)＝(－) 7, 000円〔借方〕

歩留差異：70円/kg×(7, 500kg－7, 800kg)＝(－)21, 000円〔借方〕

標準 @70円

価格差異　——円		
	歩留差異 △21, 000円	配合差異 △7, 000円

標準(標準投入) 7, 500kg　標準(実際投入) 7, 800kg　実際 7, 900kg

(3)　原料R

配合差異：60円/kg×(5, 200kg－5, 300kg)＝(－) 6, 000円〔借方〕

歩留差異：60円/kg×(5, 000kg－5, 200kg)＝(－)12, 000円〔借方〕

標準 @60円

価格差異　——円		
	歩留差異 △12, 000円	配合差異 △6, 000円

標準(標準投入) 5, 000kg　標準(実際投入) 5, 200kg　実際 5, 300kg

問題7-22

（単位：円）

原　料

月　初	(282, 500)		(4, 984, 000)
	(4, 962, 500)	月　末	(261, 000)
	(5, 245, 000)		(5, 245, 000)

仕掛品—原料費

(4, 984, 000)		完　成	(4, 800, 000)
		差　異	(184, 000)
(4, 984, 000)			(4, 984, 000)

原料受入価格差異

(　　　)	(4, 900)

原料消費量差異

(184, 000)	(　　　)

原料受入価格差異一覧表

原　料	金　　額
X	0円 (―)
Y	26, 500円 (貸)
Z	21, 600円 (借)
合　計	4, 900円 (貸)

(注)(　　)内には，「借」または「貸」と記入する。ただし，金額が0の場合には(　　)内に「―」と記入のこと。

原料消費量差異分析表（甲表）

原　料	原料配合差異	原料歩留差異
X	115, 500円 (貸)	63, 000円 (借)
Y	133, 000円 (借)	95, 000円 (借)
Z	25, 500円 (貸)	34, 000円 (借)
合　計	8, 000円 (貸)	192, 000円 (借)

(注)(　　)内には，「借」または「貸」と記入する。ただし，金額が0の場合には(　　)内に「―」と記入のこと。

原料消費量差異分析表（乙表）

原　料	原料配合差異	原料歩留差異
X	4, 500円（ 貸 ）	48, 000円（ 貸 ）
Y	2, 400円（ 貸 ）	230, 400円（ 借 ）
Z	1, 100円（ 貸 ）	9, 600円（ 借 ）
合　計	8, 000円（ 貸 ）	192, 000円（ 借 ）

（注）（　　）内には，「借」または「貸」と記入する。ただし，金額が０の場合には（　　）内に「—」と記入のこと。

解答への道

1．原価標準の整理

本問において，問題資料１．の原料費標準は製品Ｂ８kgを生産するために10kgの原料（原料Ｘ３kg＋原料Ｙ５kg＋原料Ｚ２kg）を投入しており，ここから，（正常）減損が２kg発生することが明らかである。

したがって，産出された完成品は25%の正常減損費を負担することになる。

原 料 Ｘ	3kg	（ 30%）	標準配合割合
原 料 Ｙ	5kg	（ 50%）	〃
原 料 Ｚ	2kg	（ 20%）	〃
投入量計	10kg	（100%）	
正常減損	2kg		正常減損率 25%(＊)
産 出 量	8kg		

（＊）正常減損率：$\frac{\text{正常減損量 2 kg}}{\text{製品B産出量 8 kg}}$ = 25%

そこで，原料費の原価標準を正常減損費を含まない製品Ｂ１kg あたりの正味標準原価に正常減損費を特別費として加算する形式（いわゆる第２法）で標準原価カードにまとめると次のようになる。

直接材料費			
原　料　Ｘ：	105円/kg× 0. 3kg(＊1)	＝	31. 5円
原　料　Ｙ：	95円/kg× 0. 5kg(＊2)	＝	47. 5円
原　料　Ｚ：	85円/kg× 0. 2kg(＊3)	＝	17. 0円
投入量合計	1. 0kg		96. 0円 ← 加重平均標準単価
正 常 減 損 費：	96. 0円/kg×　25%	＝	24. 0円
製品Ｂ１kg あたりの標準原料費			120. 0円

（＊1）3 kg÷10kg〈原料投入量合計〉＝0. 3kg
（＊2）5 kg÷10kg〈　　〃　　〉＝0. 5kg
（＊3）2 kg÷10kg〈　　〃　　〉＝0. 2kg

2．生産データの整理

仕　掛　品（標準減損）

当月投入	完　成
50, 000kg	40, 000kg
	正常減損 10, 000kg（×25%）

→ 標準投入量にもとづく標準消費量の計算

原料Ｘ：50, 000kg×30%＝15, 000kg
原料Ｙ：　〃　×50%＝25, 000kg
原料Ｚ：　〃　×20%＝10, 000kg

仕　掛　品（実際減損）

当月投入	完　成
Ｘ　14, 500kg	
Ｙ　27, 400kg	40, 000kg
Ｚ　10, 100kg	
計　52, 000kg	実際減損 12, 000kg

→ 実際投入量にもとづく標準消費量の計算

原料Ｘ：52, 000kg×30%＝15, 600kg
原料Ｙ：　〃　×50%＝26, 000kg
原料Ｚ：　〃　×20%＝10, 400kg

3．各原料の実際購入原価の計算

各原料の実際購入原価を「購入代価(送状価額)＋引取費用」によって計算する。その際，問題文の指示により，引取運賃は購入量にもとづいて，その他の引取費用は送状価額にもとづいて各原料に実際配賦する。

Ｘ：1, 360, 000円＋11. 5円/kg(＊1)×16, 000kg＋1, 360, 000円×10%(＊2)＝1, 680, 000円
Ｙ：1, 987, 500円＋11. 5円/kg(＊1)×26, 500kg＋1, 987, 500円×10%(＊2)＝2, 491, 000円
Ｚ：　621, 000円＋11. 5円/kg(＊1)×　9, 000kg＋　621, 000円×10%(＊2)＝　786, 600円
合計　4, 957, 600円

（＊1）引取運賃実際配賦率 592, 250円÷(16, 000kg＋26, 500kg＋9, 000kg)＝11. 5円/kg
（＊2）その他の引取費用実際配賦率 396, 850円÷(1, 360, 000円＋1, 987, 500円＋621, 000円)＝10%

4．各勘定の完成

（単位：円）

原　　料(1)

月初	（ 282, 500 ）		（4, 984, 000）
	（4, 962, 500）	月末	（ 261, 000）
	（5, 245, 000）		（5, 245, 000）

仕掛品—原料費(3)

	（4, 984, 000）	完成	（4, 800, 000）
		差異	（ 184, 000）
	（4, 984, 000）		（4, 984, 000）

原料受入価格差異(2)

（　　）	（ 4, 900 ）

原料消費量差異

（ 184, 000 ）	（　　）

(1)　原料勘定

月　　初：105円/kg×200kg＋95円/kg×1, 500kg＋85円/kg×1, 400kg＝282, 500円
当月購入：105円/kg×16, 000kg＋95円/kg×26, 500kg＋85円/kg×9, 000kg＝4, 962, 500円
当月消費：105円/kg×14, 500kg＋95円/kg×27, 400kg＋85円/kg×10, 100kg＝4, 984, 000円

（注）本問はパーシャル・プランの勘定記入であるが，原料受入価格差異を把握しているため仕掛品勘定に振り替える原料費は，「標準単価×実際消費量」で計算されることに注意する。

月　　末：105円/kg×1, 700kg＋95円/kg×600kg＋85円/kg×300kg＝261, 000円

(2) 原料受入価格差異勘定

X：(105円/kg－105円/kg(＊１))×16,000kg＝　　　0円〔 ― 〕

Y：(95円/kg－94円/kg(＊２))×26,500kg　＝(+)26,500円〔貸方〕

Z：(85円/kg－87.4円/kg(＊３))×9,000kg　＝(−)21,600円〔借方〕

合計　　　　　　　　　　　　　　　　(+) 4,900円〔貸方〕

(＊１)原料X実際購入単価：1,680,000円÷16,000kg＝105円/kg

(＊２)原料Y実際購入単価：2,491,000円÷26,500kg＝ 94円/kg

(＊３)原料Z実際購入単価：786,600円÷9,000kg＝87.4円/kg

(3) 仕掛品―原料費勘定

完　成：120円/kg×40,000kg＝4,800,000円

差　異：貸借差額で184,000円

5．原料配合差異および原料歩留差異の分析（原料種類別の標準単価で計算する方法）

(1) 原料X

配合差異：105円/kg×(15,600kg－14,500kg)＝(+)115,500円〔貸方〕

歩留差異：105円/kg×(15,000kg－15,600kg)＝(−)63,000円〔借方〕

	価格差異　——円(＊)		
標準 @105円		歩留差異 △63,000円	配合差異 +115,500円
	標準(標準投入) 15,000kg	標準(実際投入) 15,600kg	実際 14,500kg

(＊) 受入価格差異を把握しているため，ここで（消費）価格差異は把握しない。

(2) 原料Y

配合差異：95円/kg×(26,000kg－27,400kg)＝(−)133,000円〔借方〕

歩留差異：95円/kg×(25,000kg－26,000kg)＝(−) 95,000円〔借方〕

	価格差異　——円		
標準 @95円		歩留差異 △95,000円	配合差異 △133,000円
	標準(標準投入) 25,000kg	標準(実際投入) 26,000kg	実際 27,400kg

(3) 原料Z

配合差異：85円/kg×(10,400kg－10,100kg)＝(+)25,500円〔貸方〕

歩留差異：85円/kg×(10,000kg－10,400kg)＝(−)34,000円〔借方〕

	価格差異　——円		
標準 @85円		歩留差異 △34,000円	配合差異 +25,500円
	標準(標準投入) 10,000kg	標準(実際投入) 10,400kg	実際 10,100kg

なお本問は，原料消費量差異の分析表を２種類（甲表と乙表）作成することを要求しているが，解答用紙に記入済みの原料XとYの配合差異の金額から，甲表で要求している分析方法は上記の原料種類別の標準単価を用いる方法であることがわかる。

6．原料配合差異および原料歩留差異の分析（加重平均標準単価で計算する方法）

(1) 原料X

配合差異：(105円/kg－96円/kg)×(15,000kg－14,500kg)＝(+)4,500円〔貸方〕

歩留差異：96円/kg×(15,000kg－14,500kg)＝(+)48,000円〔貸方〕

	価格差異　——円(＊)	
標　準 @105円		配合差異　+ 4,500円
加重平均 @ 96円		歩留差異　+48,000円
	標準(標準投入) 15,000kg	実際 14,500kg

(＊) 受入価格差異を把握しているため，ここで（消費）価格差異は把握しない。

(2) 原料Y

配合差異：(95円/kg－96円/kg)×(25,000kg－27,400kg)＝(+)2,400円〔貸方〕

歩留差異：96円/kg×(25,000kg－27,400kg)＝(−)230,400円〔借方〕

	価格差異　——円	
標　準 @95円		配合差異　+2,400円
加重平均 @96円		歩留差異　△230,400円
	標準(標準投入) 25,000kg	実際 27,400kg

(3) 原料Z

配合差異：(85円/kg－96円/kg)×(10,000kg－10,100kg)＝(+)1,100円〔貸方〕

歩留差異：96円/kg×(10,000kg－10,100kg)＝(−)9,600円〔借方〕

	価格差異　——円	
標　準 @85円		配合差異　+1,100円
加重平均 @96円		歩留差異　△9,600円
	標準(標準投入) 10,000kg	実際 10,100kg

なお本問は，原料消費量差異の分析表を２種類（甲表と乙表）作成することを要求しているが，解答用紙に記入済みの原料XとYの配合差異の金額から，乙表で要求している分析方法は上記の加重平均標準単価を用いる方法であることがわかる。

問題7-23

（単位：円）

賃　　金

	（1, 189, 000）

仕掛品—直接労務費

（1, 189, 000）		完成	（1, 106, 000）
		差異	（　83, 000）
（1, 189, 000）			（1, 189, 000）

労働賃率差異

（　41, 000）	（　　　）

労働能率差異

（　28, 000）	（　　　）

労働歩留差異

（　14, 000）	（　　　）

製造間接費

	（　837, 000）

仕掛品—製造間接費

（　837, 000）		完成	（　790, 000）
		差異	（　47, 000）
（　837, 000）			（　837, 000）

消費差異

（　5, 000）	（　　　）

不働能力差異

（　12, 000）	（　　　）

製造間接費能率差異

（　20, 000）	（　　　）

製造間接費歩留差異

（　10, 000）	（　　　）

解答への道

1．原価標準の整理

(1)　正常減損率

原料 A	5kg	（ 50%）	標準配合割合
原料 B	4kg	（ 40%）	標準配合割合
原料 C	1kg	（ 10%）	標準配合割合
投入量計	10kg	（100%）	
正常減損	2kg		正常減損率25%（＊）
産出量	8kg		

（＊）正常減損率：$\frac{\text{正常減損量 2 kg}}{\text{製品T産出量 8 kg}}=25\%$

(2)　第2法による製品T 1 kg あたりの原価標準（直接労務費と製造間接費のみ）

直接労務費：	280円/時×0. 2時/kg（＊）	＝	56円
正常減損費：	56円/kg×　25%	＝	14円
製品T 1 kg あたりの標準直接労務費			70円 ← 問題資料2

製造間接費：	200円/時×0. 2時/kg（＊）	＝	40円
正常減損費：	40円/kg×　25%	＝	10円
製品T 1 kg あたりの標準製造間接費			50円 ← 問題資料3

（＊）2時間÷10kg〈原料投入量合計〉＝0. 2時間/kg

2．生産データの整理（生産データの（　　）内は加工費の完成品換算量を示す。）

仕　掛　品（標準減損）

当月投入	完　成
19, 750kg （19, 750kg）	15, 800kg （15, 800kg）
	正常減損 3, 950kg （3, 950kg）

（完成15, 800kg ×25% → 正常減損3, 950kg）

→ 標準投入量にもとづく標準直接作業時間
19, 750kg×0. 2時間＝3, 950時間

仕　掛　品（実際減損）

当月投入	完　成
A　10, 400kg B　7, 900kg C　1, 700kg 計　20, 000kg （20, 000kg）	15, 800kg （15, 800kg）
	実際減損 4, 200kg （4, 200kg）

→ 実際投入量にもとづく標準直接作業時間
20, 000kg×0. 2時間＝4, 000時間

3．各勘定の記入

賃　　金

	（1, 189, 000）

仕掛品—直接労務費

（1, 189, 000）		完成	（1, 106, 000）
		差異	（　83, 000）
（1, 189, 000）			（1, 189, 000）

労働賃率差異

（　41, 000）	（　　　）

労働能率差異

（　28, 000）	（　　　）

労働歩留差異

（　14, 000）	（　　　）

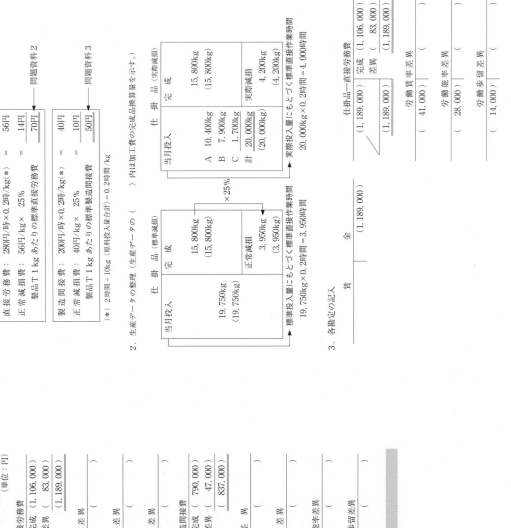

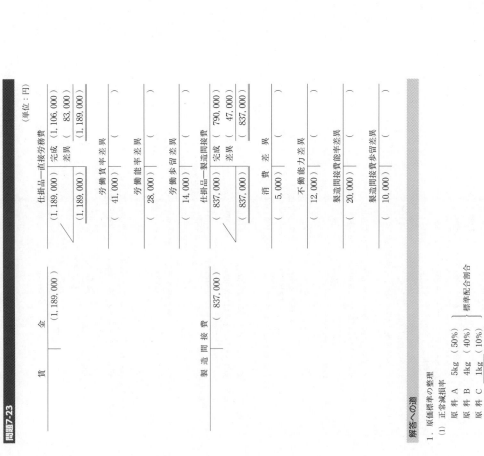

(1) 賃金勘定：パーシャル・プランのため当月実際直接労務費 1, 189, 000円

(2) 仕掛品－直接労務費勘定

完　成：70円/kg×15, 800kg＝1, 106, 000円

差　異：貸借差額で83, 000円

(3) 直接労務費差異

労働賃率差異：(280円/時間－290円/時間)×4, 100時間 ＝(－)41, 000円〔借方〕

労働能率差異：280円/時間×(4, 000時間－4, 100時間) ＝(－)28, 000円〔借方〕

労働歩留差異：280円/時間×(3, 950時間－4, 000時間) ＝(－)14, 000円〔借方〕

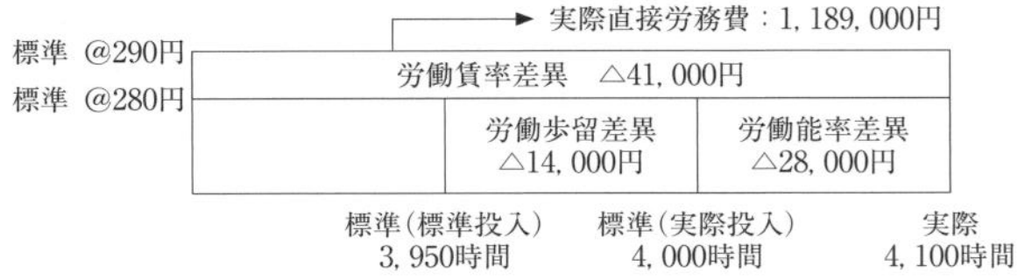

製造間接費

	(837, 000)

仕掛品—製造間接費

(837, 000)	完成	(790, 000)
	差異	(47, 000)
(837, 000)		(837, 000)

消　費　差　異

(5, 000)	(　　　)

不働能力差異

(12, 000)	(　　　)

製造間接費能率差異

(20, 000)	(　　　)

製造間接費歩留差異

(10, 000)	(　　　)

(4) 製造間接費勘定：パーシャル・プランのため当月実際製造間接費 837, 000円

(5) 仕掛品－製造間接費勘定

完　成：50円/kg×15, 800kg＝790, 000円

差　異：貸借差額で47, 000円

(6) 製造間接費差異

消　費　差　異：80円/時間×4, 100時間＋504, 000円－837, 000円＝(－)5, 000円〔借方〕

不 働 能 力 差 異：120円/時間×(4, 100時間－4, 200時間)＝(－)12, 000円〔借方〕

製造間接費能率差異：200円/時間×(4, 000時間－4, 100時間)＝(－)20, 000円〔借方〕

製造間接費歩留差異：200円/時間×(3, 950時間－4, 000時間)＝(－)10, 000円〔借方〕

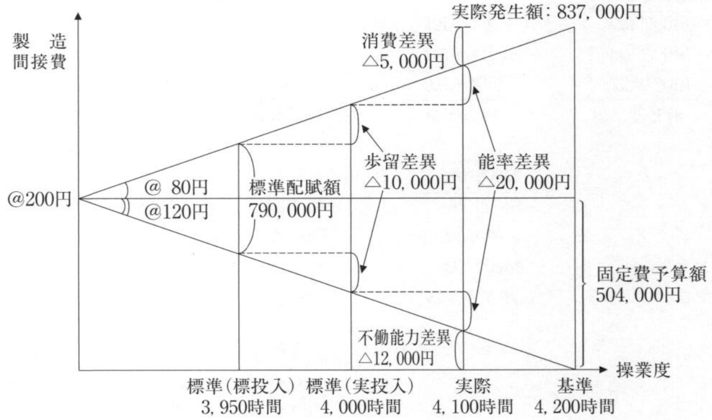

問題7-24

〔問 1〕　（単位：円）

買　掛　金

	(3, 122, 000)

原　　料

(405, 500)	(2, 940, 500)
(3, 095, 000)	(560, 000)

原料受入価格差異

(27, 000)	(　　　)

仕掛品—原料費

(2, 940, 000)	(2, 940, 000)

製　　品

(2, 800, 000)	

原料配合差異

(500)	(　　　)

原料歩留差異

(140, 000)	(　　　)

(注)（　）内に計算した金額を記入しなさい。また各勘定を締め切る必要はない。

〔問 2〕

Xの歩留差異…… 48, 750 円〔借方〕

Yの歩留差異…… 68, 750 円〔借方〕

Zの歩留差異…… 22, 500 円〔借方〕

歩留差異合計…… 140, 000 円〔借方〕

(注) □ 内には金額を，〔　〕内には借方または貸方を記入しなさい。

解答への道

1．10月の原料記録の整理

原料（X＋Y＋Z）

月　初	当月消費(差引)
X　2, 300kg	X　16, 200kg
Y　2, 200(＊)	Y　25, 400
Z　3, 000	Z　10, 900
合計　7, 500kg	合計　52, 500kg
当月購入	
X　18, 000kg	
Y　26, 000	月　末
Z　11, 000(＊)	X　4, 100kg
合計　55, 000kg	Y　2, 800
	Z　3, 100(＊)
	合計　10, 000kg

（＊）合計からの差引で計算

2．原価標準の整理

(1)　正常減損率

原　料　X	3kg	（30%）	標準配合割合
原　料　Y	5kg	（50%）	標準配合割合
原　料　Z	2kg（＊1）	（10%）	標準配合割合
投 入 量 計	10kg	（100%）	
正 常 減 損	2kg		正常減損率 25%（＊2）
産　出　量	8kg		

（＊1）10kg－（3kg＋5kg）＝2kg

（＊2）正常減損率：$\frac{\text{正常減損量}2\text{kg}}{\text{製品D産出量}8\text{kg}}$＝25%

(2)　第2法による製品D 1kg あたりの標準原価カード

直接材料費					
原　料　X：	65円/kg	× 0. 3kg（＊1）	＝	19. 5円	
原　料　Y：	55円/kg	× 0. 5kg（＊2）	＝	27. 5円	
原　料　Z：	45円/kg（＊7）	× 0. 2kg（＊3）	＝	9. 0円	（＊6）
投入量合計		1. 0kg		56. 0円	（＊5）
正常減損費：	56円/kg×	25%	＝	14. 0円	
製品D 1kg あたりの標準原料費				70. 0円	（＊4）

（＊1）3kg÷10kg〈原料投入量合計〉＝0. 3kg
（＊2）5kg÷10kg〈　〃　〉＝0. 5kg
（＊3）2kg÷10kg〈　〃　〉＝0. 2kg
（＊4）問題資料3. (4)より
（＊5）70円/kg÷1. 25＝56円/kg
（＊6）56円/kg－(19. 5円/kg＋27. 5円/kg)＝9円/kg
（＊7）9円/kg÷0. 2kg＝45円/kg

3．生産データの整理

仕　掛　品（標準減損）

当月投入	完　成
50, 000kg	40, 000kg
	正常減損
	10, 000kg

×25%

仕　掛　品（実際減損）

当月投入	完　成
X　16, 200kg	
Y　25, 400kg	40, 000kg
Z　10, 900kg	
計　52, 500kg	実際減損
	12, 500kg

→ 標準投入量にもとづく標準消費量の計算
原料X：50, 000kg×30%＝15, 000kg
原料Y：　〃　×50%＝25, 000kg
原料Z：　〃　×20%＝10, 000kg

→ 実際投入量にもとづく標準消費量の計算
原料X：52, 500kg×30%＝15, 750kg
原料Y：　〃　×50%＝26, 250kg
原料Z：　〃　×20%＝10, 500kg

4．各勘定の完成

(1)　買掛金勘定貸方記入額（原料実際購入額）
X：63円/kg　×18, 000kg＝1, 134, 000円
Y：57円/kg(＊)×26, 000kg＝1, 482, 000円
Z：46円/kg　×11, 000kg＝　506, 000円
合計　3, 122, 000円

（＊）原料Yの実際購入単価：1, 482, 000円÷26, 000kg＝57円/kg

(2)　原料受入価格差異勘定
X：(65円/kg－63円/kg)×18, 000kg＝(+)36, 000円〔貸方〕
Y：(55円/kg－57円/kg)×26, 000kg＝(−)52, 000円〔借方〕
Z：(45円/kg－46円/kg)×11, 000kg＝(−)11, 000円〔借方〕
合計　(−)27, 000円〔借方〕

(3)　原料勘定借方記入額（＝標準単価×実際購入量）
X：65円/kg×18, 000kg＝1, 170, 000円
Y：55円/kg×26, 000kg＝1, 430, 000円
Z：45円/kg×11, 000kg＝　495, 000円
合計　3, 095, 000円

(4)　原料勘定貸方記入額

	当月実際消費量		標準単価		貸方記入額
X：	16, 200kg	×	65円/kg	＝	1, 053, 000円
Y：	25, 400kg	×	55円/kg	＝	1, 397, 000円
Z：	10, 900kg	×	45円/kg	＝	490, 500円
合計					2, 940, 500円

(5)　仕掛品―原料費勘定借方記入額

	実際投入量にもとづく標準消費量		標準単価		借方記入額
X：	15, 750kg	×	65円/kg	＝	1, 023, 750円
Y：	26, 250kg	×	55円/kg	＝	1, 443, 750円
Z：	10, 500kg	×	45円/kg	＝	472, 500円
合計					2, 940, 000円

(6) 原料配合差異：2, 940, 000円－2, 940, 500円＝(－)500円〔借方〕

(注) 原料種類ごとの原料配合差異の分析は，解説５．を参照のこと。

(7) 完成品標準原料費（製品勘定借方記入額）：70円/kg×40, 000kg＝2, 800, 000円

(8) 原料歩留差異：2, 800, 000円－2, 940, 000円＝(－)140, 000円〔借方〕

(注) 原料種類ごとの原料歩留差異の分析は，解説５．を参照のこと。

５．原料種類ごとの原料配合差異および歩留差異の分析

(1) 原料X

配合差異：65円/kg×(15, 750kg－16, 200kg)＝(－)29, 250円〔借方〕

歩留差異：65円/kg×(15, 000kg－15, 750kg)＝(－)48, 750円〔借方〕

標準 @65円	価格差異　――円(＊)		
		歩留差異 △48, 750円	配合差異 △29, 250円
	標準(標準投入) 15, 000kg	標準(実際投入) 15, 750kg	実際 16, 200kg

(＊) 受入価格差異を把握しているため，ここで（消費）価格差異は把握しない。

(2) 原料Y

配合差異：55円/kg×(26, 250kg－25, 400kg)＝(＋)46, 750円〔貸方〕

歩留差異：55円/kg×(25, 000kg－26, 250kg)＝(－)68, 750円〔借方〕

標準 @55円	価格差異　――円		
		歩留差異 △68, 750円	配合差異 ＋46, 750円
	標準(標準投入) 25, 000kg	標準(実際投入) 26, 250kg	実際 25, 400kg

(3) 原料Z

配合差異：45円/kg×(10, 500kg－10, 900kg)＝(－)18, 000円〔借方〕

歩留差異：45円/kg×(10, 000kg－10, 500kg)＝(－)22, 500円〔借方〕

標準 @45円	価格差異　――円		
		歩留差異 △22, 500円	配合差異 △18, 000円
	標準(標準投入) 10, 000kg	標準(実際投入) 10, 500kg	実際 10, 900kg

なお，原料種類ごとの配合差異と歩留差異の計算方法については，上記の原料種類別の標準単価を用いる方法以外に，加重平均標準単価を用いて計算する方法もあるが，〔問２〕で原料歩留差異が，原料種類別の標準単価を用いて計算することが要求されているため，上記方法で解答する必要がある。

問題7-25

〔問１〕(単位：円)

原　　料

月初	(559, 500)		(4, 896, 000)
	(5, 505, 000)	月末	(1, 168, 500)
	(6, 064, 500)		(6, 064, 500)

仕掛品―原料費

(4, 896, 000)			(4, 725, 000)
		差異	(171, 000)
(4, 896, 000)			(4, 896, 000)

原料受入価格差異

(225, 400)	(　　)

原料消費量差異

(171, 000)	(　　)

加　工　費

(4, 925, 400)	(4, 925, 400)

仕掛品―加工費

(4, 925, 400)			(4, 860, 000)
		差異	(65, 400)
(4, 925, 400)			(4, 925, 400)

予　算　差　異

(　　)	(309, 600)

能　率　差　異

(337, 500)	(　　)

操 業 度 差 異

(37, 500)	(　　)

〔問２〕

原料受入価格差異一覧表

原　料	金　　額
X	82, 600円 (借)
Y	25, 640円 (借)
Z	117, 160円 (借)
合　計	225, 400円 (借)

(注) (　　) 内には，「借」または「貸」と記入する。ただし，金額が０の場合は（　　）内に「―」と記入のこと。

原料消費量差異分析表

原　料	配 合 差 異	歩 留 差 異
X	63, 000円 (借)	60, 000円 (借)
Y	18, 000円 (借)	90, 000円 (借)
Z	172, 500円 (貸)	112, 500円 (借)
合　計	91, 500円 (貸)	262, 500円 (借)

(注) (　　) 内には，「借」または「貸」と記入する。ただし，金額が０の場合は（　　）内に「―」と記入のこと。

加工費能率差異分析表

純粋な能率差異	67, 500円（ 借 ）
歩 留 差 異	270, 000円（ 借 ）
合 計	337, 500円（ 借 ）

（注）（　　）内には，「借」または「貸」と記入する。ただし，金額が0の場合は（　　）内に「―」と記入のこと。

解答への道

1．原料勘定の記入（問1）

原料受入価格差異を把握しているため，原料勘定はすべて標準単価で計算される。当月消費額はパーシャル・プランを採用しているものの，「標準単価×実際消費量」で計算される点に注意する。

	原 料 X		原 料 Y		原 料 Z		
月 初 残 高：	300円/kg× 210kg	+	900円/kg× 260kg	+	750円/kg× 350kg	=	559, 500円
当月購入額：	300円/kg×4, 500kg	+	900円/kg×2, 200kg	+	750円/kg×2, 900kg	=	5, 505, 000円
当月消費額：	300円/kg×4, 010kg	+	900円/kg×1, 920kg	+	750円/kg×2, 620kg	=	4, 896, 000円（仕掛品-原料費勘定へ）
月 末 残 高：	300円/kg× 700kg	+	900円/kg× 540kg	+	750円/kg× 630kg	=	1, 168, 500円

2．原料受入価格差異の計算と勘定記入（問1，問2）

（1） 実際購入原価の計算

	原 料 X	原 料 Y	原 料 Z
購 入 代 価	1, 400, 000円	1, 960, 000円	2, 240, 000円
引 取 費 用(＊)	32, 600円	45, 640円	52, 160円
合 計	1, 432, 600円	2, 005, 640円	2, 292, 160円

（＊）引取費用の按分（送状価額を配賦基準とする）

原料X：$\frac{130,400円}{1,400,000円+1,960,000円+2,240,000円}$×1, 400, 000円＝32, 600円

原料Y：　〃　×1, 960, 000円＝45, 640円

原料Z：　〃　×2, 240, 000円＝52, 160円

（2） 原料受入価格差異の計算

原料X：300円/kg×4, 500kg－1, 432, 600円＝(－) 82, 600円（借）

原料Y：900円/kg×2, 200kg－2, 005, 640円＝(－) 25, 640円（借）

原料Z：750円/kg×2, 900kg－2, 292, 160円＝(－)117, 160円（借）

(－)225, 400円（借）

3．加工費勘定の記入

パーシャル・プランであるため，加工費勘定の貸方に実際発生額4, 925, 400円を記入し，仕掛品－加工費勘定の借方へ振り替える。

4．原価標準の設定

（1） 正常減損率の把握

原 料 X　4 kg　(4/9)
原 料 Y　2 kg　(2/9)　標準配合割合
原 料 Z　3 kg　(3/9)
投 入 量 計　9 kg
正 常 減 損　? kg
正 味 重 量　? kg　正常減損率？％（＊）
（製品A 1 個を産出）

（＊） 原料の計算単位（＝kg）と製品の計算単位（＝個）が異なっており，かつ，製品の正味重量が示されていないことから，正常減損率を把握することができない。

（2） 原価標準の設定

原 料 X	@300円×4 kg	＝	1, 200円	
原 料 Y	@900円×2 kg	＝	1, 800円	
原 料 Z	@750円×3 kg	＝	2, 250円	5, 250円
変動加工費	@600円×4 時間	＝	2, 400円	
固定加工費	@750円×4 時間	＝	3, 000円	5, 400円
			合 計	10, 650円

なお，本問では，解答要求の勘定記入が原料費部分と加工費部分とで分かれていることから，問題資料1の原価要素ごとの標準をそのまま用いればよい。

5．生産データの整理

差異分析を行うにあたり，歩留差異が計算できるように「標準歩留にもとづく標準消費量（標準直接作業時間）」と「実際歩留にもとづく標準消費量（標準直接作業時間）」を算出する必要がある。なお，「実際歩留にもとづく標準消費量（標準直接作業時間）」は実際歩留率を反映するように原料実際消費量合計8, 550kg（＝4, 010kg＋1, 920kg＋2, 620kg）を前提に計算すればよい。

仕 掛 品

当月投入 900個	当月生産 900個

→標準歩留にもとづく標準消費量

原料X： 900個×4 kg/個＝3, 600kg
原料Y： 900個×2 kg/個＝1, 800kg
原料Z： 900個×3 kg/個＝2, 700kg

実際歩留にもとづく標準消費量

原料X： 8, 550kg×4 kg/9 kg＝3, 800kg
原料Y： 8, 550kg×2 kg/9 kg＝1, 900kg
原料Z： 8, 550kg×3 kg/9 kg＝2, 850kg

→標準歩留にもとづく標準直接作業時間

直接作業時間： 900個×4 時間/個＝3, 600時間

実際歩留にもとづく標準直接作業時間

直接作業時間： 8, 550kg×4 時間/9 kg＝3, 800時間

6．仕掛品－原料費勘定，仕掛品―加工費勘定の記入（問１）

仕掛品―原料費

（ 4, 896, 000[①] ）		（ 4, 725, 000[②] ）
	差異	（ 171, 000[③] ）
（ 4, 896, 000 ）		（ 4, 896, 000 ）

仕掛品―加工費

（ 4, 925, 400[①] ）		（ 4, 860, 000[②] ）
	差異	（ 65, 400[③] ）
（ 4, 925, 400 ）		（ 4, 925, 400 ）

① 原料勘定，加工費勘定からの振替額
② 当月完成品原価（標準原価）
原料費：5, 250円/個×900個＝4, 725, 000円
加工費：5, 400円/個×900個＝4, 860, 000円
③ 貸借差額（仕掛品勘定の差額は消費量差異もしくは加工費配賦差異を表す）

7．差異分析（問１，問２）

(1) 原料消費量差異の分析と原料消費量差異分析表の作成

① 原料X

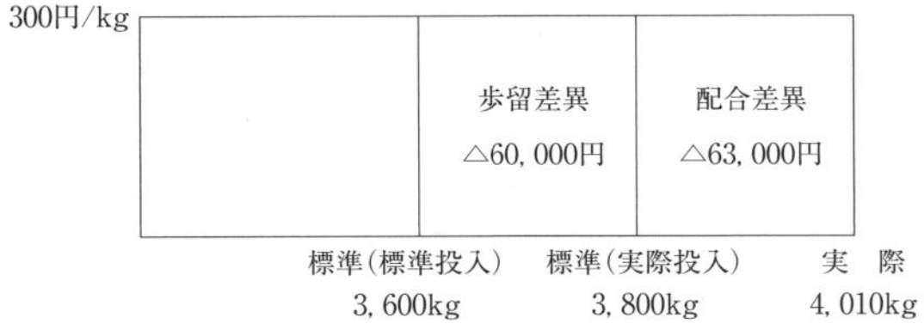

配合差異：300円/kg×(3, 800kg－4, 010kg)＝(−)63, 000円（借）
歩留差異：300円/kg×(3, 600kg－3, 800kg)＝(−)60, 000円（借）

② 原料Y

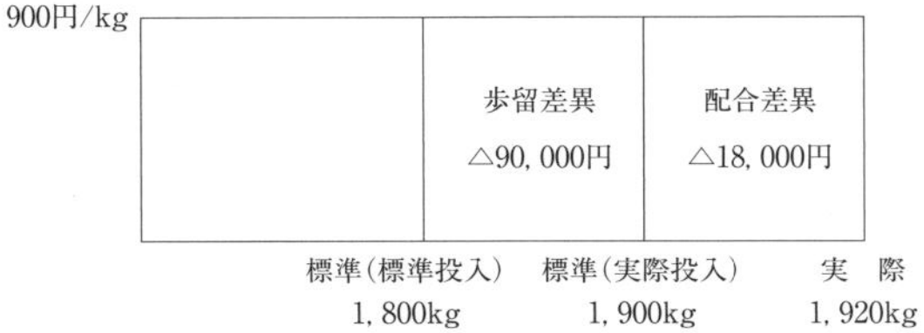

配合差異：900円/kg×(1, 900kg－1, 920kg)＝(−)18, 000円（借）
歩留差異：900円/kg×(1, 800kg－1, 900kg)＝(−)90, 000円（借）

③ 原料Z

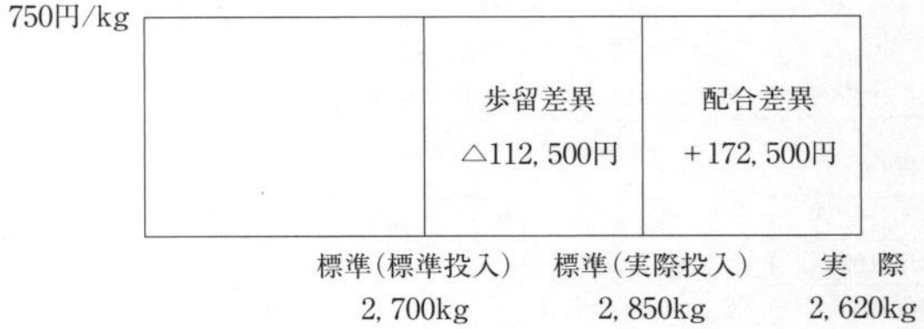

配合差異：750円/kg×(2, 850kg－2, 620kg)＝(+)172, 500円（貸）
歩留差異：750円/kg×(2, 700kg－2, 850kg)＝(−)112, 500円（借）

④ 合　計
配合差異：(−)63, 000円＋(−)18, 000円＋(+)172, 500円＝(+) 91, 500円（貸）
歩留差異：(−)60, 000円＋(−)90, 000円＋(−)112, 500円＝(−)262, 500円（借）
合　計　(−)171, 000円（借）

(2) 加工費の差異分析

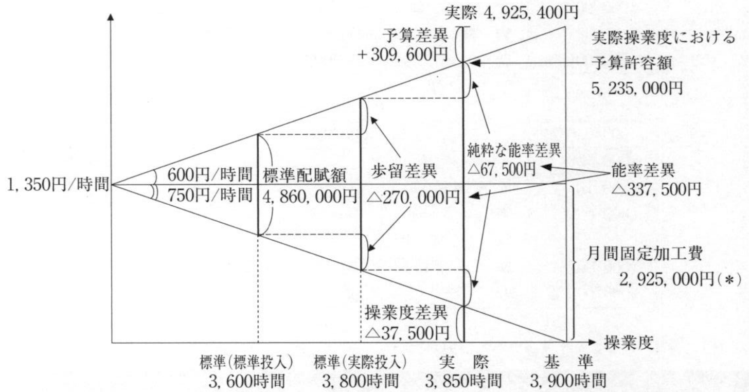

予　算　差　異：600円/時間×3, 850時間＋2, 925, 000円(＊)－4, 925, 400円＝(+)309, 600円（貸）
（＊）固定加工費月間予算額：750円/時間×3, 900時間＝2, 925, 000円
能　率　差　異：(600円/時間＋750円/時間)×(3, 600時間－3, 850時間)＝(−)337, 500円（借）
〈内　訳〉
純粋な能率差異：(600円/時間＋750円/時間)×(3, 800時間－3, 850時間)＝(−) 67, 500円（借）
歩　留　差　異：(600円/時間＋750円/時間)×(3, 600時間－3, 800時間)＝(−)270, 000円（借）
操 業 度 差 異：750円/時間×(3, 850時間－3, 900時間)＝(−)37, 500円（借）

Theme 08 原価差異の会計処理

問題8-1

(注)〔　　〕内には適切な文字を，(　　)内には適切な金額を記入しなさい（単位：円）。

材料

買掛金	(2, 360, 000)	仕掛品	(2, 200, 000)
		〔材料数量差異〕	(16, 000)
		次月繰越	(144, 000)
	(2, 360, 000)		(2, 360, 000)

仕掛品

材料	(2, 200, 000)	製品	(1, 480, 000)
		次月繰越	(720, 000)
	(2, 200, 000)		(2, 200, 000)

購入材料価格差異

買掛金	(47, 200)	〔消費材料価格差異〕	(44, 320)
		次月繰越	(2, 880)
	(47, 200)		(47, 200)

消費材料価格差異

〔購入材料価格差異〕	(44, 320)	次月繰越	(44, 320)

材料数量差異

〔材料〕	(16, 000)	次月繰越	(16, 000)

解答への道

1．標準単価による材料購入原価の計算と購入材料価格差異の計算

(1) 材料購入原価：400円/kg×5, 900kg＝2, 360, 000円

(2) 購入材料価格差異：(400円/kg－408円/kg)×5, 900kg＝(－)47, 200円〔借方〕

2．製造指図書別標準直接材料費の計算

#101(完成品)：400円×5 kg×250個×2ロット　＝1, 000, 000円

#102(完成品)：400円×3 kg×400個×1ロット　＝　480, 000円

合計：完成品標準直接材料費　1, 480, 000円〈仕掛品勘定貸方記入額〉

#103(月末仕掛品)：400円×6 kg×300個×1ロット　＝　720, 000円

合計：当月標準直接材料費　2, 200, 000円〈仕掛品勘定借方記入額〉

3．月末材料：400円×360kg＝144, 000円

4．消費材料価格差異と材料数量差異の把握

(1) 購入材料価格差異の実際出庫分と月末材料分への按分

$\frac{47,200円}{5,540kg+360kg}$×5, 540kg＝44, 320円〔借方〕……「消費材料価格差異」勘定へ振替え

〃　×360kg＝2, 880円〔借方〕………「購入材料価格差異」勘定残高として次月繰越

(2) 材料数量差異

#101：400円/kg×(+) 8kg＝(+) 3, 200円〔貸方〕

#102：400円/kg×(－)48kg＝(－)19, 200円〔借方〕

合計(－)16, 000円〔借方〕

問題8-2

(注)〔　　〕内には適切な差異の名称を，(　　)内には適切な金額を記入しなさい（単位：円）。

材料

買掛金	(7, 955, 000)	仕掛品	(7, 200, 000)
〔購入材料価格差異〕	(21, 000)	材料数量差異	(405, 000)
		次期繰越	
		標準原価	(350, 000)
		追加配賦額	(21, 000)
		合計	(371, 000)
	(7, 976, 000)		(7, 976, 000)

仕掛品

材料	(7, 200, 000)	製品	(6, 400, 000)
〔購入材料価格差異〕	(48, 000)	次期繰越	
〔材料数量差異〕	(47, 700)	標準原価	(800, 000)
		追加配賦額	(95, 700)
		合計	(895, 700)
	(7, 295, 700)		(7, 295, 700)

製品

仕掛品	(6, 400, 000)	売上原価	(4, 800, 000)
〔購入材料価格差異〕	(96, 000)	次期繰越	
〔材料数量差異〕	(95, 400)	標準原価	(1, 600, 000)
		追加配賦額	(191, 400)
		合計	(1, 791, 400)
	(6, 591, 400)		(6, 591, 400)

売上原価

製品	(4, 800, 000)	損益	(5, 374, 200)
〔購入材料価格差異〕	(288, 000)		
〔材料数量差異〕	(286, 200)		
	(5, 374, 200)		(5, 374, 200)

購入材料価格差異

買　掛　金	(477,300)	売 上 原 価	(288,000)
		製　　品	(96,000)
		仕 掛 品	(48,000)
		材料数量差異	(24,300)
		材　　料	(21,000)
	(477,300)		(477,300)

材料数量差異

材　　料	(405,000)	売 上 原 価	(286,200)
〔購入材料価格差異〕	(24,300)	製　　品	(95,400)
		仕 掛 品	(47,700)
	(429,300)		(429,300)

解答への道

1．生産データと販売データの整理

仕掛品

当期投入	完成	
1,800個	#101	600個
(14,400kg)	#102	500個
	#103	100個
	#104	400個
	計	1,600個
		(12,800kg)
	期末	
	#105	200個
		(1,600kg)

製品

完成		販売	
#101	600個	#101	600個
#102	500個	#102	500個
#103	100個	#103	100個
#104	400個	計	1,200個
計	1,600個		(9,600kg)
	(12,800kg)	期末	
		#104	400個
			(3,200kg)

(注)(　)内は標準消費量（8kg/個×100個×ロット数）

2．製造指図書別標準直接材料費の計算

#101（売上原価）：500円×4,800kg ＝　2,400,000円
#102（売上原価）：500円×4,000kg ＝　2,000,000円
#103（売上原価）：500円×　800kg ＝　400,000円
合計：標準売上原価　4,800,000円
#104（期末製品）：500円×3,200kg ＝　1,600,000円
合計：完成品標準直接材料費　6,400,000円
#105（期末仕掛品）：500円×1,600kg＝　800,000円
合計：当期標準直接材料費　7,200,000円

3．標準単価による材料購入原価の計算と購入材料価格差異の計算

(1)　材料購入原価：500円/kg×15,910kg＝7,955,000円
(2)　期末材料：500円×700kg＝350,000円

4．標準原価差異の把握

(1)　購入材料価格差異：(500円/kg－530円/kg)×15,910kg＝(－)477,300円〔借方〕
(2)　材料数量差異：500円/kg×(14,400kg－15,210kg)＝(－)405,000円〔借方〕

5．原価差異の追加配賦

本問では，〔問２〕の計算条件に「追加配賦した結果得られた関係勘定の期末残高が，できるだけ実際原価に一致するように追加配賦すること」とあることから，正確に追加配賦する「ころがし計算法」による追加配賦を行うことになる。

購入材料価格差異は標準単価が不適当なため多額の差異が計算されたものであり，これをできるだけ正確に追加配賦しなければならない。そこで，実際単価に修正するための追加配賦計算を行うが，追加配賦は「材料数量差異」に対しても行うので注意すること。

	購入材料価格差異	材料数量差異
売 上 原 価	30円(＊)×9,600kg＝288,000円	238.5円(＊)×1,200個＝286,200円
期 末 製 品	30円　×3,200kg＝ 96,000円	238.5円　×　400個＝ 95,400円
期末仕掛品	30円　×1,600kg＝ 48,000円	238.5円　×　200個＝ 47,700円
材料数量差異	30円　×　810kg＝ 24,300円	――
期 末 材 料	30円　×　700kg＝ 21,000円	――
合　計	477,300円	429,300円

(＊) 追加配賦率：購入材料価格差異：477,300円÷15,910kg＝30円/kg
材料数量差異：(405,000円＋24,300円)÷1,800個＝238.5円/個
(注) 波線の金額は材料数量差異に対して追加配賦した購入材料価格差異

6．まとめ

売上原価への配賦額：288,000円＋286,200円＝574,200円
期末製品への配賦額：　96,000円＋ 95,400円＝191,400円
期末仕掛品への配賦額：　48,000円＋ 47,700円＝ 95,700円
期末材料への配賦額：　21,000円

問題8-3

〔設問１〕

損 益 計 算 書　　　　(単位：円)

Ⅰ 売 上 高		(8,000,000)
Ⅱ 売 上 原 価		
1．当期製品製造原価	(4,250,000)	
2．期末製品棚卸高	(850,000)	
標準売上原価	(3,400,000)	
3．原 価 差 額	(546,600)	(3,946,600)
売上総利益		(4,053,400)

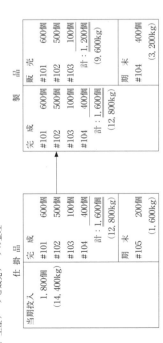

貸　借　対　照　表（一部）　　（単位：円）

資　産　の　部		
流動資産		
⋮		
製　　品	（　850,000　）	
材　　料	（　150,000　）	
仕 掛 品	（　305,000　）	

〔設問２〕

損　益　計　算　書　　（単位：円）

Ⅰ　売　上　高		（　8,000,000　）
Ⅱ　売 上 原 価		
1．当期製品製造原価	（　4,250,000　）	
2．期末製品棚卸高	（　850,000　）	
標準売上原価	（　3,400,000　）	
3．原　価　差　額	（　408,000　）	（　3,808,000　）
売上総利益		（　4,192,000　）

貸　借　対　照　表（一部）　　（単位：円）

資　産　の　部		
流動資産		
⋮		
製　　品	（　952,000　）	
材　　料	（　150,000　）	
仕 掛 品	（　341,600　）	

解答への道

1．生産データと販売データの整理

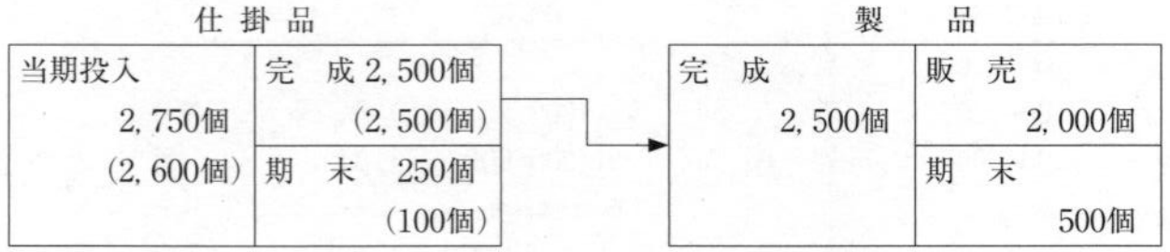

（注）（　）内は，加工費の完成品換算量を示す。

2．標準原価の計算

(1)　当期完成品

直接材料費：900円×2,500個　＝2,250,000円

加　工　費：800円×2,500個　＝2,000,000円

合　計　4,250,000円

(2)　期末仕掛品

直接材料費：900円×250個＝225,000円

加　工　費：800円×100個＝　80,000円

合　計　305,000円

(3)　当期販売品

直接材料費：900円×2,000個＝1,800,000円

加　工　費：800円×2,000個＝1,600,000円

合　計　3,400,000円

(4)　期末製品

直接材料費：900円×500個＝450,000円

加　工　費：800円×500個＝400,000円

合　計　850,000円

3．その他の項目

(1)　売　上　高：4,000円/個×2,000個＝8,000,000円

(2)　期 末 材 料：150円/kg×1,000kg＝150,000円

4．標準原価差異の把握

材料受入価格差異：標準単価と実際単価が等しいため生じない。

材料消費量差異：150円/kg×(16,500kg(＊)－18,000kg)＝(－)225,000円〔借方〕

（＊）標準消費量：6kg/個×2,750個＝16,500kg

加工費配賦差異：2,080,000円(＊)－2,401,600円＝(－)321,600円〔借方〕

（＊）標準加工費：800円/個×2,600個＝2,080,000円

原価差異合計：(－)225,000円＋(－)321,600円＝(－)546,600円〔借方〕

5．原価差異の会計処理

〔設問１〕売上原価賦課

原価差異は少額のため，全額売上原価に賦課する。

〈勘定連絡図〉　　（単位：円）

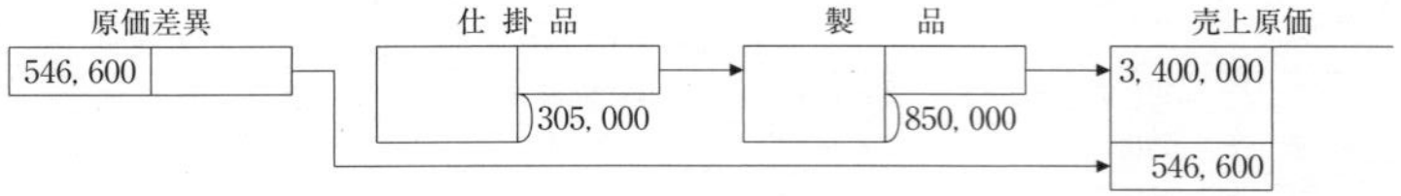

〔設問２〕一括調整法による追加配賦

原価差額は，売上原価，期末製品，期末仕掛品にその標準原価の割合で一括して追加配賦する。

売上原価への配賦額：$\dfrac{546,600円}{3,400,000円+850,000円+305,000円}$×3,400,000円＝408,000円

期末製品への配賦額：　〃　×850,000円＝102,000円

期末仕掛品への配賦額：　〃　×305,000円＝36,600円

〈勘定連絡図〉　　（単位：円）

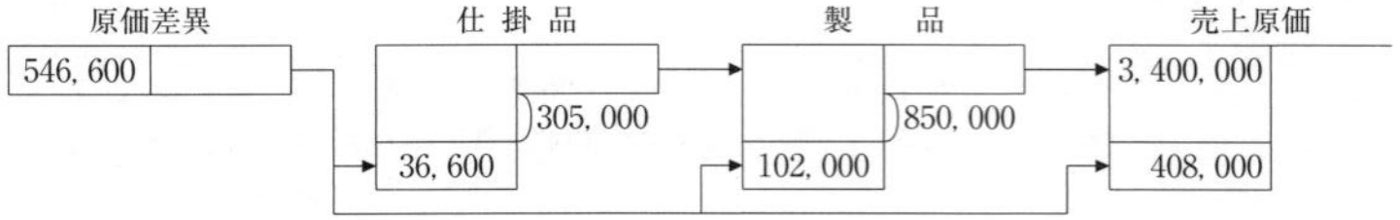

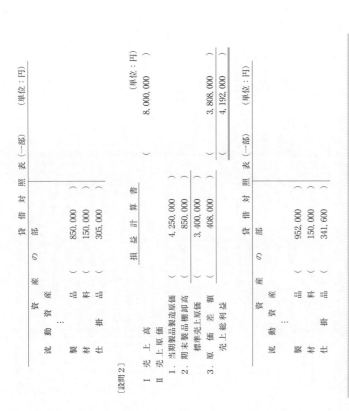

6．まとめ

	〔設問１〕	〔設問２〕
P／L売上原価に計上される原価差額	546, 600円	408, 000円
B／S製　品	850, 000円	850, 000円＋102, 000円＝952, 000円
B／S材　料	150, 000円	150, 000円
B／S仕掛品	305, 000円	305, 000円＋36, 600円＝341, 600円

問題8-4

(注)〔　　〕内には適切な文字，(　　)内には適切な金額を記入しなさい。

損　益　計　算　書　　　　(単位：円)

Ⅰ　売　上　高		(56, 000, 000)
Ⅱ　売 上 原 価		
1.〔当期製品製造原価〕	(38, 480, 000)	
2．期末製品棚卸高	(2, 080, 000)	
標準売上原価	(36, 400, 000)	
3．原　価　差　額	(434, 000)	(36, 834, 000)
売上総利益		(19, 166, 000)

貸　借　対　照　表(一部)　　(単位：円)

資　産　の　部		
流　動　資　産		
⋮		
製　　　品	(2, 104, 800)	
〔材　　　料〕	(71, 000)	
仕　掛　品	(200, 550)	

解答への道

1．年間ベースの生産データと販売データの整理

仕 掛 品

③当期投入 7, 460個 (7, 430個)	②完成 7, 400個 (7, 400個)
	①期末　60個 (30個)

→

製　品

完　成 7, 400個	販　売 7, 000個
	期　末 400個

(注)(　　)内は，加工費の完成品換算量を示す。

①：３月は期末なので，月末仕掛品＝期末仕掛品となる。

②：年間の販売データより。

③：貸借差引。

2．標準原価の計算

(1)　当期完成品

直接材料費：1, 400円×7, 400個＝10, 360, 000円

直接労務費：1, 700円×7, 400個＝12, 580, 000円

製造間接費：2, 100円×7, 400個＝15, 540, 000円

合　計　38, 480, 000円

(2)　期末仕掛品

直接材料費：1, 400円×60個＝　84, 000円

直接労務費：1, 700円×30個＝　51, 000円

製造間接費：2, 100円×30個＝　63, 000円

合　計　198, 000円

(3)　当期販売品

直接材料費：1, 400円×7, 000個＝　9, 800, 000円

直接労務費：1, 700円×7, 000個＝11, 900, 000円

製造間接費：2, 100円×7, 000個＝14, 700, 000円

合　計　36, 400, 000円

(4)　期末製品

直接材料費：1, 400円×400個＝　560, 000円

直接労務費：1, 700円×400個＝　680, 000円

製造間接費：2, 100円×400個＝　840, 000円

合　計　2, 080, 000円

3．その他の項目

(1)　売 上 高：8, 000円/個×7, 000個＝56, 000, 000円

(2)　期末材料：355円/kg(＊)×200kg＝71, 000円

(＊) 実際消費単価：(361円/kg×500kg＋354円/kg×3, 000kg)÷3, 500kg＝355円/kg

4．３月の標準原価差異の把握

仕 掛 品

月　初　40個 (16個)	完　成 780個 (780個)
当月投入 800個 (794個)	月　末　60個 (30個)

(注)(　　)内は，加工費の完成品換算量を示す。

(1)　直接材料費差異

消費材料価格差異：(350円/kg－355円/kg)×3, 300kg＝(－)16, 500円〔借方〕

材料消費量差異：350円/kg×(3, 200kg(＊)－3, 300kg)＝(－)35, 000円〔借方〕

(＊) 標準消費量：4kg/個×800個＝3, 200kg

(2)　直接労務費差異：1, 349, 800円(＊)－1, 370, 800円＝(－)21, 000円〔借方〕

(＊) 標準直接労務費：1, 700円/個×794個＝1, 349, 800円

(3)　製造間接費差異：1, 667, 400円(＊)－1, 709, 400円＝(－)42, 000円〔借方〕

(＊) 標準製造間接費：2, 100円/個×794個＝1, 667, 400円

5．年間の原価差額合計

(1)　直接材料費差異

消費材料価格差異：(+)16, 500円＋(−)16, 500円＝　　　　　0円〔 − 〕

材料消費量差異：(−)136, 580円＋(−)35, 000円＝(−)171, 580円〔借方〕

合　計　(−)171, 580円〔借方〕

(2)　直接労務費差異：(−)112, 740円＋(−)21, 000円＝(−)133, 740円〔借方〕

(3)　製造間接費差異：(−)114, 030円＋(−)42, 000円＝(−)156, 030円〔借方〕

6．原価要素別による原価差異の追加配賦（ころがし計算法）

原価差異は，原価要素ごとに売上原価，期末製品，期末仕掛品にその完成品換算量の割合で追加配賦する。

(1)　直接材料費差異

売上原価への配賦額：$\dfrac{171,580円}{7,000個+400個+60個}$×7, 000個＝161, 000円

期末製品への配賦額：　〃　×400個＝9, 200円

期末仕掛品への配賦額：　〃　×60個＝1, 380円

(2)　直接労務費差異

売上原価への配賦額：$\dfrac{133,740円}{7,000個+400個+30個}$×7, 000個＝126, 000円

期末製品への配賦額：　〃　×400個＝7, 200円

期末仕掛品への配賦額：　〃　×30個＝540円

(3)　製造間接費差異

売上原価への配賦額：$\dfrac{156,030円}{7,000個+400個+30個}$×7, 000個＝147, 000円

期末製品への配賦額：　〃　×400個＝8, 400円

期末仕掛品への配賦額：　〃　×30個＝630円

7．まとめ

P／L売上原価に計上される原価差額：161, 000円＋126, 000円＋147, 000円＝434, 000円

B／S製　品：2, 080, 000円＋9, 200円＋7, 200円＋8, 400円＝2, 104, 800円

B／S材　料：355円/kg×200kg＝71, 000円

B／S仕掛品：198, 000円＋1, 380円＋540円＋630円＝200, 550円

〈勘定連絡図〉　（単位：円）

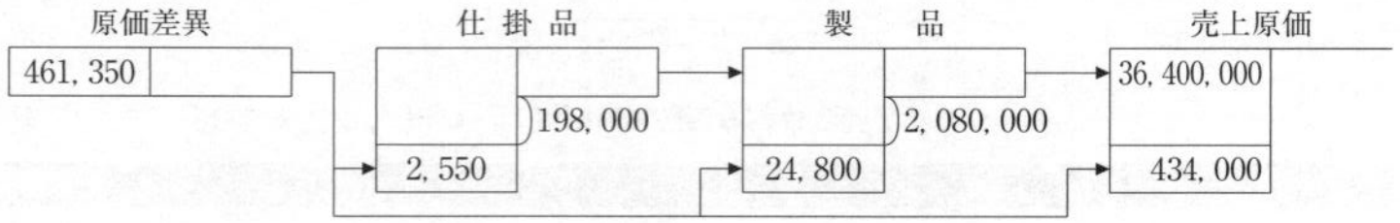

問題8-5

（注）〔　　〕内には適切な差異の名称を，（　　）内には適切な金額を記入しなさい（単位：円）。

材　料

買掛金	（441, 000）	仕掛品	（408, 000）
〔材料受入価格差異〕	（4, 300）	材料数量差異	（10, 025）
		次期繰越	
		標準原価	（22, 975）
		追加配賦額	（4, 300）
		合計	（27, 275）
	（445, 300）		（445, 300）

仕　掛　品

材料	（408, 000）	製品	（390, 000）
〔材料受入価格差異〕	（3, 800）	次期繰越	
〔材料数量差異〕	（695）	標準原価	（18, 000）
		追加配賦額	（4, 495）
		合計	（22, 495）
	（412, 495）		（412, 495）

製　品

仕掛品	（390, 000）	売上原価	（338, 000）
〔材料受入価格差異〕	（10, 400）	次期繰越	
〔材料数量差異〕	（1, 524）	標準原価	（52, 000）
		追加配賦額	（11, 924）
		合計	（63, 924）
	（401, 924）		（401, 924）

売　上　原　価

製品	（338, 000）	損益	（415, 506）
〔材料受入価格差異〕	（67, 600）		
〔材料数量差異〕	（9, 906）		
	（415, 506）		（415, 506）

材料受入価格差異

買掛金	（88, 200）	売上原価	（67, 600）
		製品	（10, 400）
		仕掛品	（3, 800）
		材料数量差異	（2, 100）
		材料	（4, 300）
	（88, 200）		（88, 200）

材料数量差異

材　　料	(10,025)	売上原価	(9,906)
〔材料受入価格差異〕	(2,100)	製　　品	(1,524)
		仕 掛 品	(695)
	(12,125)		(12,125)

解答への道

1．生産データと販売データの整理

仕 掛 品

当期投入	完　成
① 3,250個 (9,750kg)	① 3,000個 (9,000kg)
② 3,100個 (6,200ℓ)	② 3,000個 (6,000ℓ)
③ 3,000個 (3,000袋)	③ 3,000個 (3,000袋)
	期　末
	① 250個 (750kg)
	② 100個 (200ℓ)
	③ 0個 (0袋)

→

製　品

完　成	販　売
① 3,000個 (9,000kg)	① 2,600個 (7,800kg)
② 3,000個 (6,000ℓ)	② 2,600個 (5,200ℓ)
③ 3,000個 (3,000袋)	③ 2,600個 (2,600袋)
	期　末
	① 400個 (1,200kg)
	② 400個 (800ℓ)
	③ 400個 (400袋)

(注) ①：材料Y－1の数量データ，(　　) 内は標準消費量（3kg/個）
②：材料Y－2の完成品換算量データ，(　　) 内は標準消費量（2ℓ/個）
③：材料Y－3の完成品換算量データ，(　　) 内は標準消費量（1袋/個）

2．標準原価の計算　　(単位：円)

	当期完成品	期末仕掛品	当期販売品	期末製品
Y－1：60円×	3,000個＝180,000	250個＝15,000	2,600個＝156,000	400個＝24,000
Y－2：30円×	3,000個＝ 90,000	100個＝ 3,000	2,600個＝ 78,000	400個＝12,000
Y－3：40円×	3,000個＝120,000	0個＝ 0	2,600個＝104,000	400個＝16,000
合　計	390,000	18,000	338,000	52,000

3．その他の項目　　(単位：円)

	購入原価	標準消費額	期末材料
Y－1：20円×	10,500kg＝210,000	9,750kg＝195,000	425kg＝ 8,500
Y－2：15円×	6,600ℓ＝ 99,000	6,200ℓ＝ 93,000	245ℓ＝ 3,675
Y－3：40円×	3,300袋＝132,000	3,000袋＝120,000	270袋＝10,800
合　計	441,000	408,000	22,975

4．当期の標準原価差額の把握

(1) 材料受入価格差異

Y－1：(20円/kg－24円/kg)×10,500kg＝(－)42,000円〔借方〕
Y－2：(15円/ℓ－19円/ℓ)× 6,600ℓ ＝(－)26,400円〔借方〕
Y－3：(40円/袋－46円/袋)× 3,300袋 ＝(－)19,800円〔借方〕
合計　(－)88,200円〔借方〕

(2) 材料数量差異

Y－1：20円/kg×(9,750kg－10,075kg)＝(－) 6,500円〔借方〕
Y－2：15円/ℓ×(6,200ℓ－6,355ℓ) ＝(－) 2,325円〔借方〕
Y－3：40円/袋×(3,000袋－3,030袋) ＝(－) 1,200円〔借方〕
合計　(－)10,025円〔借方〕

5．原価差異の追加配賦

本問では，〔設問2〕の計算条件に「追加配賦した結果得られた関係勘定の期末残高が，できるだけ実際原価に一致するように追加配賦すること」とあることから，正確に追加配賦する「ころがし計算法」による追加配賦を行うことになる。

(1) 材料受入価格差異

材料受入価格差異は標準単価が不適当なため多額の差異が計算されたものであり，これをできるだけ正確に追加配賦しなければならない。そこで，実際単価に修正するための追加配賦計算を行う。

(単位：円)

	Y－1	Y－2	Y－3
売上原価	4円(＊)×7,800kg＝31,200	4円(＊)×5,200ℓ＝20,800	6円(＊)×2,600袋＝15,600
期末製品	4円 ×1,200kg＝ 4,800	4円 × 800ℓ＝ 3,200	6円 × 400袋＝ 2,400
期末仕掛品	4円 × 750kg＝ 3,000	4円 × 200ℓ＝ 800	6円 × 0袋＝ 0
材料数量差異	4円 × 325kg＝ 1,300	4円 × 155ℓ＝ 620	6円 × 30袋＝ 180
期末材料	4円 × 425kg＝ 1,700	4円 × 245ℓ＝ 980	6円 × 270袋＝ 1,620
合　計	42,000	26,400	19,800

(＊) 追加配賦率：Y－1　42,000円÷10,500kg＝4円/kg
Y－2　26,400円÷ 6,600ℓ＝4円/ℓ
Y－3　19,800円÷ 3,300袋＝6円/袋

(2) 材料数量差異　　(単位：円)

	Y－1	Y－2	Y－3
売上原価	2.4円(＊)×2,600個＝ 6,240	0.95円(＊)×2,600個＝2,470	0.46円(＊)×2,600個＝1,196
期末製品	2.4円 × 400個＝ 960	0.95円 × 400個＝ 380	0.46円 × 400個＝ 184
期末仕掛品	2.4円 × 250個＝ 600	0.95円 × 100個＝ 95	0.46円 × 0個＝ 0
合　計	7,800	2,945	1,380

(＊) 追加配賦率：Y－1　(6,500円＋1,300円)÷3,250個＝2.4円/個
Y－2　(2,325円＋620円)÷3,100個＝0.95円/個
Y－3　(1,200円＋180円)÷3,000個＝0.46円/個
(注) 波線の金額は材料数量差異に対して追加配賦した材料受入価格差異

6．まとめ

売上原価への配賦額：(31, 200円＋20, 800円＋15, 600円)＋(6, 240円＋2, 470円＋1, 196円)＝77, 506円
期末製品への配賦額：(4, 800円＋3, 200円＋2, 400円)＋(960円＋380円＋184円)＝11, 924円
期末仕掛品への配賦額：(3, 000円＋800円＋0円)＋(600円＋95円＋0円)＝4, 495円
期末材料への配賦額：1, 700円＋980円＋1, 620円＝4, 300円

問題8-6

〔問１〕下記の［　　］内に計算した差異の金額を，〔　　〕内には借方または貸方を記入しなさい。

(1) 原料受入価格差異 ［209, 500］円〔借方〕

(2) 原料消費量差異 ［29, 660］円〔借方〕

(3) 加工費配賦差異 ［27, 120］円〔借方〕

〔問２〕下記の〔　　〕内には適切な差異の名称を，(　　)内には適切な金額を記入しなさい（単位：円)。

仕　掛　品

原　　料	(693, 060)	製　　品	(1, 958, 000)
加　工　費	(1, 383, 120)	原料消費量差異	(29, 660)
〔原料受入価格差異〕	(6, 700)	加工費配賦差異	(27, 120)
〔原料消費量差異〕	(1, 380)	次 期 繰 越	
〔加工費配賦差異〕	(720)	標 準 原 価	(61, 400)
		追加配賦額	(8, 800)
		合　計	(70, 200)
	(2, 084, 980)		(2, 084, 980)

製　　品

仕　掛　品	(1, 958, 000)	売 上 原 価	(1, 780, 000)
〔原料受入価格差異〕	(17, 000)	次 期 繰 越	
〔原料消費量差異〕	(3, 480)	標 準 原 価	(178, 000)
〔加工費配賦差異〕	(2, 400)	追加配賦額	(22, 880)
		合　計	(200, 880)
	(1, 980, 880)		(1, 980, 880)

売　上　原　価

製　　品	(1, 780, 000)	損　　益	(2, 008, 800)
〔原料受入価格差異〕	(170, 000)		
〔原料消費量差異〕	(34, 800)		
〔加工費配賦差異〕	(24, 000)		
	(2, 008, 800)		(2, 008, 800)

〔問３〕当年度の実際営業利益 ［987, 654］円

解答への道

1．生産データと販売データの整理

仕 掛 品

当期投入		完　成	
①	2, 300台	①	2, 200台
	(9, 200kg)		(8, 800kg)
②	2, 260台	②	2, 200台
	(6, 780kg)		(6, 600kg)
③	2, 260台	③	2, 200台
		期　末	
		①	100台
			(400kg)
		②	60台
			(180kg)
		③	60台

製　品

完　成		販　売	
①	2, 200台	①	2, 000台
	(8, 800kg)		(8, 000kg)
②	2, 200台	②	2, 000台
	(6, 600kg)		(6, 000kg)
③	2, 200台	③	2, 000台
		期　末	
		①	200台
			(800kg)
		②	200台
			(600kg)
		③	200台

(注) ①：原料Ｚ－１の数量データ，(　　)内は標準消費量（４kg/台）
②：原料Ｚ－２の完成品換算量データ，(　　)内は標準消費量（３kg/台）
③：加工費の完成品換算量データ

2．標準原価差額の把握

(1) 原料受入価格差異

Ｚ－１：(50円/kg－60円/kg)×9, 700kg＝(－) 97, 000円〔借方〕
Ｚ－２：(30円/kg－45円/kg)×7, 500kg＝(－)112, 500円〔借方〕
合計　(－)209, 500円〔借方〕

(2) 原料消費量差異

Ｚ－１：50円/kg×(9, 200kg－9, 522kg)＝(－)16, 100円〔借方〕
Ｚ－２：30円/kg×(6, 780kg－7, 232kg)＝(－)13, 560円〔借方〕
合計　(－)29, 660円〔借方〕

(3) 加工費配賦差異

1, 356, 000円(＊)－1, 383, 120円＝(－)27, 120円〔借方〕

(＊) 標準加工費：600円/台×2, 260台＝1, 356, 000円

3．標準原価の計算　　　　　　　　　　　　　　　　　　　　　　（単位：円）

	当期完成品	期末仕掛品	当期販売品	期末製品
Z－1：200円×	2, 200台＝　440, 000	100台＝20, 000	2, 000台＝　400, 000	200台＝　40, 000
Z－2：　90円×	2, 200台＝　198, 000	60台＝　5, 400	2, 000台＝　180, 000	200台＝　18, 000
加工費：600円×	2, 200台＝1, 320, 000	60台＝36, 000	2, 000台＝1, 200, 000	200台＝120, 000
合　　計	1, 958, 000	61, 400	1, 780, 000	178, 000

4．原料勘定から仕掛品勘定への振替額

Z－1：50円/kg×9, 522kg＝476, 100円
Z－2：30円/kg×7, 232kg＝216, 960円
合計　　　　　　　　　693, 060円

5．原価差異の追加配賦

本問では，〔問2〕の計算条件に「追加配賦した結果得られた関係勘定の期末残高が，できるだけ実際原価に一致するように追加配賦すること」とあることから，正確に追加配賦する「ころがし計算法」による追加配賦を行うことになる。

(1)　原料受入価格差異

原料受入価格差異は標準単価が不適当なため多額の差異が計算されたものであり，これをできるだけ正確に追加配賦しなければならない。そこで実際単価に修正するための追加配賦計算を行う。

（単位：円）

	Z－1	Z－2
売上原価	10円(＊)×8, 000kg＝80, 000	15円(＊)×6, 000kg＝90, 000
期末製品	10円　×　800kg＝　8, 000	15円　×　600kg＝　9, 000
期末仕掛品	10円　×　400kg＝　4, 000	15円　×　180kg＝　2, 700
原料消費量差異	10円　×　322kg＝　3, 220	15円　×　452kg＝　6, 780
期末原料	10円　×　178kg＝　1, 780	15円　×　268kg＝　4, 020
合　　計	97, 000	112, 500

（＊）追加配賦率：Z－1　97, 000円÷9, 700kg＝10円/kg
　　　　　　　　　Z－2　112, 500円÷7, 500kg＝15円/kg

(2)　原料消費量差異

（単位：円）

	Z－1	Z－2
売上原価	8. 4円(＊)×2, 000台＝16, 800	9円(＊)×2, 000台＝18, 000
期末製品	8. 4円　×　200台＝　1, 680	9円　×　200台＝　1, 800
期末仕掛品	8. 4円　×　100台＝　840	9円　×　60台＝　540
合　　計	19, 320	20, 340

（＊）追加配賦率：Z－1（16, 100円＋3, 220円）÷2, 300台＝8. 4円/台
　　　　　　　　　Z－2（13, 560円＋6, 780円）÷2, 260台＝9円/台
　　　　　　　　　（注）波線の金額は原料消費量差異に対して追加配賦した原料受入価格差異

(3)　加工費配賦差異

（単位：円）

売上原価	12円(＊)×2, 000台＝24, 000
期末製品	12円　×　200台＝　2, 400
期末仕掛品	12円　×　60台＝　720
合　　計	27, 120

（＊）追加配賦率：27, 120円÷2, 260台＝12円/台

6．まとめ

売上原価への配賦額：(80, 000円＋90, 000円)＋(16, 800円＋18, 000円)＋24, 000円＝228, 800円
期末製品への配賦額：(8, 000円＋9, 000円)＋(1, 680円＋1, 800円)＋2, 400円＝22, 880円
期末仕掛品への配賦額：(4, 000円＋2, 700円)＋(840円＋540円)＋720円＝8, 800円

7．実際営業利益の計算

売上高：2, 000円/台×2, 000台 ……………4, 000, 000円
売上原価：〔問2〕の計算結果より …………2, 008, 800円
販売費及び一般管理費：問題の資料3.(8)より ……………1, 003, 546円
差引：実際営業利益 ………………………………　987, 654円

問題8-7

〔問1〕

(1)	原料受入価格差異	4, 850, 000　円	（借　方）
(2)	原料消費量差異	684, 000　円	（借　方）
(3)	加工費配賦差異	8, 640, 000　円	（借　方）

（　　）内に借方，または貸方を記入すること。

〔問2〕（単位：円）

仕　掛　品

原料	（　21, 984, 000　）	製品	（　25, 200, 000　）
追加配賦		半製品	（　5, 600, 000　）
原料受入価格差異	（　705, 000　）	次期繰越	（　6, 696, 400　）
原料消費量差異	（　131, 400　）	原料消費量差異	（　684, 000　）
加工費	（　23, 040, 000　）	加工費配賦差異	（　8, 640, 000　）
追加配賦			
加工費配賦差異	（　960, 000　）		
	（　46, 820, 400　）		（　46, 820, 400　）

製	品		
仕掛品	(25,200,000)	売上原価	(23,400,000)
追加配賦		次期繰越	(2,528,800)
原料受入価格差異	(210,000)		
原料消費量差異	(38,800)		
加工費配賦差異	(480,000)		
	(25,928,800)		(25,928,800)

売上原価			
製品	(23,400,000)	損益	(32,874,400)
追加配賦			
原料受入価格差異	(2,730,000)		
原料消費量差異	(504,400)		
加工費配賦差異	(6,240,000)		
	(32,874,400)		(32,874,400)

〔問3〕

実際営業利益	239,600 円

解答への道

〔問1〕原料受入価格差異，原料消費量差異および加工費配賦差異

1．棚卸資産の数量データの把握

原料甲

当期購入	実際消費
25,000kg	23,400kg
	期末原料 1,600kg

原料乙

当期購入	実際消費
45,000kg	43,260kg
	期末原料 1,740kg

第1工程仕掛品

当期投入	当期完成
4,500単位 (4,200単位)	4,000単位 第2工程へ 3,200単位(＊1) 半製品 800単位(＊2)
	期末仕掛品 500単位 (200単位)

第2工程仕掛品

当期投入	当期完成
1,600個 (1,500個)	1,400個
	期末仕掛品 200個 (100個)

製　　品

当期完成	当期販売
1,400個	1,300個
	期末製品 100個

(＊1) 4,000単位×80%＝3,200単位

(＊2) 4,000単位×20%＝800単位

なお，(　　) 内の数値は，加工進捗度を考慮した完成品換算量を表す。

2．原価標準

第1工程

原料甲	200円/kg	×	5kg	＝	1,000円/単位
原料乙	400円/kg	×	10kg	＝	4,000円
加工費	1,000円/時間(＊)	×	2時間	＝	2,000円
合計					7,000円/単位

第2工程

前工程費	7,000円/単位	×	2単位	＝	14,000円/個
加工費	1,000円/時間(＊)	×	4時間	＝	4,000円
合計					18,000円/個

(＊) 加工費予算総額25,000,000円(＝15,000,000円＋10,000,000円)÷基準操業度25,000時間＝1,000円/時間

3．原料受入価格差異・原料消費量差異の算定

(1) 原料甲

実際単価@250円(＊1)

標準単価@200円

原料受入価格差異

(@200円－@250円)×25,000kg＝△1,250,000円（借方差異）

原料消費量差異

@200円×(22,500kg－23,400kg)

＝△180,000円(借方差異)

原料甲期末残高：1,600kg

標準消費量 22,500kg(＊2)　実際消費量 23,400kg　実際購入量 25,000kg

(＊1) 原料甲実際購入額6,250,000円÷実際購入量25,000kg＝@250円

(＊2) 第1工程投入数量4,500単位×標準消費量5kg/単位＝22,500kg

(2) 原料乙

実際単価@480円(＊1)

標準単価@400円

原料受入価格差異

(@400円－@480円)×45,000kg＝△3,600,000円（借方差異）

原料消費量差異

@400円×(42,000kg－43,260kg)

＝△504,000円(借方差異)

原料乙期末残高：1,740kg

標準消費量 42,000kg(＊2)　実際消費量 43,260kg　実際購入量 45,000kg

(＊1) 原料乙実際購入額21,600,000円÷実際購入量45,000kg＝@480円

(＊2) 第1工程投入加工換算量4,200単位×標準消費量10kg/単位＝42,000kg

以上より，原料受入価格差異：原料甲(−)1,250,000円＋原料乙(−)3,600,000円
＝(−)4,850,000円〔借方差異〕

原料消費量差異：原料甲(−)180,000円＋原料乙(−)504,000円
＝(−)684,000円〔借方差異〕

4．加工費配賦差異の算定

工程別の実際加工費は明らかでないため，加工費配賦差異はまとめて計算する。

加工費予定配賦額：@1, 000円/時間×14, 400時間(＊)－加工費実際発生額23, 040, 000円

=(−)8, 640, 000円〔借方差異〕

(＊) 第１工程投入加工換算量4, 200単位×２時間/単位＋第２工程投入加工換算量1, 500個×４時間/個
= 14, 400時間

〔問２〕仕掛品勘定，製品勘定および売上原価勘定の記入

1．比較的多額な差異の追加配賦

予定価格等が不適当なため，比較的多額の原価差異が生じた場合，当該原価差異を売上原価と期末棚卸資産に科目別に配賦する。ここで，「標準原価差異を追加配賦するさいには，追加配賦してえられた各関係勘定の期末残高が可能なかぎり実際原価に一致するように追加配賦すること」とあるので，追加配賦の方法はころがし計算法による。なお，原料消費量差異・加工費配賦差異は，売上原価，期末製品，半製品，期末仕掛品に配賦するが，原料受入価格差異は，それに加え，期末原料と原料消費量差異にも配賦しなければならないので注意すること。

なお，原価差異はすべて借方差異のため，追加配賦額は標準原価に加算する。

また，第２工程では，製品１個につき第１工程完成品を２単位投入していることに注意する。

(1) 原料受入価格差異の追加配賦

	原料甲		原料乙		
	配賦基準	追加配賦額	配賦基準	追加配賦額	合計
売上原価	13, 000kg	650, 000円	26, 000kg	2, 080, 000円	2, 730, 000円
期末製品	1, 000kg	50, 000円	2, 000kg	160, 000円	210, 000円
半製品	4, 000kg	200, 000円	8, 000kg	640, 000円	840, 000円
期末仕掛品					
第２工程	2, 000kg	100, 000円	4, 000kg	320, 000円	420, 000円
第１工程	2, 500kg	125, 000円	2, 000kg	160, 000円	285, 000円
原料消費量差異	900kg	45, 000円	1, 260kg	100, 800円	145, 800円
期末原料	1, 600kg	80, 000円	1, 740kg	139, 200円	219, 200円
合計	25, 000kg	1, 250, 000円	45, 000kg	3, 600, 000円	4, 850, 000円

(追加配賦率)　1, 250, 000円÷25, 000kg＝50円/kg　3, 600, 000円÷45, 000kg＝80円/kg

(＊) 原料標準消費量

〈原料甲〉

売上原価：1, 300個×２単位/個×５kg/単位＝13, 000kg
期末製品：100個×２単位/個×５kg/単位＝1, 000kg
半製品：800単位×５kg/単位＝4, 000kg
第２工程期末仕掛品：200個×２単位/個×５kg/単位＝2, 000kg
第１工程期末仕掛品：500単位×５kg/単位＝2, 500kg
原料消費量差異：23, 400kg－22, 500kg＝900kg

〈原料乙〉

売上原価：1, 300個×２単位/個×10kg/単位＝26, 000kg
期末製品：100個×２単位/個×10kg/単位＝2, 000kg
半製品：800単位×10kg/単位＝8, 000kg
第２工程期末仕掛品：200個×２単位/個×10kg/単位＝4, 000kg
第１工程期末仕掛品：200単位×10kg/単位＝2, 000kg
原料消費量差異：43, 260kg－42, 000kg＝1, 260kg

(2) 原料消費量差異の追加配賦

原料消費量差異は，(1)で計算した原料受入価格差異を加算した金額が売上原価と期末棚卸資産に配賦されることになる。

原料甲：180, 000円＋45, 000円＝225, 000円　原料乙：504, 000円＋100, 800円＝604, 800円

	原料甲		原料乙		
	配賦基準	追加配賦額	配賦基準	追加配賦額	合計
売上原価	13, 000kg	130, 000円	26, 000kg	374, 400円	504, 400円
期末製品	1, 000kg	10, 000円	2, 000kg	28, 800円	38, 800円
半製品	4, 000kg	40, 000円	8, 000kg	115, 200円	155, 200円
期末仕掛品					
第２工程	2, 000kg	20, 000円	4, 000kg	57, 600円	77, 600円
第１工程	2, 500kg	25, 000円	2, 000kg	28, 800円	53, 800円
合計	22, 500kg	225, 000円	42, 000kg	604, 800円	829, 800円

(追加配賦率)　225, 000円÷22, 500kg＝10円/kg　604, 800円÷42, 000kg＝14. 4円/kg

(3) 加工費配賦差異の追加配賦

加工費に係わる差異は，問題文の「標準機械加工時間に対する実際機械加工時間の割合は，第１工程・第２工程ともに同程度であった」との指示より，機械加工時間にもとづいて配賦計算を行う。

	配賦基準			追加配賦額
売上原価	第２工程加工費：1, 300個×４時間/個	＝5, 200時間		
	第１工程加工費：1, 300個×２単位/個×２時間/単位	＝5, 200時間	10, 400時間	6, 240, 000円
期末製品	第２工程加工費：100個×４時間/個	＝400時間		
	第１工程加工費：100個×２単位/個×２時間/単位	＝400時間	800時間	480, 000円
半製品	第１工程加工費：800単位×２時間/単位		1, 600時間	960, 000円
期末仕掛品				
第２工程期末仕掛品	第２工程加工費：100個×４時間/個	＝400時間		
	第１工程加工費：200個×２単位/個×２時間/単位	＝800時間		
第１工程期末仕掛品	第１工程加工費：200単位×２時間/単位	＝400時間	1, 600時間	960, 000円
合計			14, 400時間	8, 640, 000円

(追加配賦率)　8, 640, 000円÷14, 400時間＝600円/時間

2．仕掛品勘定，製品勘定，売上原価勘定の記入

(1) 仕掛品勘定の記入

仕　掛　品　(単位：円)

原　　　　料	(21, 984, 000(＊1))	製　　　　品	(25, 200, 000(＊6))
追　加　配　賦		半　製　品	(5, 600, 000(＊7))
原料受入価格差異	(　705, 000(＊2))	次　期　繰　越	(6, 696, 400(＊8))
原料消費量差異	(　131, 400(＊3))	原料消費量差異	(　684, 000(＊9))
加　工　費	(23, 040, 000(＊4))	加工費配賦差異	(8, 640, 000(＊9))
追　加　配　賦			
加工費配賦差異	(　960, 000(＊5))		
	(46, 820, 400　)		(46, 820, 400　)

(＊1) 標準単価@200円×原料甲実際消費量23, 400kg＋標準単価@400円×原料乙実際消費量43, 260kg
＝21, 984, 000円

(＊2) 上記解説〔問2〕1．(1)原料受入価格差異の追加配賦額より，
第2工程仕掛品420, 000円＋第1工程仕掛品285, 000円＝705, 000円

(＊3) 上記解説〔問2〕1．(2)原料消費量差異の追加配賦額より，
第2工程仕掛品77, 600円＋第1工程仕掛品53, 800円＝131, 400円

(＊4) 問題（資料）4．(2)加工費実際発生額より，23, 040, 000円

(＊5) 上記解説〔問2〕1．(3)加工費配賦差異の追加配賦額より，960, 000円

(＊6) 18, 000円/個×最終完成品数量1, 400個＝25, 200, 000円

(＊7) 7, 000円/単位×800単位＝5, 600, 000円

(＊8) 標準原価：

第1工程：原料甲	1, 000円/単位×500単位＝	500, 000円		
原料乙	4, 000円/単位×200単位＝	800, 000円		
加工費	2, 000円/単位×200単位＝	400, 000円	1, 700, 000円	
第2工程：前工程費	14, 000円/個　×200個　＝	2, 800, 000円		
加工費	4, 000円/個　×100個　＝	400, 000円	3, 200, 000円	
追加配賦額：原料受入価格差異		705, 000円		
原料消費量差異		131, 400円		
加工費配賦差異		960, 000円	1, 796, 400円	
		合　計	6, 696, 400円	

(＊9) 上記解説〔問1〕3．4．より，原料消費量差異当期発生額：684, 000円，加工費配賦差異当期発生額：8, 640, 000円

(2) 製品勘定の記入

製　　品　(単位：円)

仕　掛　品	(25, 200, 000　)	売　上　原　価	(23, 400, 000(＊4))
追　加　配　賦		次　期　繰　越	(2, 528, 800(＊5))
原料受入価格差異	(　210, 000(＊1))		
原料消費量差異	(　38, 800(＊2))		
加工費配賦差異	(　480, 000(＊3))		
	(25, 928, 800　)		(25, 928, 800　)

(＊1) 上記解説〔問2〕1．(1)原料受入価格差異の追加配賦額より，210, 000円

(＊2) 上記解説〔問2〕1．(2)原料消費量差異の追加配賦額より，38, 800円

(＊3) 上記解説〔問2〕1．(3)加工費配賦差異の追加配賦額より，480, 000円

(＊4) 18, 000円/個×当期販売量1, 300個＝23, 400, 000円

(＊5) 標準原価：

標準原価：	18, 000円/個×100個＝		1, 800, 000円
追加配賦額：原料受入価格差異		210, 000円	
原料消費量差異		38, 800円	
加工費配賦差異		480, 000円	728, 800円
		合　計	2, 528, 800円

(3) 売上原価勘定の記入

売　上　原　価　(単位：円)

製　　　品	(23, 400, 000　)	損　　　益	(32, 874, 400　)
追　加　配　賦			
原料受入価格差異	(2, 730, 000(＊1))		
原料消費量差異	(　504, 400(＊2))		
加工費配賦差異	(6, 240, 000(＊3))		
	(32, 874, 400　)		(32, 874, 400　)

(＊1) 上記〔問2〕1．(1)原料受入価格差異の追加配賦額より，2, 730, 000円

(＊2) 上記〔問2〕1．(2)原料消費量差異の追加配賦額より，504, 400円

(＊3) 上記〔問2〕1．(3)加工費配賦差異の追加配賦額より，6, 240, 000円

〔問3〕原価差異が比較的少額な場合の営業利益の算定

原価差異が比較的少額な場合には，期末原料に対する原料受入価格差異の配賦額以外の原価差異をすべて売上原価に賦課する。

期末原料に対する原料受入価格差異：80, 000円（原料甲）＋139, 200円（原料乙）＝219, 200円

売上原価に賦課する原価差異：4, 850, 000円－219, 200円＋684, 000円＋8, 640, 000円
＝13, 954, 800円

売上高	30, 000円/個×1, 300個　＝	39, 000, 000円
売上原価	18, 000円/個×1, 300個＋13, 954, 800円＝	37, 354, 800円
売上総利益		1, 645, 200円
販売費および一般管理費		1, 405, 600円
営業利益		239, 600円

Theme

09 標準の改訂

問題9-1

〔設問1〕

（単位：円）

仕　掛　品

材　料	18,200,000	製　品	（40,000,000）
賃　金	12,750,000	原価差異	（　550,000）
製造間接費	12,800,000	次期繰越	（3,100,000）
		標準改訂差額引当金	（　100,000）
	43,750,000		43,750,000

製　品

仕掛品	（40,000,000）	売上原価	（35,000,000）
		次期繰越	（4,750,000）
		標準改訂差額引当金	（　250,000）
	（40,000,000）		（40,000,000）

売上原価

製　品	（35,000,000）	損　益	（35,550,000）
原価差異	（　550,000）		
	（35,550,000）		（35,550,000）

原価差異

仕掛品	（　550,000）	売上原価	（　550,000）

標準改訂差額引当金

仕掛品	（　100,000）	次期繰越	（　350,000）
製　品	（　250,000）		
	（　350,000）		（　350,000）

期末仕掛品の貸借対照表価額　3,200,000 円

期末製品の貸借対照表価額　5,000,000 円

〔設問2〕

20×1年度の売上総利益　6,600,000 円

〔設問3〕

標準売上原価　31,500,000 円

期末仕掛品の貸借対照表価額　3,000,000 円

期末製品の貸借対照表価額　4,500,000 円

解答への道

〔設問1〕

旧標準は正しかったが，諸条件の変更により翌期から新標準に改訂するケースである。ここでのポイントは期末棚卸資産原価の新標準への調整を，付加勘定である「標準改訂差額引当金」勘定を使用して行う点にある。

① 完成品原価：10,000円×4,000個＝40,000,000円

② 原価差異：

標準原価　4,000円×4,500個＋(3,000円＋3,000円)×4,200個＝43,200,000円

実際原価　18,200,000円＋12,750,000円＋12,800,000円　＝43,750,000円

差引：原価差異　(−)550,000円〔借方〕

③ 標準売上原価：10,000円×3,500個＝35,000,000円

④ 期末仕掛品原価：翌期から新標準に変更するため，次期繰越額を新標準で計算する。

4,000円×500個＋(2,500円＋3,000円)×200個＝3,100,000円

新原価標準

直接材料費：　800円/kg×5kg　＝ 4,000円

直接労務費：1,000円/時間×2.5時間＝ 2,500円

製造間接費：1,500円/時間×2時間　＝ 3,000円

製品1個あたりの標準製造原価　9,500円

⑤ 期末製品原価：翌期から新標準に変更するため，次期繰越額を新標準で計算する。

9,500円×500個＝4,750,000円

⑥ 標準改訂差額（期末仕掛品）：

当期生産分についてはあくまで旧標準のもとで生産されたのであるから，新標準と旧標準の差額を「標準改訂差額引当金」勘定に計上して，新標準で計算された期末仕掛品原価とあわせて旧標準ベースの期末仕掛品原価を把握する。

新標準により製品1個あたりの直接労務費が500円（＝3,000円－2,500円）引き下げられたので，標準改訂差額は次のように計算する。

500円×200個＝100,000円

⑦ 標準改訂差額（期末製品）：500円×500個＝250,000円

⑧ 期末仕掛品の貸借対照表価額：3,100,000円＋100,000円＝3,200,000円

⑨ 期末製品の貸借対照表価額：4,750,000円＋250,000円＝5,000,000円

以下に勘定連絡図を示す。なお，勘定記入の中の①から⑦の数字は解説中の番号に対応している。

（単位：円）

仕　掛　品

材　料	18, 200, 000	①製　品	40, 000, 000
賃　金	12, 750, 000	②差　異	550, 000
製間費	12, 800, 000	④繰　越	3, 100, 000
		⑥改　訂	100, 000
	43, 750, 000		43, 750, 000

製　　品

①仕掛品	40, 000, 000	③売　原	35, 000, 000
		⑤繰　越	4, 750, 000
		⑦改　訂	250, 000
	40, 000, 000		40, 000, 000

原　価　差　異

②仕掛品	550, 000	売　原	550, 000

売　上　原　価

③製品	35, 000, 000	損　益	35, 550, 000
差　異	550, 000		
	35, 550, 000		35, 550, 000

標準改訂差額引当金

⑥仕掛品	100, 000	繰　越	350, 000
⑦製　品	250, 000		
	350, 000		350, 000

〔設問２〕

1．標 準 売 上 原 価：9, 500円×3, 000個＝28, 500, 000円

2．原　価　差　異：

標準原価　4, 000円×2, 000個＋(2, 500円＋3, 000円)×2, 300個＝20, 650, 000円

実際原価　8, 100, 000円＋5, 900, 000円＋7, 200, 000円　＝21, 200, 000円

差引：原価差異　(−)550, 000円〔借方〕

3．標準改訂差額引当金：

旧標準で計算された部分のある期首仕掛品と期首製品が販売されているので前期繰越額350, 000円を売上原価へ振り替えることにより，その部分に対応する売上原価を旧標準ベースの売上原価に修正する。

4．売　　上　　高：12, 000円×3, 000個＝36, 000, 000円

以上より，

売 上 総 利 益：36, 000, 000円－(28, 500, 000円＋550, 000円＋350, 000円)＝6, 600, 000円

参考として以下に勘定連絡を示しておく（単位：円）。

仕　掛　品

繰　越	3, 100, 000	製　品	23, 750, 000
材　料	8, 100, 000	差　異	550, 000
賃　金	5, 900, 000		
製間費	7, 200, 000		
	24, 300, 000		24, 300, 000

製　　品

繰　越	4, 750, 000	売　原	28, 500, 000
仕掛品	23, 750, 000		
	28, 500, 000		28, 500, 000

原　価　差　異

仕掛品	550, 000	売　原	550, 000

標準改訂差額引当金

繰　越	350, 000	売　原	350, 000

売　上　原　価

製　品	28, 500, 000	損　益	29, 400, 000
差　異	550, 000		
改　訂	350, 000		
	29, 400, 000		29, 400, 000

〔設問３〕

1．原価標準自体が誤っていた場合は，正しい原価標準で計算をやり直す。

正しい原価標準

直接材料費：800円/kg×５kg　＝4, 000円

直接労務費：1, 000円/時間×２時間＝2, 000円

製造間接費：1, 500円/時間×２時間＝3, 000円

製品１個あたりの標準製造原価　9, 000円

2．標 準 売 上 原 価：9, 000円×3, 500個＝31, 500, 000円

3．期末仕掛品原価：4, 000円×500個＋(2, 000円＋3, 000円)×200個＝3, 000, 000円

4．期 末 製 品 原 価：9, 000円×500個＝4, 500, 000円

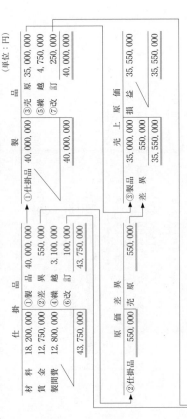

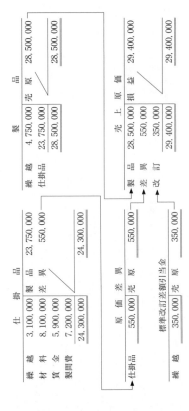

Theme 10 本社工場会計

問題10-1

〔問１〕（単位：千円）

	本社側				工場側			
	借方科目	金額	貸方科目	金額	借方科目	金額	貸方科目	金額
①	（諸収益）	2,200	（損益）	2,200	（諸収益）	1,500	（損益）	1,500
	（損益）	1,400	（諸費用）	1,400	（損益）	900	（諸費用）	900
②	（工場）	600	（総合損益）	600	（損益）	600	（本社）	600

本社側

損益

借方		貸方	
諸費用	（1,400）	諸収益	（2,200）
[総合損益]	（800）		
	（2,200）		（2,200）

総合損益

借方		貸方	
		[損益]	（800）
		[工場]	（600）

工場

借方		貸方	
後T/B	××		
[総合損益]	（600）		

工場側

損益

借方		貸方	
諸費用	（900）	諸収益	（1,500）
[本社]	（600）		
	（1,500）		（1,500）

本社

借方		貸方	
		後T/B	××
		[損益]	（600）

※　本社の利益を総合損益勘定に振り替えるため，本社では次の仕訳を行っている。

（損　　益）800（総合損益）800

〔問２〕（単位：千円）

	本社側				工場側			
	借方科目	金額	貸方科目	金額	借方科目	金額	貸方科目	金額
①	（諸収益）	2,200	（損益）	2,200	（諸収益）	1,500	（損益）	1,500
	（損益）	1,400	（諸費用）	1,400	（損益）	900	（諸費用）	900
②	（工場）	600	（損益）	600	（損益）	600	（本社）	600

本社側

損益

借方		貸方	
諸費用	（1,400）	諸収益	（2,200）
本社純損益	（800）		
	（2,200）		（2,200）
		本社純損益	（800）
		[工場]	（600）

工場

借方		貸方	
後T/B	××		
[損益]	（600）		

工場側

損益

借方		貸方	
諸費用	（900）	諸収益	（1,500）
[本社]	（600）		
	（1,500）		（1,500）

本社

借方		貸方	
		後T/B	××
		[損益]	（600）

問題10-2

〔問１〕

（単位：千円）

	借方科目	金額	貸方科目	金額
(1)	繰延内部利益	10	繰延内部利益戻入	10
	繰延内部利益控除	20	繰延内部利益	20
(2)	繰延内部利益戻入	10	総合損益	10
	総合損益	20	繰延内部利益控除	20

〔問２〕

全社的な当期純利益　1,390 千円

解答への道

〔問１〕

期首内部利益：110千円×$\frac{0.1}{1.1}$＝10千円

期末内部利益：220千円×$\frac{0.1}{1.1}$＝20千円

〔問２〕

本社における総合損益勘定は以下のようになる。

総合損益

借方		貸方	
繰延内部利益控除	20千円	損益（本社純利益）	800千円
全社的純利益	1,390千円	工場（工場純利益）	600千円
		繰延内部利益戻入	10千円

問題10-3

〔問１〕

200　千円（ (借方) ・ 貸方 ）差異

（注）（　）内は「借方」か「貸方」のいずれかを○で囲みなさい。

〔問２〕

30　千円（ (借方) ・ 貸方 ）差異

（注）（　）内は「借方」か「貸方」のいずれかを○で囲みなさい。

〔問３〕

製造原価報告書

（単位：千円）

材料費	7,700
労務費	7,400
経費	（ 8,100 ）
計	（ 23,200 ）
（製造間接費配賦差異）	（ 200 ）
当期総製造費用	（ 23,400 ）
期首仕掛品棚卸高	（ 1,600 ）
合計	（ 25,000 ）
期末仕掛品棚卸高	（ 1,200 ）
当期製品製造原価	（ 23,800 ）

〔問４〕

225　千円／個

〔問５〕

2,559　千円

〔問６〕

12,500　千円

〔問７〕

150　千円

〔問８〕

4,999　千円

解答への道

〔問１〕材料の消費価格差異の推定

材料に関する期中処理をまとめると，次のようになる。問題文より，材料はすべて直接材料であるため，消費額はすべて仕掛品勘定に振り替えられる。

仕入時：	（材料）	××	（買掛金など）	××
消費時：	（仕掛品）	××	（材料）	××

上記の仕訳を転記した結果，〔問１〕に与えられた材料勘定になる。なお，予定消費価格を用いて直接材料費を計算しているとの指示があるため，消費高は予定消費額を表す。

材　料

期首繰越高 200千円	当期消費高 (予)7,700千円（直接材料費） ⇨ 仕掛品勘定へ
当期仕入高 8,000千円	工場側の決算整理前残高試算表「材料」500千円

材料消費額を予定消費額により記帳しているため，上記の残高は期末材料残高を表していないことに注意する。

そこで，上記の勘定に期末材料残高を当てはめると，材料消費価格差異を貸借差額で求めることができる。期末材料残高は資料２(1)より計算可能である。

材　料

期首繰越高 200千円	当期消費高 (予)7,700千円（直接材料費）
当期仕入高 8,000千円	材料消費価格差異200千円（貸借差額）
	棚卸減耗費 (実) 10千円 ←(実)２千円/kg×（帳簿150kg－実地145kg）
	実地棚卸高 (実) 290千円 ←(実)２千円/kg×実地145kg

帳簿棚卸高300千円：(実)２千円/kg×帳簿150kg

〔問２〕賃率差異の推定

賃金・給料に関する期中処理をまとめると，次のようになる。

期首再振替：	（未払賃金・給料）	××	（賃金・給料）	××
消費時：	（仕掛品）	××	（賃金・給料）	××
	（製造間接費）	××		
支給時：	（賃金・給料）	××	（預り金）	××
			（現金預金）	××

上記の仕訳を転記した結果，決算整理前の賃金・給料勘定の残高は次のようになる。

賃金・給料

当期支給	期首未払
	当期消費 （予定消費額）

工場側の決算整理前残高試算表「賃金・給料」120千円

ここで，決算整理によって，当期末未払賃金・給料（資料２(4)参照）を計上すると，賃金・給料勘定の残高は次のようになる。

期末未払計上：(賃　金・給　料)	××	(未払賃金・給料)	××

賃金・給料

当期支給	期首未払
	当期消費 （予定消費額）
期末未払　150千円（←資料２(4)）	賃率差異30千円（貸借差額）←150千円－120千円

なお，〔問２〕の解答上は不要であるが，賃金・給料の消費額の内訳を求めると以下のようになる。

直接労務費：5,800千円（〔問３〕の仕掛品勘定より）

間接労務費：1,600千円（＝〔問３〕の解答用紙「労務費」7,400千円－直接労務費5,800千円）

〔問３〕製造原価報告書の作成

1．仕掛品勘定の構成

仕掛品勘定に関する期中処理をまとめると，次のようになる。

原価投入時：(仕　掛　品)	××	(材　　料)	××
		(賃金・給料)	××
		(製造間接費)	××
完　成　時：(製　　品)	××	(仕　掛　品)	××

以上より，決算整理前の仕掛品勘定残高は，期末仕掛品原価を示すことになる。これは，〔問３〕に与えられた仕掛品勘定からも裏付けられる。

仕　掛　品

	借方	貸方
	期首繰越高　1,600千円	完成品原価　23,800千円
	当期投入	
予定消費額→	直材　7,700千円	
〃　→	直労　5,800千円	
予定配賦額→	製間　9,900千円	
	23,400千円	

工場側の決算整理前残高試算表「仕掛品」1,200千円

2．製造原価報告書の作成

製造原価報告書は仕掛品勘定の内訳を表す財務諸表であることから，仕掛品勘定の金額をそのまま記載すればよい。すなわち，製造原価報告書には，予定直接材料費，予定直接労務費，製造間接費予定配賦額が記載されることになる。

(1)　製造間接費勘定の残高について

本問では，製造間接費を予定配賦している。製造間接費の予定配賦に関する期中処理をまとめると次のようになる。

予定配賦時：(仕　掛　品)	××	(製造間接費)	××
実際発生額の集計：(製造間接費)	××	(材　　料)(注１)	××
		(賃金・給料)	××
		(製造経費)(注２)	××

（注１）本問では材料はすべて直接材料であるため，実際発生額を集計する際，材料勘定からの振替額はない。

（注２）工場側の決算整理前残高試算表に，「製造経費」の残高275千円があるため，本来ならばこれを製造間接費勘定に振り替えるべきである。しかし，当該残高は資料２(4)に与えられた前払い分と一致していることから，相殺されて残高はゼロとなる。そのため，製造間接費勘定への振り替えの必要はない。

(前払製造経費)	275千円	(製造経費)	275千円

決算整理前の製造間接費勘定は貸方残高200千円であることから，以下のような状態であることになる。

製造間接費

実際発生額	予定配賦額
？　千円	9,900千円　←〔問３〕の仕掛品勘定より

工場側の決算整理前残高試算表「製造間接費」200千円

以上の勘定からわかるとおり，製造間接費勘定の貸方残高200千円は，製造間接費配賦差異（貸方差異＝有利差異）である。

したがって，製造間接費の実際発生額は，貸借差額により9,700千円であることがわかる。

(2)　製造間接費の実際発生額について

本問では間接材料費がないため，実際発生額9,700千円の内訳は，間接労務費と間接経費である。それらの額を求めると以下のようになる。

間接材料費：　0千円

間接労務費：1,600千円（〔問２〕の解説参照）

間接経費：　？千円

合　計　9,700千円

以上より，間接経費の実際発生額は8,100千円（＝9,700千円－1,600千円）とわかる。

製造間接費

実際発生額	予定配賦額
間接労務費 1,600千円	9,900千円
間接経費 8,100千円	

計　9,700千円（間接労務費＋間接経費）

製造間接費配賦差異　200千円

(3)　解答用紙の製造原価報告書の形式について

解答用紙における製造原価報告書の形式は，当期総製造費用（当期投入23,400千円）の内訳について，製品との関連における分類（直接材料費，直接労務費，製造間接費）ではなく，形態別分類（材料費，労務費，経費）による記載を要求している。

このような原価要素ごとの記載が要求されている場合，製造間接費の記載の仕方に注意が必要である。なぜなら，製造間接費を原価要素ごとに内訳表示しなければならないものの，原価要素ごとの予定配賦額は計算していないからである。そのため，製造原価報告書では，（間接材料費，）間接労務費，間接経費はいったん実際発生額（9,700千円）で記載しておく。その後，仕掛品勘定と対応させるべく，製造間接費配賦差異（200千円）を加算することによって予定配賦額（9,900千円）に修正することになる。

仕　掛　品

期首繰越高	完成品原価
1,600千円	（当期製品製造原価）
当期投入	23,800千円
予定消費額→　直材　7,700千円	
〃　→　直労　5,800千円	
予定配賦額→　製間　9,900千円	工場側の決算整理前残高試算表「仕掛品」1,200千円 ＝ 期末仕掛品棚卸高
23,400千円	

これを，材料費，労務費，経費に分類しなおす

製造原価報告書		(単位：千円)
材　料　費		7,700
労　務　費		7,400
経　　　費	(	8,100)
計	(	23,200)
(製造間接費配賦差異)	(	200)
当期総製造費用	(	23,400)
期首仕掛品棚卸高	(	1,600)
合　計	(	25,000)
期末仕掛品棚卸高	(	1,200)
当期製品製造原価	(	23,800)

仕掛品勘定より

材料費：解答用紙より7,700千円（内訳：直接材料費7,700千円，間接材料費０千円）
労務費：解答用紙より7,400千円（内訳：直接労務費5,800千円，間接労務費1,600千円）
経　費：8,100千円｛＝(23,400千円－200千円)－(7,700千円＋7,400千円)｝…間接経費と一致

〔問４〕製品単位原価の算定

本社側の製品勘定の金額には工場が賦課した内部利益が含まれており，製造原価を表していないため，工場側の製品勘定の残高を使用して製品単位原価を算出する。

なお，問題文に示されているように，工場では期中に継続して売上原価を算定しているため，工場側の製品に関する期中処理は，次のようになる。

完　成　時：	(製　　品)	××	(仕　掛　品)	××
販　売　時：	(本　　社)	××	(売　　上)	××
	(売 上 原 価)	××	(製　　品)	××

以上より，工場側の決算整理前残高試算表に記載されている製品勘定は，以下のようになっている。

（工場側）　製　品

期首製品	売上原価
？　千円	（本社へ販売）
当期製品製造原価	23,175千円 ←工場側の決算整理前残高試算表「売上原価」より
（完成品原価）	工場側の決算整理前残高試算表「製品」1,125千円
23,800千円	

上記に示した工場における製品の残高が，資料２(1)に記載された工場の製品５個分の原価に相当する。したがって，製品単位原価は次のように求められる。

1,125千円÷５個＝225千円/個

〔問５〕工場の当期損益の計算

問題文の「発生する原価差異に関しては，棚卸減耗費の実際発生額と見積額との差額も含めて，決算に際して工場側の当期の損益に加減する方式をとっている」との指示から，〔問１〕から〔問３〕で求めた原価差異と棚卸減耗引当金の戻し入れ額を工場損益に加減する。

なお，棚卸減耗引当金の一般的な会計処理は，次のようになる。

見積計上時：	(製 造 間 接 費)	××	(棚卸減耗引当金)	××
決　算　時：	(棚卸減耗引当金)	××	(材　　料)	××
	見積額		実際額	

決算において実地棚卸を行い，棚卸減耗の実際額が確定したら，棚卸減耗引当金を取り崩す。このとき，見積額と実際額とに差異が生じるときは，問題指示にもあるように原価差異として処理する。

本問においては，棚卸減耗の見積額24千円に対し，実際額が〔問１〕で求めた10千円であるから，有利差異が14千円（＝24千円－10千円）発生することになる。

※　工場の損益に賦課する原価差異

材料消費価格差異：(−) 200千円〔問１〕
賃　率　差　異：(−) 30千円〔問２〕
製造間接費配賦差異：(+) 200千円〔問３〕
棚卸減耗費の差異：(+) 14千円
原価差異合計　(−) 16千円

以上より，工場の損益勘定を作成し，工場損益を計算すると以下のようになる。

工　場　損　益　（単位：千円）

	売上原価	23,175	売上	25,750
	原価差異	16		
貸借差額→	本社	2,559		
		25,750		25,750

工場の当期損益

〔問６〕決算整理後の本社側販売費および一般管理費の計算

本社側の決算整理前の残高試算表に記載されている「販売費」と「一般管理費」を加算し，それに減価償却費（資料２(2)）と貸倒引当金繰入（資料２(3)）を加算することを忘れてはならない。さらに，資料２(4)の本社未払販売費を加算し，本社前払一般管理費を控除する必要がある。

（本社側）販売費および一般管理費

資料１より→	販売費 5,200千円	前払一般管理費 210千円	←資料２(4)より
資料１より→	一般管理費 6,750千円		
資料２(2)より→	減価償却費 250千円	12,500千円	
	貸倒引当金繰入 (＊) 10千円		
資料２(4)より→	未払販売費 500千円		

（＊）貸倒引当金繰入（資料２(3)）
5,000千円×３％−140千円＝10千円

〔問７〕期末製品に含まれる内部利益の計算

本社では，工場から製品を受け入れるつど，内部振替価格（250千円/個）で記録することから，本社側の期末製品には内部利益が含まれている。よって，本社の期末製品６個（資料２(1)）の内部利益を計算すると次のようになる。

（250千円/個［内部振替価格］−225千円/個［問４］）×６個［本社の期末製品］＝150千円

〔問８〕製作所全体の税引前営業損益の計算

1．本社の当期損益の算定

(1)　本社の売上原価の計算

本社における決算整理前の残高試算表「売上原価」は未記入となっていることから，本社では売上原価の算定はいまだ行われていないことがわかる。したがって，本社における決算整理前の残高試算表「製品」は，期首製品を表す。すなわち，本社では，製品の売買に関する処理は，三分法によって記録している。なお，本社は工場より250千円/個で製品を仕入れているため，製品勘定内の単価はすべて250千円/個で計算できる。

（本社側）　製　品

期首　3個(＊1)　750千円	売上原価　100個(＊4)　25,000円(＊6)
当期仕入　103個(＊2)　25,750円	
	期末　6個(＊3)　1,500円(＊5)

（＊１）本社側の決算整理前「製品」勘定750千円÷内部振替価格250千円/個＝３個
（＊２）本社側の決算整理前「仕入」勘定25,750千円÷内部振替価格250千円/個＝103個
（＊３）資料２(1)より
（＊４）貸借差引（３個＋103個−６個＝100個）
（＊５）250千円/個×６個＝1,500千円
（＊６）250千円/個×100個＝25,000千円

(2)　本社の当期損益の計算

（本社側）　損　　益　（単位：千円）

上記参照→	売上原価	25,000	売上	40,000
問６→	販売費および一般管理費	12,500		
貸借差額→	総合損益	2,500		
		40,000		40,000

本社の当期損益

2．製作所全体の税引前営業利益の計算

本社の当期損益と工場の当期損益を合算し，内部利益を調整すると，製作所全体の税引前営業利益が算出できる。

（本社側）　総　合　損　益　（単位：千円）

問７→	繰延内部利益控除	150	損益（本社の利益）	2,500	←上記１(2)
貸借差額→	営業損益	4,999	工場（工場の利益）	2,559	←問５
			繰延内部利益戻入	90	←資料１
		5,149		5,149	

製作所全体の税引前営業利益

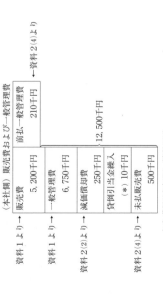

問題10-4

〔問1〕

2,200 円／個

〔問2〕

(1)	663	kg
(2)	424	時間

〔問3〕

①	620,000
②	41,600
③	3,000

〔問4〕

月 次 損 益 （単位：円）

売上原価	（ 4,419,230）	売上高	6,420,000
営業費	（ 513,800）		
営業利益	（ 1,486,970）		
	6,420,000		6,420,000

〔問5〕

月 次 損 益 （単位：円）

売上原価	（ 7,350,000）	売上高	10,020,000
営業費	（ 2,118,600）		
営業利益	（ 551,400）		
	10,020,000		10,020,000
内部利益控除	（ 120,000）	本社営業利益	（ 551,400）
全社的営業利益	（ 1,918,370）	工場営業利益	（ 1,486,970）
	（ 2,038,370）		（ 2,038,370）

解答への道

〔問1〕X製品1個あたりの標準原価（原価標準）の設定

直接材料費：消費価格3,000円/kg×消費量0.3kg/個＝ 900円/個

直接労務費：消費賃率2,500円/時間×直接作業時間0.2時間/個＝ 500円/個

製造間接費：標準配賦率4,000円/時間(＊)×直接作業時間0.2時間/個＝ 800円/個

X製品1個あたりの標準原価（原価標準）：2,200円/個

（＊）1,800,000円÷450時間＝4,000円/時間

〔問2〕直接材料の実際消費量および実際直接作業時間の推定

資料1の残高試算表の借方に記載されている差異が借方差異（不利差異），貸方に記載されている差異が貸方差異（有利差異）である。

ここで，直接材料の標準消費量や標準直接作業時間を求めるため，生産データを整理する。

仕 掛 品

月初	300個 （150個）	当月完成	2,100個 （2,100個）
当月着手	2,200個 （2,150個）	月末	400個 （200個）

→直接材料標準消費量：2,200個×0.3kg/個＝660kg

標準直接作業時間：2,150個×0.2時間/個＝430時間

1．直接材料の実際消費量の推定

標準消費価格3,000円/kg	材料消費価格差異△6,630円（資料1より）	
		材料消費量差異△9,000円（資料1より）
	標準消費量 660kg	実際消費量 ? kg

実際消費量をx（kg）とする。

3,000円/kg×(660kg－x)＝(－)9,000円

∴ x＝663（kg）

2．実際直接作業時間の推定

標準消費賃率2,500円/時間	賃率差異△4,000円（資料1より）	
		直接作業時間差異＋15,000円（資料1より）
	標準直接作業時間 430時間	実際直接作業時間 ? 時間

実際直接作業時間をy（時間）とする。

2,500円/時間×(430時間－y)＝(＋)15,000円

∴ y＝424（時間）

〔問3〕残高試算表における諸数値の推定

1．仕掛品

工場において製品が完成するつど，仕掛品勘定から製品勘定に完成品原価を振り替えるため，残高試算表上の仕掛品勘定残高は，月末仕掛品残高を表す。

900円/個×400個＋(500円/個＋800円/個)×200個＝620,000円（①）

2．操業度差異
　操業度差異については，下記の２通りの把握方法がある。
(1)　実際操業度を基準に算出する方法
　操業度差異＝@固定費率×（実際操業度－基準操業度）
　　なお，この場合，能率差異は変動費と固定費の合計である標準配賦率により算出する。
(2)　標準操業度を基準に算出する方法
　操業度差異＝@固定費率×（標準操業度－基準操業度）
　　なお，この場合，能率差異は変動費率により算出する。

　以上より，固定費より生じる能率差異に相当する額は，(1)では能率差異の一部として把握し，(2)では操業度差異に含めて把握する。
　本問では，操業度差異や能率差異の計算方法について指示がないが，資料１の残高試算表に記載されている能率差異24, 000円〔有利〕は，次の図より，変動費と固定費の合計である標準配賦率により計算されていることがわかる。
　よって，操業度差異は，実際操業度を基準に算出していることとなる。

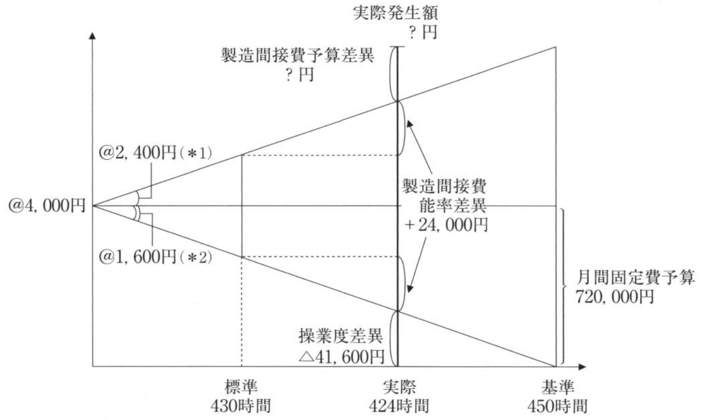

（＊1）変動費率：(1, 800, 000円－720, 000円)÷450時間＝2, 400円／時間
（＊2）固定費率：720, 000円÷450時間＝1, 600円／時間
操業度差異：1, 600円/時間×（424時間－450時間）＝(−)41, 600円〔不利〕（②）

3．製造間接費予算差異
　工場側残高試算表の①と②が推定できると，残高試算表借方の合計額が24, 106, 030円と判明する。ここから，貸借の差額で③の「製造間接費予算差異」は3, 000円〔有利〕と推定できる。

〔問４〕工場の月次損益勘定の作成
1．（工場）売上原価
　問題指示に従い，工場で発生する原価差異を売上原価に賦課する。
(1)　原価差異総額

・材料消費価格差異	(−) 6, 630円
・材料消費量差異	(−) 9, 000円
・賃率差異	(−) 4, 000円
・操業度差異	(−)41, 600円
・直接作業時間差異	(+)15, 000円
・製造間接費予算差異	(+) 3, 000円
・製造間接費能率差異	(+)24, 000円
合計	(−)19, 230円 ⇨不利差異につき，売上原価に加算する。

(2)　原価差異賦課後の売上原価
　$\underbrace{4,400,000円}_{前T/B}+\underbrace{19,230円}_{原価差異}=4,419,230円$

2．（工場）営業費
　営業費とは，販売費及び一般管理費のことである。

・前T/B販売費	280, 000円
・前T/B一般管理費	190, 000円
・棚卸減耗費	8, 800円（＊1）
・貸倒引当金繰入	5, 000円（＊2）
・前払販売費	(−)40, 000円
・未払一般管理費	70, 000円
合計	513, 800円

（＊1）棚卸減耗費
　工場におけるＸ製品の月末製品帳簿棚卸量は300個であるが，資料６より，実地棚卸数量は296個である。
　〔問１〕より，Ｘ製品の製造原価は2, 200円／個であることから，棚卸減耗費は下記のように計算できる。
　2, 200円／個×（300個－296個）＝8, 800円
　なお，棚卸減耗費は問題指示より，販売費に含める。
（＊2）貸倒引当金繰入（差額補充法）
　$\underbrace{1,500,000円}_{売掛金月末残高}\times 1\%-\underbrace{10,000円}_{前T/B貸倒引当金}=5,000円$

3．（工場）営業利益
　$\underbrace{6,420,000円}_{売上高}-\underbrace{4,419,230円}_{売上原価}-\underbrace{513,800円}_{営業費}=1,486,970円$

〔問５〕企業全体としての月次損益勘定の作成
1．（本社）売上原価
　資料５の「当月販売量」により計算する。なお，本社における各製品の仕入価格は，Ｘ製品が3, 000円/個（工場からの振替価格）であり，Ｙ商品が5, 000円/個である。
　$\underbrace{3,000円/個\times 450個}_{X製品}+\underbrace{5,000円/個\times 1,200個}_{Y商品}=7,350,000円$

2．(本社) 営業費

・前 T/B 販売費	1,010,000円
・前T/B一般管理費	850,000円
・棚卸減耗費	30,000円(＊1)
・減価償却費	150,000円
・貸倒引当金繰入	11,000円(＊2)
・未払販売費	67,600円
合計	2,118,600円

(＊1) 棚卸減耗費

本社におけるY商品の月末製品帳簿棚卸量は400個であるが，資料6より，実地棚卸数量は394個である。

Y商品から生じた棚卸減耗費は，問題指示より，販売費に含めて処理する。

5,000円/個×(400個－394個)＝30,000円

(＊2) 貸倒引当金繰入（差額補充法）

2,500,000円×1％－14,000円＝11,000円
売掛金月末残高　前T/B貸倒引当金

3．(本社) 営業利益

10,020,000円－7,350,000円－2,118,600円＝551,400円
売上高　売上原価　営業費

4．内部利益控除

本社が保有するX製品は，工場から内部利益を含んだ振替価格により受け入れたものである。

したがって，本社におけるX製品の月末在庫に含まれる内部利益は，企業全体の損益の計算上，未実現の利益として控除しなければならない。また，本社にX製品の月初在庫があれば，内部利益の戻入れを行う必要がある（本問では本社にX製品の月初在庫はない）。

(3,000円/個－2,200円/個)×150個＝120,000円
振替価格　原価標準　X製品月末

5．全社的営業利益

551,400円＋1,486,970円－120,000円＝1,918,370円
本社営業利益　工場営業利益　内部利益控除

別冊②

解答用紙

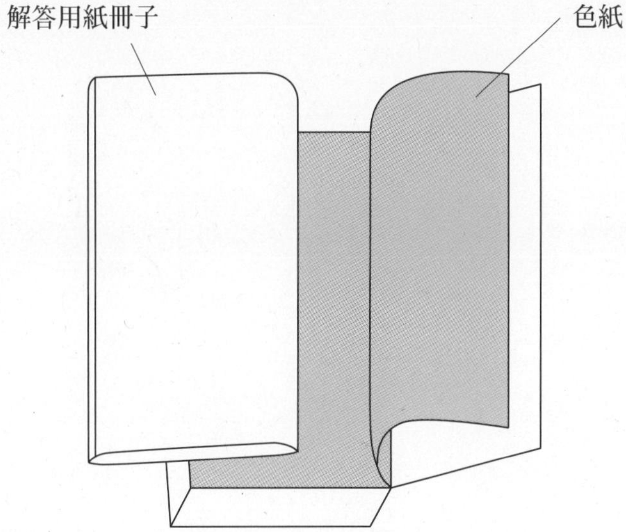

〈解答用紙ご利用時の注意〉

以下の「解答用紙」は，この色紙を残したままていねいに抜き取り，ご利用ください。

また，抜取りの際の損傷についてのお取替えはご遠慮願います。

問題1-1

(1) 平均法

月末仕掛品原価　　円

完成品総合原価　　円　　完成品単位原価　　円/個

(2) 先入先出法

月末仕掛品原価　　円

完成品総合原価　　円　　完成品単位原価　　円/個

解答〈1〉ページ

問題1-2

月末仕掛品原価　　円

完成品総合原価　　円　　完成品単位原価　　円/kg

解答〈2〉ページ

問題1-3

月末仕掛品原価　　円

完成品総合原価　　円

完成品単位原価　修正先入先出法　　円/kg

純粋先入先出法
- 月初仕掛品完成分　　円/kg
- 当月着手完成分　　円/kg

解答〈3〉ページ

問題1-4

仕　掛　品　　　　(単位：円)

月初仕掛品原価		完成品総合原価	
原　料　費	37,200	A 原 料 費	(　　　)
加　工　費	22,600	B 原 料 費	(　　　)
計	59,800	C 原 料 費	(　　　)
当月製造費用		加　工　費	(　　　)
A 原 料 費	126,000	計	(　　　)
B 原 料 費	197,400	月末仕掛品原価	
C 原 料 費	226,800	A 原 料 費	(　　　)
加　工　費	512,400	B 原 料 費	(　　　)
計	1,062,600	C 原 料 費	(　　　)
		加　工　費	(　　　)
		計	(　　　)
	1,122,400		(　　　)

完成品単位原価 [　　　　] 円/個

解答〈4〉ページ

問題1-5

月末仕掛品原価 [　　　　] 円

完成品総合原価 [　　　　] 円

解答〈6〉ページ

問題2-1

月末仕掛品原価		円	異常減損費		円
完成品総合原価		円	完成品単位原価		円/kg

仕　掛　品　　　　(単位：円)

月初仕掛品原価		完成品総合原価	
直接材料費	360,000	直接材料費	(　　　)
加工費	178,800	加工費	(　　　)
計	538,800	計	(　　　)
当月製造費用		異常減損費	(　　　)
直接材料費	8,415,000	月末仕掛品原価	
加工費	6,615,600	直接材料費	(　　　)
計	15,030,600	加工費	(　　　)
		計	(　　　)
	15,569,400		(　　　)

解答〈8〉ページ

問題2-2

月末仕掛品原価		円	異常仕損費		円
完成品総合原価		円	完成品単位原価		円/個

仕　掛　品　　　　(単位：円)

月初仕掛品原価		完成品総合原価	
直接材料費	67,200	直接材料費	(　　　)
加工費	31,560	加工費	(　　　)
計	98,760	計	(　　　)
当月製造費用		仕損品	(　　　)
直接材料費	714,000	異常仕損費	(　　　)
加工費	679,520	月末仕掛品原価	
計	1,393,520	直接材料費	(　　　)
		加工費	(　　　)
		計	(　　　)
	1,492,280		(　　　)

解答〈9〉ページ

問題2-3

月末仕掛品原価 [　　　　] 円

完成品総合原価 [　　　　] 円　　　完成品単位原価 [　　　　] 円/kg

仕　掛　品　　　　(単位：円)

月初仕掛品原価		完成品総合原価	
直接材料費	234, 900	直接材料費	(　　　)
加工費	249, 000	加工費	(　　　)
計	483, 900	計	(　　　)
当月製造費用		月末仕掛品原価	
直接材料費	2, 425, 500	直接材料費	(　　　)
加工費	3, 465, 000	加工費	(　　　)
計	5, 890, 500	計	(　　　)
	6, 374, 400		(　　　)

解答〈10〉ページ

問題2-4

月末仕掛品原価 [　　　　] 円

完成品総合原価 [　　　　] 円　　　完成品単位原価 [　　　　] 円/kg

仕　掛　品　　　　(単位：円)

月初仕掛品原価		完成品総合原価	
直接材料費	73, 400	直接材料費	(　　　)
加工費	27, 100	加工費	(　　　)
計	100, 500	計	(　　　)
当月製造費用		仕損品	(　　　)
直接材料費	635, 350	月末仕掛品原価	
加工費	512, 900	直接材料費	(　　　)
計	1, 148, 250	加工費	(　　　)
		計	(　　　)
	1, 248, 750		(　　　)

解答〈11〉ページ

問題2-5

月末仕掛品原価　[　　　　　]　円

完成品総合原価　[　　　　　]　円　　　完成品単位原価　[　　　　　]　円/個

仕　掛　品　　　　(単位：円)

月初仕掛品原価		完成品総合原価	
直接材料費	774,000	直接材料費	(　　　　)
加工費	373,200	加工費	(　　　　)
計	1,147,200	計	(　　　　)
当月製造費用		仕損品	(　　　　)
直接材料費	9,542,800	月末仕掛品原価	
加工費	7,308,000	直接材料費	(　　　　)
計	16,850,800	加工費	(　　　　)
		計	(　　　　)
	17,998,000		(　　　　)

解答〈12〉ページ

問題2-6

月末仕掛品原価　[　　　　　]　円

完成品総合原価　[　　　　　]　円　　　完成品単位原価　[　　　　　]　円/kg

仕　掛　品　　　　(単位：円)

月初仕掛品原価		完成品総合原価	
直接材料費	890,400	直接材料費	(　　　　)
加工費	533,600	加工費	(　　　　)
計	1,424,000	計	(　　　　)
当月製造費用		月末仕掛品原価	
直接材料費	5,637,600	直接材料費	(　　　　)
加工費	8,701,600	加工費	(　　　　)
計	14,339,200	計	(　　　　)
	15,763,200		(　　　　)

解答〈14〉ページ

問題2-7

月末仕掛品原価 ［　　　　］ 円

完成品総合原価 ［　　　　］ 円　　完成品単位原価 ［　　　　］ 円/kg

仕　掛　品　(単位：円)

月初仕掛品原価		完成品総合原価	
直接材料費	330,000	直接材料費	(　　　　)
加工費	319,040	加工費	(　　　　)
計	649,040	計	(　　　　)
当月製造費用		月末仕掛品原価	
直接材料費	1,152,000	直接材料費	(　　　　)
加工費	1,416,960	加工費	(　　　　)
計	2,568,960	計	(　　　　)
	3,218,000		(　　　　)

解答〈15〉ページ

問題2-8

月末仕掛品原価 ［　　　　］ 円

完成品総合原価 ［　　　　］ 円　　完成品単位原価 ［　　　　］ 円/個

仕　掛　品　(単位：円)

月初仕掛品原価		完成品総合原価	
直接材料費	1,238,000	直接材料費	(　　　　)
加工費	827,200	加工費	(　　　　)
計	2,065,200	計	(　　　　)
当月製造費用		仕損品	(　　　　)
直接材料費	4,945,000	月末仕掛品原価	
加工費	5,632,000	直接材料費	(　　　　)
計	10,577,000	加工費	(　　　　)
		計	(　　　　)
	12,642,200		(　　　　)

解答〈16〉ページ

問題2-9

月末仕掛品原価 [ ] 円

完成品総合原価 [ ] 円　　完成品単位原価 [ ] 円/kg

仕　掛　品　　(単位：円)

月初仕掛品原価		完成品総合原価	
直接材料費	440,000	直接材料費	(　　)
加工費	574,820	加工費	(　　)
計	1,014,820	計	(　　)
当月製造費用		仕損品	(　　)
直接材料費	2,840,000	月末仕掛品原価	
加工費	4,162,500	直接材料費	(　　)
計	7,002,500	加工費	(　　)
		計	(　　)
	8,017,320		(　　)

解答〈17〉ページ

問題2-10

月末仕掛品原価 [ ] 円

完成品総合原価 [ ] 円　　完成品単位原価 [ ] 円/kg

仕　掛　品　　(単位：円)

月初仕掛品原価		完成品総合原価	
直接材料費	344,400	直接材料費	(　　)
加工費	115,000	加工費	(　　)
計	459,400	正常仕損費	(　　)
当月製造費用		計	(　　)
直接材料費	2,469,600	月末仕掛品原価	
加工費	2,419,000	直接材料費	(　　)
計	4,888,600	加工費	(　　)
		計	(　　)
	5,348,000		(　　)

解答〈18〉ページ

問題2-11

月末仕掛品原価 ［　　　　］ 円

完成品総合原価 ［　　　　］ 円　　完成品単位原価 ［　　　　］ 円/kg

仕　掛　品　（単位：円）

月初仕掛品原価		完成品総合原価	
直接材料費	354,000	直接材料費	(　　　　)
加工費	181,000	加工費	(　　　　)
計	535,000	正常仕損費	(　　　　)
当月製造費用		計	(　　　　)
直接材料費	1,050,000	仕損品評価額	(　　　　)
加工費	940,000	月末仕掛品原価	
計	1,990,000	直接材料費	(　　　　)
		加工費	(　　　　)
		計	(　　　　)
	2,525,000		(　　　　)

解答〈20〉ページ

問題2-12

月末仕掛品原価 ［　　　　］ 円

完成品総合原価 ［　　　　］ 円　　完成品単位原価 ［　　　　］ 円/kg

仕　掛　品　（単位：円）

月初仕掛品原価		完成品総合原価	
直接材料費	311,800	直接材料費	(　　　　)
加工費	308,100	加工費	(　　　　)
計	619,900	正常仕損費	(　　　　)
当月製造費用		計	(　　　　)
直接材料費	405,000	月末仕掛品原価	
加工費	632,700	直接材料費	(　　　　)
計	1,037,700	加工費	(　　　　)
		正常仕損費	(　　　　)
		計	(　　　　)
	1,657,600		(　　　　)

解答〈21〉ページ

問題2-13

月末仕掛品原価 ＿＿＿＿ 円

完成品総合原価 ＿＿＿＿ 円　　完成品単位原価 ＿＿＿＿ 円/kg

仕　掛　品　(単位：円)

月初仕掛品原価		完成品総合原価	
直接材料費	568,000	直接材料費	(　　)
加工費	560,400	加工費	(　　)
計	1,128,400	正常減損費	(　　)
当月製造費用		計	(　　)
直接材料費	4,085,000	月末仕掛品原価	
加工費	8,349,600	直接材料費	(　　)
計	12,434,600	加工費	(　　)
		正常減損費	(　　)
		計	(　　)
	13,563,000		(　　)

解答〈22〉ページ

問題2-14

月末仕掛品原価 ＿＿＿＿ 円

完成品総合原価 ＿＿＿＿ 円　　完成品単位原価 ＿＿＿＿ 円/kg

仕　掛　品　(単位：円)

月初仕掛品原価		完成品総合原価	
直接材料費	568,000	直接材料費	(　　)
加工費	560,400	加工費	(　　)
計	1,128,400	正常減損費	(　　)
当月製造費用		計	(　　)
直接材料費	4,085,000	月末仕掛品原価	
加工費	8,349,600	直接材料費	(　　)
計	12,434,600	加工費	(　　)
		正常減損費	(　　)
		計	(　　)
	13,563,000		(　　)

解答〈24〉ページ

問題2-15

月末仕掛品原価 ［　　　　］ 円

完成品総合原価 ［　　　　］ 円

修正先入先出法の完成品単位原価 ［　　　　］ 円/個

純粋先入先出法の完成品単位原価

月初仕掛品完成分 ［　　　　］ 円/個

当月投入完成分 ［　　　　］ 円/個

解答〈25〉ページ

問題2-16

月末仕掛品原価 [　　　　] 円

完成品総合原価 [　　　　] 円　　完成品単位原価 [　　　　] 円/個

(1)　　仕　掛　品　　(単位：円)

月初仕掛品原価		完成品総合原価	
直接材料費	794,000	直接材料費	(　　　)
加工費	281,250	加工費	(　　　)
計	1,075,250	正常仕損費	(　　　)
当月製造費用		計	(　　　)
直接材料費	2,814,000	仕損品評価額	(　　　)
加工費	2,878,750	月末仕掛品原価	
計	5,692,750	直接材料費	(　　　)
		加工費	(　　　)
		正常仕損費	(　　　)
		計	(　　　)
	6,768,000		(　　　)

(2)　　仕　掛　品　　(単位：円)

月初仕掛品原価		完成品総合原価	
直接材料費	794,000	直接材料費	(　　　)
加工費	281,250	加工費	(　　　)
計	1,075,250	計	(　　　)
当月製造費用		仕損品評価額	(　　　)
直接材料費	2,814,000	月末仕掛品原価	
加工費	2,878,750	直接材料費	(　　　)
計	5,692,750	加工費	(　　　)
		計	(　　　)
	6,768,000		(　　　)

解答〈27〉ページ

問題2-17

月末仕掛品原価 [　　　　] 円

完成品総合原価 [　　　　] 円　　完成品単位原価 [　　　　] 円/個

仕　掛　品　（単位：円）

月初仕掛品原価		完成品総合原価	
直接材料費	114,000	直接材料費	(　　　)
加工費	203,400	加工費	(　　　)
計	317,400	正常仕損費	(　　　)
当月製造費用		計	(　　　)
直接材料費	1,127,000	仕損品評価額	(　　　)
加工費	3,703,000	月末仕掛品原価	
計	4,830,000	直接材料費	(　　　)
		加工費	(　　　)
		正常仕損費	(　　　)
		計	(　　　)
	5,147,400		(　　　)

解答〈29〉ページ

問題2-18

月末仕掛品原価 [　　　　] 円

完成品総合原価 [　　　　] 円

完成品単位原価

直接材料費	[　　　　]	円/kg
加工費	[　　　　]	円/kg
合計	[　　　　]	円/kg

仕掛品 (単位：円)

当月製造費用		完成品総合原価	
直接材料費	1,565,200	直接材料費	(　　　)
加工費	3,566,200	加工費	(　　　)
計	5,131,400	正常減損費	(　　　)
		計	(　　　)
		月末仕掛品原価	
		直接材料費	(　　　)
		加工費	(　　　)
		正常減損費	(　　　)
		計	(　　　)
	5,131,400		(　　　)

解答〈31〉ページ

問題2-19

(1) 仕掛品勘定の完成

仕　掛　品　　　　(単位：円)

月初仕掛品原価		完成品総合原価	
直接材料費	450,000	直接材料費	(　　　)
加工費	317,400	加工費	(　　　)
計	767,400	正常仕損費	(　　　)
当月製造費用		計	(　　　)
直接材料費	1,428,000	異常仕損費	(　　　)
加工費	1,310,400	仕損品評価額	(　　　)
計	2,738,400	月末仕掛品原価	
		直接材料費	(　　　)
		加工費	(　　　)
		計	(　　　)
	3,505,800		(　　　)

(2) 完成品単位原価の計算

修正先入先出法の完成品単位原価　[　　　　]　円/個

純粋先入先出法の完成品単位原価

月初仕掛品完成分　[　　　　]　円/個

当月投入完成分　[　　　　]　円/個

解答〈35〉ページ

問題2-20

〔問１〕正常仕損非度外視の方法

異常仕損費　[　　　　]　円

月末仕掛品原価　[　　　　]　円

完成品総合原価　[　　　　]　円　　完成品単位原価　[　　　　]　円/個

〔問２〕正常仕損度外視の方法

異常仕損費　[　　　　]　円

月末仕掛品原価　[　　　　]　円

完成品総合原価　[　　　　]　円　　完成品単位原価　[　　　　]　円/個

解答〈37〉ページ

問題2-21

異 常 仕 損 費 | | 円

月末仕掛品原価 | | 円

完成品総合原価 | | 円　　完成品単位原価 | | 円/個

解答〈39〉ページ

問題3-1

〔問１〕

	第１工程		第２工程	
月末仕掛品原価		円		円
完成品総合原価		円		円
完成品単位原価		円/個		円/個

〔問２〕

	第１工程		第２工程	
月末仕掛品原価		円		円
完成品総合原価		円		円
完成品単位原価		円/個		円/個

解答〈41〉ページ

問題3-2

（注）金額は円単位で記入すること。

材　　料

		仕掛品—第１工程	(　　　)

加　工　費

諸　　口	3,519,060	諸　　口	(　　　)

仕掛品—第１工程

前月繰越	(　　　)	仕掛品—第２工程	(　　　)
材　　料	(　　　)		
加 工 費	(　　　)	次月繰越	(　　　)
	3,637,200		(　　　)

仕掛品—第２工程

前月繰越	(　　　)	製　　品	(　　　)
仕掛品—第１工程	(　　　)	次月繰越	(　　　)
加 工 費	(　　　)		
	(　　　)		(　　　)

第１工程完成品単位原価		円/個
第２工程完成品単位原価		円/個

解答〈44〉ページ

問題3-3

（注）金額は円単位で記入すること。

仕掛品—第1工程

前月繰越	（ ）	仕掛品—第2工程	（ ）
材料	（ ）	次月繰越	（ ）
加工費	（ ）		
	3, 368, 000		（ ）

仕掛品—第2工程

前月繰越	（ ）	製品	（ ）
仕掛品—第1工程	（ ）	次月繰越	（ ）
加工費	（ ）		
	（ ）		（ ）

第1工程完成品単位原価 ［　　　］ 円/kg

第2工程完成品単位原価 ［　　　］ 円/kg

解答〈45〉ページ

問題3-4

（注）（　　）内には適切な数値，〔　　〕内には適切な語句を記入しなさい。

仕掛品—第2工程　（単位：円）

月初仕掛品原価		完成品総合原価	
前工程費	4, 406, 400	前工程費	（ ）
加工費	2, 666, 400	加工費	（ ）
計	7, 072, 800	計	（ ）
当月製造費用		〔　　〕	（ ）
仕掛品—第1工程	（ ）	月末仕掛品原価	
加工費	9, 309, 960	前工程費	（ ）
計	（ ）	加工費	（ ）
		計	（ ）
	（ ）		（ ）

第1工程完成品単位原価 ［　　　］ 円/個

第2工程完成品単位原価 ［　　　］ 円/個

解答〈48〉ページ

問題3-5

〔問１〕切削工程の予定配賦率＝（　　　　　　　）円/時

　　　　仕上工程の予定配賦率＝（　　　　　　　）円/時

〔問２〕下記の諸勘定中の未記入部分を記入し（数値の単位は万円），各勘定を締め切って，切削工程と仕上工程の完成品原価および月末仕掛品原価をそれぞれ明らかにしなさい。なお事務部費勘定と電力部費勘定は，ここでは表示されていない。また諸勘定に記入する数値の内容を示す項目は，相手勘定でも説明的名称（例：事務部費配賦額，予定配賦額，総差異，前工程振替など）でもよい。

製造間接費―切削工程

固　定　費	1,200.0		
変　動　費	1,263.6		

仕掛製造間接費―切削工程

月初仕掛品原価	780.0	次工程振替	
		月末仕掛品原価	

製造間接費―仕上工程

固　定　費	860.0		
変　動　費	1,033.4		

仕掛製造間接費―仕上工程

月初仕掛品原価	814.8	完成品原価	
		月末仕掛品原価	

〔問３〕「製造間接費―切削工程」勘定の総差異の分析：

総　　差　　異＝（　　　　　　　）万円　〔　　　　〕

内訳：変動費予算差異＝（　　　　　　　）万円　〔　　　　〕

　　　固定費予算差異＝（　　　　　　　）万円　〔　　　　〕

　　　操業度差異＝（　　　　　　　）万円　〔　　　　〕

（注）（　　）の中には差異の金額を，〔　　〕の中には借方または貸方の文字を記入しなさい。

解答〈50〉ページ

問題3-6

〔問1〕	完成品Y材料費	円	月末仕掛品Y材料費	円
〔問2〕	完成品Y材料費	円	月末仕掛品Y材料費	円
〔問3〕	完成品Y材料費	円	月末仕掛品Y材料費	円
〔問4〕	完成品Y材料費	円	月末仕掛品Y材料費	円
〔問5〕	完成品Y材料費	円	月末仕掛品Y材料費	円

解答〈54〉ページ

問題3-7

月末仕掛品原価	円
完成品総合原価	円
完成品単位原価	円/個

解答〈56〉ページ

問題3-8

仕掛品—第1工程　　(単位：円)

月初仕掛品原価		完成品総合原価	
X 素材費	84,000	X 素材費	(　　)
加工費	97,700	加工費	(　　)
計	181,700	計	(　　)
当月製造費用		仕損品評価額	(　　)
X 素材費	1,918,000	月末仕掛品原価	
加工費	3,799,000	X 素材費	(　　)
計	5,717,000	加工費	(　　)
		計	(　　)
	5,898,700		(　　)

仕掛品—第2工程　　(単位：円)

月初仕掛品原価		完成品総合原価	
前工程費	800,000	前工程費	(　　)
Y 部品費	400,000	Y 部品費	(　　)
加工費	210,000	加工費	(　　)
計	1,410,000	計	(　　)
当月製造費用		月末仕掛品原価	
前工程費	(　　)	前工程費	(　　)
Y 部品費	2,827,500	Y 部品費	(　　)
加工費	2,700,000	加工費	(　　)
計	(　　)	計	(　　)
	(　　)		(　　)

第1工程完成品単位原価　［　　］円/個

第2工程完成品単位原価

(a)　月初仕掛品完成分　［　　］円/個

(b)　当月着手完成分　［　　］円/個

(c)　当月完成品全体の加重平均単位原価　［　　］円/個

解答〈58〉ページ

問題3-9

下記の工程勘定および単位原価表の中の（　　）内に，計算した数値を円単位で記入し，それらを完成しなさい。

〔９月〕

第　1　工　程

月初仕掛品原価		次工程振替	(　　　)
X原料費	43,000	月末仕掛品原価	
加工費	23,750	X原料費	(　　　)
計	66,750	加工費	(　　　)
当月製造費用		計	(　　　)
X原料費	143,000		
加工費	381,250		
計	524,250		
合計	591,000	合計	591,000

第　2　工　程

月初仕掛品原価		完成品原価	(　　　)
前工程費	215,400	月末仕掛品原価	
Y原料費	9,000	前工程費	(　　　)
加工費	180,000	Y原料費	10,000
計	404,400	加工費	118,000
当月製造費用		計	(　　　)
前工程費	(　　　)		
Y原料費	(　　　)		
Z材料費	22,000		
加工費	(　　　)		
計	(　　　)		
合計	(　　　)	合計	(　　　)

〔10月〕

第　1　工　程

月初仕掛品原価		次工程振替	(　　　)
X原料費	(　　　)	月末仕掛品原価	
加工費	(　　　)	X原料費	(　　　)
計	(　　　)	加工費	(　　　)
当月製造費用		計	(　　　)
X原料費	340,000		
加工費	623,600		
計	963,600		
合計	1,113,600	合計	(　　　)

第　2　工　程

月初仕掛品原価		完成品原価	(　　　)
前工程費	(　　　)	月末仕掛品原価	
Y原料費	10,000	前工程費	(　　　)
加工費	118,000	Y原料費	(　　　)
計	(　　　)	加工費	(　　　)
当月製造費用		計	(　　　)
前工程費	(　　　)		
Y原料費	84,000		
Z材料費	42,000		
加工費	790,400		
計	(　　　)		
合計	(　　　)	合計	(　　　)

第１工程完成品単位原価

	9月	10月
X原料費	(　　　)	(　　　)
加工費	(　　　)	(　　　)
合計	(　　　)	(　　　)

第２工程完成品単位原価

	9月	10月
前工程費	(　　　)	(　　　)
Y原料費	(　　　)	(　　　)
Z材料費	(　　　)	(　　　)
加工費	(　　　)	(　　　)
合計	(　　　)	(　　　)

解答〈61〉ページ

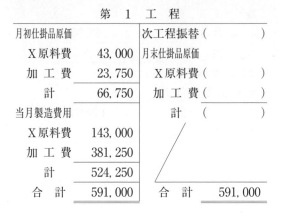

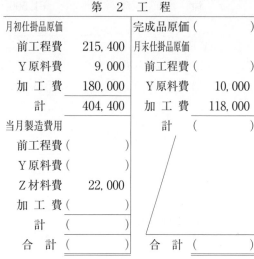

問題3-10

仕掛品—切削工程　(単位：円)

月初仕掛品原価		完成品総合原価	
X素材費	180,000	X素材費	(　)
加工費	61,500	加工費	(　)
計	241,500	正常仕損費	58,500
当月製造費用		計	(　)
X素材費	(　)	仕損品評価額	(　)
加工費	528,000	月末仕掛品原価	
計	(　)	X素材費	120,000
		加工費	(　)
		計	(　)
	(　)		(　)

仕掛品—仕上工程　(単位：円)

月初仕掛品原価		完成品総合原価	
前工程費	315,000	前工程費	(　)
Y材料費	36,400	Y材料費	(　)
加工費	105,000	加工費	(　)
計	456,400	正常仕損費	(　)
当月製造費用		計	(　)
前工程費	(　)	仕損品評価額	(　)
Y材料費	147,000	月末仕掛品原価	
加工費	1,146,600	前工程費	(　)
計	(　)	Y材料費	(　)
		加工費	(　)
		正常仕損費	(　)
		計	(　)
	(　)		(　)

切削工程完成品単位原価　[　　　　]　円/個

仕上工程完成品単位原価　[　　　　]　円/個

解答〈67〉ページ

問題3-11

		金　　額
(1)	原料Ｙ当月購入単価	千円
(2)	原料Ｘ当月消費額	千円
(3)	第１工程加工費配賦額	千円
(4)	第２工程加工費実際発生額	千円
(5)	第１工程完成品原価（原料費）	千円
	第１工程完成品原価（加工費）	千円
(6)	第２工程月初仕掛品原価（前工程費）	千円
	第２工程月初仕掛品原価（加工費）	千円
(7)	第２工程完成品原価（原料費）	千円
	第２工程完成品原価（加工費）	千円

解答〈71〉ページ

問題3-12

〔問１〕

〔　　〕内には相手勘定科目を，（　　）内には金額を円単位で記入すること。使用できる相手勘定科目は，材料，加工費，仕損品，切削工程，仕上工程，製品とする。

材　　料

	諸　　口（　　　　）

加　工　費

	諸　　口（　　　　）

切　削　工　程

前月繰越（　　　　）	〔　　　〕（　　　　）
〔　　　〕（　　　　）	〔　　　〕（　　　　）
〔　　　〕（　　　　）	翌月繰越（　　　　）
（　　　　）	（　　　　）

仕　上　工　程

前月繰越（　　　　）	〔　　　〕（　　　　）
〔　　　〕（　　　　）	〔　　　〕（　　　　）
〔　　　〕（　　　　）	翌月繰越（　　　　）
〔　　　〕（　　　　）	
（　　　　）	（　　　　）

〔問２〕

完成品総合原価	月末仕掛品原価
円	円

解答〈75〉ページ

問題3-13

〔問１〕累加法と計算結果が一致する非累加法（修正先入先出法）

第 1 工 程 費　　（単位：円）

月初仕掛品原価		完成品総合原価	
直接材料費	6,703,200	直接材料費	（　　　）
加工費	3,781,620	加工費	（　　　）
計	10,484,820	計	（　　　）
当月製造費用		月末仕掛品原価	
直接材料費	18,918,900	直接材料費	（　　　）
加工費	17,766,000	加工費	（　　　）
計	36,684,900	計	（　　　）
	47,169,720		（　　　）

第 2 工 程 費　　（単位：円）

月初仕掛品原価		完成品総合原価	
加工費	1,332,500	加工費	（　　　）
当月製造費用		月末仕掛品原価	
加工費	18,467,500	加工費	（　　　）
	19,800,000		（　　　）

〔問２〕累加法と計算結果が一致する非累加法（平均法）

第 1 工 程 費　　（単位：円）

月初仕掛品原価		完成品総合原価	
直接材料費	6,703,200	直接材料費	（　　　）
加工費	3,781,620	加工費	（　　　）
計	10,484,820	計	（　　　）
当月製造費用		月末仕掛品原価	
直接材料費	18,918,900	直接材料費	（　　　）
加工費	17,766,000	加工費	（　　　）
計	36,684,900	計	（　　　）
	47,169,720		（　　　）

第 2 工 程 費　　（単位：円）

月初仕掛品原価		完成品総合原価	
加工費	1,332,500	加工費	（　　　）
当月製造費用		月末仕掛品原価	
加工費	18,467,500	加工費	（　　　）
	19,800,000		（　　　）

解答〈80〉ページ

問題3-14

第 1 工 程 費　　(単位：円)

月初仕掛品原価		完成品総合原価	
X 素 材 費	(　　　)	X 素 材 費	(　　　)
加 工 費	(　　　)	加 工 費	(　　　)
計	(　　　)	計	(　　　)
当月製造費用		月末仕掛品原価	
X 素 材 費	1,325,400	X 素 材 費	(　　　)
加 工 費	2,208,990	加 工 費	(　　　)
計	3,534,390	計	(　　　)
	(　　　)		(　　　)

第 2 工 程 費　　(単位：円)

月初仕掛品原価		完成品総合原価	
加 工 費	(　　　)	加 工 費	(　　　)
当月製造費用		月末仕掛品原価	
加 工 費	1,331,100	加 工 費	(　　　)
	(　　　)		(　　　)

解答〈84〉ページ

問題3-15

	月末仕掛品原価	完成品総合原価	完成品単位原価
第1工程費			
A原料費	円	円	円/個
加 工 費	円	円	円/個
第2工程費			
加 工 費	円	円	円/個
合 計	円	円	円/個

解答〈87〉ページ

問題3-16

〔問１〕非累加本来の計算（修正先入先出法）

第 1 工程費　　　　　（単位：円）

月初仕掛品原価		完成品総合原価	
直接材料費	6,703,200	直接材料費	(　　　)
加工費	3,781,620	加工費	(　　　)
計	10,484,820	計	(　　　)
当月製造費用		月末仕掛品原価	
直接材料費	18,918,900	直接材料費	(　　　)
加工費	17,766,000	加工費	(　　　)
計	36,684,900	計	(　　　)
	47,169,720		(　　　)

第 2 工程費　　　　　（単位：円）

月初仕掛品原価		完成品総合原価	
加工費	1,332,500	加工費	(　　　)
当月製造費用		月末仕掛品原価	
加工費	18,467,500	加工費	(　　　)
	19,800,000		(　　　)

〔問２〕非累加本来の計算（平均法）

第 1 工程費　　　　　（単位：円）

月初仕掛品原価		完成品総合原価	
直接材料費	6,703,200	直接材料費	(　　　)
加工費	3,781,620	加工費	(　　　)
計	10,484,820	計	(　　　)
当月製造費用		月末仕掛品原価	
直接材料費	18,918,900	直接材料費	(　　　)
加工費	17,766,000	加工費	(　　　)
計	36,684,900	計	(　　　)
	47,169,720		(　　　)

第 2 工程費　　　　　（単位：円）

月初仕掛品原価		完成品総合原価	
加工費	1,332,500	加工費	(　　　)
当月製造費用		月末仕掛品原価	
加工費	18,467,500	加工費	(　　　)
	19,800,000		(　　　)

解答〈90〉ページ

問題3-17

第1工程費 (単位：円)

月初仕掛品原価		完成品総合原価	
X 原料費	(　　)	X 原料費	(　　)
加工費	(　　)	加工費	(　　)
計	(　　)	計	(　　)
当月製造費用		月末仕掛品原価	
X 原料費	3,705,000	X 原料費	(　　)
加工費	3,510,000	加工費	(　　)
計	7,215,000	計	(　　)
	(　　)		(　　)

第2工程費 (単位：円)

月初仕掛品原価		完成品総合原価	
加工費	(　　)	加工費	(　　)
当月製造費用		月末仕掛品原価	
加工費	2,899,900	加工費	(　　)
	(　　)		(　　)

	完成品単位原価	
第1工程費		
X原料費		円/kg
加工費		円/kg
第2工程費		
加工費		円/kg
合計		円/kg

解答〈93〉ページ

問題3-18

仕掛品—Y原料費　(単位：円)

月初仕掛品原価	( )	完成品総合原価	( )
当月製造費用	( )	月末仕掛品原価	( )
	( )		( )

仕掛品—第1工程　(単位：円)

月初仕掛品原価		次工程振替	
当工程費	( )	当工程費	( )
当月製造費用		月末仕掛品原価	
当工程費	( )	当工程費	( )
	( )		( )

仕掛品—第2工程　(単位：円)

月初仕掛品原価		完成品総合原価	
前工程費	( )	前工程費	( )
当工程費	( )	当工程費	( )
計	( )	計	( )
当月製造費用		月末仕掛品原価	
前工程費	( )	前工程費	( )
当工程費	( )	当工程費	( )
計	( )	計	( )
	( )		( )

解答〈96〉ページ

問題3-19

〔問1〕正常減損の負担を完成品のみとする簡便な処理

月末仕掛品原料費		円			
完成品原料費		円	完成品単位原価		円/kg

〔問2〕正常減損の負担を月末仕掛品と減損の進捗度の大小関係により決定する厳密な処理

月末仕掛品原料費		円			
完成品原料費		円	完成品単位原価		円/kg

解答〈98〉ページ

問題3-20

仕掛品―Z原料費　(単位：円)

月初仕掛品原価	(　　)	完成品総合原価	(　　)
当月製造費用	(　　)	月末仕掛品原価	(　　)
	(　　)		(　　)

仕掛品―第1工程　(単位：円)

月初仕掛品原価		次工程振替	
当工程費	(　　)	当工程費	(　　)
当月製造費用		正常減損費	(　　)
当工程費	(　　)	計	(　　)
		月末仕掛品原価	
		当工程費	(　　)
	(　　)		(　　)

仕掛品―第2工程　(単位：円)

月初仕掛品原価		完成品総合原価	
前工程費	(　　)	前工程費	(　　)
当工程費	(　　)	当工程費	(　　)
計	(　　)	正常減損費	(　　)
当月製造費用		計	(　　)
前工程費	(　　)	月末仕掛品原価	
当工程費	(　　)	前工程費	(　　)
計	(　　)	当工程費	(　　)
		計	(　　)
	(　　)		(　　)

原　料　費

完成品単位原価　[　　　　] 円/kg

加　工　費

第1工程完成品単位原価

(a) 月初仕掛品完成分　[　　　　] 円/kg

(b) 当月投入完成分　[　　　　] 円/kg

(c) 当月完成品全体の加重平均単位原価　[　　　　] 円/kg

第2工程完成品単位原価

(a) 月初仕掛品完成分　[　　　　] 円/kg

(b) 当月投入完成分　[　　　　] 円/kg

(c) 当月完成品全体の加重平均単位原価　[　　　　] 円/kg

解答〈99〉ページ

問題3-21

仕　掛　品　(単位：円)

月初仕掛品原価	(　　　　)	製　　　品	(　　　　)
材　　　料	(　　　　)	月末仕掛品原価	(　　　　)
加　工　費	(　　　　)		
	(　　　　)		(　　　　)

解答〈103〉ページ

問題4-1

仕掛品—CL　　(単位：円)

月初仕掛品原価		完成品総合原価	
A原料費	263,400	A原料費	(　　　)
加工費	54,720	加工費	(　　　)
計	318,120	計	(　　　)
当月製造費用		月末仕掛品原価	
A原料費	(　　　)	A原料費	(　　　)
加工費		加工費	(　　　)
組直接費	547,200	計	(　　　)
組間接費	(　　　)		
計	(　　　)		
	(　　　)		(　　　)

仕掛品—CX　　(単位：円)

月初仕掛品原価		完成品総合原価	
B原料費	172,000	B原料費	(　　　)
加工費	112,000	加工費	(　　　)
計	284,000	計	(　　　)
当月製造費用		月末仕掛品原価	
B原料費	(　　　)	B原料費	(　　　)
加工費		加工費	(　　　)
組直接費	369,000	計	(　　　)
組間接費	(　　　)		
計	(　　　)		
	(　　　)		(　　　)

製品CL完成品単位原価 [　　　　] 円/kg

製品CX完成品単位原価 [　　　　] 円/kg

解答〈106〉ページ

問題4-2

仕掛品―ＡＬ　（単位：円）

月初仕掛品原価		完成品総合原価	
原料費	78,100	原料費	（　　）
加工費	39,600	加工費	（　　）
計	117,700	計	（　　）
当月製造費用		月末仕掛品原価	
原料費	607,200	原料費	（　　）
加工費		加工費	（　　）
組直接費	205,120	計	（　　）
組間接費	（　　）		
計	（　　）		
	（　　）		（　　）

仕掛品―ＢＸ　（単位：円）

月初仕掛品原価		完成品総合原価	
原料費	61,080	原料費	（　　）
加工費	35,640	加工費	（　　）
計	96,720	計	（　　）
当月製造費用		月末仕掛品原価	
原料費	919,020	原料費	（　　）
加工費		加工費	（　　）
組直接費	138,360	計	（　　）
組間接費	（　　）		
計	（　　）		
	（　　）		（　　）

製品ＡＬ完成品単位原価 ［　　　　］ 円/個

製品ＢＸ完成品単位原価 ［　　　　］ 円/個

解答〈108〉ページ

問題4-3

仕掛品—ＤＣ　　(単位：円)

月初仕掛品原価		完成品総合原価	
Ａ原料費	38,700	Ａ原料費	(　　)
加工費	13,320	加工費	(　　)
計	52,020	正常仕損費	(　　)
当月製造費用		計	(　　)
Ａ原料費	(　　)	仕損品評価額	(　　)
加工費	(　　)	月末仕掛品原価	
計	(　　)	Ａ原料費	(　　)
		加工費	(　　)
		正常仕損費	(　　)
		計	(　　)
	(　　)		(　　)

仕掛品—ＦＦ　　(単位：円)

月初仕掛品原価		完成品総合原価	
Ｂ原料費	154,400	Ｂ原料費	(　　)
加工費	28,140	加工費	(　　)
計	182,540	正常仕損費	(　　)
当月製造費用		計	(　　)
Ｂ原料費	(　　)	仕損品評価額	(　　)
加工費	(　　)	月末仕掛品原価	
計	(　　)	Ｂ原料費	(　　)
		加工費	(　　)
		計	(　　)
	(　　)		(　　)

製品ＤＣ完成品単位原価 [　　　] 円/個

製品ＦＦ完成品単位原価 [　　　] 円/個

加工費配賦差異

総差異 [　　　] 円（借方・貸方）

予算差異 [　　　] 円（借方・貸方）

操業度差異 [　　　] 円（借方・貸方）

（　）内の借方・貸方のうち不要な文字を二重線（══）で消去しなさい。

解答〈112〉ページ

問題4-4

第1工程—NA　　　　(単位：円)

月初仕掛品原価		次工程振替	
原料費	90,000	原料費	(　　　)
加工費	38,700	加工費	(　　　)
計	128,700	計	(　　　)
当月製造費用		月末仕掛品原価	
原料費	(　　　)	原料費	(　　　)
加工費		加工費	(　　　)
組直接費	216,350	計	(　　　)
組間接費	(　　　)		
計	(　　　)		
	(　　　)		(　　　)

第2工程—NA　　　　(単位：円)

月初仕掛品原価		完成品総合原価	
前工程費	88,100	前工程費	(　　　)
加工費	57,300	加工費	(　　　)
計	145,400	計	(　　　)
当月製造費用		月末仕掛品原価	
前工程費	(　　　)	前工程費	(　　　)
加工費		加工費	(　　　)
組直接費	197,000	計	(　　　)
組間接費	(　　　)		
計	(　　　)		
	(　　　)		(　　　)

第1工程—ＮＸ　　(単位：円)

月初仕掛品原価		次工程振替	
原料費	58,870	原料費	(　　)
加工費	22,560	加工費	(　　)
計	81,430	計	(　　)
当月製造費用		月末仕掛品原価	
原料費	(　　)	原料費	(　　)
加工費		加工費	(　　)
組直接費	445,240	計	(　　)
組間接費	(　　)		
計	(　　)		
	(　　)		(　　)

第2工程—ＮＸ　　(単位：円)

月初仕掛品原価		完成品総合原価	
前工程費	82,000	前工程費	(　　)
加工費	15,360	加工費	(　　)
計	97,360	計	(　　)
当月製造費用		月末仕掛品原価	
前工程費	(　　)	前工程費	(　　)
加工費		加工費	(　　)
組直接費	22,800	計	(　　)
組間接費	(　　)		
計	(　　)		
	(　　)		(　　)

解答〈115〉ページ

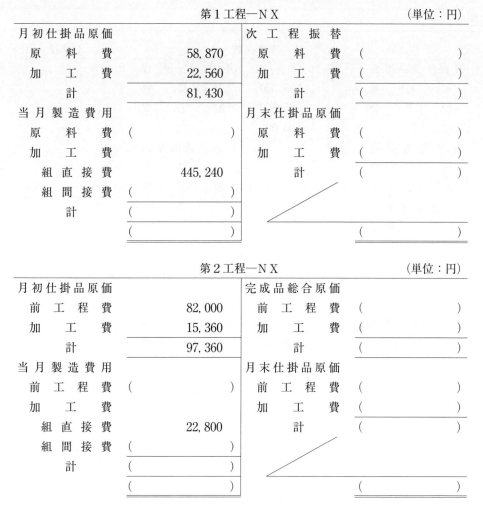

問題4-5

第1工程—A (単位：円)

月初仕掛品原価		次工程振替	
原料費	105,000	原料費	(　　　)
加工費	21,600	加工費	(　　　)
計	126,600	計	(　　　)
当月製造費用		月末仕掛品原価	
原料費	(　　　)	原料費	(　　　)
加工費		加工費	(　　　)
直接労務費	(　　　)	計	(　　　)
製造間接費	(　　　)		
計	(　　　)		
	(　　　)		(　　　)

第2工程—A (単位：円)

月初仕掛品原価		完成品総合原価	
前工程費	180,000	前工程費	(　　　)
加工費	92,400	加工費	(　　　)
計	272,400	計	(　　　)
当月製造費用		月末仕掛品原価	
前工程費	(　　　)	前工程費	(　　　)
加工費		加工費	(　　　)
直接労務費	(　　　)	計	(　　　)
製造間接費	(　　　)		
計	(　　　)		
	(　　　)		(　　　)

製品B

第1工程完成品単位原価 [　　　　] 円/kg

第2工程完成品単位原価 [　　　　] 円/kg

解答〈120〉ページ

問題4-6

仕掛品—A　(単位：円)

月初仕掛品原価		完成品総合原価	
原料費	74,100	原料費	(　　)
加工費	98,670	加工費	(　　)
計	172,770	計	(　　)
当月製造費用		月末仕掛品原価	
原料費	607,200	原料費	(　　)
加工費	(　　)	加工費	(　　)
計	(　　)	計	(　　)
	(　　)		(　　)

仕掛品—B　(単位：円)

月初仕掛品原価		完成品総合原価	
原料費	71,080	原料費	(　　)
加工費	64,000	加工費	(　　)
計	135,080	計	(　　)
当月製造費用		月末仕掛品原価	
原料費	919,020	原料費	(　　)
加工費	(　　)	加工費	(　　)
計	(　　)	計	(　　)
	(　　)		(　　)

製品A完成品単位原価 [　　　　] 円/個

製品B完成品単位原価 [　　　　] 円/個

解答〈124〉ページ

問題4-7

〔問1〕

第1工程—製品甲

月初仕掛品原価		完成品原価	
原料費	(　　　)	原料費	(　　　)
加工費	(　　　)	加工費	(　　　)
当月製造費用		月末仕掛品原価	
原料費	(　　　)	原料費	(　　　)
直接労務費	(　　　)	加工費	(　　　)
製造間接費	(　　　)	仕損品（原料）	1,680,000
	(　　　)		(　　　)

〔問2〕

製品甲　　　円	製品乙　　　円

〔問3〕

製品甲　　　円	製品乙　　　円

〔問4〕

①		②		③		④		⑤	

解答〈127〉ページ

問題4-8

下記の諸勘定中の未記入部分を記入し（数値の単位は万円），差異勘定以外の各勘定を締め切りなさい。なお，諸勘定に記入する数値の内容を示す相手勘定は，以下の諸勘定を使用すること。

切　削　工　程

固　定　費	240.0000		
変　動　費	218.9570		
事　務　部			
電　力　部			

仕　上　工　程

固　定　費	645.0000	仕上工程―AM	
変　動　費	348.4880	仕上工程―PM	

電　力　部

固　定　費	180.0000		
変　動　費	349.5510		

事　務　部

固　定　費	670.0000	切削工程	
		仕上工程	
		電　力　部	
	670.0000		

予　算　差　異

操　業　度　差　異

切削工程―ＡＭ

月初仕掛品原価	95.2650	次工程振替	
		月末仕掛品原価	

切削工程―ＰＭ

月初仕掛品原価	72.4720	次工程振替	
		月末仕掛品原価	

仕上工程―ＡＭ

月初仕掛品原価	110.5100	完成品原価	
		月末仕掛品原価	

仕上工程―ＰＭ

月初仕掛品原価	280.2240	完成品原価	
		月末仕掛品原価	

原料費―ＡＭ

月初仕掛品原価	74.9000	完成品原価	
		月末仕掛品原価	

原料費―ＰＭ

月初仕掛品原価	42.7000	完成品原価	
		月末仕掛品原価	

解答〈138〉ページ

問題4-9

仕　掛　品　　　　(単位：円)

月初仕掛品原価		完成品総合原価	
直接材料費	200,000	製品A－1	(　　　)
加工費	90,000	製品A－2	(　　　)
計	290,000	製品A－3	(　　　)
当月製造費用		計	(　　　)
直接材料費	2,120,000	月末仕掛品原価	
加工費	1,602,000	直接材料費	(　　　)
計	3,722,000	加工費	(　　　)
		計	(　　　)
	4,012,000		(　　　)

完成品単位原価

製品A－1		円/個
製品A－2		円/個
製品A－3		円/個

解答〈145〉ページ

問題4-10

〔問１〕

製品ＣＭ

月末仕掛品原価		円	完成品総合原価		円
完成品単位原価		円/kg			

製品ＣＬ

月末仕掛品原価		円	完成品総合原価		円
完成品単位原価		円/kg			

〔問２〕

製品ＣＭ

月末仕掛品原価		円	完成品総合原価		円
完成品単位原価		円/kg			

製品ＣＬ

月末仕掛品原価		円	完成品総合原価		円
完成品単位原価		円/kg			

解答〈147〉ページ

問題4-11

〔問１〕

	製 品 甲	製 品 乙
原　料　費	1	
加　工　費	1	

〔問２〕

仕 掛 品—製 品 甲　　(単位：円)

月初仕掛品原価		完成品総合原価	
原　料　費	174, 800	原　料　費	(　　)
加　工　費	48, 000	加　工　費	(　　)
計	222, 800	計	(　　)
当月製造費用		仕　損　品	(　　)
原　料　費	(　　)	月末仕掛品原価	
加　工　費	(　　)	原　料　費	(　　)
計	(　　)	加　工　費	(　　)
		計	(　　)
合　計	(　　)	合　計	(　　)

	製 品 乙
完成品総合原価	円
完成品単位原価	円/個
月末仕掛品原価	円

〔問３〕

	製 品 甲	製 品 乙
完成品総合原価	円	円
完成品単位原価	円/個	円/個
月末仕掛品原価	円	円

解答〈150〉ページ

問題4-12

〔問１〕（注）不要な括弧には，「—」を記入すること。

仕　掛　品　　　　(単位：円)

製品X月初仕掛品原価		製品X完成品原価	
原料費	88,460	原料費	(　　　)
加工費	47,522	加工費	(　　　)
計	135,982	正常仕損費	(　　　)
製品Y月初仕掛品原価		計	(　　　)
原料費	85,740	製品Y完成品原価	
加工費	44,280	原料費	(　　　)
計	130,020	加工費	(　　　)
当月製造費用		正常仕損費	(　　　)
原料費	1,321,580	計	(　　　)
加工費	1,432,950	仕損品評価額	(　　　)
計	2,754,530	製品X月末仕掛品原価	
		原料費	(　　　)
		加工費	(　　　)
		正常仕損費	(　　　)
		計	(　　　)
		製品Y月末仕掛品原価	
		原料費	(　　　)
		加工費	(　　　)
		正常仕損費	(　　　)
		計	(　　　)
	3,020,532		(　　　)

製品X完成品単位原価＝ [　　　　] 円/個

製品Y完成品単位原価＝ [　　　　] 円/個

〔問2〕（注）不要な括弧には，「—」を記入すること。

仕 掛 品—製 品 Y　　　　（単位：円）

月初仕掛品原価		完成品原価	
原料費	85,740	原料費	（　　）
加工費	44,280	加工費	（　　）
計	130,020	正常仕損費	（　　）
当月製造費用		計	（　　）
原料費	（　　）	仕損品評価額	（　　）
加工費	（　　）	月末仕掛品原価	
計	（　　）	原料費	（　　）
		加工費	（　　）
		正常仕損費	（　　）
		計	（　　）
	（　　）		（　　）

製品Y完成品単位原価＝［　　　　］円/個

解答〈159〉ページ

問題4-13

仕掛品―ＹＭ　　　　(単位：円)

月初仕掛品原価		完成品総合原価	
原料費	1,960,000	原料費	(　　)
加工費	1,960,000	加工費	(　　)
計	3,920,000	正常仕損費	(　　)
当月製造費用		計	(　　)
原料費	(　　)	仕損品評価額	(　　)
加工費	(　　)	月末仕掛品原価	
計	(　　)	原料費	(　　)
		加工費	(　　)
		正常仕損費	(　　)
		計	(　　)
	(　　)		(　　)

仕掛品―ＹＬ　　　　(単位：円)

月初仕掛品原価		完成品総合原価	
原料費	3,136,000	原料費	(　　)
加工費	840,000	加工費	(　　)
計	3,976,000	正常仕損費	(　　)
当月製造費用		計	(　　)
原料費	(　　)	仕損品評価額	(　　)
加工費	(　　)	月末仕掛品原価	
計	(　　)	原料費	(　　)
		加工費	(　　)
		計	(　　)
	(　　)		(　　)

製品ＹＭ完成品単位原価 [　　　　] 円/個

製品ＹＬ完成品単位原価 [　　　　] 円/個

解答〈163〉ページ

問題5-1

〔問１〕生産量基準

製品ＶＫ

完成品総合原価		円	完成品単位原価		円/kg

製品ＺＴ

完成品総合原価		円	完成品単位原価		円/kg

〔問２〕正常市価基準

製品ＶＫ

完成品総合原価		円	完成品単位原価		円/kg

製品ＺＴ

完成品総合原価		円	完成品単位原価		円/kg

解答〈167〉ページ

問題5-2

〔問１〕正常市価基準

製品別損益計算書　（単位：円）

	最終製品Ｙ	最終製品Ｚ	合　計
売　上　高	(　　)	(　　)	(　　)
売 上 原 価			
連結原価配賦額	(　　)	(　　)	10,080,000
追加加工費	(　　)	(　　)	(　　)
計	(　　)	(　　)	(　　)
売 上 総 利 益	(　　)	(　　)	(　　)
売上総利益率	(　　%)	(　　%)	(　　%)

〔問２〕修正正味実現可能価額法

製品別損益計算書　（単位：円）

	最終製品Ｙ	最終製品Ｚ	合　計
売　上　高	(　　)	(　　)	(　　)
売 上 原 価			
連結原価配賦額	(　　)	(　　)	10,080,000
追加加工費	(　　)	(　　)	(　　)
計	(　　)	(　　)	(　　)
売 上 総 利 益	(　　)	(　　)	(　　)
売上総利益率	(　　%)	(　　%)	(　　%)

解答〈168〉ページ

問題5-3

〔問１〕

仕掛品―第１工程　（単位：円）

月初仕掛品原価		完成品総合原価	
原料費	231,000	中間製品Ｍ	（　　）
加工費	96,900	中間製品Ｎ	（　　）
計	327,900	計	（　　）
当月製造費用		月末仕掛品原価	
原料費	1,558,000	原料費	（　　）
加工費	1,865,000	加工費	（　　）
計	3,423,000	計	（　　）
	3,750,900		（　　）

仕掛品―第２工程　（単位：円）

当月製造費用		完成品総合原価	（　　）
前工程費	（　　）		
加工費	（　　）		
	（　　）		（　　）

仕掛品―第３工程　（単位：円）

当月製造費用		完成品総合原価	（　　）
前工程費	（　　）		
加工費	（　　）		
	（　　）		（　　）

〔問２〕

製品Ｍ

完成品総合原価 [　　] 円　完成品単位原価 [　　] 円/kg

製品Ｎ

完成品総合原価 [　　] 円　完成品単位原価 [　　] 円/kg

解答〈170〉ページ

問題5-4

月末仕掛品原価 [　　] 円

製品Ａ

完成品総合原価 [　　] 円　完成品単位原価 [　　] 円/kg

製品Ｂ

完成品総合原価 [　　] 円　完成品単位原価 [　　] 円/kg

解答〈172〉ページ

問題5-5

〔問１〕

仕　掛　品　（単位：円）

月初仕掛品原価		完成品総合原価	
直接材料費	8,927,100	直接材料費	（　　　）
加工費	1,447,200	加工費	（　　　）
計	10,374,300	計	（　　　）
当月製造費用		作業屑評価額	（　　　）
直接材料費	76,576,500	副産物評価額	（　　　）
加工費	69,465,600	月末仕掛品原価	
計	146,042,100	直接材料費	（　　　）
		加工費	（　　　）
		計	（　　　）
	156,416,400		（　　　）

完成品単位原価 [　　　　] 円/kg

〔問２〕

仕　掛　品　（単位：円）

月初仕掛品原価		完成品総合原価	
直接材料費	8,927,100	直接材料費	（　　　）
加工費	1,447,200	加工費	（　　　）
計	10,374,300	計	（　　　）
当月製造費用		作業屑評価額	（　　　）
直接材料費	76,576,500	副産物評価額	（　　　）
加工費	69,465,600	月末仕掛品原価	
計	146,042,100	直接材料費	（　　　）
		加工費	（　　　）
		計	（　　　）
	156,416,400		（　　　）

完成品単位原価 [　　　　] 円/kg

解答〈173〉ページ

問題5-6

月末仕掛品原価		円	副産物評価額		円
製品A					
完成品総合原価		円	完成品単位原価		円/kg
製品B					
完成品総合原価		円	完成品単位原価		円/kg
製品C					
完成品総合原価		円	完成品単位原価		円/kg

解答〈176〉ページ

問題5-7

〔問１〕

(a) 連結原価配賦額

製品Ｃ　　　　円　　製品Ｄ　　　　円

(b) 製品別損益計算書

製品別損益計算書　（単位：円）

	最終製品Ｃ	最終製品Ｄ	合　計
売　上　高	(　)	(　)	(　)
売 上 原 価			
連結原価配賦額	(　)	(　)	24, 000, 000
追加加工費	(　)	(　)	(　)
計	(　)	(　)	(　)
売 上 総 利 益	(　)	(　)	(　)
売上総利益率	(　%)	(　%)	(　%)

〔問２〕

製品別損益計算書　（単位：円）

	最終製品Ｃ	最終製品Ｄ	合　計
売　上　高	(　)	(　)	(　)
売 上 原 価			
連結原価配賦額	(　)	(　)	24, 000, 000
追加加工費	(　)	(　)	(　)
計	(　)	(　)	(　)
売 上 総 利 益	(　)	(　)	(　)
売上総利益率	(　%)	(　%)	(　%)

解答〈178〉ページ

問題5-8

(a) 仕掛品勘定の記入

仕掛品―第1工程　　　　(単位：円)

当月製造費用		次工程振替高	
原料費	32,480,000	中間製品A	( )
加工費	35,320,000	中間製品B	( )
計	67,800,000	計	( )
		副産品評価額	( )
	67,800,000		( )

仕掛品―第2工程　　　　(単位：円)

月初仕掛品原価		製品A完成品原価	
前工程費	( )	前工程費	( )
加工費	( )	加工費	( )
計	( )	計	( )
当月製造費用		月末仕掛品原価	
前工程費	( )	前工程費	( )
加工費	( )	加工費	( )
計	( )	計	( )
	( )		( )

仕掛品―第3工程　　　　(単位：円)

月初仕掛品原価		製品B完成品原価	
前工程費	( )	前工程費	( )
加工費	( )	加工費	( )
計	( )	計	( )
当月製造費用		月末仕掛品原価	
前工程費	( )	前工程費	( )
加工費	( )	加工費	( )
計	( )	計	( )
	( )		( )

(b) 製品別損益計算書の作成

製品別損益計算書　　　　(単位：円)

	最終製品A	最終製品B	合計
売上高	( )	( )	( )
売上原価	( )	( )	( )
売上総利益	( )	( )	( )

解答〈180〉ページ

問題5-9

〔問１〕

製　　品	X	Y	Z	合　　計
製品単位あたり製造原価	円	円	円	——
売　上　総　利　益	万円	万円	万円	万円

（注）マイナスの場合は，金額の前に△を付すこと。

〔問２〕

製　　品	X	Y	Z	合　　計
売　上　総　利　益	万円	万円	万円	万円

（注）マイナスの場合は，金額の前に△を付すこと。

〔問３〕

製　　品	X	Y	Z	合　　計
売　上　総　利　益	万円	万円	万円	万円

（注）マイナスの場合は，金額の前に△を付すこと。

解答〈183〉ページ

問題5-10

〔問１〕

(1)

工　程	完成品総合原価	完成品単位原価
第２工程	円	円/kg
第３工程	円	円/kg

(2)

（単位：円）

	製品X	製品Y	製品Z
売上高			
売上原価			
売上総利益			

〔問２〕

(1)

工　程	完成品総合原価	完成品単位原価
第２工程	円	円/kg
第３工程	円	円/kg

(2)

（単位：円）

	製品X	製品Y	製品Z
売上高			
売上原価			
売上総利益			

解答〈186〉ページ

問題6-1

〔問１〕

完成品の標準原価		円
月初仕掛品の標準原価		円
月末仕掛品の標準原価		円

〔問２〕

完成品の標準原価		円
月初仕掛品の標準原価		円
月末仕掛品の標準原価		円

解答〈193〉ページ

問題6-2

(注) 下記の各勘定の（　　）には適切な金額（単位：円）を記入すること。なお，総差異については，借方または貸方のいずれかに記入し，不要な（　　）は空欄のままでよい。

〔問１〕シングル・プラン

材　　料

前月繰越	786,800	仕掛品	(　　　)
買掛金	3,876,000	次月繰越	(　　　)
総差異	(　　　)	総差異	(　　　)
	(　　　)		(　　　)

賃　　金

諸口	2,288,880	仕掛品	(　　　)
総差異	(　　　)	総差異	(　　　)
	(　　　)		(　　　)

製造間接費

諸口	2,627,000	仕掛品	(　　　)
総差異	(　　　)	総差異	(　　　)
	(　　　)		(　　　)

仕　掛　品

前月繰越	(　　　)	製品	(　　　)
材料	(　　　)	次月繰越	(　　　)
賃金	(　　　)	総差異	(　　　)
製造間接費	(　　　)		
総差異	(　　　)		
	(　　　)		(　　　)

〔問2〕パーシャル・プラン

材　料

前月繰越	786,800	仕掛品	(　　　)
買掛金	3,876,000	次月繰越	(　　　)
総差異	(　　　)	総差異	(　　　)
	(　　　)		(　　　)

賃　金

諸口	2,288,880	仕掛品	(　　　)
総差異	(　　　)	総差異	(　　　)
	(　　　)		(　　　)

製造間接費

諸口	2,627,000	仕掛品	(　　　)
総差異	(　　　)	総差異	(　　　)
	(　　　)		(　　　)

仕　掛　品

前月繰越	(　　　)	製品	(　　　)
材料	(　　　)	次月繰越	(　　　)
賃金	(　　　)	総差異	(　　　)
製造間接費	(　　　)		
総差異	(　　　)		
	(　　　)		(　　　)

〔問3〕修正パーシャル・プラン

材　料

前月繰越	786,800	仕掛品	(　　　)
買掛金	3,876,000	次月繰越	(　　　)
総差異	(　　　)	総差異	(　　　)
	(　　　)		(　　　)

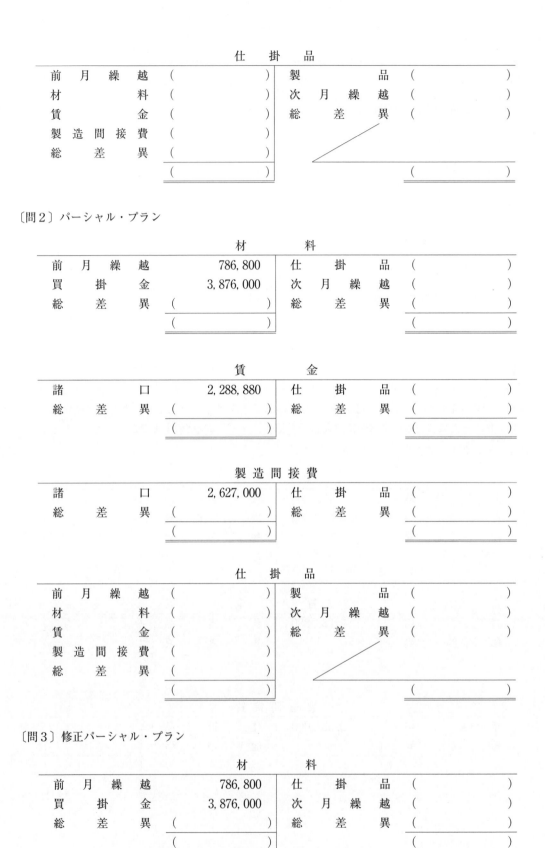

賃　金

諸　口	2, 288, 880	仕　掛　品	(　　　)
総　差　異	(　　　)	総　差　異	(　　　)
	(　　　)		(　　　)

製造間接費

諸　口	2, 627, 000	仕　掛　品	(　　　)
総　差　異	(　　　)	総　差　異	(　　　)
	(　　　)		(　　　)

仕　掛　品

前　月　繰　越	(　　　)	製　品	(　　　)
材　料	(　　　)	次　月　繰　越	(　　　)
賃　金	(　　　)	総　差　異	(　　　)
製　造　間　接　費	(　　　)		
総　差　異	(　　　)		
	(　　　)		(　　　)

解答〈194〉ページ

問題6-3

(注) 設定されている原価差異勘定は，価格差異，数量差異，賃率差異，時間差異，予算差異，変動費能率差異，固定費能率差異，操業度差異である。

仕　掛　品　　　　(単位：円)

前　月　繰　越	(　　　)	製　品	(　　　)
材　料	(　　　)	次　月　繰　越	(　　　)
賃　金	(　　　)	〔　　　〕	(　　　)
製　造　間　接　費	(　　　)	〔　　　〕	(　　　)
〔　　　〕	(　　　)	〔　　　〕	(　　　)
〔　　　〕	(　　　)	〔　　　〕	(　　　)
〔　　　〕	(　　　)	〔　　　〕	(　　　)
	(　　　)		(　　　)

解答〈198〉ページ

問題6-4

(注) 各差異の〔　　〕には，借方または貸方を記入すること。

〔問1〕

価　格　差　異	円〔　　　　〕
数　量　差　異	円〔　　　　〕
計：直接材料費差異	円〔　　　　〕
賃　率　差　異	円〔　　　　〕
時　間　差　異	円〔　　　　〕
計：直接労務費差異	円〔　　　　〕

〔問2〕

価　格　差　異	円〔　　　　〕
数　量　差　異	円〔　　　　〕
計：直接材料費差異	円〔　　　　〕
賃　率　差　異	円〔　　　　〕
時　間　差　異	円〔　　　　〕
計：直接労務費差異	円〔　　　　〕

解答〈199〉ページ

問題6-5

製造間接費差異：　　　　　円〔　　　　〕

〈差異分析〉

① 四分法

予算差異：　　　　　円〔　　　　〕

変動費能率差異：　　　　　円〔　　　　〕

固定費能率差異：　　　　　円〔　　　　〕

操業度差異：　　　　　円〔　　　　〕

② 能率差異は変動費と固定費の両方から算出する三分法

予 算 差 異：　　　　円〔　　　〕

能 率 差 異：　　　　円〔　　　〕

操 業 度 差 異：　　　　円〔　　　〕

③ 能率差異は変動費のみから算出する三分法

予 算 差 異：　　　　円〔　　　〕

能 率 差 異：　　　　円〔　　　〕

操 業 度 差 異：　　　　円〔　　　〕

④ 二分法

管 理 可 能 差 異：　　　　円〔　　　〕

操 業 度 差 異：　　　　円〔　　　〕

解答〈201〉ページ

問題6-6

〔設問１〕

(注) 下記勘定の〔　　〕内には原価差異の名称を，(　　) には金額を記入しなさい。なお，不要なカッコには —— を記入すること。

仕掛品—製造間接費　　　　(単位：円)

前 月 繰 越	(　　　)	製　　品	(　　　)
製 造 間 接 費	(　　　)	次 月 繰 越	(　　　)
〔　　　〕	(　　　)	〔　　　〕	(　　　)
〔　　　〕	(　　　)	〔　　　〕	(　　　)
〔　　　〕	(　　　)	〔　　　〕	(　　　)
〔　　　〕	(　　　)	〔　　　〕	(　　　)
〔　　　〕	(　　　)	〔　　　〕	(　　　)
	(　　　)		(　　　)

〔設問２〕

（注）次の文章の□内に，下掲の〔考えられる発生原因〕の中から当てはまると思われる原因の番号を選んで記入しなさい。ただし，予算の設定に誤りはなかったものとする。

「予算差異のうち，変動費については□，固定費については□原因から発生したものと思われる。」

〔考えられる発生原因〕

① 補助材料を浪費した。② 補助材料を節約した。③ 賃金・給料が値上がりした。④ 賃金・給料が削減された。⑤ 燃料費が値上がりした。⑥ 燃料費が値下がりした。⑦ 工場消耗品が値上がりした。⑧ 工場消耗品が値下がりした。⑨ 設備投資が増えた。⑩ 設備を削減した。⑪ 原因は不明である。

解答〈203〉ページ

問題6-7

（注）下記勘定の〔　　〕内には原価差異の名称を，（　　）には金額を記入しなさい。なお，不要なカッコには —— を記入すること。

仕掛品—直接材料費　　（単位：円）

前　月　繰　越	（　　）	製　　　品	（　　）
材　　　料	（　　）	次　月　繰　越	（　　）
〔　　〕	（　　）	〔　　〕	（　　）
〔　　〕	（　　）	〔　　〕	（　　）
	（　　）		（　　）

仕掛品—直接労務費　　（単位：円）

前　月　繰　越	（　　）	製　　　品	（　　）
賃　　　金	（　　）	次　月　繰　越	（　　）
〔　　〕	（　　）	〔　　〕	（　　）
〔　　〕	（　　）	〔　　〕	（　　）
	（　　）		（　　）

仕掛品—製造間接費　　（単位：円）

前　月　繰　越	（　　）	製　　　品	（　　）
製　造　間　接　費	（　　）	次　月　繰　越	（　　）
〔　　〕	（　　）	〔　　〕	（　　）
〔　　〕	（　　）	〔　　〕	（　　）
〔　　〕	（　　）	〔　　〕	（　　）
	（　　）		（　　）

解答〈205〉ページ

問題6-8

⑴ 原価計算関係勘定の記入（単位：円）

（注）原価差異の勘定は，借方または貸方のいずれか一方にのみ記入すること。

仕　掛　品

前　月　繰　越	（　　　）	製　　　品	（　　　）
材　　　料	（　　　）	次　月　繰　越	（　　　）
加　工　費	（　　　）	総　差　異	（　　　）
	（　　　）		（　　　）

価　格　差　異

（　　　）	（　　　）

数　量　差　異

（　　　）	（　　　）

変動費予算差異

（　　　）	（　　　）

固定費予算差異

（　　　）	（　　　）

能　率　差　異

（　　　）	（　　　）

操　業　度　差　異

（　　　）	（　　　）

⑵ 直接材料費差異分析表

（注）各差異の〔　　〕には，「借」または「貸」を記入すること。

	価格差異	数量差異	合　計
材料A	円〔　　〕	円〔　　〕	円〔　　〕
材料B	円〔　　〕	円〔　　〕	円〔　　〕
材料C	円〔　　〕	円〔　　〕	円〔　　〕
合　計	円〔　　〕	円〔　　〕	円〔　　〕

解答〈208〉ページ

問題6-9

（注）原価差異の勘定は，借方または貸方のいずれか一方にのみ記入すること。

（単位：円）

仕掛品—加工費

加工費	（　　　　）	製品	（　　　　）
		総差異	（　　　　）
	（　　　　）		（　　　　）

予算差異

（　　　　）	（　　　　）

能率差異

（　　　　）	（　　　　）

操業度差異

（　　　　）	（　　　　）

解答〈211〉ページ

問題6-10

製造間接費差異：［　　　　］円〔　　　〕

〈差異分析〉

予算差異：［　　　　］円〔　　　〕

能率差異：［　　　　］円〔　　　〕

操業度差異：［　　　　］円〔　　　〕

解答〈213〉ページ

問題6-11

製造間接費差異：［　　　　］円〔　　　〕

〈差異分析〉

予算差異：［　　　　］円〔　　　〕

能率差異：［　　　　］円〔　　　〕

操業度差異：［　　　　］円〔　　　〕

解答〈214〉ページ

問題6-12

仕掛品―製造間接費　（単位：円）

前月繰越	（　　　）	製品	（　　　）
製造間接費	（　　　）	次月繰越	（　　　）
〔　　　〕	（　　　）	〔　　　〕	（　　　）
		〔　　　〕	（　　　）
		〔　　　〕	（　　　）
	（　　　）		（　　　）

解答〈215〉ページ

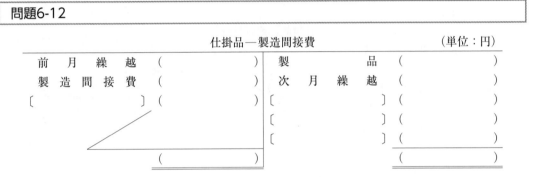

問題6-13

(注) 下記勘定の〔　〕内には適切な名称を，(　) には金額 (単位：円) を記入しなさい。なお不要なカッコには —— を記入すること。

材　　料

前　月　繰　越	(　　)	仕掛品—直接材料費	(　　)
〔　　〕	(　　)	次　月　繰　越	(　　)
〔　　〕	(　　)	〔　　〕	(　　)
	(　　)		(　　)

材料受入価格差異

〔　　〕	(　　)	〔　　〕	(　　)

仕掛品—直接材料費

前　月　繰　越	(　　)	製　　品	(　　)
材　　料	(　　)	次　月　繰　越	(　　)
〔　　〕	(　　)	〔　　〕	(　　)
	(　　)		(　　)

解答〈216〉ページ

問題6-14

(注) 下記勘定の〔　〕内には適切な名称を，(　) には金額 (単位：円) を記入しなさい。なお不要なカッコは空欄のままでよい。

材　　料

前　月　繰　越	(　　)	仕　掛　品	(　　)
諸　　口	(　　)	次　月　繰　越	(　　)
〔　　〕	(　　)	〔　　〕	(　　)
	(　　)		(　　)

材料受入価格差異

〔　　〕	(　　)	〔　　〕	(　　)

賃　　　金

諸口	1,643,200	仕掛品	(　　　)
〔　　　〕	(　　　)	〔　　　〕	(　　　)
	(　　　)		(　　　)

仕　掛　品

前月繰越	(　　　)	製品	(　　　)
材料	(　　　)	次月繰越	(　　　)
賃金	(　　　)	〔　　　〕	(　　　)
製造間接費	(　　　)	〔　　　〕	(　　　)
〔　　　〕	(　　　)	〔　　　〕	(　　　)
〔　　　〕	(　　　)	〔　　　〕	(　　　)
	(　　　)		(　　　)

解答〈218〉ページ

問題6-15

(注) 下記勘定の〔　　〕内には相手勘定科目名を，(　　) には金額（単位：円）を記入しなさい。また，原価差異の勘定は借方または貸方のいずれか一方にのみ記入すること。なお不要なカッコは空欄のままでよい。

仕掛品―第1工程

月初仕掛品原価	(　　　)	〔　　　〕	(　　　)
材料	(　　　)	月末仕掛品原価	(　　　)
加工費	(　　　)	総差異	(　　　)
	(　　　)		(　　　)

仕掛品―第2工程

月初仕掛品原価	(　　　)	〔　　　〕	(　　　)
〔　　　〕	(　　　)	月末仕掛品原価	(　　　)
加工費	(　　　)	総差異	(　　　)
	(　　　)		(　　　)

〔仕掛品—第１工程勘定の総差異〕

価格差異

(　　　)	(　　　)

数量差異

(　　　)	(　　　)

予算差異

(　　　)	(　　　)

能率差異

(　　　)	(　　　)

操業度差異

(　　　)	(　　　)

〔仕掛品—第２工程勘定の総差異〕

予算差異

(　　　)	(　　　)

能率差異

(　　　)	(　　　)

操業度差異

(　　　)	(　　　)

解答〈221〉ページ

問題6-16

(注) 下記勘定の〔　〕内には相手勘定科目名ないしは適当な名称を，(　)には金額（単位：円）を記入しなさい。

仕掛品—第１工程

月初仕掛品原価	(　　　)	〔　　　〕	(　　　)
直接材料費	(　　　)	月末仕掛品原価	(　　　)
直接労務費	(　　　)	総差異	(　　　)
製造間接費	(　　　)		
	(　　　)		(　　　)

仕掛品—第２工程

月初仕掛品原価	(　　　)	〔　　　〕	(　　　)
〔　　　〕	(　　　)	月末仕掛品原価	(　　　)
直接材料費	(　　　)	総差異	(　　　)
直接労務費	(　　　)		
製造間接費	(　　　)		
	(　　　)		(　　　)

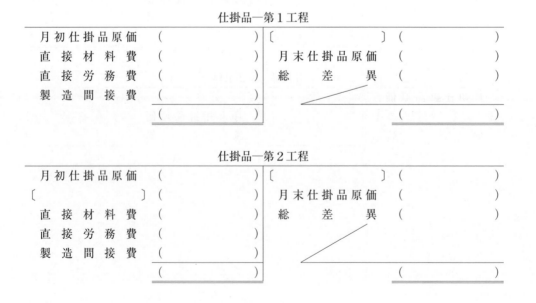

〔標準原価差異分析表〕

	材料M	材料N	合計
材料受入価格差異	円〔　〕	円〔　〕	円〔　〕

	第1工程	第2工程
材料数量差異	円〔　〕	円〔　〕
賃率差異	円〔　〕	円〔　〕
時間差異	円〔　〕	円〔　〕
変動費予算差異	円〔　〕	円〔　〕
固定費予算差異	円〔　〕	円〔　〕
能率差異	円〔　〕	円〔　〕
操業度差異	円〔　〕	円〔　〕
合計	円〔　〕	円〔　〕

(注) 差異分析表の〔　〕には,「借」または「貸」を記入すること。ただし，金額が0の場合は〔　〕に「——」を記入すること。

解答〈224〉ページ

問題6-17

(注) 下記勘定の（　）に金額（単位：円）を記入しなさい。また，原価差異の勘定は借方または貸方のいずれか一方にのみ記入すること。なお不要なカッコは空欄のままでよい。

仕掛品—第1工程

月初仕掛品原価	(　)	仕掛品—第2工程	(　)
材料	(　)	月末仕掛品原価	(　)
加工費	(　)	総差異	(　)
	(　)		(　)

仕掛品—第2工程

月初仕掛品原価	(　)	製品	(　)
仕掛品—第1工程	(　)	月末仕掛品原価	(　)
材料	(　)	総差異	(　)
加工費	(　)		
	(　)		(　)

〔仕掛品—第１工程勘定の総差異〕

価格差異

(　　　)	(　　　)

数量差異

(　　　)	(　　　)

予算差異

(　　　)	(　　　)

能率差異

(　　　)	(　　　)

操業度差異

(　　　)	(　　　)

〔仕掛品—第２工程勘定の総差異〕

価格差異

(　　　)	(　　　)

数量差異

(　　　)	(　　　)

予算差異

(　　　)	(　　　)

能率差異

(　　　)	(　　　)

操業度差異

(　　　)	(　　　)

解答〈229〉ページ

問題6-18

(A)　原価計算関係諸勘定の記入（単位：円）

材　　料

買　掛　金		仕掛品—第1工程	
		仕掛品—第2工程	
		次　月　繰　越	

仕掛品—第１工程

前　月　繰　越		仕掛品—第2工程	
材　　　料		次　月　繰　越	
賃　　　金		総　差　異	
製造間接費			

賃　　　金

諸　　口	仕掛品―第1工程
	仕掛品―第2工程
	総　差　異

仕掛品―第2工程

前月繰越	製　　品
仕掛品―第1工程	次月繰越
材　　料	総　差　異
賃　　金	
製造間接費	

製造間接費

諸　　口	仕掛品―第1工程
	仕掛品―第2工程

(B)　原価差異の分析

(1)　直接材料費

	材料受入価格差異	数　量　差　異
D　M　－　1	円〔　　〕	円〔　　〕
D　M　－　2	円〔　　〕	円〔　　〕
合　　計	円〔　　〕	円〔　　〕

(2)　直接労務費

	賃　率　差　異	時　間　差　異
第　1　作　業	円〔　　〕	円〔　　〕
第　2　作　業	円〔　　〕	円〔　　〕
計：第　1　工　程	円〔　　〕	円〔　　〕
第　3　作　業	円〔　　〕	円〔　　〕
第　4　作　業	円〔　　〕	円〔　　〕
計：第　2　工　程	円〔　　〕	円〔　　〕
合　　　　計	円〔　　〕	円〔　　〕

(3)　製造間接費

	予算差異	能率差異	操業度差異	合　　計
第1工程	円〔　〕	円〔　〕	円〔　〕	円〔　〕
第2工程	円〔　〕	円〔　〕	円〔　〕	円〔　〕
合　　計	円〔　〕	円〔　〕	円〔　〕	円〔　〕

解答〈234〉ページ

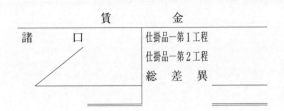

問題6-19

〔問1〕

製品甲	製品乙
円	円

〔問2〕

材料消費量差異
円（　　）

〔問3〕

作業時間差異
円（　　）

〔問4〕

仕　掛　品　(単位：円)

月初仕掛品	(　　　)	製品	(　　　)
当月消費		月末仕掛品	(　　　)
直接材料費	(　　　)	外注先仕損分	(　　　)
直接労務費	(　　　)	原価差異	(　　　)
直接経費	(　　　)		
製造間接費	(　　　)		
合計	(　　　)	合計	(　　　)

〔問5〕

仕　掛　品　(単位：円)

月初仕掛品	(　　　)	製品	(　　　)
当月消費		月末仕掛品	(　　　)
直接材料費	(　　　)	外注先仕損分	(　　　)
直接労務費	(　　　)	原価差異	(　　　)
直接経費	(　　　)		
製造間接費	(　　　)		
合計	(　　　)	合計	(　　　)

解答〈239〉ページ

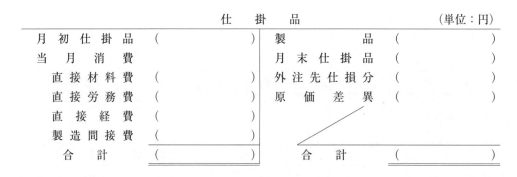

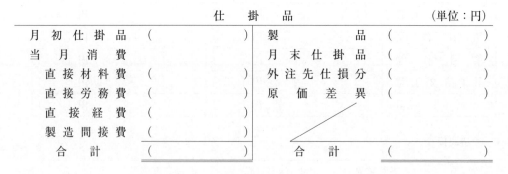

問題6-20

（注）各原価差異勘定は，借方または貸方の一方のみに金額を記入すること。

（単位：円）

仕　掛　品

前　月　繰　越	（　　　）	製　　　　品	（　　　）
材　　　　料	（　　　）	次　月　繰　越	（　　　）
賃　　　　金	（　　　）		
製 造 間 接 費	（　　　）		
	（　　　）		（　　　）

価　格　差　異

（　　　）	（　　　）

数　量　差　異

（　　　）	（　　　）

賃　率　差　異

（　　　）	（　　　）

時　間　差　異

（　　　）	（　　　）

予　算　差　異

（　　　）	（　　　）

能　率　差　異

（　　　）	（　　　）

操業度差異

（　　　）	（　　　）

解答〈243〉ページ

問題6-21

(A)　製造指図書別原価計算表

製造指図書別原価計算表　　　（単位：円）

	№101	№201	№301	合　計
月初仕掛品原価				
直接材料費				
直接労務費				
製造間接費				
合　計				
備　考				

(B) 原価計算関係諸勘定の記入（単位：円）

（注）製造間接費の能率差異は変動費および固定費の両方から算出すること。また各差異勘定は，借方または貸方の一方に金額のみ記入すればよい。

材　　料

買　掛　金		仕　掛　品	
		総　差　異	
		次 月 繰 越	

仕　掛　品

前 月 繰 越		製　　品	
材　　料		次 月 繰 越	
賃　　金			
製造間接費			

賃　　金

諸　　口		仕　掛　品	
		総　差　異	

製　　品

仕　掛　品		売 上 原 価	
		次 月 繰 越	

製 造 間 接 費

諸　　口		仕　掛　品	
		総　差　異	

材料受入価格差異

（　　　）	（　　　）

数 量 差 異

（　　　）	（　　　）

賃 率 差 異

（　　　）	（　　　）

時 間 差 異

（　　　）	（　　　）

予 算 差 異

（　　　）	（　　　）

能 率 差 異

（　　　）	（　　　）

操 業 度 差 異

（　　　）	（　　　）

(C) 原価差異指図書別内訳表

（単位：円）

	№101	№201	№301	合　計
数 量 差 異	（　）	（　）	（　）	（　）
賃 率 差 異	（　）	（　）	（　）	（　）
時 間 差 異	（　）	（　）	（　）	（　）
合　計	（　）	（　）	（　）	（　）

（注）不利差異には（－）を，有利差異には（＋）を金額の前に付すこと。

解答〈246〉ページ

問題6-22

〔問1〕

損　益　計　算　書　　　　　　　　　　　　　　(単位：円)

売上高		31,570,000
売上原価		
標準売上原価	(　　　　)	
標準原価差異	612,000	(　　　　)
売上総利益		(　　　　)
販売費及び一般管理費		5,051,200
営業利益		(　　　　)

〔問2〕

①	円	②	円	③	円
④	円	⑤	円	⑥	円

〔問3〕

材料受入価格差異		円(　　)
直接材料費差異	材料消費量差異	円(　　)
直接労務費差異	労働賃率差異	円(　　)
	労働時間差異	円(　　)
製造間接費差異	予算差異	円(　　)
	能率差異	円(　　)
	操業度差異	円(　　)

(注) 金額の後の(　　)内には，借方差異ないし不利差異であれば，「借」または「不利」，貸方差異ないし有利差異であれば，「貸」または「有利」と記入しなさい。

解答〈251〉ページ

問題6-23

〔問１〕

自製部品	A	B	C	D
原価標準	円	円	円	円

〔問２〕

製　　品	X	Y	Z
原価標準	円	円	円

〔問３〕

買入部品	101	102	103	104	105	106	107
必 要 量	個	個	個	個	個	個	個

〔問４〕

部 品 組 立 部 門	時間
製 品 組 立 部 門	時間

〔問５〕

買入部品消費量差異	円（借方，貸方）
作 業 時 間 差 異	円（借方，貸方）

（借方，貸方）のどちらかを二重線で消すこと。

〔問６〕

自製部品消費量差異	円（借方，貸方）
作 業 時 間 差 異	円（借方，貸方）

（借方，貸方）のどちらかを二重線で消すこと。

〔問７〕

部 品 組 立 部 門	円（借方，貸方）
製 品 組 立 部 門	円（借方，貸方）

（借方，貸方）のどちらかを二重線で消すこと。

解答〈256〉ページ

問題7-1

〔第1法の標準原価カード〕

主材料費		円×		㎡	=	円
変動加工費		円×		時間	=	
固定加工費		円×		時間	=	
合計						円

〔第2法の標準原価カード〕

主材料費		円×		㎡	=	円
変動加工費		円×		時間	=	
固定加工費		円×		時間	=	
小計						円
正常減損費		円×		%	=	
合計						円

解答〈260〉ページ

問題7-2

完成品標準原価		円	月末仕掛品標準原価		円
内訳：直接材料費		円	内訳：直接材料費		円
加工費		円	加工費		円
正常減損費		円	正常減損費		円

解答〈261〉ページ

問題7-3

(1) 仕掛品勘定の作成（第２法）

仕　掛　品　（単位：円）

借方		貸方	
月初仕掛品原価	(　　　)	完成品製造原価	(　　　)
当月実際製造費用		異常減損費	(　　　)
主材料費	(　　　)	月末仕掛品原価	(　　　)
加工費	(　　　)	標準原価総差異	(　　　)
実際製造費用計	(　　　)		
合計	(　　　)	合計	(　　　)

(2) 標準原価総差異の分析

総　差　異　＝ ☐ 円〔　　〕

① 主材料価格差異　＝ ☐ 円〔　　〕

② 主材料数量差異　＝ ☐ 円〔　　〕

③ 加工費予算差異　＝ ☐ 円〔　　〕

④ 加工費能率差異　＝ ☐ 円〔　　〕

⑤ 操業度差異　＝ ☐ 円〔　　〕

(注)〔　〕内に，借方差異は「借方」，貸方差異は「貸方」と記入しなさい。

解答〈262〉ページ

問題7-4

完成品標準原価 ☐ 円　　月末仕掛品標準原価 ☐ 円

内訳：直接材料費 ☐ 円　　内訳：直接材料費 ☐ 円

加工費 ☐ 円　　加工費 ☐ 円

解答〈264〉ページ

問題7-5

⑴　仕掛品勘定の作成（第１法）

仕　掛　品　　（単位：円）

借方		貸方	
月初仕掛品原価	(　　　)	完成品製造原価	(　　　)
当月実際製造費用		月末仕掛品原価	(　　　)
主材料費	(　　　)	標準原価総差異	(　　　)
加工費	(　　　)		
実際製造費用計	(　　　)		
合計	(　　　)	合計	(　　　)

⑵　標準原価総差異の分析

総　差　異　＝ ［　　　］円〔　　　〕

①　主材料価格差異　＝ ［　　　］円〔　　　〕

②　主材料数量差異　＝ ［　　　］円〔　　　〕

③　加工費予算差異　＝ ［　　　］円〔　　　〕

④　加工費能率差異　＝ ［　　　］円〔　　　〕

⑤　操業度差異　＝ ［　　　］円〔　　　〕

（注）〔　　〕内に，借方差異は「借方」，貸方差異は「貸方」と記入しなさい。

解答〈265〉ページ

問題7-6

⑴　仕掛品勘定の作成（第２法）

仕　掛　品　（単位：円）

月初仕掛品原価	(　　　　)	完成品製造原価	(　　　　)
当月実際製造費用		仕損品評価額	(　　　　)
直接材料費	(　　　　)	異常仕損費	(　　　　)
加工費	(　　　　)	月末仕掛品原価	(　　　　)
実際製造費用計	(　　　　)	標準原価総差異	(　　　　)
合計	(　　　　)	合計	(　　　　)

⑵　標準原価総差異の分析

総　差　異　＝ ［　　　　］円〔　　　〕

①　直接材料費価格差異　＝ ［　　　　］円〔　　　〕

②　直接材料費数量差異　＝ ［　　　　］円〔　　　〕

③　加工費予算差異　＝ ［　　　　］円〔　　　〕

④　加工費能率差異　＝ ［　　　　］円〔　　　〕

⑤　操業度差異　＝ ［　　　　］円〔　　　〕

（注）〔　　〕内に，借方差異は「借方」，貸方差異は「貸方」と記入しなさい。

解答〈268〉ページ

問題7-7

1．下記の［　　］の中に，適切な数字または文字を記入しなさい。

(a)＝第［　　］法　　(b)＝第［　　］法　　(c)＝［　　　　］

2．製造間接費関係勘定連絡図

下記の［　　］内に適切な名称を，また借方または貸方の（　　）の中に計算した金額（単位：円）を記入しなさい。

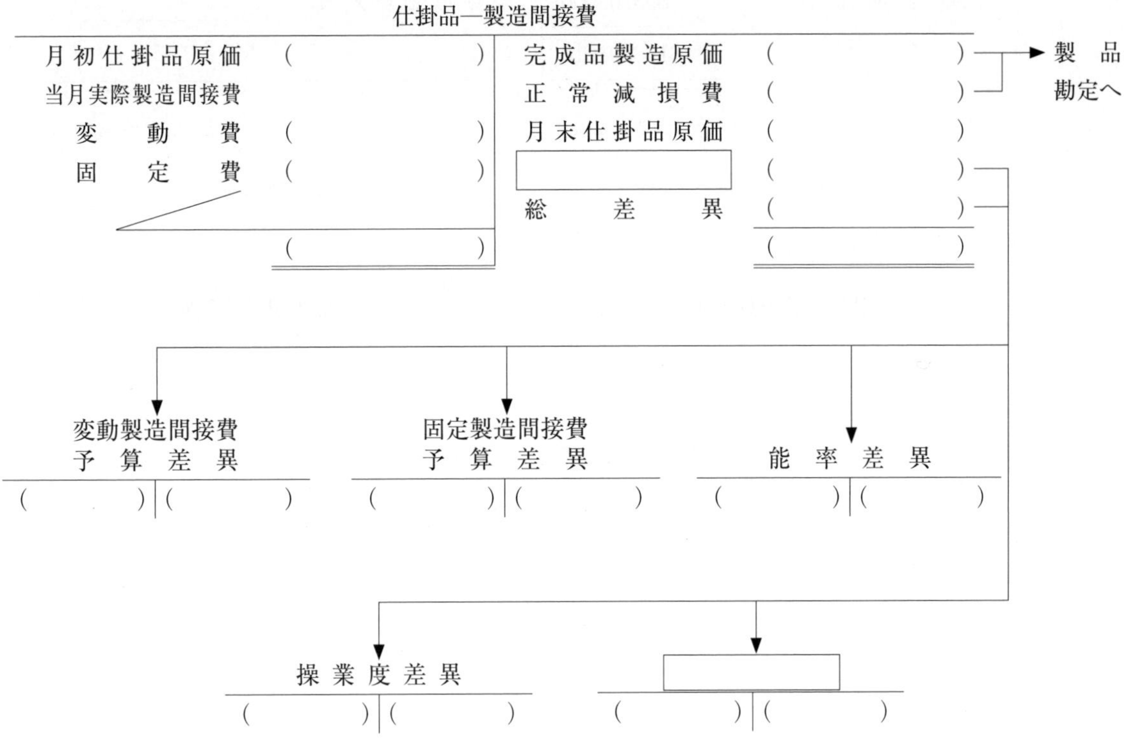

解答〈271〉ページ

問題7-8

仕　掛　品　（単位：円）

月初仕掛品原価		完成品製造原価	
当月実際製造費用		仕損品売却処分価額	
主材料費	17,962,860	異常仕損費	
変動加工費	5,036,750	月末仕掛品原価	
固定加工費	8,370,000	標準原価総差異	
合計	31,369,610		

主材料価格差異

（　　）	（　　）

主材料数量差異

（　　）	（　　）

変動加工費予算差異

（　　）	（　　）

固定加工費予算差異

（　　）	（　　）

変動加工費能率差異

（　　）	（　　）

固定加工費能率差異

（　　）	（　　）

操業度差異

（　　）	（　　）

解答〈273〉ページ

問題7-9

〔問1〕製造間接費の発生額を費目別に管理するために役立つ差異は，　　　　である。
　　(注) 上記の答えは，該当する差異の番号で記入しなさい。

〔問2〕6月の「仕掛品―製造間接費」勘定

仕掛品―製造間接費　　　　(単位：円)

月初仕掛品有高		(　　　　)	
当月実際製造間接費		(　　　　)	
		(　　　　)	
		製造間接費総差異	0

〔問3〕(単位：円)

予　算　差　異

変動費能率差異

操　業　度　差　異

固定費能率差異

解答〈276〉ページ

問題7-10

〔問１〕第１法による仕掛品勘定

仕　掛　品　　　　(単位：円)

月初仕掛品原価		完成品製造原価	
当月実際製造費用		月末仕掛品原価	
主材料費	28,048,500	標準原価総差異	
変動加工費	5,950,000		
固定加工費	7,050,000		
実際製造費用計	41,048,500		
合計		合計	

〔問２〕第２法による仕掛品勘定

(注)（　　）内に勘定名を記入しなさい。

仕　掛　品　　　　(単位：円)

月初仕掛品原価		完成品製造原価	
当月実際製造費用		(　　　　　　)	
主材料費	28,048,500	月末仕掛品原価	
変動加工費	5,950,000	標準原価総差異	
固定加工費	7,050,000		
実際製造費用計	41,048,500		
合計		合計	

〔問３〕第２法による標準原価差異の分析

(注)（　　）内に，借方差異は−，貸方差異は＋記号を記入しなさい。

① 主材料価格差異　＝（　　）[　　　] 円

② 主材料消費量差異　＝（　　）[　　　] 円

③ 変動加工費予算差異　＝（　　）[　　　] 円

④ 固定加工費予算差異　＝（　　）[　　　] 円

⑤ 加工費能率差異　＝（　　）[　　　] 円

⑥ 操業度差異　＝（　　）[　　　] 円

〔問４〕(注)〔　　〕内の適当な言葉を[　　　]印で囲みなさい。

①＝〔 含まれる ，含まれない 〕

②＝〔 含まれる ，含まれない 〕

③＝〔 含まれる ，含まれない 〕

④＝〔 含まれる ，含まれない 〕

⑤＝〔 正確 ，不正確 〕

解答〈279〉ページ

問題7-11

(1) 第２法の標準原価カード

主材料費	[　　　]	円/kg	×	[　　　]	kg	＝	[　　　]	円
加工費	[　　　]	円/時	×	[　　　]	時間	＝	[　　　]	
小計							[　　　]	円
正常減損費	[　　　]	円/個	×	[　　　]	%	＝	[　　　]	
合計							[　　　]	円

(2) 仕掛品勘定の作成（第2法）

仕	掛	品	(単位：円)
月初仕掛品原価	(　　)	完成品製造原価	(　　)
当月実際製造費用		異常減損費	(　　)
主材料費	(　　)	月末仕掛品原価	(　　)
加工費	(　　)	標準原価総差異	(　　)
実際製造費用計	(　　)		
合計	(　　)	合計	(　　)

(3) 標準原価総差異の分析

総差異 = □円〔　　〕

① 主材料価格差異 = □円〔　　〕

② 主材料数量差異 = □円〔　　〕

③ 加工費予算差異 = □円〔　　〕

④ 加工費能率差異 = □円〔　　〕

⑤ 操業度差異 = □円〔　　〕

(注)〔　〕内に，借方差異は「借方」，貸方差異は「貸方」と記入しなさい。

解答〈283〉ページ

問題7-12

(1) 第2法の標準原価カード

主材料費	□	円/kg ×	□	kg =	□	円
加工費	□	円/時 ×	□	時間 =	□	
小計					□	円
正常減損費	□	円/個 ×	□	% =	□	
合計					□	円

(2) 仕掛品勘定の作成（第２法）

仕　掛　品　（単位：円）

月初仕掛品原価	(　　　　)	完成品製造原価	(　　　　)
当月実際製造費用		異常減損費	(　　　　)
主材料費	(　　　　)	月末仕掛品原価	(　　　　)
加工費	(　　　　)	標準原価総差異	(　　　　)
実際製造費用計	(　　　　)		
合計	(　　　　)	合計	(　　　　)

(3) 標準原価総差異の分析

総差異 = ［　　　　］円〔　　　〕

① 主材料価格差異 = ［　　　　］円〔　　　〕

② 主材料数量差異 = ［　　　　］円〔　　　〕

③ 加工費予算差異 = ［　　　　］円〔　　　〕

④ 加工費能率差異 = ［　　　　］円〔　　　〕

⑤ 操業度差異 = ［　　　　］円〔　　　〕

(注)〔　　〕内に，借方差異は「借方」，貸方差異は「貸方」と記入しなさい。

解答〈286〉ページ

問題7-13

1．仕掛品勘定の記入

（注）下記の仕掛品勘定における □ 内には適切な名称を，借方または貸方の（　　）の中には計算した金額（単位：円）を記入しなさい。

仕　掛　品

月初仕掛品原価	（　　　）	完成品原価	（　　　）
当月製造費用		仕損品売却処分価額	（　　　）
直接材料費	（　　　）	□	（　　　）
直接労務費	（　　　）	月末仕掛品原価	（　　　）
製造間接費	8,355,000	標準原価差異	（　　　）
	（　　　）		（　　　）

2．仕掛品勘定において把握される標準原価差異

直接材料費価格差異	円〔　　〕
直接材料費消費量差異	円〔　　〕
直接労務費賃率差異	円〔　　〕
直接労務費時間差異	円〔　　〕
変動製造間接費予算差異	円〔　　〕
固定製造間接費予算差異	円〔　　〕
製造間接費能率差異	円〔　　〕
操業度差異	円〔　　〕

（注）〔　　〕内は不利差異であれば「U」，有利差異であれば「F」と記入しなさい。また，差異が生じない場合は，金額欄と〔　　〕の両方に「―」を記入すること。

解答〈288〉ページ

問題7-14

〔問1〕

仕　掛　品　　　　（単位：千円）

月初仕掛品原価	（　　　）	完成品原価	（　　　）
当月製造費用		月末仕掛品原価	（　　　）
直接材料費（X）	（　　　）	総差異	（　　　）
直接材料費（Y）	（　　　）		
直接労務費	（　　　）		
製造間接費	（　　　）		
小計	（　　　）		
	（　　　）		（　　　）

差異分析表（A）　　　　　　　　　　　　　　　（単位：千円）

直接材料費（X） 総差異＝　　（　）	価格差異＝　　（　）	消費量差異＝　　（　）
直接材料費（Y） 総差異＝　　（　）	価格差異＝　　（　）	消費量差異＝　　（　）
直接労務費 総差異＝　　（　）	賃率差異＝　　（　）	時間差異＝　　（　）
製造間接費 総差異＝　　（　）	予算差異＝　　（　）	変動費能率差異＝　　（　）
	固定費能率差異＝　　（　）	操業度差異＝　　（　）

（注）（　）には，不利差異であれば「U」，有利差異であれば「F」と記入しなさい。

〔問2〕

完成品原価	月末仕掛品原価	総差異
千円	千円	千円（　）

（注）（　）には，不利差異であれば「U」，有利差異であれば「F」と記入しなさい。

〔問3〕

異常仕損費	総差異
千円	千円（　）

（注）（　）には，不利差異であれば「U」，有利差異であれば「F」と記入しなさい。

差異分析表（B）　　　　　　　　　　　　　　　（単位：千円）

直接材料費（X） 総差異＝　　（　）	価格差異＝　　（　）	消費量差異＝　　（　）
直接材料費（Y） 総差異＝　　（　）	価格差異＝　　（　）	消費量差異＝　　（　）
直接労務費 総差異＝　　（　）	賃率差異＝　　（　）	時間差異＝　　（　）
製造間接費 総差異＝　　（　）	予算差異＝　　（　）	変動費能率差異＝　　（　）
	固定費能率差異＝　　（　）	操業度差異＝　　（　）

（注）（　）には，不利差異であれば「U」，有利差異であれば「F」と記入しなさい。

解答〈292〉ページ

問題7-15

〔問１〕

⑴　仕掛品勘定の記入

仕　　掛　　品　　　　（単位：円）

月初仕掛品原価	（　　　　）	完成品製造原価	（　　　　）
当月製造費用		仕損品評価額	（　　　　）
直接材料費	（　　　　）	異常仕損費	（　　　　）
直接労務費	（　　　　）	月末仕掛品原価	（　　　　）
変動製造間接費	（　　　　）	標準原価総差異	（　　　　）
固定製造間接費	（　　　　）		
	（　　　　）		（　　　　）

⑵　標準原価総差異の分析

（注）各差異の〔　　〕内には，借方または貸方を記入すること。また，製造間接費能率差異は変動費と固定費の能率差異合計額で解答すること。直接材料費の差異は，A，Bまとめて記入すること。

直接材料費価格差異	円〔　　〕
直接材料費消費量差異	円〔　　〕
直接労務費賃率差異	円〔　　〕
直接労務費時間差異	円〔　　〕
変動製造間接費予算差異	円〔　　〕
固定製造間接費予算差異	円〔　　〕
製造間接費能率差異	円〔　　〕
操業度差異	円〔　　〕
計：標準原価総差異	円〔　　〕

〔問２〕

⑴　仕掛品勘定の記入

仕　　掛　　品　　　　（単位：円）

月初仕掛品原価	（　　　　）	完成品製造原価	（　　　　）
当月製造費用		仕損品評価額	（　　　　）
直接材料費	（　　　　）	異常仕損費	（　　　　）
直接労務費	（　　　　）	月末仕掛品原価	（　　　　）
変動製造間接費	（　　　　）	標準原価総差異	（　　　　）
固定製造間接費	（　　　　）		
	（　　　　）		（　　　　）

(2) 標準原価総差異の分析

(注) 各差異の〔　　〕内には，借方または貸方を記入すること。また，製造間接費能率差異は変動費と固定費の能率差異合計額で解答すること。直接材料費の差異は，A，Bまとめて記入すること。

直接材料費価格差異	円〔　　〕
直接材料費消費量差異	円〔　　〕
直接労務費賃率差異	円〔　　〕
直接労務費時間差異	円〔　　〕
変動製造間接費予算差異	円〔　　〕
固定製造間接費予算差異	円〔　　〕
製造間接費能率差異	円〔　　〕
操業度差異	円〔　　〕
計：標準原価総差異	円〔　　〕

解答〈300〉ページ

問題7-16

〔問1〕

(単位：千円)

完成品総合原価		月末仕掛品原価	

〔問2〕

(単位：千円)

	完成品原価	月末仕掛品原価	標準原価差異
正常仕損費を含まない原価標準で良品の原価を計算する場合			(　　)
正常仕損費を含む原価標準で良品の原価を計算する場合			(　　)

〔問３〕

（単位：千円）

標準原価差異の分析		正常仕損費を含まない原価標準で良品の原価を計算する場合	正常仕損費を含む原価標準で良品の原価を計算する場合
直接材料費差異（A材料）	総　差　異	（　　）	（　　）
	価格差異	（　　）	（　　）
	消費量差異	（　　）	（　　）
直接材料費差異（B材料）	総　差　異	（　　）	（　　）
	価格差異	（　　）	（　　）
	消費量差異	（　　）	（　　）
直接労務費差異	総　差　異	（　　）	（　　）
	賃率差異	（　　）	（　　）
	時間差異	（　　）	（　　）
製造間接費差異	総　差　異	（　　）	（　　）
	予算差異	（　　）	（　　）
	能率差異	（　　）	（　　）
	操業度差異	（　　）	（　　）

〔問４〕

（単位：千円）

	仕損関連の差異	仕損無関連の差異
直接材料消費量差異（A材料）	（　　）	（　　）
直接材料消費量差異（B材料）	（　　）	（　　）
直接労働時間差異	（　　）	（　　）
製造間接費能率差異	（　　）	（　　）
合　　計	（　　）	（　　）

〔問５〕

（単位：千円）

実際原価計算の場合		標準原価計算の場合	

解答〈308〉ページ

問題7-17

〔問１〕

素　材　s	円	（　借方　，　貸方　）
半製品 s－2	円	（　借方　，　貸方　）
半製品 s－3	円	（　借方　，　貸方　）

〔問２〕

第 1 工 程	円	（　借方　，　貸方　）
第 2 工 程	円	（　借方　，　貸方　）
仕 上 工 程	円	（　借方　，　貸方　）

〔問３〕

仕　掛　品　（単位：円）

月 初 仕 掛 品	（　　）	製　　品	（　　）
素　　材	（　　）	月 末 仕 掛 品	（　　）
直 接 労 務 費	（　　）	外 注 先 負 担 分	（　　）
直 接 経 費	（　　）	原 価 差 異	（　　）
製 造 間 接 費	（　　）		
	（　　）		（　　）

解答〈317〉ページ

問題7-18

〔問１〕

仕　掛　品　（単位：円）

月 初 仕 掛 品	（　　）	製　　品	（　　）
直 接 材 料 費	（　　）	月 末 仕 掛 品	（　　）
直 接 労 務 費	（　　）	原 価 差 異	（　　）
製 造 間 接 費	29,259,000		
	（　　）		（　　）

〔問２〕

直接材料消費量差異	円	（　有利差異　，　不利差異　）

〔問３〕

直接作業時間差異	円	（　有利差異　，　不利差異　）

〔問４〕

製造間接費総差異	円	（　有利差異　，　不利差異　）

〔問５〕

予　算　差　異	円	（　有利差異　，　不利差異　）
能　率　差　異	円	（　有利差異　，　不利差異　）
操　業　度　差　異	円	（　有利差異　，　不利差異　）

〔問６〕

材料Ｍ第１工程消費量差異	円	（　有利差異　，　不利差異　）
材料Ｎ第１工程消費量差異	円	（　有利差異　，　不利差異　）
材料Ｎ第３工程消費量差異	円	（　有利差異　，　不利差異　）
前工程完成品第２工程消費量差異	円	（　有利差異　，　不利差異　）
前工程完成品第３工程消費量差異	円	（　有利差異　，　不利差異　）

〔問７〕

第１工程作業時間差異	円	（　有利差異　，　不利差異　）
第２工程作業時間差異	円	（　有利差異　，　不利差異　）
第３工程作業時間差異	円	（　有利差異　，　不利差異　）

解答〈322〉ページ

問題7-19

問１

標準原価カード

直接材料費	（　　　）円/単位	×	（　　　）単位	=	（　　　）円
変動加工費	（　　　）円/時間	×	（　　　）時間	=	（　　　）円
固定加工費	（　　　）円/時間	×	（　　　）時間	=	（　　　）円
段　取　費	（　　　）円/回	÷	（　　　）個	=	（　　　）円
小　計：製品Ｔの正味標準製造原価					（　　　）円
正常仕損費	（　　　）円/個	×	（　　　）％	=	（　　　）円
合　計：製品Ｔの総標準製造原価					（　　　）円

問２

仕　掛　品　（単位：円）

月初仕掛品原価	（　　　）	完成品製造原価	（　　　）
当月実際製造費用		異　常　仕　損　費	（　　　）
直　接　材　料　費	（　　　）	月末仕掛品原価	（　　　）
変　動　加　工　費	（　　　）	標準原価総差異	（　　　）
固　定　加　工　費	（　　　）		
	（　　　）		（　　　）

問3　　　　　　　　　　　　　　　　　　　　　　　　　　　　　　　　　　（単位：円）

直接材料費総差異＝　　　　　（　　）	価格差異＝　　　　（　　）	消費量差異＝　　　　（　　）

問4　　　　　　　　　　　　　　　　　　　　　　　　　　　　　　　　　　（単位：円）

加工費総差異＝　　　　　（　　）	予算差異＝　　　　（　　）	能率差異＝　　　　（　　）
	操業度差異＝　　　　（　　）	

問5

当社では，問4の計算で能率差異を（　　　　　）円の（　　　　）差異と計算しているが，標準操業度を達成して削減できるのは，このうち（　　　　　）円だけである。なぜなら，能率を改善しても（　　　　　）の発生額は変わらないためである。よって，能率差異は（　　　　　）のみで計算すべきである。

問6　　　　　　　　　　　　　　　　　　　　　　　　　　　　（単位：円）

予　算　差　異＝　　　　（　　）	能　率　差　異＝　　　　（　　）
ロットサイズ変更差異＝　　　　（　　）	操　業　度　差　異＝　　　　（　　）

解答〈328〉ページ

問題7-20

原料受入価格差異

原　料	金　　額
A	円（　　）
B	円（　　）
C	円（　　）
合　計	円（　　）

（注）（　　）内には，「借」または「貸」と記入する。

原料配合差異および原料歩留差異（原料別の標準単価を用いて分析）

原　料	原料配合差異	原料歩留差異
A	円（　　）	円（　　）
B	円（　　）	円（　　）
C	円（　　）	円（　　）
合　計	円（　　）	円（　　）

（注）（　　）内には，「借」または「貸」と記入する。

解答〈332〉ページ

問題7-21

〔注意〕

下記の原価計算関係諸勘定の（　　）内に計算した数値を円単位で記入しなさい。ただし原料受入価格差異勘定，原料配合差異勘定および原料歩留差異勘定には，（　　）が借方と貸方の両方に印刷されているが，計算した数値は，借方または貸方のどちらかに判断して記入しなさい。

買　掛　金

	（　　　　）

原　　料

47,000	（　　　　）
（　　　　）	

原料受入価格差異

（　　　　）	（　　　　）

仕掛品—原料費

（　　　　）	（　　　　）

製　　品

（　　　　）	

原料配合差異

（　　　　）	（　　　　）

原料歩留差異

（　　　　）	（　　　　）

解答〈335〉ページ

問題7-22

（単位：円）

原　　料

月初（　　　　）	（　　　　）
（　　　　）	月末（　　　　）
（　　　　）	（　　　　）

仕掛品—原料費

（　　　　）	完成（　　　　）
	差異（　　　　）
（　　　　）	（　　　　）

原料受入価格差異

（　　　　）	（　　　　）

原料消費量差異

（　　　　）	（　　　　）

原料受入価格差異一覧表

原　料	金　　額
X	円（　　）
Y	円（　　）
Z	円（　　）
合　計	円（　　）

(注)（　　）内には，「借」または「貸」と記入する。ただし，金額が0の場合には（　　）内に「—」と記入のこと。

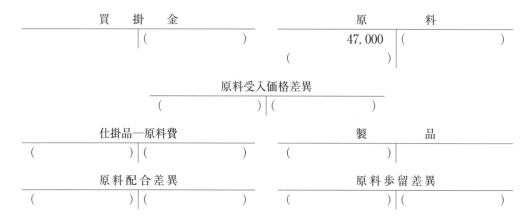

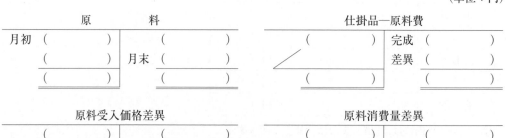

原料消費量差異分析表（甲表）

原　料	原料配合差異	原料歩留差異
X	115,500 円（ 貸 ）	円（　　）
Y	133,000 円（ 借 ）	円（　　）
Z	円（　　）	円（　　）
合　計	円（　　）	円（　　）

(注)（　　）内には，「借」または「貸」と記入する。ただし，金額が0の場合には（　　）内に「—」と記入のこと。

原料消費量差異分析表（乙表）

原　料	原料配合差異	原料歩留差異
X	4,500 円（ 貸 ）	円（　　）
Y	2,400 円（ 貸 ）	円（　　）
Z	円（　　）	円（　　）
合　計	円（　　）	円（　　）

(注)（　　）内には，「借」または「貸」と記入する。ただし，金額が0の場合には（　　）内に「—」と記入のこと。

解答〈338〉ページ

問題7-23

（単位：円）

賃　　金

	(　　　)

仕掛品—直接労務費

(　　　)		完成	(　　　)
		差異	(　　　)
(　　　)			(　　　)

労働賃率差異

(　　　)	(　　　)

労働能率差異

(　　　)	(　　　)

労働歩留差異

(　　　)	(　　　)

製造間接費

	(　　　)

仕掛品—製造間接費

(　　　)	完成 (　　　)
	差異 (　　　)
(　　　)	(　　　)

消費差異

(　　　)	(　　　)

不働能力差異

(　　　)	(　　　)

製造間接費能率差異

(　　　)	(　　　)

製造間接費歩留差異

(　　　)	(　　　)

解答〈343〉ページ

問題7-24

〔問１〕　(単位：円)

買掛金

	(　　　)

原料

(　　　)	(　　　)
(　　　)	(　　　)

原料受入価格差異

(　　　)	(　　　)

仕掛品—原料費

(　　　)	(　　　)

製品

(　　　)	

原料配合差異

(　　　)	(　　　)

原料歩留差異

(　　　)	(　　　)

(注) (　　) 内に計算した金額を記入しなさい。また各勘定を締め切る必要はない。

〔問2〕

Xの歩留差異……　□　円〔　　　〕

Yの歩留差異……　□　円〔　　　〕

Zの歩留差異……　□　円〔　　　〕

歩留差異合計……　□　円〔　　　〕

(注) □ 内には金額を，〔　　〕内には借方または貸方を記入しなさい。

解答〈346〉ページ

問題7-25

〔問1〕(単位：円)

原　　料

月初	(　　　)		(　　　)
	(　　　)	月末	(　　　)
	(　　　)		(　　　)

仕掛品—原料費

	(　　　)		(　　　)
		差異	(　　　)
	(　　　)		(　　　)

原料受入価格差異

(　　　)	(　　　)

原料消費量差異

(　　　)	(　　　)

加　工　費

(　　　)	(　　　)

仕掛品—加工費

	(　　　)		(　　　)
		差異	(　　　)
	(　　　)		(　　　)

予 算 差 異

(　　　)	(　　　)

能 率 差 異

(　　　)	(　　　)

操 業 度 差 異

(　　　)	(　　　)

〔問2〕

原料受入価格差異一覧表

原　料	金　　額
X	円（　）
Y	円（　）
Z	円（　）
合　計	円（　）

(注)（　）内には，「借」または「貸」と記入する。ただし，金額が0の場合は（　）内に「—」と記入のこと。

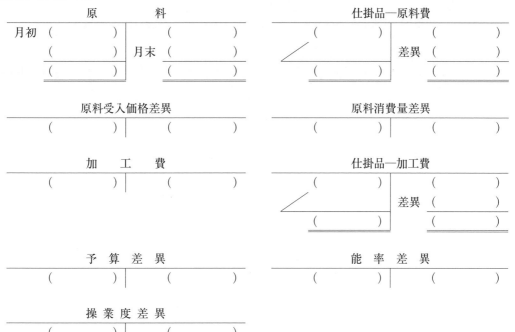

原料消費量差異分析表

原　料	配 合 差 異	歩 留 差 異
X	円（　　）	円（　　）
Y	円（　　）	円（　　）
Z	円（　　）	円（　　）
合　計	円（　　）	円（　　）

（注）（　　）内には，「借」または「貸」と記入する。ただし，金額が0の場合は（　　）内に「—」と記入のこと。

加工費能率差異分析表

純粋な能率差異	円（　　）
歩 留 差 異	円（　　）
合　計	円（　　）

（注）（　　）内には，「借」または「貸」と記入する。ただし，金額が0の場合は（　　）内に「—」と記入のこと。

解答〈350〉ページ

問題8-1

(注)〔　　〕内には適切な文字を，(　　) 内には適切な金額を記入しなさい (単位：円)。

材　　　料

買　掛　金	(　　　　)	仕　掛　品	(　　　　)
		〔　　　　〕	(　　　　)
		次 月 繰 越	(　　　　)
	(　　　　)		(　　　　)

仕　掛　品

材　　　料	(　　　　)	製　　　品	(　　　　)
		次 月 繰 越	(　　　　)
	(　　　　)		(　　　　)

購入材料価格差異

買　掛　金	(　　　　)	〔　　　　〕	(　　　　)
		次 月 繰 越	(　　　　)
	(　　　　)		(　　　　)

消費材料価格差異

〔　　　　〕	(　　　　)	次 月 繰 越	(　　　　)

材料数量差異

〔　　　　〕	(　　　　)	次 月 繰 越	(　　　　)

解答〈355〉ページ

問題8-2

(注)〔　〕内には適切な差異の名称を，(　)内には適切な金額を記入しなさい（単位：円）。

材　料

買掛金	(　)	仕掛品	(　)
〔　〕	(　)	材料数量差異	(　)
		次期繰越	
		標準原価	(　)
		追加配賦額	(　)
		合計	(　)
	(　)		(　)

仕　掛　品

材料	(　)	製品	(　)
〔　〕	(　)	次期繰越	
〔　〕	(　)	標準原価	(　)
		追加配賦額	(　)
		合計	(　)
	(　)		(　)

製　品

仕掛品	(　)	売上原価	(　)
〔　〕	(　)	次期繰越	
〔　〕	(　)	標準原価	(　)
		追加配賦額	(　)
		合計	(　)
	(　)		(　)

売上原価

製品	(　)	損益	(　)
〔　〕	(　)		
〔　〕	(　)		
	(　)		(　)

購入材料価格差異

買　掛　金	(　　　　)	売　上　原　価	(　　　　)
		製　　　品	(　　　　)
		仕　掛　品	(　　　　)
		材料数量差異	(　　　　)
		材　　　料	(　　　　)
	(　　　　)		(　　　　)

材料数量差異

材　　　料	(　　　　)	売　上　原　価	(　　　　)
〔　　　　〕	(　　　　)	製　　　品	(　　　　)
		仕　掛　品	(　　　　)
	(　　　　)		(　　　　)

解答〈356〉ページ

問題8-3

〔設問1〕

損益計算書　(単位：円)

Ⅰ　売上高		(　　　　)
Ⅱ　売上原価		
1．当期製品製造原価	(　　　　)	
2．期末製品棚卸高	(　　　　)	
標準売上原価	(　　　　)	
3．原価差額	(　　　　)	(　　　　)
売上総利益		(　　　　)

貸借対照表(一部)　(単位：円)

資産の部		
流動資産		
⋮		
製　　　品	(　　　　)	
材　　　料	(　　　　)	
仕　掛　品	(　　　　)	

〔設問2〕

損　益　計　算　書　（単位：円）

Ⅰ　売　上　高		（　　　）
Ⅱ　売上原価		
1．当期製品製造原価	（　　　）	
2．期末製品棚卸高	（　　　）	
標準売上原価	（　　　）	
3．原　価　差　額	（　　　）	（　　　）
売上総利益		（　　　）

貸　借　対　照　表（一部）　（単位：円）

資　産　の　部		
流　動　資　産		
⋮		
製　　品	（　　　）	
材　　料	（　　　）	
仕　掛　品	（　　　）	

解答〈358〉ページ

問題8-4

（注）〔　　〕内には適切な文字，（　　）内には適切な金額を記入しなさい。

損　益　計　算　書　（単位：円）

Ⅰ　売　上　高		（　　　）
Ⅱ　売上原価		
1．〔　　　　〕	（　　　）	
2．期末製品棚卸高	（　　　）	
標準売上原価	（　　　）	
3．原　価　差　額	（　　　）	（　　　）
売上総利益		（　　　）

貸　借　対　照　表（一部）　（単位：円）

資　産　の　部		
流　動　資　産		
⋮		
製　　品	（　　　）	
〔　　　〕	（　　　）	
仕　掛　品	（　　　）	

解答〈361〉ページ

問題8-5

(注)〔　　〕内には適切な差異の名称を，(　　) 内には適切な金額を記入しなさい（単位：円)。

材　　料

買掛金	(　　　)	仕掛品	(　　　)
〔　　　〕	(　　　)	材料数量差異	(　　　)
		次期繰越	
		標準原価	(　　　)
		追加配賦額	(　　　)
		合計	(　　　)
	(　　　)		(　　　)

仕　掛　品

材料	(　　　)	製品	(　　　)
〔　　　〕	(　　　)	次期繰越	
〔　　　〕	(　　　)	標準原価	(　　　)
		追加配賦額	(　　　)
		合計	(　　　)
	(　　　)		(　　　)

製　　品

仕掛品	(　　　)	売上原価	(　　　)
〔　　　〕	(　　　)	次期繰越	
〔　　　〕	(　　　)	標準原価	(　　　)
		追加配賦額	(　　　)
		合計	(　　　)
	(　　　)		(　　　)

売上原価

製品	(　　　)	損益	(　　　)
〔　　　〕	(　　　)		
〔　　　〕	(　　　)		
	(　　　)		(　　　)

材料受入価格差異

買掛金	(　　　)	売上原価	(　　　)
		製品	(　　　)
		仕掛品	(　　　)
		材料数量差異	(　　　)
		材料	(　　　)
	(　　　)		(　　　)

材料数量差異

材　　　　料	(　　　　　)	売　上　原　価	(　　　　　)
〔　　　　　〕	(　　　　　)	製　　　　品	(　　　　　)
		仕　　掛　　品	(　　　　　)
	(　　　　　)		(　　　　　)

解答〈364〉ページ

問題8-6

〔問１〕下記の□内に計算した差異の金額を，〔　　〕内には借方または貸方を記入しなさい。

(1)　原料受入価格差異 □ 円〔　　　　〕

(2)　原料消費量差異 □ 円〔　　　　〕

(3)　加工費配賦差異 □ 円〔　　　　〕

〔問２〕下記の〔　　〕内には適切な差異の名称を，（　　）内には適切な金額を記入しなさい（単位：円）。

仕　掛　品

原　料	（　　　）	製　品	（　　　）
加　工　費	（　　　）	原料消費量差異	（　　　）
〔　　　　〕	（　　　）	加工費配賦差異	（　　　）
〔　　　　〕	（　　　）	次　期　繰　越	
〔　　　　〕	（　　　）	標　準　原　価	（　　　）
		追　加　配　賦　額	（　　　）
		合　計	（　　　）
	（　　　）		（　　　）

製　品

仕　掛　品	（　　　）	売　上　原　価	（　　　）
〔　　　　〕	（　　　）	次　期　繰　越	
〔　　　　〕	（　　　）	標　準　原　価	（　　　）
〔　　　　〕	（　　　）	追　加　配　賦　額	（　　　）
		合　計	（　　　）
	（　　　）		（　　　）

売　上　原　価

製　品	（　　　）	損　益	（　　　）
〔　　　　〕	（　　　）		
〔　　　　〕	（　　　）		
〔　　　　〕	（　　　）		
	（　　　）		（　　　）

〔問３〕当年度の実際営業利益 □ 円

解答〈367〉ページ

問題8-7

〔問１〕

(1)	原料受入価格差異	円	(　　)
(2)	原料消費量差異	円	(　　)
(3)	加工費配賦差異	円	(　　)

(　　) 内に借方，または貸方を記入すること。

〔問２〕(単位：円)

仕　掛　品

原料	(　　)	製品	(　　)
追加配賦		半製品	(　　)
原料受入価格差異	(　　)	次期繰越	(　　)
原料消費量差異	(　　)	原料消費量差異	(　　)
加工費	(　　)	加工費配賦差異	(　　)
追加配賦			
加工費配賦差異	(　　)		
	(　　)		(　　)

製　品

仕掛品	(　　)	売上原価	(　　)
追加配賦		次期繰越	(　　)
原料受入価格差異	(　　)		
原料消費量差異	(　　)		
加工費配賦差異	(　　)		
	(　　)		(　　)

売上原価

製品	(　　)	損益	(　　)
追加配賦			
原料受入価格差異	(　　)		
原料消費量差異	(　　)		
加工費配賦差異	(　　)		
	(　　)		(　　)

〔問３〕

実際営業利益	円

解答〈370〉ページ

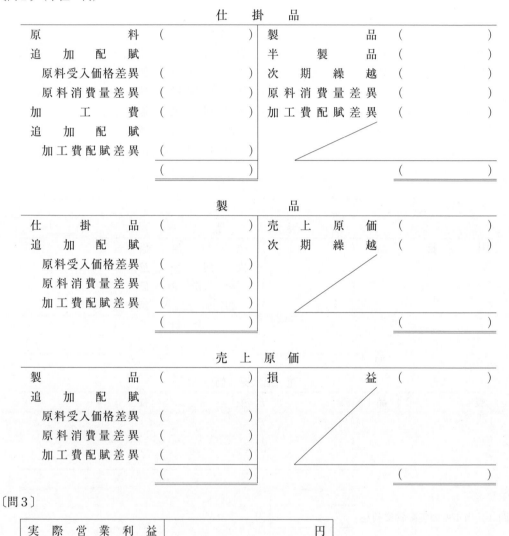

問題9-1

〔設問１〕

（単位：円）

仕　掛　品

材料	18,200,000	製品	(　　　)
賃金	12,750,000	原価差異	(　　　)
製造間接費	12,800,000	次期繰越	(　　　)
		標準改訂差額引当金	(　　　)
	43,750,000		43,750,000

製　品

仕掛品	(　　　)	売上原価	(　　　)
		次期繰越	(　　　)
		標準改訂差額引当金	(　　　)
	(　　　)		(　　　)

売上原価

製品	(　　　)	損益	(　　　)
原価差異	(　　　)		
	(　　　)		(　　　)

原価差異

仕掛品	(　　　)	売上原価	(　　　)

標準改訂差額引当金

仕掛品	(　　　)	次期繰越	(　　　)
製品	(　　　)		
	(　　　)		(　　　)

期末仕掛品の貸借対照表価額 ＿＿＿＿ 円

期末製品の貸借対照表価額 ＿＿＿＿ 円

〔設問２〕

20×1年度の売上総利益 ＿＿＿＿ 円

〔設問３〕

標準売上原価 ＿＿＿＿ 円

期末仕掛品の貸借対照表価額 ＿＿＿＿ 円

期末製品の貸借対照表価額 ＿＿＿＿ 円

解答〈377〉ページ

問題10-1

〔問１〕(単位：千円)

	本社側				工場側			
	借方科目	金額	貸方科目	金額	借方科目	金額	貸方科目	金額
①	(　　)		(　　)		(　　)		(　　)	
	(　　)		(　　)		(　　)		(　　)	
②	(　　)		(　　)		(　　)		(　　)	

本社側

損　益

諸費用	(　　)	諸収益	(　　)
[　　]	(　　)		
	(　　)		(　　)

総合損益

		[　　]	(　　)
		[　　]	(　　)

工　場

後T/B	××		
[　　]	(　　)		

工場側

損　益

諸費用	(　　)	諸収益	(　　)
[　　]	(　　)		
	(　　)		(　　)

本　社

		後T/B	××
		[　　]	(　　)

〔問2〕(単位：千円)

	本社側				工場側			
	借方科目	金額	貸方科目	金額	借方科目	金額	貸方科目	金額
①	(　　)		(　　)		(　　)		(　　)	
	(　　)		(　　)		(　　)		(　　)	
②	(　　)		(　　)		(　　)		(　　)	

本　社　側

損　　益

諸費用(　　)	諸収益(　　)
本社純損益(　　)	
(　　)	(　　)
	本社純損益(　　)
	[　　](　　)

工　　場

後T/B　××	
[　　](　　)	

工　場　側

損　　益

諸費用(　　)	諸収益(　　)
[　　](　　)	
(　　)	(　　)

本　　社

	後T/B　××
	[　　](　　)

解答〈381〉ページ

問題10-2

〔問1〕

(単位：千円)

	借方科目	金額	貸方科目	金額
(1)				
(2)				

〔問2〕

全社的な当期純利益 [　　　　] 千円

解答〈382〉ページ

問題10-3

〔問1〕

________________ 千円（　借方　・　貸方　）差異

（注）（　）内は「借方」か「貸方」のいずれかを○で囲みなさい。

〔問2〕

________________ 千円（　借方　・　貸方　）差異

（注）（　）内は「借方」か「貸方」のいずれかを○で囲みなさい。

〔問3〕

製造原価報告書

（単位：千円）

材料費	7,700
労務費	7,400
経費	（　）
計	（　）
（　）	（　）
当期総製造費用	（　）
期首仕掛品棚卸高	（　）
合計	（　）
期末仕掛品棚卸高	（　）
当期製品製造原価	（　）

〔問4〕

________________ 千円／個

〔問5〕

________________ 千円

〔問6〕

________________ 千円

〔問7〕

________________ 千円

〔問8〕

________________ 千円

解答〈383〉ページ

問題10-4

〔問1〕

＿＿＿＿＿＿＿＿ 円／個

〔問2〕

(1)		kg
(2)		時間

〔問3〕

①	
②	
③	

〔問4〕

月 次 損 益 （単位：円）

売上原価	(　　)	売上高	6,420,000
営業費	(　　)		
営業利益	(　　)		
	6,420,000		6,420,000

〔問5〕

月 次 損 益 （単位：円）

売上原価	(　　)	売上高	10,020,000
営業費	(　　)		
営業利益	(　　)		
	10,020,000		10,020,000
内部利益控除	(　　)	本社営業利益	(　　)
全社的営業利益	(　　)	工場営業利益	(　　)
	(　　)		(　　)

解答〈391〉ページ